MACIEREWICZ

JAK TO SIĘ STAŁO

TOMASZ PIĄTEK

MACIEREWICZ

JAK TO SIĘ STAŁO

Arbitror

Projekt okładki i stron tytułowych
Łukasz Stachniak

Redakcja
Tomasz Mincer

Skład, łamanie
Witold Kowalczyk

Printed in EU

Wydanie I

ISBN 978-83-66095-02-1

Wydawnictwo Arbitror spółka z o.o.
ul. Krucza 41/43 lok. 67
00-525 Warszawa
www.arbitror.pl
e-mail: kontakt@arbitror.pl

WSTĘP

1. Wywiad wojskowy **Kremla.**

2. Cywilne służby specjalne **Kremla.**

3. Infiltracja i przejęcie organizacji antykomunistycznej WiN przez UB i **służby specjalne Kremla** na przełomie lat 40. i 50.; manipulowanie zachodnimi służbami za pośrednictwem WiN.

4. W latach 40. i 50. **parasol ochronny UB nad rodziną Antoniego Macierewicza,** prawdopodobnie **związany z operacją „Cezary" i śmiercią Zdzisława Macierewicza, ojca Antoniego.**

5. Ojcostwo/synostwo (Zdzisław Macierewicz, ojciec Antoniego Macierewicza, członek podziemnego Stronnictwa Pracy, zginął w 1949 r.).

6. Służba ubeka Zdzisława Wilczyńskiego w Łodzi, gdzie równocześnie pracował Zdzisław Macierewicz. Liczne koincydencje (Wilczyński **przyjechał do Warszawy i zapisał się na uczelnię Zdzisława Macierewicza miesiąc przed jego śmiercią;** później **zajmował się jego rodziną** oraz **siatką szpiegowską,** z którą **chciano go powiązać).**

7. Współpraca „narodowego komunisty", wiceministra, potem ministra spraw wewnętrznych Mieczysława Moczara z GRU.

8. Protegowanie Mikołaja Krupskiego (ubeka, potem wywiadowcy, kontrwywiadowcy i inspektora MSW) **przez Moczara.**

9. Podległość służbowa Sarewicza wobec Krupskiego jako szefa kontrwywiadu PRL w latach 60. i 70.

10. W latach 80. **przychylne stanowisko Sarewicza wobec Antoniego Macierewicza (stwierdzenie, jakoby nie było podstaw do ścigania Macierewicza).**

11. W czasach stalinowskich, **podległość służbowa Mikołajskiego wobec Krupskiego** w MBP (razem „walczyli z bandytyzmem").

12. W latach 60. **ciche faworyzowanie Mikołajskiego** (mimo jego „wpadek") **przez Moczara.**

13. W latach 80. **szczególna opieka roztoczona nad Macierewiczem przez Mikołajskiego** jako przedstawiciela elitarnego Biura Studiów SB

14. Uczestnictwo w operacji „Cezary".

15. Bezpośrednia współpraca Krupskiego z KGB.

16. Początki Milewskiego w sowieckim kontrwywiadzie Smiersz (lata 40.). W następnych dziesięcioleciach **bezpośrednia współpraca z KGB.**

17. Wspólne wiceszefowanie w wywiadzie PRL (pierwsza połowa lat 60.). Wysłanie Krupskiego przez Milewskiego w tajną podróż na Kubę, do Meksyku i USA (koniec lat 60.).

18. Stworzenie specjalnego departamentu dla Ciastonia pod koniec lat 70., gdy Milewski był szarą eminencją MSW. Wspólny związek ze sprawą ks. Popiełuszki.

19. Pod koniec lat 70. **służba Mikołajskiego w departamencie Ciastonia.** Na początku lat 80. **powołanie Mikołajskiego do Biura Studiów SB przez Ciastonia.**

20. Na początku lat 80. **powołanie Malika do Biura Studiów SB przez Ciastonia.**

21. W czasach stalinizmu **wspólna służba pod rozkazami Julii Brystiger.** W latach 70. **wspólne badanie sprawy mordu na Bohdanie Piaseckim** (którego ojcem 20 lat wcześniej opiekowała się Julia Brystiger).W latach 80. **współpraca w Biurze Studiów SB.**

22. Na przełomie lat 60. i 70. **ochrona Malika przez Krupskiego podczas afery jego żony. Wysłanie Malika do ZSRR** jako członka Grupy „Wisła".

23. W latach 70., pobyt w ZSRR i **ścisła współpraca z KGB w ramach Grupy „Wisła".** W latach 80. **medal od KGB.**

24. W latach 60. **faworyzowanie Malika przez Moczara.**

25. Na przełomie lat 70. i 80. **przynależność Reszczyńskiego do pionu służbowego Ciastonia i Mikołajskiego.**

26. W drugiej połowie lat 70. i na początku 80., **rozpracowywanie Macierewicza przez Reszczyńskiego z ramienia SB.**

27. W latach 70. pobyt w ZSRR i **ścisła współpraca z KGB w Grupie „Wisła".**

28. W latach 70. **wspólna służba w Grupie „Wisła".**

29. Ojcostwo/synostwo i związki zawodowe (Wojciech również służył w SB).

30. Na początku lat 80. **przeforsowanie wyjazdu Piotra Naimskiego do USA.**

31. Najbliższa wieloletnia przyjaźń, ścisła współpraca od lat 60. do dziś.

32. W latach 80. **podległość służbowa Kaszkura wobec Dzieni. Współdziałanie przy wyjeździe Naimskiego do USA.**

33. Na początku lat 80. **zezwolenie na wyjazd Hanny Macierewicz do Anglii.**

34. Na początku lat 80. **przygotowanie wniosku o internowanie Antoniego Macierewicza.**

35. Związek małżeński.

36. Na początku lat 80. **sprawa konkurencyjnej Służby Bezpieczeństwa, którą miał stworzyć Antoni Macierewicz.**

37. Wspólne przygotowanie pacyfikacji kierownictwa mazowieckiej „Solidarności" (w tym OBS Antoniego Macierewicza).

38. Na przełomie lat 70. i 80. **przynależność Okraja do pionu służbowego Ciastonia i Mikołajskiego.**

39. W latach 60., 70. i 80. **prowadzenie śledztwa w sprawie tajemniczego mordu na Bohdanie Piaseckim** (morderców nigdy nie wykryto za sprawą Mikołajskiego, który mógł mieć związek z mordem - podobnie jak Krupski i Moczar). **Dopuszczenie do zniszczenia dowodów rzeczowych** (m.in. próbek papieru).

40. Pod koniec lat 50., **badanie próbek papieru pochodzących od sprawców mordu** (według Mikołajskiego ekspertyza Winczakiewicza była zaskakująco nieprzydatna; esbek jednak nie drążył tej sprawy).

41. Wuj Antoniego Macierewicza.

42. Sprawa „Wizja" z lat 60., w ramach której Wilczyński zajmował się Winczakiewiczem.

43. Wypchnięcie Wilczyńskiego ze służby przez Krupskiego (Krupski wypchnął z niej również Mariana Mrozikiewicza, który też tropił wujów Antoniego Macierewicza).

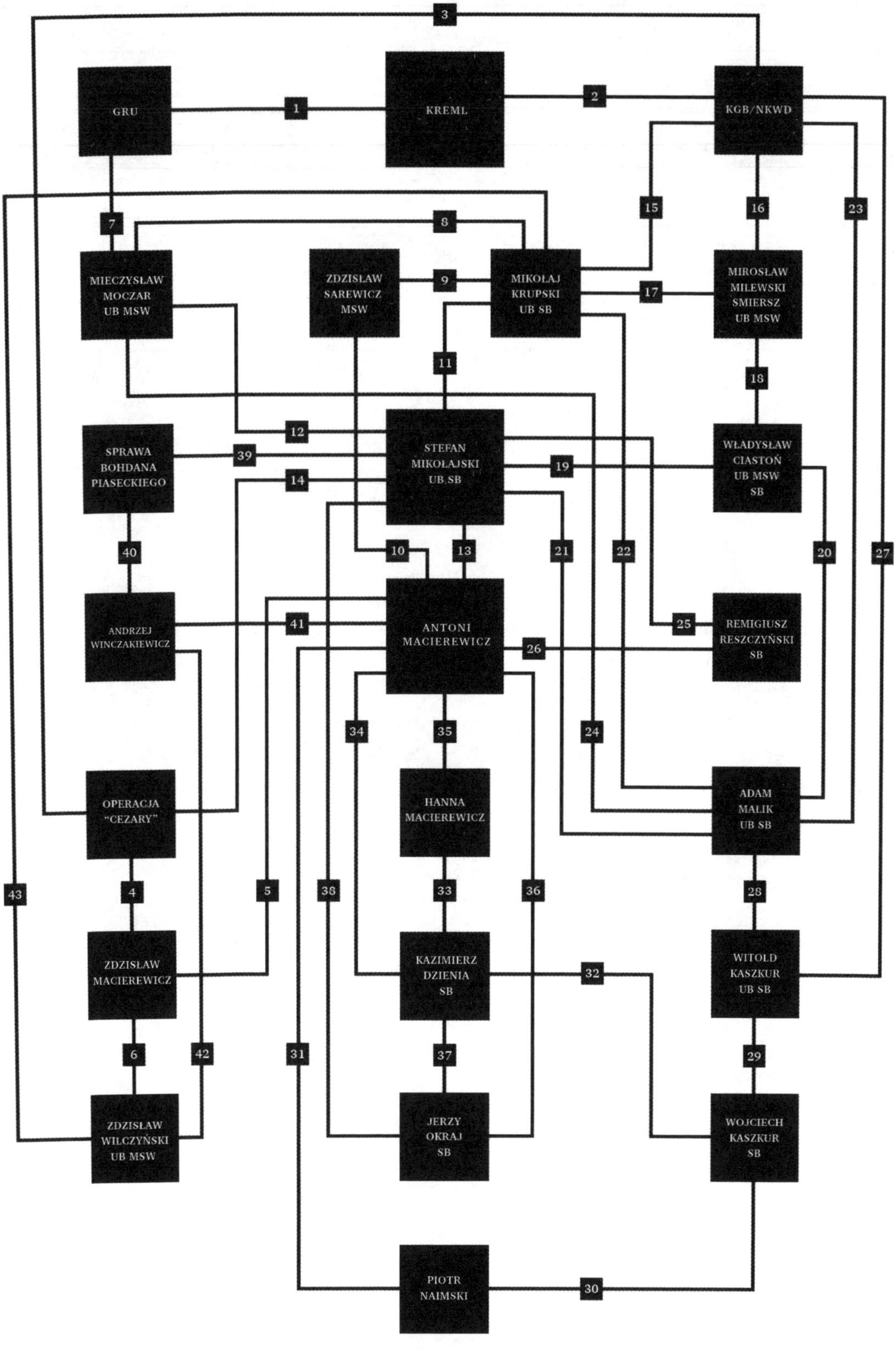
GRU
KREML
KGB/NKWD
MIECZYSŁAW MOCZAR UB MSW
ZDZISŁAW SAREWICZ MSW
MIKOŁAJ KRUPSKI UB SB
MIROSŁAW MILEWSKI SMIERSZ UB MSW
SPRAWA BOHDANA PIASECKIEGO
STEFAN MIKOŁAJSKI UB SB
WŁADYSŁAW CIASTOŃ UB MSW SB
ANDRZEJ WINCZAKIEWICZ
ANTONI MACIEREWICZ
REMIGIUSZ RESZCZYŃSKI SB
OPERACJA "CEZARY"
HANNA MACIEREWICZ
ADAM MALIK UB SB
ZDZISŁAW MACIEREWICZ
KAZIMIERZ DZIENIA SB
WITOLD KASZKUR UB SB
ZDZISŁAW WILCZYŃSKI UB MSW
JERZY OKRAJ SB
WOJCIECH KASZKUR SB
PIOTR NAIMSKI
1
2
3
4
5
6
7
8
9
10
11
12
13
14
15
16
17
18
19
20
21
22
23
24
25
26
27
28
29
30
31
32
33
34
35
36
37
38
39
40
41
42
43

Zawarte w niniejszej książce informacje i dokumenty mogą wstrząsnąć wieloma czytelnikami. Zaskoczą nawet tych, którzy przeczytali książkę *Macierewicz i jego tajemnice*[1]. Na dalszych stronach przedstawiam bowiem nieznaną prawdę o Antonim Macierewiczu, ukrytą dotąd w archiwach Instytutu Pamięci Narodowej (IPN). Znajdują się tam akta komunistycznej Służby Bezpieczeństwa (SB), które dotyczą Macierewicza. Wynika z nich, że liczne koincydencje, które łączą byłego ministra obrony z ludźmi Kremla, nie powstały ot tak. Nie są wynikiem przelotnego uwikłania. Nie chodzi też o doraźny, taktyczny sojusz między przeciwnikami. Nieuniknione jest przypuszczenie, że rosyjskie i PRL-owskie koneksje Antoniego Macierewicza mają znamiona głębokiej zależności, która trwa od niemal pół wieku.

Najważniejsze jest to, co Antoni Macierewicz robi Polsce dzisiaj. W najbliższych miesiącach zamierzam znowu się przyjrzeć jego poczynaniom w latach 1989–2018 (tym bardziej że docierają do mnie nowe, godne uwagi informacje o jego koneksjach w różnych krajach Europy). Nie da się jednak zrozumieć działalności Macierewicza, jej istoty i przyczyn, jeśli nie zbada się jej od początku. Aby pojąć to, co się dzieje dzisiaj, musimy sięgnąć w przeszłość. Z przeszłości bowiem, z lat 80. ubiegłego wieku, pochodzą dokumenty, które dosłownie krzyczą. Jeden z nich niedwuznacznie daje do zrozumienia, że komuniści roztoczyli nad Macierewiczem specjalny parasol ochronny. I to komuniści wysokiej rangi – członkowie tzw. Biura Studiów, czyli elitarnej jednostki SB. Był to zespół wybitnych, choć fanatycznych policjantów politycznych. Pracowali oni nad rozbiciem opozycyjnego związku zawodowego „Solidarność", gdy ten działał w podziemiu. Mieli też bliskie związki ze służbami kremlowskimi. Jeden z opiekunów Macierewicza dostał medal od KGB (sowieckie cywilne służby specjalne, przekształcone później w FSB i SWR).

1 T. Piątek, *Macierewicz i jego tajemnice*, Warszawa 2017.

O tym jest ta książka. Przedstawione w niej informacje i dokumenty z przeszłości pomagają odpowiedzieć na pytania, które nas dręczą. Dotyczą one spraw najważniejszych, podstawowego bezpieczeństwa państwa.

Jak to się stało, że jesteśmy bezbronni? Dlaczego polska armia nie ma śmigłowców, flota – okrętów podwodnych, a sztab – planów obronnych? Dlaczego setki doświadczonych generałów i wyższych oficerów odeszły do cywila? Dlaczego zastąpili ich młodzieńcy bez autorytetu, za jednym zamachem awansowani o kilka stopni? A z drugiej strony – dlaczego Ministerstwo Obrony Narodowej wydawało i wciąż wydaje gigantyczne pieniądze na tzw. Wojska Obrony Terytorialnej (WOT)? Były szef Sztabu Generalnego w latach 2013–2017 gen. Mieczysław Gocuł bije na alarm, że ukryte wydatki idą w miliardy[2]. Dlaczego przepuszczamy te miliardy na amatorską formację, która przed niczym nas nie obroni? Dlaczego do WOT werbowano jawnych zwolenników Władimira Putina z prokremlowskiej partii Zmiana? Dlaczego tworzenie WOT powierzono pułkownikowi Krzysztofowi Gajowi – jawnemu zwolennikowi Putina, ekspertowi prywatnej organizacji Narodowe Centrum Studiów Strategicznych (NCSS), której prezes Jacek Kotas jest powiązany ze współpracownikami rosyjskiej mafii[3]?

Za tymi wszystkimi decyzjami stoi Antoni Macierewicz, minister obrony w latach 2015–2018. W tych samych latach zostały ujawnione jego pośrednie, ale liczne i istotne koneksje z Kremlem, kremlowskimi służbami specjalnymi i kremlowską przestępczością zorganizowaną. To nie tylko pułkownik Gaj i prezes Kotas. To także Robert Luśnia, Konrad Rękas, Grzegorz Kwaśniak, Marek Zieliński, Andrzej Zapałowski, Tomasz Szatkowski, Robert Szustkowski, Alfonse D'Amato, Dana Rohrabacher, Luis Moreno Ocampo, Irina Obuchowa, Andriej Iłłarionow, Andriej Skocz, Lew Kwietnoj, Aliszer Usmanow, Siemion Mogilewicz. Coraz więcej Polaków i Polek wie, kim są ci ludzie i co ich łączy z ministrem niszczycielem.

O tych niebezpiecznych znajomościach ministra pisałem w książce *Macierewicz i jego tajemnice*. Ale wołali o nich głośno także inni dziennikarze i aktywiści: Radosław Gruca, Grzegorz Rzeczkowski, Jan Śpiewak, Eliza Michalik, Jacek Żakowski, Mariusz Ziomecki, Łukasz Maziewski. Za granicą alarmowali Christian Davies z „The Guardian", Konrad Schuller z „Frank-

---

2 M. Świerczyński, M. Gocuł, *Polskie siły rozbrojone*, „Polityka" nr 28, 2018.

3 T. Piątek, *Macierewicz i „rosyjski łącznik"? Wykręty przestają wystarczać, panie ministrze*, „Gazeta Wyborcza" (wydanie internetowe), 24 listopada 2016, <http://wyborcza.pl/7,75968,21026998,macierewicz-i-rosyjski-lacznik-wykrety-przestaja-wystarczac.html>.

furter Allgemeine Zeitung", Aude Massiot z „Libération", Jesper-Thobo Carlsen z „Politiken", Josephine Huetlin z „The Daily Beast". (Przepraszam, jeśli kogoś pominąłem). Po tych publikacjach Macierewicz został zdymisjonowany. A razem z nim odwołano niemal wszystkich jego współpracowników – oprócz wiceministra Tomasza Szatkowskiego. Była to jednak dymisja szczególnego rodzaju. Głośna, zbiorowa, dotkliwa – a zarazem aksamitna. Po utracie stanowiska Macierewicz przez długie miesiące wciąż urzędował w budynku ministerstwa i jeździł ministerialną limuzyną. Nadal jest wiceprzewodniczącym rządzącej partii Prawo i Sprawiedliwość (PiS). Jego główny medialny sojusznik, oligarcha Tadeusz Rydzyk, popiera go jeszcze usilniej niż przedtem. Całkiem jasno daje do zrozumienia, że w razie odejścia Macierewicza z PiS nie zagłosuje na tę partię[4].

Czy Antoni Macierewicz to niezatapialny niszczyciel? Tak, i to nie od dziś. W latach 70. był pomysłodawcą i współzałożycielem opozycyjnego Komitetu Obrony Robotników. Organizacja ta broniła najsłabszych i najbiedniejszych przed prześladowaniem ze strony komunistów. Była też jawnym znakiem oporu, światełkiem w tunelu dla poddanych komunistycznej tyranii. Stała się zalążkiem późniejszych Niezależnych Samorządnych Związków Zawodowych „Solidarność" – wielkiej centrali związkowej, największej organizacji opozycyjnej w historii komunizmu, która powstała w 1980 r. i do grudnia 1981 r. istniała legalnie (pod groźbą strajków i powszechnego buntu władze PRL wbrew sobie musiały ją zalegalizować). Założenie KOR jawiłoby się jako wielka i czysta zasługa Antoniego Macierewicza, gdyby nie to, że już w rok po jego powstaniu Macierewicz zaczął KOR rozbijać. Podobnie rozbijał władze Regionu Mazowsze (najpotężniejsza organizacja regionalna „Solidarności" w latach 80.). Zwalczał wtedy swoich byłych kolegów z KOR. Próbował nawet w tym celu sprzymierzyć się ze związkowymi antysemitami. A w drugiej połowie 1981 r., gdy „Solidarność" coraz ostrzej zderzała się z komunistycznym reżimem, Antoni Macierewicz usiłował pomóc komunistom. Opisuję to dokładnie w tej książce.

W grudniu 1981 r. generał Wojciech Jaruzelski wprowadził stan wojenny i opozycja zeszła do podziemia. Macierewicz próbował ją rozmiękczać. W latach 1982–1985 lansował ideę dogadania się z Jaruzelskim. Miał to być sojusz „patriotycznego" komunistycznego wojska z Kościołem katolic-

4 M. Wilgocki, *O. Rydzyk ostro o PiS: Jeżeli nie będę miał wyboru, nie pójdę głosować*, „Gazeta Wyborcza" (wydanie internetowe), 22 czerwca 2018, <http://wyborcza.pl/7,75398,23578401,o-rydzyk-ostro-o-pis-jezeli-nie-bede-mial-wyboru-nie-pojde.html>.

kim i nacjonalistyczną częścią opozycji. Tezy te nie znalazły poklasku nawet wśród wieloletnich przyjaciół Macierewicza. Wybitny reżyser Janusz Kijowski zerwał z nim kontakty. Wyszedł od niego, trzaskając drzwiami.

Minęło kilka lat. W 1989 r. komuniści stali się skłonni do rzeczywistych ustępstw na rzecz opozycji i demokracji. Wobec tego „Solidarność" postanowiła się dogadać z Jaruzelskim i zasiadła z jego ludźmi przy Okrągłym Stole. Macierewicz jednak przy nim nie obradował, a nawet zbojkotował kompromisowe, częściowo wolne wybory, które odbyły się w tym samym roku i były najważniejszym owocem Okrągłego Stołu. Zapewne dlatego, że kompromis zawierano w duchu liberalnej demokracji, nie zaś narodowego katolicyzmu...

Czas Antoniego Macierewicza nastał w 1991 r. Powstał wówczas pierwszy rząd radykalnej prawicy pod kierownictwem jego dobrego znajomego, Jana Olszewskiego. Macierewicz został ministrem spraw wewnętrznych. Jego zwolennicy twierdzą, że uchronił nas wtedy przed rosyjską infiltracją gospodarczą. Miał zablokować międzyrządową umowę przekazującą rosyjskim firmom byłe sowieckie koszary na terenie Polski. Ci, którzy wówczas uczestniczyli w polsko-rosyjskich negocjacjach, pamiętają, że Macierewicz i jego akolici odegrali zupełnie inną rolę. Wybitny dyplomata Andrzej Ananicz w 2015 r. oświadczył publicznie, że to Piotr Naimski storpedował porozumienie, które pozwalało naszym władzom kontrolować rosyjskie spółki działające w Polsce. Według Ananicza Naimski forsował taką interpretację prawa, według której firmy z Rosji miały działać swobodnie, podobnie jak inne podmioty gospodarcze[5]. Tu pojawia się pytanie, kim był Piotr Naimski. Wówczas szefem Urzędu Ochrony Państwa (UOP), czyli cywilnych służb specjalnych. Bezpośrednio podlegał więc ministrowi spraw wewnętrznych Antoniemu Macierewiczowi. Co więcej, od końca lat 60. Naimski jest „prawą ręką" Macierewicza. Poznali się w 1967 r., razem działali w harcerstwie. Od pół wieku łączy ich najbliższa przyjaźń i współpraca. Sprawę rosyjskich spółek zamierzam badać w najbliższych miesiącach.

Jako zaciekły antykomunista minister spraw wewnętrznych Antoni Macierewicz miał też dokonać lustracji, czyli ujawnić byłych agentów SB w parlamencie i innych organach władzy państwowej. Jednak to, co zrobił w roku 1992, skompromitowało samą ideę lustracji. Otóż Macierewicz

---

5 A. Dudek, A. Ananicz, *1991–1993. Jak pozbyć się wojsk radzieckich?*, Polskie Radio, 30 grudnia 2015, <https://www.polskieradio.pl/8/3401/Artykul/1564117,19911993-Jak-pozbyc-sie-wojsk-radzieckich>.

przekazał parlamentarzystom listę, na której znalazły się zarówno osoby winne, jak i te niemające nic na sumieniu. W tym jego główni rywale o rząd dusz na prawicy i w kręgach niepodległościowych – Wiesław Chrzanowski i Leszek Moczulski. Gdy lista trafiła do Sejmu, posłowie o mało się nie pobili, rząd upadł, a kwestia niedokończonej lustracji ciągnie się za nami do dziś. Warto przy tej okazji wspomnieć, że przyjacielem, sponsorem i wieloletnim współpracownikiem Macierewicza był Robert Luśnia – były płatny agent SB powiązany z sowieckim wywiadem wojskowym GRU, obecnie milioner.

Podobny destrukcyjny manewr Antoni Macierewicz wykonał w latach 2006–2007. Rządził wtedy PiS, który uczynił Macierewicza likwidatorem Wojskowych Służb Informacyjnych (wywiad i kontrwywiad polskiej armii) oraz założycielem Służby Kontrwywiadu Wojskowego. Przy tej okazji Macierewicz stworzył słynny Raport o WSI. Podał w nim nazwiska polskich agentów działających w Rosji, w innych krajach postsowieckich, w Azji Środkowej i na Bliskim Wschodzie. Były minister obrony narodowej Bogdan Klich (skądinąd krytyczny wobec WSI) mówi, że opublikowanie raportu zaszkodziło polskim żołnierzom w Afganistanie i Iraku, ujawniło zasady funkcjonowania naszych służb i zdekonspirowało oficerów służących za granicą.

Co więcej, Macierewicz kazał przetłumaczyć swój raport jak najszybciej na rosyjski. Tłumaczką była Irina Obuchowa – Rosjanka, która w czasach sowieckich najprawdopodobniej współdziałała z KGB. Według wiarygodnych źródeł i jednego z najbardziej renomowanych polskich tygodników Obuchowej pozwolono swobodnie krążyć po budynku SKW[6]. Wcześniej nie poddano jej odpowiedniemu sprawdzeniu kontrwywiadowczemu[7].

Po katastrofie smoleńskiej zaczął się jeden z najbardziej niezwykłych i dwuznacznych okresów działalności Antoniego Macierewicza. Człowiek otoczony ludźmi związanymi i powiązanymi z Kremlem zarzucił Rosji spowodowanie katastrofy polskiego samolotu prezydenckiego w Smoleńsku. Innymi słowy, zarzucił rosyjskiemu dyktatorowi Władimirowi Putinowi zabicie prezydenta Lecha Kaczyńskiego, jego żony Marii Kaczyńskiej oraz 94 innych osób. Tymczasem żadne badania katastrofy przeprowadzone zgodnie z naukową metodologią nie dostarczyły dowodów na zamach czy spisek.

6 G. Rzeczkowski, *Sekrety Macierewicza*, „Polityka" nr 42, 2016.

7 M. Duda, Ł. Ruciński, *Łowczyni szpiegów odchodzi z wojska*, TVN 24, <https://www.tvn24.pl/magazyn-tvn24/lowczyni-szpiegow-odchodzi-z-wojska,128,2297>, dostęp: 14 września 2018.

Jak sprawić, żeby zbrodniarz zaczął wyglądać na ofiarę? Zarzucić mu zbrodnię, której nie popełnił. Co więcej, Macierewicz i jego „specjaliści" oskarżali Rosję o zamach w sposób, który byłby dla niej pomocny, nawet gdyby faktycznie go dokonała. Posiedzenia tak zwanych ekspertów smoleńskich budziły śmiech, gdy wybuch w samolocie objaśniano za pomocą pękających parówek... Wychodząc z takim oskarżeniem i takimi „dowodami" na arenę międzynarodową, Antoni Macierewicz przyprawiał Polakom gębę oszalałych rusofobów. Każdy z nas, kto próbował racjonalnie ostrzegać Zachód przed poczynaniami Kremla, mógł się zderzyć z tym stereotypem, do którego zaistnienia Macierewicz się przyczynił. Zresztą podobne reakcje spotykałem również w Polsce. Gdy w 2013 r. zacząłem pisać o rosyjskich wpływach w naszym kraju, nieraz słyszałem w odpowiedzi: „Daj spokój, chyba nie chcesz iść w ślady Antka?".

Głównym jednak efektem spiskowej teorii smoleńskiej było rozbicie narodu polskiego na dwa nieprzyjazne plemiona. Ci, co wierzą w „zamach smoleński", mają wszystkich innych za wspólników mordu lub otępiałych głupców, za „lemingi". Ci, co w niego nie wierzą, mają wyznawców teorii za niebezpiecznych szaleńców. Jaka wspólnota, jaki dialog może połączyć współsprawców morderstwa i tępe lemingi z groźnymi wariatami? Oto kolejny szczebel w karierze niszczyciela. Ten, który rozbijał KOR i „Solidarność", zaczął rozbijać jeszcze większą społeczność.

Gdy w 2015 r. PiS po raz kolejny doszedł do władzy, Antoni Macierewicz osiągnął apogeum swojej potęgi. Tkana latami sieć kontaktów zaczęła przynosić owoce. Wiceministrem obrony został Bartosz Kownacki, były współpracownik Mateusza Piskorskiego (założyciela jawnie prokremlowskiej partii Zmiana, aresztowanego w 2016 r. w związku z podejrzeniem o szpiegostwo na rzecz Rosji i innych państw). Stanowisko wiceministra objął też Tomasz Szatkowski, prezes wspomnianej organizacji NCSS. Organizacją tą kierował również Jacek Kotas, nazywany w mediach „rosyjskim łącznikiem Macierewicza". Skąd ten przydomek? Kotas to wieloletni prezes spółek deweloperskiej Grupy Radius, której współzałożycielem jest Robert Szustkowski, przyjaciel i współpracownik kremlowskich oligarchów – Lwa Kwietnoja i Andrieja Skocza – członków tak zwanej sołncewskiej mafii (jednej z największych rosyjskich, postsowieckich i światowych organizacji przestępczych, która ściśle współdziała ze służbami specjalnymi Rosji). Według jego byłej wspólniczki, Ewy Domżały, to Kwietnoj i Skocz przekazali Szustkowskiemu pieniądze, dzięki którym mógł wziąć udział w założeniu Grupy

Radius[8]. Mimo to prezes jej spółek, Jacek Kotas, w 2007 r. uzyskał prawo dostępu do tajemnic polskiej armii. Przyznał mu je kontrwywiad wojskowy kierowany przez Antoniego Macierewicza, który osobiście monitorował tę sprawę w latach 2006–2007[9]. Dodajmy, że Macierewicz od lat kontaktuje się z kongresmenem Daną Rohrabacherem – największym zwolennikiem Putina w Waszyngtonie. Między innymi to on zapoznał Rohrabachera z Jarosławem Kaczyńskim. Ponadto Macierewicz jako minister obrony wynajął Argentyńczyka Luisa Moreno Ocampo, prorosyjskiego międzynarodowego prawnika znanego m.in. z publicznych zachwytów nad rosyjskim „doświadczeniem w stosowaniu prawa międzynarodowego" [sic!], wyrażonych w rozmowie z przedstawicielami kremlowskiego portalu Sputnik[10]. Mimo to Moreno Ocampo w imieniu naszego kraju miał negocjować z Kremlem w sprawie wraku polskiego prezydenckiego tupolewa, który rozbił się w Smoleńsku. Pieniądze od Macierewicza i podległych mu spółek Skarbu Państwa dostawał także były senator USA, lobbysta Alfonse D'Amato[11]. D'Amato obsługuje wielkie korporacje UTC i ARH/GenCorp, które uzależniły amerykański wywiad kosmiczny od rosyjskich silników rakietowych używanych w satelitach szpiegowskich[12]. Nawet człowiek Macierewicza, były wiceminister Dominik Smyrgała, przyznaje, że to fatalna zależność. Według Smyrgały powstrzymuje ona Waszyngton od zastosowania skutecznych sankcji wobec Rosji[13].

8 T. Piątek, G. Rzeczkowski, *Rosyjscy łącznicy*, Polityka.pl, <https://www.polityka.pl/tygodnikpolityka/kraj/1738446,1,jak-ludzie-kremla-i-rosyjskiej-mafii-znalezli-sie-w-otoczeniu-antoniego-macierewicza.read>, dostęp: 26 września 2018.

9 Zob. T. Piątek, *Tomasz Piątek odpowiada*, <https://arbitror.pl/wp-content/uploads/2017/12/Tomasz-Piatek-odpowiada-AKTUALIZACJA.pdf>, dostęp: 14 września 2018.

10 *ICC Chief Prosecutor Urges Russia to Lead in Solving Disputes Legally*, Sputnik International, 18 listopada 2016 <https://sputniknews.com/world/201611181047605817-icc-moreno-ocampo-russia/>.

11 B. Mikołajewska, *Co łączy lobbystę amerykańskiego przemysłu lotniczego z ludźmi Macierewicza?*, OKO.press, 15 października 2016, <https://oko.press/laczy-lobbyste-amerykanskiego-przemyslu-lotniczego-ludzmi-macierewicza/>.

12 B. Grow, s. Grey, R. Anin, *Special Report: In Pentagon deal with Russians, big profit for tiny Florida firm*, Reuters, 18 listopada 2014, <https://www.reuters.com/article/us-russia-capitalism-rockets-special-rep/special-report-in-pentagon-deal-with-russians-big-profit-for-tiny-florida-firm-idUSKCN0J22BQ20141118>; A. Cave, *John McCain on target about American reliance on Russian rocket engines*, 29 stycznia 2016, <https://www.politifact.com/arizona/statements/2016/jan/29/john-mccain/john-mccain-right-about-american-reliance-russian-/>; *Lobbyists working for Park Strategies*, OpenSecrets.org, <https://www.opensecrets.org/lobby/firmlbs.php?id=D000036517>, dostęp: 14 września 2018; *Lobbyists working for Park Strategies*, OpenSecrets.org, <https://www.opensecrets.org/lobby/firmlbs.php?id=D000036517&year=2017>, dostęp: 14 września 2018.

13 D. Smyrgała, *Zniszczyć Macierewicza*, „Do Rzeczy" nr 38, 2017.

Dodajmy, że D'Amato od dziesięcioleci współdziała z mafijnymi rodzinami Gambino, Genovese i Lucchese. Dwie pierwsze z tych rodzin wprowadziły do Nowego Jorku przedstawicieli tej samej rosyjskiej mafii, z którą w Polsce powiązani są... Grupa Radius i Jacek Kotas.

Skąd u Macierewicza taka wieloletnia konsekwencja? Skąd te niebezpieczne kontakty, niszczycielskie zdolności i zadziwiająca niezatapialność? Skąd się to wszystko wzięło i jak się zaczęło? Odpowiedzi na te pytania poszukałem w archiwach IPN. Antoni Macierewicz został zarejestrowany przez SB pod kryptonimem „Macek". Nie jako TW (tajny współpracownik), ale jako „figurant": osoba śledzona i rozpracowywana przez komunistyczne służby. Jednak funkcjonariusze SB zniszczyli główne dokumenty dotyczące Macierewicza (zgromadzone w tak zwanym kwestionariuszu ewidencyjnym „Macek"). Zrobili to 9 stycznia 1990 r.[14], w tym samym czasie, kiedy pospiesznie niszczyli lub ukrywali w prywatnych schowkach akta swoich najważniejszych agentów. Mimo to w IPN zachowały się liczne raporty, meldunki i notatki, dzięki którym wychodzi na jaw zadziwiająca rola, jaką Macierewicz odegrał w dziejach służb komunistycznych. Rolę tę przedstawiam w niniejszej książce.

---

14 Zob. Protokół L. dz. NO-V-00947/89, zapis ewidencyjny z 9 stycznia 1990 r. ze stemplem nagłówkowym nr 218 i pieczęcią Stołecznego Urzędu Spraw Wewnętrznych, <https://katalog.bip.ipn.gov.pl/informacje/13695?katalog=2>, dostęp: 14 września 2018.

CZĘŚĆ PIERWSZA
Linia życia, labirynt nieprawdy

Nietrudno jest znaleźć życiorys Antoniego Macierewicza. W publikacjach książkowych, prasowych i internetowych natrafimy na różne, ale zbliżone do siebie wersje. Publikują je współpracownicy i zwolennicy Macierewicza. Jeśli im wierzyć, od zawsze był on płomiennym katolikiem, nieprzejednanym antykomunistą i zaciekłym wrogiem Kremla. Te malownicze życiorysy mają podstawową wadę. Nie są prawdziwe. Zawierają liczne fałszywe lub wątpliwe informacje, zdementowane lub niepotwierdzone przez niezależne źródła. Oto jeden z najbardziej wyrazistych przykładów.

KŁOPOTY Z DZIADKIEM

W 2018 r. małe wydawnictwo LTW z Łomianek wydało księgę pamiątkową zatytułowaną *Niepodległość ma jeden kształt: Antoniemu Macierewiczowi w 70. rocznicę urodzin*. Na stronie 17 znajdujemy tekst historyczki Justyny Błażejowskiej, zatytułowany *Antoni Macierewicz a Trzecia Niepodległość* (w przypisie autorka wyjaśnia, że pod pojęciem „Trzeciej Niepodległości" rozumie okres, który w historii Polski rozpoczął się po 1989 r.). Od czego zaczyna Błażejowska? Od przedstawienia rodowodu Macierewicza. W drugim zdaniu artykułu czytamy: „[...] dziadek Adam współpracował z Romanem Dmowskim, współtwórcą Ligi Narodowej". Najwyraźniej czytelnicy wymagają zapewnienia, że jest on rasowym politykiem i polskim narodowcem z dziada pradziada.

O dziadku Adamie podobnie pisze sam Antoni Macierewicz. 15 grudnia 2016 r. w czasopiśmie „WPiS – Wiara, Patriotyzm i Sztuka" ukazał się jego tekst pod tytułem *Trzy kobiety mojego życia*. Cytuję Macierewicza: „Przywołam tu jeszcze kilka nazwisk kluczowych dla biografii mojej i mojego pokolenia, oraz tych wszystkich, którzy podejmują dziś wysiłki na rzecz narodu polskiego. W moim życiu osobistym ważne jest także nazwisko mojego dziadka – Adama Macierewicza. Był współpracownikiem Romana Dmowskiego, współtwórcy Ligi Narodowej a potem Stronnictwa Narodowo Demokratycznego [pisownia oryginalna – red.]. [...] Adam Macierewicz, jego dorobek, myśli, praca i wysiłek patronowały mojemu życiu zawsze". Pięć dni po publikacji tego artykułu, z „Gazetą Wyborczą" skontaktował się historyk Szymon Rudnicki, profesor Uniwersytetu Warszawskiego. Wysłał do redakcji list, którego fragmenty podaję: „Dziś rano [...] przeczytałem nowy życiorys Macierewicza. Okazuje się, że pradziad Antka walczył w kolejnym powstaniu, a dziad był w Lidze Narodowej. Podano jego imię. Nie pamiętam, Adam czy Antoni, ale nazwisko Macierewicz. Otóż [...] w spisie członków LN nie ma żadnego Macierewicza". Liga Narodowa (LN) to organizacja matka polskiego nacjonalizmu. Istniała w latach 1893–1928. Jednym z jej liderów był Roman Dmowski, uważany za pierwszego polskiego nacjonalistę. Nie można mu odmówić pewnych zasług w kwestii odzyskania przez Polskę niepodległości. Mimo to jego prorosyjskie poglądy i działania (w 1907 r. został posłem do rosyjskiej Dumy) były oczywiste – doprowadziły zresztą do rozłamów w Lidze. Dmowski wyznawał też antysemityzm. Z dzisiejszej perspektywy współpraca z Dmowskim byłaby więc co najmniej dyskusyjnym powodem do chwały (jeśli wręcz nie do potępienia). Inaczej jednak mogą myśleć dzisiejsi młodzi nacjonaliści i neofaszyści z Obozu Narodowo-Radykalnego (ONR), Młodzieży Wszechpolskiej (MW) czy Narodowego Odrodzenia Polski (NOP). Wielu z nich bezrefleksyjnie czci Dmowskiego. Opowiadając o dziadku Adamie, Antoni Macierewicz wysyła oczywisty komunikat do narodowców. Można go streścić tak: „Szukacie przywódcy? Ja się nadaję, nacjonalizm mam w genach". Oczywiście, to nie pierwszy taki sygnał. Macierewicz zaleca się do narodowców od 40 lat. Tyle że przed 2016 r. na scenę polityczną nie wprowadzał z fanfarami swego świętej pamięci dziadka.

Profesor Szymon Rudnicki to jeden z największych autorytetów w dziedzinie historii polskiego nacjonalizmu i Ligi Narodowej. Napisałem do niego, prosząc o więcej informacji. Odpisał tak: „Posyłam [...] dwa spisy członków LN. Jeden jest [...] raczej pełny. Drugi spis, odnoszący się do grupy lwowskiej, zamieściłem w swoim artykule o jej protokołach. Jestem jedynym historykiem, które je miał w ręku (zrobiłem kopię). O ile mam dobre informacje, oryginał potem został wywieziony z Polski [...]". Spisy członków Ligi Narodowej, które otrzymałem od profesora, uporządkowane są alfabetycznie. Teoretycznie powinienem więc szukać tylko pod literą „M" – zwłaszcza że pierwszy ze spisów jest bardzo obszerny. Niemniej przeczytałem je w całości po kilka razy. Za sprawą błędu redaktorskiego lub zecerskiego Adam Macierewicz mógł przecież trafić do spisów jako „Adam Nacierewicz" czy „Adam Wacierewicz"... Ale żadnego Nacierewicza ani Wacierewicza nie znalazłem. Nie znalazłem też żadnego Macierewicza. Wliczając formy oboczne tego nazwiska, takie jak „Maciarewicz", „Maciurewicz" czy „Maciorewicz", na które również nie natrafiłem. Był jeden Majorowicz, ale Feliks. Był też jeden Maciejewicz, ale Stanisław, i to ksiądz.

SZALEŃSTWO I METODY

Zderzając się z tak rozbieżnymi wersjami, łatwo zwątpić we wszystko. Nie tylko w rodowód Antoniego Macierewicza, lecz także w jego tożsamość. Można by zacząć dociekać, czy dziadek Adam naprawdę istniał... Przestrzegam jednak przed takimi uproszczeniami. Adam Macierewicz żył, działał, robił interesy, mieszkał w Warszawie, wcześniej zaś w Lublinie, gdzie w 1923 r. założył Towarzystwo Ziem Wschodnich Rzeczypospolitej Polskiej[15]. Jego istnienie można potwierdzić w licznych źródłach, np. w oficjalnym przedwojennym wykazie mierniczych przysięgłych, który dostępny jest w internecie[16]. Natomiast co do rzekomych związków dziadka z Romanem Dmowskim, pierwotnym źródłem informacji na ich temat jest Antoni Macierewicz i jego rodzina.

Powinniśmy więc starannie oddzielać to, co niepotwierdzone i niewiarygodne, od tego, co da się potwierdzić. Musimy pamiętać, że nawet ktoś, kto kłamie często, nie kłamie zawsze. Kłamstwo zaś kłamstwu nierówne, a w szaleństwie różne bywają metody. Politycy często mijają się z prawdą po to, żeby lepiej się zaprezentować wyborcom lub innym politykom (w tym wypadku byliby to młodzi działacze ONR-u i ich zwolennicy). Za takim kamuflażem zwykle kryją się wstydliwe tajemnice, ale niekoniecznie zdrada lub wroga infiltracja. Polityk może się obawiać, że ktoś mu wytknie niekonsekwencję, niesprawiedliwość lub podejrzane powiązania – przy czym „podejrzane" nie zawsze znaczy „agenturalne".

Nie wolno o tym zapomnieć przy badaniu licznych i niepokojących nie-

15 A. Gielewska, M. Dzierżanowski, *Antoni Macierewicz. Biografia nieautoryzowana*, Kraków 2018, s. 79–83.

16 *Wykaz mierniczych przysięgłych, upoważnionych w myśl w ustawy z dnia 15 lipca 1925 r.*, Warszawa 1932, <https://upload.wikimedia.org/wikipedia/commons/0/00/Wykaz_mierniczych_przysi%C4%99g%C5%82ych_broszura_z_1932_r.pdf>.

jasności, które dotyczą Antoniego Macierewicza. Niektóre z nich mogą wynikać z banalnych prób upiększania własnego wizerunku politycznego (lub tuszowania spraw niełádnych, jednak nie hańbiących). Niektóre mogą być efektem upływu czasu. Z biegiem lat pamięć przeszłych zdarzeń się zaciera. Różni ludzie różnie pamiętają wydarzenia, co nie znaczy, że ktoś z nich kłamie. Dlatego przejrzyjmy teraz anomalie, w które obfituje życiorys Antoniego Macierewicza. Przejrzyjmy i przesiejmy. Oddzielmy te nieprawdy i niejasności, które można jakoś racjonalnie wytłumaczyć, od tych, które wytłumaczyć jest trudniej. Ustalmy, jak się to wszystko zaczęło – czyli kiedy pojawił się osobliwy parasol ochronny nad Macierewiczem. Wśród dziwnych zdarzeń w jego życiu wyszukajmy niewątpliwe oznaki tego parasola.

PIERWSZA PRZEMIANA

Antoni Macierewicz urodził się 3 sierpnia 1948 r. jako dziecko dwojga naukowców – chemika Zdzisława Macierewicza i biolożki Marii Strączyńskiej-Macierewicz. Oboje mieszkali wówczas w Gmachu Chemii Uniwersytetu Warszawskiego przy ulicy Wawelskiej 17 (dziś Pasteura 1), gdzie docent Zdzisław Macierewicz miał swoją pracownię. 11 listopada 1949 r. – gdy mały Antoni liczył sobie 15 miesięcy i jeden tydzień – w tej właśnie pracowni docent Macierewicz zginął tajemniczą śmiercią. Do tragedii, którą dokładnie opiszę w dalszej części książki, doszło za sprawą Urzędu Bezpieczeństwa (UB, cywilnych służb specjalnych stalinowskiej Polski zastąpionych po 1956 r. przez Służbę Bezpieczeństwa, SB). Owdowiała Maria Macierewicz i osierocone dzieci w lutym 1952 r. otrzymały mieszkanie komunalne przy ulicy Ogrodowej. Rodzina przeniosła się tam z prowizorycznych pomieszczeń, które zajmowała w Gmachu Chemii.

Sześć lat później dziesięcioletni Antek trafił do domu dziecka prowadzonego przez Towarzystwo Salezjańskie w kaszubskiej Rumi pod Trójmiastem. Świadczą o tym nie tylko dokumenty i wspomnienia członków rodziny. Dotarłem również do świadectwa osoby, która pod koniec lat 50. mieszkała nieopodal zakładu i pamięta stamtąd małego Antoniego. Jednak przy okazji tego pobytu pojawiają się pierwsze niejasności. Według zachowanej listy wychowanków 10-letni Antek miał trafić do domu dziecka we wrześniu 1958 r. i pozostać tam do 1960 r.[17]. Jedno ze źródeł waha się co do daty zamiesz-

17 A. Gielewska, M. Dzierżanowski, dz. cyt., s. 63.

kania chłopca w zakładzie. Nie wyklucza, że trafił on do Rumi w znacznie młodszym wieku, nawet cztery lata wcześniej. Jednak inne źródła nie wspominają o takiej wątpliwości. Zakładamy więc, że data zapisana w liście wychowanków jest prawdziwa.

Kolejna niejasność: dlaczego Maria Macierewicz wysłała Antoniego do domu dziecka? Podobnie jak jego starszego brata Wojciecha, który trafił do Rumi wcześniej, w roku 1957? Rodzina Macierewiczów dysponowała wtedy mieszkaniem przy Ogrodowej. Rodzina była czteroosobowa: Maria, jej troje dzieci, czyli Barbara, Wojciech i Antoni. Do tej czwórki dołączyła ciotka Marii, Jadwiga Winczakiewiczowa. Pięć osób w jednym komunalnym mieszkaniu mogło odczuwać rozmaite niedogodności. Ale nawet dzisiaj takie zagęszczenie nie tłumaczyłoby decyzji matki o wysłaniu synów do domu dziecka. A przecież w zrujnowanej Warszawie lat 50. lokali mieszkalnych rozpaczliwie brakowało i bardziej tolerowano ciasnotę. Janusz Kijowski wspomina, że mieszkanie przy Ogrodowej, choć bez luksusów, mogło być nawet trzypokojowe. Warszawiacy marzyli wówczas o takim metrażu. Krewni wyjaśniają surowe postępowanie Marii niesfornym charakterem dorastających synów. W 1949 r., po śmierci męża, matka została sama z trójką dzieci. Według wielu źródeł starsza siostra Barbara robiła, co mogła, żeby pomóc w wychowywaniu chłopców. Chwali ją za to sam Macierewicz w artykule *Trzy kobiety mojego życia*. Zapewne jakoś też pomagała ciotka babka Winczakiewiczowa, gdy zamieszkała z Macierewiczami.

Tymczasem Barbara osiąga wiek akademicki – w 1957 r. kończy 19 lat. Od dziecka chce zostać chemiczką, tak jak ojciec. Teraz wreszcie może pójść w jego ślady. Czekają ją wymagające studia. Zapewne nie może już dłużej niańczyć braci. Oni zaś wkraczają w wiek nieposłuszeństwa, nie chcą uchodzić za maminsynków i braciszków starszej siostry. Prawdopodobnie więc Maria stwierdza: czas na męskie wychowanie. To tłumaczyłoby, dlaczego wysyła chłopców do Rumi, gdzie dom dziecka prowadzą księża salezjanie. Dodatkowy argument na rzecz takiego rozwiązania: rodzina jest katolicka i prawicowa. Nieżyjący ojciec, Zdzisław Macierewicz, był endekiem, przedwojennym narodowcem.

Tak to można tłumaczyć. Jednak wciąż trudno nam zrozumieć kogoś, kto po stracie męża pozbywa się synów. Tym bardziej że znajomi zapamiętali Marię jako osobę szczególnie ciepłą i rodzinną. Co więcej, zakład salezjanów w Rumi mieści się 400 km od Warszawy. Zatem matka ma znikome możliwości kontroli nad tym, co się dzieje z synami. Powinna zaś się przejmować: w 1953 r. w zakładzie doszło do molestowania chłopców przez jednego z kleryków. W tym samym czasie trzech wychowanków domu dziecka zginęło z powodu niedostatecznego nadzoru (wymknęli się ze szkoły i poszli na pobliskie wzgórze pobawić się niewypałami)[18]. W 1960 r. zakład zamknięto.

Przejdźmy do następnej zagadki. Wychowankowie salezjanów codziennie się modlili i uczestniczyli we mszy. Sam Macierewicz tak wspomina księży wychowawców: „Wzięli nas w garść, nauczyli modlitwy"[19]. Jednak czy faktycznie nauczyli? W 2018 r. reporter śledczy Radosław Gruca dotarł do współwięźniów, którzy przebywali razem z Macierewiczem w ośrodkach internowania. Jeden z nich, rzeszowski opozycjonista Janusz Szkutnik, znał Antoniego Macierewicza z ośrodka w Załężu[20]. Utrzymywał też bliskie kontakty z innym internowanym, nieżyjącym już Waldemarem Mikołowiczem. Mikołowicz zaprzyjaźnił się wówczas z Macierewiczem. Siedział z nim w dwóch ośrodkach: nie tylko w Załężu, lecz także w Nowym Łupkowie[21]. Później opowiadał Szkutnikowi, że Macierewicz nie znał katolickich „pacierzy", których miał się nauczyć dopiero podczas internowania (właśnie od Mikołowicza). Brzmi to niezwykle, ale inni współwięźniowie potwierdzili Grucy, że też o tym słyszeli. Na uwagę zasługuje jeszcze jeden fakt: Antoni Macierewicz ochrzcił swoją córkę Aleksandrę, dopiero gdy miała 6 lat. Stało się to w ośrodku internowania, w Nowym Łupkowie, 26 września 1982 r. Wzbudziło to wówczas konsternację wśród współwięźniów. W PRL, tak jak w dzisiejszej Polsce, katolickie dzieci chrzczono krótko po narodzinach. Robili to nawet członkowie Polskiej Zjednoczonej Partii Robotniczej (PZPR), czyli komunistycznej partii rządzącej, w której obowiązywał ateizm. Komuniści chrzcili potomstwo po cichu, ale równie prędko jak prawowierni katolicy. Najwyraźniej Antoni Macierewicz, mimo deklarowanego katolicyzmu, trzymał się z dala od elementarnych dla tego wyznania praktyk religijnych. Dlaczego? Co mogło wywołać taki dystans? Co sprawiło, że wychowanek salezjanów wymazał z pamięci podstawowe katolickie modlitwy? Być może chodzi o odrazę i wyparcie. Jeżeli pobyt w zakładzie był dla kilkunastolet-

---

18 A. Gielewska, M. Dzierżanowski, dz. cyt., s. 68.

19 J. Błażejowska, *Harcerską drogą do niepodległości*, Kraków 2016, s. 23.

20 M. Stręk, *Janusz Szkutnik*, Encyklopedia Solidarności, <http://www.encysol.pl/wiki/Janusz_Szkutnik>, dostęp: 14 września 2018.

21 A. Skrzypek, *Waldemar Mikołowicz*, Encyklopedia Solidarności, <http://www.encysol.pl/wiki/Waldemar_Miko%C5%82owicz>, dostęp: 14 września 2018; M. Łątkowska, A. Borowski, *Antoni Macierewicz*, Encyklopedia Solidarności, <http://www.encysol.pl/wiki/Antoni_Macierewicz>, dostęp: 14 września 2018.

niego chłopca trudny i bolesny, jeżeli spotkało go tam coś strasznego – młody Macierewicz mógł unikać katolickich obrzędów. Mógł nawet wymazać ze swej pamięci tekst i rytuał modlitw. Rzecz jasna, pozostajemy tu w sferze hipotez. Przyjrzyjmy się jednak atmosferze, jaka panowała w salezjańskim zakładzie. Utarło się, że Kościół katolicki zawsze praktykował antykomunizm, ale prawda była daleko bardziej skomplikowana. Księża z Rumi znajdowali się w trudnym położeniu. Komunistyczne władze chciały doprowadzić do zamknięcia zakładu. Mobilizowało to salezjanów do usilnej walki o zachowanie placówki. Ksiądz Jarosław Wąsowicz, który opiekuje się archiwum zakładu, przypisuje im postawę „lisa". Znaczy to, że przyświecała im zasada „przystosuj się, a przetrwasz". Uczynili więc ze swej placówki miejsce indoktrynacji nie tylko katolickiej, lecz także... komunistycznej. Założyli w niej oddział Towarzystwa Przyjaźni Polsko-Radzieckiej (TPPR). Podejmowali też wiele innych działań, których opis brzmi dzisiaj szokująco.

Ksiądz Wąsowicz – skądinąd człowiek ideowo bliski Macierewiczowi, duszpasterz ultraprawicowych kibiców piłkarskich[22] – opowiada obszernie o uwikłaniu salezjanów z Rumi: „Personel salezjański w swej pracy nie tylko dbał o utrzymanie w porządku spraw gospodarczych placówek, spraw bytowych wychowanków, lecz także starał się dokumentować wychowanie młodzieży w myśl ideałów Polski Ludowej, co wymagało eksponowania postaw politycznych opartych na wzorach wyniesionych z doświadczeń sowieckich. W «Kronice Zakładowej» i «Księdze Protokołów Rady Pedagogicznej Domu Dziecka» w Rumi znajdujemy wiele notatek, które dokumentują udział salezjańskich wychowanków w ideologicznych imprezach, takich jak czyny i pochody pierwszomajowe: «Na dzień *święta pracy* postanowiono przygotować się w następujący sposób: a) wykonać czyny pierwszomajowe [...] b) przygotować na ten dzień świetlicę przez ozdobienie [...] c) w sam dzień 1 maja: rzucić myśl chłopcom i dopilnować, by urządzili masówkę w celu zaznajomienia się z przodownikami pracy, dopilnować, by wychowankowie wysłuchali audycji radiowych z obchodów pierwszomajowych, rozdać nagrody chłopcom najpilniejszym». Przeprowadzano prace społeczne, masówki popierające Kongres Pokojowy w Warszawie, prace przy organizacji wyborów: «Piękny był wkład w kampanię wyborczą. Prócz akcji propagandowej (prasa, radio itp.) służono pomocą Gminnej Radzie

22 M. Piątek, *Wybrani i wyklęci*, „Polityka" nr 2, 2018; J. Wąsowicz, *Zalegalizować race! Kibice proponują system norweski*, Niezależna, 2 czerwca 2018, <http://niezalezna.pl/226782-ks-jaroslaw-wasowicz-zalegalizowac-race-kibice-proponuja-system-norweski>.

Narodowej, dekorowano lokale wyborcze, a także uświadamiano społeczeństwo drogą ulotek i afiszów [...]. O wyborach wszyscy zostali uświadomieni przez słówka, instrukcje, ogłoszenia i audycje radiowe. Dzień wyborów 5 XI (1952) naznaczał się głębokim zrozumieniem obowiązku obywatelskiego i praw naszej konstytucji. Każdy świadomy obywatel zdaje sobie dokładnie sprawę z tych wyborów. Do urn wyborczych udadzą się razem wychowawcy i wychowankowie między godz. 9.00 a 10.00 rano»[23]". Czytelnikom, którzy nie pamiętają czasów komunizmu, pozwolę sobie przypomnieć, że wybory w PRL były rytualnym wyrazem poparcia dla reżimu. Wyborcy mogli zagłosować tylko na koalicję utworzoną przez komunistyczną PZPR. Ks. Wąsowicz pisze dalej: „Wychowankowie przygotowywali w zakładzie stosowne gazetki i programy artystyczne: «Dwie gazetki: pt. *Wolna Warszawa* i *Wykonanie planu sześcioletniego* [totalitarnego planu ekonomicznego zakładającego m.in. całkowite przejęcie kontroli nad gospodarką przez komunistów – wszystkie informacje w nawiasach kwadratowych, jeśli nie zaznaczono inaczej, pochodzą od autora.] wykonano nadzwyczajnie – wykonywali je wychowankowie [...]. Wieczór świetlicowy odbył się w radosnym nastroju. Słowo wstępne wygłosił ks. radca, wskazując na obowiązek radosnego i ochotnego brania udziału wszystkich obywateli w pracach społecznych [...]. Dalszy program stanowił referat jednego z wychowanków, śpiewy o treści narodowej i robotniczej, deklamacje zachęcające do wyścigu w pracy nad odbudową kraju oraz humorystyczne felietony». Pamiętano o przyjaźni polsko-sowieckiej: «Z okazji miesiąca Przyjaźni Polsko-Radzieckiej zrobiono dla szkoły kilka gazetek, napis na sali własnej, chłopcy byli na filmach radzieckich, brali udział w obchodach urządzonych przez szkołę. Zaplanowano także w świetlicy kącik o ZSRR [...]. Z okazji miesiąca Przyjaźni Polsko-Radzieckiej postanowiono urządzić masówkę czy akademię oraz dać szereg audycji radiowych na ten temat, łącząc się duchem z naszymi sąsiadami ze wschodu poprzez prasę, książki i filmy»"[24].

A co na ten temat ma do powiedzenia nasz bohater? „Te dwa lata wspominam jako jeden z najlepszych okresów mojego życia" – tak mówi dziś Antoni Macierewicz[25]. Czy to też jakaś forma wyparcia? Jeśli nie, jeśli młody

23 J. Wąsowicz, *Likwidacja salezjańskich zakładów wychowawczych*, „Biuletyn IPN" nr 4, 2007, s. 50 i n.

24 J. Wąsowicz, dz. cyt., s. 51.

25 J. Błażejowska, *Harcerską drogą do niepodległości*, dz. cyt., s. 23.

Macierewicz naprawdę dobrze się czuł u salezjanów, to co mu się u nich podobało? Katolicyzm czy komunizm? Może nie musiał później wypierać modlitw, bo wcale się ich tam nie uczył? Może je bojkotował, machając czerwoną chorągiewką? W tym miejscu trzeba zaznaczyć, że po 1956 r. skończył się stalinizm, wskutek czego zmalał nacisk władz na Kościoły. Można by więc przypuścić, że pod koniec lat 50. ubiegłego stulecia księża darowali sobie komunistyczną indoktrynację wychowanków. Jednak lata 1958–1960, gdy w zakładzie przebywał Macierewicz, dla salezjanów musiały być okresem najgorszej presji. Ostatecznie ważyły się wówczas losy domu dziecka. Należy więc podejrzewać, że księża z Rumi jeszcze usilniej próbowali przekonać do siebie władze. Chociaż mogło się to odbywać inaczej niż kilka lat wcześniej – w sposób bardziej stonowany, który mniej kłóciłby się z wizerunkiem katolickiego zakładu wychowawczego, albowiem razem ze stalinizmem skończył się czas nieustannej ostentacji. Nowe władze wolały mniej krzykliwe formy współpracy i mniej widoczne formy kontroli nad człowiekiem. Chłopcy zapewne już nie musieli rozlepiać PZPR-owskich plakatów na ulicach z „robotniczymi" pieśniami na ustach. Jeśli księża wciąż wpajali miłość do komunistycznego państwa, to prawdopodobnie uczyli też dyskretniejszego okazywania tej miłości. Nie poprzez machanie czerwoną chorągiewką, tylko poprzez współdziałanie z przedstawicielami tego państwa. Jedno zaś jest pewne. Gdyby, hipotetycznie, młody Antoni chciał kontestować katolickie wychowanie w duchu oficjalnego komunistycznego ateizmu, salezjanie obawialiby się go powstrzymywać lub karać. Wychowanek mógłby się przecież odwołać do władz. Skarga chłopca na „księży prześladujących młodego ateistę" stanowiłaby gwóźdź do trumny domu dziecka.

Te przypuszczenia wiodą do kolejnego pytania. Czy nastoletni Macierewicz w katolickim zakładzie zapisał się do Towarzystwa Przyjaźni Polsko-Radzieckiej?

Gdyby tak było, tłumaczyłoby to kolejny intrygujący fakt z wczesnej młodości. Otóż dwa lata po opuszczeniu salezjanów Antoni Macierewicz trafia do Liceum im. Andrzeja Frycza Modrzewskiego w Warszawie. Później jednak z niego odchodzi. Dlaczego? Za sprawą słabych ocen oraz konfliktu z nauczycielką rosyjskiego Mirosławą Kurlandską – mówią koledzy Macierewicza z liceum. Po latach na portalu Nasza-Klasa będą wspominać, że młody Antoni Macierewicz chciał objąć funkcję przewodniczącego szkolnego oddziału Towarzystwa Przyjaźni Polsko-Radzieckiej. Profesor Kurlandska miała go hamować: jej zdaniem uczeń zbyt słabo znał rosyjski, by mógł pełnić taką funkcję[26]. W 2018 r. wspomnienia te zaczęły się cieszyć coraz większym zainteresowaniem w internecie. Zaraz potem jednak – jak stwierdził Radosław Gruca – zniknęły one z Naszej-Klasy. Nie byłby to jedyny przypadek, w którym informacje niewygodne dla Macierewicza tajemniczo wyparowały z sieci (w dalszej części tej książki opiszę podobny).

Zwolennicy Antoniego Macierewicza inaczej tłumaczą jego odejście z liceum. Twierdzą, że wyrzucono go z tej szkoły za publiczne wyrażenie poparcia dla polskich biskupów katolickich, którzy pod koniec 1965 r. wystąpili z pojednawczym orędziem wobec biskupów niemieckich. Wzywali w nim do wzajemnego polsko-niemieckiego odpuszczenia win i grzechów z czasów drugiej wojny światowej. Padły słynne słowa: „Udzielamy wybaczenia i prosimy o nie". Wywołało to wściekłość komunistów (ówcześni władcy Polski za jednego ze swoich głównych wrogów traktowali Republikę Federalną Niemiec). O szkolnym sprzeciwie Macierewicza wobec komunistycznej nagonki na biskupów pisze Justyna Błażejowska, zarówno w internecie (na portalu Niezależna związanym z popierającą Macierewicza „Gazetą Polską"[27]), jak również we wspomnianej księdze pamiątkowej. Czytamy w niej, że Macierewicz jako przewodniczący samorządu uczniowskiego dostał polecenie, aby na szkolnym wiecu czy też akademii „skrytykować «Orędzie biskupów polskich do biskupów niemieckich»". Nie wywiązał się jednak z tego zadania: „Wystąpił, ale z przemówieniem «w formie gloryfikacji polityki Watykanu wobec Polski, począwszy od Zjazdu Gnieźnieńskiego»"[28]. To kolejna niepotwierdzona informacja – niepotwierdzona lub groteskowo wyolbrzymiona. Koledzy szkolni Macierewicza nie przypominają sobie, żeby wygłosił on wówczas jakieś przemówienie o biskupach i Watykanie. Jedna z koleżanek pamięta natomiast, że w tamtym okresie Antoni pokłócił się z nauczycielką na lekcji polskiego. Miał jej zarzucić nadmierną krytykę Kościoła katolickiego, czym wywołał podziw koleżanki[29]. Być może ten incydent stał się „wystąpieniem" bądź „przemówieniem" w ustach kogoś, kto opowiadał o nim po wielu latach? Sprawdźmy więc, czyja to mogła być opowieść. Błażejow-

26 A. Gielewska, M. Dzierżanowski, dz. cyt., s. 73 i n.

27 J. Błażejowska, *Życie dla niepodległości. Dziś 70 urodziny obchodzi Antoni Macierewicz*, Niezależna, 3 sierpnia 2018, <http://niezalezna.pl/232393-zycie-dla-niepodleglosci-dzis-70-urodziny-obchodzi-antoni-macierewicz>.

28 J. Błażejowska, *Niepodległość ma jeden kształt. Antoniemu Macierewiczowi w 70. rocznicę urodzin*, Łomianki 2018, s. 20.

29 A. Gielewska, M. Dzierżanowski, dz. cyt., s. 71.

ska jako źródło podaje swą własną książkę[30]. Nie byłoby w tym nic nagannego, gdyby książka opierała się na niezależnych świadectwach. Kto jednak opowiada w niej o szkolnym przemówieniu Macierewicza i jego „gloryfikacji polityki Watykanu"? Sam Macierewicz. Co więcej, na drugiej stronie karty tytułowej czytamy, że książkę wydano w 2016 r. za pieniądze Polskiej Grupy Zbrojeniowej. Polska Grupa Zbrojeniowa (PGZ) to państwowy koncern przemysłowy, w 2016 r. nadzorowany przez... ministra obrony Antoniego Macierewicza. Zatem źródłem Błażejowskiej jest Błażejowska cytująca Macierewicza za pieniądze Macierewicza.

Z niezależnych źródeł wiemy, że Antoni Macierewicz w tamtych latach wyznawał poglądy ekstremalnie lewicowe, okazywał też antyklerykalizm. Janusz Kijowski, z którym wielokrotnie rozmawiałem, wspomina to tak: „Macierewicza poznałem 1 października 1966 r., kiedy rozpocząłem studia na Wydziale Historycznym Uniwersytetu Warszawskiego. Byliśmy w jednej grupie. To nas zbliżyło. A żeby było śmieszniej, jak relegowano Adama Michnika z uniwersytetu i on po roku wrócił na drugi rok, to trafił do jednej grupy ze mną, Macierewiczem, Wiesiem Władyką [późniejszy wybitny dziennikarz, komentator tygodnika „Polityka"] i Hanią Zaremską [później wybitną mediewistka]. Toczyły się dyskusje na ostro. Pasją Antoniego była Ameryka Południowa i tamtejsza partyzantka miejska. Potem pisał o tym pracę u profesora Tadeusza Łepkowskiego [znawca Ameryki Łacińskiej i problemów Trzeciego Świata, antykomunistyczny lewicowiec, krytyk neokolonialnej globalizacji]. Nad łóżkiem Macierewicza wisiała flaga kubańska z podobizną Ernesta Che Guevary [Argentyńczyk, który był jednym z przywódców rewolucji kubańskiej, następnie zginął jako komunistyczny dowódca partyzancki w Boliwii; wspominana jest jego ideowość, ale istnieją też świadectwa popełnionych przez niego zbrodni terrorystycznych i wojennych; informację o fladze z Che Guevarą u Macierewicza potwierdzają liczne źródła, m.in. Tomasz Wołek]. Byliśmy blisko dzięki temu, że z nim i Hanią Zaremską (późniejszą partnerką profesora Geremka) uczyliśmy się we trójkę do egzaminów. On próbował się zbliżyć do Hani Zaremskiej. Spotykaliśmy się głównie u Antka na Ogrodowej. Antek miał wspaniałą mamę, która robiła nam kanapki i herbatę. Przemiła, skromna osoba o dużej wiedzy. U nich w domu było mnóstwo książek. Bardzo ją lubiłem. My wkuwaliśmy, ona robiła kanapki. Wiosną 1967 r. nasza trójka uczyła się do egzaminu. Spaliśmy pokotem na

30 J. Błażejowska, *Harcerską...*, dz. cyt., s. 108.

jakichś materacach. Zastał nas niedzielny poranek. Mówię, że idę do kościoła. Hania Zaremska w śmiech. Antek chichrał się w niebogłosy, że ja taki zacofany, do kościółka idę! A teraz widzę, jak klepie pacierze u Rydzyka".

Czy to znaczy, że Macierewicz kłamie w sprawie swego rzekomego poparcia dla biskupów? Czy musiał ich zwalczać w każdej sprawie ze względu na swój lewicowy antyklerykalizm? Niekoniecznie. W latach 1965–1966 orędzie polskich biskupów zyskało poparcie wielu osób o poglądach zupełnie niekatolickich, a liczni katoliccy narodowcy z trudem je przełknęli. Oczywiście, stanowisko biskupów najbardziej rozwścieczyło komunistów. Ich reżim straszył przecież Polaków hitlerowskimi „odwetowcami" z Niemiec Zachodnich i coraz częściej odwoływał się do polsko-słowiańskich sentymentów etnicznych (w partii komunistycznej rosła w siłę antysemicka frakcja generała Mieczysława Moczara). Jednak zbuntowani lewicowcy, jak opozycjonista Jacek Kuroń, popierali orędzie biskupów. Nic dziwnego: ogólnoludzka, ponadnarodowa solidarność to ideowy fundament nie tylko chrześcijaństwa, lecz także lewicy. Młody i lewicowy Antoni Macierewicz mógł w jakiejś mierze (np. na lekcji polskiego) poprzeć orędzie biskupów z tych samych powodów co przykładowo Kuroń. Pytanie na marginesie: czy dzisiaj Macierewicz poparłby tak „proniemiecki" manifest?

Co ciekawe, ówczesna przyjaciółka Macierewicza podaje, że w rozmowach z jej matką, starszą osobą, wychwalał on Kościół katolicki. Można zatem pomyśleć, że pobudki jego ideowych wyborów były znacznie prostsze, niż przypuszczamy. Czyżby Antoni bronił biskupów wtedy, gdy taka obrona mogła mu zjednać podziw atrakcyjnych koleżanek lub życzliwość ich matek? Czy wyśmiewał praktyki religijne Janusza Kijowskiego tylko dlatego, że inna atrakcyjna koleżanka zaczęła się z nich śmiać? Jednak taka wizja młodego Macierewicza – wizja cynicznego Don Giovanniego, który najpierw uwodzi, a potem ma przekonania – nie zgadza się ze wszystkimi dostępnymi nam świadectwami. Znajomi mówią, że Antoni Macierewicz faktycznie bywał kochliwy. W różnych okresach życia miewał liczne krótkie romanse. Jednak od wczesnej młodości na pierwszym miejscu stawiał jedną pasję – politykę.

Zakładamy więc, że młody Antoni Macierewicz na poważnie szarpał się między swym katolickim wychowaniem a lewicowym antyklerykalnym buntem. Rozterka ta prawdopodobnie wynikała z jego doświadczeń u księży salezjanów. One zapewne też tłumaczą, dlaczego wstąpił lub chciał wstąpić do Towarzystwa Przyjaźni Polsko-Radzieckiej.

HARCERSTWO SZCZEGÓLNEGO RYZYKA

Macierewicz zaprzecza, jakoby kiedykolwiek był członkiem TPPR. Chwali się za to, że podczas pobytu u salezjanów wstąpił do harcerstwa: „Przez dwa lata byłem wychowankiem salezjanów w Rumi pod Gdynią. Właśnie tam w jedenastym roku życia wstąpiłem do drużyny. Krzyż harcerski otrzymałem na obozie w Wildze. Księża salezjanie bardzo poważnie podchodzili do harcerstwa, w związku z tym pełniliśmy nocne warty wyposażeni w wiatrówki"[31].

Wieloletnia działalność Antoniego Macierewicza w harcerstwie bywa obiektem żartów. Tymczasem wypadałoby zająć się nią na poważnie. Co mówi o niej sam zainteresowany? W znanej nam już książce *Harcerską drogą do niepodległości* Justyna Błażejowska zamieściła obszerne wspomnienia Macierewicza o tzw. „Czarnej Jedynce". Chodzi o 1 Warszawską Drużynę Harcerzy (1 WDH), z którą Macierewicz związał się w drugiej połowie lat 60. Przy tej drużynie od 1969 r. działała tak zwana Gromada Włóczęgów – krąg starszych harcerzy przygotowujących się do roli instruktorów. Krąg ten pełnił również funkcję klubu dyskusyjnego. Inicjatorami i członkami Gromady Włóczęgów były osoby bliskie wówczas Macierewiczowi – Janusz Kijowski, Andrzej Celiński, Wojciech Onyszkiewicz oraz Piotr Naimski, z którym Macierewicz zaprzyjaźnił się wtedy na dobre i na złe. Wspomnienia Antoniego Macierewicza o „Czarnej Jedynce" są więcej niż interesujące. Macierewicz opowiada, że zaczął współpracować z drużyną w 1966 r. i od razu wykorzystał ją do czegoś w rodzaju... śledztwa. Chodziło o odszukanie antykomunistycznego partyzanta o pseudonimie „Janeczek", który od lat 40. ukrywał się na Białostocczyźnie. Macierewicz chwali się Błażejowskiej, że odnalazł wtedy kogoś takiego. Nie mówi, jakie były dalsze losy odnalezionego[32]. Przedstawia za to program szkoleniowy zastosowany przez niego wobec młodszych harcerzy, którymi się opiekował (w 1966 r. miał 18 lat). Bez ogródek przyznaje, że jego harcerscy podopieczni musieli wykonywać zadania o charakterze wywiadowczym. Cytuję: „...młody człowiek musiał wykazać się umiejętnością radzenia sobie w skrajnych sytuacjach: bez pieniędzy, bez dokumentów, rzucony trzysta kilometrów od miejsca zamieszkania. Równocześnie jego podstawowym zadaniem było [...] uzyskanie jakichś informacji na temat mniejszości narodowych. Albo miał przejść przez granicę ze Słowacją [strzeżoną wówczas przez uzbrojonych żołnierzy!]

31 J. Błażejowska, *Harcerską...*, dz. cyt., s. 22.

32 Tamże, s. 92 i n.

i przeprowadzić na słowackim terenie wywiad środowiskowy. Czy też rozpoznać kształt społeczny miejscowości na Dolnym Śląsku i zorientować się, z jakich środowisk, grup, regionów i po jakich doświadczeniach ludzie tam przyjechali i w jaki sposób ułożyli tam po wojnie swoje życie"[33]. Jeden z jego ówczesnych podopiecznych, Paweł Barański, powiedział mi, że niektóre zadania zlecane harcerzom przez druha Macierewicza miały charakter miejski i szczególnie osobliwy. Można je wręcz określić mianem „operacji". Oto przykład: w większych polskich miastach co jakiś czas odbywał się wtedy przegląd filmowy „Konfrontacje". Pokazywano na nim te zachodnie filmy, których komuniści nie dopuszczali do szerokiej dystrybucji. Aby zdobyć upragnione bilety, widzowie stali w całodobowych (dosłownie) kolejkach. Jak mówi Barański, Macierewicz kazał swoim uczniom „opanowywać" te kolejki i przejmować bilety.

Z trzech niezależnych od siebie źródeł wynika, że warszawscy harcerze dysponowali jachtem. Żeglowali nim po Mazurach (później również po morzu). Musiał być całkiem sporych rozmiarów, skoro w warunkach śródlądowych zabierał na pokład nawet 10 osób. Dwa źródła mówią o niezwykłej interwencji związanej z działalnością Antoniego Macierewicza na jachcie. Otóż pewnego razu druh Macierewicz popłynął w rejs z grupą młodzieży – zaraz potem jednak zebrało się w Warszawie harcerskie dowództwo, które w pośpiechu wysłało kogoś na łódź. Wysłannik miał poprosić Antoniego Macierewicza o zejście na ląd, aby odebrać mu nadzór nad jachtem i jego młodą załogą. Chodziło o natychmiastowe odsunięcie Macierewicza od pracy z młodszymi harcerzami. Uzyskałem tę informację z dwóch źródeł. Jednym z nich jest Paweł Barański, który wyklucza, żeby interwencja dowództwa miała powody natury obyczajowej. Nie zna jednak jej przyczyn. Drugi z informatorów, wieloletni funkcjonariusz służb specjalnych, który interesował się Antonim Macierewiczem, wie, jak się wydaje, nieco więcej. „Zabrali go od młodzieży za trockizm czy coś takiego" – mówi dzisiaj. Trockizm to szczególnie radykalna odmiana komunizmu potępiana przez Sowietów. Jej twórcą był Lew Trocki, towarzysz Lenina i dowódca Armii Czerwonej, w latach 20. wyklęty i wygnany ze Związku Sowieckiego przez Stalina. Trocki uważał, że najpierw należy opanować cały świat, dopiero potem można wprowadzać komunizm. O ile wiem, Macierewicz nigdy nie wyznawał trockizmu. Jednak w latach 60. i 70. ortodoksyjni komuniści często określali tak wszystkich

33 Tamże, s. 93 i n.

„lewaków" bardziej lewicowych niż Sowieci. Szczególnie tych, którzy chcieli wzniecać na świecie rewolucje bez udziału Związku Sowieckiego. Macierewicz zaś gorąco sympatyzował z takimi „lewakami". Przede wszystkim z Tupamaros, komunistyczną partyzantką miejską z Urugwaju (którą zresztą popierali niektórzy z tamtejszych trockistów). Zatem w wypadku odwołania druha Macierewicza z łódki musiało chodzić o coś związanego bardziej z latynoskimi lewakami niż z Lwem Trockim. Najpewniej właśnie o Tupamaros. Tak się składa, że fascynacja Tupamaros to jedyny element lewicowej przeszłości, którego Antoni Macierewicz do dzisiaj się nie wyparł. Wszystkim innym jej elementom obecnie zaprzecza. Wbrew licznym świadectwom twierdzi, że nigdy nie wielbił Che Guevary i ultralewicowych partyzantów z Peru. Upiera się, że informacje o tym uwielbieniu to złośliwa plotka rozsiewana przez Adama Michnika. Przyznaje jednak, że interesował się Tupamaros. Ale tylko ich metodami walki, nie ideologią – zastrzega.

Nie do końca to uspokaja, jeśli weźmie się pod uwagę, że mimo szczytnych celów organizacja Tupamaros uprawiała terroryzm. Dodatkowej pikanterii dodaje tej sprawie pewien historycznie potwierdzony fakt. Otóż partyzanckie i terrorystyczne grupy lewicowe w Ameryce Łacińskiej były szkolone przez komunistyczne służby. Przede wszystkim – kubańskie, ale w szkoleniach tych uczestniczył nieraz sowiecki wywiad wojskowy GRU. Zasadnie jest więc pytanie: skąd naprawdę pochodziły te strategie i taktyki, którymi zachwycał się Macierewicz? Najpierw jednak wypadałoby zapytać, jak one wyglądały. Odpowiedź brzmi: interesująco. Otóż Tupamaros, którzy działali w latach 1962–1989, prowadzili równocześnie działalność terrorystyczną i humanitarną. Porywali polityków, napadali na banki i arsenały broni, stosowali podpalenia, a zarazem rozdzielali żywność i pieniądze wśród biednych. Być może ten ostatni aspekt ich działalności podsunął Antoniemu Macierewiczowi trafny pomysł w roku 1976. Uczestnicy czerwcowych buntów robotniczych w Ursusie i Radomiu byli wówczas prześladowani przez komunistyczną władzę. Opozycja zastanawiała się, jak wyrazić swe oburzenie. Macierewicz zaproponował, żeby zrobiła coś więcej i zorganizowała pomoc finansowo-prawną dla ofiar. Ten pomysł przyczynił się decydująco do powstania Komitetu Obrony Robotników.

Czy to znaczy, że Antoni Macierewicz na jachcie wykładał harcerzom podstawy dobroczynności? Za to raczej nie zdjęto by go z łodzi, i to w takim pośpiechu. Macierewicz mógł więc uczyć skautów czegoś groźniejszego. Z drugiej strony raczej nie wdrażał ich do walki zbrojnej. Coś na ten temat może powiedzieć Bronisław Komorowski, późniejszy prezydent Rzeczpospolitej Polskiej. Kontaktował się on z Macierewiczem w latach 70. Z lat 1971–1972 pamięta dobrze jego fascynację Tupamaros. We wspomnieniach Komorowskiego Antoni Macierewicz – jak się zdawało – kładł nacisk raczej na metody walki urugwajskich partyzantów, nie na ideologię. Nie było to jednak do końca jasne. Najciekawsze zaś jest to, co Macierewicz zrobił, gdy jego słuchacze i potencjalni „partyzanci" zdobyli broń. Prezydent Komorowski, z którym spotkałem się w czerwcu 2018 r., opowiedział mi o tym tak: „Macierewicz nas fascynował, bo chętnie opowiadał o Tupamaros. To był jego konik, a nam to odpowiadało, bo fascynował nas radykalizm, wizje akcji bezpośredniej, czynu zbrojnego. A u mnie w domu i u wielu kolegów żywe były tradycje AK-owskie. Leżałem kiedyś w łóżku, chory na anginę. Przyszedł kolega i mówi: «Szefie, kupiliśmy pistolet!». I rzeczywiście. To był mały, damski browning, odkupiony od jakiegoś złodzieja. Nietypowy kaliber, więc nie mogliśmy zdobyć do niego amunicji. Ale skoro już mieliśmy broń, przystąpiliśmy do planowania akcji zbrojnej w stylu miejskiej partyzantki. Miałem zastrzelić milicjanta [członka Milicji Obywatelskiej, czyli komunistycznej policji]. Wypatrzyliśmy, że patrol regularnie pojawia się w pobliżu Cmentarza Ewangelickiego na Młynowie, u zbiegu Młynarskiej i Tatarskiej. Miałem go zastrzelić, zostawić kartkę z informacją, że to zemsta za robotników Wybrzeża [czyli za krwawo stłumiony przez komunistów protest robotniczy z grudnia 1970 r.], uciec przez cmentarz, pistolet wrzucić do dziury w grobowcu i opłotkami wrócić do domu, na Koło. Wszystko było dopracowane, ale brakowało amunicji. Wcześniej poinformowałem Macierewicza, że mamy broń i planujemy zamach. Jego reakcja po raz pierwszy spowodowała u mnie wątpliwości wobec Antoniego. Gdy się o tym dowiedział, to zerwał z nami wszelkie kontakty. Zostawił nas z tą bronią, głupim i dramatycznym pomysłem zabicia człowieka. 10 lat później, na przystanku tramwajowym – może 300 metrów od miejsca, gdzie planowaliśmy akcję – grupa takich samych szczeniaków jak my zastrzeliła sierżanta milicji Zdzisława Karosa [zabójstwa dokonało dwóch nastoletnich członków podziemnej organizacji określającej się jako Powstańcza Armia Krajowa]. Potem gnili w więzieniu, zostali zmarginalizowani w życiu osobistym, myślę, że żyli z poczuciem odpowiedzialności za straszną rzecz. Szczęśliwie uniknęliśmy tego losu, pomimo podatności na legendę czynu zbrojnego i kontaktów z Macierewiczem, który nas epatował Tupamaros. Nie wiem, czy podzielał ich lewicową ideologię. Tego nie wiem. Moim zdaniem fascynowała go raczej metoda niż ideologia. Ale nosił się trochę na Che Guevarę..."[34].

Fascynowała go metoda? Czy raczej wiedział, że może zafascynować słuchających go chłopców? Pytam, ponieważ relacja Bronisława Komorowskiego pozwala postawić dwie hipotezy.

Według pierwszej Macierewicz był strachliwy i nieodpowiedzialny. Otóż młody mężczyzna rozpalił wyobraźnię chłopców opowieściami o walce zbrojnej. Kiedy jednak chłopcy zaczęli się zbroić i postanowili zgładzić pierwszego „wroga" – zapomniał o swej odpowiedzialności inspiratora i potencjalnego dowódcy. Zamiast przemówić im do rozsądku, odebrać broń, zakazać zbrodniczych działań wolał czmychnąć. Komorowski, jak się wydaje, jest tej hipotezy zwolennikiem. Według drugiej hipotezy Antoni Macierewicz nie był strachliwy ani niekonsekwentny, tylko przemyślny. Od samego początku nie chciał mieć nic wspólnego z walką zbrojną. Opowieści o niej traktował instrumentalnie, podobnie jak swoich słuchaczy. Opowiadał im o zamachach i zabójstwach dokonywanych przez Tupamaros, bo wiedział, że budzi tym zainteresowanie młodych ludzi. Posługiwał się bojową retoryką, aby podporządkować sobie grupę chłopców i zmobilizować ją do wykonywania zadań. Jednak docelowo nie miały to być zadania partyzanckie czy terrorystyczne. Macierewicz nie pragnął żadnej strzelaniny, nie chciał dowodzić uzbrojoną grupą. Jego podwładni byli przeznaczeni do innych celów. Jakich? Pole do domysłów mogłyby otworzyć zadania wywiadowczo-śledcze, które Antoni Macierewicz zlecał harcerzom z „Czarnej Jedynki".

ZACZĘŁO SIĘ W RUMI?

Co w tym wszystkim najbardziej zdumiewa? Otóż Antoni Macierewicz opowiada o wymienionych zadaniach jak o normalnych harcerskich praktykach. Potajemne przekroczenie granicy strzeżonej przez żołnierzy z karabinami? Tajemniczy „wywiad środowiskowy na Słowacji"? Zdaniem Macierewicza to tylko element „biegów, będących w harcerstwie głównym narzędziem kształtowania młodzieży"[35]. Podobnie mówił 28 stycznia 2018 r. w programie *Wywiad z chuliganem*, wyemitowanym na antenie TV Republika: „Klasyczne biegi harcerskie [...], na których się zdobywa sprawności, były u nas nakierowane na to, aby taki młody człowiek samodzielnie, bez pieniędzy, tylko pra-

34 Rozmowa z 21 czerwca 2018 r.

35 J. Błażejowska, *Harcerską...*, dz. cyt., s. 93 i n.

cując, dotarł do jakiejś wsi oddalonej [...] o jakieś pięć dni drogi [...] i poznał na przykład strukturę społeczną danej wsi, a potem nam ją zrelacjonował. To się często kończyło aresztowaniem przez milicję tego młodego człowieka i musiał sobie z tym poradzić". Pięć dni marszu to około 200 kilometrów. Zatem wychwalany przez Macierewicza „bieg" to swoisty ultrabiathlon, w którym to nie uczestnik strzela, ale może zostać postrzelony (lub odprowadzony pod bronią do aresztu). W książce Błażejewskiej druh Macierewicz dodaje jeszcze: „Taka to była formuła i – powtarzam – do dzisiaj nie trafiłem na lepszy sposób wychowywania młodego człowieka"[36]. Gdzie i kiedy zrodziło się u niego takie rozumienie harcerskiego wychowania? W Rumi? Przypomnijmy: „Przez dwa lata byłem wychowankiem salezjanów w Rumi pod Gdynią. Właśnie tam w jedenastym roku życia wstąpiłem do drużyny. Krzyż harcerski otrzymałem na obozie w Wildze. Księża salezjanie bardzo poważnie podchodzili do harcerstwa, w związku z tym pełniliśmy nocne warty wyposażeni w wiatrówki"[37].

Jak wiemy, księża salezjanie bardzo poważnie podchodzili też do uczenia dzieci „przyjaźni polsko-radzieckiej". Czy na obozie w Wildze pojawił się jakiś „polsko-radziecki" instruktor, który szkolił harcerzy w zakresie „wywiadów środowiskowych"? Dzisiaj brzmi to fantastycznie. Jednak jest potwierdzonym faktem, że komunistyczne służby traktowały domy dziecka jak łowisko przyszłych funkcjonariuszy i agentów. Oderwane od rodziny dzieci – spragnione bezpieczeństwa, poszukujące silnych autorytetów, wychowywane w kolektywnej społeczności – były obiecującym narybkiem. Sowiecka policja polityczna NKWD przez całe dziesięciolecia werbowała młodych ludzi w zakładach wychowawczych[38]. Jeśli komuniści zwracali szczególną uwagę na salezjański zakład w Rumi – a wiemy, że zwracali – mógł ich zainteresować chłopiec z katolickiej rodziny, który ma żal do księży. A gdyby jeszcze chłopiec ten wstąpił do Towarzystwa Przyjaźni Polsko-Radzieckiej... Oczywiście młody wiek salezjańskiego wychowanka – 12 lub 13 lat – czyni mniej prawdopodobnym ewentualne zainteresowanie komunistów jego osobą. Jednak tylko niewiele mniej: w każdej epoce, włącznie z naszą, nastolatkowie są wykorzystywani politycznie, nieraz w sposób bardzo brzydki. A co

36 J. Błażejowska, *Harcerską...*, dz. cyt., s. 94.

37 Tamże, s. 22.

38 Pisze o tym m.in. O. Figes, *The Whisperers: Private Lives in Stalin's Russia,* New York 2007, s. 335–343; wydanie polskie pt. *Szepty. Życie w stalinowskiej Rosji*, tł. W. Jeżewski, Warszawa 2013.

dopiero w roku 1958 czy 1959, gdy PRL oscylował między bezwzględnym totalitaryzmem i przewrotnym autorytaryzmem. Jeszcze kilka lat wcześniej nastolatków jawnie i masowo werbowano do organizacji takich jak osławiony Związek Młodzieży Polskiej, aby w swoim otoczeniu tropili wrogów komunizmu.

PO SZARPANINIE – KOMPROMIS

Między 1968 a 1970 r. jeden przynajmniej konflikt udaje się załagodzić – Macierewicz przestaje się szarpać między lewicowością a katolicyzmem. Wybiera kompromis, staje się lewicowym katolikiem. „Antoni często deklarował się jako katolik, choć w stylu latynoamerykańskim. Powoływał się w rozmowach ze mną na Camila Torresa i na jego książkę *Stuła i karabin* opublikowaną po polsku w wydawnictwie PAX" – powiedział mi Adam Michnik, odnosząc się do swojej bliskiej znajomości z Macierewiczem na początku lat 70. Kim był Camilo Torres? Katolickim księdzem i lewicowcem. Powszechnie uważano go za jednego z ojców teologii wyzwolenia (odłamu teologii katolickiej, który wywodził się z Ameryki Łacińskiej, głosił oswobodzenie człowieka z nędzy duchowo-materialnej i bywał oskarżany o zbytnie zbliżenie do marksizmu). W latach 60. Camilo Torres zaciągnął się do partyzanckiej Armii Wyzwolenia Narodowego, która walczyła o prawa kolumbijskiej biedoty przy wsparciu kubańskich komunistów. W 1966 r. duchowny zginął podczas swego pierwszego starcia zbrojnego. Stowarzyszenie PAX, które wydało książkę Torresa w Polsce, popierało komunizm, a równocześnie było organizacją katolicką (składało się głównie z byłych narodowców). *Stuła i karabin* w niektórych swych partiach zakrawała na manifest polityczny. Polityczne cechy, jak się zdaje, nosił również ówczesny katolicyzm Antoniego Macierewicza. Znamienne jest to, że jego katolicyzm w pierwszej połowie lat 70. zauważa inny opozycjonista, Adam Michnik. Ich ówczesna przyjaźń ma przede wszystkim wymiar polityczny. Bliżsi przyjaciele nie wspominają o „nawróceniu" Macierewicza w tamtym okresie. Janusz Kijowski odkrywa jego katolicyzm dopiero w latach 80. (i to ze sporym zdumieniem). Świadectwa zebrane przez Radosława Grucę sugerują, że Macierewicz aż do internowania w 1981 r. nie okazywał swojej religijności.

Kiedy Macierewicz podpisał ten polityczny pakt z samym sobą? Zapewne po wiośnie 1967 r., kiedy to jeszcze wyśmiewał się z religijności Kijowskiego. Co mogło spowodować tę decyzję? Otóż w latach 1967–1969 trwała w Polsce antysemicka czystka związana z emigracją tysięcy polskich Żydów (którzy wyjechali na Zachód lub do Izraela). Nie był to dobry czas. Komuniści zgnębili, oszkalowali i wygnali z kraju tysiące niewinnych ludzi. Co gorsza, spotkało się to z aprobatą dużej części polskiego społeczeństwa. Dlaczego? Dlatego, że wygnańcy wywodzili się z innej narodowości i innego wyznania – nawet jeśli ten rodowód miał charakter czysto historyczny. W większości byli niewierzący, jednak jeszcze ich ojcowie i dziadkowie modlili się w synagodze. Prapradziadkowie zaś „zamordowali Pana Jezusa" – jak wówczas wierzyli liczni katolicy. W 1968 r. Antoni Macierewicz mógł się zderzyć z tą „wiarą". Uczestniczył w marcowym proteście studentów, brutalnie zdławionym przez policję i SB ministra Mieczysława Moczara. Komunistyczne media przedstawiały ten protest jako intrygę „syjonistów". W ówczesnej propagandzie znaczyło to: „Żydów, którzy są obcy polskiemu ludowi". Macierewicza aresztowano. Gdy zaś wyszedł z aresztu, mógł usłyszeć nieprzyjemne rzeczy od znajomych, sąsiadów, ludzi na ulicy. Przykładowo, że wziął udział w rozróbie „Żydków, co zabili Jezusa i chcą zabić Polskę"... Od razu zaznaczmy, że tego rodzaju przesądy nie były i nie są domeną wyłącznie „prostego ludu", niewykształconych i biednych ludzi. Jednak często to oni wyrażają je bardziej otwarcie. Byłoby zatem naturalne, gdyby skumulowane doświadczenia lat 1967–1969 doprowadziły Macierewicza do przeświadczenia, że lud i uprzedzenia religijno-etniczne to jedno, a radykalna ateistyczna lewica się myli. Kto mówi do ludu, musi mówić językiem nacjonalizmu lub religii, bo innego lud przecież nie zrozumie! Tak mógł pomyśleć młody działacz. Tak mógł pomyśleć i stąd wybrać religię (na nacjonalizm przyszedł czas później, dopiero w następnym dziesięcioleciu).

Aresztowanie Antoniego Macierewicza w 1968 r. budzi dzisiaj zainteresowanie badaczy i mediów. Z prostej przyczyny: aresztant „sypał" podczas przesłuchań. Albo, mówiąc grzeczniej: nazbyt wylewnie rozmawiał ze śledczymi, przez co mógł obciążać kolegów. Przede wszystkim swego przyjaciela Wojciecha Onyszkiewicza, z którym przygotowywał nielegalne ulotki. Onyszkiewicz później bronił Macierewicza, dziś jednak nie zaprzecza, że przyjaciel zachował się wobec niego co najmniej nierozsądnie. Sprawa została opisana m.in. przez profesora Andrzeja Friszkego[39].

Od razu powiedzmy, że w aktach tego śledztwa nie ma śladów niczego, co zasługiwałoby na miano zdrady czy podłości ze strony Antoniego Macie-

39 A. Friszke, *Anatomia buntu. Kuroń, Modzelewski i komandosi*, Kraków 2010, s. 727 i n.

rewicza. W dokumentach z 1968 r. nie ma też nic, co sugerowałoby, że mógł on już wcześniej uwikłać się we współpracę z komunistycznymi służbami. Wszystko wygląda i brzmi tak, jakby młody człowiek po raz pierwszy w życiu zamknięty w areszcie bardziej się zagubił, niż załamał pod presją śledczych. Ostatecznie nie stanął przed sądem. Skończyło się na tak zwanym kolegium do spraw wykroczeń [coś w rodzaju minisądu bez sędziów, w którym starannie wybrani obywatele osądzali innych obywateli]. Kolegium wymierzyło Antoniemu Macierewiczowi tysiączłotową grzywnę. Stało się tak, gdyż nie znaleziono dowodów na to, że ulotki zostały rozkolportowane. Można się zastanawiać, czy śledczy zrezygnowali z głębszego drążenia tej sprawy ze względu na miękką postawę Antoniego Macierewicza. Nie da się jednak o niczym przesądzić.

Najciekawszym elementem sprawy jest podwójne oblicze aresztanta Macierewicza. Miękki podczas przesłuchań, ostentacyjnie rozrabia w celi, łamie przepisy. Wylewa wodę z sedesu, żeby komunikować się z aresztantem, który siedział piętro niżej [Aleksandrem Smolarem, dzisiaj prezesem Fundacji Stefana Batorego]. Przez okno próbuje rozmawiać z Adamem Michnikiem, który znajduje się w innej celi. Nie wstaje podczas pobudki, ostentacyjnie lekceważy strażników. Karany jest tak zwanym „twardym łożem", czyli pozbawieniem materaca. Czy w ten sposób rekompensuje sobie „miękkość" podczas śledztwa? Czy buduje sobie legendę twardego opozycjonisty? Może tak rozrabia, bo dzięki swym zeznaniom ma teraz jakieś „plecy"? Plecy zapewne ma obolałe od spania bez materaca.

W sprawie z 1968 r. można postawić kilka znaków zapytania. Intryguje dwoistość aresztanta, jego zdolność do odgrywania bohatera, którym nie był. Nic jednak nie wskazuje na to, że chodziło o coś gorszego niż rozchwianie.

EL COMPAÑERO MACIEREWICZ

Podkreślmy, że wybór katolicyzmu nie stanowił przemiany politycznej. W latach 60. Antoni Macierewicz, rozdarty między religijnością i antyreligijnością, w innych kwestiach prezentuje postawę lewicową. W pierwszej połowie następnego dziesięciolecia czyni to jeszcze bardziej wyraziście. Choć dzisiaj brzmi to nieprawdopodobnie, w latach 70. „katolik polityczny" Macierewicz – jak się zdaje – jeszcze bardziej przesuwa się na lewo. Świadczy o tym m.in. relacja, którą przedstawił mi wybitny opozycjonista Seweryn Blumsztajn, późniejszy redaktor naczelny „Biuletynu Informacyjnego KOR": „Gdy poznałem Antoniego, mógł to być 1974 lub 1975 rok. Był wtedy bardzo lewicowy. Guevarysta. Chodził na seminarium profesora Łepkowskiego, który zajmował się Ameryką Łacińską i, zdaje się, uważał, że prawdziwa rewolucja jest właśnie tam. Macierewicz pracował na iberystyce. Wtedy robił na mnie jak najlepsze wrażenie. Świetny rozmówca. Choć muszę przyznać, że traktowałem go nieco protekcjonalnie. Bo on był rewolucjonistą, a ja już znajdowałem się na innym etapie i ta cała lewacka frazeologia nie bardzo do mnie trafiała. W tym środowisku byli też Andrzej Celiński, Wojtek Onyszkiewicz, Piotrek Naimski. Antek był trochę marudny, dzielił włos na czworo. Wtedy bardzo przylepiony do Jacka [Kuronia]. To był rodzaj wzajemnej fascynacji. Bo Jacek zawsze zwracał się do kolejnego, młodszego pokolenia".

W 1972 r. do Polski przyleciał prawicowy prezydent USA Richard Nixon. Krótko po nim podobną wizytę odbył komunistyczny dyktator Kuby Fidel Castro. Macierewicz na ulicach Warszawy protestował przeciw przyjazdowi pierwszego i wiwatował na cześć drugiego[40]. Żywo interesował się też lewicą z Chile. Janusz Kijowski pamięta to tak: „Na początku lat 70. pracowałem w Rozgłośni Harcerskiej. Byłem jeszcze studentem. Biegałem na Konopnickiej, robiłem jakieś reportaże, wywiady. Podobała mi się ta robota. Pamiętam, że kiedyś do kwatery głównej, gdzie się mieściła rozgłośnia, przybiega Antek, aż pąsowy. Mówi – słuchaj, do Polski przyjeżdża Hortensia Bussi, żona Salvadora Allendego [zamordowany przez prawicowego dyktatora Augusto Pinocheta lewicowy prezydent Chile]. To była wiosna 1974 r. Po zamordowaniu męża wdowa przeniosła się do Paryża i stamtąd przyleciała do PRL. Witano ją z honorami. Antek mówił, że musimy z nią koniecznie zrobić wywiad i porozmawiać. Strasznie chciał ją poznać, dowiedzieć się, jaki ma pogląd na świat. Wziąłem magnetofon, pojechaliśmy na Okęcie. Był niesamowicie podniecony. Nie pamiętam, czy udało mi się z nią porozmawiać choć na tyle, żeby puścić to na antenie. Chyba nie zrobiłem z tego audycji. Ale jemu udało się zamienić z Bussi kilka słów i umówić się na następny dzień w hotelu. Chyba się z nią spotkał, przeprowadził rozmowę. Zamordowanie Allendego było dla nas wielkim szokiem. Co tu dużo gadać! Wchodzi junta wojskowa, ukatrupiają prawowitego prezydenta w jego gabinecie. Straszne to było. Ale żeby się emocjonować jego żoną... Choć z drugiej strony on się interesował Ameryką Południową. Może to wynikało z jego nor-

40 A. Gielewska, M. Dzierżanowski, dz. cyt., s. 112–113, 284, 362.

malnych, naukowych zainteresowań. Po napisaniu magisterki o Świetlistym Szlaku [ultralewicowe ugrupowanie partyzanckie w Peru] oraz partyzantce miejskiej w Boliwii szykował się do doktoratu. Namawiał go do tego profesor Łepkowski".

Jednak amerykański politolog David Ost podaje, że istniała w Chile lewica, która frapowała Macierewicza jeszcze bardziej niż ta spod znaku prezydenta Allendego i jego żony: „Uważnie obserwował wydarzenia w Chile i zdecydowanie popierał maoistowską partię MIR, która wzywała rząd Allendego do uzbrojenia robotników, aby mogli przejąć władzę. Gdy władzę przejął jednak Pinochet, Macierewicz pomógł niektórym działaczom MIR uzyskać azyl w Polsce"[41]. Maoizm to chińska wersja stalinizmu, która w latach 60. i 70. stała się modna w Trzecim Świecie oraz na zachodnich uniwersytetach. Trzeba jednak odnotować, że MIR (Movimiento de Izquierda Revolucionaria, Ruch Lewicy Rewolucyjnej) w drugiej połowie lat 60. zaczął się określać jako ortodoksyjnie marksistowsko-leninowski, nie maoistowski. Niekiedy wprost się odcinał od chińskiego maoizmu (jak również od trockizmu, albowiem początkowo w MIR byli też trockiści). Ten ortodoksyjny marksizm-leninizm po części zbliżał chilijskie ugrupowanie do sowieckich komunistów. Przeszkodę stanowiło zajęcie Czechosłowacji w 1968 r. przez wojska Sowietów (i ich sojuszników włącznie z PRL), skrytykowane przez MIR. Jednak dawało się to ominąć. Głównym politycznym sojusznikiem partii była związana z Sowietami komunistyczna Kuba. Przywódca MIR Miguel Enríquez współpracował z kubańskimi służbami specjalnymi[42]. Zatem wśród latynoskich towarzyszy Antoniego Macierewicza mogli się znaleźć bardzo interesujący ludzie. Intuicję tę potwierdza jedno z moich źródeł, osoba z kręgów dyplomatycznych. Wyjawiła ona, że niektórzy z południowoamerykańskich znajomych Macierewicza wysoko zaszli na swoim kontynencie, w tamtejszych lewicowych partiach politycznych (gdy przeszły one od partyzantki i terroryzmu do sprawowania władzy). Informacje o karierze jednego z tych znajomych potwierdzają również inne źródła. W latach 70. Antoni Macierewicz zaznajomił się z Ladislauem Dowborem, który później został doradcą prezydenta Brazylii[43]. Prezydenta szczególnego formatu – był nim Luiz *Inácio*

41 D. Ost, *Solidarity and the Politics of Anti-Politics*, Philadelphia 1990, s. 12.

42 D.E. Greene, *Chile's Revolutionary Left Movement under Allende and Pinochet*, LINKS International Journal of Socialist Renewal, <http://links.org.au/chile-allende-pinochet-revolutionary-left-movement>, dostęp: 14 września 2018.

43 A. Gielewska, M. Dzierżanowski, dz. cyt., s. 48 i n.

Lula da Silva, słynny lewicowy reformator, który wyrwał z nędzy miliony ludzi, ale pobrudził sobie przy tym ręce (obecnie odsiaduje 12-letni wyrok za korupcję).

Nie znaczy to oczywiście, że *el compañero* Macierewicz został zwerbowany przez Kubańczyków – lub przez Sowietów za pośrednictwem Kubańczyków. Tego nie wiemy. Możemy jednak przyjąć, że w latach 60. i 70. ewentualni latynoscy werbownicy napotkaliby mniej trudności niż inni. Zapewne rozmówca wysłuchałby ich grzecznie i uważnie, jeśli nie przyjaźnie.

DRUGA PRZEMIANA

Do połowy lat 70. Antoni Macierewicz jest „lewakiem" czy też „katolewakiem". W latach 1977–1979 coś się jednak zmienia. Nasz bohater działa wówczas w opozycyjnym Komitecie Obrony Robotników. Założył tę organizację razem z Jackiem Kuroniem. Jej członkiem jest również bliski przyjaciel Macierewicza Piotr Naimski. Organizacja odnosi sukces, staje się rozpoznawalna, rodacy zaczynają darzyć ją zaufaniem. W 1977 r. KOR poszerza formułę. Już nie zajmuje się tylko prześladowanymi robotnikami. Walczy z wszelkimi nadużyciami władzy i przekształca się w Komitet Samoobrony Społecznej „KOR" [KSS „KOR", który dla uproszczenia nadal będę określać poprzednią, krótszą nazwą]. Wtedy Macierewicz i Naimski przystępują do rozbijania organizacji. Odcinają się od tzw. „lewicy laickiej", czyli tych działaczy KOR, którzy wyznają poglądy lewicowe lub liberalne. W 1977 r. organizacja zaczyna wydawać nielegalne pismo „Głos". Redaguje je Antoni Macierewicz. Inni członkowie KOR, w tym Adam Michnik, mieli ten tytuł wspierać, ale ze względu na ciągłe spory, zostawiają „Głos" w rękach Macierewicza. W ocenie funkcjonariuszy SB Antoni Macierewicz z Piotrem Naimskim próbują przeobrazić pismo w zalążek ich własnej grupy opozycyjnej, niezależnej od KOR[44].

Czy jednak funkcjonariusze SB nie mogli mieć skrzywionego spojrzenia? Esbecy – jak ich nazywano – byli przecież profesjonalnymi intrygantami. Tacy zaś doszukują się intryg również tam, gdzie ich nie ma... Aby odpowiedzieć na to zastrzeżenie, posłuchajmy opozycjonisty, który przebywał wówczas w środku całego zamieszania. Oto, co mówi mi Seweryn Blumsztajn: „Ta słynna awantura o «Głos» to też jest znaczące. Sama próba powołania

44 Ł. Kamiński, G. Waligóra, *Kryptonim „Gracze". Służba Bezpieczeństwa wobec Komitetu Obrony Robotników i Komitetu Samoobrony Społecznej KOR 1976–1981*, Warszawa 2010, s. 537.

wspólnego, środowiskowego biuletynu ponad podziałami już jest dowodem, że coś się rozjeżdżało. Antoniemu ciągle coś się nie podobało. Raz to, raz tamto. Obrażał się, że ktoś coś powiedział. Był strasznie marudny. Zawsze musiał zaznaczyć swoją obecność i odrębną opinię. Uważałem, że on nic nie wymyśla, że *bieży z rozmówcą* – żeby być inteligentnym, musi mieć przy sobie kogoś inteligentnego. Kiedy już zostałem członkiem KOR i zacząłem uczestniczyć w zebraniach, było nieznośnie. Antoni i Piotr [Naimski – red.] byli przeciwko wszystkim. Zawsze mieli inne zdanie. Gdyby nie Jacek [Kuroń – red.], to nie dałoby się osiągnąć żadnego kompromisu. Antoni ciągle wnosił poprawki. Próbował rozbijać KOR [...] Antek i jego koledzy polemizowali w «Głosie» z jakimiś tekstami Jacka [Kuronia – przyp. red.] czy Adama [Michnika – przyp. red.]. To były już dwa osobne światy. Spotykaliśmy się w KOR albo jak był duży bankiet, ale towarzysko już ze sobą nie żyliśmy".

W publicystyce Macierewicza pojawiają się wtedy prawicowe nuty. Zaczyna chwalić Romana Dmowskiego, ideowego protoplastę wszystkich polskich narodowców. Tak rodzi się Antoni Macierewicz, którego znamy – katolicki prawicowiec i nacjonalista. Świeżo upieczony działacz narodowy chce przenieść swój nowy, prawicowy radykalizm na ulice. W tym celu próbuje wykorzystać katolickie obrzędy, których według Janusza Kijowskiego nie traktował wcześniej poważnie. W poświęconej Macierewiczowi księdze pamiątkowej *Niepodległość ma jeden kształt...* Justyna Błażejowska opisuje to w sposób następujący: „Pod koniec 1979 r. grupa «Głosu» porozumiała się z ludźmi niezależnego wydawnictwa Biblioteka Historyczna i Literacka oraz członkami redakcji «Opinii» – pisma Ruchu Obrony Praw Człowieka i Obywatela [ROPCiO, opozycyjna organizacja, bardziej prawicowa niż KOR]. Wszyscy razem przygotowali obchody z okazji dziewiątej rocznicy masakry na Wybrzeżu. Miały polegać na udziale we mszy św. w intencji ofiar, zamówionej w kościele Przemienienia Pańskiego ojców kapucynów, a następnie – przejściu pod pomnik Jana Kilińskiego przy ulicy Podwale" [s. 86]. Jednak SB dowiedziała się o planach Macierewicza i jego ludzi. „W przeddzień uroczystości Służba Bezpieczeństwa przeprowadziła zakrojoną na szeroką skalę akcję zatrzymań – na tzw. dołek [areszt przy komisariacie milicji lub policji] trafiło około 200 osób. Wybrani, w tym Macierewicz i Naimski – dostali sankcje prokuratorskie na trzy miesiące [...]" – pisze Błażejowska na stronach 86–87. To ostatnie zdanie oznacza, że prokurator zezwolił na trzymiesięczny areszt w przypadku obu działaczy. Jednak siedzieli znacznie krócej: „[...] (ostatecznie zostali zwolnieni 19 grudnia). Z uwagi na rozwój wypadków i obawę przed prowokacją już po zakończeniu nabożeństwa jeden z uczestników ogłosił przez megafon jeszcze przed wyjściem z kościoła, że przemarsz jest odwołany [...]. Sytuacja wywołała gwałtowną reakcję ze strony *lewicy laickiej* [...] zespół redakcyjny «Biuletynu Informacyjnego» [głównego pisma wydawanego przez KOR] zarzucał organizatorom brak odpowiedzialności i... uczciwości" [s. 87].

Błażejowska dziwi się tym zarzutom (lub udaje, że się dziwi). Bliskiej Macierewiczowi historyczce należy jednak oddać sprawiedliwość. Ma odwagę zacytować najważniejszy argument innych członków KOR skierowany przeciwko Macierewiczowi: „Zaskakiwanie demonstracją uliczną ludzi, którzy udali się np. na mszę św. do kościoła, jest postępowaniem nieuczciwym. Jest marnotrawieniem zaufania, które środowiska opozycji demokratycznej uzyskały w społeczeństwie dzięki swej prawdomówności" [s. 87–88]. KOR-owcy dodają też, że „w trakcie warszawskich obchodów rocznicy masakry grudniowej nadużyto zaufania Kościoła" [s. 88].

KOR-owcy, jak się zdaje, mieli rację. Świadkowie tamtych zdarzeń, z którymi rozmawialiśmy, są zgodni. Ani KOR, ani odpowiedzialny za diecezję biskup katolicki nie mieli o niczym pojęcia. Podobnie jak wierni, którzy przyszli na nabożeństwo. Nie wiedzieli, że po mszy pod kościołem miał czekać na nich Macierewicz z transparentami i megafonem, by poprowadzić ich wprost na milicyjne pałki. Seweryn Blumsztajn mówi, że Macierewicz usiłował wówczas manipulować starszymi i bardziej konserwatywnymi członkami KOR, np. Józefem Rybickim – bohaterem AK, więźniem czasów stalinizmu, jednym z pierwszych członków KOR: „Próbował podrywać różnych starców, na przykład Rybickiego, który nie lubił Kuronia. Antek próbował to wykorzystać, ale potem okazało się, że okłamał Rybickiego i tamten go znienawidził. Środowiska prawicowe, głównie ROPCiO, zrobiły manifestację. Antek i Piotrek [Naimski – red.] wplątali w to KOR, który jeszcze nie był gotowy. Straszna awantura. Po raz pierwszy usłyszałem krzyczącego księdza Zieję [Jan Zieja, katolicki duchowny, działacz, publicysta i pisarz, podczas wojny – konspirator, który z narażeniem życia pomagał ukrywać Żydów przed hitlerowcami]".

Przy tej okazji ludzie Macierewicza oszukali też prawicowców z Ruchu Obrony Praw Człowieka i Obywatela. Tak to wspomina Bronisław Komorowski, były działacz tej organizacji: „Apogeum naszej współpracy z Antkiem to grudzień 1979 r. Była to próba zorganizowania wspólnej demonstracji poświęconej pamięci robotników pomordowanych w grudniu 1970 r. Już wcześniej organizowaliśmy demonstracje o charakterze patriotyczno-religijnym. Ta jednak miała być wspólną akcją Ruchu Praw Obrony Człowieka i Obywatela oraz innych środowisk. Wydawało nam się, że dogadując się z Macierewiczem i Naimskim, dogrywamy współpracę z KOR. Ale okazało się, że oni już się trochę dystansowali od tego środowiska. Wyszło tak, że to była demonstracja «Opinii», Biblioteki Historyczno-Literackiej i grupy «Głos». Nie udała się. Wszyscy zostali aresztowani, co najmniej kilkadziesiąt osób, jeśli nie setka. Wyłapano ludzi z grupy «Głos», między innymi też Andrzeja Czumę, mnie, ale również osoby zupełnie w to niezaangażowane... chyba nawet Adama Michnika. W każdym razie aresztowano osoby z tej drugiej strony KOR, zupełnie niezaangażowane w demonstrację. Do tego pomagaliśmy Macierewiczowi i Naimskiemu w drukowaniu «Głosu». Byłem przekonany, że w ten sposób pomagam radykalnej, ale KOR-owskiej grupie. Potem się okazało, że oni byli już na etapie wychodzenia, o czym nie wiedziałem. Kiedy z Marianem Piłką drukowaliśmy drugi numer «Głosu», to myśleliśmy, że działamy *ekumenicznie* w obrębie KOR. A tam już dojrzewały ostre podziały"[45].

Radosław Gruca zwraca uwagę, że ówczesne działania Macierewicza mogą przywodzić na myśl relację Janusza Molki – byłego esbeka, który po latach zwierzył się prawicowemu dziennikarzowi Bohdanowi Rymanowskiemu. Molka zaczynał jako opozycjonista, został zwerbowany przez Służbę Bezpieczeństwa, w końcu go „ukadrowiono": z agenta został pełnoetatowym funkcjonariuszem SB. Zmienił też nazwisko (poprzednio brzmiało ono Molke). Specjalizował się w rozbijaniu opozycyjnych organizacji[46]. „Radykalne nastroje podsycają tajni współpracownicy Służby Bezpieczeństwa" – tak w rozmowach z Rymanowskim pan Molke-Molka wspominał sytuację z lat 80., której sam był uczestnikiem[47]. Dodał przy tym, że SB kontrolowała skrajne grupy o narodowej ideologii. Co ciekawe, według Rymanowskiego esbecy złamali Molkę podczas werbunku, szantażując go ujawnieniem wstydliwej rodzinnej tajemnicy. Gdy już jednak Molke-Molka zaczął współpracować z nimi jako agent, wrodzona ambicja kazała mu zostać agentem wybitnym, wreszcie funkcjonariuszem. Czy można szukać analogii między

45 Rozmowa z 21 czerwca 2018 r.

46 R. Mazurek, B. Rymanowski, *Jak pijesz z esbekami, patrzysz na świat jak oni*, „Rzeczpospolita" (wydanie internetowe), 3 listopada 2012, <https://www.rp.pl/artykul/948294-Jak-pijesz-z-esbekami--patrzysz-na-swiat-jak-oni.html>.

47 B. Rymanowski, *Ubek: wina i skrucha*, Poznań 2012, s. 32.

Molką a Macierewiczem? Całe życie tego drugiego świadczy o tym, że jest człowiekiem bardzo ambitnym. Miał też rodzinną tajemnicę, której mógł się wstydzić (opowiem o niej w dalszej części tej książki).

POLSKI KIM PHILBY?

Jednak ci, co podejrzewają Macierewicza o związki z obcymi służbami specjalnymi, nie do Molki najczęściej go porównują. Na początku 2018 r. rozmawiałem ze znanym politykiem, byłym premierem Rzeczpospolitej Polskiej. Przekonywał, że przemiana Antoniego Macierewicza z lewicowca w prawicowca przypomina początek kariery słynnego sowieckiego szpiega, Brytyjczyka Kima Philby'ego. O podobieństwie tym wspominają też biografowie Macierewicza. Cytują przy tym bliżej niezidentyfikowanego informatora z kontrwywiadu, który wskazuje na analogię między Macierewiczem a Philbym[48]. Przypadek Kima Philby'ego faktycznie daje do myślenia, tym bardziej że Brytyjczyka łączyło z Macierewiczem nie tylko podobieństwo. Istniały też liczne, choć pośrednie powiązania personalne (wrócę do nich pod koniec tej książki).

Jak można zdefiniować rolę Philby'ego? Był modelowym „kretem". Określa się tak doskonale zakamuflowanego agenta, któremu udaje się zostać funkcjonariuszem służb przeciwnika lub urzędnikiem jego instytucji. Kret robi w nich karierę, w czym zwykle pomagają mu jego mocodawcy (podrzucają mu informacje, za których pomocą może błyszczeć w spenetrowanej służbie lub instytucji). Ze względu na swój dostęp do poufnych i tajnych gabinetów władzy, kret bywa źródłem najcenniejszych informacji. Może też czynnie sabotować poczynania nieprzyjaciela, gdy ostrożnie i dyskretnie dezorientuje lub paraliżuje go od wewnątrz. Tak też wyglądała droga Kima Philby'ego. Brytyjczyk wywodził się z kolonialnych średnio-wyższych sfer. Jego ojciec działał w brytyjskim wywiadzie, pisał również książki, w 1930 r. przeszedł na islam. Nieco później Kim Philby na swój sposób też się nawrócił. Podczas studiów zainteresował się ideologią komunizmu. Po ich ukończeniu, na przełomie lat 1933–1934 znalazł się w Austrii, gdzie pomagał uchodźcom z hitlerowskich Niemiec jako działacz organizacji humanitarnej infiltrowanej przez Sowietów. W Wiedniu poznał węgierską komunistyczną aktywistkę Litzi Friedmann. Poślubił ją, a wtedy dopełniła się jego przemiana w wojującego komunistę.

---

48 A. Gielewska, M. Dzierżanowski, dz. cyt., s. 474 i n.

Okazało się jednak, że to nawrócenie wymaga kolejnego nawrócenia czy też odwrócenia. Panna Friedmann była agentką sowieckich cywilnych służb specjalnych NKWD. W 1934 r. pomogła im zwerbować swego świeżo poślubionego męża. NKWD zaś nakazało Philby'emu, aby pozornie wyrzekł się komunizmu. Miał na nowo stać się typowym Brytyjczykiem z klas wyższych, prawicowym konserwatystą, klasycznym torysem. Co więcej w 1935 r. Philby wstąpił do prohitlerowskiego Towarzystwa Anglo-Niemieckiego (Anglo-German Fellowship). Dzięki temu kamuflażowi w 1937 r. rozpoczął współpracę z brytyjskimi służbami. Podczas drugiej wojny światowej zaczął w nich służyć. Tak się zrodziła jego misja jako kreta. Przez ponad 20 lat niszczył brytyjski wywiad od środka, a jego działania uderzały także w bezpieczeństwo USA i całego Zachodu. Wpływały też na losy osób żyjących pod sowieckim jarzmem. Jak się przekonamy, mogły wpłynąć na los rodziny Macierewiczów.

W 1963 r. Philby został zdemaskowany przez Brytyjczyków (podejrzenia ciążyły na nim już wcześniej) i uciekł do Związku Sowieckiego. Według niektórych brytyjskich źródeł marnie tam wegetował – przerażony sowiecką rzeczywistością i nieufnie traktowany przez kremlowskich mocodawców... Nie wiemy, do jakiego stopnia odpowiada to prawdzie. Wiemy natomiast, że Philby wygłaszał wykłady dla następców NKWD, czyli funkcjonariuszy KGB. Mógł mieć pewien wpływ – oczywiście tylko doradczy – na niektóre działania sowieckiego wywiadu w latach 60. i 70.[49].

Aby zostać kretem, Kim Philby musiał zmienić swój język, zachowania, po części też sposób myślenia. W jakiejś mierze musiał zabić w sobie wszystko, w co wierzył i co pozytywnie kojarzyło mu się z komunizmem: bohaterskie protesty robotników walczących z kapitalistycznym wyzyskiem, posępny heroizm nielicznych antyfaszystowskich konspiratorów w hitlerowskich Niemczech, podziw dla potęgi Armii Czerwonej, opowieść o wspólnym trudzie robotników i chłopów, którzy bez niczyjej pomocy zdobywają chleb i wykształcenie, stawiają wielkie miasta wśród stepów, tworzą nową kulturę... Precz z tym wszystkim: Philby musiał znowu się uznać za poddanego królowej brytyjskiej, znowu uwierzyć w wyższość Brytanii nad resztą świata i „germańskiej Anglii" nad celtycką resztą Brytanii, znowu pokochać

49 B. Macintyre, *Szpieg wśród przyjaciół*, tł. J. Korpanty, Warszawa 2016; Y. Modin, *Moja piątka z Cambridge. Philby, Burgess, Maclean, Blunt i Cairncross w oczach ich oficera prowadzącego*, tł. P. Grzegorzewski, M. Wróbel, Warszawa 2015; T. Mangold, *Cold Warrior. James Jesus Angleton*, London 1991.

herbatkę w ogrodzie, kanapki z ogórkiem i twórczość piewcy kolonializmu, pisarza Rudyarda Kiplinga. To ostatnie mogło być o tyle łatwe, że jednym z bohaterów Kiplinga był młodociany łobuz wywiadowca Kim, któremu Philby zawdzięczał swój przydomek (jego prawdziwe imiona to Harold Adrian Russell).

Czy możliwe jest, że tak samo Macierewicz pokochał polski naród, polski katolicyzm i polską krew przelaną za Ojczyznę?

Oczywiście, podobieństwo przemiany ideologicznej Philby'ego i Macierewicza to za mało, by osądzić tego drugiego. Co więcej, przemianę Macierewicza można łatwo wytłumaczyć innymi przyczynami. Zapytałem Seweryna Blumsztajna, kiedy Macierewicz schował flagę z Che Guevarą do szuflady i zostawił lewicowość dla prawicowego konserwatyzmu. Oto, co odpowiedział redaktor Blumsztajn: „To nastąpiło, gdy Antek zorientował się, że nie będzie rządził w KOR. Trochę przez Jacka [Kuronia – przyp. red.], ale głównie przez to, że Adam [Michnik – przyp. red.] wrócił z Zachodu w 1977 r. Antek nie chciał być numerem drugim. Chciał rządzić, manipulować". Inne źródła, które widziały tę sytuację na własne oczy, potwierdzają relację Blumsztajna. Jacek Kuroń z Antonim Macierewiczem założyli KOR w 1976 r. Adam Michnik – wieloletni przyjaciel Kuronia i jego polityczny wychowanek – przebywał wówczas za granicą, a Kuroń i Macierewicz zbliżyli się do siebie. Jednak w 1977 r. Michnik wrócił do kraju i zaczął konkurować z Macierewiczem o pierwszeństwo w KOR. Kuroń stanął wtedy po stronie Michnika. Antoni Macierewicz musiał to odebrać jako zdradę. Przez następne lata uważał, że Kuroń z Michnikiem ukradli mu organizację, której był współtwórcą. W swych późniejszych wypowiedziach i artykułach atakował Kuronia konsekwentnie, wręcz uporczywie. Także po jego śmierci.

Zatem tak można by tłumaczyć przemianę Antoniego Macierewicza w prawicowca. Po powrocie Michnika i „zdradzie" Kuronia Macierewicz szuka ideologii, za której pomocą mógłby ich atakować. Gdyby za jego atakami nie stało jakieś ideologiczne uzasadnienie, ich prawdziwa natura byłaby zbyt oczywista. Nikt nie wątpiłby, że stanowią one jedynie owoc urażonej ambicji. Niestety Antoni Macierewicz nie miał wówczas wielu możliwości wyboru. Do 1977 r. stał na lewo od Kuronia i Michnika. Jednak dla wielu opozycyjnie nastawionych Polaków już Kuroń i Michnik byli zbytnio lewicowi. Atakowanie obu liderów KOR za niedostateczną lewicowość nie dałoby Macierewiczowi sukcesu, uczyniłoby z niego marginalnego ekstremistę. Młody polityk musiał więc dokonać zaskakującego zwrotu na prawo. Czysto koniunkturalnego. Brzmi to prawdopodobnie. Co więcej, KOR-owskie doświadczenia Macierewicza mogły mu tę przemianę ułatwić. Albowiem za sprawą KOR Antoni Macierewicz przeżył kolejne bliskie spotkanie z „ludem".

Przypomnę, jak to wyglądało. Organizacja powstaje w 1976 r., aby nieść pomoc finansową i prawną prześladowanym uczestnikom protestów robotniczych w Ursusie i Radomiu. Antoni Macierewicz jeździ do robotników. Odwiedza ich ciasne mieszkanka w starych, zapuszczonych kamienicach. Coraz bardziej przekonuje się, że ich mieszkańcy nie chcą walczyć z komunistyczną tyranią w imię prawdziwego socjalizmu i ludowładztwa. Nikt tam nie czyta Marksa. Jeśli na półce w ogóle stoją jakieś książki, są to tomy Sienkiewicza. Na ścianie nie wisi podobizna Che Guevary. Nie wisi też zdjęcie księdza Torresa, który zginął za lud pracujący Kolumbii. Ich miejsce zajmuje „święty obrazek" z Częstochowy – obrazek „Matki Boskiej, Królowej Polski". Tak myśli i czuje polski lud katolicki. Jeśli lewicowiec chce być prawdziwym lewicowcem, jeśli chce myśleć i czuć jak lud, musi się stać prawicowcem... Urażona ambicja i bliższy kontakt z przedstawicielami „mas ludowych" – te dwa czynniki dostatecznie wyjaśniają przemianę Macierewicza. Nie trzeba zatem się uciekać do przykładu Kima Philby'ego.

Nie znaczy to jednak, że całkowicie zapominamy o tej analogii. Albowiem w 1976 r. zaczynają się mnożyć znaki zapytania, które znów mogą przywodzić ją na myśl. W tym właśnie roku dzieje się coś, co pozornie nie ma związku z Macierewiczem. Pewien stary, doświadczony esbek wraca do sprawy sprzed niemal 20 lat. Chodzi o niewyjaśnione porwanie i morderstwo na tle politycznym. Esbek nie chce znaleźć sprawców zbrodni. Wykorzystuje szeroko zakrojone śledztwo, aby tropić opozycjonistów z otoczenia Macierewicza. Funkcjonariusz jest jednym z najlepszych w SB specjalistów od ideologii narodowej, do tego synem narodowca. Gdyby ktoś wpływowy miał wprowadzać Macierewicza w odgrywanie roli narodowego radykała, byłby to zapewne nasz „narodowy esbek". Zaznajomimy się z nim bliżej w następnej części książki. Teraz zaś przyjrzymy się innej intrygującej kwestii (którą obecność esbeckiego opiekuna skądinąd mogłaby wyjaśniać). Chodzi o łagodność SB wobec Antoniego Macierewicza w latach 70. Łagodność, jak się zdaje, dobrze zakamuflowaną. Bo Macierewicz był represjonowany. Był represjonowany, ale...

CZŁOWIEK PRZEŚLADOWANY INACZEJ

Jak Antoni Macierewicz zachowywał się wobec esbeków podczas swej działalności w KOR? Tak jak wobec strażników w 1968 r., gdy siedział w areszcie, mianowicie brawurowo. Jeździł do domów osób prześladowanych. Przewoził i przechowywał znaczne sumy pieniędzy. W aktach sprawy „Kuroń i inni" dotyczącej członków KOR czytamy, że w grudniu 1976 r. znaleziono u niego 75 100 zł (około 17,5 średnich miesięcznych pensji, dzisiaj byłoby to ok. 87 tys. zł), 561 dolarów, 40 marek RFN, 75 guldenów holenderskich, 100 franków francuskich i 500 franków belgijskich[50] (wielkie sumy ze względu na niebotyczny kurs zachodnich walut w PRL).

Jego brawura nie ograniczała się do wożenia kasy. W aktach sprawy „Kuroń i inni" możemy też przeczytać, że 15 kwietnia 1977 r. „wejście funkcjonariuszy MO [Milicji Obywatelskiej, której autonomiczną częścią była SB] do mieszkania W. i N. Łuczywo wywołało zamieszanie wśród uczestników zebrania. Antoni Macierewicz wybiegł na balkon i podpalił dwie karty maszynopisu o nieustalonej treści [...], zaczęto otaczać przybyłych funkcjonariuszy, starając się uniemożliwić im podjęcie dalszych czynności. Wyrażano przy tym protesty wobec działań MO, nawoływano do oporu i niewykonywania poleceń. Szczególną aktywność w tych prowokacyjnych postawach okazali M. Chojecki i A. Macierewicz, a także Jacek Kuroń"[51].

Jak w opisanej sytuacji powinni byli zareagować funkcjonariusze SB? Nie lubili przecież takich zachowań i zwalczali je, jak tylko mogli. Podpalenie przez Macierewicza maszynopisu mogło zostać zinterpretowane jako niszczenie dowodów przestępstwa, stworzenie zagrożenia pożarowego, a nawet próba zastraszenia czy poparzenia funkcjonariuszy. Jednak Antoniego Macierewicza potraktowano z nieoczekiwaną łagodnością. Wojciech Ostrowski podczas tej samej akcji odmówił pokazania esbekom dowodu osobistego. Dwa tygodnie później Milicja Obywatelska wnioskowała o postawienie go za tę odmowę przed kolegium do spraw wykroczeń[52]. W aktach nic nie wskazuje, żeby ktoś próbował ukarać Macierewicza za jego „akcję ogniową" na balkonie.

W aktach sprawy „Kuroń i inni" znajduje się również pismo profesora Edwarda Lipińskiego, jednego z seniorów KOR, wysłane 24 sierpnia 1974 r.

---

50 *Postanowienie o zabezpieczeniu majątkowym* wiceprokurator Krystyny Barczewskiej z dnia 7 stycznia 1977 r., IPN BU 0678/159/1, s. 89.

51 IPN BU 0678/159/1, s. 117.

52 IPN BU 0678/159/1, s. 154 i n.

do prokuratora generalnego PRL, Lucjana Czubińskiego[53]. W piśmie tym profesor wylicza bezprawne prześladowania, którym poddawano członków KOR. Co do Macierewicza, to czytamy, że jesienią 1976 r. odmówiono mu zatrudnienia na Uniwersytecie Warszawskim. Wezwano go też na komisję poborową mimo zwolnienia z obowiązku służby wojskowej ze względu na stan zdrowia (podobnie jak innych członków KOR). Wytoczono mu postępowanie przed kolegium do spraw wykroczeń o rzekome uchylanie się od służby wojskowej. Między wrześniem 1976 r. a kwietniem 1977 r. został pięciokrotnie zatrzymany. Podobnie jak innym członkom KOR skonfiskowano mu maszynę do pisania. W styczniu 1977 r. poinformowano go, że skierowane do niego pocztowe przesyłki pieniężne także będą konfiskowane. W dniach 14–24 maja 1977 r. zastosowano wobec niego areszt śledczy (podobnie jak wobec ośmiu innych członków KOR). Na pierwszy rzut oka wygląda to poważnie. Nawet gdy pamiętamy, że obywatele PRL, którym zarzucano uchylanie się od służby wojskowej, zwykle musieli liczyć się z gorszymi konsekwencjami niż wezwanie przed kolegium. Poczytajmy jednak, co profesor Lipiński pisze o innych członkach i współpracownikach KOR oraz ich bliskich:

- niepełnoletnie córki górnika Władysława Suleckiego zmuszano do składania donosów na ojca;
- samego Suleckiego bito i ciągnięto za włosy;
- wybitną aktorkę Halinę Mikołajską zatrzymano pod pretekstem rzekomej kradzieży;

Mirosława Chojeckiego zatrzymano jako podejrzanego o włamanie; dwukrotnie go pobito, raz napadnięto i zaciągnięto na podwórko, gdzie straszono pobiciem, kilkakrotnie dostał groźby śmierci;

- groźby śmierci dostali także Kuroń, Mikołajska, Andrzej Balcerek, Bogusław Bek, Mieczysław Godyń i Bronisław Wildstein;
- esbecy przeprowadzili długotrwałą okupację mieszkania Anny Kowalskiej pod pretekstem handlu walutą, jaki rzekomo miała uprawiać;
- bliskiego współpracownika Macierewicza, Ludwika Dorna, w dniu 16 września 1976 r. bito po żebrach i duszono w budynku komendy MO;
- tydzień później unieruchomiono go tam, zdjęto mu buty i skarpety, po czym walono go pałką po bosych piętach;

53 IPN BU 0678/159/4, s. 30–40.

- tego samego dnia na tej samej komendzie bito Marka Tomczyka;
- brutalnie wykręcano ramiona Bogusławie Blajfer i Janowi Józefowi Lipskiemu;
- w maju 1977 r. pobito Dariusza Kupieckiego i Eugeniusza Kloca;
- w Łodzi uderzono w twarz Józefa Śreniowskiego;
- w Radomiu uderzono w twarz Jacka Kuronia;
- 29 maja 1977 r. czterech funkcjonariuszy bestialsko pobiło na ulicy Andrzeja Zdziarskiego (kantem dłoni w nasadę szyi i podstawę czaszki – zapewne sprawcy trenowali karate), ciągnąc go przy tym za włosy i krzycząc do przechodniów, że ofiara jest gwałcicielem;
- 8 października 1976 r. esbecy uprowadzili Zdziarskiego do lasu, w odludne miejsce, gdzie straszyli, że go zabiją, a zwłoki wrzucą do Wisły;
- 30 czerwca 1977 r. milicjanci zabawiali się, zmuszając Jakuba Bułata i Michała Werwąga do stania na baczność; gdy ofiary odmówiły, zostały zabrane do ciężarówki, gdzie katowano je, bijąc pięściami i pałkami, również po twarzy;
- 9 października 1976 r. sprzed domu porwano Grażynę Kowalczyk; porywacze wywieźli kobietę do ośrodka wypoczynkowego w lesie, gdzie straszyli ją m.in. utratą pracy;
- Sergiusza Kowalskiego dwóch esbeków próbowało wepchnąć na jezdnię, po której przejeżdżały samochody; grozili mu przy tym, że znajdzie się pod kołami auta.

W księdze pamiątkowej *Niepodległość ma jeden kształt*... historyczka Justyna Błażejowska pisze, że podczas swej działalności w KOR „Macierewicz był jednym z najbardziej represjonowanych uczestników opozycji"[54]. Brakuje słów, by skomentować to ewidentnie nieprawdziwe twierdzenie. Błażejowska rozwija je krótkim wyliczeniem: „aresztowany, skazywany przez kolegia do spraw wykroczeń, zatrzymywany". Czy porównała je kiedykolwiek z innym wyliczeniem, tym przedstawionym przez profesora Lipińskiego? Dodajmy, że na stronie 21 tej samej książki historyczka pisze o Macierewiczu: „Marzec '68 zaprowadził go wprost do więzienia". Sprecyzujmy, że Antoni Macierewicz w PRL nigdy nie został skazany na uwięzienie. Bywał zatrzymywany, aresztowany, w 1981 r. był internowany (zresztą w bardzo niejasnych okolicznościach, które omówię w tej książce). Jednak kary więzienia nigdy mu nie wymierzono.

---

54 J. Błażejowska, *Niepodległość ma jeden kształt. Antoniemu Macierewiczowi w 70. rocznicę urodzin*, dz. cyt., s. 26.

Biografowie Macierewicza próbują tłumaczyć pobłażliwość SB wobec niego „korzystnymi" dla przyszłego ministra obrony zeznaniami Marka Skuzy, działacza ROPCiO[55]. Skuza był przesłuchiwany przez SB oraz komunistycznego podprokuratora Tadeusza Gonciarza. Podczas jednego z przesłuchań Skuza powiedział: „Działalność KSS KOR uważam za wrogą wobec Narodu Polskiego [...] (Moje rozeznanie celów KSS KOR opiera się na spotkaniach z osobami działającymi w KSS KOR, a zwłaszcza na spotkaniu w mieszkaniu Urszuli Doroszewskiej) [...]. Rozmowa ta toczyła się w gronie kilkunastu osób, byli tam m.in. Kuroń, Michnik, Maciarewicz [sic!], Lipski. Te poglądy, które są mi znane ze spotkań zamkniętych członków KSS KOR, nie są publicznie lansowane. Na zewnątrz przyjmują oni postawę naprawiania obecnego systemu, zdają sobie sprawę, że nie mogliby znaleźć poparcia idei powrotu do systemu kapitalistycznego". Trudno tu doszukiwać się czegokolwiek, co mogłoby nastawić przychylnie SB do Macierewicza. Sytuacja zmienia się przy następnym przesłuchaniu Skuzy, które odbyło się trzy dni później: „Antoni Maciarewicz [sic!] i jego zespół aprobują stosunki panujące w PRL, pod warunkiem dokonania korekty w samym systemie społeczno-politycznym. Wyraża się to w żądaniu wprowadzenia zasady równoprawności w stosunkach politycznych i gospodarczych pomiędzy Polską a ZSRR, bez podważania panujących zasad ustrojowych i istniejących sojuszów"[56]. Znaczyłoby to, że Macierewicz chciał przyjaźni ze Związkiem Sowieckim, ale na nowych, sprawiedliwszych zasadach.

To skądinąd interesujące, jednak w żaden sposób nie tłumaczy łaskawości SB wobec Antoniego Macierewicza. Bardzo jest wątpliwe, żeby jedno przesłuchanie jednego działacza (i to takiego, który miał z Macierewiczem urywany kontakt, gdyż należał do innej organizacji) mogło zmienić nastawienie esbeków do naszego bohatera. Co więcej, zacytowane przesłuchania Marka Skuzy odbyły się 17 i 20 listopada 1980 r. Tymczasem z pisma profesora Lipińskiego wynika, że Macierewicz był „uprzywilejowany" już w 1977 r. Zatem słowa Skuzy nie mogły spowodować owego uprzywilejowania.

Przy okazji odnotujmy, że w latach 90. John Skuza, Polak z USA, został wspólnikiem Macierewicza w jego firmie Dziedzictwo Polskie. Spółka ta dostawała wówczas pieniądze od Roberta Luśni, byłego konfidenta SB powiązanego z GRU. Następnie głównym wspólnikiem w Dziedzictwie Polskim zo-

55 A. Gielewska, M. Dzierżanowski, dz. cyt., s. 229–231.
56 IPN BU 962/163, s. 183.

stał Janusz Subczyński, lider polonijnej organizacji POMOST. W latach 80. POMOST współpracował z amerykańskim senatorem Alfonsem D'Amato – późniejszym lobbystą powiązanym z Kremlem i rosyjską mafią[57].

Niestety, nie udało mi się ustalić, czy Marka Skuzę z Johnem Skuzą łączy coś więcej niż tylko identyczne nazwisko.

ZWIĄZKOWY SUPERBOHATER

Dostępne w IPN dokumenty SB dotyczące tak zwanej sprawy „Mazowsze" stanowią niezwykłą lekturę dla badacza losów Macierewicza. Można odnieść wrażenie, że Antonich Macierewiczów było dwóch. Jeden to prężny działacz opozycji – radykalny, a zarazem pomysłowy i przemyślny. Drugi Macierewicz popiera komunistów i sojusz PRL ze Związkiem Sowieckim. Przyjrzyjmy się zatem tym dokumentom.

Jak sama nazwa wskazuje, sprawa „Mazowsze" dotyczy Regionu Mazowsze, czyli najpotężniejszej organizacji regionalnej Niezależnych Samorządnych Związków Zawodowych „Solidarność". „Solidarność" zaś to najpotężniejsza organizacja opozycyjna w historii PRL i całego komunistycznego świata. Należą do niej miliony ludzi. Co więcej, w latach 1980–1981 „Solidarność" działa legalnie. Sprzeciwia się to podstawowym zasadom sowieckiego komunizmu. Praktyka Sowietów i ich sojuszników jest taka, że partia komunistyczna musi zgnieść każdą opozycję. Nie może też opozycji legalizować. Zorganizowany sprzeciw wobec partii oznacza zbrodnię, bywa traktowany jak zdrada. Jednak 31 sierpnia 1980 r. polscy komuniści uginają się pod falą robotniczych strajków i podpisują gdańskie porozumienie sierpniowe, które pozwala „Solidarności" istnieć. A 10 listopada 1980 r. jej istnienie legalizuje komunistyczny sąd.

Organizacja narodziła się jako związek zawodowy. Jednak w następnych latach pełniła również inne funkcje. Broniła nie tylko praw pracowniczych i socjalnych, lecz także podstawowych praw człowieka i obywatela. Patrzyła na ręce władzy i piętnowała jej nadużycia. Stała się ruchem społecznym, niemal partią polityczną, wreszcie czymś w rodzaju sejmu, gdyż ścierały się w niej różne opcje. Stanowiła wolną trybunę Polek i Polaków, była oazą swobodnej dyskusji, publikowała prasę niezależną – ale przy tym ściśle współpracowała ze znaczną częścią kleru katolickiego, a w jej sze-

---

57 Pisałem o tym w książce *Macierewicz i jego tajemnice*.

regach działali agresywni narodowcy i antysemici. Z nimi współpracować chciał Macierewicz.

Zacznijmy jednak od początku.

Gdy tylko władze godzą się na istnienie „Solidarności", Antoni Macierewicz i jego ludzie rzucają się w wir pracy. W jednej z teczek sprawy „Mazowsze" (IPN BU 0999/171/7, s. 426) czytamy, że 4 września 1980 r. najbliżsi współpracownicy Macierewicza – Piotr Naimski i Ludwik Dorn – zjawiają się w Zakładach Mechanicznych „Ursus" (wielka fabryka traktorów w dzielnicy Ursus na zachodnim pograniczu Warszawy). Są tam znani ze względu na swoją pomoc niesioną prześladowanym robotnikom przed czterema laty. Zdaniem esbeków to Naimski, Dorn i katolicki opozycjonista Henryk Wujec inspirują założenie „Solidarności" w „Ursusie". Ursuska „Solidarność" staje się jedną z największych i najradykalniejszych komórek związku na Mazowszu.

Co wówczas robi Antoni Macierewicz? Po raz kolejny wpada na świetny pomysł. W 1976 r. wymyślił, że opozycja powinna prowadzić działalność humanitarno-charytatywną (dzięki temu stał się akuszerem KOR). Teraz zakłada punkt konsultacyjno-informacyjny dla wszystkich mieszkańców Mazowsza, którzy chcą założyć komórkę „Solidarności" w swoim miejscu pracy. Biuro Macierewicza mieści się w Warszawie przy ulicy Bednarskiej 9. W ten sposób Antoni Macierewicz tworzy sobie sieć kontaktów w Warszawie i szeroko pojętych okolicach. Dociera do licznych osób i miejsc, do których inaczej nigdy by nie dotarł. Zdobywa wielką liczbę konkretnych i szczegółowych informacji o sytuacji robotników z całego Mazowsza. Poznaje mazowieckie zakłady pracy i ich najodważniejszych pracowników gotowych współtworzyć opozycyjną organizację. Oni zaś czują wdzięczność: energiczny działacz ze stolicy pomógł im dokonać niemożliwego, założyć niezależny związek zawodowy! Pamiętajmy, że w małych miejscowościach jest to trudniejsze niż w Warszawie. Prowincjonalni komunistyczni dygnitarze mają większe poczucie wszechwładzy, esbecy są bardziej bezczelni, ludność – bardziej zastraszona. Jednak Antoni Macierewicz i jego współpracownicy pomagają, interweniują, doradzają, wysyłają formularze, usuwają prawne (i bezprawne) bariery... Wiele osób musiało uważać Macierewicza za superbohatera. Działacze związkowi „Ursusa" traktowali go tak przez następne 20 lat.

Superbohater Macierewicz odnosi sukces. Mieszkańcy Mazowsza tworzą lokalne organizacje związku wszędzie, gdzie tylko się da. Podczas I Krajowego Zjazdu „Solidarności" na przełomie września i października 1981 r.

region reprezentowany jest przez 90 delegatów. Jeden delegat przypada na 10 tys. członków[58]. Zatem przez rok niemal milion ludzi przystąpiło do mazowieckiej „Solidarności". To daje średnio 75 tys. osób miesięcznie. W pierwszych miesiącach pełnych entuzjazmu – zapewne więcej.

Jednak taki wzlot oznacza rychłe zderzenie się z niebem. Załoga Macierewicza z Bednarskiej musi wiedzieć, że prędzej czy później – raczej prędzej – osiągnie „pułap rekrutacji członków". Co będzie, gdy wszyscy Mazowszanie, którzy chcą i mogą się zapisać do „Solidarności", już się zapiszą? Co będzie robić Antoni Macierewicz, gdy dotrze do granic możliwej ekspansji na Mazowszu? Lokalne organizacje wciąż będą potrzebowały porad. Punkt konsultacyjny Macierewicza nadal będzie potrzebny. Ale przestanie odgrywać kluczową rolę i odnosić spektakularne sukcesy. Antoni Macierewicz straci na ważności, co osłabi go w ciągłej konfrontacji z Kuroniem i Michnikiem. A rwący potok nowych informacji przeobrazi się w wątły strumyczek.

THINK TANK WOBEC CZOŁGÓW

Jednak Antoni Macierewicz od razu ma w zanadrzu następny z serii świetnych pomysłów. Razem ze swoimi współpracownikami przekształca punkt konsultacyjny w Ośrodek Badań Społecznych (OBS) Regionu Mazowsze NSZZ „Solidarność". Ośrodek ten rozsyła ankiety, nieraz niezwykle szczegółowe, do komórek związku rozsianych po całym Mazowszu. W ten sposób Macierewicz pozyskuje kolejne kontakty. Przede wszystkim zaś informacje, morze informacji. To daje mu siłę w „Solidarności". Albowiem kierownictwo Regionu Mazowsze i całej „Solidarności" stoi na rozdrożu. Związek odniósł ogromny sukces rekrutacyjny również w innych regionach. Mówi się, że w całej Polsce ma 10 mln członków. Liczbę tę później kwestionowano. Jednak w pierwszej z teczek sprawy „Mazowsze" znajdują się esbeckie szacunki dotyczące liczebności związkowców ogólnopolskiej „Solidarności". Wynika z nich, że należało do niej około 9,9 mln pracowników. Nawet gdyby uznać, że szacunek jest podwójnie zawyżony za sprawą chociażby tzw. martwych członkostw (osób, które zapisały się do związku, ale potem w nim nie działały), to wciąż zostaje prawie 5 mln ludzi. Zatem znacznie więcej niż liczyła sobie wtedy komunistyczna PZPR (co najwyżej 3,150 mln członków). Dodajmy, że wielu członków tej partii sprzyja „Solidarności", niektórzy z niej wy-

58 *Region Mazowsze NSZZ „Solidarność"*, Sierpień1980.pl, <http://sierpien1980.pl/s80/regiony-solidarnosci/7328,Mazowsze.html>, dostęp: 14 września 2018.

stępują, inni próbują ją demokratyzować. Tworzą w niej tak zwane „struktury poziome". W ich ramach poszczególne komórki partyjne koordynowały działania między sobą bez zgody kierownictwa PZPR. „Struktury poziome" często sympatyzowały z „Solidarnością".

Wobec tego „Solidarność" powinna przejąć władzę, tym bardziej że coraz gorsza sytuacja gospodarcza skrajnie kompromituje rządzących komunistów. Ale to nie takie proste. Oto główne przeszkody:

- przejęcie władzy przez „Solidarność" grozi interwencją zbrojną Związku Sowieckiego (Kreml przecież nie zgodzi się na to, żeby w komunistycznym kraju rządziła antykomunistyczna organizacja);
- nawet jeśli Kreml nie zainterweniuje zbrojnie, może odciąć dostawy paliw, przez co PRL-owski kryzys gospodarczy przeobrazi się w katastrofę humanitarną;
- sytuacja ekonomiczna pogarsza się nawet bez „pomocy" Kremla, zatem po przejęciu władzy frustracja obywateli szybko może się skierować przeciw nowym rządzącym z „Solidarności".

Co zatem robić? Mało kto chce ryzykować Polską. Mało kto chciałby ją wystawiać na najazd sowieckich czołgów (albo na mroźną zimę bez gazu, prądu i ciepłej wody w kaloryferach). Może trzeba dogadać się z Sowietami ponad głowami polskich komunistów? Jednak ambasada sowiecka w Warszawie względem „Solidarności" jest nieprzejednana. Uważa, że polscy komuniści powinni zlikwidować niezależny związek.

W styczniu 1981 r. delegacja „Solidarności" leci do Rzymu, aby spotkać się z papieżem Janem Pawłem II. Wśród jej członków jest katolicki ekonomista i socjolog Romuald Kukołowicz, znajomy Antoniego Macierewicza z władz Regionu Mazowsze. Podczas wizyty w Rzymie Kukołowicz zgłasza się do tamtejszej ambasady ZSRR. Pragnie nawiązać kontakt z sowiecką dyplomacją i służbami. Liczy na to, że rzymscy przedstawiciele Sowietów będą mniej zajadli wobec „Solidarności" niż ci warszawscy. Kukołowicz jednak – o ile wiemy – zostaje odesłany do ambasady sowieckiej w Warszawie. Tylko ona jest kompetentna w sprawach polskich, mówią Sowieci w Rzymie. Najwyraźniej nie chcą żadnych paktów z „Solidarnością". Rzymskie doświadczenie Kukołowicza w następnych miesiącach potwierdza się w całej rozciągłości. Widać to po tym, jak Sowieci traktują władze PRL.

Pierwszym sekretarzem partii komunistycznej jest Stanisław Kania. Jednak faktyczną władzę sprawuje generał Jaruzelski, który od lutego 1981 r. pełni funkcję premiera. W lipcu tego samego roku ministrem spraw wewnętrznych zostaje jego przyboczny Czesław Kiszczak. Obaj towarzysze mają za sobą długą historię współpracy w armii PRL i jej służbach specjalnych. Wielu znawców epoki uważa, że Kiszczak wręcz rządził Jaruzelskim. Jednak Andrzej Gdula (wiceminister spraw wewnętrznych w latach 1984–1986) powiedział mi, że nie do końca tak było. Jaruzelski opierał się na Kiszczaku, ale nie zawsze i nie do końca mu ufał, czasem sprawdzał jego poczynania. Tak czy inaczej tandem Jaruzelski–Kiszczak rządzi Polską od drugiej połowy 1980 r. Gdy w październiku 1981 r. Jaruzelski zasiądzie na najwyższym tronie – czyli na stołku pierwszego sekretarza PZPR – jego wszechwładza wydaje się zupełna. Jednak przez cały czas jest pod presją. Po objęciu władzy przez Jaruzelskiego Sowieci domagają się od niego zmiażdżenia wszelkiej opozycji. Nie ograniczają się do poufnych gabinetowych rozmów. Również publicznie wzywają do „aktywnego przeciwdziałania wzrostowi antysowietyzmu" w Polsce.

W tej sytuacji krajowi, mazowieccy i warszawscy liderzy „Solidarności" nie wiedzą, co wybrać i w którą stronę zmierzać. Przerzucają się mglistymi koncepcjami. Tymczasem konkretna wiedza jest bezcenna. Co myślą robotnicy, pracownicy, członkowie związku? Czego chcą? Jak się czują? Jak długo jeszcze będą popierać związkowych liderów? Czy są gotowi bronić się przed akcją zbrojną ze strony polskich komunistów lub Sowietów? Jak w praktyce wyglądają komórki związkowe w fabrykach? Jakie jest zaangażowanie członków? Czy pracownicy są gotowi do strajku? Czy wierzą komunistycznej propagandzie, która obwinia „Solidarność" i jej strajki o pogłębianie trudności gospodarczych? Których zakładów ewentualnie dałoby się bronić, gdyby doszło do walki?

Osobą, która posiada takie informacje, jest Antoni Macierewicz – szef Ośrodka Badań Społecznych Regionu Mazowsze.

Z esbeckich dokumentów zgromadzonych w teczce „Mazowsze" wyłania się obraz Macierewicza jako osoby bardzo wpływowej. Esbecy nie znają pojęcia think tanku, ale opisuję OBS właśnie jako zaplecze eksperckie, i to bardzo sprawne. Jego szef ma duży, choć nieoczywisty wpływ na kierownictwo mazowieckiej i stołecznej „Solidarności". Liderzy związku zamawiają ekspertyzy w OBS. Macierewicz i jego ludzie te ekspertyzy piszą. Zawierają w nich swoje sugestie. A liderzy się do nich stosują, gdyż nie traktują ich jako sugestii Macierewicza, lecz jako wynik bezstronnej analizy opartej na „twardych" danych statystycznych. W jakiejś mierze mają rację. OBS pilnie zbiera takie dane. Sugestie Macierewicza mogą być stronnicze, ale nie brakuje im pokrycia w faktach.

WAŻNY CZŁOWIEK Z MAZOWSZA

Esbecy od samego początku istnienia „Solidarności" odnotowują, że Antoni Macierewicz odgrywa w niej istotną rolę. Już 18 października 1980 r. porucznik SB Remigiusz Reszczyński pisze: „Analizę SOR [Sprawy Operacyjnego Rozpracowania] kryptonim «Mazowsze» nr. ew. 30315"[59]. Czytamy w niej: „W większości przypadków poszczególne organizacje NSZZ powstały w wyniku inspiracji i wydatnej pomocy ze strony działaczy KSS KOR i ROPCziO [pisownia oryginalna – przyp. red.] tj. Antoniego Macierewicza, Piotra Naimskiego, Macieja Dybowskiego, Andrzeja Czumy, Ludwika Dorna, Henryka Wujca, Janusza Onyszkiewicza [...]. Z materiałów uzyskanych z techniki operacyjnej [podsłuchy] oraz z Wydz. III-2 KSMO [Komendy Stołecznej Milicji Obywatelskiej] wynika, że Antoni Macierewicz w swojej działalności dąży do maksymalnego uniezależnienia się od aktualnych przywódców KOR. Wspólnie z P. Naimskim, L. Dornem *wyłamuje się spod doktryny* J. Kuronia i A. Michnika. Współpracując z A. Wojciechowskim i A. Czumą, przechwycił kierownictwo w NSZZ «Solidarność» region Mazowsze. Wspólnie z A. Czumą i P. Naimskim prowadzi dyskusje z przedstawicielami NSZZ z terenu Wrocławia i Szczecina. Z inicjatywy A. Macierewicza ukazał się informator «Niezależność» oraz dąży się do stworzenia własnej bazy poligraficznej. Ponadto A. Macierewicz planuje w przyszłości z ramienia NSZZ wspólnie z KSS KOR wysunąć żądania i rozpocząć kampanię propagandową zmierzającą do zmiany ordynacji wyborczej do Rad Narodowych [...], na ul. Bednarskiej działa sztab, z którego wychodzą dyrektywy i plany działania Związku. Ekipa sztabu nieoficjalnie wchodzi w skład Tymczasowego Zarządu Mazowsza, lecz bez podawania ich nazwisk w oficjalnych komunikatach. W każdy wtorek i piątek (w różnych lokalach) odbywają się wspólne zebrania Tymczasowego Zarządu i ekipy z ul. Bednarskiej. NSZZ «Solidarność» region Mazowsze wydało drukiem legitymacje członkowskie «Solidarność». Jako wystawca legitymacji figuruje A. Macierewicz, który podpisuje je jako kierownik Związku [...]. W skład sztabu wchodzą: Antoni Macierewicz – faktyczny przywódca i kierownik NSZZ «Solidarność» Region Mazowsze. Od niego wypływają wszystkie pomysły i on akceptuje lub odrzuca pomysły innych. Akceptuje wszystkie publikacje, które mają się ukazać oficjalnie. Inne oficjalne pisma do władz za niego podpisuje Bujak [Zbigniew Bujak, przy-

59 IPN BU 0999/171/6, s. 26.

wódca robotników z Ursusa i Regionu „Mazowsze", późniejszy bohater podziemnej „Solidarności"], ale wyłącznie na polecenie Macierewicza. On też nadzoruje sprawy finansowe, którymi kieruje Piotr Naimski. Piotr Naimski – drugi przywódca po Macierewiczu. Skarbnik związku. [...] Ludwik Dorn – kierownik komórki socjologicznej. Na podstawie jego *badań* będą opracowane kierunki działań propagandowych na członków związku. [...] Tymczasowy Zarząd jest jedynie oficjalnym reprezentantem Związku wobec władz administracyjno-politycznych. Faktyczne kierownictwo NSZZ «S» – region Mazowsze sprawują działacze grup antysocjalistycznych w osobach – A. Macierewicz, P. Naimski i L. Dorn. [...] Zastosować PP [podsłuch pokojowy – przyp. aut] na adres Bednarska 9".

Oczywiście analizę porucznika Reszczyńskiego należy czytać rozważnie. Trzeba wiedzieć, że był on kimś w rodzaju esbeckiego specjalisty od Macierewicza. Im ważniejszy stawał się Macierewicz w „Solidarności", tym cenniejszy stawał się Reszczyński w SB. Zatem esbek mógł rozdmuchiwać dokonania swego „figuranta" (przypomnę: tym słowem SB określało osoby, które „rozpracowywało", czyli obserwowało, tropiło i próbowało zastraszyć, zmanipulować lub osłabić). Trzeba też pamiętać, że porucznik bezpieki opisuje niecałe dwa pierwsze miesiące istnienia Regionu Mazowsze. Panował wówczas radosny i zarazem niespokojny chaos. W tej atmosferze energiczny Macierewicz mógł uzyskać decydujący wpływ na działania niektórych liderów. Jednak według wszystkich dostępnych mi źródeł w następnych miesiącach Zbigniew Bujak nie słuchał Macierewicza. Wypadałoby zatem podzielić przez dwa dokonania Antoniego Macierewicza opiewane przez Remigiusza Reszczyńskiego. Nawet jednak po takiej redukcji pozostaje nam imponujący obraz Macierewicza jako człowieka energicznego, który nie boi się sięgać po władzę.

Miesiąc później, 18 listopada 1980 r., Służba Bezpieczeństwa tworzy „Plan przedsięwzięć operacyjnych w zakresie ochrony operacyjnej NSZZ «Solidarność» przed działalnością grup antysocjalistycznych". W dokumencie tym czytamy, że Region Mazowsze został utworzony m.in. przez Naimskiego, a następnie „włączyli się dalsi działacze grup antysocjalistycznych z Antonim Macierewiczem na czele, którzy aktualnie stanowią nieoficjalny *sztab* kierujący praktycznie działalnością Tymczasowego Zarządu NSZZ «Solidarność» – region Mazowsze"[60].

60 IPN BU 0999/171/6, s. 36.

Esbecy rozrysowują sobie schemat organizacyjny władz Regionu Mazowsze, tworząc dokładną mapę powiązań i zależności służbowych. Na tej mapie poczesne miejsce zajmuje duże kółko, w którym znajduje się napis „OBS Macierewicz A.". Do kółka tego doczepiono kilka innych kółek, w których czytamy kolejno: „Doroszewska" (chodzi o wspomnianą już wieloletnią współpracownicę Macierewicza, Urszulę Doroszewską), „Dorn", „Czuma", „Naimski", „Blumsztajn". Ostatnie kółko, co ciekawe, jest puste. Czyżby kogoś chciano tam wpisać, jednak w końcu tego zaniechano? Tak czy inaczej kółko „OBS Macierewicz A." bezpośrednio podczepione jest pod jedno z największych i najważniejszych kółek o treści: „Ścisłe PREZYDIUM REGIONU NSZZ «SOLIDARNOŚĆ» MAZOWSZA / Bujak, Wujec". Zatem Macierewicz znalazł się blisko władz Regionu Mazowsze, bo w odpowiednich momentach miał odpowiednie pomysły. Jak wszystkie te pomysły Macierewicza – utworzenie OBS, a wcześniej punktu konsultacyjnego, jeszcze wcześniej wymyślenie opozycyjno-humanitarnej formuły działania KOR – mają się do tego, co powiedział Blumsztajn? Powtórzmy jego słowa: „Uważałem, że on nic nie wymyśla, że *bieży z rozmówcą* – żeby być inteligentnym, musi mieć przy sobie kogoś inteligentnego".

Cóż, być może Naimski i Dorn byli świetnymi doradcami. Pamiętajmy jednak, że Macierewicz czerpał natchnienie z różnych źródeł. Nawet od Tupamaros.

GDY SOWIECI TUPALI NAD GRANICĄ

Jak już wiemy, liderów „Solidarności" dręczyły liczne pytania. Wśród nich dwa najważniejsze brzmiały: „Sięgać po władzę czy nie sięgać?" oraz „Wejdą, czy nie wejdą?". To drugie dotyczyło oczywiście Sowietów.

Spory na temat drugiego pytania trwają do dziś: planowali wejść zbrojnie do Polski czy też nie? 10 grudnia 1981 r. w Moskwie zebrało się Biuro Polityczne Komunistycznej Partii Związku Radzieckiego (KPZR), czyli najwyższe i najwęższe gremium absolutnych władców ZSRR. Dysponujemy roboczym zapisem tego posiedzenia. Rzetelność tego zapisu bywała niekiedy kwestionowana, jednak historycy traktują go jako tekst źródłowy. Uczestnicy posiedzenia mówią wyraźnie: żadnej zbrojnej interwencji w Polsce nie będzie. „Nie zamierzamy wprowadzać wojsk do Polski" – mówi Jurij Andropow, szef KGB. „Żadnego wprowadzenia wojsk do Polski być nie może" – mówi minister spraw zagranicznych Andriej Gromyko. „W żadnym wypadku nie może być mowy o wprowadzaniu wojsk" – mówi z kolei główny stróż czystości ideologicznej Michaił Susłow. Pamiętajmy jednak, że towarzysze mówią to w zaufaniu, w zamkniętym gronie. Kierownictwo PRL i PZPR dostaje od nich zupełnie inaczej brzmiące komunikaty. Sowieci nie grożą wprost interwencją zbrojną. Sugerują jednak, że może do niej dojść. Domagają się natychmiastowej rozprawy z „Solidarnością", przyjmują ton coraz bardziej lodowaty, a także rozpoczynają manewry wojskowe przy polskiej granicy... Najwyraźniej im mniej chcieli do Polski wejść, tym bardziej straszyli interwencją. Groźby miały zmobilizować kierownictwo PRL do drastycznego rozprawienia się z opozycją własnymi siłami. Na to ostatnie Sowieci liczyli najbardziej. Nie przeliczyli się zresztą: generał Jaruzelski w końcu to właśnie zrobił, gdy 13 grudnia 1981 r. wprowadził stan wojenny.

W archiwach IPN znajduje się teczka pt. „Informacje do MON [Ministerstwa Obrony Narodowej] stanu wojennego" (IPN BU 00291/27). W teczce tej, na stronie 461 znajduje się notatka z 31 stycznia 1982 r. zaadresowana do szefostwa WSW [Wojskowa Służba Wewnętrzna, kontrwywiad armii PRL]. Stanowi ona tłumaczenie dokumentu amerykańskiego Departamentu Stanu zatytułowanego: „KRONIKA PUBLIKACJI RADZIECKICH I RADZIECKIEGO ZAANGAŻOWANIA W ZWIĄZKU Z POLSKIM KRYZYSEM W OKRESIE LIPIEC 1980 R. – LISTOPAD 1981 R.". Amerykanie, jak to Amerykanie, podsumowali sowieckie naciski na PRL w sposób krótki i skondensowany. Pośpiesznie przetłumaczony przez komunistów dokument tak przedstawia sierpień 1981 r.:

„13.08. ZSRR ogłasza, że w dn. 4–12.09 przeprowadzone zostaną wielkie lądowe i morskie manewry [wojskowe] w zachodnich okręgach RSFRR [rosyjska część Związku Sowieckiego, włącznie z obwodem kaliningradzkim, który graniczy z Polską]. 14–15.08. Polscy przywódcy Kania [Stanisław Kania, pierwszy sekretarz PZPR] i Jaruzelski lecą na Krym na krótką roboczą wizytę z Breżniewem [Leonid Breżniew, najwyższy przywódca Sowietów, pierwszy sekretarz KPZR] i innymi przywódcami ZSRR.

4–12.08. Na terenie RSFRR trwają manewry «Zachód 81».

10.08. PAP [Polska Agencja Prasowa] podaje, że Kania przyjął radzieckiego ambasadora, który, jak się spekuluje, przedstawił Kani list ostrzegawczy z Kremla [...]

17.08. W nawiązaniu do informacji, że ambasador Aristow [Boris Aristow, ambasador ZSRR w PRL] został przyjęty przez Kanię i Jaruzelskiego,

PAP ujawnia, że radzieckie kierownictwo przypomina w liście, że «wzrost antysowietyzmu w Polsce osiągnął niebezpieczne rozmiary» i wzywa do aktywnego przeciwdziałania temu zjawisku.

22.08. Radziecki gen. Gribkow, szef sztabu Zjednoczonych Sił Układu Warszawskiego [komunistycznego paktu militarnego skierowanego przeciwko NATO i podległego Sowietom, do którego należała PRL]. spotkał się z gen. Jaruzelskim w sprawie ćwiczeń i gotowości bojowej wydzielonych (polskich oddziałów) do dyspozycji Zjednoczonego Dowództwa UW [Układu Warszawskiego]. [...]

23.08. W przededniu drugiej części zjazdu «Solidarności» TASS [sowiecka agencja informacyjna, najważniejsza tuba Kremla] krytykuje polskie kierownictwo, że nie podejmuje żadnych przedsięwzięć przeciwko kierownictwu związku oraz zatrzymaniu – o czym się mówi – przygotowań do przejęcia władzy siłą [przez «Solidarność»]".

Co w tej sytuacji proponuje kierownictwu „Solidarności" i Regionu Mazowsze jego przebojowy doradca Antoni Macierewicz? Coś zupełnie nieoczekiwanego.

MACIEREWICZ Z TOWARZYSZEM RAKOWSKIM

W aktach sprawy „Mazowsze" znajduje się protokół obrad zarządu Regionu Mazowsze z dnia 21 sierpnia 1981 r. Co w tym protokole znajdujemy? Otóż Macierewicz zdecydowanie krytykuje kolegów, którzy chcą przejąć władzę. Jego zdaniem „Solidarność" na razie nie powinna myśleć o władzy, tylko tworzyć program gospodarczy dla Polski. Zaraz potem Antoni Macierewicz oznajmia, że jego Ośrodek Badań Społecznych stworzył taki program we współpracy z... komunistą Mieczysławem Rakowskim [ówczesnym członkiem Komitetu Centralnego PZPR, wicepremierem w rządzie Jaruzelskiego, przewodniczącym rządowej komisji do spraw dialogu ze związkami zawodowymi]. Tu trzeba wspomnieć, że Rakowski był komunistą wybitnie inteligentnym i względnie liberalnym – ale wciąż komunistą! Mimo to ludzie Macierewicza razem z Rakowskim tworzą program dla Polski, a Macierewicz go lansuje. I czyni to agresywnie. Gdy koledzy z „Solidarności" okazują zrozumiały brak zainteresowania programem współautorstwa Mieczysława Rakowskiego, Macierewicz ich atakuje. W protokole czytamy: „A. Macierewicz stwierdził, że nie jest usatysfakcjonowany dyskusją, gdyż tok jej skupia się na problemach władzy i jej zdobycia. Na dziś problemem nie jest stwarzanie nowych instytucji lub zdobywanie władzy, lecz zapewnienie codziennego bytu ludzi, czym Związek [«Solidarność»] do tej pory zupełnie się nie zajmował. Jest to więc problem polityki gospodarczej, a nie reformy gospodarczej. Konieczne jest przyjęcie programu prowadzenia polityki gospodarczej, i to już. Taki program na zlecenie OBS opracował S. Kurowski [katolicki ekonomista i opozycjonista, doradca «Solidarności»] we współpracy z M. Rakowskim"[61].

Po tej wypowiedzi na Macierewicza spada krytyka. Wtedy zaczyna się tłumaczyć. Twierdzi, jakoby też był zwolennikiem przejęcia władzy przez „Solidarność", tyle że w bliżej nieokreślonej przyszłości. Przede wszystkim, nadal usilnie lansuje program gospodarczy swego ośrodka. Teraz jednak już nie wspomina o Rakowskim, mówi tylko o Kurowskim: „A. Macierewicz podkreślił, że zaszło nieporozumienie. Zdaje sobie sprawę, że w pewnym momencie dojdzie do tego, że nasz program gospodarczy trzeba będzie narzucić władzom i wtedy pojawi się problem władzy. Ale naprzód jest konieczne opracowanie programu gospodarczego. Taki program opracował S. Kurowski i jest kompromitacją, że Związek nie podejmuje na ten temat dyskusji"[62].

Krytycznie występuje m.in. Henryk Wujec, który najwyraźniej nie rozumie, dlaczego Antoni Macierewicz wmusza przywódcom „Solidarności" program gospodarczy stworzony przy udziale komunisty: „Podejmując polemikę z A. Macierewiczem, H. Wujec podkreślił, że rozdał obecnym program opracowany przez M. Rakowskiego, takich programów jest w Związku wiele"[63]. Wujec dodaje jeszcze, że problem leży w samej możliwości realizowania tych lub innych programów „i tu pojawia się problem władzy"[64].

Zwróćmy uwagę na chronologię. 22 sierpnia 1981 r. sowiecki generał Anatolij Gribkow grozi Jaruzelskiemu oddaniem części PRL-owskich wojsk pod „sojuszniczą" (czytaj: sowiecką) komendę. 23 sierpnia sowiecka agencja TASS straszy polskich komunistów „Solidarnością", która rzekomo przygotowuje się do przejęcia władzy siłą. W tym samym czasie – a nawet chwilę wcześniej, bo 21 sierpnia – Macierewicz występuje podczas obrad zarządu jednej z najważniejszych kierowniczych komórek „Solidarności". Głośno woła, że nie ma mowy o żadnym przejmowaniu władzy. Próbuje zmusić

61 IPN BU 0999/171/11, s. 109–110.
62 Tamże, s. 111.
63 Tamże, s. 110.
64 Tamże, s. 110–111.

uczestników posiedzenia, aby zamiast myśleć o władzy, konstruktywnie ratowali polską gospodarkę razem z komunistą Rakowskim.

Komu to mogło być na rękę?

Na pewno nie kierownictwu „Solidarności" i Regionu Mazowsze, które nie uprawiało kapitulanctwa. Wystąpienie Antoniego Macierewicza – gdyby udało mu się przekonać do swoich racji Region Mazowsze – byłoby natomiast korzystne dla kierownictwa PRL i PZPR. Polscy komuniści przecież wzywali „Solidarność" do rozwagi, powściągnięcia ambicji i wspólnego rozwiązywania problemów gospodarczych. Słowa Macierewicza idealnie wpisują się w ówczesną propagandę rządu PRL. Co do sowieckich komunistów, to ewentualne zwycięstwo Antoniego Macierewicza w Regionie Mazowsze zapewne przyjęliby z niechęcią. Sowieci chcieli, żeby „Solidarność" zachowywała się agresywnie. W ten sposób odstraszyłaby od siebie spokojniejszych obywateli i zmusiłaby polskich komunistów, aby ją zlikwidowali. Jednak przy ówczesnych nastrojach nikt nie mógł liczyć, że Macierewicz porwie za sobą „Solidarność", gdy wezwie do konstruktywnej współpracy z Rakowskim. Nawet polscy komuniści, nawet Rakowski, nawet sam Macierewicz nie mogli się tak łudzić. Wystąpienie Macierewicza miałoby sens, gdyby dążyło do rozbicia „Solidarności". Gdyby jego celem było stworzenie frakcji „konstruktywnie lękliwej", która osłabiłaby wspólny solidarnościowy front przeciw komunistom.

Nie można wykluczyć takiej interpretacji – również dlatego, że Macierewicz miał spore osiągnięcia w rozbijaniu organizacji, zarówno przedtem, jak i potem.

Zatem jego wystąpienie mogło być korzystne dla wszystkich komunistów, zarówno polskich, jak i sowieckich. Nie tylko dla tych, którzy chcieli ugłaskać „Solidarność". Przede wszystkim dla tych, którzy chcieli ją osłabić.

MACIEREWICZ Z GENERAŁEM GRIBKOWEM?

Bez wątpienia takim osłabieniem najbardziej interesowała się sowiecka armia i jej służby. Sowieci nie chcieli zbrojnie interweniować w Polsce, ale najbardziej nie chciało tego sowieckie wojsko. Jego kierownictwo mogło się obawiać, że jeśli „Solidarność" okaże się zbyt silna, to wprowadzenie stanu wojennego przez Jaruzelskiego zaowocuje prawdziwą wojną domową. Wtedy mimo całej niechęci Kremla do interwencji, mógłby on posłać swoich żołnierzy, aby opanowali sytuację. Nazwano by to wówczas interwencją pokojową, nie zbrojną. Jednak i tak byłaby to katastrofa dla wizerunku i morale sowieckich żołnierzy zmuszonych walczyć z ludnością cywilną. Tym bardziej że armia ZSRR dopiero co dźwigała brzemię jednej brudnej wojny – w Afganistanie. W wojnie tej sowiecki gigant militarny na skutek swego niedowładu zaliczał kompromitujące wpadki. Groziłyby mu one zatem i w Polsce, gdzie dochodziłoby do nich na oczach całej Europy (w odległym od niej Afganistanie wpadki były mniej widoczne).

Jak zatem rozumieć pogróżki generała Gribkowa, który zdaje się mówić Jaruzelskiemu: „rozwal tę «Solidarność», bo jak ona zacznie zabierać ci władzę, to ja zabiorę ci żołnierzy". Czy generał ostrzega generała przed swoimi posunięciami? Czy raczej straszy po to, żeby nie trzeba było ich zastosować? Chyba to drugie. Zazwyczaj celem groźby nie jest jej urzeczywistnienie, tylko zastraszenie przeciwnika. Tym bardziej daje do myślenia zbieżność między sowieckimi naciskami militarnymi a „konstruktywnym" wystąpieniem Antoniego Macierewicza. W tym samym czasie Gribkow pcha Jaruzelskiego do rozbicia „Solidarności", Macierewicz zaś sieje w niej zwątpienie co do sensu walki o władzę. Do namysłu nad tą koincydencją skłaniają również inne dokumenty i świadectwa. Między innymi wywiad, którego Antoni Macierewicz udzielił wcześniej biuletynowi „Inprecor", wydawanemu na Zachodzie przez międzynarodówkę... trockistów. Czyżby w głębi duszy wciąż pozostawał lewakiem? Niekoniecznie. Zachodni trockiści bardzo się angażowali w pomoc dla „Solidarności", dlatego nawet jej prawe skrzydło traktowało ich przyjaźnie.

Co Macierewicz mówi w tym wywiadzie? Otóż znowu występuje jako gołąb, nie jastrząb: „Robotnicy czują się teraz mocni w swych fabrykach. Nie zawsze widzą oni ewentualne skutki swego działania. Działają oni bardziej radykalnie niż ich przywódcy, którzy są bardziej w stanie ocenić niebezpieczeństwo grożące ruchowi w przypadku poważniejszego konfliktu [...]. Jest jeszcze za wcześnie na tworzenie partii politycznych [...]. Chcemy radykalnie zmienić sytuację, co może tylko oznaczać obalenie aktualnej władzy. Nie wolno nam jednak iść za daleko, jeżeli chcemy odnieść sukces. W takim sensie jestem ewolucjonistą, nie rewolucjonistą"[65]. Ostatnie trzy zdania to jednak wyraźna sprzeczność. Uwaga, władzo, obalimy cię, ale powolutku (i jak widać, z uprzednim ostrzeżeniem).

Najciekawsze jest jednak to, co Antoni Macierewicz ma do powiedzenia o Związku Sowieckim: „Osobiście sądzę – ale to są tylko wyłącznie [sic!]

65 „Inprekorr", niemieckojęzyczna wersja biuletynu Zjednoczonego Sekretariatu IV Międzynarodówki „Inprecor" z 2 lutego 1981 r.

moje spekulacje – że nie będzie interwencji militarnej tak długo, jak długo pozostaniemy w Pakcie Warszawskim [Układzie Warszawskim – przyp. red.]". Macierewicz mówi: moją „ewolucyjną" metodą powoli zmienimy w Polsce wszystko oprócz przynależności do Układu Warszawskiego, bo to byłoby zbyt niebezpieczne. Zatem optuje za pozostaniem Polski w sojuszu wojskowym z Sowietami nawet po obaleniu komunizmu. Proponuje kompromis nieakceptowalny dla komunistów z Kremla, jednak odrobinę mniej nieakceptowalny dla dowództwa sowieckiej armii (szczególnie, gdy nie chce ono wojny). Ktoś mógłby powiedzieć, że słowa Macierewicza stanowiły tylko kamuflaż, pod którym kryły się bardziej patriotyczne intencje. Wielu opozycjonistów nie chciało wówczas głośno mówić o ewentualnym wyjściu Polski z Układu Warszawskiego. Uważali to za odległy cel, do którego można powoli dążyć – a zarazem za temat, którego lepiej nie poruszać publicznie, żeby nie doprowadzić Sowietów do szału. Jednak Macierewicz w latach 1980–1981 również poufnie, w wąskim opozycyjnym gronie podkreślał, że Polska musi pozostać w sowieckiej wojskowej strefie wpływów. Świadczą o tym zeznania Marka Skuzy. Jego świadectwo w połączeniu z wywiadem Macierewicza dla biuletynu „Inprecor" daje jasny obraz postawy głównego bohatera tej książki. Publicznie i prywatnie Macierewicz optował za sojuszem Polski z ZSRR.

JASTRZĄB I „RYWAL"

To wcielenie Macierewicza, o którym właśnie czytaliśmy, gołąb, nijak nie pasuje do innych dokumentów i świadectw, w których Antoni Macierewicz jawi się jako jastrząb „Solidarności" – radykalny, nieprzejednany i skrajnie niebezpieczny (przynajmniej dla komunistów).

Głos zabierze teraz Tadeusz Kensy – wieloletni działacz opozycji antykomunistycznej. Zaczynał w 1977 r. w Studenckim Komitecie Solidarności (powstałym po tajemniczej śmierci studenta Stanisława Pyjasa, najprawdopodobniej zamordowanego przez SB). W latach 1980–1981 Kensy działał w rolniczej i robotniczej „Solidarności", gdzie wszedł do jej najwyższych władz (Komisji Krajowej). Był wówczas jednym z oponentów Lecha Wałęsy (popierał jego radykalnego konkurenta Andrzeja Gwiazdę). Po wprowadzeniu stanu wojennego został internowany. W ośrodkach internowania przebywał razem z Macierewiczem, którego znał już wcześniej z „Solidarności". Konsekwentnie odmawiał rozmów z esbekami, którzy próbowali go przesłuchiwać. Gdy wyszedł na wolność, wyrzucono go z pracy i mieszkania.

W 1985 r. współpracował z rzeszowskimi bernardynami. Po upadku komunizmu wspierał spółdzielczość, organizował pomoc dla polskiej wsi i zdobywał dla niej zagraniczne fundusze rozwojowe. W 2007 r. wstąpił do PiS. Z wykształcenia jest prawnikiem.

Dotarłem do nieopublikowanego listu, który Tadeusz Kensy w listopadzie 2017 r. wysłał do redakcji „Biuletynu IPN". List dotyczy licznych niejasności w życiorysie Macierewicza. Między innymi Kensy opisuje jego „jastrzębie" poczynania: „Jak pamiętam, Antoni Macierewicz w czasie pierwszej «Solidarności» formułował często poglądy radykalne [...], choć jego głównym celem było zbudowanie alternatywy wobec wpływów Kuronia i Michnika. Próbował blokować możliwość szukania kompromisu z władzami. Jeszcze w listopadzie 1980 r. podpowiadał zrewoltowanym związkowcom z «Ursusa» postulaty bezwzględnego rozliczenia osób z kręgu władzy winnych zbrodniczym zdarzeniom z roku 1970, a także z roku 1976 – co stało się w końcu także jednym z żądań Uchwały Programowej I Zjazdu [Solidarności – przyp. red.]". List Tadeusza Kensego stanowi niezwykle interesujący dokument. Jego autor również widzi dysonans między „jastrzębimi" a „gołębimi" działaniami Macierewicza w latach 80. Jednak Kensy odnosi się głównie do późniejszych zdarzeń z okresu stanu wojennego. Dlatego do relacji tego działacza wrócę w dalszej części książki.

Równie interesującym dokumentem jest meldunek operacyjny esbeckiego pułkownika Jerzego Okraja z grudnia 1981 r. Wynika z niego, że Antoni Macierewicz założył sobie w „Solidarności" swoją własną Służbę Bezpieczeństwa. Swoją własną i katolicką – jeśli Okraj słusznie podaje, że maczał w tym palce pewien duchowny. Cytuję: „Wydział III «A» Komendy Stołecznej MO uzyskał w br. szereg informacji wskazujących na istnienie przy Zarządzie NSZZ «Solidarność» – Reg. Mazowsze związkowej służby bezpieczeństwa.

- TW [tajny współpracownik, konfident SB – przyp. red.] «Organizator» przekazał kilkakrotnie informacje o istnieniu «służby bezpieczeństwa» jako nieformalnej agendy Zarządu Regionalnego, utworzonej przez ks. Orszulika [Alojzy Orszulik, ówczesny członek sekretarz Komisji Wspólnej Przedstawicieli Episkopatu i Rządu PRL, później biskup – przyp. red.], a kierowanej przez A. Macierewicza.

Komórka ta miałaby się zajmować:

- kontrolą i sprawdzaniem pracowników Zarządu;
- zabezpieczaniem ich przed inwigilacją ze strony SB;

- ustalaniem pracowników resortu spraw wewnętrznych [esbeków i milicjantów] rozpracowujących NSZZ «Solidarność» i grupy antysocjalistyczne.

Współpracownikiem «sb» miałby być Ireneusz K. – działacz związkowy w PKS, który udziela i organizuje instruktaże nt. zabezpieczenia przed inwigilacją SB. Innymi współpracownikami mieliby być C.H. i W.K.

- Z informacji źródłowych wynika, że siedziba Zarządu Regionu, a także wszelkie imprezy związkowe ochraniane są przez grupę stale tych samych osób, które prowadzą obserwacje i wykonują dokumentację fotograficzną.
- KO [kontakt operacyjny, czyli konfident luźniej związany z SB] «MC» poinformował, że pracownik WZT «Warszawskich Zakładów Telewizyjnych» – R.G. wynajmuje swoje mieszkanie działaczom związkowym na zasadach analogicznych do wykorzystywania LK «lokali kontaktowych – przyp. red.» przez SB. W/w posługuje się w rozmowach z działaczami pseudonimem.
- Z informacji TW Józef wynika, że R.R. – pracownik Hotelu «Grand» jest dowódcą plutonu ochrony.
- Informacja Departamentu III «A» potwierdza istnienie «sb» i wskazuje na osobę Mirosława S. jako jej szefa (w/w nie figuruje w kartotekach ewidencji ludności i resortowych). W oparciu o tę informację ustalono, że «sb» może mieć swoją siedzibę przy ul. Mokotowskiej 16/20 [siedziba władz Regionu Mazowsze – przyp. red.] w p. 37. Po przeanalizowaniu powyższych informacji założono sprawę operacyjnego sprawdzenia krypt. «RYWAL», której celem jest potwierdzenie informacji o istnieniu «związkowej służby bezpieczeństwa», ustalenie charakteru jej działalności oraz organizatorów i współpracowników. Ustalenia dokumentowane będą dla celów procesowych"[66].

Pułkownik Okraj podaje w pełnym brzmieniu nazwiska osób, które miałyby należeć do tej „związkowej służby bezpieczeństwa". Uznałem jednak, że ograniczę się do inicjałów. Ewentualna przynależność do „służby bezpieczeństwa" kierowanej przez Macierewicza i prześwietlanej przez prawdziwą SB wydaje się się co najmniej dwuznaczna, a tymczasem wymienione przez Okraja osoby mogły służyć w dobrej wierze (albo nawet nie mieć nic wspólnego z Macierewiczem i jego służbą, jeśli esbek w swoim meldunku przed-

66 IPN BU 0999/171/1.

stawił nieprawdziwe doniesienia). Oczywiście próbowałem dotrzeć do tych osób, szczególnie do zagadkowego Mirosława S. Okazało się, że również w wolnej Polsce osoba o tym imieniu i nazwisku nie figuruje w żadnych katalogach i zbiorach – ani biznesowych, ani zawodowych, ani tzw. społecznościowych, ani w IPN.

Mamy zatem do czynienia z czymś bardzo tajemniczym. Solidarnościowo-kościelne tajne służby? Kierowane przez Macierewicza oraz nieuchwytnego Mirosława S., człowieka widmo? Czyżby pułkownik Okraj przesadził z podejrzliwością i fantazją? Jednak gdzie indziej znajdujemy potwierdzenie, że sprawa „Rywal" istniała, a kwestię „służby bezpieczeństwa Macierewicza" traktowano poważnie. Istnieje dokument z czasów stanu wojennego zatytułowany „Analiza sytuacji operacyjnej w zawieszonym NSZZ «S» – Region Mazowsze" i datowany na 1 czerwca 1982 r.[67] Jego autorem jest znany nam już Remigiusz Reszczyński (ten sam, który rok wcześniej opisał Macierewicza jako szarą eminencję mazowieckiej „Solidarności"). W swej analizie Reszczyński podaje, że prowadzone są 22 sprawy operacyjne dotyczące Regionu Mazowsze. Jedna z nich to znana nam już Sprawa Operacyjnego Sprawdzenia krypt. „Rywal", która dotyczy „związkowej służby bezpieczeństwa". Przy okazji odnotujmy, że 10 z wymienionych spraw to sprawy indywidualne, dotyczące konkretnych osób. Żadną z tych osób nie jest Antoni Macierewicz.

W stanie wojennym esbecy robili wszystko, żeby zaciągnąć przed sąd liderów mazowieckiej „Solidarności" i zniszczyć to, co zostało z jej struktur. Jednak dziwnym trafem w związku z Regionem Mazowsze nie prowadzili indywidualnej sprawy dotyczącej jego głównego eksperta i domniemanej szarej eminencji, przypuszczalnego zwierzchnika „związkowej służby bezpieczeństwa".

„NIEWERBOWALNY" MACIEREWICZ

Dlaczego szef tajnej służby „Solidarności", który ośmielił się rywalizować z samą SB, równocześnie zachwala współpracę z komunistą Rakowskim? Czy to przewrotny kamuflaż? Czy Macierewicz chowa się za Rakowskim, aby ukryć swoją rolę „rywala SB"? Jeśli tak, to przecież w grudniu 1981 r. władze przejrzały ten kamuflaż. Wiedziały już, że Macierewicz po kryjomu stworzył

67 IPN BU 0999/171/10, s. 45 i n.

swoją własną antykomunistyczną służbę. Dlaczego zatem nie postawiły niebezpiecznego spiskowca przed sądem? Być może inne dokumenty przybliżą nas do rozwiązania tej zagadki.

W aktach sprawy „Mazowsze" znajdujemy jeszcze jedną listę esbeckich „spraw operacyjnych"[68]. Ta lista jest znacznie późniejsza, pochodzi z 1983 r. Znajdują się na niej sprawy dotyczące Regionu Mazowsze i prowadzone przez Sekcję III Wydziału V KSMO. Znowu nie ma wśród nich spraw operacyjnych dotyczących Macierewicza ani jego współpracowników Ludwika Dorna i Urszuli Doroszewskiej. Piotra Naimskiego też nie ma, ale to akurat nie dziwi, jako że przebywał wtedy w USA. W tej samej teczce znajdujemy również „Wykaz etatowych pracowników NSZZ «S» – Region Mazowsze"[69]. W wykazie tym figurują podwładni Macierewicza z Ośrodka Badań Społecznych Regionu Mazowsze. Są wśród nich Ludwik Dorn (jako socjolog), Bolesław Komorowski (jako pracownik naukowy), Wojciech Hermeliński (obecnie przewodniczący Państwowej Komisji Wyborczej, wówczas prawnik OBS), Jarosław Kaczyński (również prawnik – dziś trudno to sobie wyobrazić, ale wówczas to Macierewicz był szefem Kaczyńskiego). Uwaga: w wykazie nie ma Macierewicza. Nie figuruje on również wśród etatowych pracowników „pionu dziennikarskiego" Regionu Mazowsze, chociaż wydawał pismo mazowieckiej „Solidarności" zatytułowane „Wiadomości Dnia". To jednak można zrozumieć: Blumsztajn twierdzi, że Macierewicz nie był pracownikiem etatowym „Wiadomości Dnia". Wydawał je, redagował, ale oficjalnie przy nich nie pracował.

Co na ten temat mówi księga pamiątkowa *Niepodległość ma jeden kształt...*? Na stronie 28 historyczka Justyna Błażejowska pisze o ówczesnej działalności Macierewicza tak: „Należał do założycieli Ośrodka Badań Społecznych, którego został kierownikiem (formalnie piastował stanowisko sekretarza naukowego)". Jeśli Macierewicz „formalnie piastował stanowisko", to raczej musiał mieć etat – nie były to czasy śmieciówek. Skontaktowałem się w tej sprawie z Ludwikiem Dornem i Bronisławem Komorowskim. „On był szefem OBS. Sądzę, że na etacie" – mówi Komorowski. „Antoni Macierewicz na pewno był pracownikiem etatowym OBS do 13 grudnia 1981 r." – stwierdza Dorn. 13 grudnia 1981 r. to data wprowadzenia stanu wojennego. Krótko potem Macierewicz został internowany. Zajrzyjmy więc do wniosku o internowanie Antoniego Macierewicza podpisanego przez naczelnika

68 IPN BU 0999/171/1, s. 261.
69 Tamże, s. 263 i n.

Wydziału III-2 Komendy Stołecznej Milicji Obywatelskiej[70]. Na pierwszej stronie tego dokumentu w rubryce „Zawód/zajęcie i miejsce pracy" czytamy: „nie pracuje". Jednak w rubryce „Dodatkowe miejsce pobytu" esbek zanotował: „Warszawa, ul. Aleje Jerozolimskie 27 m 2". To adres Ośrodka Badań Społecznych (Macierewicz ze swoimi ludźmi przeniósł się z Bednarskiej w Aleje Jerozolimskie). Na drugiej stronie dokumentu naczelnik Wydziału III-2 tak opisuje sytuację zawodową Macierewicza: „Aktywnie pracuje w OBS przy NSZZ «Solidarność»". Zatem aktywnie pracował, choć nie pracował? Czyżby rządził Ośrodkiem Badań Społecznych, jak rządził „Wiadomościami Dnia" – nieoficjalnie?

Wróćmy do wykazu pracowników Regionu Mazowsze. Na końcu wykazu znajduje się „zestawienie statystyczne", które tłumaczy, po co w ogóle on powstał. Otóż esbecy piszą, że wśród wymienionych w nim pracowników pozyskano sześciu TW. Dodatkowo znaleziono też siedmiu kandydatów na TW. Znaczy to, że wykaz wiązał się z grafikiem werbunku konfidentów. Obejmował pracowników, których:

- już pozyskano jako agentów (sześciu TW);
- wciąż próbuje się pozyskać jako agentów (siedmiu kandydatów na TW);
- jeszcze nie próbowano pozyskać jako agentów (lub próbowano, ale to się nie udało).

Czyżby Macierewicz nie podpadał pod żadną z tych kategorii? Czy w ogóle nie obejmowała go możliwość werbunku? Czy esbecy uznali go za niezłomnego? Cóż, esbecy programowo nie wierzyli w niezłomność „figurantów", którymi się zajmowali...

W poszukiwaniu odpowiedzi na te pytania konsultowałem się ze specjalistami. Między innymi z byłym ministrem Rzeczpospolitej Polskiej, który nadzorował część służb specjalnych. Po tych konsultacjach widzę trzy przyczyny, dla których ważny działacz opozycyjnej organizacji mógłby nie znaleźć się w wykazie jej pracowników stworzonym na potrzeby esbeckiego werbunku. Przyczyna pierwsza: działacz nie był i nie mógł być agentem SB, ponieważ osłaniała go jakaś inna służba. Służba ta utrzymywała kontakty z SB i dała do zrozumienia esbekom, aby go nie werbowano. Przyczyna druga: nie osłaniała go inna służba, tylko wysoce autonomiczna jednostka SB, która bardzo głęboko konspirowała swoich agentów i nie chciała, by figuro-

70 IPN BU 01326/1547.

wali oni jako TW w esbeckich dokumentach. Taką jednostkę stanowiło na przykład Biuro Studiów SB, do którego jeszcze w tej książce wrócimy (acz-kolwiek trzeba odnotować, że powstało ono w 1982 r., a wykaz z nazwiskami pracowników Regionu Mazowsze prawdopodobnie pochodzi z 1981 r.). W wypadku Antoniego Macierewicza możliwa też byłaby trzecia przyczyna: nie miał etatu w Ośrodku Badań Społecznych, chociaż nim kierował i zżył się z OBS do tego stopnia, że Ludwik Dorn pamięta go jako pracownika etatowego. Jak w wypadku „Wiadomości Dnia", tak i tu Macierewicz uzyskałby władzę nad instytucją, ale nie wziąłby za nią formalnej odpowiedzialności.

PIOTR PIĘTAK OPOWIADA

Wszystkie trzy przyczyny mają cechy prawdopodobieństwa. Na pierwszy rzut oka najbardziej prawdopodobna wydaje się ta trzecia. Jednak pierwsza lub druga tłumaczyłyby nam więcej zagadkowych okoliczności z życia Antoniego Macierewicza.

Jak się to wszystko ma do wspomnianego wcześniej „narodowego esbeka", który po 1976 r. zajmował się środowiskiem Antoniego Macierewicza? Otóż esbek ten miał bliskie powiązania z KGB, być może też z GRU. A w 1982 r. został jednym z naczelników we wspomnianym Biurze Studiów SB.

Jeśli pierwsza lub druga przyczyna jest prawdziwa, to trzeba zadać kolejne pytania. Czy Macierewicz wiedział lub przypuszczał, że znajduje się pod ochroną jakiejś komunistycznej służby? Czy było coś, co mogło go skłonić do akceptacji takiej ochrony? Posłuchajmy, co o swojej ówczesnej współpracy z Macierewiczem mówi nam Piotr Piętak – informatyk i polityk, wiceminister spraw wewnętrznych i administracji w dwóch rządach PiS (w gabinetach Kazimierza Marcinkiewicza i Jarosława Kaczyńskiego). Odpowiadał w nich za reformę infrastruktury informatycznej państwa. W latach 1980–1981 wydawał razem z Macierewiczem „Wiadomości Dnia".

Opowieść Piętaka ukazuje motywację i sposób działania Antoniego Macierewicza w tamtym okresie. Wyjawia zadrę, może nawet traumę, która pchała Macierewicza do drastycznych poczynań. Była wśród nich próba współpracy z obrzydliwymi, skrajnymi antysemitami. Piętak zdecydowanie potępia dzisiejsze działania Macierewicza. Jednak w konfliktach z lat 1980–1981 nadal zdaje się stawać po stronie dawnego przyjaciela. Mimo to świadectwo Piętaka ma ogromną wartość. Zawiera konkretne, szczegółowe informacje, ale przekazuje nam także emocjonalną atmosferę, w której działał Macierewicz. Dlatego poniżej przedstawiam obszerne fragmenty relacji Piotra Piętaka (dysponuję nagraniem całości):

„Klasycznym i często powtarzanym błędem jest rzutowanie na przeszłość aktualnych wypowiedzi Antka Macierewicza. Tych o Smoleńsku i tych, które są gorsze od wypowiedzi komunistów (że niby prawdziwi Polacy są tylko w PiS, a cała reszta to obcokrajowcy i tak dalej). Tymczasem podstawowe pytanie brzmi: JAK TO SIĘ STAŁO? [wyróżniłem ten fragment wypowiedzi, bo gdy go usłyszałem, zrozumiałem, jak trzeba zatytułować niniejszą książkę]. Jak doszło do tego, że z młodego, wspaniałego chłopaka powstał dzisiejszy Antoni?

W latach 1977–1979 byłem w wojsku. Gdy wyszedłem, zakochałem się w mojej [przyszłej – przyp. red.] żonie. A tego samego dnia, kiedy się z nią umówiłem, poznałem Adama Michnika. Zaprosił mnie na swoje prywatne seminarium o początkach PRL. Tam bywali w zasadzie sami członkowie KOR. Konflikt pomiędzy grupą «Głosu» a «Biuletynem» [Biuletynem Informacyjnym KSS «KOR» – przyp. red.] czy frakcją lewicy laickiej był już bardzo pogłębiony. Po dwóch spotkaniach zorientowałem się, że pełnię funkcję łącznika pomiędzy nimi. Byłem przyjacielem Uli Doroszewskiej i Ludka Dorna, więc na początku seminarium padało: co tam słychać u naszych kolegów z «Głosu». A gdy wracałem do domu, to dzwonił Ludwik i wypytywał mnie o tamtych. Mam te wszystkie konflikty ostro przerobione. One przełożyły się później na «Solidarność» i podziemie. I tu, żeby nie było wątpliwości, stałem w stu procentach po stronie Antka. Zresztą nie tylko ja. Wszyscy ludzie, co mieli ścisły kontakt z KOR, mówili, że Antkowi zawdzięczamy demokrację w organizacji. Jego autorytet w tym środowisku liczącym może 100–150 osób był odczuwalny aż do 2003 r., kiedy wróciłem z emigracji [z Francji i Belgii]. Jego walka (obojętnie, jak ją dziś oceniamy) z wszechmocą Jacka Kuronia i Adama Michnika miała charakter ideowy. To była jedyna taka osoba, oprócz Leszka Moczulskiego [założyciel opozycyjnej Konfederacji Polski Niepodległej, radykalny antykomunista, w wolnej Polsce atakowany przez Macierewicza i jego ludzi, którzy oskarżyli go o współpracę z SB].

Oczywiście ta omnipotencja Kuronia i Michnika miała charakter naturalny, Antek był bez szans. Ta walka kompletnie go zjadła. Nienawidzili się z Michnikiem aż do obłędu. Szczególnie to Antek nie znosił Adama, bał się, zazdrościł. Chciał go zepchnąć. Tu oczywiście nie chodzi o samego Michnika. Ale Michnik strasznie bał się «Głosu». W jego otoczeniu ciągle trwały dyskusje o tym, co robi «Głos». Tym bardziej że to Antek wymyślił nazwę Komitet Obrony Robotników, będącą delegitymizacją Polskiej Zjednoczonej Partii Robotniczej. Wymyślił też strukturę KOR. Nazywam ją modelem instytucjonalno-demokratycznym. Działalność KOR to lata 1976–1980. Bardziej pisanie, wymyślanie koncepcji i tak dalej niż doraźne działania polityczne. Polityka zaczęła się w sierpniu 1980 r. Zwracam uwagę, że Adam Michnik w czasie naszej rewolucji 16-miesięcznego karnawału «Solidarności» [karnawałem określa się 16-miesięczny okres legalnej działalności «Solidarności» w latach 1980–1981] nie odegrał większej roli, choć Zbyszek Bujak czy Władek Frasyniuk [wybitny działacz dolnośląskiej «Solidarności»] byli w nim zakochani. Antek nie miał żadnego poparcia wśród robotników, ale za to praktycznie rzecz biorąc w pojedynkę stworzył Ośrodek Badań Społecznych. Zapieprzał po 20 godzin na dobę. Wzorowo to zorganizował. Na dodatek zaczął wydawać dziennik «Wiadomości Dnia». Jego OBS wydał kupę bardzo wartościowych analiz. Niektóre z nich zasługują na wydanie. Do dziś pamiętam na przykład analizę, która porównywała strukturę «Solidarności» do zjawisk z... historii Stanów Zjednoczonych.

Zacząłem z nimi współpracować na jesieni 1980 r. Robiłem ankiety. To był świetny pomysł Antka, którego realizacją kierował Ludwik Dorn. Wyjeżdżałem np. do Pułtuska, Ostrołęki, ale też np. do Gdańska. Poznawało się ludzi i nawiązywało kontakty. Natomiast nie chciałem pracować w «Wiadomościach Dnia». To pismo w całości wymyślił Antek. Wszystko, nazwę, jak to robić i tak dalej. Kiedy o drugiej stawało się z «Wiadomościami Dnia» w Alejach Jerozolimskich, to zaczynał się obłęd. Ludzie ustawiali się w kolejce na pół kilometra i czekali przez kilka godzin. Po jedną, kilkukrotnie złożoną, kartkę papieru! Ale nie chciałem się tym zajmować, bo zaczęło się wokół tego kręcić wielu ludzi, w tym oszustów. Nie było wiadomo, co się dzieje z pieniędzmi ze sprzedaży gazety. Kiedy tylko zwróciłem uwagę Antkowi, to on to natychmiast ukrócił. Powiedziałem mu «Antek, wybacz, ale, kurwa mać, redaktorzy jedzą obiady w Bristolu». Pod względem finansowym on jest cnotliwy i czysty. Ponownie zaproponował mi pracę w «Wiadomościach Dnia». Tym razem się zgodziłem.

Potem rozpoczął się pierwszy zasadniczy konflikt polityczny wewnątrz prawicy. Chodzi o tak zwaną frakcję «prawdziwych Polaków». Otóż «Wiadomości Dnia» wychodziły z nagłówkiem «Pismo Ośrodka Badań Społecznych» i «Biura Informacyjnego Regionu Mazowsze». Biurem rządził Paweł Niezgodzki, przywódca prawdziwych Polaków. Powiedzieć, że Paweł i jego frakcja byli antysemitami, to nic nie powiedzieć. Dla nich nie było dyskusji – Żyd to komunista i koniec. Nie będę nawet wspominał, jak wyglądały z nimi negocjacje. Dla jasności podkreślę tylko, że na koniec negocjacji Antek wyrzucił ich za drzwi. Wtedy bardzo się polubiliśmy. Antek lubił ze mną dyskutować o polityce. A trudno było go nie lubić. Antek był zachwycony, że ściągnął mnie do zespołu. Wylansowałem «Wiadomości Dnia». Stworzyłem redakcję, bo bardzo brakowało współpracowników, przyjąłem kilka nowych osób, zaczęliśmy drukować na offsecie.

Jaruzelski poprosił wtedy «Solidarność» o sto dni spokoju [w lutym 1981 r. generał Jaruzelski objął stanowisko premiera PRL i poprosił «Solidarność» o 90 dni spokoju, bez strajków i protestów]. Antek, mecenas Olszewski [Jan Olszewski, obrońca w procesach politycznych, działacz opozycji związany z Antonim Macierewiczem, w 1991 r. mimo swych lewicowych poglądów został premierem ultraprawicowego rządu RP, w którym ministrem spraw wewnętrznych był Macierewicz] i «Wiadomości Dnia» generalnie go poparły. Taka była linia działania, ja ją realizowałem w «Wiadomościach Dnia». Wyciszamy i budujemy społeczeństwo obywatelskie. Trzeba dojść do porozumienia z władzą, a równolegle prowadzić własną rewolucję. Wtedy mieliśmy zupełnie inną perspektywę. Każdego dnia spodziewaliśmy się Armii Czerwonej. Ogromnie nam też zależało, żeby przeprowadzić w «Solidarności» procesy wyborcze, wyłonić delegatów, później zorganizować kongres i wybory do Komisji Krajowej. Bardzo wtedy nie lubiłem lewicy laickiej. Uważano mnie za ich głównego przeciwnika. Ale jako ich ówczesny wróg mogę uznać, że jedynymi przywódcami «Solidarności» i całej naszej rewolucji byli Lech Wałęsa, Karol Modzelewski [lewicowy teoretyk i bohater opozycji w latach 60. oraz 80., wielokrotnie aresztowany i więziony, zarazem wybitny historyk] i Jacek Kuroń. Przez cały czas namawiałem Antka, żeby wyszedł do robotników, spotkał się z działaczami. Przecież pismo cieszyło się wśród nich autorytetem, on też miał autorytet. Nie chciał. Być może bał się konfrontacji z Modzelewskim czy z Kuroniem. Albo sądził, że jest zbyt mało znany. Mówię o tym dlatego, że dziś jesteśmy zalewani stekiem kłamstw na temat tego okresu. Michnik i Mazowiecki pełnili tylko funkcję doradczą. Wałęsa zaś, Modzelewski, Kuroń jeździli po kraju, gasili strajki i mieli posłuch u mas. Szczególnie Jacek.

Wróćmy do «prawdziwych Polaków». Byłem uczulony na antysemityzm. Zwłaszcza ten, który reprezentował Jurek Prus [działacz «Solidarności», późniejszy konfident SB], kolega Antka ze studiów. To było coś horrendalnego, zwierzęcego. Niezgodzki był koszmarną osobą. To przez niego wybuchł skandal na zjeździe [I Zjeździe «Solidarności» we wrześniu i październiku 1981 r. – przyp. red]. Przygotowano uchwałę z podziękowaniami dla KOR za dotychczasową działalność. Jednak ni z tego, ni z owego Niezgodzki zaproponował inną uchwałę. Było w niej pełno ogólników – podziękowania bardziej dla Jana Pawła II niż dla KOR. Doszło do strasznego zamętu. Redaktorka «Biuletynu» plunęła Niezgodzkiemu w twarz. Kiedy to wszystko działo się w Gdańsku, to ja byłem w Warszawie i robiłem «Wiadomości Dnia». Przyszedł do mnie pewien inżynier, którego znałem i bardzo ceniłem. Napisał list do Niezgodzkiego, w którym potępił antysemityzm. Samodzielnie podjąłem decyzję o druku. To wywołało sensację. Dotąd wszyscy szeptali, że Antek potajemnie porozumiewa się z «prawdziwymi Polakami». Aż tu nagle, na pierwszej stronie jego pisma pojawia się list, który potępia tę grupę. Niezgodzki natychmiast zadzwonił do Antka. Powiedział, że «Wiadomości Dnia» to pismo OBS, ale też Biura Informacyjnego, czyli Niezgodzkiego. Liczyłem się z tym, że Antek mnie wyrzuci. Straciłby jedno dobre pióro... Niezgodzki zażądał mojego ustąpienia. Powiedziałem, że w wolnej prasie wolno drukować wszystko. Antek miał tylko jedną uwagę. Stwierdził, że przed publikacją tekstu powinienem poinformować o tym Pawła Niezgodzkiego. Miał rację. Wtedy skończyło się na tym, że dwa tygodnie później z winiety «Wiadomości Dnia» zniknęła nazwa Biura Informacyjnego. Jurek Prus odszedł lub został wyrzucony – nie pamiętam. Na Woli [dzielnica Warszawy, wówczas przemysłowo-robotnicza] założono gazetkę, której został naczelnym. I co wydrukowali w pierwszym numerze? *Protokoły mędrców Syjonu* [spreparowany przez służby specjalne carskiej Rosji fałszywy dokument przedstawiający rzekomy żydowski plan zawładnięcia światem; w 2002 r. Macierewicz na antenie Radia Maryja przyznał, że dokument może być fałszywy, ale zasugerował, że opisywane w nim żydowskie spiski istnieją].

Antek przyjechał do mnie przed drugą turą zjazdu. Powiedział, że chciałby opublikować wywiad ze sobą na temat KOR. Zaproponowałem, że ja ten wywiad przeprowadzę. On jednak powiedział, że nie chce mi przeszkadzać i porozmawia sam ze sobą. Zrobił ten wywiad, wydrukowaliśmy, wziął ze sobą tysiąc egzemplarzy «Wiadomości Dnia» do Gdańska. Znowu wybuchła afera. Najpierw kłamstwo Antkowi zarzucił Jan Józef Lipski. Potem przychodziły kolejne krytyczne listy, które publikowałem. Któregoś dnia przychodzę do pracy, patrzę, a tu przed drzwiami stoją znajomi Antka, niegdyś jego najbliżsi współpracownicy: Marek Barański i Małgorzata Łukasiewicz. Małgosia po chwili mówi, że przynieśli trzy lub cztery listy, które chcą opublikować. Wziąłem te listy, wkleiłem w makietę [próbna wersja gazety – przyp. red.]. Przyszedł Antek. I stało się coś, czego jeszcze w życiu nie widziałem. Wszedł zadowolony, jak zwykle. Podałem mu makietę i mówię, że są w niej listy od jego kolegów. Gdy pochylał się nad makietą, jeszcze wyglądał normalnie. Gdy podniósł wzrok, był siny. Przez pięć minut nic nie mówił, popatrzył na mnie, wyszedł. To musiał być największy cios, jaki dostał w życiu. Bo treść listów była mniej więcej taka, że to nie on zrobił KOR, ale Michnik i Kuroń. Napisali to nie jacyś tam członkowie KOR, ale jego współpracownicy, przyjaciele z «Czarnej Jedynki»! Sądzę, że od tego momentu zaczął zjeżdżać. Pojawiła się w nim zawiść: chcą mu zabrać KOR, czyli jego dziecko, nikt nie będzie pamiętał o jego ojcostwie! To musiało długo w nim kiełkować, ale od tego momentu zaczął się zmieniać w autokratę. To chyba był ten nowy początek".

NAIMSKI CHCE DO USA

Od kiedy kiełkował ten „nowy początek"? Nawet jeśli Macierewicz zaakceptował ochronę ze strony komunistów po październiku 1981 r., gdy poczuł się okradziony z chwały założyciela KOR i zdradzony przez swych harcerskich druhów – to dziwna łagodność SB wobec niego zaczęła się wcześniej. Czy można ją interpretować jako coś w rodzaju esbeckich zalotów wobec Antoniego Macierewicza? Kilka miesięcy przed opisanym przez Piętaka wstrząsem zaszły jeszcze osobliwsze okoliczności, dla których określenie „łagodność" zdaje się wysoce niewystarczające.

Najbliższy przyjaciel Antoniego Macierewicza i jego prawa ręka Piotr Naimski dostał zaproszenie na stypendium do USA. Nawet dziś taki wyjazd stanowiłby nie lada gratkę. W czasach PRL był jednak nieporównanie bardziej atrakcyjny. Trudno było o amerykańską wizę, ale jeszcze trudniej – o polski paszport. Władze PRL wydawały paszporty według swojego widzimisię. Zazwyczaj nie wypuszczały za granicę opozycjonistów (a nawet zwykłych obywateli, co do których się obawiano, że mogliby wyemigrować, zmniejszając liczbę poddanych komunistycznego reżimu). W wypadku Naimskiego dzieje się jednak inaczej, zupełnie inaczej.

Przedstawione poniżej informacje pochodzą z dostępnej w IPN teczki „Chemex"[71]. Teczka dotyczy Piotra Naimskiego, w dużej mierze również An-

71 IPN BU 01911/147.

toniego Macierewicza. Prowadzona była przez Departament I Ministerstwa Spraw Wewnętrznych (MSW), czyli cywilny wywiad zagraniczny PRL. Dodajmy, że funkcjonariusze Departamentu I oraz odpowiedzialnego za kontrwywiad Departamentu II MSW protestowali, gdy nazywano ich esbekami. „My zajmowaliśmy się cudzoziemcami, SB zajmowało się Polakami" – mówią jeszcze dziś. Jednak oba departamenty rozpracowywały również Polaków, którzy mieli kontakty z zagranicą. Jak się przekonamy, Departament I potrafił to robić całkiem intensywnie. Zajrzyjmy zatem do teczki „Chemex". 16 stycznia 1981 r. pojawia się w niej notatka autorstwa funkcjonariusza Czesława Jackowskiego. Funkcjonariusz Jackowski to zastępca naczelnika Wydziału XI Departamentu I. Wydział ten w interesującym nas okresie zajmuje się zwalczaniem płynącej z zagranicy „dywersji ideologicznej" i odtąd będzie prowadzić sprawę Naimskiego. Jeden z kolegów funkcjonariusza Jackowskiego po latach opisze go jako „znakomitego analityka i polityka wywiadowczego".

W swej notatce „znakomity analityk" Jackowski pisze tak: „Dnia 21 listopada 1980 r. Piotr NAIMSKI złożył w Wydz. Paszportów KSMO w Warszawie wniosek o wyjazd na roczne stypendium do Stanów Zjednoczonych [...]. Nie znamy drogi, jaką figurant stypendium to sobie załatwił. Sprawa wydania Piotrowi NAIMSKIEMU paszportu jest rozważana przez jednostkę terenową SB w aspekcie pozytywów i negatywów, jakie z tego faktu mogą wyniknąć. Podkreśla się, że w wypadku wyjazdu braknie w KSS KOR poważnego inspiratora, zwolennika eskalacji żądań wobec władzy, osłabiona zostanie wroga działalność. Za niewydaniem paszportu przemawiają natomiast następujące elementy:

- cieszy się wysoką oceną w ośrodkach dywersji ideologicznej Zachodu. Z tego tytułu znajdzie się w ich zainteresowaniu i może być, a można jako pewne przyjąć, że będzie konsultowany i szkolony w sposobach aktywizacji zadań;
- może znaleźć się w zainteresowaniu amerykańskiej służby wywiadowczej;
- udzielać będzie informacji nt. sytuacji wewnętrznej w kraju oraz osób stanowiących obiekt zainteresowania wywiadowczego;
- może organizować środki finansowe i techniczne oraz kanały ich przerzutu.

W sytuacji tej jednostka krajowa SB uważa za jedyną możliwą decyzję podtrzymania zastrzeżenia wyjazdu"[72].

Zatem wszystko zdaje się proste. Funkcjonariusz wywiadu zagranicznego PRL udał się do „krajowej" SB i zapytał: „Puszczać go czy nie puszczać za granicę?". Esbecy pomyśleli i powiedzieli: „Nie puszczać!". Jednak „wybitny polityk wywiadowczy" Czesław Jackowski coś knuje. 12 dni później, 28 stycznia 1981 r., wysyła swoim szefom już nie notatkę, ale raport na temat „figuranta sprawy «Chemik»". „Chemik" to oczywiście Piotr Naimski, który jest zdolnym biochemikiem (aczkolwiek w wolnej Polsce będzie się zajmować bezpieczeństwem energetycznym państwa i negocjować warunki importu paliw z Rosji). Do raportu Jackowski dołącza notatkę, w której znajdują się personalia Naimskiego, jego nazwisko, opis sytuacji rodzinnej etc. Nie ma zatem wątpliwości, o kogo chodzi. Co „polityk wywiadowczy" Jackowski pisze w swym raporcie? Otóż chce przeprowadzić z Naimskim rozmowę, której celem byłoby „dążenie do osiągnięcia efektu zamierzonego, a nieuzyskanego przez jednostkę terenową SB, tj. neutralizacja aktywności figuranta"[73].

Jak to miałoby wyglądać? „Proponuje się przeprowadzić ją jako rozmowę zmierzającą do pozyskania «Chemika» w charakterze «pracownika wywiadu». Temu pozorowanemu działaniu nadane zostaną wszystkie cechy autentyczności. W rozmowie z nim użyte będą argumenty:

- nawiązujące do aktualnej sytuacji w kraju;
- wskazujące na jego udział w realizacji procesu odnowy;
- podkreślające «pozytywne» cechy jego charakteru i predyspozycje do pracy wywiadowczej;
- wskazujące na posiadane przez niego możliwości uzyskania poparcia w środowiskach zagranicznych.

W wypadku zaakceptowania przez «Chemika» przedstawionej oferty podejmę działania mające na celu udokumentowanie akceptacji (pobranie zgody na piśmie, zobowiązanie o zachowaniu w tajemnicy treści rozmowy, życiorys, wykaz kontaktów).

W wypadku rozmowy starał się będę o zapewnienie możliwości kontynuowania dialogu. Rozmowa zostanie przeprowadzona w pomieszczeniach służbowych BP [Biura Paszportów] MSW, dokąd «Chemik» wezwany zostanie pod pretekstem wyjaśnienia spraw związanych ze staraniami o wyjazd [...]"[74].

---

72 Tamże, s. 21–22.
73 Tamże, s. 14.
74 Tamże, s. 14–15.

Czy pomysł funkcjonariusza Jackowskiego zostaje wprowadzony w czyn? Jeśli tak, to z jakim efektem? Czy Naimski dał się zwerbować? Nie wiemy. Mija miesiąc, w dniu 2 marca 1981 r. Jackowski wraca do tematu. Pisze kolejny raport, tym razem do samego szefa wywiadu, generała Jana Słowikowskiego: „W ramach działań operacyjnych mających na celu neutralizację antypaństwowych poczynań rozwijanych przez «Chemika» (Piotr NAIMSKI) zamierzamy przeprowadzić rozmowę operacyjną, której celem byłoby pozorne pozyskanie «Chemika» do współpracy w charakterze pracownika Wywiadu.

«Chemik» jest zaangażowany w działalność uprawianą przez KSS «KOR»; od momentu jego powstania uczestniczy aktywnie w realizacji koncepcji głoszonych przez to ugrupowanie. Z tego powodu znalazł się w zainteresowaniu SB, która od początku rozpracowania stosowała wobec figuranta [...] wachlarz środków mających na celu neutralizowanie aktywności figuranta. Nie dały one spodziewanych rezultatów. Aktualnie «Chemik» podjął starania o uzyskanie zgody na roczny wyjazd do Stanów Zjednoczonych. Stwarza to okazję do przeprowadzenia z nim rozmowy w celu osiągnięcia zamierzonego, a nieuzyskanego przez jednostkę terenową efektu. Oficer, który przeprowadzi rozmowę z «Chemikiem» poza pomieszczeniami MSW, wystąpi pod legendą [częściowo lub całkowicie fałszywa tożsamość stworzona na potrzeby operacji] pracownika Polskiej Służby Informacyjnej. Dla udokumentowania tego powinien się legitymować dokumentem tej służby. Legitymację taką może wystawić Biuro Techniki MSW. W załączeniu pismo w ww. sprawie do Dyrektora Biura Techniki MSW w celu akceptacji”[75].

W teczce „Chemex” nie ma pisma do Biura Techniki. Nie wiadomo, czy komórka ta spreparowała dla Jackowskiego legitymację „Polskiej Służby Informacyjnej”. Brakuje również istotniejszego dokumentu, mianowicie odpowiedzi generała Słowikowskiego na raport Jackowskiego. A przede wszystkim brakuje jakiegokolwiek sprawozdania na temat „pozornej rozmowy werbunkowej” z Naimskim. Nie wiemy, jaki ta rozmowa dała wynik – jeśli się w ogóle odbyła. Zapewne jej głównym celem było zarejestrowanie reakcji Piotra Naimskiego na usiłowanie werbunku. Gdyby reakcja ta nie była jednoznacznie negatywna, można ją było wykorzystać, aby skompromitować Naimskiego wobec innych opozycjonistów (lub Amerykanów). Uzyskanie jej stanowiłoby sukces, który wypadałoby odnotować

75 Tamże, s. 25–26.

w aktach. Ale gdyby nawet żadnych sukcesów nie było, w teczce „Chemex" powinna się znaleźć jakakolwiek notatka o przebiegu „rozmowy werbunkowej", względnie o rezygnacji z jej przeprowadzenia. Dlaczego nie ma takiej notatki?

Trzeba wiedzieć, że Piotr Naimski od lutego do czerwca 1992 r. był szefem Urzędu Ochrony Państwa [UOP, cywilne służby specjalne RP w latach 1990–2002]. Jako szef UOP-u Naimski dysponował archiwami SB. Jego ludzie zajmowali się nimi intensywnie podczas swojego krótkiego urzędowania. Razem z Macierewiczem – ówczesnym ministrem spraw wewnętrznych i bezpośrednim zwierzchnikiem Naimskiego – przygotowywali bowiem lustrację z czerwca 1992 r. Przy okazji zginęła część akt Roberta Luśni – bliskiego współpracownika Macierewicza, byłego konfidenta SB powiązanego również z sowieckim wywiadem wojskowym GRU[76].

Byłby to dziwny zbieg okoliczności, gdyby się okazało, że informacje o przebiegu rozmowy werbunkowej z Naimskim zniknęły z UOP-u za czasów... Naimskiego.

Jednak są też inne możliwości:

- dokumenty dotyczące przebiegu tej rozmowy w ogóle do teczki nie trafiły;
- zostały z niej usunięte jeszcze w czasach PRL;
- rozmowa w ogóle się nie odbyła.

Te trzy możliwości tak naprawdę sprowadzają się do jednej: ktoś wyższy stopniem powiedział Jackowskiemu: „Odczep się od Naimskiego, nie próbuj go werbować nawet pozornie". Czy Piotr Naimski, jak Antoni Macierewicz, był „niewerbowalny"? Czyżby z podobnych powodów?

Przypomnę: ewentualna „niewerbowalność" Macierewicza mogła wynikać z ochrony, jaką roztoczyłaby nad nim komunistyczna służba inna niż SB lub autonomiczna jednostka oddzielona od reszty SB. Okazuje się, że służbą tą lub jednostką nie mógł być wywiad PRL (jeśli przedstawiona właśnie hipoteza o „niewerbowalności" Naimskiego jest słuszna). Gdyby Naimski był agentem wywiadu, wiedziałby o tym i nie próbowałby go werbować funkcjonariusz wywiadu Jackowski... Tu wypada dodać, że w omawianym wcześniej wykazie zwerbowanych, werbowanych i „werbowalnych" pracowników Regionu Mazowsze nie ma również Naimskiego. Jednak w wypadku Naimskiego wyjaśnienie jest proste: nie był etatowym pracownikiem Regionu Ma-

76 O Robercie Luśni pisałem w mojej książce *Macierewicz i jego tajemnice*.

zowsze, zatrudniony był w Instytucie Biochemii i Biofizyki Polskiej Akademii Nauk (PAN).

Na rzecz hipotezy o „niewerbowalności" Naimskiego spowodowanej przez ochronę ze strony jakiejś zewnętrznej służby lub autonomicznej jednostki świadczy coś innego. Chodzi o niezwykłą interwencję na jego korzyść, do której doszło w lutym 1981 r.

NAIMSKI MUSI DO USA

Podczas gdy funkcjonariusz wywiadu Jackowski zastawia swe sidła na Naimskiego, w „krajowym SB" sprawa zostaje wywrócona do góry nogami. Jak pamiętamy, 16 stycznia 1981 r. Jackowski pisał do swoich szefów, że „jednostka krajowa SB uważa za jedyną możliwą decyzję podtrzymania zastrzeżenia wyjazdu". Zapewne nie odważyłby się kłamać – jego informacje można było sprawdzić w 10 minut. Tyle czasu zabrałby telefon z Departamentu I (odpowiedzialnego za wywiad) do Departamentu III MSW (prowadzącego walkę z opozycją polityczną i odpowiedzialnego za „krajowe SB"). Zatem to, co dzieje się w lutym 1981 r., musimy uznać za mały przewrót. Otóż Departament I dostaje z Departamentu III notatkę służbową autorstwa esbeka Wojciecha Kaszkura. To przedstawiciel „krajowego SB", inspektor Wydziału IX Departamentu III.

Kapitan Kaszkur domaga się... wypuszczenia Naimskiego do USA. W przeciwnym razie grozi... zachwianiem stabilizacji wewnętrznej w kraju i fermentem w Sejmie PRL. Cytuję: „W aktualnej sytuacji wewnętrznej kraju zmierzającej do stabilizacji życia społeczno-politycznego i uwiarygodnienia poczynań Rządu celowym byłoby wydanie paszportu P. Naimskiemu na wyjazd do Stanów Zjednoczonych po uprzednim przeprowadzeniu z nim rozmowy profilaktyczno-ostrzegawczej. Za stanowiskiem tym przemawiają m.in. następujące fakty:

- w sytuacji ciągle jeszcze trwających napięć społecznych, działalność grup antysocjalistycznych, w ramach nowego ruchu związkowego [«Solidarności» – przyp. red.] będzie się aktywizować. P. Naimski podzielający ekstremalne poglądy A. Macierewicza jest mocnym filarem grupy jego zwolenników, uplasowanej w NSZZ «Solidarność» regionu Mazowsze. Wyjazd P. Naimskiego na okres 1 roku za granicę może w pewnym stopniu osłabić działalność grupy A. Macierewicza;

- niewyrażenie zgody na wyjazd P. Naimskiego nie wpłynie na ograniczenie jego działalności [zarówno – przyp. red.] w ramach KSS «KOR» jak i «Mazowsza», a może być bodźcem do większego zaangażowania się. Nie zapobiegnie również przekazywaniu informacji do ośrodków dyspozycyjnych na Zachodzie i inicjowaniu przez nie zbiórek pieniężnych na antysocjalistyczną działalność. Odmowna decyzja może być również wykorzystana przez NSZZ «Solidarność» reg. Mazowsze do wszczęcia kampanii przeciwko władzy w jego sprawie, co nie byłoby korzystnym zjawiskiem w sytuacji zmierzającej do stabilizacji wewnętrznej kraju. Nie można również wykluczyć nieformalnych nacisków ze strony środowisk naukowych, a nawet *uruchomienia* niektórych posłów;
- istnieje możliwość, iż P. Naimski, przebywając na terenie Stanów Zjednoczonych, podejmie antypaństwową działalność poprzez wywiady i wystąpienia szkalujące władze PRL, podważające założenia ustrojowe i sojusze Polski. Będziemy zmierzać (przy współdziałaniu z Dep. I MSW) do udokumentowania tych faktów pod kątem procesowym, co może pozwolić na przedstawienie stosownych zarzutów i ewentualne zastosowanie sankcji po powrocie do kraju"[77].

Dodajmy od razu, że standardowa „rozmowa profilaktyczno-ostrzegawcza", którą proponuje esbek Kaszkur, nie ma nic wspólnego z całą operacją „pozorowanego werbunku", którą sobie wymyślił wywiadowca Jackowski. Podczas standardowej rozmowy profilaktycznej mogły paść dwuznaczne sformułowania. Na przykład: „Niech pan obieca, że poinformuje pan wywiad PRL o zjawiskach niekorzystnych dla kraju, jeśli zaobserwuje pan takie za granicą". Nieraz podsuwano do podpisania zobowiązania o podobnej treści. Jednak w wypadku opozycjonistów miało to ograniczoną skuteczność, gdyż coraz powszechniejsza była wśród nich świadomość, że w kontaktach ze służbami PRL nie należy podpisywać żadnych dwuznacznych dokumentów.

Taka prosta rozmowa nijak się ma do operacji zaplanowanej przez Jackowskiego, do nieoficjalnego kuszenia przeprowadzonego poza budynkiem MSW przez funkcjonariusza okazującego sfałszowaną legitymację „Polskiej Służby Informacyjnej".

Zauważmy także, że Naimski nie był Wałęsą ani nawet Macierewiczem, w którego cieniu działał. Nie cieszył się ogólnopolską sławą. Gdyby komu-

77 IPN BU 01911/147, s. 23–24.

niści na początku 1981 r. nie chcieli wypuścić Wałęsy do Rzymu, Watykanu i papieża Jana Pawła II, mogłoby to wywołać poruszenie. Jednak uniemożliwienie Naimskiemu wyjazdu do Nowego Jorku nie mogło zagrozić nawet ówczesnej ograniczonej stabilności państwa. Sejm PRL składał się w ogromnej większości z posłusznych komunistycznych marionetek, które mówiły, milczały i głosowały na rozkaz marszałka. Nikt nie wdarłby się na trybunę sejmową, by bronić Naimskiego. Wątpliwe jest nawet, czy któryś z posłów dałby się nakłonić do zakulisowej interwencji w MSW na korzyść opozycjonisty (do tego członka grupy, która miała wpływowych przeciwników również w opozycji).

Pod niezwykłą notatką Kaszkura znajduje się dopisek majora Kazimierza Dzieni, naczelnika Wydziału III-2 Komendy Stołecznej MO: „Uwaga: Sprawą wyjazdu P. Naimskiego do USA zainteresowany jest Dep. I (tow. Jackowski) w związku z tym proponuję, aby przed podjęciem decyzji dokonać konsultacji z tą jednostką". Jak major Dzienia napisał, tak się stało. Notatka trafiła do Departamentu I – i była ostatecznym stanowiskiem Departamentu III. Zapewne to ona spowodowała, że Naimskiemu paszport wydano. Możemy się domyślać, że nie był to jej jedyny skutek. Mimo że Jackowski lansował projekt „pozorowanej rozmowy werbunkowej" jeszcze na początku marca, podczas gdy notatka Kaszkura jest z lutego, prawdopodobnie odpowiada ona również za storpedowanie tych śmiałych planów. Najwyraźniej musiało to potrwać kilka chwil, zanim torpeda dotarła do Jackowskiego i zanim zrozumiał on, że Naimski jest pod specjalną ochroną Kaszkura i Dzieni. W efekcie Piotr Naimski wiosną 1981 r. spacerował już po Nowym Jorku, a PRL-owcy wywiadowcy, jak się domyślamy, stracili szansę na zdobycie kompromitującego materiału i szantażowanie prawej ręki Macierewicza (którą sięgnął on właśnie do USA).

Dlaczego tak łatwo ustąpili pola? PRL-owscy wywiadowcy z Departamentu I uważali się za elitę MSW. Przeważnie pogardzali zwykłymi, „krajowymi" esbekami. Kim więc był „krajowy" kapitan Wojciech Kaszkur, którego notatka nagle zmieniła postawę Departamentu I, wcześniej zaś Departamentu III – i dała Naimskiemu paszport?

Odpowiedź brzmi: resortowym synem. Jego ojciec Witold Kaszkur również służył jako esbek, wcześniej ubek. Tego rodzaju „przekazywanie fachu z ojca na syna" nie stanowiło rzadkości w PRL-owskich służbach. Wiadomo było, że syn ubeka czy esbeka wykaże się właściwym nastawieniem politycznym do komunistycznego reżimu i jego „organów bezpieczeństwa". Raczej nie będzie „liberalnym mięczakiem" lub zakamuflowanym opozycjonistą-sabotażystą. Dodatkowo znajdzie też wsparcie u swego ojca, który chętnie podzieli się z nim doświadczeniem. Ojciec esbek bywał zwykle mentorem syna esbeka. Pomagał mu również dzięki swoim znajomościom wśród starszych i bardziej wpływowych towarzyszy. Tak się składa, że Witold Kaszkur znał towarzyszy szczególnie wpływowych. W latach 1970–1974 został oddelegowany do Moskwy, gdzie działał w tak zwanej Grupie „Wisła". Była to specjalna jednostka kontrwywiadu PRL, która ściśle współdziałała z sowieckimi służbami. Wcześniej, w latach 1955–1956 towarzysz Witold Kaszkur skończył kurs specjalny w wyższej szkole KGB w Moskwie.

HANNA NIE MOŻE DO ANGLII? MOŻE, MOŻE

Zajrzyjmy teraz do teczki paszportowej Hanny Natory-Macierewicz, żony Antoniego Macierewicza[78]. W 1977 r. znany nam już esbek Remigiusz Reszczyński składa wniosek o „zastrzeżenie wyjazdów Hanny Natory do KK [krajów kapitalistycznych] i Jugosławii". Hanna Natora rok wcześniej wyszła za Antoniego Macierewicza i wniosek funkcjonariusza Reszczyńskiego, rzecz jasna, ma z tym związek: „Wymieniona wraz z mężem Antonim Macierewiczem prowadzi działalność skierowaną przeciwko linii politycznej partii [komunistycznej]. Utrzymuje kontakty z osobami mającymi kontakt z ośrodkami dywersji ideologicznej na Zachodzie"[79].

30 kwietnia 1977 r. pułkownik Edward Kasperski zatwierdza wniosek Reszczyńskiego. Żona Macierewicza ma „szlaban na Zachód" – pierwotnie do 1 maja 1979 r., potem jednak zakaz przedłużono do 1 maja 1981 r. Mimo to 28 czerwca 1980 r. Hanna Natora-Macierewicz prosi MSW o zezwolenie na wyjazd turystyczny do Wielkiej Brytanii. W sierpniu dostaje odmowę. Odwołuje się od tej decyzji. Pisze, że jedzie do Wielkiej Brytanii w celu przeprowadzenia badań naukowych, których nigdzie indziej nie da się przeprowadzić. 28 maja 1981 r. naczelnik Wydziału Paszportów Komendy Stołecznej MO podpułkownik Janusz Wielgo pyta, co zrobić z upartą żoną Macierewicza. Swoje pismo[80] kieruje do naczelnika Wydziału III-2 tej samej komendy. Tak się składa, że jest nim major Kazimierz Dzienia. Ten sam, który kilka miesięcy wcześniej popchnął do Departamentu I niezwykłą

78 IPN BU 797/58584.
79 Tamże.
80 EAWA-0100097/Żol.

notatkę kapitana Kaszkura w sprawie wyjazdu Piotra Naimskiego do USA. Niezwykłą, ale nadzwyczaj skuteczną, jeśli opozycjonistę Naimskiego wyposażyła w paszport i wyekspediowała do Nowego Jorku. Tak było w wypadku najbliższego przyjaciela Antoniego Macierewicza. Jak się zachowa major Dzienia wobec jego żony? Otóż Dzienia w dniu 18 sierpnia 1981 r. tak odpisuje naczelnikowi Wydziału Paszportów: „W odpowiedzi na Wasze pismo nr EAWA 0100097/Żol z dnia 28.05 br. dot. Hanny NATORA-MACIEREWICZ informujemy, że wyrażamy zgodę na jej jednorazowy wyjazd do Wielkiej Brytanii. Jednocześnie informujemy, że wniesione przez nas zastrzeżenie wyjazdów do wks [wszystkich krajów świata] jest nadal aktualne"[81].

Zatem nie wypuszczamy jej za granicę, aczkolwiek ją wypuszczamy – mówi major Dzienia. Niby zakaz zaostrzono: zakaz wyjazdów do krajów kapitalistycznych i Jugosławii przeobraził się w zakaz wyjazdów do wszystkich krajów świata. Ale do jednego z tych krajów – Wielkiej Brytanii – żona Macierewicza może jechać... Na górze dokumentu znajduje się odręczny dopisek długopisem: „Na 25.08.81 r. Żoliborz umówiona z pracownikiem"[82]. Zapewne chodzi o pracownika Wydziału Paszportów żoliborskiej Komendy Dzielnicowej MO. Jednak w teczce paszportowej Hanny Natory-Macierewicz czytamy, że paszport wydano jej już 19 sierpnia 1981 r. Jakże ekspresowo! Dzień po tym, jak major Dzienia powiadomił Wydział Paszportów, że pani Natora-Macierewicz – zasadniczo niewypuszczana – ma jednak zostać wypuszczona.

Kim był major Kazimierz Dzienia? W internetowym katalogu IPN czytamy, że zaczynał jako inspektor Wydziału III Komendy Wojewódzkiej MO w Szczecinie. Od 1973 do 1976 r. studiował na warszawskiej Akademii Spraw Wewnętrznych. Odtąd robił karierę w stolicy. W 1981 r. major Dzienia współpracował z pułkownikiem Jerzym Okrajem. Tak, tym samym, który zgłaszał, że Macierewicz jest tajnym zwierzchnikiem „związkowej służby bezpieczeństwa" (potem zaś zapomniał o sprawie, jak się zdaje). Współpraca pułkownika Okraja z majorem Dzienią dotyczyła spraw najwyższej wagi. Razem opracowywali plan szturmu na siedzibę Regionu Mazowsze przy ulicy Mokotowskiej w Warszawie. W IPN znajduje się notatka podpisana przez Dzienię i Okraja[83]. Czytamy w niej o otoczeniu budynku i wyprowadzeniu na zewnątrz tych, co będą chcieli się ukryć w środku. Plan przewidywał też na-

---

81 IPN BU 797/58584.

82 Tamże.

83 IPN BU 0999/171/9, s.117 i n.

tarcie na Ośrodek Badań Społecznych w Alejach Jerozolimskich, gdzie urzędował Macierewicz.

Śmiały projekt obu funkcjonariuszy został urzeczywistniony. W nocy z 12 na 13 grudnia 1981 r. generał Jaruzelski wprowadził stan wojenny. Trzystu funkcjonariuszy zajęło wówczas siedzibę Regionu Mazowsze. Być może ze względu na te bojowe dokonania Kazimierz Dzienia w lipcu 1984 r. został starszym specjalistą w Zespole do Zwalczania Terroryzmu przy Departamencie III MSW. W walce z terroryzmem musiał odnosić błyskawiczne sukcesy, skoro cztery miesiące później stał się wiceszefem tego zespołu. Służbę zakończył w 1990 r., w Departamencie Ochrony Konstytucyjnego Porządku Państwa[84]. Przez te lata w taki lub inny sposób towarzyszył mu... Wojciech Kaszkur. W aktach osobowych Kaszkura czytamy, że „w latach 1985–1989 realizował zadania związane z profilaktyką i zwalczaniem przejawów terroryzmu"[85]. Cytat ten pochodzi z „opinii służbowej" datowanej na 11 grudnia 1989 r. Cztery dni później, 15 grudnia, w aktach pojawia się wniosek o mianowanie Wojciecha Kaszkura starszym specjalistą w Departamencie Ochrony Konstytucyjnego Porządku Państwa[86] – tam, gdzie trzy i pół miesiąca wcześniej Dzienia został zastępcą naczelnika. Pod wnioskiem podpisał się dyrektor departamentu, generał Krzysztof Majchrowski.

Jeśli chodzi o początki majora Dzieni w Szczecinie, odnotujmy, że tamtejszy port był jednym z ważniejszych obszarów działania sowieckiego wywiadu wojskowego GRU. Informację tę podaje m.in. Władimir Riezun znany szerzej jako Wiktor Suworow – były oficer tej służby, który uciekł na Zachód i ujawnił praktyki tej służby (za co skazano go w ZSRR na karę śmierci, której Rosja nie uchyliła po upadku komunizmu)[87]. Działalność GRU w Szczecinie może intrygować w kontekście wielkiej kariery, jaką tamtejszy inspektor Komendy Wojewódzkiej zrobił później w stolicy. Jednak jeszcze bardziej interesujące jest inne powiązanie Dzieni – nie domniemane, lecz udokumentowane. Chodzi oczywiście o Kaszkura, z którym współpracował przy sprawie Naimskiego.

84 *Dane osoby z katalogu funkcjonariuszy aparatu bezpieczeństwa*, Biuletyn Informacji Publicznej Instytutu Pamięci Narodowej. Komisja Ścigania Zbrodni przeciwko Narodowi Polskiemu, <https://katalog.bip.ipn.gov.pl/informacje/108356>, dostęp: 14 września 2018.

85 IPN BU 0604/1753.

86 Tamże.

87 M. Górka, W. Suworow, *Szczecin miał być radziecki*, „Gazeta Wyborcza" (wydanie internetowe), 11 marca 2009, <http://szczecin.wyborcza.pl/szczecin/1,34939,6371940,Szczecin_mial_byc_radziecki.html>.

Nasuwa się pytanie: czy w wypadku Hanny Macierewicz powtórzyła się ta sama historia co z Naimskim? Czy za jej wypuszczeniem do Wielkiej Brytanii również stał Wojciech Kaszkur? Albo raczej – biorąc pod uwagę młody wiek i względnie niski stopień kapitana Wojciecha – jego ojciec Witold Kaszkur? Stary ubek-esbek z wieloletnim doświadczeniem w Moskwie? W dalszej części niniejszej książki przedstawię okoliczności, które dodatkowo uzasadniają te pytania. Wrócę do obu Kaszkurów, ojca i syna.

TAJEMNICE GRUDNIOWEJ NOCY

Co robi przypuszczalny zwierzchnik „związkowej służby bezpieczeństwa", gdy SB i milicja napadają na siedzibę Regionu Mazowsze? Co robi szef OBS, gdy esbecy szykują się do szturmu na jego pracowników? Nie ma go na miejscu, jest 400 kilometrów dalej. Jednak z tego powodu nie można mu zarzucić strachliwości. W noc stanu wojennego Antoni Macierewicz jest w jeszcze gorętszym miejscu. Pojechał do Gdańska na obrady Komisji Krajowej NSZZ „Solidarność". Komisja stanowi kolektywne kierownictwo całego związku. Obraduje w jego kolebce, w Stoczni Gdańskiej.

Tak się składa, że wspomniany wcześniej działacz „Solidarności" Tadeusz Kensy był wówczas w Stoczni Gdańskiej. Zaskoczyła go bierna postawa, którą zaprezentował tam Macierewicz uchodzący przecież za niezłomnego radykała, „jastrzębia". 36 lat później Kensy wziął do rąk „Biuletyn IPN" z października 2017 r. W środku znalazł artykuł pt. *Antoni Macierewicz a Trzecia Niepodległość* autorstwa dobrze nam już znanej Justyny Błażejowskiej. Tekst stanowił wstępną wersję artykułu pod tym samym tytułem, który Błażejowska zamieściła rok później (we wspominanej już księdze pamiątkowej pt. *Niepodległość ma jeden kształt...*). Lektura wzburzyła Tadeusza Kensego, który w odpowiedzi wysłał do redakcji „Biuletynu IPN" obszerny list – ten sam, o którym wspominałem wcześniej.

Zamieszczam kolejne fragmenty, zawierające nie tylko wspomnienia Kensego, lecz także bibliografię, którą sam wkomponował w swój list: „Każda epoka ma swoich bohaterów. Jednym z takich bohaterów czasu ostatniego półwiecza jest Antoni Macierewicz. Dokonań i zasług miał dość już na tyle dawno, by kolejnych nie trzeba było zmyślać ani dodawać. A tak, niestety, czasem się dzieje [...]. 11 i 12 grudnia 1981 r. brałem udział w posiedzeniu Komisji Krajowej «Solidarności». Wybór do komisji uchwał i wniosków zobowiązywał mnie do bardzo uważnego rejestrowania i analizowania wszystkich zdarzeń tamtego ostatniego posiedzenia. [...] Kolejne wydarzenia z udziałem Macierewicza od dnia 11 grudnia 1981 r., tak jak je zapamiętałem i jak można potwierdzić w dostępnych źródłach, wyglądały nieco inaczej, niż zostały przedstawione lub zasugerowane w artykule dr Błażejowskiej pt. *Antoni Macierewicz a Trzecia Niepodległość* [...]. Poniżej podtytułu *Przeciwko porozumieniu z komunistami* można najpierw przeczytać lakoniczną informację: «Macierewicz brał udział w ostatnim – jak się okazało – posiedzeniu KK [Komisji Krajowej] w Gdańsku 11 i 12 grudnia 1981 r. Uczestniczył w strajku proklamowanym w Stoczni Gdańskiej po ogłoszeniu stanu wojennego, wszedł do Krajowego Komitetu Strajkowego. Bezpieka złapała go 16 grudnia po pacyfikacji zakładu». Informacja zasługuje na pewne rozwinięcie [...] – problemem Macierewicza było to, że żądał deklarowania pryncypiów, nie mając równocześnie skutecznych pomysłów na uprawianie realnej, skutecznej polityki. W tym, co mówił bądź pisał, było znacznie więcej radykalizmu niż w konkretnych działaniach i w bezpośrednim reagowaniu na szybko zmieniające się, a niekiedy zaskakujące okoliczności. Nie inaczej było w ostatnich godzinach tzw. karnawału; jego reakcja na przyniesione do stoczni w czasie obrad KK przez Aleksandra Halla i przekazane poufnie między innymi jemu informacje o mobilizacji sił wojskowych oraz milicyjnych i rozpoczętych już w Trójmieście działań represyjnych była taka sama jak reakcje innych rozmówców Halla: Olszewskiego, Wałęsy, Taylora, Wądołowskiego, Kuronia i Modzelewskiego (więcej w: A. Friszke, *Rewolucja Solidarności 1980–1981*; wyd. Znak Horyzont, ISP PAN, ECS, Kraków 2014, s. 953–955). Nie zareagował wcale.

Macierewicz wraz z innymi obecnymi na obradach KK ekspertami-członkami Rady Programowo-Konsultacyjnej OPSZ [Ośrodek Prac Społeczno-Zawodowych] (T. Mazowieckim, B. Geremkiem, J. Olszewskim, W. Siłą-Nowickim i J. Strzeleckim) podpisał bardzo uspokajające oświadczenie zalecające, żeby komisja na tym posiedzeniu powstrzymała się, prócz ogólnego poparcia uchwały z narady w Radomiu, od podejmowania generalnych uchwał, a składane projekty rozważyła dopiero na następnym, styczniowym posiedzeniu (Friszke 2014, s. 949 lub *Komisja Krajowa NSZZ Solidarność. Posiedzenie w dniach 11–12 grudnia 1981*, opracowanie redakcyjne Tomasz Tabako; wstęp Andrzej Paczkowski; wyd. 2., uzup., Stowarzyszenie «Archiwum Solidarności» i Instytut Studiów Politycznych PAN, Warszawa 2003, s. 317–318). Złożenie tego podpisu było właściwie jedyną oficjalną aktywnością Macierewicza jako doradcy w czasie dwudniowego posiedzenia. Nie odniósł się do złożonego przez innego uczestnika Klubu Służby Niepodległości, wiceprzewodniczącego «Mazowsza» Seweryna Jaworskiego wniosku i projektu uchwały o... puszczenie w niepamięć, wybaczenie wszystkim komunistycznym zbrodniarzom ich czynów popełnianych w związku ze sprawowaną władzą [...] (zob. *Komisja Krajowa NSZZ «Solidarność»*...; s. 37–41, 142, 358–360). Nie zareagował też na nieprawdopodobnie błędne zapewnienia innego eksperta, mecenasa Jana Olszewskiego, przekonującego do nierealności zagrożenia i uzasadniającego to tym, że władza nie może zniszczyć «Solidarności» m.in. dlatego, że «nie ma takiej policji, nie ma takiej siły militarnej – przy pomocy której można by było zniszczyć, rozbić związek 10 milionów ludzi», a ponadto «gdyby naszego związku nie było, to najprawdopodobniej od sierpnia 1980 r. ta władza i ten kraj już tonęłyby w potokach krwi, w żywiołowym, nieopanowanym przez nikogo buncie» oraz że odraczanie płatności przez zachodnich pożyczkobiorców byłoby niemożliwe, gdyby związek zaatakowany został siłą (więcej w: *Komisja Krajowa NSZZ «Solidarność»*..., s. 92–93)".

Czy Macierewicz zaproponował, jak odnieść się do „środków nadzwyczajnych" (czyli policyjnej i zbrojnej przemocy) przygotowywanych przez władze?

Tadeusz Kensy pisze tak: „O czymś podobnym mówili kilka razy, nawet na tym ostatnim posiedzeniu KK, Andrzej Gwiazda i Maciej Jankowski (więcej w: *Komisja Krajowa*... s. 105–112, 273, 324, 350–352 i inne). Ani sam nie pamiętam, ani nie znam relacji potwierdzających, żeby jakichś rad w tej materii, także co do niekończenia obrad i pozostania na terenie stoczni, udzielał Macierewicz".

Autor listu przypomina, że chodzi o kwestię historycznej wagi ze względu na największą obawę ministra spraw wewnętrznych Czesława Kiszczaka w momencie wprowadzania stanu wojennego. Bał się on, że: „nasza Komisja Krajowa zgodnie z zapowiedzią zakończy obrady o północy z 12 na 13 grudnia, czy też – po uświadomieniu sobie zagrożenia – będzie je kontynuować i to, wobec przenikających informacji o nadzwyczajnych zachowaniach organów i instytucji władzy, pozostając cały czas na terenie bastionu Stoczni Gdańskiej".

Niestety, tamtej nocy uczestnicy opuszczali Stocznię Gdańską, a nawet sam Gdańsk, mimo że „najbezpieczniejszym dla czołówki «Solidarności» miejscem, do tego jeszcze dającym szansę na funkcjonalne reagowanie na rozwój wydarzeń, była stocznia, a także przez pewien czas – co paradoksalne – jej bezpośrednie otoczenie, w tym siedziba Komisji Krajowej w Hotelu «Monopol», a nawet Hotel «Heweliusz», w którym niektórzy pozostający w Gdańsku nocowali (większość nocowała w «Grand Hotelu» w Sopocie i tam działania represyjne były najskuteczniejsze). Już sporo po północy, gdy w innych częściach Gdańska i całego kraju trwały akcje represyjne milicji i wojska, pracownicy biura prezydium KK przenosili z sali BHP do «Monopolu» posiedzeniowe dokumenty i materiały. Około godz. 3.00 weszli tam po cichu, korzystając z zapasowego klucza ZOMO-wcy [funkcjonariusze Zmotoryzowanych Odwodów Milicji Obywatelskiej – paramilitarnej formacji przeznaczonej do pacyfikowania rozruchów i innych form zbiorowego sprzeciwu], którzy zabrali tylko ok. 10 ważnych osób, w większości członków prezydium KK. Potem wycofali się tak, że rano 13 grudnia część przebywających tam wciąż pracowników, działaczy i ekspertów wróciła bez przeszkód do Stoczni, by ogłosić rozpoczęcie strajku okupacyjnego kierowanego przez zaimprowizowany w składzie komitet strajkowy. Milicja szczelnie zamknęła dostęp do bram dopiero około południa.

W ten sposób znalazł się z powrotem w stoczni także Antoni Macierewicz. W składzie komitetu strajkowego nie zajmował radykalnego stanowiska, uważał czynny opór za zbędny i bezsensowny, a wprost przeciwnie: zachęcał do stawiania wyłącznie biernego oporu, choć wcześniej już wielokrotnie dopuszczał, w zmuszających do tego warunkach, możliwość stosowania metod bezpośredniej walki, czynnego oporu wobec opresyjnej i realizującej obce interesy władzy PRL. Pewnie dlatego po siłowej choć łatwej pacyfikacji zakładu i bez podjęcia (jak np. Bogdan Borusewicz, który przezornie feralnej nocy nie wrócił do domu) próby ucieczki nie trafił – jak niektórzy przywódcy kilkudniowej akcji – do aresztu, a «tylko» został internowany i osadzony w wydzielonej na *ośrodek odosobnienia* części ZK w Iławie [...]".

Co Antoni Macierewicz robił w nocy z 12 na 13 grudnia, gdy ZOMO-wcy dokonywali zatrzymania „10 ważnych osób" z Komisji Krajowej i jej prezydium?

Ludwik Dorn powiedział mi, że opuścił wtedy stocznię razem z Macierewiczem, jego współpracownikiem Marcinem Gugulskim i opozycjonistą Bogdanem Ofierskim. Gugulski zaprowadził całą grupę do swoich znajomych (jak się zdaje, zarazem krewnych), którzy mieszkali w Gdańsku. „Na tę noc oni nas przyjęli, Macierewicz był tam z nami" – mówi Dorn.

Radosław Gruca zwrócił moją uwagę na relację Gugulskiego, który dokładnie – choć z jedną dziwną luką – zrelacjonował tę noc w audycji okolicznościowej na antenie Polskiego Radia w 2016 r. Cytuję fragmenty tej relacji spisanej z nagrania radiowego przez Grucę.„To, że kilku z uczestników tych obrad zamiast spokojnie pojechać do hotelu [...] wolało do tych swoich hoteli nie wracać, m.in. ja i osoby mi towarzyszące [...], po prostu świadczy o tym, że byli tacy, którzy potrafili poważnie podejść do [...] sygnałów ostrzegawczych [...]. My poszliśmy z tej Sali BHP [sala obrad w Stoczni Gdańskiej], bo to było jakieś pół godziny po północy, więc stan wojenny już obowiązywał, tylko ludzie nie mieli tego świadomości, poza tym, że jak poszliśmy do takiej otwartej jeszcze o tej porze knajpy o takim, powiedziałbym, szemranym profilu, no to barman nas dyskretnie poinformował, że niestety telefony nie działają, co bardzo utwierdziło nas w przekonaniu, że lepiej do tych hoteli nie wracać. [...] większość Komisji Krajowej nocowała nieco dalej [...], bodajże to było w Sopocie [...], natomiast [...] prezydium Komisji Krajowej, czyli takie jakby bezpośrednie wąskie grono pracujące na stałe w Gdańsku, nocowało w hotelu naprzeciwko dworca [Hotel Monopol]. No i właśnie [...] pod ten Metropol [właśc. Monopol], podjeżdża długi korowód policyjnych samochodów, wyskakują funkcjonariusze, tacy szeregowi, otaczają kordonem ten hotel, a ekipa jakaś tam wchodzi do tego hotelu. No, nie byliśmy świadkami, jak oni wyprowadzają tych członków prezydium Komisji Krajowej, ale też nie czekaliśmy aż się to stanie, tylko daliśmy w tyły [...], przeprowadziłem kolegów dość dobrze mi znanymi trasami trójmiejskimi, omijającymi węzłowe skrzyżowania, komendy policji, koszary [...] do mieszkania, w którym – jak sądziłem – będzie się można przechować [...]. No i tak też się stało. Doprowadziłem ich, to była, nie wiem, 3.00 w nocy. My tu *dzyń, dzyń, dzyń* o tej 3.00 w nocy, panika w środku, a my: a kuku, to nie policja, tylko czy można by nas tu było przenocować, bo właśnie taka jest niejasna sytuacja [...]".

Zatem Macierewicz i jego koledzy byli przekonani, że do hoteli lepiej nie wracać, i przekonanie to żywili, zanim jeszcze zobaczyli ZOMO-wców przed hotelem Monopol, zanim jeszcze zostali ostrzeżeni przez barmana. Wynikałoby z tego, że Antoni Macierewicz już 12 grudnia wiedział, co się święci.

To rodzi następne pytania. Jeśli Macierewicz spodziewał się stanu wojennego lub choćby tylko wielkiej obławy i grupowych zatrzymań, to dlaczego – jak wspomina Tadeusz Kensy – okazał lekceważenie ostrzeżeniom Aleksandra Halla? Dlaczego nie powstrzymał Jana Olszewskiego, gdy ten zapewniał władze „Solidarności", że nic im ze strony komunistów nie grozi? Wszystko wskazuje na to, że w tamtym okresie Macierewicz i Olszewski sobie ufali. Dwa miesiące po grudniowych wydarzeniach w Stoczni Gdańskiej, 27 lutego 1982 r., Antoni Macierewicz ustanowił Jana Olszewskiego swoim adwokatem[88] (można zresztą odnieść wrażenie, że zaufanie to, mimo różnych tarć, przetrwało do dziś: Olszewski obecnie głosi, że Macierewicz powinien wrócić na stanowisko ministra obrony). Przypuszczam zatem, że w stoczni Jan Olszewski posłuchałby Antoniego Macierewicza. Dlaczego więc Macierewicz go nie ostrzegł? Dlaczego nie ostrzegł innych? Dlaczego nie bił na alarm podczas obrad 12 grudnia? Dlaczego nie bił na alarm, gdy zobaczył zatrzymanie członków prezydium Komisji Krajowej? Dlaczego nie wrócił wtedy do stoczni, żeby opowiedzieć kolegom o niebezpieczeństwie? Dlaczego udał się do niej dopiero następnego dnia – i tylko po to, aby głosić bierny opór?

Od biedy można to tłumaczyć tak: Antoni Macierewicz był nastawiony optymistycznie aż do wieczora 12 grudnia. Wówczas uznał nagle, że trzeba poważnie potraktować sygnały ostrzegawcze przekazane przez Aleksandra Halla. Dlaczego dopiero wtedy, gdy było już za późno, żeby np. odwieść Olszewskiego od jego wcześniejszego pocieszającego wystąpienia? Cóż, może Macierewicz potrzebował trochę czasu do namysłu. W końcu jednak wyciągnął właściwe wnioski i zamiast do hotelu udał się z Gugulskim do mieszkania kryjówki. Po drodze usłyszał ostrzeżenie barmana, następnie zobaczył członków prezydium KK zatrzymanych przez milicję. Widok ten dał mu kolejny bodziec do rozmyślań (i do jeszcze szybszego marszu w stronę kryjówki). Zaś po porannym powrocie do stoczni pojawił się „trzeci nastrój". Już nie optymizm, nie lęk, tylko łagodna bierność. Albo coś szlachetniejszego: poczucie odpowiedzialności za losy zgromadzonych, którzy mogliby ucierpieć w razie czynnego oporu... Ale za pomocą takiego psychologizowania można „wytłumaczyć" wszystko, nawet zachowania kompletnie absurdalne. Nie jest więc ono poważnym narzędziem poznawczym.

Co więcej, uderza to, że w swojej opowieści Marcin Gugulski nie wymienia nazwisk. Gdyby nie Dorn, trudno byłoby się domyślić, że w grupie, która tamtej nocy uniknęła zatrzymania, był Antoni Macierewicz. Czy Gugulski chce to ukryć? Czy pragnie ukryć to, że Macierewicz 12 grudnia 1981 r. wiedział o zbliżającym się stanie wojennym? Marcin Gugulski jest wieloletnim współpracownikiem Antoniego Macierewicza, jego wychowankiem z harcerskiej „Czarnej Jedynki". Współpracował z „Głosem". W wolnej Polsce należał do wszystkich partii zakładanych lub współzakładanych przez Ma-

88 IPN BU 01326/1547, s. 13 i n.

cierewicza (Zjednoczenie Chrześcijańsko-Narodowe, Akcja Polska, Ruch dla Rzeczypospolitej, Ruch Odbudowy Polski, Ruch Katolicko-Narodowy i Ruch Patriotyczny). W Ruchu Katolicko-Narodowym kolegą partyjnym Marcina Gugulskiego był Robert Luśnia, były płatny konfident SB powiązany z GRU. W latach 90. Luśnia przekazywał pieniądze spółce Amarant, w której pracował Gugulski[89]. W 2006 r. Macierewicz zatrudnił Gugulskiego w Służbie Kontrwywiadu Wojskowego, którą wówczas kierował. W następnym roku Marcin Gugulski znalazł się w komisji do spraw weryfikacji Wojskowych Służb Informacyjnych. Komisja ta przyczyniła się do zdekonspirowania agentów polskiego wywiadu penetrujących obszar wpływów Kremla. Przewodniczył jej nie kto inny jak Antoni Macierewicz.

SEKRETY POŻÓŁKŁYCH PAPIERÓW

Piotr Piętak powiedział mi, że w latach 80. współpracownicy Macierewicza opowiadali, jakoby w grudniu 1981 r. został on aresztowany (komuniści dopiero po pewnym czasie mieli go przenieść z aresztu do ośrodka internowania). Gdyby tak było, oznaczałoby to zastosowanie dotkliwszej sankcji. Aresztanci byli traktowani gorzej niż internowani, a przede wszystkim – czekały ich zarzuty prokuratorskie (do aresztu trafiały osoby oskarżone albo podejrzane). Internowanie nie wiązało się automatycznie ze śledztwem lub procesem. Polegało na prewencyjnej izolacji ewentualnych „mącicieli" na czas potrzebny do uśmierzenia niepokojów społecznych (w każdym razie tak to tłumaczyła władza). Rzekome aresztowanie Macierewicza w grudniu 1981 r. miało być karą za jego udział w strajku okupacyjnym na terenie Stoczni Gdańskiej. Jednak Kensy zaprzecza tej wersji. Zaprzecza jej nawet Błażejowska. Zaprzeczają jej wreszcie wyniki kwerendy w esbeckich zapisach ewidencyjnych dotyczących Antoniego Macierewicza. Na mój wniosek IPN przeprowadził taką kwerendę w kartotekach SB. Zapisy ewidencyjne z tych kartotek częściowo są dostępne w internecie[90]. Jednak dopiero zapoznanie się z nimi w postaci papierowej daje pełen ogląd sytuacji.

Zapisy te podają, że Macierewicza internowano „decyzją z 17.12.1981". Zgadzałoby się to z naszą wiedzą: Antoni Macierewicz przebywał wówczas

89 T. Piątek, *Macierewicz i jego tajemnice*, dz. cyt.

90 *Dane osoby z katalogu osób „rozpracowywanych"*, Biuletyn Informacji Publicznej Instytutu Pamięci Narodowej. Komisja Ścigania Zbrodni przeciwko Narodowi Polskiemu, <https://katalog.bip.ipn.gov.pl/informacje/13695?katalog=2>, dostęp: 14 września 2018.

w Stoczni Gdańskiej, którą ostatecznie spacyfikowano dopiero 16 grudnia. Ale w tych samych zapisach czytamy również, że internowanie Macierewicza odbyło się... cztery dni wcześniej, 13 grudnia 1981 r. Ta ostatnia informacja powtarza się na co najmniej na czterech kartach[91]. Obserwujemy tu dziwne odwrócenie: w rzeczywistości najpierw musiała zaistnieć decyzja o internowaniu, potem samo internowanie. Z punktu widzenia komunistów decyzja o internowaniu groźnego opozycjonisty powinna była zapaść najszybciej, jak się dało. Oficjalnie powinni byli wydać rozkaz internowania Macierewicza już 13 grudnia (wcześnie było to formalnie niemożliwe: internowanie zostało wprowadzone do PRL-owskiego systemu prawnego przez dekret o stanie wojennym z 12 grudnia 1981 r. – pomijam tu kwestię faktycznej legalności tego dekretu). Realnie zaś komuniści powinni byli podjąć taką decyzję znacznie wcześniej. Listy internowanych przygotowywano już na jesieni 1980 r. Gdyby decyzja o internowaniu Macierewicza zapadła dopiero 17 grudnia (czyli w dzień po jego zatrzymaniu w Stoczni Gdańskiej), znaczyłoby to, że komuniści nie uznawali go za zagrożenie.

Wątpliwości te podziela Tadeusz Kensy, który w swoim liście do redakcji „Biuletynu IPN" pisze tak: „Istotne jest, czy istniała decyzja wydana przez Komendę Stołeczną MO z datą «13.12.1981». Ogromna większość nakazów internowania przygotowana była znacznie wcześniej, a w momencie uruchomienia akcji zatrzymań [...] dopisano na dokumentach datę «13.12.1981». Z uwagi na sytuację, tj. obrady KK w Gdańsku, w stosunku do niektórych przewidzianych do internowania już 12.12. po południu (czyli mniej więcej wtedy, gdy gen. Jaruzelski wydał już rozkazy rozpoczęcia stanu wojennego, których nie można było już odwołać) naczelnicy wydziałów III A komend wojewódzkich upewniali się u swego odpowiednika w KW MO w Gdańsku, czy określone osoby przebywają w tym mieście i gdzie mają ewentualnie nocować (IPN Gd. 003/166 t. 14–23). Osobom spoza Gdańska schwytanym tam lub w drodze do własnego regionu przedstawiano, zwykle w krótkim

91 Formularz EO-13-A zawierający dane personalne Antoniego Macierewicza i informację o jego internowaniu, przełączony w dniu 11 grudnia 1997 r. z byłego Wydziału „C" KWMO i KSMO Warszawa-Ostrołęka-Siedlce (kartoteka odtworzeniowa byłego Biura „C", IPN); formularz EO-13-A o podobnej treści z dopisaną odręcznie sygnaturą III 2 12542 03, parafką i pieczątką: „Z-ca NACZELNIKA WYDZIAŁU ŚLEDCZEGO K-dy Stołecznej MO w Warszawie" (kartoteka byłego SUSW, IPN); formularz EO-13-A o podobnej treści z dopisanym odręcznie kryptonimem „JODŁA", przekreśloną sygnaturą 12542 W. III-2 oraz dopiskami „MSW" i „III-2" (kartoteka byłego Biura „C", IPN); druk Mkr-2 o podobnej treści z parafką i pieczątką: „ZASTĘPCA NACZELNIKA WYDZIAŁU ŚLEDCZEGO SUSW w Warszawie" (kartoteka osób internowanych w okresie stanu wojennego, IPN).

czasie, nakazy internowania podpisane przez miejscowych komendantów wojewódzkich MO. Tyle tylko, że potem tym, na których «czekały» wcześniej przygotowane nakazy, były one dostarczane i te zwykle figurują jako daty internowania lub co najmniej daty wystawienia nakazów internowania w źródłach informacji przygotowanych przez IPN (tak było także w moim przypadku). Dlaczego w przypadku Macierewicza jest inaczej? Dlaczego tak ważnego i radykalnego opozycjonisty nie tylko nie zabrali ZOMO-wcy, którzy w nocy weszli – jak przypominałem wyżej – do «Monopolu», a także nie pytał o niego kilkanaście godzin wcześniej naczelnik Wydziału III A Komendy Stołecznej MO? Czyżby Macierewicz nie był od razu przewidziany do internowania? Trudno byłoby w to uwierzyć...".

Cóż, Macierewicz był przeznaczony do internowania, i to od dawna. Ale w jego przypadku, jak się zdaje, coś stanęło na przeszkodzie.

Przejrzyjmy dostępne dokumenty. W aktach IPN, w teczce oznaczonej sygnaturą IPN BU 01326/1547 znajdują się aż dwie decyzje o internowaniu Antoniego Macierewicza. Pierwszą wydała Komenda Stołeczna MO w Warszawie (z zaleceniem internowania Macierewicza w warszawskim ośrodku internowania przy areszcie śledczym na Białołęce). Drugą decyzję wydała Komenda Wojewódzka MO w Gdańsku, która nakazała internowanie w Strzebielinku lub Iławie. Komenda Stołeczna wydała również oddzielny nakaz zatrzymania Macierewicza i doprowadzenia go do ośrodka internowania na Białołęce[92]. Problem w tym, że żaden z tych dokumentów nie ma daty.

Istnieje jeszcze jedna teczka, która zawiera akta dotyczące internowania Macierewicza. Nosi ona rzeszowską sygnaturę IPN Rz/272 i znalazły się w niej dokumenty z ośrodka internowania w Nowym Łupkowie, gdzie w drugiej połowie 1982 r. wylądował Macierewicz. Wśród tych łupkowskich dokumentów jest decyzja o internowaniu Antoniego Macierewicza, tym razem z datą: 17 grudnia 1981 r.[93]. A także nakaz zatrzymania i doprowadzenia Macierewicza do ośrodka w Strzebielinku lub Iławie, który to nakaz odwołuje się do decyzji z 17 grudnia[94]. Oba dokumenty zostały podpisane przez komendanta wojewódzkiego MO z Gdańska. Dlaczego zatem w zapisach ewidencyjnych mowa jest o internowaniu Macierewicza w dniu 13 grudnia 1981 r.? Dlaczego warszawska decyzja o jego internowaniu nie ma daty? Czyżby przygotowano ją wcześniej, kiedy esbecy jeszcze nie znali

92 IPN BU 01326/1547, s. 10–13.
93 IPN Rz/272, s. 8.
94 IPN Rz 56/272, s. 7.

dokładnej daty wprowadzenia stanu wojennego? Zostawiono puste miejsce na datę po to, żeby ją wpisać, kiedy stan wojenny zostanie wprowadzony? Jeśli tak, to czemu tego nie zrobiono? Przecież 13 grudnia 1981 r. tylko tej daty brakowało, żeby decyzja o internowaniu Antoniego Macierewicza zaczęła obowiązywać.

Ze wszystkich znanych nam świadectw wynika, że generał Kiszczak i jego ludzie w noc wprowadzenia stanu wojennego działali w sposób bardzo energiczny i zdecydowany. Szczególnie w kwestii internowania działaczy „Solidarności", których Kiszczak chciał mieć pod kluczem możliwie wcześnie, najlepiej już 13 grudnia nad ranem. To się w dużej mierze udało, niestety. W internecie można znaleźć sporządzony przez IPN alfabetyczny wykaz osób internowanych w stanie wojennym[95]. Wykaz ten podaje nie tylko nazwisko, lecz także datę internowania każdej osoby. Przykładowo na pierwszej stronie spotykamy nazwiska 56 osób, z czego 26 – zatem prawie połowa – została internowana 13 grudnia. Z innych źródeł wiemy, że podobnie było w wypadku licznych działaczy mazowieckiej „Solidarności", nie tylko tych najważniejszych[96]. Zarazem Jaruzelski i Kiszczak zrobili wszystko, żeby nadać swej nocnej akcji pozory legalności – włącznie z pośpiesznym zwołaniem Rady Państwa i przeforsowaniem dekretu o wprowadzeniu stanu wojennego. Mamy zatem do czynienia z działaniem nie tylko brutalnym i szybkim, lecz także sformalizowanym, dokładnym i zdecydowanym. Skąd więc oznaka niedokładności czy też niezdecydowania, jaką jest brak daty na decyzji o internowaniu Macierewicza? Skąd ten brak niezbędnej kropki nad i? Czy to przypadkowe zaniedbanie spowodowane przez pośpiech? Czy raczej wynik świadomego zaniechania lub zawahania?

Rozwiązanie tej zagadki nastręcza wielu trudności. Można odnieść wrażenie, że konieczność zatrzymania Antoniego Macierewicza esbecy traktowali poważnie. W aktach znajduje się plan czy też szkic sytuacyjny jego bloku mieszkalnego, jak gdyby chciano mu odciąć drogi ucieczki. A w Komendzie Stołecznej MO, jak wiemy, leżały uprzednio przygotowane dokumenty: nakaz zatrzymania i decyzja o internowaniu Macierewicza. Czy warszawscy esbecy nie dopisali brakującej daty na decyzji o internowaniu, bo dowiedzie-

95 13grudnia81.pl, portal edukacyjny Instytutu Pamięci Narodowej, <https://13grudnia81.pl/sw/wolnytekst/9499,Wykaz-alfabetyczny-osob-internowanych-w-okresie-stanu-wojennego.html>, dostęp z 26 września 2018.

96 Przykłady znajdujemy m.in. na oficjalnej stronie internetowej Regionu Mazowsze: <http://solidarnosc.mazowsze.pl/?p=23132>, dostęp z 26 września 2018.

li się, że Antoni Macierewicz jest w Gdańsku? Ta okoliczność mogłaby im przeszkodzić w faktycznym dokonaniu zatrzymania i internowania Macierewicza na warszawskiej Białołęce – ale nie w formalnym podjęciu decyzji o tym, że w ogóle należy go internować! Wygląda to tak, jak gdyby w ostatniej chwili uznano, że decyzję o internowaniu Antoniego Macierewicza trzeba pozostawić w szufladzie. O jego internowaniu zadecydowali zatem esbecy w Gdańsku, gdy go zatrzymali. To spowodowało coś w rodzaju dwuwładzy, dwuwładza zaś często wiąże się z chaosem.

Ośrodek internowania w Łupkowie korespondował w sprawie Macierewicza zarówno z Gdańskiem, jak i z Warszawą. Bo warszawskie SB wciąż uznawało go za swojego (i miało do tego prawo, skoro go zarejestrowało jako własnego „figuranta"). Zatem w Warszawie również znajdowały się i powstawały dokumenty dotyczące internowania Antoniego Macierewicza. Któryś z warszawskich esbeków mógł założyć, że Antoni Macierewicz, podobnie jak większość innych stołecznych „figurantów", został internowany 13 grudnia 1981 r. Stąd mógł się wziąć błąd w zapisach ewidencyjnych. Dodajmy, że powyższa data jako dzień internowania Macierewicza pojawia się w dokumentach SB dopiero 16 stycznia 1982 r. Zatem miesiąc po zatrzymaniu i internowaniu Antoniego Macierewicza. Po 30 niespokojnych dniach przełomu grudnia 1981 r. i stycznia 1982 r. nasz skołowany esbek mógł nie pamiętać dokładnie, jak, gdzie i kiedy internowano Macierewicza. Z drugiej strony wciąż mógł nie mieć dostępu do dokumentów zawierających poprawną datę 17 grudnia (zapewne były one jeszcze w Gdańsku).

Jednak daje do myślenia to, że pomyłka pojawia się w kilku dokumentach wypełnionych różnym charakterem pisma. Czy to możliwe, że kilku esbeków pomyliło się w ten sam sposób? Cóż, można założyć, że 16 stycznia 1982 r. ktoś się pomylił, później zaś inni niefrasobliwie przepisywali od niego błędną datę.

Jeszcze bardziej daje do myślenia to, co znajdujemy na samym początku jednej ze wspomnianych teczek dotyczących internowania Antoniego Macierewicza[97]. Otóż na stronie 6 znajduje się wniosek o internowanie, pod którym podpisał się naczelnik Wydziału III-2 Komendy Stołecznej MO w Warszawie – czyli nasz dobry znajomy Kazimierz Dzienia. Ten sam, który wyprawił żonę Macierewicza do Wielkiej Brytanii. Wniosek nie ma dokładnej daty. Pochodzi z 1981 r., brakuje jednak oznaczenia miesiąca i daty. Za

97 IPN BU 01326/1547.

to pojawia się data jego zatwierdzenia – czyli decyzji o internowaniu Macierewicza. Na wniosku widnieje pieczęć o treści: „ZATWIERDZAM. ZASTĘPCA KOMENDANTA STOŁECZNEGO MO płk. mgr Tadeusz Szczygieł". Pułkownik Szczygieł jeszcze wróci w naszej opowieści. W tej chwili jednak najistotniejszy jest dzień, w którym Szczygieł przybił pieczątkę na wniosku. Znamy ten dzień, gdyż pod pieczęcią znajduje się odręczny podpis i dopisek: „28.I.81".

Jeśli pułkownik Szczygieł się nie pomylił i poprawna data nie powinna brzmieć „28. I.82", to mamy do czynienia z bardzo wczesną decyzją. Poprzedzałaby ona internowanie Macierewicza o niemal 11 miesięcy. Zostałaby podjęta w chwili, gdy internowanie nie było jeszcze możliwe ani prawnie, ani logistycznie. Jednak, jak wiemy, esbecy nie przejmowali się takimi drobiazgami i szykowali się do internowań już w 1980 r. Mariusz Krzysztofik, naczelnik Oddziałowego Biura Udostępniania i Archiwizacji IPN w Lublinie podaje, że esbeckie wnioski o internowanie opozycjonistów pojawiają się już na „jesieni 1980 roku. A nasilenie tej akcji następuje na przełomie stycznia i lutego 1981 roku"[98].

Jeśli tak, to coraz ciekawiej wygląda rola majora Dzieni. W sierpniu 1981 r. ekspresowo załatwia żonie groźnego opozycjonisty paszport i wyjazd na Zachód, choć co najmniej od stycznia tego samego roku planuje zamknąć jej męża...

KARAWAN Z KRAINY BAŚNI?

Spójrzmy teraz, jak się internowanie Macierewicza zakończyło. Rzecz jasna, chodzi o jego rzekomą ucieczkę z ośrodka odosobnienia w bieszczadzkim Nowym Łupkowie.

Przyjrzyjmy się temu, co o internowaniu i ucieczce Macierewicza pisze przychylnie do niego nastawiona historyczka Justyna Błażejowska na stronie Rodak.net: „Zatrzymany 16 grudnia, internowany – trafił do ZK w Iławie, potem do ośrodka odosobnienia w Kielcach-Piaskach, do Załęża k. Rzeszowa i Nowego Łupkowa. Skierowany 9 listopada [1982 r.] do szpitala w Sanoku, według dokumentów Służby Bezpieczeństwa zbiegł dziewięć dni później po kolejnej wizycie u stomatologa przyjmującego w sąsiednim bu-

98 M. Bożko, M. Krzysztofik, *Jodła, Klon, Azalia, czyli stan wojenny w archiwach IPN*, „Dziennik Wschodni" (wydanie internetowe), 11 grudnia 2009, <https://www.dziennikwschodni.pl/lublin/jodla-klon-azalia-czyli-stan-wojenny-w-archiwach-ipn,n,1000102606.html>.

dynku. Sam opowiadał, że wyszedł, kiedy pilnujący go strażnik na chwilę się oddalił. Wyjechał w karawanie. Przez następne lata ukrywał się, posługując fałszywymi dokumentami, mieszkał głównie u robotników i pracowników służby zdrowia"[99].

Mamy zdawkową opowieść, która jednak może zasugerować czytelnikom malownicze wizje. 18 listopada 1982 r. w Sanoku Antoni Macierewicz siedzi w fotelu dentystycznym, jednak nie patrzy na groźne przyrządy dentysty. Kątem oka zezuje w stronę strażnika. Gdy tępy zbir reżimu drepcze za potrzebą do łazienki, Macierewicz mruga porozumiewawczo do lekarza. Potem wybiega z przyszpitalnej przychodni i z pacjenta staje się denatem. Wskakuje bowiem do karawanu, być może nawet do trumny. Ten „kamuflaż ostateczny" skutecznie go chroni, gdy karawaniarz-konspirator uwozi zbiega w odległe, bezpieczne miejsce. Odtąd przez lata Macierewicz będzie się ukrywać...

A teraz przejdźmy do faktów.

JEŚLI UCIEKŁ, TO KIEDY?

W opowieści o rzekomej ucieczce Macierewicza wątpliwe są nawet daty. Jeśli Antoni Macierewicz w ogóle uciekł z ośrodka internowania (względnie szpitala czy też przyszpitalnego gabinetu dentystycznego), to kiedy to zrobił? We wrześniu, listopadzie, grudniu czy jeszcze później?

Doniesienia są sprzeczne:

- uciekinier z tego samego ośrodka Bogusław Szybalski[100] twierdzi, że Macierewicz uciekł na krótko przed nim, zatem we wrześniu (sam Szybalski podaje, że uciekł w połowie tego miesiąca, zaś intensywne przygotowania do ucieczki rozpoczął około 10 września, jednak prawicowy badacz Karol Nawrocki ustalił, że Szybalski opuścił ośrodek dopiero 26 lub 27 września)[101];
- w niektórych dokumentach PRL-owskiego MSW (w jednym z zapisów ewidencyjnych[102], jak również w notatce podporucznika Irene-

99 J. Błażejowska, *Sylwetka Antoniego Macierewicza*, „RODAKPress – Magazyn Internetowy", <https://www.rodaknet.com/rp_art_6682_czytelnia_sylwetka_antoniego_macierewicza.htm>, dostęp: 14 września 2018.

100 http://www.encysol.pl/wiki/Bogus%C5%82aw_Olgierd_Marian_Szybalski.

101 K. Nawrocki, *Studium przypadku. Opór społeczny wobec władzy komunistycznej w województwie elbląskim (1976–1989)*, Elbląg; Gdańsk 2014.

102 Późniejszy dopisek na formularzu E-14/7 z 17 grudnia 1981 r. zawierającym dane perso-

usza Jasińskiego z Departamentu I MSW oraz w odpowiedzi kierownictwa Departamentu I na tę notatkę) czytamy, że Macierewicz uciekł 18 listopada 1982 r.;

- tę samą datę 18 listopada podają też historycy związani z Macierewiczem (Justyna Błażejowska i Sławomir Cenckiewicz);
- zupełnie inną datę podaje Jerzy Zając, który również siedział z Macierewiczem w Nowym Łupkowie (jak pisze, często grywał z Antonim w szachy). 16 listopada 1982 r. Zając pojechał do Częstochowy na przepustkę do rodziny. Wrócił do ośrodka 2 grudnia, bo mu się skończyła przepustka. Przejeżdżając przez Sanok tego właśnie dnia – 2 grudnia – zajrzał do szpitala, by odwiedzić chorych kolegów. W szpitalu spotkał Antoniego Macierewicza. Następnego dnia, już w ośrodku, Jerzy Zając dowiedział się, że Antoni właśnie (2 lub 3 grudnia) uciekł ze szpitala[103];
- według przytoczonej notatki podporucznika Jasińskiego Wydział III-2 Stołecznego Urzędu Spraw Wewnętrznych (SUSW) w dniu 3 grudnia 1982 r. wydał pismo zalecające, by w razie zatrzymania Macierewicza przekazać go temu właśnie Wydziałowi III-2 SUSW. Uwaga: pismo to nie było formalnym listem gończym, tylko dokumentem służbowym znacznie niższej rangi. Wydanie takiego pisma w tym właśnie dniu zdaje się potwierdzać wersję Zająca. Jednak nie wyklucza ono wcześniejszej daty ucieczki, gdyż esbecy na różne sposoby opóźniali wszczęcie ścigania Macierewicza (o czym będzie jeszcze mowa w tej książce);
- nieżyjący już ksiądz Adam Sudoł, który w porozumieniu z żoną Macierewicza zorganizował uciekinierowi transport z Sanoka do Rzeszowa, w swoich wspomnieniach podaje tylko, że do ucieczki doszło jesienią[104];
- w zapisach ewidencyjnych dotyczących Macierewicza czytamy, że jego internowanie zakończyło się w dniu 23 grudnia 1982 r.[105];

---

nalne Antoniego Macierewicza i informację o jego internowaniu, nr. księgi ewidencyjnej 2-0337-89 (kartoteka osób internowanych w okresie stanu wojennego, IPN).

103 J. Zając, *O brawurowej ucieczce Antoniego Macierewicza (LIST)*, „Gazeta Wyborcza" (wydanie internetowe), 7 listopada 2015, <http://wyborcza.pl/magazyn/1,124059,19151659,o-brawurowej-ucieczce-antoniego-macierewicza-list.html>.

104 A. Sudoł, *Polska Ojczyzna moja*, t. 2., Sanok 1999, s. 105.

105 Formularz EO-13-A zawierający dane personalne Antoniego Macierewicza i informację o jego internowaniu, przełączony w dniu 11 grudnia 1997 r. z byłego Wydziału „C" KWMO

- Bogdan Lis (wybitny działacz opozycji w latach 80., współorganizator władz podziemnej „Solidarności" i koordynator ich współpracy z zagranicą) podaje, że jeszcze w 1983 r. spotkał Antoniego Macierewicza, który wówczas wcale się nie ukrywał, tylko przebywał poza ośrodkiem na legalnej przepustce (zatem wciąż byłby internowany i wcale nie byłby uciekinierem);
- biogram z 2000 r. zamieszczony w słowniku biograficznym *Opozycja w PRL* opracowany przez Teresę Bochwic zgadza się z wersją Szybalskiego: podaje, że Macierewicz uciekł we wrześniu 1982 r.[106].

Tu kilka uwag co do wiarygodności tego biogramu.

W słowniku czytamy, że biogramy w dużej mierze oparte są na relacjach osób figurujących w tymże słowniku. Zatem jedno z głównych źródeł stanowiłby tutaj sam Macierewicz. Co do Teresy Bochwic, to jest ona działaczką PiS. Z ramienia tej partii zasiada w Krajowej Radzie Radiofonii i Telewizji[107]. Dodam, że w IPN znajduje się pochodzący z lat 80. notes telefoniczny Roberta Luśni, konfidenta SB i bliskiego współpracownika Antoniego Macierewicza. W notesie tym zapisano nazwisko Teresy Bochwic. Sugeruje to, że obracała się ona wówczas w kręgach bliskich Macierewiczowi.

Tak się składa, że wersja Bochwic stoi w sprzeczności z dokumentami. W aktach ośrodka internowania czytamy bowiem, że Macierewicz przebywał w nim do 9 listopada (dostał wtedy skierowanie do szpitala w Sanoku)[108]. Wersję Bochwic wspiera uciekinier Szybalski. On jednak okazuje się niewiarygodny. Zapewne dobrze pamięta swoją znajomość z Macierewiczem i towarzyszące jej zdarzenia. Tadeusz Kensy pisze, że Szybalski i Macierewicz blisko zaprzyjaźnili się w ośrodku. Ale Kensy podejrzewa, że Bogusław

---

i KSMO Warszawa-Ostrołęka-Siedlce (kartoteka odtworzeniowa byłego Biura „C", IPN); formularz EO-13-A o podobnej treści z dopisaną odręcznie sygnaturą III 2 12542 03, parafką i pieczątką: „Z-ca NACZELNIKA WYDZIAŁU ŚLEDCZEGO K-dy Stołecznej MO w Warszawie" (kartoteka byłego SUSW, IPN); formularz EO-13-A o podobnej treści z dopisanym odręcznie kryptonimem „JODŁA", przekreśloną sygnaturą 12542 W. III-2 oraz dopiskami „MSW" i „III-2" (kartoteka byłego Biura „C", IPN); druk Mkr-2 o podobnej treści z parafką i pieczątką: „ZASTĘPCA NACZELNIKA WYDZIAŁU ŚLEDCZEGO SUSW w Warszawie" (kartoteka osób internowanych w okresie stanu wojennego, IPN).

106 J. Sowiński, P. Nowiński, M. Strasz (red.), *Opozycja w PRL. Słownik biograficzny 1956–89*, t. 1, Warszawa 2000.

107 *Teresa Bochwic wybrana przez Senat do Krajowej Rady Radiofonii i Telewizji*, Wirtualne Media, 22 lipca 2016, <https://www.wirtualnemedia.pl/artykul/teresa-bochwic-wybrana-przez-senat-do-krajowej-rady-radiofonii-i-telewizji>.

108 IPN BU 01326/1547, s. 63.

Szybalski utrzymywał też stosunki z SB. Stosunki te stawiają pod znakiem zapytania wszystko, co opowiada nam o tamtych czasach.

SZYBALSKI, KOLEGA ANTKA

A co opowiada Szybalski? Zacytujmy jego relację, którą spisał reportażysta Dariusz Wilczak: „...zaczęły się przymrozki. Myślę sobie: Szybalski, czas na ciebie. Wyżej, w górach spadł pierwszy śnieg. Nie ma na co czekać, jeszcze tydzień, dwa i do Łupkowa mogła przyjść zima. Zima w Bieszczadach przychodzi jesienią. Kończy się w kwietniu, czasem w maju. Trudno iść po górach w śniegu 20 kilometrów. W dodatku nie znając drogi, po ciemku, bez latarki [...]

Towarzystwo mi się w internacie wykruszało [...], tylu chciało uciekać. Z każdym dniem coraz mniej. Antek – Macierewicz Antek – poszedł do szpitala. I przyszła informacja, że z tego szpitala uciekł. No, wyszedł któregoś dnia niezatrzymywany i już nie wrócił. A mieliśmy razem iść przez góry do Rogalów. Byliśmy przyjaciółmi. Niewielu miałem takich kumpli jak Antek, więc trochę byłem zły, że beze mnie dał nogę. Trudno. Pomyślałem: miał facet okazję, to z niej skorzystał. W porządku. [...]

Piłkę, taką zwykłą, sam brzeszczot dostałem na widzeniu. Chłopaki mówią: dobrze, Boguś, chcesz, to idź, my zostajemy. Pomogli piłować kraty, tak że ja już prawie nie musiałem [...]. Pręty nie takie grube, na dwa palce, parę dni to trwało, ale nadpiłowaliśmy tak, żeby się dało wygiąć i przejść [...]

Zgromadziłem ciepłe ubranie. Koledzy dali, co mogli. Miałem chyba trzy swetry, dwie pary kalesonów, kurtkę ocieplaną, szalik, wełnianą czapkę, rękawiczki. Po zamknięciu baraku odczekałem jeszcze godzinę. Koło jedenastej wygięliśmy kraty, ubrałem się w to wszystko i wyskoczyłem przed barak [...]. Strażnik chrapie".

Szybalski obłaskawia psy udkiem kurczaka i chlebem. Przeskakuje przez jedno ogrodzenie, potem drugie. Przez górskie okolice wędruje do schroniska, gdzie czeka na niego umówiony działacz rolniczej „Solidarności". Zbieg dowiaduje się, że: „O szóstej znajomy [...] jedzie do Rzeszowa. Mam się z nim zabrać. To ma być star z naczepą wypełnioną drewnem".

Ciężarówka bezpiecznie zawozi uciekiniera na rzeszowski dworzec kolejowy. Pociągami Szybalski dojeżdża do Gdyni, gdzie nie zostaje pozostawiony bez opieki: „Znajomi już na mnie czekają. Odbierają z dworca". Kilka dni później: „Jest informacja z Łupkowa. Nawet nikt nie zauważył, że uciekłem. Dopiero po tygodniu komendant obozu spytał: a gdzie Szybalski? No ale nikt nie wiedział, gdzie Szybalski.

Mogę ruszać dalej, na Śląsk, do rodziny [...]. W sylwestra jadę do domu, do Elbląga. Zobaczymy, co będzie, myślę. Sylwestra urządzamy z żoną w domu. Przychodzą znajomi. Nad ranem idę spać i zaraz walenie do drzwi. Wchodzi dwóch po cywilnemu [esbeków] i zabierają do komendy. Rozmowa krótka, pytają, co zamierzam robić. Ja, że na razie nie wiem co. Każą mi wracać do Łupkowa. Nie żeby tam siedzieć. Po prostu mam pojechać do internatu po swoje dokumenty, rozliczyć się, jak mówią. No to wsiadam w pociąg. Dwóch ludzi od nich mnie eskortuje. W Warszawie mam przesiadkę. Idę do ubikacji i się im urywam. Wpadam na chwilę do Macierewiczów. Antek się jeszcze ukrywa, po tej ucieczce ze szpitala w Sanoku. Jest tylko żona. Potem pociąg do Rzeszowa, przesiadka, Łupków, Rzeszów, Warszawa, Gdańsk, Elbląg. Jestem w domu. Wpadam do Gdańska. Rozmawiam z Merklem [Jacek Merkel, gdański działacz opozycji]. On mówi, żebym uważał, bo cały czas przesłuchują ludzi. Ale co mi mogą zrobić. Najwyżej wrócę do więzienia za ucieczkę.

Po paru dniach przychodzą dwaj elegancko ubrani dżentelmeni i zabierają mnie do hotelu w Gdańsku. Mówią, że są z Warszawy i że musimy porozmawiać. Siedzimy przy bułgarskim koniaczku. Oni, że umożliwią mi karierę w Solidarności. Oczywiście jeśli podpiszę zobowiązanie do współpracy. Widzą, że to nie jest dla mnie temat do rozmowy, więc wsadzają do poloneza i wiozą do domu. Po drodze zatrzymujemy się w jakimś zajeździe, coś jemy, parę setek wódki, pytają, czy może się namyśliłem. Nie namyśliłem się. Odstawiają do Elbląga, a żona mówi, że ze mnie pijak, w dodatku z kim ja piję, jakbym nie miał lepszego towarzystwa, a ja – że czasem tak trzeba.

To prawda, że parę miesięcy później wyrzucili mnie z pracy w Transbudzie i nigdzie nie mogłem znaleźć roboty. Ale zaraz jak powstała Spółdzielnia Pracy Gdańsk, to Merkel załatwił mi tam fikcyjny etat, wiadomo, obowiązek pracy [w PRL większość obywateli w wieku produkcyjnym miała prawo i zarazem obowiązek zatrudnienia; bezrobocie zdarzało się rzadko i często było przejawem szykanowania danej osoby przez SB, która utrudniała jej znalezienie pracy]. Każdy musiał mieć pieczątkę, zatrudniony tu i tu, od tego i tego dnia. Oficjalnie zatrudniony w spółdzielni zacząłem pracować w podziemiu. Z Jackiem [Merklem]. Dopiero po paru latach dowiedziałem się, że byłem jedynym, któremu udało się uciec z internowania. Nie licząc tych, którzy wyszli na leczenie i nie wrócili"[109].

Jak widać, Szybalski to urodzony gawędziarz. Nie stanowi to jednak rękojmi jego prawdomówności. Pierwszym, który ma do niej zastrzeżenia, jest jego kolega z ośrodka, Tadeusz Kensy. We wspomnianym liście do redakcji „Biuletynu IPN" wylicza on nieprawdziwe lub niewiarygodne informacje podane przez Szybalskiego. Wśród nich twierdzenie o wrześniu jako rzekomej dacie ucieczki Macierewicza. Następnie Kensy udowadnia, że łaskawość komunistów wobec Szybalskiego po jego ucieczce stanowiła część skomplikowanej operacji SB, w której Szybalski brał udział (być może świadomie, na co wskazywałoby jego późniejsze mijanie się z prawdą). Zatem ucieczka Bogusława Szybalskiego mogła być monitorowana lub zaplanowana przez esbecję. Kensy przypuszcza, że esbecy w swoich kombinacjach z Szybalskim nie pomijali jego bliskich stosunków z Macierewiczem.

W swej analizie Tadeusz Kensy powołuje się na wspomnianego wcześniej Karola Nawrockiego, obecnie dyrektora Muzeum II Wojny Światowej z ramienia PiS oraz autora pracy *Studium przypadku*[110] poświęconej elbląskiej opozycji. Kensy pisze tak: „Najciekawsza jest [...] hipoteza Nawrockiego (s. 273), że wątek ucieczki Szybalskiego [...] był jednym z dwóch, które zbiegły się z poszukiwaniami szefa elbląskiego podziemia Edmunda Krasowskiego, na czym «elbląskiej SB w sposób szczególny zależało» [...]. W szyfrogramie zastępcy komendanta MO ds. SB KW MO w Elblągu płk. Mariana Kani do jego odpowiednika w KW MO w Krośnie z dnia 27 XII 1982 r. [...] można przeczytać: «Wydział II tutejszej komendy w ramach prowadzonej sprawy planuje realizację kombinacji operacyjnej w stosunku do Bogusława Szybalskiego».

Ten wcześniej próbował m.in. dostać się do trójmiejskiego podziemia [...]. Wydaje się, że w jakiś sposób był na bieżąco dobrze zorientowany w sytuacji zarówno ogólnej, jak i swojej własnej. Gdy tylko dowiedział się, że z dniem 23 grudnia zostali zwolnieni ostatni internowani, wrócił do Gdańska, ale wciąż jeszcze nie chciał pokazywać się w Elblągu, w którym

---

109 D. Wilczak, *Ponad stan. Solidarność – historie podziemne*, Warszawa 2006. Tenże, *Ucieczka z obozu internowania*, Dziennik.pl, 12 października 2007, <http://wiadomosci.dziennik.pl/polityka/artykuly/195354,ucieczka-z-obozu-internowania.html>.

110 K. Nawrocki, *Studium przypadku. Opór społeczny wobec władzy komunistycznej w województwie elbląskim (1976–1989)*, Elbląg; Gdańsk 2014.

[...] wciąż trwała próba ujęcia Krasowskiego i całkowitego rozbicia lokalnej konspiracji.

Trudno mieć wątpliwości co do tego, że i planowana kombinacja operacyjna SB z wykorzystaniem Szybalskiego miała temu służyć. Paradoksalnie realizacji zamiaru mógł przeszkadzać list gończy wydany za nim przez Prokuraturę Rejonową w Sanoku w związku ze śledztwem w sprawie ucieczki [z ośrodka internowania] [...]. Wspomniany wyżej płk. Kania powiadomił o tym krośnieńskiego szefa SB, przekonując go jednocześnie, że [...] «sposób rozwiązania sprawy został uzgodniony z Departamentem II i Biurem Śledczym MSW».

31 grudnia prokurator rejonowy w Sanoku, pod wpływem oficjalnego wystąpienia mjr. Zdzisława Gorczycy z dnia 29 grudnia (AIPN Rz, WUSW Krosno, 071/75, k. 29) – wydał postanowienie o odwołaniu listu gończego. Trudno uwierzyć w przypadek, że akurat tego samego dnia Szybalski wrócił do domu w Elblągu, gdzie natychmiast w towarzystwie kilku znajomych urządził zabawę sylwestrową.

Już dwa dni potem rano przyjechało po niego dwóch funkcjonariuszy SB, rozmowa na komendzie wojewódzkiej w Elblągu trwała około 12 godzin. Zaraz potem Szybalski wyjechał do Sanoka, by – jak pisze Karol Nawrocki (s. 275) «osobiście zameldować się w celu wyjaśnienia przyczyn swej ucieczki». Znów trudno uwierzyć, żeby SB mogło chodzić o poznanie tylko subiektywnych motywacji uciekiniera czy też załatwienie biurokratycznych formalności.

W czasie podróży Szybalski ponoć próbował zgubić dyskretną obstawę, ale nie wydaje się prawdopodobne, żeby mu się to udało, więc o jego spotkaniach z Siłą-Nowickim [Władysław Siła-Nowicki, bohater antykomunistycznego podziemia w latach 40., potem obrońca opozycjonistów w procesach politycznych] i Hanną Macierewicz w Warszawie, o ile Szybalski wcześniej z tych planów się funkcjonariuszom bezpieki nie zwierzył lub ich nawet nie uzgodnił, i tak musieli co najmniej wiedzieć.

Dlaczego Szybalskiego, wobec którego śledztwo zostało w dniu 19 listopada 1982 r. jedynie zawieszone, nie zawiozła jawna eskorta, ryzykując jego ewentualne urwanie się?

Mało tego: szef elbląskiej SB płk. Kania [...] nie tylko... poręczył za stawienie się Szybalskiego kolejno w krośnieńskim Wydziale Śledczym SB i prokuraturze w Sanoku, nie tylko zapowiedział, że stanie się to w dniu 12 stycznia, ale [także – przyp. red.] potwierdził, że trwa nadal zapowiadana wcześniej operacja kombinacyjna, w której plany operacyjne wciąż dotyczą Szybalskiego. Miała ona [...] się zakończyć właśnie 12 stycznia [...] w Elblągu – zatrzymaniem Edmunda Krasowskiego. [...]

Warunkowe umorzenie postępowania karnego, bez względu na to, czy sam Szybalski brał naprawdę udział w grze operacyjnej, mogło być pewnego rodzaju „nagrodą". Za co? Czy tylko za jakiś (znów: świadomy lub nieświadomy) udział w rozbiciu grupy Krasowskiego [...] czy za coś więcej? [...]

Próżno szukać sprawy karnej [...] Szybalskiego na prowadzonym przez IPN portalu 13grudnia81.pl".

Co ciekawe, Kensy podaje, że żona Macierewicza obawiała się Bogusława Szybalskiego i nie chciała się z nim kontaktować. Uważa, że mogła ona naciskać na swego męża, aby opuścił ośrodek internowania i chronił ją przed Szybalskim w Warszawie. Jak jednak Antoni Macierewicz mógłby chronić przed nim Hannę, jeśli Bogusław Szybalski cieszył się protekcją SB? Macierewicz musiałby dysponować jakimiś środkami nacisku na esbeków.

Tak czy inaczej relację Szybalskiego trzeba odrzucić jako niewiarygodną, jeśli nie wysoce wątpliwą. Trudno mu wierzyć także w kwestii chronologii, tym bardziej że jego informacji, jakoby Macierewicz uciekł we wrześniu, nie potwierdzają źródła niezależne od obu rzekomych uciekinierów.

WERSJA ZAJĄCA

Co do Jerzego Zająca, to wspominając całą sprawę po latach, może on się mylić w kwestii jednego szczegółu. Gdyby tak naprawdę odwiedził sanocki szpital nie podczas swego powrotu z Częstochowy (2 grudnia), ale podczas wyjazdu do tego miasta (16 listopada), to jego wersja niemal zgadzałaby się z chronologią Błażejowskiej i trzech wspomnianych wcześniej esbeckich dokumentów. Czego bowiem dowiedział się Jerzy Zając po powrocie do ośrodka internowania? Tego, że Antoni Macierewicz opuścił szpital krótko po ich spotkaniu: jeszcze tego samego dnia lub następnego. Zatem jako datę opuszczenia szpitala Zając podaje 2 lub 3 grudnia, bo myśli dzisiaj, że spotkał się tam z Antonim Macierewiczem 2 grudnia 1982 r. Jeśli jednak do ich spotkania doszło 16 listopada, znaczyłoby to, że Macierewicz uciekł 16 lub 17 listopada. Nie da się również wykluczyć, że było to 18 listopada (skoro przyjmujemy, że wspomnienia Zająca są nieprecyzyjne w kwestii chronologii). Zatem najprawdopodobniejszą datą ucieczki byłby 18 listopada 1982 r. Tę datę podają trzy esbeckie dokumenty, a także Błażejowska – z tego ostatniego możemy więc uznać, że jest to również wersja samego Macierewicza.

Jego obecna wersja, podkreślmy. Z biogramu Teresy Bochwic wynika, że jeszcze w 2000 r. Antoni Macierewicz mógł się trzymać nieprawdziwej wersji Szybalskiego. Czyżby przez ponad 17 lat obaj „uciekinierzy" uzgadniali swoje wersje?

UCIECZKA, CZYLI ZWOLNIENIE?

We wspomnianych wcześniej zapisach ewidencyjnych dotyczących Antoniego Macierewicza na jednej z kart czytamy: „Internowanie od dn. 13.XII.81 r. do 23.12.1982 r."[111]. Tak jak gdyby oficjalny i legalny okres internowania Macierewicza trwał rok i 10 dni. Nie ma tu mowy o ucieczce z dnia 18 listopada 1982 r.

Druga z kart głosi, że Macierewiczowi w dniu: „23.12.82 r. uchylono intern."[112]. Zatem uchylono mu internowanie, znowu w dniu 23 grudnia.

Trzecia z kart brzmi jeszcze bardziej jednoznacznie: Macierewicz został: „Zwolniony 23.12.82 r."[113]. Po prostu zwolniony!

Na czwartej z kart znajduje się najbardziej kompletny zapis, który zaczyna się od daty swego powstania: „3.I.83 uchylono internowanie dnia 23.12.82 r."[114].

Zapisy te znajdują potwierdzenie w znanej nam już „łupkowskiej" teczce o sygnaturze IPN Rz/272. Czytamy w niej aż dwukrotnie (na stronach 10 i 106), że Komenda Stołeczna MO w dniu 23 grudnia 1982 r. uchyliła internowanie Antoniego Macierewicza.

---

111 Druk Mkr-2 zawierający dane personalne Antoniego Macierewicza oraz informację o jego internowaniu z parafką i pieczątką o treści: „ZASTĘPCA NACZELNIKA WYDZIAŁU ŚLEDCZEGO SUSW w Warszawie" (kartoteka osób internowanych w okresie stanu wojennego, IPN).

112 Formularz EO-13-A zawierający dane personalne Antoniego Macierewicza oraz informację o jego internowaniu przez KWMO Gdańsk z dopisaną odręcznie sygnaturą III 2 12542 03, parafką i pieczątką: „Z-ca NACZELNIKA WYDZIAŁU ŚLEDCZEGO K-dy Stołecznej MO w Warszawie" (kartoteka byłego SUSW, IPN).

113 Formularz EO-13-A zawierający dane personalne Antoniego Macierewicza oraz informację o jego internowaniu z dopisanym odręcznie kryptonimem „JODŁA", przekreśloną sygnaturą 12542 W. III-2 oraz dopiskami „MSW" i „III-2" (kartoteka byłego Biura „C", IPN).

114 Formularz EO-13-A zawierający informację o internowaniu Antoniego Macierewicza przez KWMO Gdańsk, w dniu 11 grudnia 1997 r. przełączony z byłego Wydziału „C" KWMO i KSMO Warszawa-Ostrołęka-Siedlce (kartoteka odtworzeniowa byłego Biura „C", IPN).

Wróćmy na chwilę do Bogdana Lisa. Pamięta on, że w 1983 r. spotkał Macierewicza jako osobę internowaną, przebywającą poza ośrodkiem na legalnej przepustce. Może po latach Lisowi przepustka pomyliła się ze zwolnieniem? Przytoczę jeszcze jedno wspomnienie. Janusz Kijowski przekazał mi relację nieżyjącego już Jana Szczepłka – związanego z podziemiem historyka i drukarza, który przechowywał sprzęt poligraficzny przemycony z Zachodu dla Macierewicza i Naimskiego. Otóż Macierewicza wypuszczono z ośrodka internowania, ale mimo to udawał on, że się ukrywa, zmieniając ciągle miejsca pobytu – tak Kijowski wspomina słowa Szczepłka.

Jak zwolnienie Macierewicza tłumaczy Błażejowska? Zdawkowo. Na stronie Rodak.net twierdzi, że Macierewiczowi po jego ucieczce „decyzję o internowaniu formalnie uchylono 23 XII 1982 r."[115]. Dziwny to wykręt. Jako drobną i niegodną wytłumaczenia formalność historyczka próbuje przedstawić coś, co stanowiło niezwykłą łaskawość wobec uciekiniera. Twierdzenie Błażejowskiej mogłoby mieć pozory sensu ze względu na to, że po roku stanu wojennego „Solidarność" była po części rozbita, po części zepchnięta do podziemia. Komuniści zaś odzyskali pełnię władzy, choć zarazem stali się przedmiotem żywej nienawiści sporej części społeczeństwa, może nawet większości. Komuniści czuli zarówno własną siłę, jak i dojmującą potrzebę akceptacji (tyranom rzadko wystarcza strach poddanych, zwykle chcą być kochani). Zapragnęli więc okazać ludzką twarz, a zarazem uznali, że są wystarczająco silni, by to zrobić. Gdy zbliżało się Boże Narodzenie 1982 r. rozpoczęło się wielkie zwalnianie internowanych. Niech zasiądą z rodziną przy świątecznym stole i poczują ciepło rządowego przebaczenia!

Jednak czy taka łaska mogła dotyczyć przestępcy?

Z punktu widzenia komunistów Antoni Macierewicz należał do „związku przestępczego", za jaki uważali KOR. Był jednym z podejrzanych w śledztwie przeciwko tej organizacji. Również ucieczka z ośrodka internowania stanowiła przestępstwo. Artykuł 49 dekretu o stanie wojennym[116] zrównywał ją z pogwałceniem artykułu 256 ówczesnego kodeksu karnego[117]. Groził za to rok więzienia, a w wypadku Macierewicza nawet 5 lat. Dlaczego? Ponieważ

115 J. Błażejowska, *Sylwetka Antoniego Macierewicza*, dz. cyt.

116 *Dekret z dnia 12 grudnia 1981 r. o stanie wojennym*, Sejm.gov.pl, <http://prawo.sejm.gov.pl/isap.nsf/download.xsp/WDU19810290154/O/D19810154.pdf > , dostęp: 14 września 2018.

117 *Ustawa z dnia 19 kwietnia 1969 r. Kodeks karny*, Sejm.gov.pl, <http://prawo.sejm.gov.pl/isap.nsf/download.xsp/WDU19690130094/O/D19690094.pdf>, dostęp: 14 września 2018.

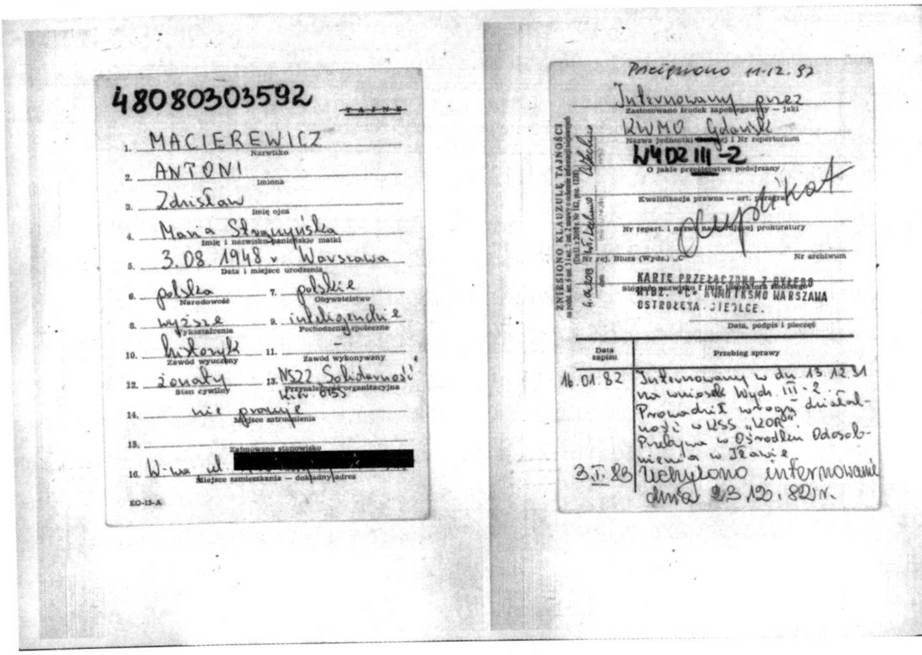

48080303592

TAJNE

1. MACIEREWICZ
Nazwisko
2. ANTONI
Imiona
3. Zdzisław
Imię ojca
4. Maria Stręczyńska
Imię i nazwisko panieńskie matki
5. 3.08.1948 r. Warszawa
Data i miejsce urodzenia
6. polska 7. polskie
Narodowość / Obywatelstwo
8. wyższe 9. inteligenckie
Wykształcenie / Pochodzenie społeczne
10. historyk 11.
Zawód wyuczony / Zawód wykonywany
12. żonaty 13. NSZZ Solidarność kier. OBS
Stan cywilny / Przynależność organizacyjna
14. nie pracuje
Miejsce zatrudnienia
15.
Zajmowane stanowisko
16. W-wa ul. [redacted]
Miejsce zamieszkania — dokładny adres

EO-13-A

Przesłano 11.12.87

Internowany przez
Zastosowano środek zapobiegawczy — jaki
KWMO Gdańsk
Nazwa jednostki śledczej i Nr repertorium
W4DZ III-2
O jakie przestępstwo podejrzany
Kwalifikacja prawna — art. paragraf
Nr repert. i nazwa nadrzędnej prokuratury
Nr rej. Biura (Wydz.) „C" Nr archiwum

Duplikat

ZNIESIONO KLAUZULĘ TAJNOŚCI

WARSZAWA OSTROŁĘKA · SIEDLCE

Stopień, nazwisko i imię inspektora śledczego

Data, podpis i pieczęć

Data zapisu	Przebieg sprawy
16.01.82	Internowany w dn. 13.12.81 na wniosek Wydz. III-2. Prowadził wrogą działalność w KSS „KOR". Przebywa w Ośrodku Odosobnienia w Iławie.
3.I.83	Uchylono internowanie dnia 23.12.82 r.

Zapis o uchyleniu internowania Antoniego Macierewicza.

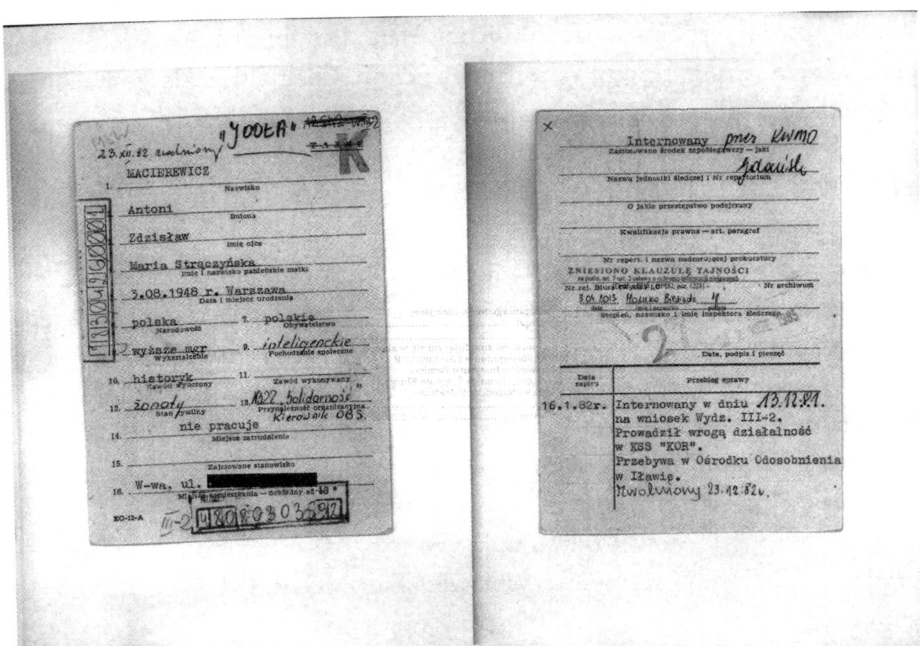

23.XII.82 zwolniony „JODŁA"

TAJNE

K

1. MACIEREWICZ
Nazwisko
2. Antoni
Imiona
3. Zdzisław
Imię ojca
4. Maria Stręczyńska
Imię i nazwisko panieńskie matki
5. 3.08.1948 r. Warszawa
Data i miejsce urodzenia
6. polska 7. polskie
Narodowość / Obywatelstwo
8. wyższe mgr 9. inteligenckie
Wykształcenie / Pochodzenie społeczne
10. historyk 11.
Zawód wyuczony / Zawód wykonywany
12. żonaty 13. NSZZ Solidarność Kierownik OBS
Stan cywilny / Przynależność organizacyjna
14. nie pracuje
Miejsce zatrudnienia
15.
Zajmowane stanowisko
16. W-wa, ul. [redacted]
Miejsce zamieszkania — dokładny adres

EO-13-A III-2 48080303592

Internowany przez KWMO
Zastosowano środek zapobiegawczy — jaki
Gdańsk
Nazwa jednostki śledczej i Nr repertorium
O jakie przestępstwo podejrzany
Kwalifikacja prawna — art. paragraf
Nr repert. i nazwa nadrzędnej prokuratury
ZNIESIONO KLAUZULĘ TAJNOŚCI
Nr rej. Biura (Wydz.) „C" Nr archiwum
Stopień, nazwisko i imię inspektora śledczego
Data, podpis i pieczęć

Data zapisu	Przebieg sprawy
16.1.82r.	Internowany w dniu 13.12.81. na wniosek Wydz. III-2. Prowadził wrogą działalność w KSS "KOR". Przebywa w Ośrodku Odosobnienia w Iławie. Zwolniony 23.12.82r.

Zapis o zwolnieniu Antoniego Macierewicza z internowania.

podczas swej ucieczki miałby – jak to określał kodeks – „działać w porozumieniu z innymi osobami". Mowa oczywiście o jego żonie, księdzu Sudole oraz co najmniej jednym karawaniarzu konspiratorze, który miał wywieźć uciekiniera z Sanoka.

Dekret o stanie wojennym komuniści traktowali jak legalny i obowiązujący. Dziś wiemy, że wbrew PRL-owskiemu porządkowi prawnemu dekret ten nie został wydany jednogłośnie przez Radę Państwa (organ, który w PRL był kolektywnym odpowiednikiem prezydenta Rzeczpospolitej). Istniały też poważne wątpliwości co do tego, czy Rada Państwa miała prawo wydać taki akt, jeśli równocześnie obradował Sejm (a w grudniu 1981 r. trwała sesja obrad Sejmu). Zatem trudno uznać dekret o stanie wojennym za legalny. Ale komuniści oscylowali między drobiazgowym formalizmem prawnym a kompletną pogardą dla prawa. W wypadku stanu wojennego wybrali to drugie. Nie dbali o to, że ktoś z Rady Państwa w decydującym momencie miał inne zdanie. Ani o to, że akurat obradowali posłowie. Dekret o stanie wojennym został wydany i opublikowany, więc ucieczka z ośrodka internowania z punktu widzenia komunistów stanowiła przestępstwo.

Komu ze znanych nam osób taką ucieczkę wybaczono? Bogusławowi Szybalskiemu. Uczestnikowi esbeckiej gry, najprawdopodobniej świadomemu, za którym wydano, a następnie odwołano list gończy. Za Antonim Macierewiczem listu gończego nawet nie wydano. Choć obciążała go nie tylko ucieczka, lecz także przynależność do KOR.

SABOTAŻ ŁUPKOWSKO-GDAŃSKI?

Jak już wiemy, w IPN znajdują się dwie teczki zawierające akta Macierewicza z ośrodka[118]. Akta te są niezwykle drobiazgowe. Dowiadujemy się z nich o stanie nerek Antoniego Macierewicza i liczbie czerwonych krwinek w jego krwi. Dowiadujemy się, że pokłócił się ze strażnikami o fajkę, którą rzekomo mieli sobie przywłaszczyć. Jednak w wyżej wymienionych aktach o jego ucieczce nie ma prawie nic. Odnosi się do niej jeden szczególny dokument.

Niecały miesiąc po ucieczce Macierewicza, 15 grudnia 1982 r., komendant ośrodka internowania w Łupkowie otrzymuje pismo od naczelnika Wydziału Śledczego Komendy Wojewódzkiej MO w Gdańsku. Cytuję je w całości:

---

118 IPN BU 01326/1547 i IPN Rz/272.

„W odpowiedzi na pismo z dnia 29 XI 1982 r. w załączeniu zwracam uzupełniony nakaz zatrzymania i doprowadzenia CE 02074 dot. Bogusława Szybalskiego. Odnośnie [do – przyp. red.] nakazu zatrzymania i doprowadzenia Antoniego Maciarewicza [sic!] CE 2163 (zwrot w załączeniu) uprzejmie informuję, iż brak jest możliwości ustalenia osoby, która złożyła na tym dokumencie nieczytelny podpis"[119].

Zatem ośrodek internowania o ucieczce Szybalskiego i Macierewicza informuje Komendę Wojewódzką MO w odległym Gdańsku. Zapewne dlatego, że tam zatrzymano obu działaczy w grudniu 1981 r., gdy podjęto decyzję o ich internowaniu. Jednak nie adresy, ale daty są tu najważniejsze. Ośrodek występuje o zatrzymanie i doprowadzenie obu zbiegów – ale robi to dopiero w dniu 29 listopada! 11 dni po tym, jak uciekł groźny opozycjonista Macierewicz, ponad dwa miesiące po ucieczce Szybalskiego. Zakrawa to na sabotaż.

Co więcej, również esbecy z gdańskiej KW MO zdają się sabotować ściganie Antoniego Macierewicza. Pojawia się bowiem zaskakujące utrudnienie formalne: na nakazie zatrzymania Macierewicza podpisał się nie wiadomo kto! Podpis jest nieczytelny i nie da się go rozszyfrować... To absurdalna wymówka: aby ustalić, kto mógł podpisać pismo, wystarczyło zadzwonić. Nie trzeba było zwracać pisma i opóźniać wszczęcia ścigania ważnego uciekiniera, jednego z założycieli KOR. Poza tym podpisy bywają nieczytelne, pieczątkom zdarza się to znacznie rzadziej... Czyżby ośrodek internowania wysłał do milicji i SB nakaz zatrzymania Macierewicza bez pieczątki z nazwiskiem i stanowiskiem decydenta, tylko z niewyraźną parafką? Potwierdziłoby to hipotezę, że ściganie uciekiniera sabotowano już w ośrodku.

Dodajmy jeszcze, że pismo gdańskiej KW MO rozprasza wątpliwości co do roli Szybalskiego. Zwłoka co do jego ścigania jest jeszcze większa niż w wypadku Macierewicza, ponad dwumiesięczna. Znacząco wspiera to podejrzenia Kensego i mocno sugeruje, że ucieczka Szybalskiego od samego początku była monitorowana przez SB.

WYJĄTKOWO NIEINTERESUJĄCY PODEJRZANY

Zatem Macierewicza ścigano niezwykle opieszale, jeśli w ogóle, mimo że uciekł z ośrodka internowania i był podejrzany o inne poważne przestępstwo. Przypomnę: wciąż prowadzono przeciwko niemu śledztwo z art. 276 par. 1. kk w spra-

119 IPN Rz/272, s. 30.

wie jego przynależności do „związku przestępczego" (KOR). Więcej: od roku (dokładnie od 29 grudnia 1981 r.) śledztwo to prowadziła Naczelna Prokuratura Wojskowa![120]. Inni podejrzani w tym śledztwie, którzy byli w zasięgu prokuratury – Kuroń, Michnik, Lipski, Wujec, Jan Lityński, Zbigniew Romaszewski – zostali aresztowani. W wypadku Blumsztajna, Chojeckiego i Naimskiego było to niemożliwe, gdyż znajdowali się oni za granicą. Łagodniej potraktowano byłego jezuitę Wiesława Kęcika, filozofa i działacza chłopskiego. Zwolniono go z internowania w 1982 r., w następnym roku wzywano na przesłuchania do prokuratury[121]. Jednak były jezuita, który spokojnie siedzi w ośrodku internowania, potem zaś grzecznie przychodzi na przesłuchania, stanowi zupełnie inny przypadek niż znany rozrabiaka, który ucieka z ośrodka. Dodajmy, że również prokuratura niezbyt się Macierewiczem interesowała. W aktach z okresu internowania nie widać, żeby wożono go na przesłuchania. Zresztą, daleko musiano by go wozić. Od lipca 1982 r. Antoni Macierewicz przebywa w Łupkowie, następnie w rzeszowskim ośrodku internowania w Załężu, potem znowu w Łupkowie. To również sugeruje, że prokuratorzy niespecjalnie go potrzebują. Śledztwo toczy się w stolicy. Załęże i Łupków od Warszawy oddziela kilkaset kilometrów (znacznie bliżej jest do granicy sowieckiej).

W roku 1983 śledztwo w sprawie KOR nabiera tempa. Przesłuchiwany jest nie tylko Kęcik. Esbecy nękają nawet najstarszych członków KOR, takich jak Józef Rybicki, Aniela Steinsbergowa czy ksiądz Zieja. Nawet nie szukają Antoniego Macierewicza.

Profesor Andrzej Friszke powiedział mi, że w aktach sprawy nie znalazł śladów zainteresowania Macierewiczem. W książce *Sprawa jedenastu*... profesor pisze, że przeciwko Macierewiczowi „o ile wiadomo – postępowania nie prowadzono"[122]. W rozmowie z biografami Macierewicza dodaje jeszcze: „Wiemy, że śledczy chcą wówczas przesłuchać wszystkich członków Komitetu, łącznie z sędziwymi księdzem Zieja czy Pajdakiem. Dlaczego nie martwi ich fakt, że Macierewicz im się wymknął? Jak to możliwe, że nikt nie jest zainteresowany tym, by go znaleźć i przesłuchać? Macierewicz był wtedy w ostrym konflikcie z Kuroniem i Michnikiem, którzy mieli zasiąść na ławie oskarżonych, powinien więc być dla twórców procesu wyjątkowo pożądanym świadkiem. To, że go nawet nie szukają, jest nienormalne i niezrozumiałe"[123].

120 A. Friszke, *Sprawa jedenastu*, Kraków 2017, s. 96.
121 Tamże, s. 300.
122 Tamże, s. 558.
123 A. Gielewska, M. Dzierżanowski, dz. cyt., s. 231.

CZŁOWIEK PRZEŚLADOWANY INACZEJ

Dla pewności porównajmy dokładniej to, jak MSW i prokuratura w latach 1982–1986 traktowały Macierewicza oraz jego kolegów z KOR. Już w marcu 1982 r. w Biurze Śledczym MSW powstało pismo, zgodnie z którym Macierewicz miał zostać wyłączony z grupy najbardziej niebezpiecznych podejrzanych – tych, którzy rzekomo chcieli obalić komunizm przemocą. Zaliczono do nich Kuronia, Michnika, Lipskiego, Romaszewskiego, Lityńskiego, Kęcika, Wujca i Blumsztajna, ale nie Macierewicza i Naimskiego[124]. Na początku 1983 r. niektórych członków KOR (w tym właśnie Antoniego Macierewicza) przekazano do odrębnych, mniejszych postępowań karnych. Ale to nie znaczy, że im odpuszczono. Szykowano im oddzielne, ale powiązane procesy – tzw. procesy odpryskowe. Oprócz Macierewicza wśród tych „odpryskowych KOR-owców" znaleźli się inni wybitni działacze organizacji: Lipski, Lityński, Borusewicz, Kęcik, Chojecki, Blumsztajn, Śreniowski i Naimski[125].

Naimskiego, Chojeckiego i Blumsztajna stan wojenny zastał za granicą. Co z resztą? Zobaczmy:

- Lipski został aresztowany w 1982 r. Jako ciężko chorego wypuszczono go na leczenie do Londynu, ale gdy w tym samym roku wrócił do PRL, aresztowano go znowu i wsadzono do szpitala więziennego;
- Lityński był internowany do września 1982 r., następnie go aresztowano;
- Borusewicza aresztowano jeszcze w 1986 r.;
- Śreniowski ukrywał się dłużej niż Macierewicz: aresztowano go 22 października 1984 r. (miesiąc wcześniej Macierewicz się ujawnił: wrócił z kryjówki do swojego mieszkania, a komuniści zostawili go w spokoju);
- jak już wiemy, swoistą łaskawość okazano byłemu jezuicie Kęcikowi: w 1982 r. zwolniono go z ośrodka internowania, w 1983 r. wzywano na przesłuchania, ale dwa lata później zezwolono wyemigrować do Szwecji. To ostatnie mogło być oznaką łagodności, mogło też stanowić próbę neutralizacji, albowiem władze zmieniły wówczas zdanie w kwestii wypuszczania na Zachód wybitnych opozycjonistów. Uznały, że jednak lepiej ich wypuścić niż męczyć się z nimi w kraju (minister Kiszczak wysłał wtedy do więzionego Michnika list, w któ-

124 IPN BU 01092/1, mikrofilm 7596/3-17; A. Friszke, *Sprawa jedenastu*, dz. cyt., s. 167.
125 A. Friszke, *Sprawa jedenastu*, dz. cyt., s. 297 i n.

rym proponował mu francuskie Lazurowe Wybrzeże, ale spotkał się z odmową). Nie znalazłem wielu informacji o ówczesnej podziemnej czy też opozycyjnej działalności Kęcika, co mogłoby tłumaczyć względną łagodność władz wobec niego. Ze skąpych informacji wynika, że po 1982 r. Wiesław Kęcik się nie ukrywał. Na pewno nie było tak w 1983 r., gdy go przesłuchiwano (trudno przesłuchiwać kogoś, kto się ukrywa). Więcej: w pracy magisterskiej Mirosławy Woźniak z Instytutu Historycznego UW czytamy, że w tym samym 1983 r. Wiesław Kęcik hucznie ochrzcił swego syna Jana we wsi Zbrosza Duża. Taki wybór miejsca nie oznaczał, że huczne chrzciny zostały zakonspirowane w jakiejś głuszy, z dala od miejsc obserwowanych przez SB. Przeciwnie: Kęcik był dobrze znany w Zbroszy Dużej ze względu na swoją działalność w miejscowym niezależnym ruchu ludowym. Pamiętajmy też, że w wcześniej, w 1982 r., Wiesław Kęcik opuścił ośrodek internowania legalnie. W przeciwieństwie do niego Antoni Macierewicz ukrywał się – a uciekając z internatu, złamał prawo stanu wojennego.

Jak widać, w porównaniu z innymi KOR-owcami w podobnej sytuacji prawnej Macierewicz korzystał ze szczególnie łagodnego traktowania. Również Piotr Naimski, jego prawa ręka, spotkał się ze swoistą taryfą ulgową. Zestawmy ze sobą dwa przypadki.

W 1985 r. z Francji do Polski próbował wrócić Seweryn Blumsztajn. Wciąż miał ważny polski paszport. Gdy wylądował na warszawskim Okęciu, natychmiast został zatrzymany. Paszport Blumsztajna zniszczono na jego oczach („po prostu go przecięli" – wspomina). Działacza bezzwłocznie deportowano do Francji. Rok wcześniej Piotr Naimski wrócił do Polski z USA. On nie miał ważnego paszportu, ale wydano mu go w konsulacie PRL, gdy zaczął się tego uporczywie domagać. Potem pojawił się w Warszawie. Aczkolwiek nie do końca wiadomo, w jaki sposób przybył do kraju i czy wykorzystał przy tym paszport otrzymany od komunistów. Nie aresztowano go ani nawet nie zatrzymano, odbył tylko jedną krótką „rozmowę wyjaśniającą" z funkcjonariuszem MSW (do tej sprawy jeszcze wrócę).

KSIĄDZ GRZECZNY, ALE ZDYSTANSOWANY

Jak zatem mamy traktować rzekomą ucieczkę Antoniego Macierewicza? Co się zdarzyło 18 listopada 1982 r. w Sanoku? We wspomnieniach księdza

Adama Sudoła z Sanoka czytamy, co następuje: „Jesienią 1982 roku do [...] szpitala [...] przywieziono chorego Antoniego Macierewicza, internowanego w Łupkowie. Znalazł się na oddziale wewnętrznym Dr. Stanisława Lewka. Do Sanoka przyjechała żona Macierewicza i trafiła do mnie. Prosiła mnie, abym pomógł jej Mężowi [sic!] w ucieczce ze szpitala [...]. Ustaliliśmy, że Macierewicz wyjdzie ze szpitala na przepustkę do dentysty, niedaleko od szpitala, po drodze będzie czekało auto ks. wikarego Stanisława Ruszały. Oczywiście Macierewicz został poinformowany, w którym miejscu auto będzie czekać, jaka marka, jaki numer rejestracyjny. Wszystko odbyło się według planu. «Uciekinier» został dowieziony do Rzeszowa. Tutaj czekali na niego emisariusze, którzy przekazali go do Warszawy. Ciekawostką będzie, że Macierewicz jechał do Warszawy karawanem. Przepustkę ze szpitala wydał mu Dr Lewek, którego potem przesłuchiwała SB”[126].

Ksiądz Sudoł o Macierewiczu pisze „Mąż” – wielką literą. Jednak również doktora Lewka honoruje tytułem „Dr”, z wielkim „D”. Można więc przypuścić, że stosuje wielkie litery grzecznościowo, nie zaś czołobitnie. Tym bardziej, że wobec Macierewicza używa słowa uciekinier w cudzysłowie. Co więcej, na stronie 271 swych wspomnień ksiądz Sudoł pisze tak: „Macierewicz, przystojny, elegancki Pan, uśmiecha się, chce być miły i przyjemny. W poglądach raczej skrajny, ekstremalny [...]. Wykluczono Macierewicza z ROP [Ruch Odbudowy Polski]”. Zatem duchowny najwyraźniej nie należał do wielbicieli Antoniego Macierewicza. Zakładam, że nie kłamał. Sądzę, że nieświadomie stał się rekwizytorem i inspicjentem teatru, w którym główną rolę zagrał Macierewicz.

„Uciekinier” opuścił szpital i wyjechał z Sanoka przy pomocy księży Sudoła i Ruszały. Przy czym wikary Ruszała wystąpił w roli konspiratora karawaniarza. Najbardziej zaś groteskowy element uciekinierskiej legendy Macierewicza – przejazd karawanem – okazuje się prawdziwy. Nawet łatwo można go wytłumaczyć: księża zapewne wykorzystali dom pogrzebowy przy cmentarzu parafialnym. Taki dom pogrzebowy mógł dysponować wehikułem do przewozu zwłok (wypada mieć nadzieję, że tamtego dnia nie było żadnego pogrzebu). W ten sposób Macierewicz uzyskał dla swej „ucieczki” malowniczy sztafaż. Po co mu był ten teatr? Na pewno nie po to, żeby wymknąć się z Sanoka. Nikt bowiem za Antonim Macierewiczem nie gonił. Dróg wyjazdowych nie blokowali wścibscy, ale lękający się zajrzeć do trum-

126 A. Sudoł, dz. cyt., s. 105.

ny milicjanci wyposażeni w rysopis uciekiniera. Jak wiemy, władze ośrodka internowania z jakichś przyczyn uznały za stosowne nie wszczynać ścigania przez 11 dni. Najprawdopodobniej nie było też żadnego strażnika, który pilnowałby pacjenta u dentysty.

Zobaczmy bowiem, jak swój pobyt w sanockim szpitalu opisuje gliwicki opozycjonista Wacław Mauberg, internowany w pobliskich Uhercach: „Szpital w Sanoku okazał się oazą spokoju, dobroci i serdeczności [...]. Wspaniały ordynator doktor Stanisław Lewek zaczął od wykazania dowodu niezwykłej odwagi: z miejsca wyrzucił na szpitalną portiernię naszego obozowego strażnika, który usiłował zagnieździć się na korytarzu przed salą chorych, w której zostaliśmy umieszczeni [...]. Pod koniec czerwca Helenka [żona Wacława Mauberga] znów przyjechała na kilka dni do Sanoka. Na zaproszenie niezmiernie życzliwych doktorostwa Lewków zamieszkała u nich w domu. W tym czasie już zupełnie przestaliśmy w szpitalu być pilnowani, a więzienny posterunek w szpitalnej portierni został zlikwidowany. Obóz w Uhercach zaczynał jednakże coraz bardziej usilnie dopominać się o nasz powrót, szczególnie po ucieczce ze szpitala jednego z internowanych. Wszelako doktor Lewek jak dotąd potrafił skutecznie się temu przeciwstawić, twierdząc, że jeszcze nie jesteśmy wyleczeni"[127].

Zatem po czerwcu 1982 r. strażników w szpitalu nie było. Chyba, że wysłano kogoś z Łupkowa, aby czuwał nad Macierewiczem. Jednak w takim razie jeszcze dziwniejsza wydawałaby się 11-dniowa zwłoka w poinformowaniu milicji i SB o ucieczce Macierewicza. Czyżby wiadomość o jego wyczynie domniemany strażnik zachował dla siebie? Czy też przedzierał się z tą wieścią na piechotę z Sanoka do Łupkowa, robiąc długi popas w każdym schronisku?

26 września 2018 r. Radosław Gruca przyszedł na publiczne spotkanie z udziałem Antoniego Macierewicza. Zapytał go przy świadkach:

- jak udało mu się uniknąć zatrzymania przez SB w dniu 13 grudnia 1981 r.?
- jak udało mu się przemknąć z powrotem do Stoczni Gdańskiej?
- jak udało mu się uciec z ośrodka internowania w Łupkowie?

Macierewicz odmówił odpowiedzi.

127 W. Mauberg, *Początki Solidarności (fragmenty wspomnień)*, http://www.mauberg.pl/PoczSolid.htm.

Wszystko zatem wskazuje na to, że podziemny historyk i drukarz Jan Szczepłek miał rację. Po listopadzie 1982 r. Macierewicz udawał, że się ukrywa. A swoje „ukrywanie się" zaczął od zainscenizowania ucieczki.

Jak wygląda pierwszy rok tego „życia w ukryciu", rok 1983? W tym właśnie roku Antoni Macierewicz publikuje w „Głosie" słynny artykuł pt. *Odbudowa państwa* (pismo wciąż wychodzi w podziemiu pod czujnym okiem Macierewicza, który kieruje redakcją z ukrycia). Artykuł nawołuje, żeby opozycja zaprzestała uprawiania... opozycji. Bagatelizuje rolę „Solidarności" jako związku zawodowego. Proponuje sojusz między Kościołem katolickim, katolicką częścią podziemia skupioną wokół Lecha Wałęsy oraz... komunistycznym wojskiem generała Jaruzelskiego. Doszukuje się pozytywnych stron znienawidzonej „wrony" [właśc. WRON], czyli Wojskowej Rady Ocalenia Narodowego – bezprawnego, niekonstytucyjnego organu powołanego przez Jaruzelskiego i jego wojskowych do rządzenia Polską podczas stanu wojennego.

„Głos" o tym wszystkim pisze tak: „Opozycją żaden naród się nie uratował i rozwijać się nie może. Z rządem – jakimkolwiek jest – każdy naród rachować się musi. [...] Wiele wskazuje na to, że zamysł propaństwowy da się w deklaracjach i działaniach Wojskowej Rady Ocalenia Narodowego odczytać [...]. Takie zwierzę jak konspiracyjny związek zawodowy nie istnieje [...]. Nie należy ani się łudzić, ani liczyć na to, że wielka rzeka życia narodowego popłynie konspiracyjnym nurtem"[128].

Artykuł podnosi też rzekomą zasługę generała Jaruzelskiego, jaką miałoby być... odebranie PZPR-owcom władzy poprzez przekazanie jej WRON: „Rozpad państwa partyjnego połączony był z utratą przez PZPR roli centralnego ośrodka dyspozycji politycznej. Proces ten rozpoczął się z chwilą nominacji gen. Jaruzelskiego na premiera"[129]. Ta wizja zupełnie się nie sprawdziła – po spacyfikowaniu kraju „wrona" grzecznie oddała władzę PZPR. Co znaczyło, że Jaruzelski wciąż rządził, ale znowu jako lider partyjny i rządowy,

---

128 A. Gielewska, M. Dzierżanowski, dz. cyt., s. 227.

129 Ze względu na trudną dostępność „Głosu" z 1983 r. podaję odnośnik do artykułu Rafała Matyi, w którym można sprawdzić powyższy cytat: Rafał Matyja, *Realizm polityczny lat osiemdziesiątych*, [w:] *Patriotyzm i zdrada. Granice realizmu i idealizmu w polityce i myśli polskiej* (red. J. Kloczkowski, M. Szułdrzyński); artykuł Matyi dostępny jest w internecie: <http://www.omp.org.pl/stareomp/index0380.php?module=subjects&func=printpage&pageid=725&scope=page>.

nie zaś militarny. Jednak „Głos" w swoim artykule wielbi mundur wojskowy. Wieszczy prymat komunistycznej armii w przyszłym polskim rządzie i administracji. Natomiast przywództwo duchowe miałby sprawować pogodzony z tą armią Kościół katolicki. Pod nadzorem munduru i sutanny, a także pod wodzą Lecha Wałęsy katolicka opozycja miałaby budować samorządy terytorialne, stowarzyszenia społeczne i związki zawodowe.

Cóż, można się tylko cieszyć, że ta wizja się nie sprawdziła (przynajmniej do tej pory).

Kto był autorem artykułu? Pod tekstem podano, że to wspólne dzieło całego zespołu redakcyjnego „Głosu". Dziś wiemy, że napisał go Ludwik Dorn, który niechętnie się do tego przyznaje. Za to historycy związani z Macierewiczem, tacy jak Sławomir Cenckiewicz i Justyna Błażejowska, chętnie podkreślają autorstwo Dorna. Z oczywistych przyczyn – Ludwik Dorn obecnie krytykuje Macierewicza i PiS, więc zwolennicy jednego i drugiego chcą go dziś obarczyć całą odpowiedzialnością za artykuł. Wiadomo jednak, że w „Głosie" głos decydujący miał Antoni Macierewicz. Bez jego akceptacji tekst tej wagi nie mógłby się ukazać. Co więcej, wszystko wskazuje na to, że Macierewicz nie tylko zaakceptował, lecz także zainspirował ten manifest. Tadeusz Kensy rozwiewa w tej sprawie wszelkie wątpliwości. Oto, co pisze w liście do redakcji „Biuletynu IPN": „[...] główny sens idei trójporozumienia Kościoła, wojskowych (w praktyce przynajmniej głównej grupy wojskowo-partyjnej junty) oraz części *rozsądnych* działaczy «Solidarności» skupionych wokół Lecha Wałęsy – był pomysłem samego Antoniego Macierewicza, do tego narodził się w jego głowie kilka miesięcy wcześniej, bo w październiku 1982 r., jeszcze w obozie w Nowym Łupkowie.

Antek dzielił się swoim przemyśleniem i szeroką za nim argumentacją nie tylko w ścisłym gronie swoich obozowych najbliższych przyjaciół. Był tam taki zwyczaj robienia poobiednich dyskusyjnych *rundek* wokół całego dostępnego dla nas terenu, do których zapraszaliśmy wzajemnie czasem jedną osobę, a czasem kilka. W czasie takich *rundek* Macierewicz wtajemniczał w swój sposób rozwiązania politycznego impasu m.in. Jerzego Adamczuka, Stefana Jurczaka, Bogusława Mikusa, Rafała Szymońskiego, Edwarda Zymana, Tadeusza Jedynaka i mnie, być może jeszcze kilka innych osób. Nie mam najmniejszych wątpliwości, że tekst programu z 43. numeru «Głosu» [*Odbudowa państwa* – przyp. red.] był tylko tego obszernym rozwinięciem. Równie dobrze pamiętam, że wszystkie opinie kolegów na ten temat (także moja własna), choć podkreślały oryginalność, a nawet pewną logiczną spójność pomysłu, odrzucały go jako z założenia ekstrawagancki, a nawet nieetyczny, który musiałby być źle przyjęty przez zgnębionych stanem wojennym Polaków".

Podobnie o sprawie opowiada mi jeden z najbliższych podziemnych współpracowników Macierewicza, który woli zachować anonimowość: „Otóż strategia «Głosu», «Wiadomości», ale także Aleksandra Halla i innych ludzi z prawicy była następująca: za wszelką cenę trzeba się dogadać się z Jaruzelskim. Najbardziej radykalnymi zwolennikami tej tezy byliśmy Ludwik [Dorn] i ja. Uważałem, że nastąpi potworna degradacja cywilizacyjna, że z Polski wyjadą miliony ludzi, a żadnej rewolucji już nie będzie. Stanowisko lewicy, zwłaszcza Kuronia, było dokładnie przeciwne. Doszło do ostrych polemik. Najważniejszy [...] tekst na ten temat napisał Ludwik Dorn do «Głosu» przed wizytą Jana Pawła II. Był o przymierzu «Solidarności», wojska i Kościoła.

Zaś w «Wiadomościach» [biuletyn podziemnego Regionu Mazowsze NSZZ «Solidarność» – przyp. red.] ukazał się list Antoniego. Napisany już chyba podczas internowania. Pamiętam, że go drukowaliśmy w «Wiadomościach». Ukazał się chyba także w innych gazetkach. Zawierał dokładnie takie samo przesłanie jak tekst Ludwika. Dla nas to było bezdyskusyjne. Dla mnie koniec «Solidarności» nastąpił 3 maja 1983 r. Mieszkałem na Woli, koledzy, z którymi grałem w piłkę, zostali działaczami. Miałem stały kontakt z robotnikami. Widziałem, jak to ewoluuje. A do tego kompletny rozkład i demoralizacja podziemia. Alkohol i kompletna demoralizacja. Widziałem ją nawet u siebie samego. Jesteśmy agentami CIA, bo dostajemy od nich pieniądze na taksówki – tak w skrócie podsumowałem Ludwikowi.

Czy to był biznes? Taki biznes, w którym działacze rozbijają się taksówkami, brakuje im więzi z ludźmi, którzy mieli kłopoty, w samotności przeżywali solidarnościowy etos. Do tego koszmarny radykalizm, zupełnie bez sensu. Czasami wkurwiał mnie aż do obłędu. To były główne przyczyny mojego wyjazdu i niewiary w podziemną «Solidarność». Byliśmy ostatnimi ludźmi, z którymi Antek dyskutował, rozmawiał, podejmował wspólne decyzje. Do tej grupy zaliczali się Jakub Karpiński, Piotr Naimski, w jakimś sensie ja też. Potem już z nikim nie dyskutował, nikogo o nic nie pytał. Zaczął postrzegać siebie jako przywódcę, który zawsze miał rację, i uważać, że lewica laicka zniszczy świat".

Autor tej wypowiedzi próbuje „psychologicznie" usprawiedliwiać poczynania Antoniego Macierewicza. Trudno czynić z tego zarzut ze względu na łączące ich niegdyś bliskie więzi. Ale nasz informator rozumie również, że ówczesne działania Macierewicza to nie tylko wyraz jego ambicji, pragnień i problemów emocjonalnych. To również przemyślany plan polityczny. Ktoś mniej przychylny powiedziałby: przemyślny. Antoni Macierewicz próbuje bowiem zbudować coś wewnętrznie sprzecznego, jednak atrakcyjnego dla wielu osób: skrzydło radykalno-ugodowe. Nurt ideologicznie odległy od komunizmu i socjalizmu o lata świetlne, mocno prawicowy – który jednak głosi potrzebę ugody z komunistami.

Macierewicz nie jest pierwszy. Czymś takim pierwotnie miał być PAX, stowarzyszenie stworzone w latach 40. XX w. przez narodowych katolików współpracujących z komunistami i UB. Tyle że PAX nie działał ani w podziemiu, ani w opozycji.

Pomysł Macierewicza może wyglądać na kolejny z jego piruetów politycznych – tym razem tak akrobatyczny, że abstrakcyjny. Jednak również w tym szaleństwie jest metoda. Opozycyjna „lewica laicka" jest w ostrym konflikcie z komunistami. Jednak wciąż jest lewicą, ma w swych szeregach byłych komunistów, na przykład Kuronia – można więc zarzucać jej bliskość ideową i towarzyską ze znienawidzonym reżimem. W ten sposób Macierewicz mruga do antykomunistów w podziemiu: jeśli ktoś ma się w waszym imieniu dogadać z komunistami, to ja, niepokorny. Nie powierzajmy takiej misji półkomunistom w rodzaju Kuronia czy Michnika. Natura ciągnie wilka do lasu i zamiast twardo negocjować, zdradzą interesy narodu w imię swoich starych komunistycznych ciągot.

Oczywiście, współwięźniowie z Łupkowa mieli rację. Ten plan nie mógł porwać za sobą Polski. Przemawiały przeciwko niemu świeże rany i siniaki po stanie wojennym. Reżim Jaruzelskiego nie był programowo morderczy, ale ponad stu ludzi zabił. Tysiące osób pobił, dziesiątki tysięcy aresztował, zatrzymywał, przesłuchiwał i na różne sposoby szykanował. Życie codzienne związane było z koniecznością wystawania w niekończących się kolejkach po podstawowe towary spożywcze i odzieżowe. Do 1984 r. w sklepach straszyły półki puste jak nigdy w komunizmie, który przecież był królestwem pustych półek. Jednak współwięźniowie mieli też rację, gdy przyznawali, że plan Macierewicza ma swoją logikę. Co więcej, odwoływał się do emocji mniej świeżych niż gniew na sprawców stanu wojennego, ale głębiej zakorzenionych w polskiej zbiorowej psychice. Polacy wtedy jeszcze bardziej niż teraz kochali widok polskiego munduru. Pamiętano hitlerowskie uniformy i szare płaszcze sowieckich żołnierzy przemierzające polską ziemię (a żyli jeszcze tacy, co w dzieciństwie oglądali rozpanoszonych carskich generałów). Katolicy zaś, rzecz jasna, uwielbiali także czarne sutanny. Wizja Polski przykrytej rogatywką i komżą w wielu duszach musiała budzić poczucie bezpieczeństwa.

Zatem plan Macierewicza nie mógł dać mu władzy nad masami Polek i Polaków. Za to w wielu z nich mógł zasiać ziarno zwątpienia co do sensu działania w podziemnej „Solidarności" i walki z reżimem Jaruzelskiego. Pod tym względem, jak się zdaje, był dobrze pomyślany.

Janusz Kijowski pamięta, że Antoni Macierewicz po 1983 r. nadal trzymał się tego planu. Cytuję dokładnie słowa Kijowskiego: „Ostatni kontakt z Antkiem? 1985 rok, w Warszawie. W mieszkaniu na Klaudyny [ulica Klaudyny na warszawskich Bielanach, gdzie Macierewicz mieszka od drugiej połowy lat 70. do dziś]. Byli Piotrek [Naimski] i Antek, ale nie przypominam sobie Hanki Natory. Może była w drugim pokoju. Zaszokowała mnie teoria sojuszu Glempa, Jaruzelskiego. Nie pamiętam, czy nie mówili jeszcze o Wałęsie. To był totalny szok. Rzuciłem mięsem, walnąłem pięścią w stół. Powiedziałem, że nasze drogi się rozeszły. I wyszedłem, trzaskając drzwiami. Nie chcę o tym ględzić, bo to była już tak daleko posunięta megalomania i paranoja... Przecież była [Tymczasowa – przyp. red.] Komisja Krajowa [...]. A tu nagle, w mieszkaniu na Klaudyny powstaje konkurencyjna koncepcja władzy! Może to był jednak 1984 r.". Kijowski opowiedział mi o tej sprawie kilkakrotnie. Wracałem do tematu, bo nie mogłem uwierzyć w to, co usłyszałem. Jednak za każdym razem Janusz Kijowski relacjonował swoją ostatnią rozmowę z Macierewiczem w ten sam sposób.

Dodajmy jeszcze, że polityczna śmiałość, a nawet żarliwość Antoniego Macierewicza sięgała dalej niż generał Jaruzelski i jego wojacy. Jak wiemy, wybitny działacz opozycji Bogdan Lis [współorganizator władz podziemnej „Solidarności" i koordynator ich współpracy z zagranicą] spotkał Macierewicza w 1983 r. Podczas tej rozmowy usłyszał coś, co go poraziło: „Antoni Macierewicz w 1983 r. chciał się ze mną spotkać, miał coś ważnego do powiedzenia. Wyszedł na przepustkę z obozu dla internowanych. Zwrócił się o spotkanie i ja się z nim spotkałem, a to zawsze jest problem, gdy się w podziemiu spotykasz z kimś, kto nie jest w strukturach podziemia, bo trzeba się odpowiednio ubezpieczyć. Szybko uciekłem z tego spotkania, bo uznałem go za agenta KGB. On namawiał mnie do tego, żebym się ujawnił, mówił, że «Solidarność *kaputt*, że to koniec z Solidarnością» – i mówię to z ręką na sercu – «że tak naprawdę jedynym ratunkiem jest, żebyśmy tak autentycznie, naprawdę pokochali ZSRR, bo tylko, jak oni nam uwierzą, że my ich kochamy, to dadzą nam więcej wolności»"[130]. Gdzie jednak przebywa Macierewicz, gdy opracowuje oraz rozgłasza swój plan pokochania polskich i sowieckich komunistów? Gdzie się ukrywa? Dostępne informacje na ten temat są dość skąpe. „[...] ukrywał się, posługując fałszywymi dokumentami, mieszkał głównie u robotników i pracowników służby zdrowia" – pisze Justyna Błażejowska[131]. „Ukrywał się w Warszawie i na Kurpiach, biorąc udział w wydawaniu podziemnego tygodnika «Wiadomości» oraz «Głosu»" – podaje Teresa Bochwic[132]. Według innych źródeł ukrywał się na działce należącej do rodziny Janusza Kijowskiego oraz u warszawskiej lekarski Krystyny Piekarskiej, która działała w podziemiu[133].

W tym kontekście warto też przywołać Tadeusza Kensego, który w swoim liście do redakcji „Biuletynu IPN" zwraca uwagę na dokument z 1983 r. Chodzi o następujący zapis ewidencyjny, dostępny także w internetowym katalogu IPN: „Dokumenty operacyjne dotyczące *zabezpieczenia* uroczystości pierwszomajowych oraz II wizyty apostolskiej papieża Jana Pawła II w Polsce w czerwcu 1983 r. W materiałach znajdują się m.in.: notatki służbowe, szyfrogramy, wykazy osób przewidzianych do zatrzymania lub przeprowadzenia z nimi rozmów *profilaktyczno-ostrzegawczych* i dokumenty o charakterze planowym. Antoni Macierewicz występuje w wykazie osób przewidzianych do czasowego zatrzymania w okresie poprzedzającym uroczystości pierwszomajowe oraz w czasie wizyty papieża"[134]. Kensy komentuje: „Przewidywanie *czasowego zatrzymania* czołowego działacza, ukrywającego się («do 1984 w ukryciu» – tak w «Encyklopedii Solidarności») [...] i prowadzącego intensywną działalność konspiracyjną? Nieprawdopodobne!".

Ma rację. Czemu ukrywającego się Macierewicza planowano zatrzymać tylko czasowo? I jakim cudem SB mogło spokojnie sobie planować czasowe zatrzymanie Macierewicza lub odbycie z nim profilaktycznej rozmowy, skoro nasz bohater się ukrywał? Czyżby ukrywał się w sposób sobie tylko właściwy? W taki sposób, że SB znało jego kryjówkę, ale nie przeszkadza-

130 Wywiad Sebastiana Łupaka z Bogdanem Lisem z marca 2016 r. dostępny m.in. pod adresem <http://www.newsweek.pl/polska/bogdan-lis-myslalem-ze-macierewicz-to-agent-kgb,artykuly,381262,1.html>.

131 J. Błażejowska, *Sylwetka Antoniego Macierewicza*, <https://www.rodaknet.com/rp_art_6682_czytelnia_sylwetka_antoniego_macierewicza.htm>.

132 J. Sowiński, P. Nowiński, M. Strasz (red.), *Opozycja w PRL. Słownik biograficzny 1956–89*, dz. cyt.

133 A. Gielewska, M. Dzierżanowski, dz. cyt., s. 235 i n.

134 IPN BU 0236/263 (2325/IV/2, <https://katalog.bip.ipn.gov.pl/informacje/13695?katalog=2>, dostęp: 14 września 2018.

ło mu w niej przebywać? Oczywiście za wyjątkiem szczególnych sytuacji, na przykład wizyty papieskiej... Mielibyśmy zatem kolejne potwierdzenie słów Jana Szczepłka, które przekazał mi Janusz Kijowski. Macierewicz został wypuszczony z ośrodka internowania, potem zaś udawał, że się ukrywa. Czyżby z pomocą SB?

NAIMSKI MUSI DO POLSKI

Tymczasem równie ciekawe rzeczy dzieją się za oceanem. Jak wiemy, od 1981 r. w Nowym Jorku przebywa Piotr Naimski, prawa ręka Antoniego Macierewicza. Mieszka tam do 1984 r. Co robi w USA? Z teczki „Chemex"[135] i innych źródeł[136] wiemy, że Naimski działa w amerykańskim Committee in Support of Solidarity (Komitetu Poparcia dla „Solidarności"). A Komitet Poparcia dla „Solidarności" kontaktuje się z... senatorem Alfonsem D'Amato. Tak, tym samym, który później będzie mieć liczne powiązania z Antonim Macierewiczem, a także z Kremlem i rosyjską mafią[137]. Jak się zdaje, Komitet Poparcia dla Solidarności zawdzięcza senatorowi D'Amato pewne sukcesy. Już po powrocie Piotra Naimskiego do Polski przedstawicielom komitetu udaje się wystąpić przed Komisją Bezpieczeństwa i Współpracy w Europie Kongresu USA. Komisji tej przewodniczy... senator Alfonse D'Amato[138]. W teczce „Chemex" (szyfrogram z 17 lipca 1984 r.) czytamy, że Naimski jest „powiązany z nowojorskim oddziałem «POMOSTU»"[139]. POMOST to polonijna organizacja, z którą niedługo później zacznie współpracować... senator D'Amato. Z tej samej teczki dowiadujemy się, że Naimski współpracuje też z amerykańską centralą związkową AFL-CIO. Centrala ta wspiera „Solidarność", ale równocześnie jest kontrolowana przez mafię. Mianowicie przez mafijne rodziny Genovese i Lucchese – te same, z którymi przyjaźni się D'Amato.

Żeby było jeszcze ciekawiej, Naimski nawiązuje kontakty z ultraprawicową sektą znaną jako Kościół Zjednoczeniowy i jej fundacją CAUSA Interna-

---

135 IPN BU 01911/147.

136 Np. G.F. Domber, *Empowering Revolution: America, Poland, and the End of the Cold War*, Chapel Hill 2014, s. 71.

137 Więcej w mojej książce *Macierewicz i jego tajemnice*.

138 *Commission on Security and Cooperation in Europe, United States Congress*, Washington 1986, s. 10.

139 IPN BU 01911/147, s.78.

tional[140]. Kościół Zjednoczeniowy (*Unification Church*) został założony przez Sun Myung Moona – koreańskiego oszusta podatkowego, który ogłosił się „mesjaszem". Mimo swego antykomunizmu Moon w 1990 r. odbył przyjazne spotkanie z ostatnim sowieckim liderem Michaiłem Gorbaczowem[141]. Jak widać, Piotr Naimski w Nowym Jorku stworzył sobie interesującą sieć kontaktów. Ale chciał rozszerzać swoje wpływy jeszcze bardziej. Seweryn Blumsztajn, który wówczas kierował Komitetem Koordynacyjnym „Solidarności" w Paryżu, zrelacjonował mi to w sposób następujący: „Naimski był w Stanach, kiedy wybuchł stan wojenny. Jakiś czas potem, będąc w Paryżu, dostałem od niego kompletnie histeryczny list. Pisał, że trzeba założyć rząd narodowy na uchodźstwie. Dla mnie to było kompletnie absurdalne. [...] Opowiedziałem o tym absurdalnym liście [Janowi Józefowi] Lipskiemu, który odparł: słuchaj, Sewek, musisz go zrozumieć, po raz pierwszy został bez drużynowego". „Drużynowym" miałby być oczywiście Macierewicz. Reakcja Lipskiego była poniekąd typowa. Ludzie inteligentni, nawet wybitni, od lat wolą pokpiwać z działalności Macierewicza i Naimskiego niż przyjrzeć się jej na serio. Wielu z nich okazuje takie lekceważenie nawet teraz, po wszystkich – więcej niż poważnych – szkodach, jakie Macierewicz wyrządził polskiej armii i naszym stosunkom z Zachodem. Wyobraźmy sobie, co by się stało, gdyby w latach 80. Naimski znalazł jakichś sprzymierzeńców i powołał „rząd narodowy na uchodźstwie". Wyobraźmy sobie, jakie szkody wizerunkowe i polityczne poniosłaby „Solidarność", gdyby w Nowym Jorku powstał taki twór kierowany przez prawą rękę Macierewicza.

W 1984 r. Naimski nagle postanawia wrócić do Polski. Mimo że w Polsce może go czekać więzienie (jest podejrzany o przestępstwo za sprawą swej przynależności do KOR, który został uznany przez komunistów za organizację kryminalną). Teczka „Chemex" daje nam wyrazisty obraz podniecenia, jakie zapanowuje w Departamencie I MSW na wieść o zamiarze Naimskiego. Szyfrogramy latają nad Atlantykiem jak oszalałe w obie strony, bo Departament I nie wie, jak załatwić sprawę. Funkcjonariusze wywiadu nie chcą dać

140 IPN BU 01911/147, meldunek z 17 września podpisany przez „St. K", czyli funkcjonariusza wywiadu PRL Stanisława Krauzego (s. 109–114), meldunek z 24 listopada 1984 r. podpisany przez „M. Sz.", czyli funkcjonariusza wywiadu Marka Szletyckiego, prawdziwe nazwisko Marek Cibor (s. 115–118).

141 F. Barringer, *Evolution in Europe; New Flock for Moon Church: The Changing Soviet Student*, „The New York Times", 14 listopada 1990, <https://www.nytimes.com/1990/11/14/world/evolution-in-europe-new-flock-for-moon-church-the-changing-soviet-student.html?pagewanted=2>.

Naimskiemu paszportu do Polski. On robi awantury w konsulacie. Przypomina tamtejszym funkcjonariuszom, że ma prawo wrócić do swojej ojczyzny. Grozi, że „uruchomi [...] instytucje międzynarodowe dla wykazania gwałcenia praw człowieka i obywatela PRL, który ma trudności z powrotem do własnego kraju". W końcu Departament I ustępuje: „Ponieważ BP [Biuro Prawne] ocenia, iż nie posiadamy podstaw prawnych odmowy paszportu do kraju, sprawę załatwcie zgodnie z przepisami"[142]. Ta kapitulacja to zarazem mobilizacja – trzeba zrobić wszystko, żeby powrót Naimskiego nie stał się wydarzeniem. Funkcjonariusze obawiają się, że jego przylot na warszawskie Okęcie może się przekształcić w konferencję prasową z udziałem korespondentów redakcji zachodnich.

W dniu 11 lipca 1984 r. pułkownik Julian Kowalski pisze do samego szefa wywiadu cywilnego PRL, czyli do dyrektora Departamentu I, generała Zdzisława Sarewicza: „[...] Powyższa sytuacja uzasadnia celowość: podjęcia przedsięwzięć operacyjnych uniemożliwiających P. Naimskiemu spotkanie na lotnisku z dziennikarzami zagranicznymi [...]; planujemy [...] po ustaleniu terminu przylotu P. Naimskiego zatrzymanie go bezpośrednio po opuszczeniu samolotu na płycie lotniska i przewiezienie do pomieszczeń Biura Śledczego MSW"[143].

Dzień później pułkownik Bronisław Zych pisze do pułkownika Edmunda Wardy, szefa Zarządu Zwiadu Wojsk Ochrony Pogranicza (które kontrolowały również przejścia graniczne): „Około 16 lipca br. lub w terminie późniejszym powróci do kraju z czasowego pobytu w USA ob. PRL NAIMSKI Piotr [...]. W/w zamierza przylecieć do Warszawy i odbyć na terenie Okęcia propagandowe spotkanie z dziennikarzami zachodnimi. Możliwe jest także, iż przypłynie on promem z Danii do Świnoujścia. Uprzejmie proszę o zatrzymanie ww. na lotnisku Okęcie przed strefą kontroli celnej, do dyspozycji oficerów naszego departamentu oraz uniemożliwienie mu kontaktu z dziennikarzami i innymi osobami. Natomiast w przypadku wjazdu Naimskiego do kraju przez inny punkt graniczny, prosimy o zatrzymanie go do czasu przyjazdu naszych oficerów bez możliwości kontaktu z innymi osobami"[144]. To wszystko jednak nic nie daje. W dniu 16 lipca 1984 r. okazuje się, że Piotr Naimski od dwóch dni jest w kraju. Jedną noc spędził nawet w swoim miesz-

142 IPN BU 01911/147, szyfrogramy od 25 stycznia 1984 do 18 czerwca 1984, s. 43–52.
143 IPN BU 01911/147, s. 63.
144 Tamże, s. 67.

kaniu z żoną[145]. W warunkach konspiracyjnych pojawienie się we własnym mieszkaniu oznaczało ujawnienie się, wyjście z ukrycia. Mimo to Naimski nadal pozostaje tajemnicą dla funkcjonariuszy wywiadu. Nie wiedzą, dokąd się udał po wyjściu z mieszkania. Nie wiedzą, gdzie przebywa. Przede wszystkim zaś nie mają pojęcia, jak Naimski wjechał do Polski.

Dzień później, 17 lipca, funkcjonariusz podpisany inicjałami „SK" [Stanisław Krauze] składa meldunek: „W oparciu [...] o informacje od «ZORESA» [tajny współpracownik], że P. Naimski może skorzystać z innej drogi powrotu, wjeżdżając do kraju promem z Danii do Świnoujścia w dniu 12 bm., wysłaliśmy do Zarządu Zwiadu WOP [Wojska Ochrony Pogranicza, które wówczas pełniły funkcję straży granicznej] szyfrogram zalecający zatrzymanie P. Naimskiego [...]. Do tej pory nie otrzymaliśmy informacji o wjeździe P. Naimskiego na teren PRL – WOP nie wyklucza możliwości *przeoczenia* przyjazdu wyżej wymienionego; ustalenia w toku [...]. Gdyby WOP ustalił, iż wyżej wymieniony nie przekroczył granicy PRL, mogłoby to świadczyć, że niezależnie od posiadania ważnego paszportu polskiego, P. Naimski posłużył się innym dokumentem uprawniającym do wjazdu do Polski"[146]. W teczce „Chemex" nie ma żadnego śladu, który by świadczył o tym, że WOP dosłał później jakieś „ustalenia". Nie wiemy, czy pogranicznicy jakoś wytłumaczyli się z tej wpadki.

Dygresja: wśród esbeckich akt dostępnych w IPN i przyporządkowanych do osoby Antoniego Macierewicza znajduje się dokument finansowy z czasów PRL. Jest to... prognoza wzrostu uposażeń sierżanta WOP, Andrzeja Wąsowicza. Na początku lat 80. sierżanta Wąsowicza skierowano z Górnego Śląska do centrali WOP w Warszawie. Można domniemywać, że zajął tam ważniejsze stanowisko, choć zapewne wciąż podoficerskie. Kto zetknął się z wojskiem, ten wie, że sierżant w centrali nieraz pełni istotniejsze funkcje od niejednego oficera (jeśli zajmuje się np. kluczowym zaopatrzeniem, logistyką, dokumentami). W prognozie uposażeń sierżanta Wąsowicza nie ma żadnego nawiązania do Antoniego Macierewicza i jego znajomych (jak łatwo się domyślić, są tam prawie wyłącznie cyfry). Nie wiadomo, dlaczego dokument ten przyporządkowano do osoby Macierewicza. Być może również za to trzeba obwinić ludzki i papierkowy chaos. Ale można też przypuścić, że ktoś w wywiadzie lub SB zainteresował się WOP w kontekście Antoniego Macierewicza i tajemniczego powrotu do Polski jego prawej ręki, Piotra Na-

145 Tamże, s. 74.
146 Tamże, s. 76.

imskiego. Czyżby badano dochody sierżanta Wąsowicza, by sprawdzić jego ewentualną podatność na przekupstwo?

Tymczasem funkcjonariusze wywiadu nie decydują się na zatrzymanie Piotra Naimskiego. W dniu 30 lipca 1984 r. on sam zgłasza się do Dzielnicowego Urzędu Spraw Wewnętrznych na warszawskim Mokotowie „w celu oddania paszportu i odebrania dowodu osobistego"[147]. Odbywa się tam „rozmowa wyjaśniająca". Z Naimskim rozmawia podporucznik Departamentu I, młody wywiadowca Ireneusz Jasiński, który używa tak zwanego nazwiska legalizacyjnego „Hutorowicz" [fikcyjne nazwisko używane w charakterze stałego pseudonimu służbowego]. Po tej rozmowie Jasiński „Hutorowicz" pisze krótką notatkę, w której czytamy o Naimskim: „powrócił do kraju dnia 14 lipca 1984 r. przez GPK [Graniczny Punkt Kontrolny] Świnoujście"[148]. Z tekstu nie wynika jasno, czy funkcjonariusz podaje tę informację wyłącznie za Naimskim, czy potwierdził ją w jakiś sposób. Gdyby Piotr Naimski faktycznie przekroczył granicę w Świnoujściu, powinien mieć w paszporcie stempel tamtejszego GPK. A Jasiński „Hutorowicz" powinien to sprawdzić i odnotować. Jednak nic na ten temat nie ma. W teczce „Chemex" nie widać śladów późniejszego zainteresowania funkcjonariuszy tą kwestią.

Podsumujmy: w 1984 r. Piotr Naimski wraca do Polski, rzekomo przez Świnoujście. PRL-owski wywiad był doskonale przygotowany na taką okoliczność. Wiedział, że Naimski rozważa „drogę świnoujską". Postawiono na nogi WOP w całej Polsce, szczególnie na Okęciu i w Świnoujściu. Tamtejsi pogranicznicy mieli zatrzymać Naimskiego i przekazać go SB w celu przesłuchania i rewizji. Ale postawiony na nogi świnoujski WOP w tajemniczy sposób przegapił pojawienie się „figuranta" na granicy i przepuścił go przez punkt kontrolny... Oczywiście, jeśli Piotr Naimski w ogóle się tam pojawił. Nie wiemy też, dlaczego Naimski zaryzykował powrót do kraju mimo grożącej mu kary więzienia. Zastanawiają się nad tym sami funkcjonariusze. „P. Naimski po przyjeździe do Polski nie zamierza się ukrywać i jest zdecydowany ponieść karę za swoją dotychczasową działalność"[149] – dziwi się Jasiński w notatce z 9 maja 1984 r.

Cóż, wypadałoby się skłonić przed obywatelską postawą Piotra Naimskiego. Jednak tak się dziwnie składa, że Naimski wrócił do kraju na tydzień przed uchwaleniem amnestii, która dotyczyła jego osoby. Komunistyczny

147 Tamże, s. 87.
148 Tamże, s. 87.
149 Tamże, s 44.

Sejm uchwalił ją w dniu 21 lipca 1984 r.[150]. A w następnych tygodniach na jej mocy umorzono śledztwa przeciwko członkom KOR. Naimski zaś był podejrzany o przestępstwo właśnie jako członek tej organizacji... To niezwykła zbieżność. Jak się przekonamy, podobną zdolność przeczuwania umorzeń miał Antoni Macierewicz.

NIEDOSZLI ZABÓJCY GENERAŁA CHARLES'A DE GAULLE'A

Po powrocie Naimskiego do Polski Departament I, czyli wywiad zagraniczny, nie przestaje go śledzić. Nie było to wówczas niczym dziwnym, a w wypadku Wydziału XI Departamentu I (który zwalczał „dywersję ideologiczną" zagranicznego pochodzenia i zajmował się Naimskim) stanowiło zupełnie normalną praktykę. Jeden z byłych funkcjonariuszy Departamentu I powiedział mi, że minister Kiszczak przede wszystkim walczył wówczas z „Solidarnością" i zadania z tym związane stawiał również przed wywiadem. Tropienie prawdziwych zagranicznych szpiegów zeszło na plan dalszy, opozycja jawiła się komunistom jako groźniejsza. Funkcjonariusze wywiadu stali się więc esbekami pełną gębą, nawet jeśli niektórym z nich się to nie podobało (niekoniecznie ze względu na ukryte sympatie dla „Solidarności", raczej szło o prestiż: walka na arenie międzynarodowej uchodziła za najszczytniejszą służbę tajniaka).

Zatem wywiadowcy śledzili Naimskiego. W teczce „Chemex" znajduje się meldunek z 25 sierpnia 1984 r. podpisany przez „M. Sz." [funkcjonariusz wywiadu Marek Cibor „Szletycki")[151]. Meldunek ten streszcza doniesienia wspomnianego wcześniej agenta „ZORESA" [belgijski biznesmen o polskich korzeniach, André Pierre de Pourbaix, który krążył między Polską a Zachodem jako tajny kurier Naimskiego, po kryjomu zaś donosił o wszystkim wywiadowi PRL]. Jak podają „ZORES" i „Szletycki", ugrupowanie Macierewicza i Naimskiego planuje „sfinalizować umowę o współpracy politycznej" z prawicą francuską. Naimski opowiedział o tym „ZORESOWI" w sposób tajemniczy, ale jednak wymowny: „P. Naimski wyjaśnił jedynie, iż nie chodzi tu o grupy oficjalnej opozycji prawicowej, takiej jak ugrupowanie [Valéry'ego] Giscarda d'Estaing, [Jacques'a] Chiraca i [Raymonda] Barre'a [wybitni politycy prawicy francuskiej] [...]. Piotr Naimski określił wyżej wymienioną

150 *Ustawa z dnia 21 lipca 1984 r. o amnestii*, Sejm.gov.pl, <http://prawo.sejm.gov.pl/isap.nsf/DocDetails.xsp?id=WDU19840360192>, dostęp: 14 września 2018.

151 IPN BU 01911/147, s. 98–101.

umowę polityczną z prawicą francuską jako porozumienie różniące się całkowicie od dotychczas zawieranych umów pomiędzy poszczególnymi regionami podziemnej «Solidarności» a związkami zawodowymi [...]. Zapowiedział agentowi, iż w połowie września br., w czasie jego kolejnego pobytu w Polsce, przekaże mu do wywiezienia za granicę projekt tekstu wyżej wymienionej umowy politycznej [...]. [...] umowa ta będzie zawierała [...] żądanie systematycznego dostarczania przez stronę francuską informacji i ocen dotyczących aktualnej polityki rządu francuskiego wobec Polski, ZSRR, a szczególnie problemu niemieckiego, w związku z aktualnym rozwojem stosunków RFN–NRD"[152]. Umowa o współpracy miała też zagwarantować udostępnianie francuskich mediów grupie Macierewicza i Naimskiego, a także ustalić „formy i zakresy pomocy ze strony francuskiej dla podziemia w kraju. Mówiąc o tym, P. Naimski wyraził się, iż «jest to najmniej istotna sprawa porozumienia»"[153].

Co w takim razie było dla niego najważniejsze w tej niezwykłej umowie? Jeśli punkt pierwszy (czyli informacje oraz analizy dotyczące polityki i dyplomacji Francji względem PRL, ZSRR, RFN i NRD), to umowa Naimskiego z Francuzami miała charakter bardziej wywiadowczy niż polityczny. Trzeba też spytać, z kim konkretnie Naimski się dogadał. Czyżby chodziło o francuską ultraprawicę? Okazuje się, że „ultraprawica" to mało powiedziane. Mowa o byłych terrorystach. Po dwóch miesiącach Piotr Naimski podaje nazwiska. W meldunku z 17 października 1984 r. (podpisanym przez Cibora „Szletyckiego") czytamy, że Naimski kazał „ZORESOWI" zwrócić się do Jacques'a Soustelle'a, J.P. Gabriela i Pierre'a de Villemareste.

Jacques Soustelle jest antropologiem. Podobnie jak Macierewicza fascynuje go Ameryka Łacińska. Specjalizuje się w kulturach prekolumbijskich. Przede wszystkim jednak Soustelle to bojownik polityczny szczególnej klasy. W latach 1955–1956 był gubernatorem Algierii, gdzie zwalczał dążenie Algierczyków do niepodległości. W 1958 r. pomógł generałowi de Gaulle'owi wrócić do władzy. Gdy de Gaulle zgodził się na niepodległość Algierii, Soustelle... zszedł do podziemia jako członek terrorystycznej Organisation armée secrète (OAS). Organizacja ta uznawała Algierię za integralną część Francji i wielokrotnie próbowała zabić generała de Gaulle'a jako „zdrajcę narodu". Od 1961 r. Jacques Soustelle musiał żyć poza granicami Francji. W 1968 r. wrócił do ojczyzny dzięki amnestii. Odnotujmy, że w latach 50.

152 Tamże, s. 98–99.
153 Tamże, s. 99.

rolę prawej ręki Soustelle'a odgrywał niejaki Jacques Dominati, również przeciwnik algierskiej niepodległości. Najbliższym przyjacielem Dominatiego był Jean-Marie Le Pen, założyciel Frontu Narodowego[154]. To największa partia skrajnej prawicy we Francji. Po upadku komunizmu Front Narodowy zaczął popierać Rosję i rosyjskich nacjonalistów takich jak Władimir Żyrinowski (któremu wsparcia udzielił sam Le Pen)[155]. Obecnie Front Narodowy korzysta z pomocy finansowej Kremla.

Jean-Pierre Gabriel to romanista, który w 1989 r. wydał wywiad rzekę z... Le Penem pod tytułem *L'espoir* (Nadzieja)[156]. Zmarły w 2008 r. Pierre de Villemarest służył we francuskim kontrwywiadzie. Gdy Algieria uzyskała niepodległość, również Villemarest się zbuntował i przyłączył do OAS. W następnych latach wydawał książki o sowieckich i amerykańskich służbach specjalnych (NKWD, GRU, CIA). Jak podaje m.in. francuski historyk Oliver Dard, Pierre de Villemarest przez dziesięciolecia działał na rzecz najskrajniejszej prawicy.

W meldunku z 17 października Cibor „Szletycki" donosi, że Naimski uzyskał kontakt z Villemarestem i otrzymał od niego bliżej nieokreślone publikacje. Znaczy to ni mniej, ni więcej, że w 1984 r. najbliższy współpracownik Macierewicza utrzymywał kontakty z francuskim ultraprawicowcem, byłym agentem służb specjalnych i terrorystą.

WYJŚCIE Z CIENIA

Jednak dla nas najciekawszy jest wcześniejszy meldunek Cibora „Szletyckiego" z teczki „Chemex" dotyczący 20 sierpnia. Czytamy w nim, co następuje: „W dniu 20 sierpnia 1984 r. o godzinie 14.00 [...] agent ps. «ZORES» udał się na spotkanie z Piotrem Naimskim do mieszkania jego dziadków [...]. W trakcie rozmowy agent uzyskał od P. Naimskiego następujące informacje: W dniu dzisiejszym Antoni Macierewicz (rejestrowany przez Wydział III-2 SUSW [Stołeczny Urząd Spraw Wewnętrznych],

154 P. Roger, *Mort de Jacques Dominati, ancien sénateur*, „Le Monde" (wersja internetowa), 10 września 2016, <https://www.lemonde.fr/disparitions/article/2016/09/10/mort-de-jacques-dominati-ancien-senateur_4995580_3382.html>.

155 L. Motet, *Visites, financement : le Front national et la Russie, une idylle qui dure*, „Le Monde" (wersja internetowa), 18 listopada 2016, <https://www.lemonde.fr/les-decodeurs/article/2016/11/18/le-front-national-et-la-russie-une-idylle-qui-dure_5033857_4355770.html>.

156 J.-M. Le Pen, J. P. Gabriel, P. Gannat, *L'espoir*, Paryż 1989.

który dotychczas prowadził nielegalną działalność, pozostając w ukryciu, udać się miał do jednego z warszawskich szpitali (agent nie wie którego) w celu przeprowadzenia badań lekarskich, a następnie udać się miał do miejsca zamieszkania, kończąc tym samym okres ukrywania się"[157]. Pięć dni później Cibor „Szletycki" potwierdza tę informację. Macierewicz nawet wyrabia sobie nowe, prawdziwe, legalne dokumenty na swoje nazwisko: „P. Naimski stwierdził, że Antoni Macierewicz «musi ponownie udać się do szpitala na badania, tym razem już pod swoim nazwiskiem. W związku z tym żona A. Macierewicza wyrabia mu dowód osobisty, gdyż wyżej wymieniony nie posiada go od czterech lat». Wynika z tego, iż w czasie pierwszej wizyty A. Macierewicza na badaniach lekarskich w nieznanym nam szpitalu w dniu 20 sierpnia br. posługiwał się on fałszywymi dokumentami[158]".

Tymczasem wśród zapisów ewidencyjnych dotyczących Macierewicza znajduje się zapis z 13 września 1984 r. o następującej treści: „MACIEREWICZ (*Nazwisko*) Antoni (*Imiona*) Zdzisław (*Imię ojca*) Maria Strączyńska (*Imię i nazwisko panieńskie matki*) 3. VIII. 1948 r. Warszawa (*Data i miejsce urodzenia*) polska (*Narodowość*) polskie (*Obywatelstwo*) wyższe (*Wykształcenie*) inteligenckie (*Pochodzenie społeczne*) historyk (*Zawód wyuczony*) [...] udział w związku mającym na celu p-stwo – art. 276 par. 1 kk (*O jakie przestępstwo podejrzany; Kwalifikacja prawna – art. paragraf*) [...] Naczel. Prok. Wojskowa (*nazwa nadzorującej prokuratury*) [...] Post. przygot. dn. 22.8.84 decyzją Prokur. Wojskowej Prok. Garniz. zostało zakończone umorzeniem z powodu innych okoliczności wyłączających postępowanie"[159]. Czym były te „inne okoliczności wyłączające postępowanie"? W tym akurat nie ma żadnej tajemnicy. Z innych dokumentów wynika, że była to po prostu amnestia z 21 lipca 1984 r.

Tajemnica kryje się gdzie indziej, w chronologii. Śledztwo zostaje umorzone 22 sierpnia 1984 r. Od tego dnia Antoniemu Macierewiczowi już nie grożą proces i więzienie za przynależność do przestępczej organizacji. Dwa dni wcześniej Antoni Macierewicz przestaje się ukrywać. Pojawia się w swoim mieszkaniu, znowu zaczyna mieszkać z żoną, wyrabia sobie dowód osobisty... Przypomnę: Naimski wrócił do Polski na tydzień przed ogłoszeniem

157 IPN BU 01911/147, s. 90.

158 Tamże, meldunek z 25 sierpnia 1984 r., s. 101.

159 Formularz z nazwiskiem inspektora śledczego „mjr Czesław Sitek", odręcznie dopisanym oznaczeniem E-162, parafką i pieczątką: „NACZELNIK WYDZIAŁU I Biura „C" MSW" oraz datą zapisu o umorzeniu śledztwa: „13.IX.84" (kartoteka byłego Biura „C", IPN).

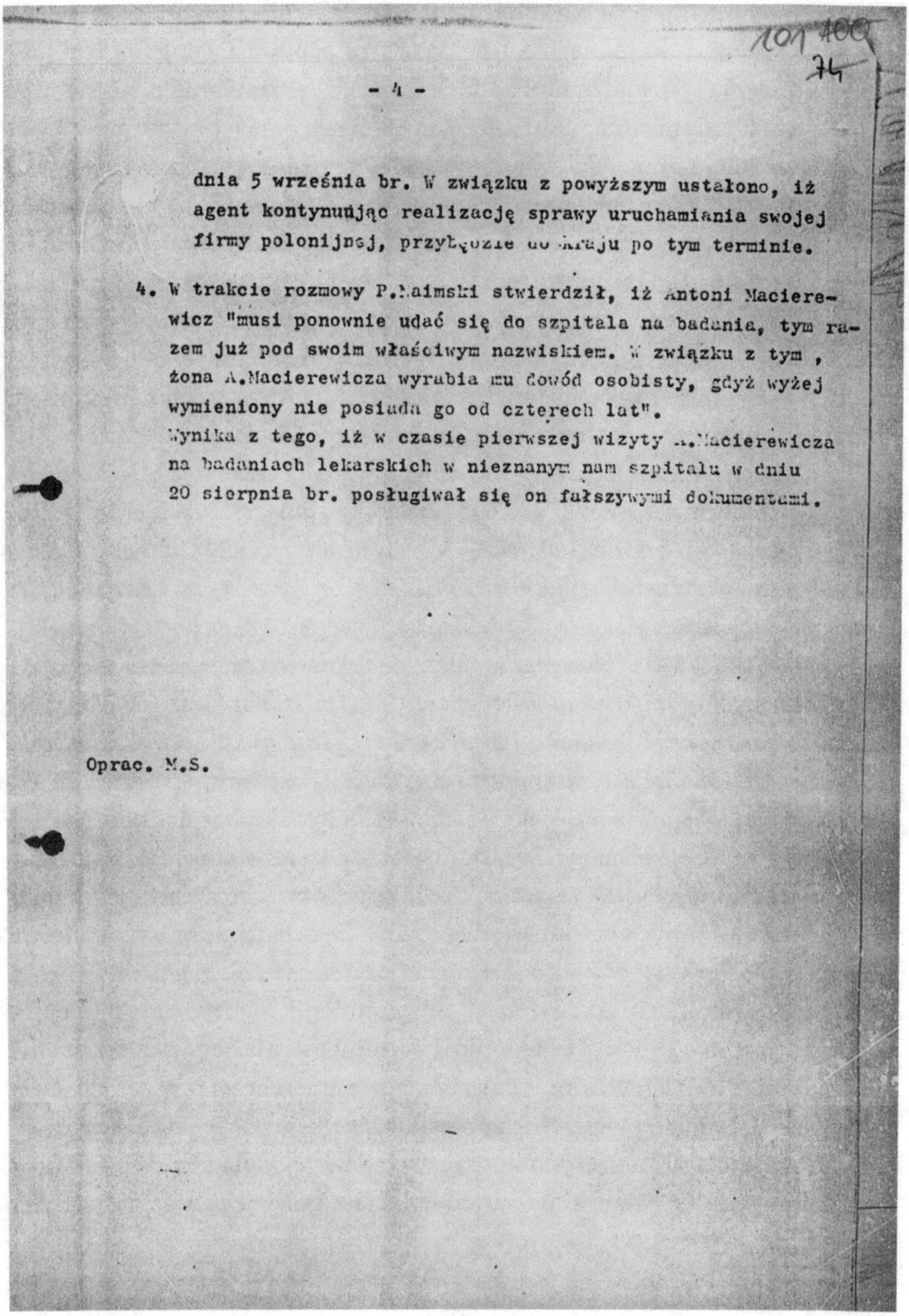

101 100
74

- 4 -

dnia 5 września br. W związku z powyższym ustalono, iż agent kontynuując realizację sprawy uruchamiania swojej firmy polonijnej, przybędzie do kraju po tym terminie.

4. W trakcie rozmowy P.Naimski stwierdził, iż Antoni Macierewicz "musi ponownie udać się do szpitala na badania, tym razem już pod swoim właściwym nazwiskiem. W związku z tym , żona A.Macierewicza wyrabia mu dowód osobisty, gdyż wyżej wymieniony nie posiada go od czterech lat".
Wynika z tego, iż w czasie pierwszej wizyty A.Macierewicza na badaniach lekarskich w nieznanym nam szpitalu w dniu 20 sierpnia br. posługiwał się on fałszywymi dokumentami.

Oprac. M.S.

Fragment meldunku z 25 sierpnia 1984 r., gdzie czytamy,
że A. Macierewicz posługiwał się wówczas fałszywymi dokumentami

amnestii, dzięki której przestał być podejrzanym o to samo przestępstwo co Macierewicz.

Czy Macierewicz i jego ludzie mieli wgląd w przyszłość? Podejrzenie, że obaj wiedzieli z wyprzedzeniem o zmianach swojej sytuacji prawnej, jest nieuniknione.

Antoniego Macierewicza można bronić w ten sposób: amnestię uchwalono 21 lipca, dokładny tekst ustawy amnestyjnej ogłoszono 23 lipca. Zatem już 23 lipca wiedziano dokładnie, jakie artykuły kodeksu amnestia obejmie. Macierewicz mógł się zatem domyślić, że skorzysta z amnestii. Był więc w stanie zaryzykować i nie czekać na decyzję prokuratury w jego sprawie. Dlaczego jednak ten namysł miałby mu zająć tyle czasu? Dlaczego miałby trwać tak długo lub niemal tak długo, jak długo w prokuraturze dojrzewała decyzja o umorzeniu śledztwa przeciwko niemu?

WĄTPLIWOŚCI PODPORUCZNIKA „HUTOROWICZA"

W drugiej połowie 1984 r. znany nam już podporucznik Ireneusz Jasiński „Hutorowicz" z Departamentu I zaczyna się zastanawiać. Jego departament śledzi Macierewicza jako szefa Naimskiego. Może jednak trzeba tego Macierewicza zatrzymać? Tak groźny opozycjonista powinien być przecież za coś ścigany. Jeśli nie za KOR, to za ucieczkę z ośrodka internowania... Czy powinniśmy go za to przymknąć? Czy moglibyśmy go tym postraszyć?

Z tą myślą Jasiński „Hutorowicz" rusza zasięgnąć języka do innych komórek podległych MSW, które programowo zajmują się zwalczaniem opozycji.

Po rozmowach z przedstawicielami tych komórek porucznik Jasiński w dniu 4 września 1984 r. pisze notatkę, którą wysyła swoim szefom w Departamencie I.

Oto jej tekst: „W lipcu br. w rozmowie z płk. Biłowickim, Naczelnikiem Wydziału Poszukiwań SUSW, uzyskałem ustną informację, iż A. Macierewicz był wówczas (w lipcu br.) poszukiwany przez SUSW.

W/g informacji uzyskanych we wrześniu br. z Wydziału III-2 SUSW, który rejestrował A. Macierewicza w Biurze «C» MSW, po jego ucieczce z internowania (18.11.1982 r.) nie był wydawany za nim list gończy ani też nie wszczynano postępowania karnego.

Z informacji uzyskanych w dniu 4 września br. od Tow. Demianiuk z Wydziału Poszukiwań SUSW, która dysponuje wykazami osób poszukiwanych, wynika iż:

- A. Macierewicz nie był i nie jest poszukiwany listem gończym;
- Wydział Poszukiwań SUSW w dniu 3.12.1982 r. otrzymał z Wydziału III-2 SUSW pismo zalecające w przypadku zatrzymania A. Macierewicza oddanie go do dyspozycji Wydziału III-2 SUSW (zapis ten nie został anulowany i jest nadal aktualny)"[160].

Zatem podporucznik wypytuje kompetentnych towarzyszy o sytuację Macierewicza. Notuje sprzeczne odpowiedzi, które dostaje. Pułkownik Biłowicki z Wydziału Poszukiwań SUSW w lipcu 1984 r. mówi: tak, Macierewicz jest poszukiwany. Jednak na początku września Wydział III-2 Stołecznego Urzędu Spraw Wewnętrznych (warszawska część pionu Departamentu III MSW, odpowiedzialnego za zwalczanie opozycji politycznej, w tym Antoniego Macierewicza) mówi: wcale nie, po ucieczce Macierewicza nie wydawano za nim listu gończego i nie wszczynano postępowania karnego. 4 września 1984 r. towarzyszka Demianiuk z Wydziału Poszukiwań SUSW potwierdza: nie ma i nie było listu gończego za Macierewiczem; ale towarzyszka Demianiuk stwierdza też, że Wydział III-2 SUSW w sprawie poszukiwania Macierewicza jest osobliwie niekonsekwentny: prawie dwa lata wcześniej (w dniu 3 grudnia 1982 r.) komórka ta wysłała pismo do jej Wydziału Poszukiwań. Pismo to mówiło wyraźnie, że w razie zatrzymania Macierewicza ten właśnie Wydział III-2 chce dostać Antoniego w swoje ręce... „Zapis ten nie został anulowany i jest nadal aktualny" – informuje tow. Demianiuk. Departament III i podległe mu komórki nie ścigają więc Macierewicza, choć równocześnie ścigają...

Jasiński „Hutorowicz" najwyraźniej dziwi się tym rozbieżnym opiniom co do ścigania/nieścigania Macierewicza, tym bardziej że w Stołecznym Urzędzie Spraw Wewnętrznych jest jeszcze Wydział Śledczy, który wydaje ekspertyzy prawne. Nie widzi on podstaw do ścigania i jakiegokolwiek represjonowania Macierewicza. Ppor. „Hutorowicz" dowiedział się o tym od kolegi z Wydziału III-2, kapitana Grzegorza Bolesty. W dniu 3 września 1984 r. dostał od niego roboczą notatkę służbową, która brzmi następująco: „W trakcie konsultacji z Zastępcą Naczelnika Wydziału Śledczego SUSW kpt. J. Flakiewiczem odnośnie [do – przyp. red.] sytuacji prawnej Antoniego Macierewicza uzyskałem opinię. W oparciu o obecnie obowiązujące przepisy prawa karnego nie ma podstaw prawnych do jakiegokolwiek ścigania i represjonowania wymienionego. W związku z oddaleniem się z ośrodka odosob-

160 IPN BU 01911/147, s. 104.

Warszawa, dnia 4. września 1984 r.

TAJNE
Egz. poj.

NOTATKA

dot. stanu prawnego poszukiwań Antoniego MACIEREWICZA

W lipcu br. w rozmowie z płk. Biłowickim, Naczelnikiem Wydziału Poszukiwań SUSW uzyskałem ustną informację, iż A. Macierewicz był wówczas /w lipcu br./ poszukiwany przez SUSW.

W/g informacji uzyskanych we wrześniu br. z Wydziału III-2 SUSW, który rejestrował A. Macierewicza w Biurze "C" MSW, po jego ucieczce z internowania /18.11.1982 r./ nie był wydawany za nim list gończy, ani też nie wszczynano postępowania karnego.

Z informacji uzyskanych w dniu 4 września br. od Tow. Demianiuk z Wydziału Poszukiwań SUSW, która dysponuje wykazami osób poszukiwanych, wynika, iż:

- A. Macierewicz nie był i nie jest poszukiwany listem gończym;
- Wydział Poszukiwań SUSW w dniu 3.12.1982 r. otrzymał z Wydziału III-2 SUSW pismo zalecające, w przypadku zatrzymania A. Macierewicza, oddanie go do dyspozycji Wydziału III-2 SUSW /zapis ten nie został anulowany i jest nadal aktualny/.

INSPEKTOR WYDZIAŁU IIIDEP. I MSW

Opr. I.H.

Ppor. I. HUTOROWICZ

Notatka por. Hutorowicza na temat sytuacji prawnej A. Macierewicza nienia nie był wydawany list gończy, jak również nie grożą za ten czyn żadne sankcje karne"[161].

Co ciekawe, ktoś – najprawdopodobniej Jasiński „Hutorowicz" albo autor notatki kpt Bolesta – wielokrotnie podkreślił długopisem ostatnie zdanie. Zresztą cały dokument jest na różne sposoby pozakreślany, w pewnym miejscu zrobiono odręcznie drobną poprawkę stylistyczną, dzieląc jedno długie zdanie na dwa krótsze. Najwyraźniej Bolesta, „Hutorowicz" albo jeszcze inny funkcjonariusz deliberował nad treścią i formą tekstu (trudno byłoby się dziwić, gdyby budził on w funkcjonariuszach MSW mieszane uczucia).

W swojej notatce z 4 września podporucznik Jasiński „Hutorowicz" nie cytuje notatki Bolesty. Jednak ona też znalazła się w teczce „Chemex" (i to tuż obok notatki „Hutorowicza"). Trudno zatem przypuścić, żeby podporucznik „Hutorowicz" ukrywał jej treść przed swoimi szefami. Najpewniej zamiast przepisywać dołączył ją do swojej notatki – jako część łamigłówki, którą wysłał kierownictwu w dniu 4 września.

DECYZJA GENERAŁA SAREWICZA

Gdy kierownictwo dostaje od „Hutorowicza" jego łamigłówkę, jeszcze tego samego dnia przygotowuje odpowiedź. Ponieważ mamy do czynienia z dokumentem o znaczeniu historycznym, w całości zacytuję jego treść, pomijając tylko dokładny adres Macierewicza:

„Warszawa, dnia 4 września 1984 r.

Tajne

Egz. poj. [Egzemplarz pojedynczy – przyp. red.]

NOTATKA

dot. stanu prawnego poszukiwań Antoniego MACIEREWICZA

MACIEREWICZ Antoni s. Zdzisława i Marii Strączyńskiej, ur. 3.08.1948 r. w Warszawie, narodowość i obywatelstwo polskie, wykształcenie wyższe – historyk (1973 – UW), żonaty, jedno dziecko, zameldowany Warszawa ul. Klaudyny [tu dokładny adres]. Ostatnio zatrudniony jako doktorant w Instytucie Historii PAN. Rozpracowywany przez Wydział III-2 SUSW, sprawa nr 12542.

Od roku 1968 zaangażowany w działalność opozycyjną. Jeden z członków założycieli KSS – KOR i twórca nielegalnego pisma «Głos».

---

161 IPN BU 01911/147, s. 105.

Od sierpnia 1980 r. aktywnie zaangażowany w tworzenie tzw. Wolnych Związków Zawodowych. Był członkiem Ośrodka Informacyjno-Konsultacyjnego NSZZ-ów i sekretarzem Ośrodka Badań Społecznych «Solidarność» Region Mazowsze. W dniu 16 grudnia 1981 r. został zatrzymany na terenie Stoczni Gdańskiej, a następnie internowany w ośrodku odosobnienia w Łupkach [właśc. w Łupkowie]. W dniu 18 listopada 1982 r. zbiegł z internowania (podczas pobytu w szpitalu w Sanoku) i podjął nielegalną działalność, pozostając w ukryciu.

Po ucieczce z internowania SUSW nie ścigał A. Macierewicza listem gończym. Nie wszczęto również postępowania karnego. W takim stanie rzeczy aktualnie A. Macierewiczowi za ucieczkę z internowania nie grożą żadne sankcje karne.

W sierpniu 1984 r. uzyskaliśmy informacje, iż 20 sierpnia br. A. Macierewicz zgłosić się miał do jednego z warszawskich szpitali w celu przeprowadzenia badań lekarskich, skąd miał się udać do swojego miejsca zamieszkania, kończąc tym samym okres ukrywania się.

Według oceny Wydziału Śledczego SUSW, w świetle obecnie obowiązujących przepisów prawa karnego i ogłoszonej ustawy amnestyjnej, nie ma podstaw prawnych do jakiegokolwiek ścigania i represjonowania A. Macierewicza"[162].

W dokumencie pojawiają się stwierdzenia dokładnie lub niemal dokładnie zaczerpnięte z notatki kapitana Bolesty: „nie ma podstaw prawnych do jakiegokolwiek ścigania i represjonowania" i „nie grożą żadne sankcje karne". Do pewnego stopnia potwierdza to przypuszczenie, że podporucznik Jasiński „Hutorowicz" przesłał swoim szefom notatkę Bolesty (piszę „do pewnego stopnia", gdyż cytowane stwierdzenia brzmią po części jak utarte formuły, które mogły być w powszechnym użytku). Jak napisałem wcześniej, szefowie „Hutorowicza" reagują ekspresowo. Przygotowują odpowiedź w kilka godzin, już 4 września. Jednak dochodzą do wniosku, że musi ją podpisać sam szef wywiadu cywilnego PRL, dyrektor Departamentu I, gen. Zdzisław Sarewicz. Ten zatwierdza ją swym podpisem dopiero 10 września 1984 r. Dlaczego to robi? Dlaczego jeden z najwyższych dygnitarzy komunistycznego MSW potwierdza immunitet Macierewicza i jego bezkarność?

Prof. Andrzej Friszke nazwał ten dokument „certyfikatem bezpieczeństwa"[163]. Trudno się z nim nie zgodzić. Spójrzmy oczyma pracownika MSW

---

162 Tamże, s. 102–103.

163 A. Gielewska, M. Dzierżanowski, dz. cyt., s. 225.

PRL na notatkę podpisaną przez Sarewicza. Gdy niżsi rangą funkcjonariusze ociągają się ze ściganiem „wroga", ktoś wyższy rangą powinien przywołać ich do porządku. Z komunistycznego punktu widzenia opozycjonistę należało ścigać i represjonować, żeby go złamać. Podstawową metodę represji stanowiło postawienie przed sądem i ukaranie. Ale bardzo często opozycjonistów nękano, strasząc ich sądem i wyrokiem. Tymczasem w wypadku Macierewicza gen. Sarewicz odbiera swoim ludziom nawet tę drugą możliwość. Odbiera im jedno z podstawowych narzędzi pracy: strach przed komunistycznym „wymiarem niesprawiedliwości".

Co więcej, Sarewicz mija się przy tym z prawdą. Rozmija się z nią, gdy pisze: „[...] w świetle obecnie obowiązujących przepisów prawa karnego i ogłoszonej ustawy amnestyjnej nie ma podstaw prawnych do jakiegokolwiek ścigania i represjonowania A. Macierewicza".

Generał powołuje się na opinię Wydziału Śledczego SUSW. Jednak opinia ta budzi wątpliwości. Otóż na mocy amnestii z 21 lipca 1984 r. umorzono tylko śledztwo w sprawie przynależności Macierewicza do „związku przestępczego" (KOR). Ucieczka z ośrodka internowania stanowiła oddzielną kwestię. Zgodnie z prawem wprowadzonym w stanie wojennym Macierewicz powinien być ścigany za to, że „uwolnił się" mimo „pozbawienia wolności na podstawie prawnego nakazu wydanego przez organ państwowy". Amnestia z 1984 r. w ogóle nie obejmowała art. 256 kodeksu karnego (karzącego rokiem lub nawet pięcioma latami więzienia za ucieczkę z miejsca osadzenia), ani art. 49 Dekretu o stanie wojennym (nakazującego traktować ucieczkę z ośrodka internowania jako złamanie art. 256 kodeksu karnego). Przestępstwa objęte amnestią zostały dokładnie wyszczególnione – nie było wśród nich złamania art. 256 kodeksu karnego. To prawda, że objęto nią wykroczenia popełnione z przyczyn politycznych. Ale ucieczka z miejsca osadzenia nie była przecież wykroczeniem, tylko przestępstwem. Dlatego znalazła się w kodeksie karnym (wykroczeniami zajmował się oddzielny kodeks wykroczeń z 1971 r., po wielu zmianach obowiązujący zresztą do dziś[164]). Dodam, że w 1984 r. ucieczka z ośrodka internowania nie mogła się również przedawnić. Dlaczego? Złamanie art. 256 kodeksu karnego zagrożone było rokiem więzienia, a w razie ucieczki dokonanej przy pomocy innych osób, czyli w przypadku Macierewicza, kara mogła wynosić 5 lat więzienia. Artykuły zaś 105 i 106 obowiązującego wówczas kodeksu karnego z 1969 r.

164 *Ustawa z dnia 20 maja 1971 r. Kodeks wykroczeń*, Sejm.gov.pl, <http://prawo.sejm.gov.pl/isap.nsf/DocDetails.xsp?id=WDU19710120114>, dostęp: 14 września 2018.

WYDZIAŁ II DEP. I MSW

Warszawa, dnia 4 września 1984 r.

TAJNE SPECJALNEGO ZNACZENIA
Egz. nr 1

N O T A T K A

Dot. Antoniego MACIEREWICZA

MACIEREWICZ Antoni s. Zdzisława i Marii Strączyńskiej, ur. 3.08.1948 r. w Warszawie narodowość i obywatelstwo polskie, wykształcenie wyższe - historyk /1973 - UW/ żonaty, jedno dziecko, zameldowany Warszawa, ul. [redacted]. Ostatnio zatrudniony jako doktorant w Instytucie Historii PAN. Rozpracowywany przez Wydział III-2 SUSW, sprawa nr 12542.

Od roku 1968 zaangażowany w działalność opozycyjną. Jeden z członków założycieli KSS - KOR i twórca nielegalnego pisma "Głos".

Od sierpnia 1980 r. aktywnie zaangażowany w tworzenie tzw. Wolnych Związków Zawodowych. Był członkiem Ośrodka Informacyjno - Konsultacyjnego NSZZ-ów i sekretarzem Ośrodka Badań Społecznych "Solidarność" Region Mazowsze. W dniu 16 grudnia 1981 r. został zatrzymany na terenie Stoczni Gdańskiej, a następnie internowany w ośrodku odosobnienia w Łupkach. W dniu 18 listopada 1982 r. zbiegł z internowania /podczas pobytu w szpitalu w Sanoku/ i podjął nielegalną działalność, pozostając w ukryciu.

Po ucieczce z internowania, SUSW nie ścigał A. Macierewicza listem gończym. Nie wszczęto również postępowania karnego. W takim stanie rzeczy aktualnie A. Macierewiczowi za ucieczkę z internowania nie grożą żadne sankcje karne.

Notatka płk Sarewicza stwierdzająca brak podstaw do ścigania i represjonowania A. Macierewicza (strona pierwsza)

103 ~~96~~

102

\- 2 -

W sierpniu 1984 r. uzyskaliśmy informacje, iż 20 sierpnia br. A. Macierewicz zgłosić się miał do jednego z warszawskich szpitali w celu przeprowadzenia badań lekarskich, skąd miał się udać do swojego miejsca zamieszkania, kończąc tym samym okres ukrywania się.

Według oceny Wydziału Śledczego SUSW, w świetle obecnie obowiązujących przepisów prawa karnego i ogłoszonej ustawy amnestyjnej nie ma podstaw prawnych do jakiegokolwiek ścigania i represjonowania A. Macierewicza.

DYREKTOR
DEPARTAMENTU MSW
gen. bryg. Zdzisław Sarewicz

Notatka płk Sarewicza stwierdzająca brak podstaw do ścigania i represjonowania A. Macierewicza (strona druga) mówiły wyraźnie, że „występek” zagrożony karą nieprzekraczającą 5 lat przedawniał się:

- 5 lat po jego popełnieniu (zatem mowa byłaby o listopadzie 1987 r.);
- lub nawet 10 lat po popełnieniu „występku”, jeśli wszczęto postępowanie w jego sprawie (postępowania w sprawie ucieczki Macierewicza z jakichś przyczyn nie wszczęto).

Uzasadnienie dla opinii Wydziału Śledczego i decyzji generała Sarewicza mogłaby stanowić uchwała Rady Państwa o zniesieniu stanu wojennego z 20 lipca 1983 r. Skoro zniesiono stan wojenny, skoro nie obowiązywał już art. 49 Dekretu o stanie wojennym, to ucieczka z ośrodka internowania przestała być równoznaczna ze złamaniem art. 256 kodeksu karnego... Nam, dzieciom bardziej legalistycznej epoki, taka myśl wydaje się naturalna. Trudno kogoś karać za jego czyn, skoro ustała sytuacja, która zrównywała ten czyn z przestępstwem. Jednak komuniści, jak wiemy, byli bardzo wybiórczymi legalistami. Przecież potrafili zgłaszać i akceptować wnioski o internowanie, gdy polskie prawo jeszcze internowania nie przewidywało! Jeśli mogli działać zgodnie z prawem niezaistniałym, to mogli też korzystać z prawa już wygasłego. Przy pewnej dozie ekwilibrystyki logiczno-prawnej mogli również uznać, że nie do końca ono wygasło (art. 49 już nie obowiązywał - ale art. 256, który podczas obowiązywania art. 49 i w jego rozumieniu złamał Macierewicz, nie przestał przez to istnieć). Gdyby komuniści chcieli prześladować Antoniego Macierewicza tak, jak innych liderów KOR, znalazłaby się odpowiednia interpretacja prawna, która pozwoliłaby go ścigać i karać za złamanie art. 256. Albo sięgnięto by po jakiś inny przepis. Chociażby po art. 252 ówczesnego kodeksu karnego wymierzający do 5 lat więzienia za utrudnianie postępowania karnego w sprawie innych osób. Uciekając z ośrodka i ukrywając się przed wymiarem sprawiedliwości, Macierewicz uchylałby się przed zeznawaniem w sprawach dotyczących jego kolegów z opozycji... Rzecz jasna, z tego powodu też nie pociągnięto go do odpowiedzialności. Wiemy, że prokuratura nie interesowała się jego zeznaniami. To zdumiewa – niemal tak samo, jak to, że Antoniego Macierewicza nie ścigano w związku z jego ucieczką z ośrodka. Nawet przed lipcem 1983 r., gdy bez cienia wątpliwości stanowiła ona przestępstwo.

Jednak Sarewicz rozstrzyga na korzyść Macierewicza. Dlaczego? Nie wiadomo. Generał pomija też okoliczność, która wprost zadaje mu kłam. Znajdujemy ją w meldunku Cibora „Szletyckiego” z 25 sierpnia 1984 r. Meldunek ten wskazuje, że Antoni Macierewicz jeszcze 5 dni wcześniej posługiwał się fałszywymi dokumentami. Zatem na przełomie sierpnia i września 1984 r. - czyli właśnie wtedy, gdy Sarewicz uznał, że „nie ma podstaw prawnych do jakiegokolwiek ścigania" - istniało podejrzenie o popełnieniu poważnego przestępstwa przez Macierewicza! Rzecz jasna, komuniści powinni byli wszcząć śledztwo w tej sprawie.

Podsumowując, według PRL-owskiego prawa Antoni Macierewicz był notorycznym przestępcą, którego podejrzewano o kolejne przestępstwo. Według tego prawa, należało go ścigać. Oczywiście władcy PRL nieustannie naginali i obchodzili swoje prawo. Ale zwykle po to, by nękać opozycjonistów, a nie po to, by ich chronić. Mimo to nie ścigali Macierewicza za jego ucieczkę z ośrodka internowania. Jeśli stało się tak przez niedopatrzenie, to niespełna 2 lata po tej ucieczce dociekliwość podporucznika Jasińskiego „Hutorowicza" dała komunistom okazję, aby niedopatrzenie naprawić. Dlaczego z niej nie skorzystali? Dlaczego nie pochylili się też nad meldunkiem Cibora „Szletyckiego"? Odpowiedź może być tylko jedna: komuniści musieli mieć ważne powody, aby zignorować meldunek „Szletyckiego" i zlekceważyć pytania „Hutorowicza".

WYJAŚNIENIA NIEWYJAŚNIAJĄCE

Biografowie Antoniego Macierewicza – Anna Gielewska i Marcin Dzierżanowski – przyznają, że komunistyczna władza miała takie powody. Podają aż cztery wyjaśnienia zagadkowej łaskawości Sarewicza i innych (Wydziału III-2 SUSW i Wydziału Śledczego):

- Macierewicz był niegroźny dla komunistów, ponieważ wzywał w „Głosie" do współpracy z komunistycznym wojskiem Jaruzelskiego i nie chciał zrywać sojuszu PRL ze Związkiem Sowieckim, o czym komuniści wiedzieli już w 1980 r. od Marka Skuzy[165];
- Macierewicza traktowano łagodnie, aby wzbudzić w podziemiu podejrzenia względem jego osoby, co pomogłoby rozbić jedność opozycji[166];
- Departament I stosował taryfę ulgową wobec Macierewicza, ponieważ chciał wykorzystać jego „bliskie związki" ze Zbigniewem Bujakiem, członkiem władz podziemnej „Solidarności", aby wniknąć do tych władz[167];

165 A. Gielewska, M. Dzierżanowski, dz. cyt., s. 226–231.
166 Tamże, s. 231.
167 Tamże, s. 233 i n.

- bezkarność Macierewicza mógł wynegocjować Wiesław Chrzanowski, działacz podziemia w latach 40., później obrońca opozycjonistów, w wolnej Polsce założyciel Zjednoczenia Chrześcijańsko-Narodowego, który w latach 80. miał prowadzić rozmowy w tej sprawie z ministrem spraw wewnętrznych PRL gen. Kiszczakiem[168].

Pierwsze wyjaśnienie jest sprzeczne z podstawowymi faktami. W teczce „Chemex" czytamy, że Departament I (którego szefem był Sarewicz) uważał Macierewicza za skrajnie niebezpiecznego. 16 lipca 1984 r. Marek Cibor „Szletycki" pisze „Notatkę dot. Antoniego Macierewicza". W tej notatce pada zdanie: „Prezentuje stanowisko podjęcia radykalnych działań w walce z ustrojem, nie wyłączając działalności o charakterze terrorystycznym"[169].

Drugie wyjaśnienie też budzi wątpliwości. Jeśli komuniści chcieli stworzyć wrażenie, że Macierewicz jest ich agentem lub kolaborantem, to dlaczego tworzyli pozory prześladowania? Po co te liczne kolegia zamiast sądów, areszty zamiast więzień, po co internowanie? Po co udawać, że się zabiera paszport jego żonie, zamiast od razu dać jej bilet do Anglii? Macierewicz na pewno bardzo się przydawał przy rozbijaniu jedności opozycji. Jeśli jednak komuniści chcieli go w tym celu wykorzystać, to powinni byli raczej robić wszystko, żeby go uwiarygodnić jako śmiałego lidera wiarygodnego dla prawicy – zwalczanego przez „czerwoną władzę", zatem lepszego od „różowych Michników i Kuroniów". Czy liczne kolegia i areszty nie były właśnie formą takiego uwiarygodnienia, i to najdogodniejszą? Spektakularną, ale nienadwyrężającą zbytnio „śmiałego lidera"?

Trzecie wyjaśnienie brzmi bardziej interesująco. Gielewska i Dzierżanowski podpierają je solidnie brzmiącym dokumentem, mianowicie raportem, jaki w lipcu 1984 r. pułkownik Julian Kowalski położył na biurku szefa wywiadu, generała Sarewicza: „Nawiązanie przez «Zoresa» bezpośredniego kontaktu z Macierewiczem może pozwolić nam na ustalenie punktów kontaktowych i ewentualnego miejsca ukrywania się Macierewicza i poznanie jego łączników. Z uwagi na bliskie związki Macierewicza ze Zbigniewem Bujakiem i uzyskane informacje o przejęciu przez Z. Bujaka łączności z zagranicznymi strukturami «Solidarności», kontakt «Zoresa» z Macierewiczem może umożliwić na dalszym etapie zdobycie informacji na temat Bujaka i Regionalnej Komisji Koordynacyjnej Mazowsze oraz ewentualne wprowadzenie «Zoresa» w kanały kontaktowe KOR i biura brukselskiego «Solidarności»

168 Tamże, s. 236–239.
169 IPN BU 01911/147, s. 72.

bez pośrednictwa S. Czarlewskiego. Ponadto powinno to ugruntować pozycję «Zoresa» wobec Naimskiego, który po powrocie do kraju może wykorzystywać naszego agenta jako łącznika z kontaktami P. Naimskiego w USA"[170]. Operacja jest delikatna, dlatego Kowalski nie chce spłoszyć Macierewicza: „Z uwagi na bardzo prawdopodobne stosowanie przez podziemie szczególnych środków ostrożności nie jest wskazane przy pierwszym kontakcie «Zoresa» z krewnymi Piotra Naimskiego i A. Macierewiczem wykorzystywanie ekip obserwacyjnych Biura B MSW"[171].

Tu trzeba odnotować, że Julian Kowalski się mylił, i to bardzo. Macierewicz nie miał bliskich związków z Bujakiem. Według Piotra Piętaka i innych źródeł Bujak związał się z ludźmi, których Macierewicz uznawał za swych wrogów, czyli z lewicą laicką, między innymi z Adamem Michnikiem. Zresztą szukanie dojść do władz podziemnej „Solidarności" przez Macierewicza było działaniem bezsensownym, skoro Macierewicz do tych władz nie należał. Co więcej, dyskredytował je poprzez działania takie jak publikacja antysolidarnościowego artykułu *Odbudowa państwa* w „Głosie" (przekonywał w nim przecież, że podziemny związek zawodowy nie może przetrwać!). Jak liderzy „Solidarności" mogli wówczas reagować na osobę Macierewicza, pokazuje nam wspomniana już reakcja Bogdana Lisa: „Szybko uciekłem z tego spotkania, bo uznałem go za agenta KGB". Jeśli ktoś wówczas we władzach podziemnej „Solidarności" traktował Macierewicza pobłażliwie, byli to przedstawiciele znienawidzonej lewicy laickiej, te wszystkie „Kuronie" i „Michniki". Pamiętali mu zasługę, jaką było współtworzenie KOR (do dzisiaj zresztą pamiętają).

Dlaczego Julian Kowalski aż tak się pomylił? Nie był ekspertem od podziemnej „Solidarności", specjalizował się w USA. Kierował Wydziałem II, który w Departamencie I odpowiadał za Stany Zjednoczone. Jednak Macierewiczem zajmowali się jego koledzy z Wydziału XI, którzy zwalczali wpływ ideologii zachodnich na Polskę. Znacznie lepiej znali polską opozycję. Czy mogli podzielać złudzenia starszego kolegi? Cóż, w hierarchicznych organizacjach takich jak wywiad koledzy starsi stopniem mogą narzucać swe złudzenia kolegom młodszym. Jeszcze w październiku 1984 r. ulega im Marek Cibor „Szletycki": „uzyskane od P. Naimskiego materiały potwierdzają jego

170 IPN BU 01911/147, s. 63–64, jak również A. Gielewska, M. Dzierżanowski, dz. cyt., s. 233–234.
171 IPN BU 01911/147, s. 63-64.

ścisłe związki z kierownictwem «Solidarności» Regionu Mazowsze"[172]. Gdy jednak wczytamy się w meldunek Cibora, okazuje się, na czym miały polegać te „ścisłe związki". Otóż Piotr Naimski dał agentowi „Zoresowi" egzemplarze podziemnego pisma „Wiadomości" wydawanego przez Region Mazowsze. Chciał, żeby „Zores" przekazał je działaczowi emigracyjnemu Jakubowi Karpińskiemu razem z informacją, jakoby jedna z ówczesnych najważniejszych publikacji „Wiadomości", mianowicie *Założenia programowe dla „Solidarności" na jesień 1984 r.*, stanowiła „credo grupy" Naimskiego. „Zores" miał również pokazywać egzemplarze „Wiadomości" francuskim terrorystom na dowód swych powiązań z podziemiem[173]. Jak widać, nic z tego nie dowodzi, że Naimski miał „ścisłe związki" z kierownictwem Regionu Mazowsze. Raczej je sugerował swoim zagranicznym odbiorcom, posługując się cudzą gazetą. Mogło to być łatwiejsze, jeśli Macierewicz (jak sugeruje Teresa Bochwic) publikował w podziemnych „Wiadomościach" coś więcej niż wspomniany przez Piętaka list o konieczności współpracy z Jaruzelskim. W takim razie Naimski znajdowałby tam zapewne więcej tekstów, z którymi mógłby się identyfikować. Wciąż jednak nie oznaczałoby to „ścisłych związków" z kierownictwem mazowieckiej „Solidarności".

Ale podstawowy problem z wyjaśnieniem trzecim polega na czymś innym. Jak wiemy, zagadkowa łaskawość komunistów wobec Antoniego Macierewicza zaczęła się dawno przed powrotem Naimskiego do Polski w 1984 r. A agent „Zores", którego Kowalski chciał wprowadzić do władz podziemnej „Solidarności", był znajomym Piotra Naimskiego, i to nowym. Agent poznał go dopiero w czerwcu 1984 r. Dopiero wtedy Naimski zaczął rozważać zapoznanie „Zoresa" z Macierewiczem[174]. Zatem absurdalny pomysł pułkownika Kowalskiego (dotarcie do Bujaka przez Macierewicza i „Zoresa") mógłby jakoś tłumaczyć decyzję generała Sarewicza – gdyby nie kontekst. Gdyby nie wcześniejsza, wieloletnia historia łagodności SB i MSW wobec Antoniego Macierewicza, w którą wpisuje się decyzja Sarewicza. Znajomość „Zoresa" z Naimskim, rozpoczęta w czerwcu 1984 r. nie tłumaczy np. braku listu gończego w latach 1982–1983. Mówiąc obrazowo, przyjęcie trzeciego wyjaśnienia oznaczałoby, że dla każdego liścia tego samego drzewa szukamy innego pnia. Wyrywamy poszczególne elementy jednego trwałego zjawiska i poszukujemy dla nich oddzielnych, oderwanych przyczyn.

172 Tamże, meldunek z 17 października 1984 r., s. 118.
173 Tamże, meldunek z 17 października 1984 r., s. 116.
174 Tamże, notatka „Hutorowicza" z 28 czerwca 1984 r., s. 60–61.

Ta sama obiekcja dotyczy też wyjaśnienia czwartego (według Gielewskiej i Dzierżanowskiego Chrzanowski miałby wstawić się za Macierewiczem u Kiszczaka w 1984 r.) oraz pierwszego (łagodne traktowanie Macierewicza obserwujemy przed publikacją artykułu *Odbudowa państwa* w „Głosie" z 1983 r. i przed zeznaniami Marka Skuzy z 1980 r.).

INNE WYJAŚNIENIA NIEWYJAŚNIAJĄCE

Ale nie tylko Gielewska i Dzierżanowski bronią się przed najbardziej oczywistym rozwiązaniem zagadki Macierewicza. Również inne osoby na różne sposoby szukają najmniej bolesnych wyjaśnień. Wśród nich znalazło się następujące: w 1984 r. komuniści chcieli „normalizować" swoje stosunki ze społeczeństwem. Szczególnie zaś z członkami i sympatykami opozycji, którzy stanowili największy problem. Komuniści chcieli przerobić ich z powrotem na obywateli PRL. Chcieli pokazać im ludzką, łagodną twarz. Łaskawość wobec Macierewicza mogła być częścią tej operacji wizerunkowej.

Od wielu moich rozmówców – zarówno byłych opozycjonistów, jak i byłych esbeków – usłyszałem też przypuszczenie, które da się streścić tak: „A może Macierewicza nie trzeba było werbować, bo on i bez tego niszczył opozycję? Może był w tym lepszy niż najlepszy agent? Zatem pozwalano mu działać...".

Te wyjaśnienia także trudno przyjąć.

To prawda, że w 1984 r. komuniści chcieli „normalizować" stosunki z opozycją i społeczeństwem. Jednak właśnie w tym celu starali się złamać kręgosłup liderom opozycji. Ścigali ich, aresztowali, ciągali do prokuratury lub próbowali wypchnąć na emigrację. Bogdan Lis w 1984 r. został aresztowany i oskarżony o zdradę ojczyzny. Również kolegów Macierewicza z KOR, jak wiemy, spotykały wówczas liczne prześladowania.

Co do drugiej hipotezy, to byłaby ona prawdopodobna, gdyby Macierewicz rozbijał opozycję przez względnie krótki okres. Tymczasem robił to przez co najmniej 12 lat (jeszcze w 1989 r. bojkotował Okrągły Stół, przy którym zasiadła większa część opozycyjnych przywódców). Mówiąc obrazowo: gdy ktoś dostaje krótkotrwałego szału i zaczyna dezintegrować swoje otoczenie, wtedy rzeczywiście lepiej się nie wtrącać. Osobę w takim stanie trudno skontrolować. Można tylko starać się wykorzystać dla siebie efekty jej niszczycielskiej furii. Gdy zaś ktoś całymi latami, systematycznie ujawnia swoje niszczycielskie zdolności, wtedy trzeba te zdolności skanalizować, a niszczyciela – poddać kontroli. Konsekwentny niszczyciel, nawet jeśli dotąd podgryzał tylko fundamenty naszych wrogów, prędzej czy później wgryzie się w piwnicę naszego domu. Chyba że nad nim zapanujemy. W tym celu trzeba go jakkolwiek zwerbować czy skaptować, skusić lub zaszantażować.

DROGA GENERAŁA, AWANS PODPORUCZNIKA

Sprawdźmy jeszcze, kim był generał Sarewicz, który udzielił Macierewiczowi „certyfikatu bezpieczeństwa". Urodził się w 1930 r. w małopolskim Jordanowie jako Zdzisław Skwarek. Przez równe ćwierć wieku, od 1958 do 1983 r. służył w kontrwywiadzie. W 1983 r. minister spraw wewnętrznych Kiszczak zrobił go nagle szefem Departamentu I, czyli wywiadu. Wywiad i kontrwywiad mają zazwyczaj sprzeczne cele. Wywiad chce mieć jak najwięcej zagranicznych informatorów, kontrwywiad chce ich jak najdokładniej przesiać. Dlatego powierzenie wywiadu staremu kontrwywiadowcy pachnie represją i zwiastuje czystki. Najprawdopodobniej Kiszczak chciał, żeby Sarewicz powyrzucał ludzi poprzedniego ministra Mirosława Milewskiego, członka PZPR-owskiej „frakcji moskiewskiej" (fanatyczni komuniści, często też antysemici, którym marzył się totalitaryzm w czysto sowieckim stylu). Milewski przez lata kierował Departamentem I, zostawił więc tam zapewne wielu swoich nominatów. Sarewicz jednak nie przeprowadzał drastycznych czystek. Najpewniej dlatego, że nie walczył z „frakcją moskiewską". Sam miał dobre stosunki z Moskwą. Dwukrotnie został delegowany służbowo do ZSRR (w 1972 i w 1985 r.). Wcześniej, w latach 1969–1970 służył na subkontynencie indochińskim, którym wywiad sowiecki szczególnie się wówczas interesował ze względu na wojnę amerykańsko-wietnamską i przeciwdziałanie wpływom chińskim (Sarewicza oddelegowano wtedy do Międzynarodowej Komisji Nadzoru i Kontroli w Laosie). W 1990 r. został ostatnim szefem Grupy „Wisła"[175]. Jak wiemy, była to specjalna jednostka polskiego kontrwywiadu, która działała w ZSRR i ściśle współpracowała ze służbami sowieckimi. Co Zdzisław Sarewicz z Grupą „Wisła" robił wówczas w Związku Sowieckim, który właśnie stawał się Rosją i kilkunastoma innymi państwami? Nie wiadomo. Możemy jednak założyć, że miał dobre stosunki z ważnymi przedstawicielami sowieckich służb (chwilę później – już rosyj-

175 IPN BU 003088/268, t. 2., s. 4.

skich). Gdyby takich stosunków nie miał, szefem Grupy „Wisła" raczej by go nie mianowano.

Przy okazji zapytajmy: czy to generał Sarewicz osobiście podjął decyzję o awansowaniu podporucznika Jasińskiego „Hutorowicza"? Gdyż tak się składa, że krótko po napisaniu swojej notatki z 4 września „Hutorowicz" z podporucznika stał się porucznikiem. Przypomnę: notatka ta zawierała zapytanie o kłopotliwy status prawny Macierewicza. Nasz młody funkcjonariusz podpisał ją jako podporucznik. Następny raz, gdy podał na piśmie swój stopień służbowy – w notatce z 24 października 1984 r. dotyczącej znajomej Naimskiego, Anny Kopyt, zrobił to już jako porucznik. Czy nagrodzono go za czujność i gorliwość, z jaką rzucił się rozplątywać delikatne, prawne i biurokratyczne kwestie dotyczące Macierewicza? Takie nagrody daje się raczej za milczenie.

PANI RICH PRZEKRACZA WSZELKIE GRANICE

Jasiński „Hutorowicz" był również bohaterem (skrytym w cieniu, choć nie tylko drugoplanowym) kolejnego niezwykłego epizodu z dziejów Macierewicza oraz PRL-owskiego wywiadu. Otóż w 1984 r. Macierewicza i Naimskiego odwiedziła w Polsce brytyjska intelektualistka Faith Elizabeth Joan Rich, znana później jako Vera Rich. Życiorys pani Rich we wszystkich znanych nam źródłach brzmi pięknie: poetka, niebanalna dziennikarka (współpracowała m.in. z czasopismem „Nature"), działaczka na rzecz praw człowieka, która publicznie wspierała sowieckich dysydentów. Jednak jej zdolność do przekraczania żelaznej kurtyny i pilnie strzeżonych granic budzi szczególne zdziwienie.

Na stronie internetowej Instytutu Ukraińskiego w Londynie czytamy, że w latach 80. Vera Rich nielegalnie przeszła granicę polsko-sowiecką przebrana za białoruską babinę w chuście, żeby spotkać się z sowieckimi dysydentami na Białorusi[176]. Tu trzeba sobie przypomnieć, jak wyglądała granica polsko-sowiecka w tamtej epoce: kilkumetrowej wysokości płot z drutem kolczastym, szeroki pas nagiej i zaoranej ziemi, kolejny płot z drutem kolczastym, radary i inne czujniki elektroniczne, wieżyczki obserwacyjne, wreszcie uzbrojone patrole z psami. Rygory odrobinę zelżały w 1986 r., kiedy w ograniczonym zakresie ułatwiono „mały ruch graniczny". Ale i wtedy nie osłabło

176 *Vera Rich: translator, journalist, poet and human rights activist*, Ukrainian Institute, <http://ukrainianinstitute.org.uk/news_344/>, dostęp: 14 września 2018.

zainteresowanie sowieckich służb osobami takimi jak pani Rich. Jeśli Vera Rich przekroczyła polsko-sowiecką granicę nielegalnie i wróciła, to znaczy, że władze sowieckie po cichu jej na to pozwoliły. Czy bez jej wiedzy? Zadaję to pytanie, ponieważ nie był to jedyny raz, gdy pani Rich osobliwie prześlizgnęła się przez sieci graniczne komunistycznych służb specjalnych. Udało jej się to właśnie w Warszawie, w 1984 r., gdy spotkała się z Piotrem Naimskim i Antonim Macierewiczem.

W teczce „Chemex" (w notatkach Jasińskiego „Hutorowicza" z 3 i 6 grudnia, a także z jeszcze jednego dnia tego miesiąca oznaczonego nieczytelną datą[177]) możemy przeczytać, jak to dokładnie wyglądało. Z każdym z obu działaczy pani Rich spotkała się oddzielnie, w innym dniu (z Naimskim 29 listopada, z Macierewiczem 30 listopada). Z każdym z nich zobaczyła się w jego mieszkaniu – i na osobności, w cztery oczy. Przekazała im przy tym jakieś listy. Krótko potem o tej wizycie dowiaduje się PRL-owski wywiad. Rodzi się obawa, że również Macierewicz i Naimski mogli dać cudzoziemce swoje listy lub inne materiały do wywiezienia na Zachód. Ale uwaga: Departament I nie wie, kim jest Angielka, która odwiedziła naszych bohaterów. Nie zna jej nazwiska. Ta niewiedza wygląda osobliwie, bo wywiad ma dane, żeby zidentyfikować panią Rich:

- wywiad wie, że kobieta wylatuje 8 grudnia, tymczasem Angielka, występując pod własnym prawdziwym nazwiskiem, pobrała w londyńskim konsulacie polską wizę kończącą się właśnie 8 grudnia; zameldowała się też czasowo w Warszawie;
- wywiad zna również warszawski kontaktowy numer telefonu, który Vera Rich podała polskim opozycjonistom;
- agenci posiadają rysopis kobiety.

Mimo to do 8 grudnia Departament I wciąż jeszcze nie umie ustalić, jak się nazywa Angielka. Dokładnie rzecz biorąc, nie umie tego ustalić świeżo upieczony porucznik Jasiński „Hutorowicz" – bo to on przez cały czas zajmuje się rozpracowaniem tajemniczej cudzoziemki.

„Hutorowicz" zabiera się do tego w sposób osobliwy. Zamiast zidentyfikować Angielkę na podstawie wyżej wymienionych dostępnych informacji, wybiera okrężną drogę. Wpada na pomysł, że... wytypuje odpowiadającą opisowi kobietę na lotnisku spośród nieznanych podróżnych odlatujących do Londynu, zatrzyma ją, wtedy dopiero ustali jej tożsamość, a następnie

177 IPN BU 01911/147, s. 129 i 131–134.

zrewiduje i odbierze ewentualne przesyłki. Celem jest nie tylko przejęcie poczty, lecz także nastraszenie Angielki na przyszłość. Niech ona już żadnych przesyłek ani wiadomości nie przewozi, gdyż Macierewicz i Naimski mają się kontaktować z Zachodem tylko przez agenta wywiadu „Zoresa" (tak porucznik tłumaczy swoje działania w notatkach służbowych)[178].

Zatem operacja ma istotne znaczenie: wywiad chce sobie zapewnić pełną kontrolę nad kontaktami Macierewicza i Naimskiego z zagranicą. Ale „Hutorowicz" nie tylko ma pokrętny plan, do tego jeszcze realizuje go ze szczególną niefrasobliwością. Angielka bez przeszkód wraca do Londynu, porucznik zapomina bowiem, że samolot z Warszawy do Londynu wylatuje dwa razy dziennie. Pech chce, że „Hutorowicz" obserwuje kolejkę odlatujących do Anglii akurat przed tym niewłaściwym lotem... Dopiero po tym, jak kobieta opuszcza Polskę, nasz funkcjonariusz identyfikuje ją jako angielską dziennikarkę Faith Elizabeth Rich.

Oj, gapa, gapa – chciałoby się powiedzieć. Czy raczej cwana gapa? Czyżby „Hutorowicz" jako porucznik wiedział już, że na Macierewicza i jego kontakty należy patrzeć przez palce?

Pytanie jest tym bardziej zasadne, że wcześniej, w 1983 r., w bardzo podejrzanych okolicznościach inna osoba związana z Macierewiczem legalnie wymknęła się za granicę – choć z punktu widzenia komunistów nie powinno było do tego dojść. Chodzi o Krzysztofa Cieszewskiego, późniejszego doradcę „smoleńskich ekspertów Macierewicza". Cieszewski obecnie występuje w roli znawcy drzew. Twierdzi, że przyczyną katastrofy polskiego prezydenckiego samolotu, który w 2010 r. rozbił się w Smoleńsku, nie mogła być brzoza. W latach 80. Cieszewski jako opozycjonista rozpracowywany był przez esbeka Józefa Nadworskiego, który „opiekował się" również bliskim współpracownikiem Macierewicza, konfidentem Robertem Luśnią. Mimo że esbecy tropili Cieszewskiego, w niewyjaśnionych okolicznościach dostał on paszport i legalnie wymknął się za granicę. Dodam, że Nadworski ściśle współdziałał z GRU[179].

TAJEMNICZY OPIEKUN

Czas wreszcie spytać: komu Macierewicz zawdzięcza ten parasol ochronny rozpięty co najmniej od roku 1976? Dzięki komu ludzie mu najbliżsi – Han-

178 Tamże.
179 T. Piątek, *Macierewicz i jego tajemnice*, dz. cyt.

na Macierewicz, Piotr Naimski – w obie strony przekraczają żelazną kurtynę, która wówczas dzieliła świat demokratyczny od komunistycznego? Dzięki komu Macierewicz jest bezkarny? Dzięki komu uniknął listu gończego, procesu, więzienia?

Światło na to rzuca kolejna niezwykła notatka porucznika Jasińskiego „Hutorowicza" z dnia 11 grudnia. Dokument powstał trzy dni po tym, jak pani Rich wymknęła się porucznikowi. Z notatki wynika, że „Hutorowicz" znów zaczął drążyć sprawę Macierewicza. Być może porucznik wówczas jeszcze nie był pewien, za co naprawdę go awansowano: za czujność czy za dyskrecję (więc postanowił, że jednak spróbuje być bardziej czujny niż dyskretny). Być może podczas tropienia Angielki wydarzyło się coś szczególnego, o czym porucznik nie napisał, a co:

- utrudniło mu identyfikację Very Rich;
- dało mu do myślenia na temat statusu Macierewicza.

Tak czy inaczej 10 grudnia 1984 r. Jasiński „Hutorowicz" znowu odwiedził swego kolegę z SUSW, kapitana Bolestę. Po rozmowie z nim sporządził taką notatkę:

„Warszawa, dnia 11 grudnia 1984 r.

TAJNE

Egz. Pojedynczy

NOTATKA

W dniu 10 grudnia br. przeprowadziłem rozmowę z kpt. G. Bolestą z Wydziału III-2 SUSW, który prowadzi rozpracowanie działaczy opozycji politycznej w kraju: A. Macierewicza, P. Naimskiego, U. Doroszewskiej, L. Dorna i innych.

W jej trakcie ustaliłem, iż:

- materiały operacyjne z rozpracowania m.in. A. Macierewicza zostały pobrane z Wydziału III-2 SUSW przez Biuro Studiów SB (Wydział tow. Mikołajskiego). Spowodowało to praktyczne zawieszenie rozpracowania A. Macierewicza, a częściowo też innych powiązanych z nim osób;
- komunikaty PP [podsłuchu pokojowego] (obiekt – mieszkanie A. Macierewicza) przekazywane są do Wydziału III-2 SUSW ze znacznym opóźnieniem w postaci kolejnych kopii. Brak jest natomiast informacji, kto otrzymuje pierwsze egzemplarze tych komunikatów;
- osoby powiązane z A. Macierewiczem, które wychodzą w trakcie prowadzenia rozpracowania, są niezwłocznie rejestrowane przez

inne jednostki MSW (Biuro Studiów SB), zanim zdąży to zrobić Wydział III-2 SUSW;

- złożony przez Wydział III-2 SUSW wniosek o instalację PP w mieszkaniu P. Naimskiego nie został dotychczas zrealizowany, a tow. Bolesta nie jest w stanie stwierdzić, jaki jest stopień zaawansowania realizacji sprawy. Przypuszcza on nawet, iż wniosek ten mógł zostać zrealizowany dla innej jednostki MSW;
- do jednego z TW pozostających na kontakcie tow. Bolesty zgłosił się inny pracownik SB i powołując się na nazwisko kpt. Bolesty, wręczył TW w formie wynagrodzenia 5000 zł, pobrał pokwitowanie i odebrał od TW informacje operacyjne. Jak stwierdził tow. Bolesta, poprzedniego dnia teczka personalna i teczka pracy tego TW kontrolowana była przez jeden z wydziałów Biura Studiów SB.

Uwzględniając powyższe, tow. Bolesta stwierdził, iż mimo rejestracji A. Macierewicza, P. Naimskiego i innych przez Wydział III-2 SUSW faktyczne ich rozpracowanie jest prowadzone przez inne jednostki MSW (prawdopodobnie przez Biuro Studiów SB), a rola Wydziału III-2 SUSW jest w tym przypadku marginalna"[180].

Na tej notatce w górnym rogu kartki generał Sarewicz pisze odręcznie: „Skarga słuszna, lecz adresatem winien być Dep. III". Pod tą zdawkową odpowiedzią Sarewicz stawia swój charakterystyczny zamaszysty podpis. Co to wszystko znaczy? Co znaczy ta notatka i ta odpowiedź? Przypomnę, że Wydział III-2 jest częścią pionu służbowego Departamentu III, który walczy z opozycją. Czytamy zatem, że komórka zwalczająca opozycję, która zarejestrowała Macierewicza jako swojego figuranta, straciła nad nim wszelką kontrolę! Czytamy, że Macierewicz został otoczony szczególną opieką przez Biuro Studiów SB (wspominaliśmy o nim wcześniej – była to elitarna i autonomiczna jednostka w MSW, która wykonywała trudne i przewrotne zadania o charakterze prowokacji, inscenizacji lub głębokiej infiltracji). Z notatki wynika, że Macierewicza przejął Wydział III Biura Studiów SB, którym zawiadywał pułkownik Stefan Mikołajski. Przejęcie to odbyło się w sposób więcej niż nieformalny, wręcz piracki – opowiada kpt Bolesta. Wydział III-2 nie może rozpracowywać Antoniego Macierewicza, bo dotyczące go dokumenty wyniósł Mikołajski lub jego ludzie. Oni też rejestrują osoby z otoczenia Macierewicza jako swoich „figurantów", zanim zdąży zrobić to Wydział III-2.

180 IPN BU 01911/147, s. 137–138.

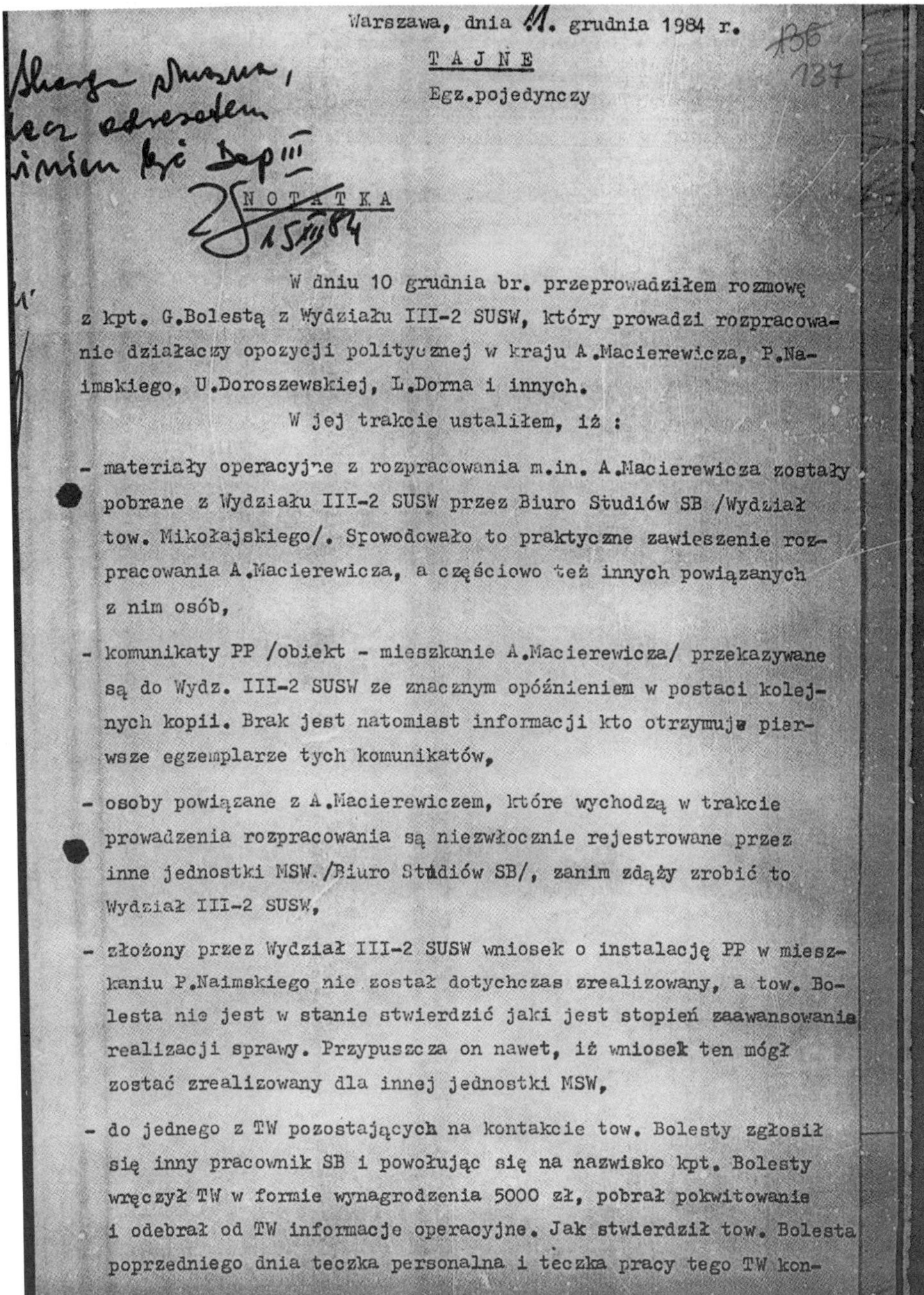

Warszawa, dnia 11. grudnia 1984 r.

T A J N E

Egz.pojedynczy

N O T A T K A

15 XII 84

W dniu 10 grudnia br. przeprowadziłem rozmowę z kpt. G.Bolestą z Wydziału III-2 SUSW, który prowadzi rozpracowanie działaczy opozycji politycznej w kraju A.Macierewicza, P.Naimskiego, U.Doroszewskiej, L.Dorna i innych.

W jej trakcie ustaliłem, iż :

- materiały operacyjne z rozpracowania m.in. A.Macierewicza zostały pobrane z Wydziału III-2 SUSW przez Biuro Studiów SB /Wydział tow. Mikołajskiego/. Spowodowało to praktyczne zawieszenie rozpracowania A.Macierewicza, a częściowo też innych powiązanych z nim osób,
- komunikaty PP /obiekt - mieszkanie A.Macierewicza/ przekazywane są do Wydz. III-2 SUSW ze znacznym opóźnieniem w postaci kolejnych kopii. Brak jest natomiast informacji kto otrzymuje pierwsze egzemplarze tych komunikatów,
- osoby powiązane z A.Macierewiczem, które wychodzą w trakcie prowadzenia rozpracowania są niezwłocznie rejestrowane przez inne jednostki MSW. /Biuro Studiów SB/, zanim zdąży zrobić to Wydział III-2 SUSW,
- złożony przez Wydział III-2 SUSW wniosek o instalację PP w mieszkaniu P.Naimskiego nie został dotychczas zrealizowany, a tow. Bolesta nie jest w stanie stwierdzić jaki jest stopień zaawansowania realizacji sprawy. Przypuszcza on nawet, iż wniosek ten mógł zostać zrealizowany dla innej jednostki MSW,
- do jednego z TW pozostających na kontakcie tow. Bolesty zgłosił się inny pracownik SB i powołując się na nazwisko kpt. Bolesty wręczył TW w formie wynagrodzenia 5000 zł, pobrał pokwitowanie i odebrał od TW informacje operacyjne. Jak stwierdził tow. Bolesta poprzedniego dnia teczka personalna i teczka pracy tego TW kon-

Notatka por. Hutorowicza relacjonująca rozmowę z kpt. Bolestą o Antonim Macierewiczu i jego rozpracowaniu zablokowanym przez Biuro Studiów SB (strona pierwsza)

- 2 -

trolowana była przez jeden z wydziałów Biura Studiów SB.

Uwzględniając powyższe, tow. Bolesta stwierdził, iż mimo rejestracji A.Macierewicza , P.Naimskiego i innych przez Wydział III-2 SUSW faktyczne ich rozpracowanie jest prowadzone przez inne jednostki MSW /prawdopodobnie przez Biuro Studiów SB/, a rola Wydziału III-2 SUSW jest w tym przypadku marginalna.

Insp. Wydziału II Dep.I MSW

Por. I.Hutorowicz

Notatka por. Hutorowicza relacjonująca rozmowę z kpt. Bolestą o Antonim Macierewiczu i jego rozpracowaniu zablokowanym przez Biuro Studiów SB (strona druga)

Ludzie Mikołajskiego przejęli również podsłuch pokojowy u Macierewicza. Być może założyli swój podsłuch u Naimskiego, a Wydziałowi III-2 na to nie pozwalają. Co więcej, podebrali agenta kapitanowi Boleście. Powołali się fałszywie na niego, żeby zapłacić agentowi pieniądze i przejąć informacje.

Wobec tego – wzdycha Bolesta wobec „Hutorowicza" – chociaż niby to my formalnie rozpracowujemy Macierewicza, to jednak go nie rozpracowujemy.

Porucznik Jasiński „Hutorowicz" spisuje całą tę opowieść – i śle swoim szefom notatkę z dokładnym opisem tej niezwykłej sytuacji. Czyżby młody funkcjonariusz znowu miał nadzieję, że szefowie wyjaśnią sprawę na wyższym szczeblu? Czy liczy na interwencję lub choćby zasięgnięcie informacji w Biurze Studiów SB? Notatka „Hutorowicza" po raz kolejny trafia do samego szefa wywiadu, Sarewicza. Sarewicz zaś znów umywa ręce... Odpowiedzią jest jedno nagryzmolone zdanie: „Skarga słuszna, lecz adresatem winien być Dep. III".

Zatem generał bezceremonialnie odsyła „Hutorowicza" – i to nawet nie do Biura Studiów, ale do Departamentu III. Czyli do pionu służbowego, w którym „Hutorowicz" właśnie był i nic nie załatwił!

Dokładnie rzecz biorąc, odsyła go do ministerialnych kierowników tego pionu. Pisząc „Dep. III", nie „Wydział III-2", Sarewicz musi mieć na myśli Departament III w wąskim znaczeniu, czyli kierownictwo pionu w ministerstwie spraw wewnętrznych. To miejsce, w którym sam kpt. Bolesta i jego Wydział III-2 jako pierwsi powinni się poskarżyć. Przecież podlegają Departamentowi III... Sarewicz daje więc „Hutorowiczowi" do zrozumienia coś takiego: Wydział III-2 powinien wyjaśnić tę sprawę w swoim własnym departamencie, u swoich szefów. Niech im się skarży, a nie tobie. To sprawa Departamentu III, nie nasza. Jeśli ty koniecznie chcesz interweniować, to również powinieneś to robić w Departamencie III. Ja ci nie pomogę, bo to nie nasza sprawa i nie moja.

Z formalnego punktu widzenia Sarewicz ma rację. Ale w SB i MSW poszczególne departamenty, wydziały, biura i jednostki często tropiły nieprawidłowości u siebie nawzajem. Często też na siebie donosiły. Czyżby Sarewicz dawał do zrozumienia porucznikowi, że w tej sprawie dyskrecja ważniejsza jest od czujności? Czy generał zniechęca „Hutorowicza" do zajmowania się relacjami Macierewicza z Biurem Studiów SB? Jeśli tak, to dlaczego Sarewicz to robi? Przecież działa wbrew interesom swojego własnego Departamentu I, który prowadzi cennego agenta „Zoresa" przy Naimskim. Przecież Biuro Studiów SB – jak widać traktujące inne jednostki i ich funkcjonariuszy po piracku – mogłoby narazić „Zoresa" i prowadzących go oficerów na nieprzyjemne niespodzianki. Całkowicie obala to hipotezę biografów Macierewicza, Gielewskiej i Dzierżanowskiego, według której Sarewicz miałby osłaniać Macierewicza po to, żeby ułatwić pracę agentowi „Zoresowi".

Może jednak generał interweniuje, ale bardzo dyskretnie? Może robi to ustnie, nie zostawiając śladów na papierze? W takim razie jego zdawkowa odpowiedź na notatkę „Hutorowicza" stanowiłaby coś w rodzaju kamuflażu. Zainterweniuję, choć powiem, że nie zainterweniuję... Generał bardzo musiałby się obawiać poruszania sprawy Macierewicza, żeby uciekać się do takich sztuczek. Bardziej prawdopodobne jest to, że Sarewicz po raz kolejny umył ręce i powstrzymał się od jakiejkolwiek interwencji.

Tak czy inaczej zachował się w tej sprawie więcej niż powściągliwie. Jeśli się bał, to czego? Czyżby Biuro Studiów SB było aż tak potężne? Jak już wiemy, Biuro Studiów SB działało na szczególnych prawach. Ale mimo to – czy jakiś pułkownik Mikołajski, naczelnik Wydziału III Biura Studiów, mógł się równać z generałem, dyrektorem departamentu, szefem wywiadu, dawniej asem kontrwywiadu?

Wytłumaczeniem może być to, że kierownictwo Biura Studiów SB miało dobre stosunki z Moskwą. Podobnie jak Sarewicz. Dlatego generał mógł popierać działania Biura Studiów SB. Również te, które dotyczyły Antoniego Macierewicza.

Czas się zająć Biurem Studiów i płk. Stefanem Mikołajskim, który „odebrał" Macierewicza kpt. Boleście. Szczególnie godzien zainteresowania jest towarzysz Mikołajski. Albowiem to on był naszym „narodowym endekiem", specjalistą od nacjonalistów, który zgłębiał środowisko KOR i Antoniego Macierewicza. Mikołajski to najbardziej prawdopodobny kandydat na tajemniczego opiekuna Macierewicza.

GROM-OWY PYTAJNIK

Zanim jednak zajmiemy się Stefanem Mikołajskim, musimy postawić jeszcze jeden znak zapytania. Pytajnik, nie wykrzyknik – ale taki, w którym dźwięczy grom. Odnotujmy kolejne nazwisko, które pojawia się w teczce „Chemex". To nazwisko znane, nawet głośne. Chodzi o Sławomira Petelickiego, współtwórcę i pierwszego (od 1990 r.) dowódcę GROM, najsłynniejszej polskiej jednostki sił specjalnych. Wcześniej, w latach 80., Petelicki pracował w wywiadzie. W teczce „Chemex" czytamy, że to on nadzorował sprawę

Naimskiego w latach 1981–1984. Ten nadzór, jak się zdaje, był dyskretny: w teczce nie widać zbyt wielu jego śladów.

Na przełomie lat 1991–1992 Petelicki miał znakomite stosunki z ówczesnym ministrem spraw wewnętrznych Antonim Macierewiczem. Macierewicz przedłużył istnienie GROM (anulował decyzję poprzedniego ministra Henryka Majewskiego, który chciał zlikwidować tę jednostkę). Jednak stosunki popsuły się w czerwcu 1992 r., gdy Macierewicz i Naimski chcieli ratować upadający rząd Jana Olszewskiego za pomocą żołnierzy. Między innymi zamierzali otoczyć wojskiem Sejm i budynek Telewizji Polskiej[181]. Do swoich celów planowali użyć także GROM, ale Sławomir Petelicki w decydującej chwili miał im odmówić wsparcia. W następnych latach Petelicki próbował znowu się zbliżyć do Antoniego Macierewicza i PiS. Można było odnieść wrażenie, że popiera spiskowe teorie Macierewicza dotyczące katastrofy smoleńskiej[182]. Media przyjazne Antoniemu Macierewiczowi, na przykład portal Niezależna, niekiedy nagłaśniały wystąpienia Petelickiego na ten temat[183]. Jednak, jak się zdaje, Sławomir Petelicki nie zdobył zaufania PiS, ani nie naprawił relacji z Macierewiczem.

W dniu 16 czerwca 2012 r. Petelicki zmarł w wyniku rany postrzałowej. Zdaniem biegłych strzelił sam do siebie – popełnił samobójstwo pod wpływem impulsu (miał cierpieć na rozchwianie emocjonalne ze względu na trudną sytuację finansową i zawodową)[184]. Na temat tej śmierci obficie spekulowano. Zakładano, że ktoś mógł to samobójstwo upozorować. Eksperci ze służb specjalnych, z którymi się konsultowałem, uważają, że taka inscenizacja byłaby bardzo trudna. Nie wykluczają jednak, że ktoś mógł na Petelickim wymusić samobójstwo poprzez szantaż. „Potrzebował pieniędzy. Szukał posad, kontraktów. Zachowywał się trochę tak, jak gdyby mu się należały. Być może, za milczenie – bo dawał do zrozumienia, że wie różne rzeczy o ważnych osobach" – mówi mój informator.

---

181 <https://oko.press/1992-r-doszlo-zamachu-stanu-wojsko-posluchalo-macierewicza-wojska-ot-tez-by-sie-oparly/>.

182 W. Czuchnowski, P. Wroński, *Gdy żołnierz zostaje sam. Portret generała Sławomira Petelickiego*, „Gazeta Wyborcza" (wydanie internetowe), 22 czerwca 2012, <http://wyborcza.pl/magazyn/1,124059,11992953,Gdy_zolnierz_zostaje_sam__Portret_generala_Slawomira.html>.

183 *Petelicki ujawnia szokujące fakty*, Niezależna, 9 kwietnia 2011, <http://niezalezna.pl/8793-petelicki-ujawnia-szokujace-fakty>.

184 *Biegli: samobójstwo gen. Petelickiego nie było szczegółowo zaplanowane*, „Wprost" (wydanie internetowe), 10 czerwca 2013, <https://www.wprost.pl/403130/Biegli-samobojstwo-gen-Petelickiego-nie-bylo-szczegolowo-zaplanowane>.

CZĘŚĆ DRUGA
Dwaj towarzysze M.

Notatka Jasińskiego „Hutorowicza" sporządzona po rozmowie z kpt. Bolestą stanowi coś więcej niż dowód. To zbiór dowodów. Nie przedstawia jednej czy dwóch ambiwalentnych sytuacji, w których Antoni Macierewicz zdawał się współdziałać z komunistycznym aparatem represji lub cieszył się jego łagodnością. Opisuje szereg konsekwentnie prowadzonych i powiązanych ze sobą działań, dzięki którym Macierewicz znalazł się pod kompleksową ochroną Biura Studiów SB.

Podałem wcześniej liczne przykłady dwuznacznych relacji między Macierewiczem a komunistyczną władzą i komunistycznymi służbami. Nie umiałem jednak wytłumaczyć, dlaczego w tak wielu przypadkach Macierewicz przez komunistów traktowany był łaskawie (nawet więcej niż łaskawie, jeśli mowa o latach 80.). Można się było domyślać, że stał za tym jakiś zamysł, jakaś strategia. Jaka dokładnie? Czyja? Na te pytania brakowało odpowiedzi.

Teraz wreszcie mamy konkretną odpowiedź.

Okazuje się, że to kierowany przez pułkownika Stefana Mikołajskiego Wydział III Biura Studiów SB otoczył Antoniego Macierewicza szczególną opieką. Osłonił go przed bardziej gruboskórnymi towarzyszami z pionu służbowego Departamentu III, którzy represjonowali opozycję. Oczywiście Biuro Studiów również opozycję zwalczało, ale nie za pomocą zwykłych represji. Stosowało metody znacznie bardziej wyrafinowane. Próbowało tworzyć swoje własne podziemne organizacje i podziemnych przywódców. Wykorzystywało przy tym autentycznych opozycyjnych działaczy, których otaczało opieką. Mowa więc o działaniach w najwyższym stopniu przewrotnych, które wymagały cierpliwości i umiejętności wczucia się w sytuację przeciwnika.

Towarzysz Mikołajski, naczelnik Wydziału III Biura Studiów SB, miał taką umiejętność – być może ze względu na uwarunkowania rodzinne i długie doświadczenie. Był fanatycznym komunistą, ale też synem narodowca. Na długo przed powstaniem Biura Studiów zajmował się środowiskami, w których obracał się Antoni Macierewicz. Przez dziesięciolecia zgłębiał ideologię narodowo-katolicką, którą pod koniec lat 70. zaczął głosić Macierewicz.

AGENCI BIURA ROBIĄ ZA OFIARY

Internetowy katalog Instytutu Pamięci Narodowej podaje, że Stefan Mikołajski służył w Biurze Studiów SB od 1 lipca 1982 r. do 15 stycznia 1987 r.[185]. Jednak w jego aktach osobowych czytamy, że wniosek o przeniesienie go do tej jednostki złożono już 22 marca 1982 r. Początkowo miał tam zajmować stanowisko zastępcy naczelnika Wydziału I[186]. Jednak po trzech miesiącach i jednym tygodniu, w dniu 1 lipca Mikołajski zasiadł na stołku naczelnika Wydziału III. Można się domyślać, że kariera w Biurze Studiów, i to rozpoczęta od szybkiego awansu, stanowiła spełnienie jego marzeń. Działał w jednostce, która miała prawo oszukiwać nie tylko „wrogów", lecz także innych esbeków.

Powołane w 1982 r. Biuro Studiów SB było ukochanym dzieckiem wiceministra spraw wewnętrznych generała Władysława Ciastonia (tego samego, którego później podejrzewano o udział w zamordowaniu księdza Jerzego Popiełuszki). Powstało w stanie wojennym, w czerwcu 1982 r., aby rozpracowywać i rozbijać największą organizację opozycyjną, czyli podziemny związek zawodowy NSZZ „Solidarność"[187]. Jednak wspomniany wyżej wniosek z marca wskazuje, że Ciastoń przygotowywał powstanie Biura Studiów na długo przed czerwcem.

Gdy już sformalizowano jego istnienie, Biuro Studiów otrzymało dostęp do dokumentów innych jednostek SB i departamentów MSW. Analizowało te dokumenty i przetwarzało wyciągnięte z nich dane, a równocześnie prowadziło własną pracę operacyjną. Wkraczało w kompetencje poszczególnych departamentów. Miało wyjątkowe uprawnienia. Jedno z nich zwraca szczególną uwagę. Otóż Biuro Studiów SB mogło rejestrować swoich agentów jako „figurantów" (osoby obserwowane, tropione i prześladowane przez esbecję). Zatem ze swoich szpiegów robiło swoje ofiary. W tej kwestii miało

185 *Dane osoby z katalogu funkcjonariuszy aparatu bezpieczeństwa*, Biuletyn Informacji Publicznej Instytutu Pamięci Narodowej. Komisja Ścigania Zbrodni przeciwko Narodowi Polskiemu, <https://katalog.bip.ipn.gov.pl/informacje/40783>, dostęp: 14 września 2018.

186 IPN BU 0604/1427.

187 P. Piotrowski, *Biuro studiów szczególnych*, „Rzeczpospolita" nr 135, 2005.

prawo wprowadzać w błąd inne jednostki SB. Potwierdzają to nawet historycy sympatyzujący z Macierewiczem lub z nim związani, jak np. Piotr Gontarczyk i Sławomir Cenckiewicz w książce *SB a Lech Wałęsa*[188]. „Biuro Studiów konspirowało [...] część swoich działań przed innymi pionami SB, udzielając im fałszywych informacji. W ramach tzw. korespondencji koordynacyjnej na pytanie o cennego TW zarówno Biuro Studiów, jak i Inspektorat II odpowiadały często, że dana osoba jest rozpracowywana (figurant)" – czytamy także w książce *Konfidenci*[189]. Wstępem opatrzył ją... Antoni Macierewicz, a wśród jej autorów figuruje znowu Cenckiewicz, jak i politolog Piotr Woyciechowski (wieloletni współpracownik Macierewicza). Cytat ze strony 82 jest jednak autorstwa Tomasza Tywonka (rzecznika Macierewicza jako ministra spraw wewnętrznych w roku 1992, później doradcy Platformy Obywatelskiej). Cenckiewicz i Woyciechowski na początku książki umieścili w całości 220-stronicowe opracowanie Tywonka pt. *Konfidenci są wśród nas*[190].

KAPITAN PRZYKRYWKA

Trzeba podkreślić, że wielka część dokumentacji dotyczącej Biura Studiów została zniszczona lub wykradziona w latach 1989–1990. Dlatego zbadanie działalności Stefana Mikołajskiego i jego relacji z Antonim Macierewiczem wymagało dokładnego zapoznania się z wielką liczbą esbeckich teczek. Nieraz wiążą się one z tą relacją tylko częściowo lub pośrednio. Jednak obecne w nich liczne ślady pułkownika Mikołajskiego i jego ludzi pozwalają zrekonstruować rolę, jaką esbek odegrał w życiu Macierewicza i polskiej historii. Jednym z tych śladów jest właśnie rozmowa kpt. Bolesty z Jasińskim „Hutorowiczem" zapisana przez tego ostatniego. To, co Bolesta opisuje „Hutorowiczowi", stanowi sytuację skrajnie nieregulaminową. Mikołajski i jego ludzie konsekwentnie odcinają Wydział III-2 SUSW od Antoniego Macierewicza, o czym świadczy to, że:

- wynieśli z tego wydziału dokumentację dotyczącą Antoniego Macierewicza;

188 P. Gontarczyk, S. Cenckiewicz, *SB a Lech Wałęsa. Przyczynek do biografii*, Gdańsk 2008, zob. rozdział *Figurant kryptonim „Zadra" i operacje specjalne Biura Studiów Służby Bezpieczeństwa MSW*.

189 W. Bagieński, S. Cenckiewicz, P. Woyciechowski, *Konfidenci*, Warszawa 2015, s. 82.

190 W 1992 r. wydane przez Tomasza Tywonka pod pseudonimem „Michał Grocki" i zawierające wyżej zacytowany fragment. Wiele interesujących informacji, które można znaleźć w książce Cenckiewicza i Woyciechowskiego, pochodzi właśnie od Tywonka.

- nie zwrócili jej, choć Wydział III-2 nie może bez niej rozpracowywać Macierewicza;
- najprawdopodobniej otrzymują zapisy nagrań z podsłuchu u Macierewicza, i to jako pierwsi, podczas gdy Wydział III-2 dostaje je z opóźnieniem;
- najprawdopodobniej założyli podsłuch u prawej ręki Macierewicza, Piotra Naimskiego, a nagraniami z tego podsłuchu nie dzielą się z Wydziałem III-2 SUSW (który wciąż teoretycznie rozpracowuje Macierewicza i Naimskiego!);
- uniemożliwiają Wydziałowi III-2 SUSW założenie własnego podsłuchu u Naimskiego;
- przejmują informacje od konfidenta Wydziału III-2 SUSW i płacą mu, podszywając się pod pracownika tego wydziału!

Jednak przy tym wszystkim nie wyrejestrowują Macierewicza z ewidencji Wydziału III-2 SUSW. Nie rejestrują go jako swojego „figuranta". Antoni Macierewicz wciąż pozostaje „figurantem" Wydziału III-2, choć jego funkcjonariusze ze znękanym kpt. Bolestą na czele nie mają już do Macierewicza dostępu. Znaczy to, że wciąż za niego odpowiadają, choć nie mają nad nim żadnej kontroli. Stanowi to złamanie zasad. „Figurant" powinien być rozpracowywany przez jednostkę, która za niego odpowiada. Gdy jest inaczej, z służbowego punktu widzenia sytuacja staje się niebezpieczna. Jednostka, która nie ponosi odpowiedzialności za „figuranta", może się nim zajmować w sposób niefrasobliwy. Trudniej ją też z takiej pracy rozliczyć. „Figurant" narozrabia, a Biuro Studiów umyje ręce: to nie nasz „figurant", niech Bolesta świeci oczami – tak tę sytuację mógłby widzieć funkcjonariusz średniego szczebla ze stołecznego, ale wciąż jednak lokalnego urzędu spraw wewnętrznych.

Kapitan Bolesta powinien był zareagować na poczynania Biura Studiów SB. Oczywiście Biuro Studiów to instytucja wyjątkowa i elitarna. Lepiej nie iść z nią na wojnę. Jednak wypadałoby się skontaktować z kierownictwem MSW i zapytać, czy na pewno Macierewicz ma się znajdować pod dziwną, nieregulaminową opieką pułkownika Mikołajskiego. Wypadałoby uzyskać w tej sprawie jakąś odpowiedź na piśmie od kierownictwa MSW. Choćby ogólnikowo sformułowaną, na przykład w ten sposób: „Kwestia rozpracowywania figuranta «Macek» [kryptonim przypisany do Macierewicza] przez jednostkę inną niż Wydział III-2 jest przedmiotem naszej wiedzy" – i tu podpis szefa Departamentu III, gen. Henryka Dankowskiego albo samego Ciastonia. W razie czego taka „podkładka" byłaby wystarczająca... Jednak z wypowiedzi kapitana Bolesty wynika, że nie interweniował w kierownictwie MSW (jeśli zaś interweniował, to nic nie uzyskał). Kapitan jednoznacznie komunikuje „Hutorowiczowi", że Macierewicz został przejęty przez Biuro Studiów SB – ale opiera ten opis na licznych oznakach, które zaobserwował, nie na wyjaśnieniach kierownictwa. Gdyby zaś szefowie wyjaśnili mu sytuację, ale kazali o niej milczeć, to Bolesta zapewne nic by nie powiedział „Hutorowiczowi".

Bierność kapitana jest uderzająca. Grzegorz Bolesta widzi, że Biuro Studiów SB w sposób nieregulaminowy odebrało mu Antoniego Macierewicza. Nie jest z tego zadowolony, półgębkiem narzeka, ale nic z tym nie robi. Mamy więc dwie zagadki. Pierwsza: dlaczego pułkownik Mikołajski z Biura Studiów nieregulaminowo wyrywa Macierewicza z rąk kapitana Bolesty i jego Wydziału III-2? I druga zagadka: dlaczego kapitan Bolesta na to nie reaguje? Istnieje odpowiedź, jedna i ta sama, która okazuje się rozwiązaniem obu tych zagadek. Natrafiłem na nią w cytowanych wcześniej opracowaniach *SB a Lech Wałęsa* i *Konfidenci*. Wiemy już, że współautorem obu z nich jest Sławomir Cenckiewicz, bliski współpracownik Antoniego Macierewicza. Wynikałoby z tego, że Cenckiewicz przyczynił się do upublicznienia informacji, która stawia Macierewicza w złym świetle. Jak bowiem wspomniałem wcześniej, oba opracowania w sposób jasny i udokumentowany podają, że Biuro Studiów SB rejestrowało u siebie „cennych TW" jako „figurantów".

To kluczowa okoliczność. Jeśli wieść o tej praktyce rozeszła się po SB, to Biuro Studiów mogło się obawiać, że jego „figuranci" zaczną być automatycznie uznawani za agentów. Gdyby takie plotki na ich temat wyciekły z SB i dotarły do opozycji, kamuflaż stałby się przeciwskuteczny. Agenci Biura Studiów zakamuflowani jako jego „figuranci" byliby dekonspirowani właśnie dlatego, że zostali tak zakamuflowani. To byłby powód, dla którego Biuro Studiów SB zaczęłoby robić wszystko, żeby najcenniejsi z „cennych TW" w miarę możności figurowali jako rozpracowywani przez inne jednostki.

Napisałem powyżej: „Jeśli wieść o tej praktyce rozeszła się po SB". Przypuszczenie to tłumaczy również zachowanie kpt. Bolesty. Jeśli wieść o tym, że Biuro Studiów SB rejestruje „cennych TW" jako „figurantów" rozeszła się po SB, to kapitan się domyśla, że również Macierewicz jest „cennym TW" zakamuflowanym jako figurant. Taka sytuacja nadal byłaby nieregulaminowa, ale znacznie mniej niebezpieczna dla kapitana. Niefrasobliwie traktowany „figurant" – czyli opozycjonista, wróg – może narozrabiać. Znacznie mniejsze prawdopodobieństwo jest, że zrobi to agent. Figurant z reguły jest nieposłuszny, agent z reguły jest posłuszny. Co więcej, w sprawie nieregulaminowo prowadzonego figuranta wypada robić raban – natomiast zupełnie nie wypada hałasować w sprawie supertajnego agenta prowadzonego przez kolegów z elitarnej jednostki. Mogłoby to zostać potraktowane jak narażanie ich współpracownika na dekonspirację. Dlatego kpt. Bolesta godzi się być przykrywką i nie drąży sprawy, co również – jak się zdaje – sugeruje Jasińskiemu „Hutorowiczowi". Jego relację można streścić tak: kolego z wywiadu, daj sobie spokój z Macierewiczem, jak ja sobie dałem. To człowiek Mikołajskiego z tego dziwnego Biura Studiów. Oczywiście, Bolesta nie mówi tego wprost. Przyjmuje zasadę, którą stosuje się wobec nowych członków zamkniętych korporacji: „Jeśli jest dość bystry, by mnie zrozumieć, będzie dość bystry, by nie powtarzać. Jeśli jest tak głupi, że trzeba do niego gadać wprost, to lepiej nie gadać, bo powtarzać też będzie wprost".

Operacje Biura Studiów SB są ściśle tajne. Gdyby „Hutorowicz" miał zadatki na gadułę, to Bolesta nie chciałby się stać pierwotnym źródłem jego przecieku. Jednak młody wywiadowca, jak się zdaje, plasuje się gdzieś pomiędzy „dość bystrym" a „tak głupim". Jeśli nawet zrozumiał, to pragnie się upewnić, że zrozumiał dobrze. Na wszelki wypadek chce donieść kierownictwu o ewentualnych nieprawidłowościach w Biurze Studiów i pionie Departamentu III. Wysyła swoim szefom kolejną notatkę w sprawie niejasnego statusu Macierewicza. Generał Sarewicz ją czyta – i znowu sugeruje podporucznikowi, żeby sobie odpuścił. Tak jak we wrześniu, gdy Jasiński „Hutorowicz" po raz pierwszy dociekał przyczyn bezkarności „figuranta". Gdyby z tych dwóch odpowiedzi generała złożyć jeden komunikat, brzmiałby on następująco: Być może w Departamencie III panuje bałagan, ale to nie nasz kłopot. A o Biurze Studiów w ogóle zapomnij. Na szczęście wszystko to nieważne, bo nikt nie ściga Macierewicza. Jego przewiny zostały unieważnione.

Po takich odpowiedziach Jasiński „Hutorowicz" powinien się wyzbyć wątpliwości: Macierewicz jest pod ochroną Biura Studiów SB. Pod ochroną potężnych opiekunów, którzy unieważniają artykuły kodeksu karnego. Mogą też wykorzystywać innych esbeków, oszukiwać ich, robić z nich przykrywkę.

To, czego się właśnie dowiedzieliśmy, nasuwa jednoznaczne wnioski co do ówczesnej roli Antoniego Macierewicza. Zanim je przyjmiemy, wypadałoby rozważyć okoliczności, które mogłyby świadczyć na jego korzyść. Może jednak Macierewicz był zwykłym „figurantem" Biura Studiów SB? Może ukrywało ono swe zainteresowanie Macierewiczem z innych przyczyn niż domniemana współpraca? Czy można sobie wyobrazić inne interpretacje grudniowej notatki „Hutorowicza", według których Antoni Macierewicz nie byłby „cennym TW"?

Można wziąć pod uwagę dwie takie wersje. Pierwsza wersja brzmiałaby tak: Biuro Studiów ukrywa swoje zainteresowanie Antonim Macierewiczem, bo w jego opozycyjnej grupie ma ważnego agenta. Nie jest nim Macierewicz, ale osoba jednoznacznie i blisko z nim kojarzona. Gdyby rozeszła się wiadomość, że Biuro Studiów interesuje się Antonim Macierewiczem, mogłoby to zwrócić uwagę nie tylko na niego, lecz także na „cennego TW" u jego boku. Kto mógłby nim być? Kto w tamtych latach stał u boku Macierewicza? Żonę należy raczej wyeliminować z kręgu podejrzeń. Hanna Natora-Macierewicz miała kilka wymuszonych kontaktów z SB, jednak nic nie wskazuje na to, by w jakikolwiek sposób pomagała esbekom. Jej wyjazd do Anglii można interpretować jako oznakę uprzywilejowania samego Macierewicza, które rozciągało się na jego rodzinę. Bardziej prawdopodobnymi kandydatami byliby najbliżsi współpracownicy Antoniego Macierewicza, znacznie głębiej zaangażowani w działalność jego grupy niż żona. Według Piotra Piętaka Ludwik Dorn zerwał z Macierewiczem wiosną 1983 r. Zatem Dorna też musimy wyeliminować, skoro Biuro Studiów SB chroni Macierewicza w grudniu 1984 r.

Pozostaje Piotr Naimski, ale wersja, według której to on byłby agentem, ma trzy wady:

- jest bardziej skomplikowana niż przypuszczenie, że Antoni Macierewicz współpracował z Biurem Studiów SB (Biuro Studiów miałoby chronić Macierewicza nie po to, żeby chronić Macierewicza, ale po to, żeby chronić kogoś mu bliskiego);
- nie spełnia swego celu, gdyż nie do końca oczyszcza Antoniego Macierewicza z podejrzeń (po 1984 r. przez następne 34 lata Macierewicz ściśle współpracował i wciąż współpracuje z Piotrem Naimskim, gdyby więc Naimski był komunistycznym agentem, źle świadczyłoby

to o Macierewiczu wskazując na jego krańcową i trudną do uwierzenia naiwność lub złą wolę);

- w czasach KOR-owskich Piotra Naimskiego esbecja traktowała gorzej niż Antoniego Macierewicza (gdy Naimski przebywał w areszcie, jego żonę zwolniono z pracy, oboje trzykrotnie musieli się przeprowadzać, gdyż grożono osobom, które wynajmowały im mieszkania)[191].

Zatem to Macierewicz pierwotnie był uprzywilejowany, nie Naimski. Późniejsze uprzywilejowanie Piotra Naimskiego (wyjazd do USA, bezkarność po tajemniczym powrocie) jawi się jako skutek uprzywilejowania Macierewicza – nie odwrotnie.

Przejdźmy do wersji drugiej. Spróbujmy założyć, że wywiadowcy Julian Kowalski i Marek Cibor „Szletycki" jednak się nie mylili. Macierewicz i Naimski mieli jakieś tajne, głęboko ukryte związki z Tymczasową Komisją Krajową „Solidarności". Dlatego oboma działaczami zajmował się Mikołajski, który w Biurze Studiów SB był szefem Wydziału III (odpowiedzialnego właśnie za TKK „S"). Pułkownik Mikołajski nie chciał, żeby informacja o jego zainteresowaniu Macierewiczem i Naimskim wyciekła, bo wtedy mogliby oni zrozumieć, że odkryto ich tajne związki z TKK... Wersja druga jest na swój sposób logiczna, ale też ma potężne wady. Opiera się na gołosłownych stwierdzeniach Kowalskiego oraz nieuzasadnionych – jak wiemy – domniemaniach Cibora. Również na tym, że wydział Mikołajskiego oficjalnie zajmował się TKK. Jednak słaby to argument, skoro wydział ten oprócz TKK zajmował się np. biznesmenem Jerzym Starakiem (po przełomie 1989 r. polskim oligarchą, gigantem branży farmaceutycznej)[192]. Konkretnych argumentów, którymi można by poprzeć wersję drugą, po prostu nie ma. Brakuje świadectw na temat domniemanych związków Macierewicza z TKK. Jest tylko ogólnikowy, nieudokumentowany raport Kowalskiego oraz wzmianka w meldunku „Szletyckiego", oparta na błędnych przesłankach. Poza tymi dwoma dokumentami nie ma doniesień nawet na temat samego istnienia wyżej wymienionych związków (nie mówiąc już o ich charakterze i kształcie). Czyżby jeszcze dzisiaj stanowiły one pilnie strzeżoną tajemnicę podziemia? Trudno w to uwierzyć. Gdyby zaś przyjąć takie założenie, wersja druga wciąż obarczona byłaby podobną wadą, co wersja pierwsza. Nie do końca rozgrzeszałaby Macierewicza. Albowiem jaką naturę musiałoby mieć

191 IPN BU 0678/159/4, s. 30–40.

192 Więcej o Jerzym Staraku zob. T. Piątek, *Macierewicz i jego tajemnice*, dz. cyt.

jego tajne powiązanie z TKK, skoro jej członkowie wciąż o tym milczą, choć od 29 lat można mówić głośno o działalności podziemia? Jaką naturę musiałoby mieć to powiązanie, skoro milczy o nim sam Macierewicz? Dlaczego o sprawie milczy chór jego hagiografów, który przypisuje mu odzyskanie przez Polskę niepodległości? Powinniśmy od nich usłyszeć, że to Macierewicz po kryjomu zawiadywał Tymczasową Komisją Krajową i całą podziemną „Solidarnością". Jednak nie słyszymy nic podobnego – nawet od historyczki Błażejowskiej, która zamieściła 47 „biograficznych" stron w księdze pamiątkowej dedykowanej Macierewiczowi[193].

Co więcej, wersja ta nie tłumaczy względnego uprzywilejowania Macierewicza w latach 1976–1981, na długo przed powstaniem TKK. Na to zastrzeżenie można odpowiedzieć, że również Biuro Studiów SB powstało dopiero w 1982 r. To prawda. Biuro Studiów SB istnieje od 1982 r., ale pułkownik Mikołajski działał wcześniej, znacznie wcześniej. W drugiej połowie lat 70. zajmował się m.in. liderami KOR. W tym samym czasie Macierewicz zaczął głosić ideologię narodową, w której specjalizował się Mikołajski. Jeszcze wcześniej Stefan Mikołajski w swej pracy natrafił na wuja Antoniego Macierewicza. Zatem słowa kpt. Bolesty rzucają na Macierewicza proste i jednoznaczne podejrzenie. A próby wytłumaczenia tego podejrzenia w sposób korzystny dla Antoniego Macierewicza są trudne – prowadzą do pytań, które nie brzmią dla niego korzystnie.

ROLA MIKOŁAJSKIEGO

W relacji „Hutorowicza" Grzegorz Bolesta określa zaistniałą sytuację znamiennymi słowami: „[...] praktyczne zawieszenie rozpracowania A. Macierewicza". Zapewne ma rację. Biuro Studiów SB działa poza departamentami, nawet ponad nimi. Jak się zdaje, Antoni Macierewicz jest skutecznie chroniony przed rozpracowaniem nie tylko ze strony kapitana Bolesty i jego Wydziału III-2 SUSW. Również ze strony całego Departamentu III, który walczy z opozycją (i któremu podlega Wydział III-2 SUSW).

Skoro pochylamy się nad poszczególnymi słowami Bolesty, to podkreślę, że nie przypadkiem wymienia on nazwisko Mikołajskiego. W komunistycznych służbach specjalnych szefowie zazwyczaj nadzorowali działalność swoich podwładnych szczegółowo, nieraz drobiazgowo. Regularnie

193 J. Błażejowska, *Niepodległość ma jeden kształt. Antoniemu Macierewiczowi w 70. rocznicę urodzin*, dz. cyt. 17–30, 66–100.

też w nią ingerowali. Niemożliwe jest, aby Wydział III Biura Studiów po piracku przejął Macierewicza od esbeków Departamentu III, nie informując o tym swojego szefa. Wręcz przeciwnie: cała operacja musiała zostać zaaprobowana przez Mikołajskiego w najdrobniejszych szczegółach. Najpewniej to on ją zaplanował.

Zatem w sprawie Macierewicza osobą kluczową jest towarzysz Mikołajski, tym bardziej że łączy go z Macierewiczem coś więcej niż to, o czym czytamy w notatce „Hutorowicza".

Tak się składa, że Stefan Mikołajski był podwładnym i wieloletnim kolegą wicedyrektora Biura Studiów SB Adama Malika. Współpracował z nim ściśle jeszcze przed powstaniem Biura Studiów. Z kolei Malik przez cztery lata współpracował w Moskwie z Witoldem Kaszkurem, ojcem Wojciecha Kaszkura. Tego samego, który w 1981 r. walczył o wypuszczenie Naimskiego do USA. Dodajmy tutaj, że pismo Kaszkura syna w sprawie Naimskiego stanowi ewenement z jeszcze jednego powodu. Młody esbek tropił przede wszystkim Adama Michnika i jego środowisko, tzw. komandosów (czasem też szerzej rozumianą „lewicę laicką", np. Jacka Kuronia i Jana Józefa Lipskiego). To było główne zadanie Wojciecha Kaszkura. Z jego akt osobowych i meldunków nie wynika, by szczególnie interesował się Macierewiczem czy Naimskim. Dlaczego zatem nagle wystąpił w obronie Naimskiego? Z inspiracji ojca, który musiał być mentorem początkującego esbeka? Może nawet z inspiracji kolegi ojca, Adama Malika? Przypuszczenie takie wykluczyć tym trudniej, że Kaszkur wielokrotnie odwiedzał ojca w Moskwie, gdzie ten pracował z Malikiem. Jeśli Kaszkur syn działał z inspiracji ojca i Malika, znaczyłoby to, że Malik i Mikołajski osłaniali Macierewicza i jego ludzi już w 1981 r.

Wiem jednak, że towarzysz Mikołajski jeszcze wcześniej miał wiele okazji, aby zainteresować się Antonim Macierewiczem.

POWIĄZANIE MIKOŁAJSKI–RESZCZYŃSKI–MACIEREWICZ

Zacznijmy od czasów KOR. W latach 1976–1982 Macierewicza rozpracowuje znany nam esbek Remigiusz Reszczyński, starszy inspektor Wydziału III Komendy Stołecznej Milicji Obywatelskiej. „Rozpracowuje" to mało powiedziane. Już w grudniu 1976 r. porucznik Reszczyński przedstawia swoim przełożonym długą i dokładną analizę działalności Antoniego Macierewicza (oraz dotyczącej go Sprawy Operacyjnego Rozpracowania kryptonim „Macek").

Postuluje m.in., żeby zająć się kontaktami Macierewicza z Naimskim[194]. W następnym roku, jak wiemy, Remigiusz Reszczyński zajmie się również Hanną Macierewicz i jej ewentualnymi wyjazdami zagranicznymi. A gdy powstanie „Solidarność", towarzysz Reszczyński będzie tropić Macierewicza jako szarą eminencję Regionu Mazowsze. Zatem przez co najmniej sześć lat Reszczyński będzie kimś w rodzaju „specjalisty od Macierewicza" w SB. Skąd taka specjalizacja? Remigiusz Reszczyński zajął się Macierewiczem jako jednym z „figurantów" sprawy kryptonim „Gracze" dotyczącej opozycyjnego Komitetu Obrony Robotników. W ramach tej sprawy Reszczyński współpracował z Wojciechem Kaszkurem.

Towarzysz Reszczyński specjalizuje się w Macierewiczu od co najmniej dwóch i pół roku, gdy w dniu 1 maja 1979 r. powstaje nowy, ważny departament w MSW. To Departament III A, który odpowiada za szeroko pojętą gospodarkę, infrastrukturę przemysłową i środowiska robotnicze. Podlegają mu lokalne Wydziały III-A, które zajmują się tym samym. W dniu powstania Departamentu III A jego starszym inspektorem zostaje nie kto inny jak Stefan Mikołajski[195]. Mija kolejne siedem miesięcy – i Remigiusz Reszczyński, specjalista od Macierewicza, przechodzi pod kierownictwo tego właśnie Departamentu III A. Przenosi się bowiem do Wydziału III-A Komendy Stołecznej MO. Zaczyna więc pracować w pionie służbowym Mikołajskiego. Podobnie jak on jest starszym inspektorem – tyle że kilka szczebli niżej[196]. Czyżby więc Mikołajski mógł się zainteresować Macierewiczem już w 1979 r.? Na pewno mógł się o nim dowiedzieć. Gdyby miewał styczność z Remigiuszem Reszczyńskim, byłoby to trudne do uniknięcia. Sądząc po analizach, które zostały po nim w IPN, towarzysz Reszczyński lubił epatować zwierzchników swoim „figurantem" Macierewiczem i jego wpływami wśród opozycyjnych działaczy robotniczych.

Odnotujmy przy okazji, że Jerzy Okraj – ten sam, który w grudniu 1981 r. alarmował, że Macierewicz założył sobie własne, „solidarnościowe" SB – w październiku 1981 r. został naczelnikiem Wydziału III-A w Komen-

194 Ł. Kamiński, G. Waligóra, *Kryptonim „Gracze". Służba Bezpieczeństwa wobec Komitetu Obrony Robotników i Komitetu Samoobrony Społecznej KOR 1976–1981*, dz. cyt., s. 94–96.

195 *Dane osoby z katalogu funkcjonariuszy aparatu bezpieczeństwa*, Biuletyn Informacji Publicznej Instytutu Pamięci Narodowej. Komisja Ścigania Zbrodni przeciwko Narodowi Polskiemu, <https://katalog.bip.ipn.gov.pl/informacje/40783>, dostęp: 14 września 2018.

196 *Dane osoby z katalogu funkcjonariuszy aparatu bezpieczeństwa*, Biuletyn Informacji Publicznej Instytutu Pamięci Narodowej. Komisja Ścigania Zbrodni przeciwko Narodowi Polskiemu, <https://katalog.bip.ipn.gov.pl/informacje/95408>, dostęp: 14 września 2018.

dzie Stołecznej MO[197]. Zatem stał się szefem Remigiusza Reszczyńskiego. Jak również kolejnym esbekiem związanym z Macierewiczem, który pracował w pionie służbowym towarzysza Mikołajskiego. Odnotujmy też, że tajemnicza solidarnościowa tajna służba z 1981 r., którą miał kierować Macierewicz, a która później rozwiała się w mroku i niepamięci esbeków, wygląda jak jedna z mistyfikacji tworzonych przez Biuro Studiów SB. To prawda, że w 1981 r. ono jeszcze nie istniało, istniał jednak towarzysz Mikołajski.

MORDERSTWEM W OPOZYCJĘ

Kolejne wskazówki odsyłają nas do czasów sprzed 1981 r. i 1979 r. Otóż w latach 1963–1982 Stefan Mikołajski zajmował się głośną i krwawą sprawą z 1957 r. Chodzi o mord na Bohdanie Piaseckim, synu Bolesława Piaseckiego (skrajny katolicki nacjonalista, który po wojnie poparł komunizm, założyciel wspomnianego wcześniej Stowarzyszenia PAX). Od 1975 r. tę samą sprawę badał również Malik. Sprawców mordu nigdy nie wykryto, natomiast towarzysze Mikołajski i Malik wykorzystali wieloletnie śledztwo, aby penetrować opozycyjne środowiska, z którymi wówczas związany był Macierewicz. Jak się przekonamy, w 1982 r. Stefan Mikołajski próbował użyć sprawy Piaseckiego w sposób korzystny dla Antoniego Macierewicza. Ale mógł zwrócić uwagę na rodzinę Antoniego Macierewicza już w 1963 r., gdy zapoznawał się z aktami śledztwa. Trafiamy w nich bowiem na kolejną nieoczekiwaną koincydencję. Wuj Macierewicza, Andrzej Winczakiewicz, wystąpił w śledztwie dotyczącym Piaseckiego jako ekspert.

Winczakiewicz, wybitny specjalista od papieru, badał próbki pochodzące z listów, które porywacze Bohdana Piaseckiego przysłali do jego ojca. Ekspertyza niewiele pomogła śledczym i mniej lub bardziej kolidowała z wynikami innych badań. W opracowaniu napisanym dla swoich zwierzchników Stefan Mikołajski przedstawił dwuznaczny wkład Andrzeja Winczakiewicza w śledztwo i skrytykował go, aczkolwiek bardzo delikatnie i zdawkowo. Najprawdopodobniej miał powody, żeby się w tę kwestię nie zagłębiać. Sam Mikołajski bowiem sabotował śledztwo i to w sposób już całkiem niedwuznaczny. Pozwolił zniszczyć cenny materiał dowodowy, m.in. próbki papieru. Niejasna ekspertyza Winczakiewicza mogła mu być na rękę.

197 *Dane osoby z katalogu funkcjonariuszy aparatu bezpieczeństwa*, Biuletyn Informacji Publicznej Instytutu Pamięci Narodowej. Komisja Ścigania Zbrodni przeciwko Narodowi Polskiemu, <https://katalog.bip.ipn.gov.pl/informacje/95033>, dostęp: 14 września 2018.

Jeśli sięgnąć jeszcze głębiej w przeszłość, w 1952 r. Stefan Mikołajski uczestniczył w tzw. operacji „Cezary". Była to wyrafinowana gra sowieckich i polskich służb przeciwko amerykańskiemu i brytyjskiemu wywiadowi. Wiele wskazuje na to, że w końcowej fazie operacji „Cezary" wykorzystana została rodzina Antoniego Macierewicza. Zatem odpowiedź na pytanie: „Kiedy to się zaczęło", może brzmieć „Bardzo dawno". Towarzysz Mikołajski mógł zwrócić swój wzrok na Macierewicza i jego rodzinę na dziesięciolecia przed 1984 r.

NAGŁY WYJAZD DO SOCZI

Jednak przez chwilę jeszcze zostańmy w tamtym ponurym roku. Wiemy już, że Antoni Macierewicz wychodzi z konspiracji 20 sierpnia 1984 r. Co w tym czasie robi towarzysz Mikołajski? Otóż następnego dnia wyjeżdża do Związku Sowieckiego. Jak się zdaje, robi to nagle, w pośpiechu, być może też nie do końca legalnie. Na jednym z dokumentów wyjazdowych brakuje podpisu kluczowej osoby. Pochylmy się nad tym dokumentem.

Instytut Pamięci Narodowej przechowuje akta paszportowe Stefana Mikołajskiego[198]. Wśród nich znajduje się blankiet z 13 sierpnia 1984 r., częściowo wypełniony odręcznie. Jego treść brzmi tak: „Departament Zdrowia i Spraw Socjalnych MSW informuje, że Minister Spraw Wewnętrznych przydzielił płk Stefanowi Mikołajskiemu wczasy w ośrodku zagranicznym w Soczi położonym na terenie ZSRR w okresie od 21.08 do 16.09.1984 r.". To nie była epoka tanich lotów i ofert *last minute*. W tamtych czasach wyjazd zagraniczny planowano miesiącami, jeśli nie latami. Esbecy niekiedy (nie zawsze) mieli pod tym względem łatwiej. Ale i tak tempo towarzysza Mikołajskiego zdumiewa. Albowiem pułkownik załatwia sobie wczasy na tydzień przed wyjazdem – i to nie w jakimś podrzędnym kurorcie, tylko w Soczi! Tam, gdzie wypoczywa kremlowska elita. W tej nadmorskiej miejscowości KGB posiada co najmniej trzy sanatoria dla swoich pracowników. Udostępnia w nich pokoje pracownikom polskiego MSW. Zatem pułkownik Stefan Mikołajski będzie się pluskać i wygrzewać z sowieckimi kolegami po fachu. Jakim cudem udało mu się załatwić coś takiego w takim tempie? Pod dokumentem wyjazdowym nie podpisał się minister spraw wewnętrznych (co jakoś tłumaczyłoby szybkość załatwienia sprawy). Jest tylko pieczątka: „Z-CA NACZELNIKA

198 IPN BU 1010/470203.

WYDZIAŁU OGÓLNEGO DEPARTAMENTU ZDROWIA I SPRAW SOCJALNYCH PŁK LEK. J. GOGELA".

Pieczątkę opatrzono dziwnie wyglądającym podpisem. Gdy go zobaczyłem, pomyślałem, że pułkownik lekarz Gogela użył grubego mazaka o wodnistym tuszu. Pokazałem dokument oddzielnie dwóm osobom:

- ekspertowi z warszawskiego oddziału IPN (który zgodził się wystąpić w tej książce imiennie, jednak w ostatniej chwili przed jej ukończeniem poprosił, by go zanonimizować, bo inaczej „mógłby mieć przykrości");
- pewnemu byłemu pracownikowi służb specjalnych.

Żadnego z nich nie uprzedziłem, że interesuje mnie podpis Gogeli. Chciałem zobaczyć, na co sami zwrócą uwagę. „Tu nie ma podpisu. Zamiast niego jest kopia zrobiona jakąś mechaniczną metodą" – zauważył od razu ekspert IPN.

„Faksymile" – sprecyzował były funkcjonariusz służb. Faksymile to kopia podpisu umieszczana na mniej ważnych dokumentach, przeważnie za pomocą pieczątki. Używanie faksymile nie było powszechne w MSW. Sprawdziłem: pułkownik doktor Jerzy Gogela faktycznie istniał, pracował w MSW i zajmował się wymianą sanatoryjną z innymi krajami socjalistycznymi[199]. Dlaczego jednak użył faksymile? Czyżby dokumenty dotyczące wyjazdów zagranicznych uważał za nieistotne? Nawet wtedy, gdy występował w imieniu ministra spraw wewnętrznych? Jedno i drugie stałoby w sprzeczności z duchem, który w 1984 r. panował w MSW. Załóżmy jednak, że pułkownik doktor uważał skierowanie na wczasy, nawet do sanatorium KGB, za sprawę całkowicie banalną. To wciąż nie tłumaczy, dlaczego nie podpisał się odręcznie na blankiecie, choć odręcznie go wypełnił. Oczywiście można by powiedzieć: „Do tak banalnych spraw doktor Gogela mógł mieć sekretarkę, która dysponowała gotowymi blankietami z faksymile podpisu doktora. To ona odręcznie wypełniałaby blankiety, załatwiając skierowania na wczasy samodzielnie, bez zawracania głowy szefowi". W takim razie jednak doktor musiałby pomagać sekretarce w jeszcze banalniejszych pracach biurowych i dopisywać cyferki do sygnatur na blankietach. Albo też musiałby mieć więcej osób do pomocy w biurze: kogoś, kto wpisywał treść na blankietach i kogoś innego, kto aktualizował na nich sygnatury. Do blankietu doktora Gogeli bo-

199 Zob. dokument opublikowany w serwisie ÚSTR (Ústav pro studium totalitních režimů), <https://www.ustrcr.cz/data/pdf/projekty/mezinarodni-spoluprace/plr/spoluprace52.pdf>, dostęp: 14 września 2018.

wiem przyłożyły rękę co najmniej dwie różne osoby. Blankiet nosił sygnaturę: „L.dz. Z.OG. HC/84". Większa jej część napisana została pismem maszynowym, zaś „HC" i ostatnia cyfra „4" – odręcznie (ktoś w dużej ilości kopii musiał powielić blankiet, na którym rok oznaczono tylko cyfrą „8" z oczywistych przyczyn praktycznych: po ósemce można było ręcznie dopisywać jedynkę, dwójkę, trójkę itd., co pozwalało używać skopiowanych blankietów przez całą dekadę lat 80.). Tak się składa, że inaczej wygląda odręczna cyfra „4" w sygnaturze, zupełnie zaś inaczej przedstawiają się czwórki w datach „13.08.1984" i „16.09.1984" (również napisanych odręcznie). Zwrócił mi na to uwagę drugi z ekspertów, były pracownik służb specjalnych.

Zatem jedna osoba zaktualizowała sygnaturę dokumentu, druga osoba wpisała jego treść, a nie wiadomo, czy którakolwiek z nich była tą najważniejszą osobą, mającą prawo wystawić dokument – gdyż jej podpisu brakuje. Oczywiście można się łapać prawą ręką za lewe ucho, żeby znaleźć najmniej niepokojące wyjaśnienia (niechęć doktora do wypisywania skierowań połączona z daleko idącym podziałem pracy w biurze lub rotacją sekretarek...). Jednak najprostsze wyjaśnienie brzmi następująco: towarzysz Mikołajski uzyskał blankiet z faksymile doktora Gogeli oraz przygotowanymi wcześniej

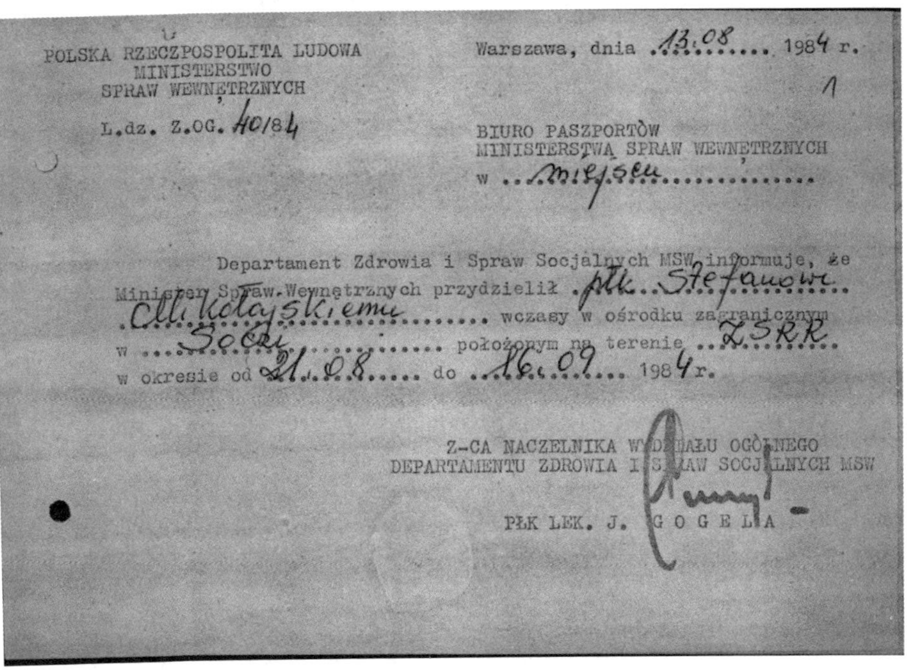
POLSKA RZECZPOSPOLITA LUDOWA
MINISTERSTWO
SPRAW WEWNĘTRZNYCH

L.dz. Z.OG. 40/84

Warszawa, dnia 13.08. 1984 r.

1

BIURO PASZPORTÓW
MINISTERSTWA SPRAW WEWNĘTRZNYCH
w miejscu

Departament Zdrowia i Spraw Socjalnych MSW informuje, że Minister Spraw Wewnętrznych przydzielił płk. Stefanowi Mikołajskiemu wczasy w ośrodku zagranicznym w Soczi położonym na terenie ZSRR w okresie od 21.08. do 16.09. 1984 r.

Z-CA NACZELNIKA WYDZIAŁU OGÓLNEGO
DEPARTAMENTU ZDROWIA I SPRAW SOCJALNYCH MSW

PŁK LEK. J. GOGELA

Zobowiązanie Zdzisława Macierewicza do współpracy z organami bezpieczeństwa sygnaturami. Na tym blankiecie Mikołajski sam sobie wypisał „skierowanie na wczasy". Albo podyktował treść komuś stuprocentowo zaufanemu i posłusznemu, jeśli miał kogoś takiego. Po co zostawiać własny charakter pisma na sfałszowanym świstku?

Świstek ten ma dla nas duże znaczenie. Jeśli Mikołajski wypisał sobie skierowanie sam, to znaczy, że chciał ukryć swoją podróż do Soczi przed zwierzchnikami. Przed kim konkretnie? Zapewne nie przed Adamem Malikiem: obaj towarzysze znali się i wspierali od lat. Co więcej, Malik miał znajomych wśród funkcjonariuszy KGB co najmniej od czasów Grupy „Wisła". Można więc przypuścić, że nie tylko wiedział o wyjeździe, lecz także umówił Mikołajskiego z ważnymi ludźmi w Soczi. Oszukanym byłby więc ktoś inny. Oszukanym byłby ten, kto rzekomo przydzielił Mikołajskiemu wczasy nad Morzem Czarnym: minister spraw wewnętrznych Czesław Kiszczak razem ze swoją ekipą.

Tak się składa, że w drugiej połowie 1984 r. wrogowie Kiszczaka w MSW działali bardzo intensywnie. Między innymi kontaktowali się z Moskwą za plecami ministra.

WYKŁAD MATEMATYKA O ŻYDACH TRUCICIELACH

Tym ciekawsze wydaje się pytanie, po co Mikołajski poleciał do Soczi. Co takiego działo się tam latem 1984 r.? Otóż latem 1984 r. w Soczi towarzysze z KGB pracowali nad stworzeniem własnej, rosyjskiej, nacjonalistycznej prawicy (oczywiście nafaszerowanej agentami). KGB było najlepiej poinformowaną instytucją w ZSRR. Jej funkcjonariusze w 1984 r. doskonale już wiedzieli, że komunistyczny rozkład gospodarki i rozpad więzi społecznych wywoła ferment i protesty w całym sowieckim imperium. Obawiali się, że protestów tych nie da się zablokować. Chcieli je więc nadzorować i skanalizować. Dlatego też w następnych latach KGB poparło Michaiła Gorbaczowa i jego „pieriestrojkę", czyli kontrolowaną liberalizację życia politycznego i społecznego w ZSRR. Jednym z głównych inicjatorów „pieriestrojki" był Władimir Kriuczkow, wiceszef KGB (w 1988 r. Gorbaczow zrobił go szefem tej służby). Później, w 1991 r. Kriuczkow uzna, że „pieriestrojka" zaszła za daleko i weźmie udział w nieudanym komunistycznym puczu Janajewa (puczyści m.in. zamkną Gorbaczowa w jego krymskiej willi służbowej, aby po trzech dniach go wypuścić). Jednak przed 1991 r. Kriuczkow popiera powstające w latach 80. „spontaniczne" ruchy polityczne i społeczne. Również, a może przede wszystkim te skrajnie nacjonalistyczne. William Korey podaje, że jeszcze w 1990 r. Władimir Kriuczkow publicznie bronił ultraprawicowej, antysemickiej organizacji Pamiat´[200]. Nic dziwnego, skoro na przykład Wiktor Jasman, wybitny analityk Radia Swoboda [Radio Swoboda (Radio Liberty) – rosyjskojęzyczny odpowiednik Radia Wolna Europa] podaje, że Pamiat´ została stworzona przez KGB. Jeszcze przed początkiem pieriestrojki doszło do wystąpienia, które stanowiło kamień milowy na drodze do utworzenia tej organizacji. Stało się to... w Soczi, w lecie 1984 r. Zatem wtedy, gdy przebywał tam lub zaraz miał przebywać Mikołajski. Jedną z kolebek organizacji Pamiat´ był nowosybirski „ruch antyalkoholowy" powstały w 1983 r. Jego twarzami byli dwaj rosyjscy uczeni, lekarz Ugłow i matematyk Żdanow. Latem 1984 r. (niestety, nie udało mi się ustalić dokładnej daty) Żdanow przybył do Soczi, gdzie wygłosił wykład stanowiący streszczenie myśli jego kolegi Ugłowa. Myśli te były następujące: alkoholizm, który niszczy Rosję, został sztucznie wywołany przez agentów Zachodu. Przede wszystkim przez syjonistów, czyli Żydów, którzy w ten sposób mieliby truć prawdziwych Rosjan. Wykład ten spotkał się z głośnym odzewem, tym bardziej że Pamiat´ szeroko kolportowała jego treść przez następne półtora roku. Dzięki niemu zdobyła rozgłos w całym Związku Sowieckim.

Informacje o wykładzie matematyka Żdanowa dostępne są również w internecie, zarówno na stronach zwalczających antysemityzm[201], jak i kremlowsko-nacjonalistycznych. Na tych ostatnich możemy przeczytać, że przeciwnicy organizacji Pamiat´ zwrócili się do KGB z prośbą o zablokowanie kolportażu wykładu Żdanowa. Jednak z jakichś przyczyn to nie pomogło...[202].

Podsumujmy: towarzysz Mikołajski otacza opieką świeżo upieczonego nacjonalistę Macierewicza. Gdy tylko Macierewicz wychodzi z ukrycia i wraca do jawnej działalności, Mikołajski pośpiesznie leci do Soczi. Tam, gdzie sowieccy towarzysze wprowadzają na scenę publiczną własnych jawnie działających nacjonalistów. Wypadałoby zatem spytać, czy towarzysz Mikołajski, opiekun Macierewicza, na pewno wybrał się na wakacje. Może jednak

---

200 W. Korey, *Russian Antisemitism, Pamyat and the Demonology of Zionism*, London 1995, s. 194.

201 *антисемитизм в 1970–80-е гг.*, Электронная еврейская энциклопедия, <http://eleven.co.il/diaspora/judeophobia-anti-semitism/15402/>, dostęp: 14 września 2018.

202 Np.: <https://www.polituserforum.ru/threads/izrail-planiruet-unichtozhit-rossijskie-s-300.5946/page-27>, dostęp: 14 września 2018.

poleciał przegadać kwestię tworzenia komunistycznej łże-prawicy ze swymi sowieckimi kolegami lub wręcz mocodawcami? Odnotujmy też, że 120 kilometrów od Soczi (co w ZSRR oznaczało znikomą odległość) znajduje się wioska Eszera (Eszyra). Mieściło się w niej sanatorium sowieckiego ministerstwa obrony. Jeśli wierzyć jego biografom, wszystkie swoje letnie urlopy spędzał tam generał Piotr Iwaszutin, szef sowieckiego wywiadu wojskowego GRU. Jego ulubioną rozrywką miały być rejsy kutrem po morzu[203]. Iwaszutin był osobą wykształconą i inteligentną. W większości wypadków starał się zachować neutralność wobec wewnętrznych walk w sowieckiej partii komunistycznej. Dzięki temu przetrwał 24 lata na stanowisku. W 1963 r. objął je po generale Iwanie Sierowie i dotrwał aż do roku 1987.

Latem 1984 r. Soczi było w zasięgu kutra Iwaszutina. Choć oczywiście trudno przypuścić, żeby dygnitarz tej miary fatygował się dla wykładu matematyka Żdanowa. Ani tym bardziej dla jakiegoś polskiego pułkownika. Aczkolwiek, jak się przekonamy, Stefan Mikołajski miał swoje powiązanie także z GRU. Być może zasługiwał na to, by w razie potrzeby pchnąć do niego kutrem choćby adiutanta.

GRUPA „WISŁA", CZYLI MOSKWA

Nadmorskie wakacje zapewne minęły szybko (zwłaszcza gdy były pracowite i wypełnione ciekawymi rozmowami). Wróćmy zatem do codzienności towarzysza Mikołajskiego. Pamiętamy, że kierował on Wydziałem III Biura Studiów SB. Co to znaczyło w praktyce? Wydział III Biura Studiów SB pełnił zadania najwyższej wagi. Rozpracowywał kierownictwo podziemnej „Solidarności", jej Tymczasową Komisję Krajową (TKK). Ale interesował się również innymi sprawami. Jak wiemy, chronił Antoniego Macierewicza, choć ten nie był członkiem TKK i nie miał z nią najbliższych kontaktów. Wykorzystywał też osobę z kręgów zupełnie nierobotniczych, która po upadku komunizmu osiągnęła wielkie wpływy – i miała swoje powiązania z Macierewiczem. Chodzi o wspomnianego polsko-włoskiego biznesmena Jerzego Staraka. Tego samego Staraka, który później stał się potentatem farmaceutycznym rynków postsowieckich i postkomunistycznych. Tak się składa, że w wolnej Polsce Jerzy Starak uczynił milionerem Roberta Luśnię (konfidenta SB powiązanego również z sowieckim wywiadem wojskowym GRU, zarazem

203 В. Лота, *Маршал военной разведки*, Красная звезда, <http://old.redstar.ru/2009/09/02_09/4_01.html>, dostęp: 14 września 2018.

bliskiego współpracownika Macierewicza w latach 1980–2010). Gdy Starak przejął spółkę Herbapol Lublin, rozliczył się z Luśnią, jej ówczesnym współwłaścicielem, w sposób niezwykle korzystny dla tego ostatniego. W ręce pana Luśni trafiły nie tylko miliony złotych, lecz także atrakcyjne nieruchomości (w tym nadmorski ośrodek wypoczynkowy)[204]. Wcześniej, w latach 1979–1990 Starak współpracował z SB. W 2007 r. „Dziennik" i TVN opublikowały obszerne materiały na temat tej współpracy. Według TVN-u brał w niej udział Wydział III Biura Studiów SB (czyli jednostka Mikołajskiego). To właśnie nacisk ze strony tego wydziału miał sprawiać, że Starak chętniej współpracował z esbecją[205]. Zatem Mikołajski nadzorował Macierewicza, mógł też mieć wpływ na Staraka. Kto zaś nadzorował Mikołajskiego? Jak łatwo się domyślić, jego głównym protektorem był stary przyjaciel i bezpośredni zwierzchnik, wiceszef Biura Studiów SB Adam Malik.

Tak się składa, że Malik spędził lata 1970–1974 w Moskwie, gdzie służył jako funkcjonariusz Grupy „Wisła"[206]. Przypomnę: była to ta sama Grupa „Wisła", której ostatnim szefem został Zdzisław Sarewicz – obrońca Macierewicza w Departamencie I. Ta sama, w której równocześnie z Malikiem służył Witold Kaszkur – ojciec Wojciecha Kaszkura, obrońcy Naimskiego w Departamencie III. Obserwujemy więc pewną prawidłowość. Esbecy, którzy chronią Macierewicza i jego ludzi mieli, mają lub będą mieć coś wspólnego z Grupą „Wisła". Przyjrzyjmy się jej działalności.

Grupa „Wisła" stanowiła specjalną jednostkę kontrwywiadu, która działała w ZSRR i pełniła szczególnie delikatne misje. Jej funkcjonariusze we współpracy z sowieckim służbami obserwowali Polaków przebywających w ZSRR[207]. W Grupie „Wisła" towarzysz Malik zajmował się polskimi stu-

---

204 T. Piątek, *Macierewicz i jego tajemnice*, dz. cyt. Tenże, *Antoni Macierewicz, jego firma i jego TW. Czego nie wiemy o pogromcy „układu"*, „Gazeta Wyborcza" (wydanie internetowe), 17 czerwca 2016, <http://wyborcza.pl/magazyn/1,124059,20259316,antoni-macierewicz-jego-firma-i-jego-tw-czego-nie-wiemy-o.html>.

205 *Jeden z najbogatszych Polaków spotykał się z SB*, TVN24.pl, <https://www.tvn24.pl/wiadomosci-z-kraju,3/jeden-z-najbogatszych-polakow-spotykal-sie-z-sb,27523.html>, dostęp: 14 września 2018.

206 *Dane osoby z katalogu funkcjonariuszy aparatu bezpieczeństwa*, Biuletyn Informacji Publicznej Instytutu Pamięci Narodowej. Komisja Ścigania Zbrodni przeciwko Narodowi Polskiemu, <https://katalog.bip.ipn.gov.pl/informacje/49517>, dostęp: 14 września 2018.

207 R. Osek, M. Grabowiecki, *Próba dokonania bilansu współpracy KGB–SB w latach 1970–1990*, „Przegląd Bezpieczeństwa Wewnętrznego" nr 3, 2010, <https://www.abw.gov.pl/pl/pbw/publikacje/przeglad-bezpieczenstw-3/702,Przeglad-Bezpieczenstwa-Wewnetrznego-3-2010.html>, dostęp: 14 września 2018.

dentami i kursantami[208]. Byli wśród nich uczniowie moskiewskiej szkoły KGB, przyszłe asy PRL-owskiej esbecji. Malik zapewne szukał wśród nich potencjalnych „zdrajców", którzy mogliby przekazać na Zachód bezcenne informacje o metodach szkolenia komunistycznych wywiadowców. Co szczególnie istotne, Grupa „Wisła" stanowiła miejsce, w którym najdalej postępowała fraternizacja (zbratanie) pomiędzy funkcjonariuszami polskich i sowieckich służb specjalnych. Adam Malik najwyraźniej uczestniczył w tym zbrataniu – i to w sposób szczególnie długotrwały. Dziewięć lat po powrocie z Moskwy, w roku 1983, Malik dostał od KGB medal za „Umocnienie Braterstwa Broni"[209]. Za jakie zasługi? Te z lat 1970–1974? Czy inne, późniejsze, jak sugerowałaby data przyznania odznaczenia? Czy wśród tych zasług było skontaktowanie moskiewskich towarzyszy z Mikołajskim? I posłanie go do Soczi na konsultacje z sowieckimi specjalistami od niby-opozycyjnych, pseudoprawicowych organizacji? Pytanie tym bardziej zasadne, że również Adam Malik miał doświadczenie w tworzeniu niby-opozycyjnych grup.

MIĘDZYREGIONALNA KOMISJA OSZUSTWA

Jak wspomniałem wcześniej, Biuro Studiów SB kreowało tego rodzaju organizacje. Twory te miały odciągać działaczy i sympatyków podziemia od prawdziwie opozycyjnej działalności. W tym celu Biuro Studiów werbowało autentycznych podziemnych aktywistów i budowało z nich struktury podszywające się pod „Solidarność". Zwerbowani aktywiści używali nieraz bojowego języka, jednak gotowi byli jednać się z komunistami. Mogłoby to wyjaśniać, dlaczego wbrew przyjaciołom z harcerstwa i kolegom z KOR Macierewicz nawoływał do zbliżenia z reżimem generała Jaruzelskiego w latach 80.

Tak się składa, że największy sukces w budowaniu takich pseudopodziemnych struktur odniósł właśnie Adam Malik razem ze swoim kolegą Mikołajskim, opiekunem Macierewicza. We wspomnianej wcześniej książce *Konfidenci*, na stronie 177 znajduje się zdjęcie esbeckiego dokumentu z 4 września 1984 r. Jest to „wniosek personalny" dyrektora Biura Studiów SB, pułkownika Władysława Kucy. W swoim wniosku Kuca zgłasza sześciu funkcjonariuszy do „nagrody I stopnia Ministra Spraw Wewnętrznych". Za co ta nagroda? Za założenie „Międzyregionalnej Komisji Obrony NSZZ «So-

208 IPN BU 0604/1277, t. 1, s. 156.
209 IPN BU 0604/1277, t. 1, s. 93.

lidarność»". Była to niby-opozycyjna, pseudopodziemna centrala związkowa (konkurencyjna wobec prawdziwej „Solidarności" i jej TKK). Wśród zgłoszonych do nagrody szef Biura Studiów SB na pierwszym miejscu wymienia swego zwierzchnika, wiceministra Władysława Ciastonia (był on ojcem czy też dziadkiem duchowym „solidarnościowej" mistyfikacji jako ten, który doprowadził do założenia Biura Studiów). Zaraz po nim Kuca do nagrody zgłasza swego zastępcę Adama Malika i pułkownika Stefana Mikołajskiego.

Nie pierwszy to raz, gdy Malik i Mikołajski występują tuż obok siebie. Wiceminister Ciastoń powołał obu towarzyszy do Biura Studiów tego samego dnia (22 marca 1982 r.), jednym i tym samym rozkazem[210]. Dodam jeszcze, że w aktach osobowych Mikołajskiego znajdują się „opinie służbowe", w których Malik wychwala swego podwładnego[211].

KONSTELACJA Z SOWIETAMI W TLE

Czy szczególne zbratanie Malika z sowieckimi towarzyszami oddziaływało na jego protegowanego – Mikołajskiego? A także na Macierewicza, którym z kolei opiekował się Mikołajski? Gdyby tak było, tłumaczyłoby nam to prosowieckie wypowiedzi Antoniego Macierewicza z pierwszej połowy lat 80., o których „Newsweekowi" opowiedział Bogdan Lis. Dodatkową wskazówką może być pośpieszna „wycieczka" Stefana Mikołajskiego do Soczi w sierpniu 1984 r. Doszło do niej dzień po „ujawnieniu się" Antoniego Macierewicza, a została zaplanowana tydzień wcześniej. Ten nagły wyjazd sugeruje, że działania Mikołajskiego w sprawie Macierewicza były koordynowane z sowieckimi towarzyszami. Tym trudniej więc przypuścić, żeby niespodziewane nawrócenie Macierewicza na „miłość do Sowietów" odbyło się bez udziału samych Sowietów. A „brat broni" KGB, towarzysz Adam Malik, jawi się jako najbardziej prawdopodobny „sowiecki łącznik" Macierewicza.

Aby potwierdzić to wrażenie, trzeba jednak dokładniej przyjrzeć się relacji Malika z bezpośrednim opiekunem Macierewicza, Stefanem Mikołajskim. Musimy sprawdzić, jak blisko współpracowali i wspierali się obaj towarzysze. Musimy zbadać ich PRL-owskie i sowieckie koneksje. Czy oprócz ewidentnego związku Malika z KGB były jeszcze inne powiązania z ZSRR? Od jak dawna Mikołajski i Malik mogli ściśle współpracować z Sowietami? Wbrew swoim obietnicom komunizm stanowił ustrój niezwykle hierar-

210 IPN BU 604/1277, t. 1, s. 154.
211 IPN BU 0604/1427.

chiczny – przynajmniej jeśli chodzi o aparat władzy. W SB, w MSW, w PZPR najczęściej (choć zwykle po cichu) zadawane pytanie brzmiało: czyim jesteś człowiekiem? Kto jest twoim szefem? Kto jest szefem twojego szefa? Kto cię proteguje? Dlatego musimy precyzyjnie przeanalizować położenie obu opiekunów Antoniego Macierewicza na piętrowej szachownicy polityczno-wywiadowczej, jaką było komunistyczne MSW.

Czy wśród PRL-owskich dygnitarzy, którzy protegowali Mikołajskiego i Malika, znajdowały się osoby bezpośrednio i ściśle związane z sowieckimi służbami specjalnymi? Gdy przejdziemy przez najważniejsze dostępne dokumenty i świadectwa, nie będziemy mieć co do tego wątpliwości. Okaże się, że opiekunowie opiekunów Macierewicza ściśle współpracowali z sowieckimi służbami lub wręcz dla nich pracowali. Na naszej drodze spotkamy inteligentną i bezwzględną agentkę, być może nawet funkcjonariuszkę NKWD. Spotkamy bezczelnego i okrutnego agenta GRU, który chciał dla polski „narodowego komunizmu". Spotkamy nawet chłopaka ze zwiadu Armii Czerwonej i jego kolegę z sowieckiego kontrwywiadu Smiersz. Poznamy też bliżej brudną, krwawą sprawę sprzed lat, która połączyła Mikołajskiego i Malika, a w którą zamieszani byli członkowie sowieckiego wywiadu i sowieccy politycy. Ale zacznijmy od początku.

KOMUNISTA O NARODOWYCH KORZENIACH

Akta osobowe funkcjonariusza Stefana Mikołajskiego znajdują się w IPN[212]. Jest to stosik dokumentów z różnych epok – najstarsze, pożółkłe i nieraz zapisane ręcznie papiery pochodzą z lat 40. Okazują się fascynującą lekturą.

Stefan Mikołajski przychodzi na świat 10 sierpnia 1924 r. w Miejskiej Górce pod Rawiczem. Jest zatem o ćwierć wieku starszy od Antoniego Macierewicza. Ale podobnie jak on, wywodzi się z rodziny o poglądach narodowych. Rodzice Macierewicza to inteligencja pochodzenia szlacheckiego. Rodzice Mikołajskiego to robotnicy. Jednak przepaści społeczne nie wykluczają zbieżności ideologicznych. Ojciec Stefana Mikołajskiego, Stanisław, należał przed wojną do Narodowej Partii Robotniczej (NPR). Ugrupowanie to miotało się między prawicą, lewicą a Piłsudskim. Chwilami próbowało zająć miejsce „radykalnego centrum" (o ile coś takiego w ogóle jest możliwe). Jednak pod najistotniejszymi względami NPR-owcy byli klasycznymi naro-

212 IPN BU 0604/1427.

dowcami. Twierdzili, że zwalczają kapitalizm, ale nie wierzyli w solidarność klasową pracowników. Za najwyższą wartość i zasadę działania uznawali solidarność narodową. Stawiali ją nawet ponad solidarnością ogólnoludzką, co było szczególnie widoczne w ich stosunku do ludności żydowskiej. NPR głosiła walkę z rzekomą przewagą Żydów w gospodarce. Domagała się, aby państwo nękało ich metodami urzędowymi. Sprzeciwiała się uznawaniu ich za mniejszość narodową (status mniejszości mógłby stanowić podstawę prawną dla ochrony żydowskiej kultury przez państwo). Nawet przyznanie Żydom prawa do soboty wolnej od pracy – czyli wykazanie elementarnego szacunku dla ich religii – było czymś, co partia stanowczo wykluczała. Po roku 1936 r. część organizacji NPR została opanowana przez jawnie faszystowski Ruch Narodowo-Radykalny „Falanga" wspomnianego wcześniej Bolesława Piaseckiego[213], zdeklarowanego antysemity. Odnotujmy, że jednym z przywódców NPR był Karol Popiel. Ze zwolennikami Popiela związał się po wojnie ojciec Antoniego Macierewicza, Zdzisław Macierewicz, i przypłacił to śmiercią – o czym będzie mowa w dalszej części książki.

MŁODY TOWARZYSZ PNIE SIĘ W GÓRĘ

26 kwietnia 1945 r. Mikołajski prosi o przyjęcie do pracy w Urzędzie Bezpieczeństwa Publicznego w swojej okolicy. A dokładnie, w lokalnym Powiatowym Urzędzie Bezpieczeństwa Publicznego (PUBP) w Rawiczu.

Przypomnijmy, co to wówczas znaczyło. Urząd Bezpieczeństwa Publicznego, potocznie określany jako Urząd Bezpieczeństwa lub UB, budził powszechną grozę. Pełnił funkcję cywilnych służb specjalnych komunistycznej Polski (która w 1945 r. właśnie się rodziła). Przede wszystkim jednak stanowił bezwzględną policję polityczną. Wszelkimi metodami dążył do wszechwiedzy i wszechwładzy. Starał się tropić nie tylko antyrządowe czyny i słowa, ale też myśli. Miał jeszcze większe uprawnienia niż jego potężna następczyni, SB (Służba Bezpieczeństwa, która powstała po upadku stalinizmu i liberalizacji 1956 r.). Jego funkcjonariusze zabijali i torturowali tysiące osób, żeby zastraszać miliony.

Oczywiście, nie wszyscy funkcjonariusze UB – tak zwani ubecy – byli katami i zbrodniarzami. Jednak przemoc i przewrotność była wśród nich normą.

---

213 A. Laska, *Narodowa Partia Robotnicza 1920–1937. Studia z dziejów ruchów społecznych w Drugiej Rzeczypospolitej*, Rzeszów 2004.

Wielu spośród nich wywodziło się z biednych i niewykształconych warstw społecznych – jak na przykład robotniczy syn Stefan Mikołajski. To logiczne: warstwy te w dużej mierze poparły komunizm, który dawał im awans społeczny, obiecywał dobrobyt i godność. Czy z takimi funkcjonariuszami UB było skazane na niską skuteczność? Niekoniecznie. Myślenie, że niewykształcony, nieobyty, popełniający błędy językowe „człowiek z ludu" musi być głupi, jest głupie. Włosi mają powiedzenie, którego Polakom brakuje: *cervello fino in scarpe grosse* (subtelny mózg w ciężkich buciorach). UB wyłapywało takie „mózgi" – ale nie uwalniało ich od ciężkich buciorów. Buciory przydają się, gdy trzeba kogoś skopać.

WIELKA KARIERA WARTOWNIKA STEFANA

Gdy Stefan Mikołajski stara się o przyjęcie do UB, zataja przedwojenną przynależność ojca do narodowej partii (potem musi się z tego tłumaczyć, ale uzyskuje wybaczenie). Jego kariera jest błyskawiczna.

Wiosną i latem 1945 r. Mikołajski zaczyna jako wartownik. Z karabinem na ramieniu stoi przed budynkiem powiatowego UB w Rawiczu. Ale we wrześniu tego samego roku pełni już funkcję starszego referenta w kaliskim powiatowym UB. To znaczy, że przeszedł do pracy operacyjnej, czynnie tropi wrogów Polski Ludowej! Musi robić to dobrze, bo kierownictwo daje mu kolejną szansę. W 1947 r. wysyła Mikołajskiego do Centralnej Szkoły Ministerstwa Bezpieczeństwa Publicznego w Łodzi i do Centrum Wyszkolenia MBP w Legionowie. Młody mężczyzna tej szansy nie marnuje. Po zakończeniu nauk w grudniu 1947 r. Mikołajski wciąż służy jako starszy referent – jednak w lepszym urzędzie, bo w mieście znacznie większym niż Rawicz. Przyjęto go do Wojewódzkiego Urzędu Bezpieczeństwa Publicznego (WUBP) w Poznaniu. W tym samym urzędzie pracuje Witold Kaszkur, ojciec Wojciecha Kaszkura, który 34 lata później wyśle Piotra Naimskiego do USA. Czy towarzysz Stefan zaznajomił się wówczas z towarzyszem Witoldem? Czy brał na ręce jego półtorarocznego synka Wojtka?

W styczniu 1952 r. Mikołajski zalicza kolejny wielki skok w swej karierze. Trafia do Warszawy, do samej „Centrali", czyli do Ministerstwa Bezpieczeństwa Publicznego (MBP). Tam zaś awansuje: w latach 1953–1954 jest zastępcą naczelnika Wydziału I Departamentu III MBP. Czym zajmował się ten wydział? Walczył z bandytyzmem[214]. Przez „bandytyzm" rozumiano m.in. resztki zbrojnego podziemia ukrywającego się w lasach. Jednak towarzysz Mikołajski po lasach i bezdrożach biegał teraz rzadziej. Buciory coraz częściej szły w kąt, w robocie był mózg. Młody ubek uczestniczył bowiem w szczególnie wyrafinowanej operacji. W jego aktach osobowych (charakterystyka służbowa z 28 stycznia 1953 r.) czytamy, że Mikołajski „brał aktywny udział w likwidacji podziemia WiN w grudniu 1952 r."[215]. WiN to podziemna organizacja Wolność i Niezawisłość założona we wrześniu 1945 r. przez antykomunistycznych konspiratorów (związanych wcześniej z antyhitlerowskim Polskim Państwem Podziemnym). Jednak w 1952 r. organizacja WiN istniała już tylko jako wielka mistyfikacja, konspiracja-wydmuszka przejęta i kontrolowana przez ubeków. Ta mistyfikacja stała się później znana jako operacja „Cezary". Była to brawurowa sowiecko-ubecka gra skierowana przeciwko wywiadowcom amerykańskim (po części też brytyjskim). Ubeków, którzy brali w niej udział, nadzorowali doświadczeni „doradcy radzieccy". Operacja zaczęła się w 1948 r., kiedy to WiN niemal doszczętnie rozbito. UB zwerbowało przy tym niektórych dowódców organizacji, przez co podległe im oddziały nieświadomie służyły komunistom. Zwerbowani dowódcy kontaktowali się ze służbami USA i Wielkiej Brytanii, wmawiając im, że w polskich lasach ukrywa się wielka, niemal gotowa do walki z komunistami armia WiN. Do pełnej gotowości armia ta miała potrzebować pieniędzy i informacji... W ten sposób Sowieci i ubecy wyciągali od Amerykanów i Brytyjczyków złoto, dolary i jeszcze cenniejsze informacje.

Trwało to cztery lata. Operację „Cezary" zakończono właśnie w 1952 r. To, że Mikołajski w niej uczestniczył, znajduje potwierdzenie w słowach jego późniejszego szefa i protektora, Adama Malika. W 1982 r. Malik tak pisze o Mikołajskim: „W latach 1945–1954 uczestniczył w rozpracowywaniu i likwidacji reakcyjnego podziemia i zbrojnych band. W okresie tym brał też udział w grze operacyjno-agenturalnej, w rozpracowaniu emigracyjnych kierowniczych ogniw WiN-u kierowanych przez służby specjalne państw kapitalistycznych, w tym amerykańskie i angielskie"[216].

214 K. Szwagrzyk (red.), *Aparat bezpieczeństwa w Polsce. Kadra kierownicza*, t. 1, 1944–1956, Warszawa 2005, s. 456, <https://arch.ipn.gov.pl/ftp/pdf/Aparat_kadra_kier_tom%20I.pdf>, dostęp: 14 września 2018.

215 IPN BU 604/1427.

216 IPN BU 604/1427.

W operacji „Cezary" mogła zostać wykorzystana rodzina Antoniego Macierewicza, jak również śmierć jego ojca, Zdzisława Macierewicza (do czego jeszcze wrócę). Był to czas wielu tragedii rodzinnych. Jednak dla towarzysza Mikołajskiego nie był on tragiczny, wręcz przeciwnie. Wyobraźmy to sobie: siedem lat wcześniej był wartownikiem w Rawiczu. Teraz jest ważnym funkcjonariuszem w Warszawie, w potężnym ministerstwie, którego wszyscy się boją. Pod wodzą doświadczonych sowieckich towarzyszy walczy z samą CIA. Co więcej, wygrywa...

OPROMIENIONY KRWAWĄ LUNĄ

Tak szybka kariera zwykle nie obywa się bez protektora. Gdy Mikołajski pełnił funkcję zastępcy naczelnika wydziału walczącego z bandami, jego przełożonym był wicedyrektor Departamentu III, Mikołaj Krupski – odpowiedzialny właśnie za walkę z bandytyzmem. Obaj towarzysze mogli się poznać wcześniej, w 1947 r., gdy Mikołajski pobierał nauki w Centralnej Szkole MBP w Łodzi. W latach 1945–1948 towarzysz Krupski pracował bowiem w łódzkim WUBP, gdzie szybko dosłużył się stanowiska zastępcy szefa. On też awansował błyskawicznie: z Łodzi przeskoczył do Bydgoszczy i Lublina, by w styczniu 1953 r. zostać człowiekiem odpowiedzialnym za „walkę z bandami" w całej Polsce!

Mikołaj Krupski najwyraźniej sprzyja Stefanowi Mikołajskiemu. W dniu 15 stycznia 1953 r. Krupski staje się wicedyrektorem Departamentu III. Mija jeden miesiąc – i Mikołajski zostaje p.o. zastępcy naczelnika Wydziału I, który to wydział walczy z bandytyzmem pod nadzorem Krupskiego... Wynika z tego, że świeżo mianowany towarzysz Krupski musiał mieć decydujący wpływ na nominację Mikołajskiego. Równo rok później, nadal pod rządami Krupskiego, Mikołajski zostanie pełnoprawnym zastępcą naczelnika[217]. Odnotujmy więc, że towarzysz Krupski jawi się jako osoba metodyczna. Po miesiącu urzędowania typuje sobie kandydata na zastępcę naczelnika i zaczyna go sprawdzać. Po roku sprawdzania – mianuje.

Ale cenne koneksje Mikołajskiego nie kończą się na Krupskim. Młody esbek szybko znajduje sobie inną, potężniejszą protektorkę. Była nią Julia

217 *Dane osoby z katalogu funkcjonariuszy aparatu bezpieczeństwa*, Biuletyn Informacji Publicznej Instytutu Pamięci Narodowej. Komisja Ścigania Zbrodni przeciwko Narodowi Polskiemu, <https://katalog.bip.ipn.gov.pl/informacje/40783>, <https://katalog.bip.ipn.gov.pl/informacje/56133>, dostęp: 14 września 2018.

„Luna" Brystiger, wybitnie zdolna, ale jeszcze bardziej fanatyczna komunistka. Nazywano ją „Krwawą Luną". Przypisywano jej szczególnie sadystyczne skłonności (miała np. sadzać nagich aresztantów na biurku, by miażdżyć im jądra szufladą). Profesor Andrzej Friszke przeprowadził w tej sprawie kwerendę i nie znalazł potwierdzenia dla wspomnianych pogłosek. Nie ulega jednak wątpliwości, że towarzyszka Brystiger była bezwzględną, pozbawioną wszelkich skrupułów doktrynerką. Zaczynała w latach 1927–1939 jako aktywistka tak zwanej Komunistycznej Partii Zachodniej Ukrainy (nielegalnej organizacji działającej na ziemiach Drugiej Rzeczpospolitej i sterowanej przez sowieckie służby). W latach 1927–1941 Julia „Luna" Brystiger należała też do Międzynarodowej Organizacji Pomocy Rewolucjonistom (założonej w 1922 r. w Moskwie i również wykorzystywanej przez służby Kremla). W latach 1939–1944 „Luna" przebywała w ZSRR. W Samarkandzie współpracowała z NKWD przy aresztowaniach polskich uchodźców i zesłańców. Miała nie tylko na nich donosić, lecz także ich przesłuchiwać (jak podaje Józef Światło, ubek, który w 1953 r. uciekł na Zachód). Czyniłoby to z niej już nie agentkę NKWD, ale funkcjonariuszkę tej służby (przynajmniej w Samarkandzie czasu wojny).

W 1944 r. Julia Brystiger wróciła do Polski. W grudniu tego roku zaczęła pracować w „organach bezpieczeństwa" (czyli służbach specjalnych) rządzonej przez komunistów Polski. Podobnie jak inni bohaterowie tej książki, szybko szła w górę (co nie dziwi, biorąc pod uwagę jej zażyłe stosunki ze służbami „wielkiego radzieckiego sojusznika" polskich komunistów). Już po niecałym roku, w październiku 1945 r., towarzyszka „Luna" pełniła obowiązki dyrektorki Departamentu V w Ministerstwie Bezpieczeństwa Publicznego. Trzy miesiące później oficjalnie została dyrektorką tego departamentu. Była to funkcja najwyższej wagi, gdyż Departament V odpowiadał za sprawy społeczno-polityczne. Kierując nim, Julia Brystiger zajmowała się m.in. Kościołami, a także pisarzami (którzy wówczas, w epoce przedtelewizyjnej, odgrywali znacznie ważniejszą rolę niż później). „Luna" kontrolowała też i popierała wspominanego wcześniej Bolesława Piaseckiego – przedwojennego faszystę, który w PRL założył Stowarzyszenie PAX. Stowarzyszenie zrzeszało katolików „postępowych", czyli popierających komunizm (do tego się ograniczała ich „postępowość": w tamtych latach większość PAX-owców stanowili skrajnie antyliberalni i antyzachodni narodowcy). Mimo wspólnej wrogości do demokracji liberalnej sojusz Julii Brystiger z Bolesławem Piaseckim stanowił zjawisko przedziwne. Ona była Żydówką, on przez wiele lat zwalczał Żydów. Jednak współpraca kwitła. Zapewne dlatego, że byłego faszystę wspierali Sowieci i sowieckie służby, z którymi „Luna" wciąż utrzymywała kontakty. Józef Światło podaje, że to Sowieci kazali jej opiekować się Piaseckim.

W sierpniu 1954 r. towarzyszkę Brystiger przeniesiono na stanowisko dyrektorki Departamentu III. Również ten departament wykonywał zadania kluczowe, ale bardziej brutalne: walczył z podziemiem. Julia Brystiger próbuje odnaleźć się w nowej roli. Bierze pod swoje skrzydła „subtelny mózg w ciężkich buciorach" –Stefana Mikołajskiego. Jego „narodowe" korzenie, przynależność ojca do NPR nie przeszkadzają żydowskiej komunistce (współpraca z Piaseckim zapewne ją pod tym względem uodporniła). „Luna" opiekuje się Mikołajskim konsekwentnie, do ostatka. Spójrzmy w akta.

19 marca 1955 r. Julia Brystiger wnosi o awans dla Stefana Mikołajskiego na stanowisko naczelnika Wydziału V w Departamencie III. 29 czerwca 1955 r. kolega Mikołajskiego, towarzysz Feliks Dwojak, zostaje szefem wojewódzkiego UB (WUdsBP) w Poznaniu. Zostawia wolny stołek naczelnika Wydziału IV – a towarzyszka Brystiger natychmiast prosi o ten stołek dla Mikołajskiego.

Wreszcie 3 października 1956 r. „Luna" wnioskuje o podwyżkę pensji dla swojego pupila. Znaczy to, że wspiera Mikołajskiego do samego końca – niecałe dwa tygodnie później... odchodzi z organów bezpieczeństwa.

UBECY W CZAS ODWILŻY

Dlaczego odchodzi? Cóż, czasy się zmieniły. „Krwawa Luna" jest znienawidzona w Warszawie, jej nazwisko to symbol stalinizmu – a towarzysz Stalin nie żyje już od trzech lat. Po śmierci sowieckiego dyktatora, w latach 1954–1956 nastaje tzw. „odwilż", destalinizacja, czyli względna liberalizacja komunizmu. Oczywiście dla nas życie w poodwilżowym, „liberalnym" komunizmie też byłoby trudne do zniesienia. Jednak dla ludzi tamtej epoki to ogromna zmiana na lepsze. Od 1956 r. można myśleć, co się chce – i mówić prawie wszystko, co się chce. Władza zwalcza przede wszystkim czyny i słowo pisane. Wolne myśli i luźne pogaduszki przestają być zbrodnią. W szczycie odwilży, czyli w październiku 1956 r. na uniwersytetach wiecują zbuntowani studenci, w fabrykach – zbuntowani robotnicy. I tu, i tam przemawia młody działacz Jacek Kuroń, trzy lata wcześniej wyrzucony z komunistycznej partii i młodzieżówki za nieprawomyślność. Razem z nim zebrani głośno potępiają „błędy i wypaczenia" stalinizmu.

Gdy minie odwilżowe apogeum, buntownicze przemowy się skończą – ale przemowy prawomyślne i prorządowe nie powrócą z dawną mocą. Po 1956 r. w radiu i raczkującej telewizji będzie mniej ideologii. W dużej mierze zastąpi ją rozrywka (nieraz oderwana od komunistycznej doktryny i utrzymana na wysokim poziomie). Również prasa zacznie pisać inaczej niż przedtem (mniej o tym, że lud kroczy ku świetlanej przyszłości, więcej o tym, że zepsuł się tramwaj). Nawet ulice zmienią nieco wygląd – a w każdym razie zmienią wygląd witryny i inne dekoracje. W 1956 r. projektują je młodzi plastycy, zapatrzeni w Zachód, którzy właśnie wyzwalają się z ponurej socrealistycznej estetyki. Dzięki temu wystawy sklepowe stają się wesołe, wielobarwne i „zwariowane". W oknie sklepu spożywczego zamiast plakatu z „deklaracją pracowników handlu o zwiększaniu wydajności w zaspokajaniu potrzeb mas" widnieje wielka ryba ze sreberka. Inteligentni komuniści doceniają tę zmianę (srebrna ryba odrobinę skuteczniej niż deklaracja odciąga uwagę od podstawowego problemu komunizmu, czyli braku towarów w sklepach). Przechodnie na ulicach również wyglądają trochę lepiej, bo nikt już nikogo nie ściga za zachodni strój lub styl bycia. Triumfuje pisarz i publicysta Leopold Tyrmand, który przez lata prowokował komunistów swymi słynnymi kolorowymi skarpetkami. Tyrmand opublikował właśnie kryminalną powieść *Zły* – frapującą epopeję gangsterską stanowiącą całkowite zaprzeczenie socrealizmu. Pisarz organizuje też koncerty jazzowe i coraz rzadziej jest za to atakowany – choć kilka lat wcześniej jazz był „czynnikiem demoralizacji młodzieży" (tak samo jak kolorowe skarpetki). Rodzi się zatem komunizm mniej dokuczliwy i barwniejszy niż dotąd. Jak w tym komunizmie radzą sobie „organa bezpieczeństwa"? Ich wszechwładza zmienia charakter na bardziej wyrafinowany, przeważnie znośniejszy, choć dogłębniej perfidny. Ministerstwo Bezpieczeństwa Publicznego zostaje podzielone na Komitet do spraw Bezpieczeństwa Publicznego i Ministerstwo Spraw Wewnętrznych. Urzędy Bezpieczeństwa stają się Urzędami ds. Bezpieczeństwa, a pod koniec 1956 r. zostają zlikwidowane. Ich pracownicy przechodzą do tworzącej się Służby Bezpieczeństwa. SB formalnie jest częścią Milicji Obywatelskiej (komunistycznej policji) i podlega MSW. Stosowanie tortur czy zabijanie przeciwników politycznych przestaje być normą, staje się wyjątkiem. Dawni ubecy, teraz esbecy, muszą być mniej straszni, za to sprytniejsi. Ciężkie buciory nie wędrują na śmietnik, ale upycha się je w służbowej szafie, żeby nie były na widoku. Subtelne mózgi idą do fryzjera i na studia, aby swe przewrotne myśli wyrażać poprawniej. Nie wystarczy być inteligentnym, trzeba być inteligentem. Oczywiście niektórzy funkcjonariusze, nawet ci całkiem zmyślni, nadal kaleczą polszczyznę. Teraz jednak mniej w tym ignorancji, więcej nonszalancji. Ten, kto nagina do swych potrzeb prawo karne, nie cacka się z prawami gramatyki.

W 1957 r., podobnie jak w 1954 r., towarzysz Mikołajski znowu jest zastępcą naczelnika Wydziału I w Departamencie III – ale już nie w MBP, tylko w MSW. Ten stołek znaczy teraz coś innego niż trzy lata wcześniej. Mikołajski nie ściga już leśnych bandytów i partyzantów. Departament III nie zajmuje się zbrojnym podziemiem, tylko „działalnością antypaństwową". Mówiąc po ludzku, w większości wypadków oznaczało to opozycję polityczną. Komuniści wciąż uważają ją za niedopuszczalne zagrożenie i niemal zawsze działalność opozycyjną traktują jak przestępstwo, choć po 1956 r. opozycja zwykle nie stosuje przemocy. W nowych warunkach prawie nikt nie chce walczyć o wolność w lasach. Podczas odwilży, a nawet po jej zakończeniu więcej można zdziałać myślą i słowem niż karabinem. Przeciwko myślom i słowom esbecy zbroją się w swoje własne myśli i słowa. Ich zbrojmistrzem i płatnerzem jest nasz Stefan Mikołajski, późniejszy opiekun Macierewicza. Jego wydział wykuwa słowa i myśli najwyższej wagi: instrukcje i analizy polityczno-operacyjne. „Instrukcje" to dokumenty, które Departament III rozsyła do wszystkich podległych mu jednostek w Polsce. Zawierają one ogólne wskazówki dla esbeków. Stanowią zasady postępowania wobec różnego rodzaju przeciwników i problemów mogących pojawić się przed każdym funkcjonariuszem – zarówno w Warszawie, jak w Miejskiej Górce pod Rawiczem. „Analizy polityczno-operacyjne" mają na celu wypracowanie rozwiązań dla najtrudniejszych i najdelikatniejszych spraw. Wymaga to nieraz intelektualnego przetworzenia ogromnej ilości danych. Subtelny mózg musi być zdolny do ciężkiej i skutecznej pracy, ale musi też znać cnotę samoograniczenia. Gdy rozumowanie prowadzi do „politycznie niesłusznych" wniosków, profesjonalny esbek chowa mózg do kieszeni. Takim profesjonalnym esbekiem był właśnie Stefan Mikołajski.

SPECJALISTA OD NARODOWCÓW

Po 1956 r. Mikołajski w MSW staje się głównym ekspertem od endeków (zwolenników przedwojennej Narodowej Demokracji), ONR-owców (zwolenników przedwojennego Obozu Narodowo-Radykalnego) i innych narodowców. Być może ma to związek z jego korzeniami, czyli przynależnością ojca do Narodowej Partii Robotniczej.

W czerwcu 1958 r. towarzysz Mikołajski występuje przed dokształcającymi się funkcjonariuszami SB w Centrum Wyszkolenia MSW w Legionowie (tam, gdzie 11 lat wcześniej sam się uczył). Wygłasza wykład pt. *Wroga działalność elementów endeckich*, który po trzech miesiącach wydaje jako opracowanie. W 1959 r. przerabia tę pracę i wydaje w nowej postaci, pod mniej krzykliwym tytułem: *Aktualna sytuacja w środowiskach endeckich i związane z nią zadania operacyjne*. Rzecz jasna, są to publikacje przeznaczone tylko dla esbeków, zatem niedostępne w księgarniach. Można pomyśleć, że Mikołajski tropi endeków, aby schlebiać wiceministrowi Antoniemu Alsterowi, który nadzoruje Departament III. Wiceminister Alster jest bowiem puławianinem.

Puławianie to frakcja „liberalna" w ówczesnej partii komunistycznej. A dokładniej rzecz biorąc, frakcja nawrócona na „komunistyczny liberalizm". Większość puławian jeszcze pięć, sześć lat wcześniej zaciekle szerzyła stalinizm. Od połowy lat 50. ci sami ludzie z równym zapałem wzywają do odwilży. Wspierają też niezależnych intelektualistów i artystów. Zatem ryby ze sreberka też są – przynajmniej pośrednio – zasługą puławian. Ich nazwa bierze się stąd, że niektórzy liderzy frakcji mieszkają przy ulicy Puławskiej w Warszawie. Wielu z nich ma żydowskie korzenie. Między innymi wiceminister Alster – który do tego jeszcze jest artystą, wybitnym grafikiem (nie można być bardziej puławskim puławianinem!).

Puławianie oczywiście zwalczają nacjonalizm i antysemityzm – tym chętniej, że ich głównym przeciwnikiem jest antysemicka frakcja natolińska (jej przywódcy spotykają się w podwarszawskim pałacu natolińskim, stąd nazwa). Natolińczycy chcą ograniczyć do minimum liberalizację polityczno-obyczajową. Zwalczają wszelki niezależny ferment polityczny, intelektualny, nawet artystyczny. Nienawidzą intelektualistów. Jeden z natolińskich przywódców, generał Kazimierz Witaszewski, nazywany jest Generałem Gazrurką (wiosną 1956 r. spotkał się z łódzkimi robotnikami i zachęcał ich do bicia metalowymi rurami liberalnych, inteligenckich komunistów; o ile wiemy, robotnicy zignorowali wówczas tę sugestię). Zdaniem natolińczyków destalinizacja powinna polegać na... eliminacji Żydów z władz partyjnych i państwowych. Frakcja szerzy stereotyp – utrzymujący się do dzisiaj – według którego najgorszymi stalinowcami mieli być komuniści żydowskiego pochodzenia. Jest to łatwe, ponieważ w czasach Stalina wśród komunistów najbardziej widoczni byli Żydzi (oprócz cech etnicznych, często wyróżniało ich wykształcenie, wielu z nich też wykazywało szczególny entuzjazm dla internacjonalistycznej ideologii po tym, jak niemiecki nacjonalizm o mało nie wymordował wszystkich Żydów w Europie). W walce z puławianami frakcja natolińska szuka sojuszników wśród przedwojennych antysemitów. Najważniejszym z tych sprzymierzeńców staje się znany nam już Bolesław Piasecki. Niegdyś współzałożyciel ONR-u, radykalny narodowiec, faszysta – teraz zaś przywódca „postępowych katolików" ze Stowarzyszenia PAX.

W latach 1958–1959 r. wewnątrzpartyjna wojna puławsko-natolińska nadal trwała, choć nie była już tak jawna, jak w latach 1955–1957. Puławianin Alster zapewne odczuwał zadowolenie na myśl, że jego podwładny Mikołajski pisze opracowania o wrogich narodowcach i endeckim niebezpieczeństwie. Czy jednak wiceminister przeczytał je uważnie? Ja to zrobiłem. Jakie pojęcie o Stefanie Mikołajskim dają jego „endeckie" opracowania? Mikołajski zna się na środowiskach narodowych. Wie, jakich sposobów używają endecy, by nieformalnie wspierać się nawzajem. Wskazuje grupy społeczne i zawodowe, w których najłatwiej można znaleźć wpływowych endeków. Ciekawe są jego uwagi na temat ówczesnej adwokatury, które po części pokrywają się ze spostrzeżeniami Adama Malika (on też pisał opracowania). Nad czym jednak najbardziej ubolewa Mikołajski, gdy analizuje endeckie działania pod koniec lat 50.? „Obecnie korespondencje między endeckimi działaczami, towarzyskie spotkania, odwiedziny, a nawet nieukrywanie własnych poglądów politycznych traktowane jest przez endeków jak zjawisko naturalne" – pisze Mikołajski[218] (podkreślenie S.M.). Sześć stron dalej wzdycha za utraconym stalinizmem: „Taki był okres. Pamiętamy te wszystkie weryfikacje adwokatów, profesorów – usuwanie ich. Sieć agenturalna werbowana w tym okresie pracowała na zasadzie wyjątkowego respektu wobec organów bezpieczeństwa" (s. 21). Można więc odnieść wrażenie, że Mikołajskiego mniej bolą endeckie idee – bardziej to, że stalinizm się skończył i ludzie wyrażają swoje poglądy otwarcie. Samych endeków jako takich podziwia. Nie mają partii, młodzieżówek, komórek organizacyjnych – a mimo to skutecznie propagują swe poglądy! „Trudniej jest dokumentować tę koronkową działalność endecką [...] mamy tu do czynienia z elementem inteligenckim, wykształconym. Ludzie ci znają arkana działalności politycznej, konspiracyjnej [...]. Niejeden z tych endeków działał w okresie międzywojennym i zęby na tej działalności zjadł. W okresie okupacji też byli dobrymi konspiratorami. Działali po wyzwoleniu, siedzieli w więzieniach, stykali się często w różnym charakterze

218 S. Mikołajski, *Wroga działalność elementów endeckich*, IPN BU 771/3940, s. 14 i n.

z naszą pracą, czy to jako zatrzymani, podejrzani, agenci. To wszystko składa się na bogactwo doświadczenia"[219].

Z tymi podziwianymi endekami Mikołajski znajduje wręcz punkty wspólne: „Jak b. [były – przyp. red.] kierowniczy aktyw endecki ocenia aktualną sytuację polityczną w kraju i na arenie międzynarodowej Polski? Głównym wrogiem – zdaniem ich – są Niemcy, które ostatnio zbroją się i stają się czynnikiem decydującym w Europie Zachodniej [...], należy [zatem – red.] wrócić do starego hasła – współpracy Polski z Rosją i solidaryzowania się Słowian. To nakładać ma na Polskę konieczność utrzymania sojuszy ze Związkiem Radzieckim. W obecnej sytuacji sojusz ten jest nie do pomyślenia bez utrzymania ustroju socjalistycznego w Polsce. Taki pogląd endecki na sytuację międzynarodową Polski określa wielu czołowych b. endeków w kraju. Uważają oni, że czynna [...] walka z ustrojem komunistycznym na płaszczyźnie nielegalnej byłaby w konsekwencji szkodliwa zarówno dla nich, jak i dla całego nastroju polskiego. Widzą Polskę silną, rozwijającą się gospodarczo i kulturalnie u boku Związku Radzieckiego, która ma i będzie miała duże znaczenie na świecie. Jeden z teoretyków endeckich wyliczył pozycję Polski w różnych układach politycznych. Według niego obecna Polska w światowym obozie socjalistycznym zajmuje po Związku Radzieckim i Chinach trzecie miejsce, natomiast w Europie w ramach Układu Warszawskiego zajmuje drugie miejsce po Związku Radzieckim. Natomiast w NATO Polska byłaby na pewno na ostatnim miejscu, daleko za Niemcami i w jednym bloku z Niemcami, którzy zaczynają odgrywać czołową rolę"[220].

Czytając to wszystko, trudno nie mieć skojarzeń z tym, co Antoni Macierewicz i jego zwolennicy opowiadają nam dzisiaj na temat Niemców oraz ich rzekomych zakusów na polską suwerenność. Przypomina się niezwykły zwrot Macierewicza pod koniec lat 70., gdy z ekstremalnego lewaka stał się prawicowym ultrasem, katolickim nacjonalistą. Coraz bardziej narzuca się pytanie: czy w tej przemianie nie pomagał doświadczony „specjalista od narodowców"?

Wracając do „endeckich" opracowań Mikołajskiego: warto zauważyć, że autor zmienia ton między rokiem 1958 a 1959. To w drugim opracowaniu pojawia się zacytowany obszerny fragment o prorosyjskiej i antyzachodniej postawie endeków. W pierwszym opracowaniu na taką proendecką szarżę

219 Tamże, s. 29 i n.

220 S. Mikołajski, *Aktualna sytuacja w środowiskach endeckich i związane z nią zadania operacyjne*, s. 9, IPN BU 0423/8302.

towarzysz Mikołajski sobie jeszcze nie pozwala. To w tytule pierwszej pracy widzimy sformułowanie: „Wroga działalność". W tytule drugiej pracy o wrogiej działalności nie ma już mowy. Jest tylko „Aktualna sytuacja" i „zadania operacyjne". Czyżby towarzysz Mikołajski chciał stopniowo przekonywać swych „puławskich" zwierzchników, że endecy nie są wrogiem, tylko sprawnym narzędziem?

Jeszcze ciekawsze od ocen ideologicznych towarzysza Mikołajskiego są jego oceny fachowe, wywiadowcze. W opracowaniu z 1958 r. Mikołajski podkreśla, jak ważne jest werbowanie prawicowych aktywistów, nie tylko sympatyków (s. 21). Potem rozwija tę myśl: „Trzeba przyjąć jako obowiązującą zasadę, że przy każdym figurancie, co do którego mamy pewność, że jest typem wrogim, nieprzejednanym, gotowym w takiej czy innej formie działać przeciw socjalizmowi – powinien być nasz tajny współpracownik [...]. Tu chodzi o faktyczne dotarcie agenturalne. Informator musi być więc człowiekiem sprawdzonym, mającym zaufanie figuranta. Powinna go łączyć z nim jakaś wspólna platforma polityczna [...], często wynikać to może ze spólnej [sic!] przeszłości politycznej [...]. Tajny współpracownik, któremu przeznaczono taką rolę, powinien mieć określone zadanie zajęcia takiej postawy, jaką reprezentuje określony figurant [...], agent czy informator nie może u figuranta uchodzić za zdecydowanego zwolennika władzy ludowej [...]. Widziałbym konieczność stosowania kombinacji operacyjnych w zakresie wprowadzania, podstawiania pod tych figurantów, którzy, jak wynika z posiadanych materiałów operacyjnych, są przewidziani przez krajową czołówkę endecką do ...[słowo nieczytelne] konkretnej działalności nielegalnej, do tworzenia druków endeckich"[221]. Na s. 31 Mikołajski pisze, że podsunięty endekom agent powinien im „w pewnym sensie sekundować, doradzać". Choć ostrożnie dodaje: „ale nie inspirować".

Ćwierć wieku później ulubieniec Mikołajskiego Antoni Macierewicz posunie się dalej. Będzie inspirować, będzie otwarcie nawoływać do zbliżenia między katolicką, narodową opozycją a wojskowym reżimem generała Jaruzelskiego. Będzie też „tworzyć druki", które można określić jako endeckie.

W pracy z 1958 r. Stefan Mikołajski wspomina, że endecy próbują infiltrować Stowarzyszenie PAX Bolesława Piaseckiego (s. 3). Ujmuje sprawę bardzo powściągliwie, chciałoby się powiedzieć. Przecież PAX został stworzony przez działaczy co najmniej ultraendeckich! Jednak sam Piasecki i jego naro-

221 S. Mikołajski, *Wroga działalność elementów endeckich*, dz. cyt., s. 30–33.

dowcy, którzy już są w PAX-ie, nie przeszkadzają Mikołajskiemu. PAX współpracuje z komunistami, dlatego towarzysz Mikołajski czuje się zobowiązany bronić tego stowarzyszenia. Przed atakami i konkurencją polityczną ze strony nie-PAX-owskich narodowców, jak również przed ich infiltracją (s. 5). Zatem faszysta też jest dobry, gdy jest nasz, gdy pozwala sobie „sekundować" i „doradzać" – tak można streścić postawę Mikołajskiego wobec PAX-u.

Niedługo potem Stefan Mikołajski zajmie się jedną ze spraw najważniejszych dla PAX-u i jego wodza Bolesława Piaseckiego. Będzie prowadzić śledztwo w sprawie zamordowania jego syna. Wtedy jego przychylność dla prorządowych narodowców i antysemitów jeszcze bardziej wzrośnie. Zanim jednak do tego dojdzie, towarzysz Mikołajski przez pewien czas będzie musiał odgrywać zupełnie inną rolę.

PUŁAWIANIN NAZBYT IDEALNY?

Niezależnie od dwuznacznych „endeckich" wykładów i opracowań Mikołajskiego, wiceminister Alster mu ufa. W 1961 r. dyrektor Departamentu III Zbigniew Paszkowski – prawa ręka Alstera – wnioskuje o awansowanie Mikołajskiego na stanowisko naczelnika Wydziału I Departamentu III. Tekst wniosku to niekończąca się laurka z mocnym ministerialnym akcentem na koniec. Oto, co Paszkowski widzi w Mikołajskim: „[...] dobre zrozumienie bieżących zadań [...], dzięki odpowiednio rozwiniętym zdolnościom organizatorskim osiąga pozytywne wyniki w pracy operacyjnej [...], cieszy się poważaniem w kolektywie. Cechuje go głęboka partyjność [wtedy była to pochwała: chodziło przecież o jedynie słuszną partię komunistyczną] i przywiązanie do naszej idei, co znajduje wyraz w jego pracy – jako sekretarza POP [Podstawowej Organizacji Partyjnej] w Departamencie III. Do objęcia proponowanego stanowiska predystynują [sic!] go również odpowiednie walory osobiste i nienaganna postawa moralna.

Wniosek powyższy został uzgodniony z V-Ministrem [sic!] Alsterem".

Jak widać, Stefan Mikołajski jest kimś ważnym. Pracuje w najważniejszym departamencie najważniejszego ministerstwa (od MSW, a szczególnie od zwalczającego opozycję Departamentu III zależy, czy komuniści utrzymają władzę i kontrolę nad polskim społeczeństwem). W tym departamencie Mikołajski jest sekretarzem POP, czyli strażnikiem czystości ideologicznej i łącznikiem z władzami partii komunistycznej. Do tego cieszy się poparciem wiceministra. Teraz zaś czeka go awans na stanowisko naczelnika Wydziału I. Odtąd wszystkie instrukcje i analizy będą przechodzić przez jego ręce. To on będzie je aprobował. To on będzie decydował, jak esbecy w Augustowie i Zakopanem, Białymstoku i Częstochowie mają prowadzić swą codzienną walkę o komunizm. Setki funkcjonariuszy, tysiące agentów zaczną się poruszać według wektorów wytyczonych przez Mikołajskiego ...

Tak się jednak nie stało. W aktach osobowych Mikołajskiego znajdujemy zaskakującą notatkę, która z Departamentu Kadr i Szkolenia trafiła do samego ministra spraw wewnętrznych, Władysława Wichy. „W dniu 18 maja 1961 r. wpłynął [...] wniosek personalny od Dyrektora Departamentu III płk Paszkowskiego o mianowanie ppłk Mikołajskiego Stefana Z-cy Naczelnika Wydziału I-go na stanowisko Naczelnika tegoż Wydziału. Ppłk Mikołajski jako zastępca zwolnionego z dniem 20 lutego 1961 r. naczelnika Wydziału I-go ppłk Jachimowicza i jednocześnie Sekretarz POP PZPR przy Departamencie III-cim zajął partyjnie szkodliwe stanowisko wobec decyzji Kierownictwa odnośnie [do – przyp. red.] zwolnienia z aparatu bezpieczeństwa ppłk Fijałkowskiego Marka – naczelnika Wydziału Ogólnego – i ppłk Jachimowicza – naczelnika Wydziału I-go. Głośno wobec innych pracowników poddawał [sic!] w wątpliwość słuszność decyzji Kierownictwa, oświadczając, iż podane powody zwolnienia są tendencyjne, że faktycznym powodem zwolnienia w/w pracowników jest to, iż są oni narodowości żydowskiej. Nosił się z zamiarem interwencji w Komitecie Zakładowym PZPR, lecz wobec braku poparcia ze strony organizacji zamiaru zaniechał. W tej sytuacji Departament Kadr i Szkolenia uważa, iż kandydatura ppłk Mikołajskiego na stanowisko naczelnika wydziału jest nieodpowiednio wytypowana". Pismo jest z 19 maja, więc reakcja na wniosek Paszkowskiego (i wiceministra Alstera!) była błyskawiczna. A także skuteczna: na dole pisma minister Wicha napisał „Zatwierdzam". W późniejszych dokumentach Mikołajski występuje wciąż jako zastępca naczelnika Wydziału I, nie jako naczelnik. W internetowym katalogu IPN czytamy, że był tym naczelnikiem przez chwilę – archiwalne dokumenty papierowe mówią jednak wyraźnie, że w ogóle nim nie został.

Teraz już wiemy, za co wiceminister Alster i puławianie go lubili – chciałoby się powiedzieć. Mikołajski wystąpił w obronie zwalnianych Żydów. Szlachetnie, ale bardzo nieostrożnie. Taka postawa w 1961 r. oznaczała, że może się znaleźć w samym środku burzy. Dlaczego? Wpływy puławian i Alstera słabły (jak widać choćby na przykładzie niedoszłego awansu Mikołajskiego). Rósł w siłę wielki rywal i wróg Alstera wiceminister Mieczysław Moczar.

Pierwszy antysemita PRL.

„PATRIOTA" Z GRU

Komunista-nacjonalista Mieczysław Moczar znany jest przede wszystkim jako inspirator i organizator antysemickiej czystki w latach 1967–1969. Jednak inne elementy jego życiorysu też godne są najwyższej uwagi.

Moczar urodził się 23 lub 25 grudnia 1913 r. w Łodzi. Ale nie tylko data urodzenia jest niepewna i podwójna. Podwójne było jego całe dorosłe życie. Naprawdę nazywał się Nikołaj Diomko, względnie Mykoła Demko. Te oboczności w nazwisku brały się stąd, że ojciec pochodził z Szostakowa pod Brześciem (dzisiaj Białoruś), z terenów pogranicznych, gdzie wpływy białoruskie mieszały się z ukraińskimi, a także z rosyjskimi, gdyż i Brześć, i Łódź znajdowały się wówczas pod władzą moskiewskiego cara. Mieczysław Moczar zapewne by nam nie pomógł rozstrzygnąć kwestii właściwej wymowy swego pierwotnego nazwiska. Nie przyznawał się do niepolskich korzeni. Oparł swą karierę na głośnym wygrywaniu zarówno polskiego nacjonalizmu, jak i antysemityzmu oraz ukrainofobii. Czasem też sentymentów antysowieckich, aczkolwiek te ostatnie towarzysz Moczar wyrażał ciszej i dyskretniej, przeważnie aluzyjnie. Komunistów, którzy uciekli przed Hitlerem do ZSRR i wrócili do Polski z sowiecką armią w 1944 r., nazywał „ludźmi w szarych szynelach" [sowieckie płaszcze wojskowe]. Chlubił się tym, że podczas wojny jako komunistyczny partyzant walczył w Polsce, nie gdzieś indziej. Posługiwał się ideą „partyzanckiego braterstwa", aby szukać sojuszników wśród byłych żołnierzy Armii Krajowej. Urządzał dla nich ogniska, na których AK-owcy razem z kombatantami komunistycznej Armii Ludowej mieli piec kiełbaski i czuć braterstwo broni (Moczar nie wspominał przy tym, że w latach 40. kierował Wojewódzkim Urzędem Bezpieczeństwa Publicznego w Łodzi, gdzie straszliwie katował aresztantów, między innymi AK-owców).

Wspomniane wyżej podszczypywanie Sowietów nieraz szkodziło Moczarowi, aczkolwiek znacznie rzadziej, niż można się było spodziewać. Moczar mógł grać Sowietom na nosie – lub udawać, że gra – bo miał u nich mocne plecy. Antysowieckie wyskoki najprawdopodobniej stanowiły kamuflaż, który miał przykryć jego prawdziwą rolę. W 1939 r. Mieczysław Moczar znalazł się we wschodniej części Polski okupowanej przez ZSRR. Tam został zwerbowany przez GRU. „Błyskotliwą karierę Moczara [...] zapoczątkował udział w szkoleniu zorganizowanym w okupowanym Białymstoku przez radziecki wywiad wojskowy GRU. Zapewniło to Moczarowi dowódcze stanowisko w komunistycznej Gwardii Ludowej, gdzie awansował z szybkością równą tempu zbliżania się Armii Czerwonej do ziem polskich" – pisze profesor Antoni Dudek[222]. Ryszard Terlecki – kolega partyjny Antoniego Macierewicza, PiS-owski wicemarszałek Sejmu, poza tym historyk – podaje, że w 1941 r. GRU dwukrotnie wysyłało Moczara z tajnymi misjami na polskie tereny wcielone do hitlerowskiej Rzeszy[223]. Według źródeł zorientowanych w metodach działania komunistycznych służb specjalnych więź między Moczarem a GRU mogła trwać aż do jego śmierci. Nawet gdy agent zostawał ważnym politykiem, wiceministrem bratniego kraju, zawsze mógł się do niego zgłosić ktoś z GRU i poprosić o przysługę. Tyle że musiało się to odbywać na odpowiednio wysokim szczeblu. Powojenny Moczar, który został politykiem, nie mógł być prowadzony przez byle oficera operacyjnego. Raczej odwiedzał go czasem ktoś w stopniu generała – ktoś, kto traktował agenta z szacunkiem i prowadził z nim wnikliwe „rozmowy polityczne". Nie wydawał poleceń, tylko „sekundował, doradzał" (jak powiedziałby Mikołajski).

Czy polski nacjonalizm Mieczysława Moczara był tylko kamuflażem, tak jak jego „aluzyjny antysowietyzm"? Odnotujmy to, co zrobił Moczar w 1948 r., gdy jego polski protektor, sekretarz generalny partii komunistycznej Władysław Gomułka stracił władzę po oskarżeniach o „odchylenie prawicowo-nacjonalistyczne" (co w wypadku Gomułki stanowiło absurd: był stuprocentowym lewicowcem, pragnął tylko większej niezależności PRL od ZSRR i chciał ratować chłopów przed kołchozami). Towarzysz Moczar napisał wówczas list do Biura Politycznego Komitetu Centralnego swej partii – zatem do najwęższego kręgu, który pełnił najwyższą władzę w komunistycznej Polsce. W liście tym Moczar odciął się od polskiego nacjonalizmu więcej niż radykalnie: „Związek Radziecki jest nie tylko naszym sojusznikiem, to jest powiedzenie dla narodu. Dla nas, dla partyjniaków, Związek Radziecki jest naszą Ojczyzną, a granice nasze nie jestem w stanie [...] określić, dziś są za Berlinem, a jutro będą na Gibraltarze"[224]. Do tego miał nakazać swoim łódzkim ubekom, aby wyśpiewywali pieśń ze słowami: „Niech żyje Pol-

222 A. Dudek, *Agent „Mietek" – błyskotliwa kariera sowieckiego szpiega Mieczysława Moczara*, Wirtualna Polska, 2 kwietnia 2014, <https://opinie.wp.pl/agent-mietek-blyskotliwa-kariera-sowieckiego-szpiega-mieczyslawa-moczara-6126018415360129a>, dostęp: 14 września 2018.

223 R. Terlecki, *Miecz i tarcza komunizmu. Historia aparatu bezpieczeństwa w Polsce 1944–1990*, Kraków 2007.

224 A. Dudek, *Agent „Mietek" – błyskotliwa kariera sowieckiego szpiega Mieczysława Moczara*, dz. cyt.

ska Republika Rad". Co oznaczało poparcie dla włączenia PRL do ZSRR jako „Polskiej Republiki Radzieckiej"[225].

Mimo tych zabiegów Moczar swoje łódzkie stanowisko stracił. Jednak w przeciwieństwie do Gomułki i wielu innych jego ludzi nie trafił do aresztu. Wyrzucono go z UB, ale nadal pełnił funkcje kierownicze, aczkolwiek pomniejszego znaczenia. Został wojewodą olsztyńskim, potem przewodniczył tzw. Wojewódzkim Radom Narodowym (najpierw w Olsztynie, później w Białymstoku i Warszawie). Gdyby nie GRU, zapewne znalazłby się w znacznie większych opałach. Dodajmy przy okazji, że towarzysz Gomułka przebaczył mu opowieści o Związku Sowieckim aż po Sprewę i Gibraltar. Gdy tylko Gomułka doszedł do władzy w 1956 r., wrócił do niej również Moczar. Znowu trafił do „organów bezpieczeństwa" – i to na znacznie wyższy szczebel niż poprzednio. Objął stanowisko wiceministra spraw wewnętrznych, odpowiedzialne za wywiad i kontrwywiad. W latach 1956–1957 nadzorował też proces przechodzenia funkcjonariuszy dawnego UB do nowo powstałej SB. Wtedy zaczął swoją wojnę z wiceministrem Alsterem.

Zatem antysowietyzm i polski nacjonalizm towarzysza Moczara były całkowicie zmyślone. Podobnie jak jego nazwisko. Nie da się wykluczyć, że również antysemityzm Moczara był częścią kamuflażu obliczonego na pozyskanie sympatii polskich nacjonalistów. Jednak trzeba zauważyć, że Mieczysław Moczar okazywał antysemickie tendencje konsekwentnie i przez dziesięciolecia. Robił to również wtedy, gdy mogło być to niebezpieczne. W 1948 r. najważniejszy człowiek w Polsce – prezydent państwa i przywódca partii komunistycznej Bolesław Bierut – zarzucał Moczarowi, że buduje w partii wrogą frakcję, antysowiecką i antysemicką. Polska partia komunistyczna próbowała wówczas wykorzenić antysemityzm nie tylko deklaratywnie, jak w latach późniejszych, lecz także faktycznie (często brutalnymi metodami). Dodając antysemityzm do swego wizerunku gomułkowca i nacjonal-komunisty, Mieczysław Moczar czynił swą grę jeszcze bardziej ryzykowną. Musiał pokładać ogromne zaufanie w GRU albo nie umiał wytrzymać bez antysemityzmu.

Potępiona przez Bieruta frakcyjna działalność Moczara została zduszona w latach 40. Jednak w latach 60. towarzysz Moczar podjął ją na nowo. Jego partyzanckie ogniska przyciągały młodszych działaczy partyjnych – tych, którzy w warunkach ówczesnej „gomułkowskiej stabilizacji" nie widzieli

225 Tamże.

przed sobą ścieżek szybkiego awansu. Najlepsze stanowiska zajmowali starsi towarzysze. A wielu z nich w 1944 r. wróciło do Polski z ZSRR – dlatego „partyzancka", „krajowa" mitologia Moczara zgrała się z ambicjami młodych wilków. W ten sposób narodziła się nowa frakcja w partii komunistycznej – tzw. moczarowcy albo partyzanci. Moczar miał wtedy skuteczne narzędzia, za których pomocą mógł lansować swoją frakcję i niszczyć jej wrogów. W 1964 r. został ministrem spraw wewnętrznych. Odtąd nadzorował nie tylko wywiad i kontrwywiad, lecz także walkę z opozycją polityczną.

Odnotujmy, że w książce Justyny Błażejowskiej *Harcerską drogą do niepodległości* Antoni Macierewicz wspomina ministra spraw wewnętrznych Mieczysława Moczara. Za pierwszym razem robi to w tym samym miejscu, w którym opowiada o treningu wywiadowczym, któremu poddawał swoich harcerzy. Zaraz potem dodaje, że harcerze ci byli „spontanicznie katoliccy" i stanowili „część polskiej tradycji". Następnie padają takie oto zagadkowe napomknienia, przedzielone wcięciem akapitowym, być może przez Błażejowską: „[...] poczucie krzywdy wyrządzonej mojej rodzinie nie blokowało naszej zdolności myślenia politycznego. W latach 60. Moczar szukał porozumienia ze środowiskami patriotycznymi. Chciał nawiązać kontakt z dawnymi żołnierzami Armii Krajowej – podobno starał się dotrzeć do Jana Józefa Lipskiego. Kusił także kombatantów związanych z 1WDH [harcerska «Czarna Jedynka»]"[226].

Po co ten wtręt i dlaczego w takim miejscu? Czyżby minister spraw wewnętrznych miał coś wspólnego z praktykami wywiadowczymi i uczuciami narodowo-religijnymi harcerzy Macierewicza? Dlaczego w tej wzmiance Macierewicz próbuje skierować naszą uwagę na osobę wybitnego opozycjonisty Jana Józefa Lipskiego? Lipski z Moczarem i moczaryzmem nie miał nic wspólnego, przez całe życie odrzucał nacjonalizm, nienawiść i gwałt.

W innej części książki Macierewicz wspomina studencki protest w marcu 1968 r. Czytamy: „Pamiętam policję polityczną ubraną po cywilnemu, która wjechała autobusami na teren Uniwersytetu i zaczęła nas bić [...]. Pamiętam później marsz, nie wiem, czy w towarzystwie Pawła Wieczorkiewicza [w następnych dziesięciolecia prawicowy historyk], z placu przed Biblioteką Uniwersytecką [...] na Krakowskie Przedmieście [...]. Wieczorem spotkaliśmy się u Pawła w mieszkaniu na Kubusia Puchatka, na brydżu [...]. Rozmawiałem z mamą Pawła i rozmowa ta zrobiła na mnie wielkie wrażenie [...],

---

226 J. Błażejowska, *Harcerską...*, dz. cyt., s. 94 i n.

mama Pawła – Natalia Bojarska-Wieczorkiewicz, łączniczka AK, bohaterka najbardziej znanej piosenki powstańczej [*O Natalio*, autorstwa radykalnego narodowca Wacława Bojarskiego; bez wątpienia istnieją bardziej znane piosenki powstańcze], była chyba członkiem PZPR albo bardzo blisko. Mówiła z wielkim przejęciem, że nie rozumie, jak mogło dojść do tego wszystkiego i że generał Moczar na pewno nic o tym nie wiedział, ponieważ nigdy nie zgodziłby się na wkroczenie bojówek na teren Uniwersytetu i bicie studentów. Dopiero po jakimś czasie się zorientowałem, że mówi o Moczarze i sądzi, że tak naprawdę akcja przeciwko studentom wymierzona była w Moczara. Pamiętam jej wyraz twarzy, poszczególne sformułowania. Myślę, że takie tezy były zbieżne z jedną z powtarzających się później interpretacji genezy Marca 68"[227].

Jednym słowem, biedny Moczar! Jak go nie żałować, gdy użalają się nad nim nawet bohaterskie łączniczki Armii Krajowej...

Rzecz jasna, Moczar nie był ofiarą, tylko jednym z czarnych charakterów polskiej historii lat 60. Jeśli ktoś chciał wykorzystać protest idealistycznych studentów do złych celów, to właśnie on. Nie tylko kazał bić ich pałkami, lecz także na ich pobitych plecach próbował się wspiąć na najwyższy stołek, tron pierwszego sekretarza PZPR. Wydarzenia marca 1968 r. były związane z jego intrygami trwającymi od co najmniej trzech lat. Albowiem w drugiej połowie lat 60. moczarowscy partyzanci zaczęli kwestionować rządy pierwszego sekretarza Władysława Gomułki. Robił to również sam Moczar, chociaż Gomułka przez lata chronił go i protegował. Antysemicka nagonka prowadzona przez moczarowców w latach 1967–1968 uderzy także w pierwszego sekretarza. Rykoszetem, ale z bardzo bliska, gdyż żona Gomułki pochodziła z żydowskiej rodziny.

Jak łatwo się domyślić, antysemityzm partyzantów współbrzmiał z antysemityzmem wspomnianej wcześniej frakcji natolińskiej. Jednak między moczarowcami a natolińczykami istniały zasadnicze różnice. W latach 60. wielu natolińczyków zajmowało dobre stanowiska i nie zamierzało dzielić się nimi z partyzantami Moczara. Co więcej, niektórzy z natolińskich przywódców byli „ludźmi w szarych szynelach", którym towarzysz Moczar półgębkiem wytykał sowieckość. Kazimierz Witaszewski, słynny Generał Gazrurka, wrócił do Polski z ZSRR w 1944 r. razem z armią sowiecką. Inny z liderów frakcji natolińskiej, Zenon Nowak, podczas wojny w armii sowieckiej po

227 Tamże, s. 115–117.

prostu służył i szary szynel mógł wspominać z dumą. Co więcej, Nowak był również agentem NKWD[228]. Liderzy Natolina (m.in. Witaszewski) utrzymywali stały kontakt z sowiecką ambasadą. Gomułka mówił o nich „agenciaki" (choć w pewnym momencie oparł się na nich, gdy uznał, że puławianie zbytnio odchodzą od ortodoksyjnego komunizmu).

Oczywiście, „antysowietyzm" Moczara, agenta GRU, przez cały czas jest kamuflażem. Najlepiej poinformowani z natolińczyków (np. Zenon Nowak) mogliby coś o tym wiedzieć. Pierwsze zaś nici porozumienia między dwoma antysemickimi frakcjami mogą się zadzierzgnąć już w drugiej połowie lat 50. Natolińczycy toczą wtedy zaciętą walkę z puławianami i szukają sojuszników. A frakcja partyzancka Moczara dopiero zaczyna powstawać. Jeszcze nie rozpoczęła się gomułkowska stabilizacja, więc młodsi działacze komunistyczni nie mieli jak się nią znudzić. Ci, co nie załapali się na ważne stanowiska w latach 1956–1957, jeszcze nie zdążyli się porozumieć i zorganizować... Dlatego antysemicki wiceminister spraw wewnętrznych może wówczas jawić się natolińczykom jako sprzymierzeniec, nie konkurent. Oczywiście jest on dla nich człowiekiem Gomułki, a Gomułce nie ufają. Muszą jednak dogadać się i z Gomułką, i z jego ludźmi. Bo to Gomułka ma władzę i został zaakceptowany przez Sowietów. W dużej mierze również przez Polaków – choć jego popularność maleje, wciąż się nią cieszy jako symbol destalinizacji.

Wielu natolińczyków sprzymierzyło się z Moczarem dopiero w szczycie jego potęgi, w latach 1967–1968. Niektórzy pozostali nieufni do końca. Jednak ze względu na opisane czynniki nie można wykluczyć, że niektórzy z nich mogli zacząć współpracować z Moczarem już w latach 1956–1958. Szczególnie dotyczy to tych natolińczyków, którzy – jak Nowak i Witaszewski – dzięki swym poufnym stosunkom z Sowietami mogli coś wiedzieć o prawdziwej roli Moczara. Na pewno Moczar zgadzał się wówczas z natolińczykami w dwóch kwestiach. Podobnie jak oni wspierał Bolesława Piaseckiego i jego „postępowych" katolików-narodowców z PAX-u. I podobnie jak oni zwalczał puławian, przede wszystkim tych żydowskiego pochodzenia.

228 M. Stasiński, A. Werblan, *Natolińczycy, puławianie, partyzanci. Frakcje polityczne w PZPR*, „Gazeta Wyborcza" (wydanie internetowe), 26 lutego 2018, <http://wyborcza.pl/alehistoria/7,121681,23056707,natolinczycy-pulawianie-partyzanci-frakcje-polityczne-w-pzpr.html>.

WOJNA MINISTERIALNA – NA TRUPIE CHŁOPCA

Cicha wojna w MSW zaczyna się w 1956 r. i trwa przez następne 6 lat. Jej głównych bohaterów już znamy. Po jednej stronie – wiceminister Moczar, który odpowiada za wywiad i kontrwywiad. Po drugiej – wiceminister Alster, który odpowiada za walkę z „działalnością antypaństwową" (antykomunistyczną opozycją). Moczar robi wszystko, żeby zepchnąć Alstera ze stołka. Ma potężnych sojuszników. Wciąż jeszcze jest człowiekiem Gomułki, który go wspiera. Ma plecy w GRU. Prawdopodobnie może też liczyć na pomoc niektórych natolińczyków w walce z puławianinem i Żydem. Ma również broń szczególnego rodzaju. 22 stycznia 1957 r. na warszawskim Wierzbnie nieznani sprawcy porywają niespełna 16-letniego Bohdana Piaseckiego, syna Bolesława. Piasecki ojciec przez większość życia wyznawał i praktykował skrajny antysemityzm. Obecnie popiera natolińczyków i cieszy się ich poparciem. Po Warszawie zaczyna krążyć plotka, że syna porwali mu Żydzi. Plotce pomaga to, że jedyną znaną osobą zamieszaną w porwanie jest mężczyzna żydowskiej narodowości, taksówkarz Ignacy Ekerling. To jego wozem nieznani sprawcy zabrali Bohdana Piaseckiego z ulicy Wejnerta na Wierzbnie (i powieźli na śmierć, jak się później okaże). Jednak śledczy traktują Ekerlinga jak niewinnego, przypadkowego świadka. Mimo że kierowca kłamie w swych zeznaniach, funkcjonariusze go oszczędzają. Najwyraźniej nie chcą podążać za „żydowskim tropem". Robią to z rozsądnych pobudek? Wstrzymują się przed podsycaniem nastrojów antysemickich, pragną uniknąć pogromów? Czy raczej kryją winnych, bo mają z nimi coś wspólnego?

W grudniu 1958 r. częściowo zmumifikowane ciało Bohdana zostaje znalezione w piwnicy budynku przy ul. Świerczewskiego 82a w Warszawie. Po autopsji okazuje się, że chłopiec dostał cios ciężkim narzędziem w głowę, prawdopodobnie śmiertelny. Mimo to przebito mu jeszcze serce nożem i wytoczono krew. Wygląda to jak mord rytualny z antysemickich mitów. Jednak pogromy nie wybuchają. Mimo pogłosek o rzekomej odpowiedzialności Żydów za śmierć Bohdana społeczeństwo Warszawy i Polski zachowuje się odpowiedzialnie. Czy to samo można powiedzieć o śledczych? Pogromów nie ma, ale nie ma też sprawców. Do 1960 r. nie znaleziono winnych, pogubiono natomiast liczne dowody – pogubiono w sposób wyglądający na zamierzony. W 1960 r. czynności śledcze... zawieszono na dwa lata[229]. Tak się składa, że

229 IPN BU 0397/416, t. 1, s. 321.

śledztwo nadzoruje sam Alster. Prowadzi je zaś człowiek Alstera, dyrektor Departamentu III MSW, Zbigniew Paszkowski. Wszystko zatem sugeruje, że w sprawie Piaseckiego – nie tylko strasznej, lecz także ważnej politycznie – Alster i Paszkowski dopuścili się stronniczych nieprawidłowości. Udowodnienie tego oznaczałoby dla Moczara zwycięstwo w wojnie z Alsterem.

Odnotujmy, że od marca 1957 r. ojciec ofiary, Bolesław Piasecki, skarży się na to, jak śledztwo jest prowadzone. Po znalezieniu zwłok wysyła list do Mieczysława Moczara z prośbą o pomoc – chociaż śledztwo podlega Alsterowi. Zatem już wtedy Piasecki traktuje Moczara jak swojego sojusznika, przynajmniej w tej sprawie (10 lat później, podczas antysemickiej czystki lat 1967–1968, obaj panowie będą się popierać w niemal wszystkich sprawach).

W maju 1962 r. Alster traci stołek. Moczar zwycięża. W następnych miesiącach stanie się szarą eminencją w MSW. A dwa i pół roku później, 12 grudnia 1964 r., obejmie stanowisko ministra spraw wewnętrznych.

MISJA TOWARZYSZA MIKOŁAJSKIEGO

Po zwycięstwie antysemity Moczara w 1962 r. Stefan Mikołajski powinien stracić grunt pod nogami. W swoim departamencie występował przecież jako obrońca wyrzucanych z pracy Żydów. Moczar zaś nie tyle jest antysemitą, ile wodzem antysemitów. Najprawdopodobniej już wtedy planuje wielką antysemicką czystkę dla swoich młodych wilków. Wyrzucenie towarzyszy Fijałkowskiego i Jachimowicza, zapewne wymuszone na Alsterze, mogło być pierwszą oznaką tej czystki. Czyżby Mikołajski był tym, który jako pierwszy sprzeciwił się antysemickiej ofensywnie Moczara? Tymczasem po zwycięstwie Moczara towarzysz Mikołajski gruntu pod nogami wcale nie stracił. Wręcz przeciwnie. W 1963 r. to właśnie Mikołajskiemu powierzono jedną ze spraw najważniejszych dla Moczara. Chodzi właśnie o porwanie i zamordowanie Bohdana Piaseckiego. W dniu 27 lutego 1963 r. rozkazem ministra spraw wewnętrznych Władysława Wichy towarzysz Mikołajski zostaje powołany „do pełnienia obowiązków Z-cy Kierownika Grupy Operacyjno-Śledczej krypt. «Zagubiony» przy Biurze Śledczym MSW”[230]. Grupa „Zagubiony” prowadzi śledztwo w sprawie Bohdana Piaseckiego, które nosi ten sam kryptonim: „Zagubiony”.

---

230 IPN BU 01225/436, s. 47.

Czy Moczar wybaczył Mikołajskiemu jego postawę wobec wyrzucania Żydów z MSW? Moczar nie był znany z wybaczającej postawy. „Kto nie z Mieciem, tego zmieciem" – takim powiedzonkiem komentowano poczynania jego frakcji.

A może to minister spraw wewnętrznych Władysław Wicha powierzył sprawę „Zagubiony" towarzyszowi Mikołajskiemu, żeby ograniczyć wpływ antysemity Moczara na wyniki śledztwa? Moczar zapewne chciał, aby:

- mordercy Bohdana Piaseckiego okazali się Żydami;
- Alster i inni puławianie okazali się wspólnikami morderców albo co najmniej ich potajemnymi obrońcami (ze względu na rzekomą żydowską solidarność etniczną, rzecz jasna).

Minister Wicha mógł mieć zupełnie inne cele. O ile wiemy, cenił sobie spokój. Ambicje jego podwładnych, którzy pragnęli wszechwiedzy i wszechwładzy, martwiły go, ponieważ były kosztowne. Minister przede wszystkim liczył się z budżetem. Był urzędnikiem, nie esbekiem. Co więcej, podobnie jak Gomułka, miał żonę z żydowskiej rodziny – Teodorę „Tetkę" z domu Lewin. Wicha mógł zatem myśleć, że Mikołajski – esbek przyjazny Żydom, zarazem doświadczony i dokładny – najlepiej poprowadzi śledztwo. Nie będzie pogromów na mieście ani czystek w ministerstwie, a równocześnie nikt nie przyczepi się do uchybień formalnych. Bo Mikołajski zadba, żeby żadnych uchybień nie było...

Jeśli minister tak myślał, to się grubo mylił.

„ZAGUBIONY" I „BAGNO – MARLENA"

W teczce z rozkazami ministra Wichy czytamy, że w dniu 24 maja 1963 r. minister karze przeniesieniem na niższe stanowiska majora Władysława Wojtasika i kapitan Krystynę Brones[231]. Za co? „Winni są samowolnego i niezgodnego z obowiązującymi przepisami zniszczenia dużych ilości ważnych dokumentów ze sprawy operacyjnej krypt. «M», którą zgodnie z otrzymanymi poleceniami bezpośrednich przełożonych mieli uporządkować i przekazać do archiwum. Mjr WOJTASIK i kpt. BRONES są na równi odpowiedzialni za w/w przewinienie dyscyplinarne". A na stronach 56–57 czytamy: „Warszawa, dnia 24 maja 1963 r. [...] ROZKAZ KARNY Nr 09/63. W wyniku przeprowadzonego dochodzenia dyscyplinarnego

231 IPN BU 01225/436, s. 55.

przez Komisję powołaną w dniu 8 kwietnia 1963 r. przez Dyrektora Departamentu III MSW przeciwko mjr WOJTASIK Władysławowi i kpt. BRONES Krystynie, pracownikom Wydziału I Departamentu III obwinionym o samowolne i niezgodne z obowiązującymi przepisami zniszczenie dokumentów ze sprawy krypt. «M», stwierdzono, że ppłk. MIKOŁAJSKI Stefan s. Stanisława, Zastępca Naczelnika Wydziału I Dep. III powołany rozkazem Nr 003/63 z dnia 27.II.1963 r. do pełnienia obowiązków Z-cy Kierownika Grupy Operacyjno-Śledczej krypt. «Zagubiony» przy Biurze Śledczym MSW winien jest zupełnego braku nadzoru nad zleconymi mjr WOJTASIKOWI i kpt. BRONES pracami przy porządkowaniu materiałów w/w sprawy przed przekazaniem jej do archiwum, co doprowadziło w konsekwencji do samowolnego ~~zakwalifikowania~~ wyłączenia, przez podległych mu pracowników większości ważnych materiałów z tej sprawy i ich zniszczenia w sposób kolidujący z obowiązującymi przepisami. Wobec powyższego karzę ppłk. MIKOŁAJSKIEGO Stefana surową naganą [...]. Minister Spraw Wewnętrznych W. WICHA".

W aktach Stefana Mikołajskiego i Krystyny Brones nie ma żadnej wzmianki o tym, czym mogła być sprawa kryptonim „M". W aktach majora Władysława Wojtasika[232] trafiłem na kopertę z napisem: „Tajne. Bez uzgodnienia z Dyrektorem Departamentu Kadr i Szkolenia MSW nie otwierać". Nie posłuchałem tego pozagrobowego ostrzeżenia (tym bardziej że kopertę już wcześniej otworzyli archiwiści IPN). W środku znalazłem pismo z 8 maja 1963 r. podpisane przez świeżo mianowanego dyrektora Departamentu III, Stanisława Filipiaka (jego poprzednik, Paszkowski, odszedł w lutym 1963 r., osiem miesięcy po Alsterze). W swoim piśmie nowy dyrektor Filipiak domaga się ukarania Mikołajskiego za zniszczenie dokumentów. Załącza też sprawozdanie podpisane przez dwóch oficerów („ppłk Józef Pytel" i „kpt. Leonard Łukaszuk"), którzy prowadzili dochodzenie wewnętrzne w sprawie zniszczonych papierów. Według tego sprawozdania zarówno major Wojtasik, jak i kapitan Brones zeznali to samo. Towarzysz Mikołajski kazał im zniszczyć „zbędne rzeczy" bez robienia protokołów i wykazów! Sam Mikołajski częściowo przyznał się do winy. Poleciłem zniszczyć różne materiały, ale tylko te naprawdę niepotrzebne – broni się esbek. Wśród tych materiałów wymienia jednak „papier pobrany jako próbki do ekspertyzy" – czytamy w sprawozdaniu.

232 IPN BU 0194/1500.

O jakie próbki chodzi? W śledztwie wykorzystywano tzw. materiał porównawczy. Przeważnie były to niezwiązane ze sprawą kawałki papieru z różnych źródeł, porównywane przez ekspertów z kartkami, na których sprawcy pisali lub zostawili odciski palców. Chodziło o to, żeby ustalić, jakiego typu papieru używali porywacze, skąd go wzięli itd. (tego rodzaju dane ułatwiają identyfikację sprawców). Jednak wyrażenie „papier pobrany jako próbki do ekspertyzy" może dotyczyć również próbek materiału dowodowego, czyli fragmentów tych kartek, na których sprawcy pisali lub zostawili odciski. Jeżeli sprawa „M" związana była z zabójstwem Bohdana Piaseckiego, zniszczenie takich próbek mogło stanowić potężny cios dla śledztwa. Tak się składa, że kartki z odciskami palców sprawców porwania chłopca poginęły już wcześniej. Próbki pobrane dla celów ekspertyzy papierniczej mogły być ich jedyną pozostałością. Zniszczenie tych próbek byłoby więc przewinieniem nieporównywalnie cięższym niż wyrzucenie do śmieci materiału porównawczego (w większości wypadków łatwego do ponownego uzyskania). Gdyby Mikołajski zniszczył mało ważne, czysto porównawcze próbki, które nie stanowiły materiału dowodowego, zapewne przypomniałby o tym sprawozdawcom. Jednak w sprawozdaniu Pytla i Łukaszuka o takiej okoliczności łagodzącej nie ma mowy. Zatem musimy spytać: czy Mikołajski kazał zniszczyć papier, który wcześniej mieli w rękach zabójcy Bohdana Piaseckiego? Pytanie to jest dla nas istotne, jako że papier zabójców jeszcze odegra pewną rolę w naszej historii. A razem z nim pewną rolę odegra jeden z wujów Antoniego Macierewicza.

Wróćmy jednak do sprawozdania oficerów Pytla i Łukaszuka. Pojawia się w nim kryptonim sprawy „M" w rozwiniętej postaci. Otóż brzmiał on „Marlena" względnie „Bagno – Marlena". Tak naprawdę taki tytuł nosiła sprawa, której dokumenty Mikołajski kazał zniszczyć. Jak piszą Pytel i Łukaszuk, sprawa „Bagno – Marlena" zaczęła się w listopadzie 1957 r. i trwała do 1960 r. Wtedy to została zawieszona. Odtąd przeważająca część dokumentacji „leżała w szafie u kpt. Brones dlatego, że nie było decyzji ze strony płk. Paszkowskiego, co z nią zrobić" – czytamy w sprawozdaniu ze starej koperty znalezionej w aktach majora Wojtasika.

Czego dotyczyła sprawa „Bagno – Marlena"? Z danych dostępnych w Archiwum Cyfrowym IPN wynika, że UB i SB prowadziły wiele spraw o kryptonimie „Bagno". Jednak nie ma informacji, by którakolwiek z nich toczyła się w przedziale czasowym 1957–1960. W Archiwum Cyfrowym figurują też liczne „Marleny", są to jednak pseudonimy tajnych współpracowniczek, a nie kryptonimy spraw. Mamy zatem do czynienia z bardzo tajemniczą sprawą, której akta bezprawnie przemielono. Wiele wskazuje na to, że była ona częścią sprawy „Zagubiony", czyli śledztwa w sprawie morderstwa Bohdana Piaseckiego. Oto poszlaki i dowody:

- poszczególne wątki sprawy „Zagubiony" dostawały nieraz własne kryptonimy (np. sprawa „Zaskoczony", której poświęcimy chwilę w dalszej części książki);
- sprawa „Bagno – Marlena", podobnie jak sprawa Bohdana Piaseckiego, musiała być szczególnie ważna i delikatna, skoro zawieszono ją na lata specjalnie po to, by dyrektor Paszkowski mógł przemyśleć, co z nią zrobić;
- sprawa „Bagno – Marlena" zaczęła się po porwaniu Bohdana Piaseckiego i zawieszono ją w tym samym czasie, w którym zawieszeniu uległa sprawa Bohdana (w latach 1960–1962);
- 23 stycznia 1965 r. (półtora roku po tym, jak Stefan Mikołajski dostał naganę), dyrektor Biura Śledczego MSW, towarzysz Idzi Bryniarski, pisze „charakterystykę służbową" Mikołajskiego jako zastępcy kierownika Grupy „Zagubiony" i bardzo go chwali, ale z takim zastrzeżeniem: „W początkowym okresie pracy spostrzeżono, że jest on zbyt łatwowierny, mający pełne zaufanie do podległych pracowników, co [...] było zjawiskiem ujemnym" (zatem gdy Bryniarski pisze o pracy Mikołajskiego nad sprawą „Zagubiony", to najwyraźniej nawiązuje przy tym do zniszczenia dokumentów sprawy „Bagno – Marlena", jakby była ona częścią sprawy „Zagubiony");
- udzielając nagany Mikołajskiemu za zniszczenie dokumentów sprawy „Bagno – Marlena", minister Wicha podkreśla, że ukarany funkcjonariusz pełni funkcję zastępcy kierownika Grupy „Zagubiony". Wyłuszcza nawet, kiedy i którym rozkazem Mikołajski został powołany do pełnienia tej funkcji.

Ale nawet gdyby minister, podając te dane, uległ napadowi dziwnej pedanterii, nawet gdyby wszystkie powyższe dowody prowadziły nas na manowce, nawet gdyby tajemnicza sprawa nie była związana z Bohdanem Piaseckim – to i tak trudno zrozumieć dalszy ciąg tej historii. Trudno zrozumieć, dlaczego Mikołajski po wpadce z „Bagno – Marleną" wciąż zajmował się „Zagubionym".

Jak wspomnieliśmy wcześniej, w latach 1957–1960 jednym z głównym problemów śledztwa „Zagubiony" było tajemnicze znikanie dowodów. Zniknęły kartki, na których sprawcy zostawili swoje odciski palców. Zniknęły zapisy niektórych podsłuchów (sprzedane komuś, jak się zdaje, razem z kasą pancerną, w której je trzymano!). Zatem jeśli okazało się, że towarzysz Mikołajski intencjonalnie lub niefrasobliwie pozwala niszczyć ważne dowody – nawet dotyczące zupełnie innej sprawy – to powinien zostać odsunięty od śledztwa „Zagubiony". W trybie natychmiastowym. Tak się jednak nie stało. Mikołajski prowadził to śledztwo do… 1982 r., kiedy to zbrodnia zamordowania Bohdana Piaseckiego – wciąż niewyjaśniona – uległa przedawnieniu. Gdy Moczar został ministrem spraw wewnętrznych, nie wyrzucił Stefana Mikołajskiego z SB, nie zesłał go na prowincję, nie odsunął nawet od sprawy „Zagubiony". To zdumiewające, zwłaszcza gdy weźmiemy pod uwagę, kim była Krystyna Brones.

ŻONA ŻYDA W SZARYM SZYNELU

W IPN znajdują się wojskowe akta personalne Krystyny Brones[233], jej esbeckie akta osobowe[234] oraz teczka zawierająca „NOTKI BIOGRAFICZNE NIEKTÓRYCH EMIGRANTÓW DO IZRAELA"[235].

Czytamy w nich, że Krystyna Brones zaczyna swą karierę jako Elżbieta Molak. W 1947 r. wychodzi za oficera Wojska Polskiego, Mieczysława Bronesa. Przy tej okazji zmienia nie tylko nazwisko, lecz także imię – nie wiadomo dlaczego. W papierach można się doczytać, że podczas wojny imię „Elżbieta" nie było jej imieniem, tylko pseudonimem. Czyżby po wojnie wróciła do prawdziwego imienia „Krystyna"? Nie jest to do końca jasne.

Inne kwestie dotyczące Elżbiety (Krystyny) Molak-Brones są równie zawikłane. W służbowej ankiecie personalnej z 1947 r. Elżbieta (Krystyna) podaje pochodzenie robotnicze. Ale w obu jej „cywilnych" teczkach[236] czytamy, że matka towarzyszki Molak (względnie Brones) posiadała dwie restauracje na warszawskim Starym Mieście – również podczas okupacji hitlerowskiej. Wynika z tego, że Elżbieta (Krystyna) nie była Żydówką. Jednak dla jej ubeckich przełożonych większą wagę miała inna konkluzja: Elżbieta (Krystyna) nie była robotnicą, skłamała w ankiecie personalnej. Mimo to szefowie przymknęli oko na jej kłamstwo. Zapewne dlatego, że

233 IPN BU 2240/687.
234 IPN BU 0194/1514.
235 IPN BU 0397/397, t. 2.
236 IPN BU 0194/1514, IPN BU 0397/397, t. 2.

towarzyszka Molak-Brones w czasie wojny należała do „właściwej", komunistycznej konspiracji. Dokładnie rzecz biorąc była członkinią specjalnej grupy bojowej przy sztabie głównym Armii Ludowej pod dowództwem Jerzego „Konrada" Fonkowicza. Specjalna grupa Fonkowicza wykonywała specjalne zadania. W dniu 17 kwietnia 1944 r. jej bojownicy zasadzili się na tajne archiwum Polskiego Państwa Podziemnego, ukryte w jednym z lokali kamienicy przy ulicy Poznańskiej 12 w Warszawie. Zasadzka zakończyła się sukcesem. Bojownicy Fonkowicza odebrali archiwum przedstawicielom Polskiego Państwa Podziemnego. Dlaczego jedni konspiratorzy wyrywali papiery drugim? Polskie Państwo Podziemne stanowiło kontynuację przedwojennej Drugiej Rzeczpospolitej, konsekwentnie zwalczającej komunizm. Komuniści z AL traktowali je więc nieprzyjaźnie. Przejęcie przez nich dokumentacji przyniosło tragiczne skutki. Zbrojnym ramieniem Polskiego Państwa Podziemnego była Armia Krajowa. Zatem archiwum zawierało informacje na temat licznych żołnierzy AK. Po jego przejęciu dane te przeciekły z Armii Ludowej do hitlerowskiego Gestapo, co spowodowało falę aresztowań akowców. Wiele źródeł podaje, że taki był właśnie cel całej operacji. Komuniści mieli specjalnie podsunąć gestapowcom informacje z archiwum, bo chcieli, żeby Gestapo zrobiło za nich brudną robotę. Pragnęli usunąć sobie z drogi „konkurencyjną" niekomunistyczną AK rękami hitlerowców. O sprawie tej pisał m.in. Janusz Marszalec w opracowaniu *Zdobycie Archiwum Delegatury Rządu przez AL i gestapo*[237]. Popularne publikacje na ten temat dostępne są również w internecie[238].

Odnotujmy jeszcze, że w tym samym 1944 r. hitlerowcy aresztowali głównego wykonawcę całej operacji – Jerzego Fonkowicza. Chociaż był Żydem, nie zabili go, tylko wysłali do obozu pracy w Niemczech. Po wojnie Fonkowicz robił karierę w kontrwywiadzie wojskowym. W latach 60. pełnił funkcję attaché wojskowego w Helsinkach. Za sprawą antysemickiej czystki rozpoczętej przez Moczara w 1968 r. towarzysz Fonkowicz trafił do rezerwy. Dwadzieścia dziewięć lat później, w 1997 r., został brutalnie zamordowany przez nieznanych sprawców, którzy napadli na jego dom w Konstancinie. Przed śmiercią go torturowano[239]. Komentatorzy snują teorie, według któ-

237 „Biuletyn IPN", numer 3–4, 2006.

238 J. Lamparska, *Zabójcze archiwum*, „Wprost" (wydanie internetowe), 15 grudnia 2006, <https://www.wprost.pl/94284/Zabojcze-archiwum>; M. Nowak, *Wstydliwa przeszłość generała*, Debata, 12 lutego 2010, <http://www.debata.olsztyn.pl/wiadomoci/polska/861-wstydliwa-przeszo-generaa.html>, dostęp: 14 września 2018.

239 B. Wróblewski, *Na czubku nosa*, „Gazeta Stołeczna", nr 58, 2004.

rych przyczyną takiej śmierci Fonkowicza miała być jego wiedza na temat hitlerowców i ich archiwów.

Spójrzmy na to wszystko oczami moczarowców z lat 60., którzy grzebią w aktach Krystyny Brones: jej szefem w konspiracji był Żyd, co wydał Polaków hitlerowcom... Następnie zaś towarzyszka Brones wyszła za Żyda. W ankiecie personalnej pani kapitan podaje, że rodzice jej męża, Mieczysława Bronesa, byli narodowości żydowskiej i „wyznania mojżeszowego". Prawie cała najbliższa rodzina Mieczysława Bronesa zginęła w hitlerowskim getcie. W drugiej z teczek znajdujemy więcej informacji na temat męża Krystyny. Poświęcona mu notka brzmi tak: „BRONES Mieczysław, s. Włodzimierza i Ireny z domu BOGDAŃSKA-HERSZON, ur. 21 IX 1915 w Zamościu. Stan cywilny – żonaty. Wykształcenie – brak danych. Zawód – ekonomista. Adres zamieszkania przed wyjazdem: Warszawa, ul. Nowowiejska 5 [...]. W latach 1943–1968 pełnił zawodową służbę wojskową, ostatnio w stopniu pułkownika. Od 1962 r. do 1968 r. był zatrudniony w Głównym Zarządzie Politycznym WP. Od 1 VI 1968 r. pobierał rentę z tytułu wysługi lat w WP w wysokości 6005 zł miesięcznie [...]. W roku 1969 otrzymał dokument podróży na wyjazd do Izraela i wyemigrował z kraju".

Źródła dostępne w internecie mówią, że Mieczysław Brones był autorem prac naukowych (m.in. *Wybrane zagadnienia ekonomiki wojennej* z 1961 r. i *Grabież mienia polskiego przez Wehrmacht w kampanii 1939 r.* z 1967 r.). W pracy *Rok 1939: czerwony wrzesień* lubelski dziennikarz Robert Horbaczewski opisuje wkroczenie Armii Czerwonej na Zamojszczyznę w 1939 r.: „[...] w Zamościu [...] uroczyste powitanie czołówek sowieckich zorganizowano już na trakcie szczebrzeszyńskim. Szczególny entuzjazm wykazywali miejscowi komuniści oraz biedota żydowska z Nowej Osady i Przedmieścia Lubelskiego. 26 września powstał «Ludowy Komitet Powitania Czerwonej Armii» (później przekształcił się w «Tymczasowy Komitet Samorządowy»), w skład którego weszli: Michał Hakman, Jan Bartoszczyk, Michał Błaszczak, Józef Dziuba, Mieczysław Brones [...]"[240]. W październiku 1939 r. Armia Czerwona wycofała się z Zamojszczyzny. Region zajęli hitlerowcy. Brones jako Żyd i komunista musiał uciec za Bug – czyli tam, gdzie Sowieci zostali na dłużej. Z esbeckiej notki na jego temat dowiadujemy się, że zaczął karierę wojskową w 1943 r. Sugerowałoby to, że zaciągnął się do 1 Warszaw-

240 R. Horbaczewski, *Rok 1939 – Czerwony wrzesień*, [strona internetowa Roberta Horbaczewskiego], 13 października 2010, <http://roberthorbaczewski.pl/aktualnosc34,5,19,rok-1939---czerwony-wrzesien.html>, dostęp: 14 września 2018.

skiej Dywizji Piechoty im. Tadeusza Kościuszki albo do 1 Korpusu Polskich Sił Zbrojnych w ZSRR, które zostały powołane w tym roku (1 Armia Wojska Polskiego w ZSRR powstała dopiero w roku 1944). Ale w 1943 r. Mieczysław Brones mógł też wstąpić do Armii Czerwonej – a w następnych latach uzyskać przeniesienie do polskich formacji.

Podsumujmy: kpt. Krystyna Brones niszczy dokumenty śledztwa, z którym antysemita Moczar musiał wiązać szczególne nadzieje: mogło wykazać winę Żydów. Kpt. Brones sama jest żoną Żyda. Co gorsza, jest żoną Żyda w szarym sowieckim szynelu (nawet jeśli Moczar tak naprawdę lubi te szynele, to udaje, że nie lubi i w wypadku Krystyny Brones ma sposobność, by to okazać). Jakby tego było mało, w przeszłości kpt. Brones służyła pod dowództwem Żyda, który wydał Niemcom licznych AK-owców. A minister Moczar AK-owców zaczyna właśnie kokietować. Jego ludzie zbierają chrust na wspominkowe partyzanckie ogniska ponad podziałami. Mają one zaleczyć rany, które nie zasklepiły się po zdradzieckich działaniach komunistów z czasu wojny. Takich jak akcja Fonkowicza... Wszystko więc wskazuje, że na moczarowskim chruście upiecze się Krystyna Brones. Mówiąc mniej metaforycznie: kapitan Brones nie miała już czego szukać w MSW i SB, gdzie Moczar się szarogęsił, a zaraz miał być ministrem. Najpewniej sama dobrze o tym wiedziała. Za karę postanowiono ją oddelegować do pracy „w terenie" – miałaby działać gdzieś na obszarze województwa warszawskiego (z ramienia Wojewódzkiej Komendy Milicji Obywatelskiej). Ale i tam byłaby pod władzą Moczara, który nadal mógłby się na niej mścić. Kapitan Brones przewidująco odmówiła pracy w wojewódzkiej komendzie i poprosiła o przejście na rentę. Ta prośba została wysłuchana.

W 1969 r. małżeństwo Bronesów wyemigrowało z Polski. Dostali zgodę na wyjazd do Izraela. Jak się zdaje, wylądowali we Włoszech i w Danii.

ŁASKAWOŚĆ MOCZARA

Czy w tej sytuacji również Mikołajski nie powinien się wybrać gdzieś daleko? Jak najdalej od Moczara? Tym bardziej że łatwo dałoby się go oskarżyć o zmowę z towarzyszką Brones, ponieważ znali się od lat. Jak wiemy, pod koniec stalinizmu Mikołajski był pupilem „Krwawej Luny", czyli Julii Brystiger. W tym samym czasie Krystyna Brones była jej pupilką. Gdy w lecie 1954 r. towarzyszka Brystiger przenosiła się z Departamentu V do Departamentu III, zabrała ze sobą towarzyszkę Brones. W 1956 r. Julia Brystiger

– na dwa tygodnie przed swoim odejściem z „organów bezpieczeństwa" – zdążyła uczynić Krystynę Brones swoim „sekretarzem operacyjnym". Zatem „Luna" do ostatka promowała towarzyszkę Brones (tak samo jak towarzysza Mikołajskiego). W nowych czasach, po odwilży, Krystyna Brones i Stefan Mikołajski odnaleźli się tego samego dnia w tej samej komórce Ministerstwa Spraw Wewnętrznych. Dokładnie 1 stycznia 1957 r. oboje stali się funkcjonariuszami Wydziału I w nowo utworzonym Departamencie III MSW. Towarzyszka Brones została oficerem operacyjnym, a towarzysz Mikołajski – zastępcą naczelnika wydziału. Odtąd był przełożonym Krystyny Brones aż do tej fatalnej chwili, w której kazał jej zniszczyć dokumenty „Bagno – Marlena". Można też przypuścić, że to właśnie on wprowadził ją do Grupy Operacyjnej „Zagubiony" (prowadzącej śledztwo w sprawie Bohdana Piaseckiego). Albowiem na 19 dni, zanim został wiceszefem tej grupy, napisał następującą opinię o Krystynie Brones: „Obowiązkowa, zdyscyplinowana. Bardzo pracowita. Umie analizować materiały i wyciągać wnioski. W pracy bardzo dokładna, skrupulatna". Czy zdyscyplinowana, skrupulatna osoba zniszczyłaby ważne dokumenty bez wyraźnej zgody swego przełożonego?

Czas sprawdzić, jak za to wszystko Moczar zemścił się na Mikołajskim. Co mu zrobił, gdy został ministrem spraw wewnętrznych? Żeby poznać odpowiedź na to pytanie, znowu będziemy musieli zagłębić się w gąszcz dat i nazwisk, suchych danych i pokrętnych pism. Warto – dzięki temu dowiemy się, kim był esbecki opiekun Antoniego Macierewicza jako podwładny Moczara i jako człowiek. Zacznijmy od tego, że Mieczysław Moczar zajął stanowisko ministra spraw wewnętrznych w dniu 12 grudnia 1964 r. Krótko potem, 23 stycznia 1965 r., dyrektor Biura Śledczego MSW, towarzysz Idzi Bryniarski, pisze wspomnianą „charakterystykę służbową" Mikołajskiego. Ewidentnie usprawiedliwia w niej zniszczenie dokumentów sprawy „Bagno – Marlena". Zwala całą winę na podwładnych, którym Mikołajski nazbyt zaufał. Zapewnia, że Mikołajski się poprawił i już nie przesadza z zaufaniem: „Na powyższe zwrócona została uwaga, która w dużym stopniu pomaga mu w pracy". Poza tym Bryniarski mnoży pochwały: „poważny i odp. pracownik operacyjny, znający zasady pracy [...] daje swoje doświadczenie, umiejętności i poświęcenie". To jeszcze można zrozumieć, ponieważ Bryniarski, jak się zdaje, nie jest zaufanym człowiekiem Moczara (siedem miesięcy później minister przeniesie go z Biura Śledczego do... Biura Paszportów, trzy lata później pozbędzie się towarzysza Bryniarskiego z MSW). Ale tym bardziej dają do myślenia następne słowa Bryniarskiego: „[...] tow. Mikołajski jest pracownikiem zdyscyplinowanym, sumiennym, wykonującym wszystkie zadania postawione przez przełożonych b. dobrze i terminowo. Powyższe może być uważane jako cecha charakteru dodatnia lub ujemna, zależna jest bowiem od tych, którzy nim kierują". Czyżby Bryniarski sugerował, że ktoś wykorzystuje Mikołajskiego do złych celów? Kim mógł być ten zły przełożony, który budził w Bryniarskim takie obawy?

Następne pismo pochodzi z 7 sierpnia 1965 r. Moczar właśnie zabrał Bryniarskiego z Biura Śledczego i posadził tam nowego człowieka, Józefa Chomętowskiego. Zastępca Chomętowskiego, Tadeusz Kwiatkowski, pisze do Departamentu Kadr i Szkolenia: „[...] wnoszę o podwyższenie dodatku specjalnego do kwoty 450 zł miesięcznie z dniem 1 września 1965 r. ppłk Stefanowi Mikołajskiemu, Z-cy Kierownika Grupy Operacyjno-Śledczej [...]; zadania wykonuje sumiennie, wykazując dużo własnej inicjatywy. Faktycznie wykonywana przez niego praca, zakres kompetencji i odpowiedzialności odpowiada funkcji naczelnika wydziału. Jednak z przyczyn organizacyjno-etatowych nie może on być mianowany na takie stanowisko". Tłumacząc na język powszechnie zrozumiały: traktujmy Mikołajskiego, jakby awansował, chociaż nie możemy go oficjalnie awansować! Departament Kadr i Szkolenia odrzuca ten wniosek, bo „podstaw prawnych brak [...]. Proponuję, aby częściej premiować tow. Mikołajskiego" (tak odpowiada Kwiatkowskiemu dyrektor Teodor Mikuś). Zadziwiające. Czyżby pod okiem niechętnego Moczara koledzy Mikołajskiego „konspirowali", żeby załatwić mu kryptoawans lub kryptopodwyżkę? Można by w uwierzyć w taką wersję – przeszkodą jednak jest to, że w sprawie brał udział dyrektor Mikuś. Stary znajomy Moczara z lat 40., z wojewódzkiego UB w Łodzi (WUBP)[241]. Gdyby Moczar faktycznie chciał się mścić na Mikołajskim, Mikuś nie proponowałby częstszych premii. Zamiast tego pobiegłby z krzykiem do Moczara: towarzyszu ministrze, chcą bezprawnie obsypać pieniędzmi sojusznika izraelskich syjonistów!

Fawory dla Mikołajskiego na tym się nie kończą. W listopadzie 1965 r. Kwiatkowski wnioskuje o pieniężny „dodatek operacyjny" dla kolegi. W kwietniu 1966 r. – o awans na stanowisko starszego inspektora. Wniosek zostaje przyjęty i Mikołajski awansuje z wsteczną datą (od 1 kwietnia). W piśmie zaś z 1967 r. Kwiatkowski prosi o podniesienie uposażenia dla Miko-

241 *Dane osoby z katalogu funkcjonariuszy aparatu bezpieczeństwa*, Biuletyn Informacji Publicznej Instytutu Pamięci Narodowej. Komisja Ścigania Zbrodni przeciwko Narodowi Polskiemu, <https://katalog.bip.ipn.gov.pl/informacje/29956?katalog=5>, dostęp: 14 września 2018.

łajskiego do wysokości 1400 zł. Również ten wniosek musiał odnieść skutek, gdyż 1 sierpnia 1967 r. Mikołajski dostaje dokładnie taką podwyżkę. Co to wszystko znaczy? Można interpretować to w sposób następujący: po początkowym okresie nieufności minister Moczar przekonał się do pracowitego funkcjonariusza Mikołajskiego. Odtąd koledzy coraz śmielej zwracali uwagę kierownictwa na zasługi tego skromnego pracownika... Ale taka interpretacja brzmi jak żywcem wyjęta z tzw. komunistycznej powieści produkcyjnej. W tych powieściach mądrzy ministrowie wnikali w duszę dzielnych pracowników i bratali się z nimi w imię świetlanej przyszłości. Rzeczywistość komunistycznej władzy była zupełnie inna. Powyższe fakty sugerują, że Mikołajski – komunista o co najmniej dwuznacznym stosunku do narodowców – od dawna działał na rzecz komunistycznego „nacjonalisty" Moczara. Oszukiwał przy tym swoich kolegów z MSW, przed którymi grał kogoś innego.

TOWARZYSZ WABIK

Podsumujmy działalność towarzysza Mikołajskiego między odwilżą 1956 r., a antysemicką czystką 1968 r.

W latach 1958–1959 tak potępiał narodowców, że aż ich chwalił. W 1961 r. jego wystąpienie w obronie zwalnianych kolegów żydowskiego pochodzenia kosztowało go awans – ale stało się to na rok przed tym, jak Mieczysław Moczar zaczął trząść całym MSW. Przesadne zatem byłoby stwierdzenie, że to Moczar pozbawił Mikołajskiego awansu (choć mógł mieć wpływ na tę decyzję, bo rósł już wtedy w siłę). Zniszczenie dokumentów sprawy „Bagno – Marlena" ukarano jedynie surową naganą z 24 maja 1963 r. Rok później towarzysz Mikołajski poprosił o „zatarcie" tej nagany. Prośba musiała odnieść skutek, bo w jego formularzu „Przebieg służby" rubryka „Kary dyscyplinarne" jest pusta. Trzeba odnotować, że dziewięć dni przed naganą, 15 maja 1963 r., Mikołajski został zdjęty ze stanowiska zastępcy naczelnika Wydziału I (odpowiedzialnego za instrukcje i analizy polityczno-operacyjne). Przeszedł na to samo stanowisko, ale w mniej atrakcyjnym Wydziale VI (ochrona przemysłu i gospodarki narodowej). Nie wiemy jednak, do jakiego stopnia to przesunięcie wiązało się ze sprawą zniszczenia papierów. Dyrektor Filipiak uzasadniał je względami reorganizacyjnymi: Wydziały I i II zostały połączone w nowy wydział, „który jest całkowicie obsadzony". Wolny etat zastępcy naczelnika został tylko w Wydziale VI, dlatego Filipiak kazał tam przenieść Mikołajskiego. Potraktował go jak popychadło czy wręcz przeciwnie – zadbał, żeby towarzysz Mikołajski nie spadł na niższy stołek? Nie wiemy też, czy (lub: na ile) Moczar stał za przeniesieniem Mikołajskiego. Filipiak nie był jego zaufanym człowiekiem. Awansował na dyrektora Departamentu III w 1963 r., gdy wpływy Moczara rosły. Jednak w 1966 r. Moczar go wyrzucił.

Najważniejsze jest to, że gdy Moczar został ministrem, Mikołajskiego nie spotkały żadne represje. Awansowano go natomiast na starszego inspektora. Dostawał podwyżki i przez cały czas zajmował się kluczową sprawą o kryptonimie „Zagubiony". Z początku dopieszczano go ostrożnie. Zamiast dodatku do pensji proponowano częstsze premie. Potem jednak opory ustąpiły, przyszedł awans, była i podwyżka.

Zacytujmy fragment pisma Departamentu Kadr i Szkolenia z 19 maja 1961 r. Chodzi o to samo pismo, które zablokowało awans Mikołajskiego po jego wystąpieniu w obronie żydowskich kolegów. Znajduje się tam następujący fragment: „Nosił się z zamiarem interwencji w Komitecie Zakładowym PZPR, lecz wobec braku poparcia ze strony organizacji zamiaru zaniechał". Brzmi to tak, jakby jednym z zadań Mikołajskiego było sondowanie. Sondowanie oraz podstępne zdobywanie zaufania Żydów i przeciwników antysemityzmu. Głośny sprzeciw budzi podziw, szczególnie w instytucji totalitarnej. Ktoś, kto szlachetnie sprzeciwił się antysemickim posunięciom kierownictwa, może liczyć na to, że Żydzi i inni przeciwnicy antysemityzmu przyjdą po cichu uścisnąć mu rękę. Ci pierwsi być może się odsłonią, powiedzą coś o swoich planach. Ci drudzy samym uściskiem ręki się ujawnią. Szlachetny sprzeciw jednego z podwładnych może być dobrym sposobem na pozyskanie cennych informacji dla dygnitarza, który bada swoich wrogów i forsuje czystkę. Znaczyłoby to, że Mikołajski mógł pełnić funkcję tak zwanego wabika. Tłumaczyłoby również, dlaczego po awansie Moczara na ministra przez co najmniej rok czekano z awansami i podwyżkami dla Mikołajskiego. Najwyraźniej Moczar dopiero po roku uznał, że ministerstwo zostało spacyfikowane i Mikołajski nie musi już przywabiać do siebie ewentualnych ukrytych wrogów ministra.

Zatem wszystko wskazuje na to, że Stefan Mikołajski, późniejszy opiekun Macierewicza, przez lata był agentem w gnieździe agentów. Okłamywał nie tylko swoich kolegów, także szefów. Grając „przyjaciela Żydów" w 1961 r., udając puławianina – Mikołajski oszukiwał również swoich przełożonych: dyrektora Paszkowskiego, wiceministra Alstera, ministra Wichę. Czy na nich też donosił Moczarowi? Czy wcześniej oszukiwał Julię Brystiger, udając, że nie jest antysemitą? Czy specjalizował się w takim udawaniu? Gdyby tak było, to w późniejszych czasach Antoni Macierewicz mógłby mieć w Mikołajskim nie tylko cichego opiekuna, lecz także znakomitego mistrza w sztuce kamuflażu.

Hipoteza „Mikołajskiego jako agenta Moczara" prowadzi do jeszcze jednego wniosku. Jeśli Stefan Mikołajski pracował dla Mieczysława Moczara, to niszcząc dokumenty sprawy „Bagno – Marlena", zapewne zrobił to dla niego lub wręcz na jego polecenie. Zatem Moczar musiałby mieć swój interes w zniszczeniu tych dokumentów. Sprawa „Bagno – Marlena" najwyraźniej wiązała się ze śledztwem dotyczącym porwania i zamordowania Bohdana Piaseckiego. Dlatego nasuwa się przypuszczenie, że coś w tej sprawie obciążało Mieczysława Moczara. Można sobie wyobrazić, jak Moczar mówi do Mikołajskiego: „Towarzyszu, pewne rzeczy nie mogą wyjść na jaw. Musicie połknąć tę żabę, zostaniecie ukarani – ale nie bójcie się, będziecie dalej prowadzić sprawę Piaseckiego. Aha, dokumenty niech zniszczy osobiście ta wasza Krystyna. Ma męża, jakiego ma – w razie czego będzie na Żydów". Mikołajski, jak się zdaje, posłusznie tę żabę połknął. Możemy się jednak domyślać, że z trudem przeszła mu przez gardło. On jest przecież porządnym antysemickim komunistą z porządnej nacjonalistycznej rodziny. A teraz koledzy w MSW patrzą na niego jak na żydowskiego spiskowca! Oczywiście pomaga mu to w jego roli wabika, ale też obciąża psychicznie.

Ta hipoteza wyjaśnia również działania Mikołajskiego w następnych latach, gdy wciąż zajmuje się sprawą mordu na Bohdanie Piaseckim. Jej ówczesne akta wyglądają tak, jakby Mikołajski już nigdy więcej nie chciał się narażać na nagany i korytarzowe szepty antysemitów. Zamiast niszczyć całe partie dokumentów, przykrywa je masą dokumentów nieważnych. Nie zataja istotnych faktów. Ale nie pochyla się nad nimi. Pomija je w swoich interpretacjach, otacza innymi faktami – błahymi i odciągającymi uwagę od tego, co ważne.

KLUCZOWY TOWARZYSZ KRUPSKI?

Żeby Mikołajski stał się agentem Moczara służącym mu przez ponad 10 lat, muszą zostać spełnione warunki podstawowe. Moczar musi ufać Mikołajskiemu lub mieć na niego haki (kompromitujące materiały, którymi może go szantażować), Mikołajski zaś musi się ich bać. Jeśli takowe nie istnieją, to Mikołajski musi bardzo mocno wierzyć w Moczara i swoją karierę u jego boku. Tak czy inaczej Mikołajski musi swoją lojalność wobec Moczara przedkładać nad lojalność wobec własnych przełożonych. Mielibyśmy więc do czynienia z niezwykle silną więzią. Czy tę więź można było jakoś tajnie sformalizować? Byłoby to możliwe, gdyby Moczar wciąż uważał się za agenta sowieckiego wywiadu wojskowego GRU i werbował dla niego ludzi. To mało prawdopodobne. Moczar zapewne utrzymywał kontakty z GRU – to były jego plecy w ZSRR. Ale jako wysoko postawiony polityk współodpowiedzialny za PRL-owskie służby raczej nie bawił się w werbowanie i budowanie struktur szpiegowskich. Za wysoko wyrósł. Zatem jaki charakter mogła mieć więź między Moczarem a Mikołajskim? Jak i kiedy ta więź miała szansę zaistnieć?

Wspomniałem wcześniej, że w 1947 r. towarzysz Mikołajski dokształcał się w ubeckich szkołach, m.in. w Łodzi. Szefem łódzkiego WUBP był wtedy Moczar. Jeśli członkowie kierownictwa tego urzędu dorabiali sobie wówczas jako wychowawcy albo brali kursantów na staż, Moczar mógł się zetknąć z młodym, ambitnym, dokształcającym się towarzyszem Mikołajskim. Jeszcze bardziej prawdopodobne jest, że na Mikołajskiego zwrócił uwagę któryś z wiernych współpracowników Moczara (można wątpić, czy sam szef WUBP zainteresowałby się zwykłym kursantem). Jak już wiemy, Mikołajskiego w Łodzi mógł poznać Mikołaj Krupski, który wówczas pracował w łódzkim WUBP pod skrzydłami Moczara, później zaś został przełożonym Mikołajskiego w MBP. Od stycznia 1953 r. do czerwca 1954 r. Krupski w Departamencie III MBP pełnił funkcję wicedyrektora odpowiedzialnego za walkę z bandytyzmem. Mikołajski zaś w tym samym departamencie od lutego 1954 r. był zastępcą naczelnika Wydziału I walczącego z bandytyzmem (w lipcu przemianowanego na Samodzielny Wydział do Walki z Bandytyzmem). Odpowiedzialność Mikołaja Krupskiego za tę walkę i za ten wydział była nie tylko formalna. W aktach osobowych Krupskiego czytamy, co następuje: „Specyfika pracy wydziału I naszego Departamentu, którym kieruje ppłk Krupski, powoduje, że utrzymuje on częstszy aniżeli ja kontakt z WUBP […]. Wobec zadań, jakie właśnie w tej chwili stawiamy Departamentowi w dziedzinie walki z bandytyzmem, zabranie Krupskiego z Departamentu będzie ze szkodą dla tej walki" – pisze w listopadzie 1953 r. pełniący obowiązki dyrektora Departamentu Kadr towarzysz Andrzejewski[242]. Wynika z tego, że Krupski był bardziej szefem Mikołajskiego niż szefem jego

242 IPN BU 003088/10.

szefa. Zatem między Stefanem Mikołajskim a Mikołajem Krupskim jak najbardziej mogły się wytworzyć bliższe związki (jeśli nie w Łodzi, to w MBP). A takie związki musiałyby też obejmować Moczara, albowiem sam Moczar związał się z Krupskim w sposób zaskakująco silny i długotrwały.

ULUBIONY TOWARZYSZ MOCZARA

Można to wyczytać nawet z pożółkłych urzędowych dokumentów. Rzadko się zdarza, żeby międzyludzka więź zostawiła tyle śladów w oficjalnych aktach. Tym bardziej gdy mowa nie o mężu i żonie czy rodzicach i dziecku, tylko o dwóch funkcjonariuszach służb specjalnych. Gdy w latach 1945–1948 Mieczysław Moczar kieruje Wojewódzkim Urzędem Bezpieczeństwa Publicznego w Łodzi, Mikołaj Krupski pod jego skrzydłami pnie się wyżej i wyżej. Aż w 1948 r. zostaje zastępcą Moczara jako szefa łódzkiego WUBP. „Pod skrzydłami" to mało powiedziane. Towarzysz Moczar jest motorem kariery Krupskiego oraz promotorem i propagatorem jego osoby (PR-managerem, powiedzielibyśmy dzisiaj). Peany, które szef urzędu pieje o swoim podwładnym, robią wrażenie nawet na tle ówczesnej biurowo-górnolotnej retoryki. „Bardzo oddany, zdyscyplinowany jako kierownik VIII Sekcji wprowadził żelazną dyscyplinę. Wykształcił ok. 30 śledczych. Pod jego kierownictwem rozpracowano około 250 spraw [...]. Za ogrom pracy przeprowadzonej w krótkim okresie i za przeszkolenie śledczych należy go przedstawić do odznaczenia"[243] – pisze o Krupskim Moczar w dniu 24 kwietnia 1945 r. Jest to zdumiewające, gdyż Krupski pracuje z Moczarem dopiero od miesiąca, w Łodzi jest dopiero od czterech (między styczniem a marcem 1945 r. pracował w łódzkim PUBP nadzorowanym przez Moczara tylko pośrednio). „Zdyscyplinowany, bardzo pracowity, wymagający od siebie i innych, bezwarunkowo oddany pracy, o wysokim poziomie moralnym"[244] – to znowu Moczar o Krupskim niemal sześć miesięcy później (15 października 1945 r.). Mija kolejne pięć miesięcy i Moczar tak oto troszczy się o los Krupskiego: „Bardzo dobry w pracy operatywnej. Szczery demokrata [co znaczyło „fanatyczny komunista"], nadaje się całkowicie na Kierownika tak poważnego Wydziału, jakim jest obecnie Wydział VII"[245]. W lutym 1947 r. Moczar promuje Krupskiego na naczelnika Wydziału V ze względu na „duże doświadczenie w pra-

243 Tamże, s. 83.
244 Tamże, s. 87.
245 Tamże, s. 88.

cy z agenturą". Wniosek Moczara trafia na biurko znanej nam Julii Brystiger. Ona akceptuje ten wniosek, ale ze znacznie mniejszym entuzjazmem. Z braku dobrego kandydata trzeba dać Krupskiego, bo stanowisko należy natychmiast obsadzić – wzdycha. I osładza suchą akceptację małym cukiereczkiem: towarzysz Krupski rokuje, że „opanuje pracę zadowalająco"[246].

W 1948 r. Moczar popada w niełaskę, ale nie jego podopieczny. W 1953 r. Krupski trafia do samego MBP w Warszawie. W 1955 r. zostanie ostatnim szefem stołecznego UB. W styczniu 1957 r. władze odwołują go z tego stanowiska w bardzo podejrzanych okolicznościach (o których opowiem w dalszej części książki). Przez następne cztery lata towarzysz Krupski znajduje się poza „organami bezpieczeństwa". Wreszcie w maju 1961 r. Moczarowi udaje się go ściągnąć do MSW. Robi z niego wicedyrektora superważnego Departamentu I, który odpowiedzialny jest za wywiad. Gdy Mieczysław Moczar obejmuje stanowisko ministra, po niecałych dwóch miesiącach mianuje Mikołaja Krupskiego dyrektorem kontrwywiadowczego Departamentu II. Dzięki Moczarowi Krupski staje się wówczas szefem cywilnego kontrwywiadu PRL i pełni tę funkcję przez następne osiem lat.

Obserwujemy zatem więź, która trwa przez dziesięciolecia. Dlaczego Moczar tak bardzo cenił Krupskiego? Dla wodza frakcji najważniejsze jest to, ile ma „szabel". Można więc przypuścić, że Mikołaj Krupski był tak cenny dla Mieczysława Moczara nie tylko dlatego, że skutecznie werbował agentów dla UB i SB. Zapewne skutecznie też werbował Moczarowi zwolenników wśród funkcjonariuszy MSW. Czy zwerbował mu Mikołajskiego?

ŻYCIE PO MOCZARZE

W 1968 r. Moczar osiąga swoje apogeum i rozpętuje pandemonium. Trwa antysemicka czystka. Na ulicach demonstrują studenci sprowokowani zdjęciem ze sceny Teatru Narodowego inscenizacji „Dziadów" Adama Mickiewicza. Świadkowie i historycy (m.in. profesor Wojciech Roszkowski) uważają, że przerwanie wystawiania *Dziadów* mógł spowodować Moczar (choć raczej pośrednio niż bezpośrednio). Na pewno Moczar przyczynia się do eskalacji protestów, gdy każe brutalnie rozpędzić pierwsze z nich. Były faszysta Bolesław Piasecki otwarcie staje po stronie Moczara – i po raz kolejny w historii Polski dolewa oliwy do ognia. W wydawanym przez niego dzienniku „Sło-

246 Tamże, s. 98.

wo Powszechne" ukazuje się artykuł pt. *Do studentów Uniwersytetu Warszawskiego*. Według artykułu za zamieszki odpowiedzialni są polscy i izraelscy syjoniści – a „syjoniści" znaczy wtedy po prostu „Żydzi". Tymczasem w Sejmie zasiada kilku byłych (i mocno rozczarowanych, mówiąc delikatnie) współpracowników Piaseckiego, m.in. Tadeusz Mazowiecki. Współtworzą oni małe koło posłów katolickich „Znak". Po tym, jak studentów pobito do krwi, koło „Znak" protestuje w parlamencie. Ściąga tym na siebie ostre ataki komunistycznych posłów i premiera Józefa Cyrankiewicza. Członek koła, Jerzy Zawieyski, odpowiada na te ataki 10 kwietnia. Wygłasza w Sejmie odważne przemówienie, po którym staje się obiektem nagonki. Niedługo potem dostaje wylewu. W szpitalu ginie, gdyż wypada przez okno z trzeciego piętra. Według oficjalnej wersji było to samobójstwo.

Zatem wszystko idzie dobrze – z punktu widzenia Moczara. Obrywają Żydzi. Obrywają katolicy, którzy odeszli od nacjonalizmu. Obrywają prozachodni studenci, także ci lewicujący (komunista w lewicowcu widzi najgorszego wroga, bo konkurenta). Na oczach zdumionych obywateli rodzi się nowa Polska moczarowska. Wolna od wszelkich niepolskich (a w każdym razie niesłowiańskich) wpływów. Niestety, niektórzy „towarzysze radzieccy" nie są zadowoleni. Antysemityzm niezbyt im przeszkadza, awantura bardziej (według Sowietów w komunizmie ma być spokój jak w grobie). Przywódca PRL-owskiej partii komunistycznej, Władysław Gomułka, również chce ukrócić rozróbę, która pośrednio uderza w niego. Moczar awansuje w hierarchii partyjnej, zostaje sekretarzem KC PZPR i zastępcą członka Biura Politycznego („żeby był bliżej kierownictwa", tak to podobno uzasadniał Gomułka). Ale razem z tym awansem musi oddać całą swoją władzę, bo traci z rąk MSW. W lipcu 1968 r. przestaje być ministrem, nie ma już swojej armii esbeków, nie ma podsłuchów i teczek.

W całym tym zgiełku i zamęcie zbuntowany lewak Antoni Macierewicz jest, jak wiemy, dość łagodnie potraktowany. Co zaś dzieje się z jego późniejszym opiekunem, Stefanem Mikołajskim? Nadal prowadzi śledztwo w sprawie zabójstwa Bohdana Piaseckiego. Trwa ono już 11 lat. Sprawców zbrodni jak nie ma, tak nie ma. Mikołajski jakoś nie może ich znaleźć, choć bada setki wątków, nieraz bardzo drobiazgowo. Zwierzchnicy nie mogą się nachwalić jego pracowitości. Po moczarowskiej awanturze dziesiątki tysięcy Żydów wyjeżdżają z PRL. „Nie ma na kogo zwalić" – żartują cynicy, gdy w 1970 r. problemy gospodarcze zmuszają komunistów do wprowadzenia drastycznych podwyżek cen mięsa. Nie wiadomo zresztą, czy jakikolwiek kozioł ofiarny mógłby tu coś pomóc. Polacy mają dość opowieści o knowaniach wrogów, chcą mieć szynkę na talerzu. W grudniu 1970 r. robotnicy Wybrzeża protestują przeciwko podwyżkom. Demonstracje topi we krwi PRL-owskie wojsko. To oczywiście nie poprawia nastrojów społecznych. Główny przywódca partii komunistycznej, Władysław Gomułka, musi odejść. Władzę w partii przejmuje nowa frakcja, tak zwani Ślązacy. Przewodzi im dotychczasowy pierwszy sekretarz Komitetu Wojewódzkiego PZPR w Katowicach, Edward Gierek – wróg Moczara i jego całkowite przeciwieństwo. Moczar chce budzić strach. Gierek chce być kochany. Dlatego w następnych latach daje Polsce krótki okres względnego dobrobytu za cenę ogromnego zadłużenia.

A Mikołajski? Jako zastępca naczelnika Wydziału VI (ochrona przemysłu i gospodarki narodowej) zapewne musi się zajmować robotniczymi niepokojami. Nie przeszkadza mu to jednak kontynuować śledztwa w sprawie Bohdana Piaseckiego. Odkrywa setki nowych wątków, jednak ani jednego sprawcy...

Pod koniec sierpnia 1972 r. towarzysz Mikołajski zostaje wysłany na cztery lata do Hradca Králové w Czechosłowacji. Ma tam pilnować polskich robotników pracujących w czeskich fabrykach. Tego rodzaju wyjazdy stanowiły wówczas odpoczynek i nagrodę. Nawet w czasach gierkowskiej *prosperity* zaopatrzenie w Hradcu było lepsze niż w Warszawie. Bez większego trudu można było kupić towary nieosiągalne w PRL, jak np. salami (szczególnie, gdy ktoś dysponował esbecką pensją). Jedyny problem stanowiło to, że polscy robotnicy w Czechosłowacji zachowywali się tak jak w Polsce. To znaczy, że swobodniej się wypowiadali niż ich czescy i słowaccy koledzy. Czesi i Słowacy „bali się gadać", bo skromnemu dobrobytowi towarzyszył terror znacznie większy niż w PRL. Nie tylko półki sklepowe były zapełnione, również cele więzienne. Czesi i Słowacy opowiadali sobie dowcip o dwóch psach, które mijają się w Karpatach. „Biegnę do was się nażreć!" – szczekał polski pies. „A ja do was poszczekać" – skomlał czechosłowacki. Towarzysz Mikołajski pilnował zatem Polaków, żeby w Czechosłowacji skomleli, nie szczekali. Wszystko tam musiało go cieszyć – zarówno czechosłowacki dobrobyt, jak i „porządek". Do Polski wrócił w lipcu 1976 r. Takie wyjazdy do „przyjaciół" trwały zwykle cztery lata. Jednak w lipcu 1976 r. Mikołajskiemu do pełnych czterech lat brakuje prawie dwóch miesięcy. Esbeka sprowadza do Polski ówczesny dyrektor Departamentu III, Adam Krzysztoporski. W dniu 6 lipca dyrektor Krzysztoporski jednym rozkazem:

- nakazuje odwołać Mikołajskiego z jego czeskiego stanowiska;
- mianuje go starszym inspektorem Wydziału V[247].

Brzmi to jak nagłe wezwanie. Czyżby doświadczony towarzysz został sprowadzony do Polski w związku z czerwcowym buntem robotników? Przypomnijmy: w czerwcu 1976 r. pracownicy fabryk Radomia i Ursusa zbuntowali się przeciw kolejnej podwyżce cen. Bunt zdławiono, jego uczestników brutalnie prześladowano. Pozostał ferment, który cztery lata później doprowadził do narodzin „Solidarności". Do 6 lipca 1976 r. Stefan Mikołajski jest starszym inspektorem Wydziału VI, który odpowiada za przemysł i gospodarkę narodową. Zatem bunt pracowników fabryk siłą rzeczy dotyczy Mikołajskiego. Jednak Wydział V, do którego Krzysztoporski natychmiast przenosi sprowadzonego z Czechosłowacji esbeka, odpowiada za rolnictwo i przetwórstwo spożywcze. Dziwne przeniesienie, szczególnie gdy wziąć pod uwagę zaistniałą sytuację. Bezpośrednio po czerwcu 1976 r. tworzy się zorganizowana opozycja polityczna, która przekracza podziały klasowe. Inteligenci Jacek Kuroń i Antoni Macierewicz tworzą Komitet Obrony Robotników (KOR), do którego zapraszają wybitnych intelektualistów niekomunistycznej lewicy i niepodległościowej prawicy. Mikołajski zaś od lat zajmuje się zarówno robotnikami, jak i opozycyjnie nastawionymi inteligentami. Jest też możliwe, że nie pierwszy raz słyszy nazwisko „Macierewicz". Mógł się z nim zetknąć w latach 50., w związku z misterną operacją „Cezary". Mógł na nie natrafić podczas śledztwa w sprawie mordu na Bohdanie Piaseckim. Zatem towarzysz Mikołajski powinien zajmować się KOR. Dlaczego wysyłać go – choćby tylko mentalnie – na wieś lub do fabryki konserw mięsnych?

Na wsi czy wśród konserw, Mikołajski spędza w Wydziale V tylko dziewięć miesięcy. Następnie kierownictwo przenosi Mikołajskiego do Wydziału VII odpowiedzialnego za... transport i łączność. To również brzmi dziwnie, jednak pozwala zrozumieć logikę stojącą za tym przerzucaniem Mikołajskiego z wydziału do wydziału. Infrastruktura łączności ma strategiczne znaczenie dla funkcjonowania państwa. A przetwórstwo spożywcze w źle zaopatrzonym PRL-owskim państwie i społeczeństwie też odgrywało kluczową rolę, szczególnie w chwilach kryzysowych. Gdyby wybuchły strajki w zakładach spożywczych, zaopatrzenie sklepów w podstawowe produkty jeszcze bardziej by się pogorszyło. To zaś mogłoby wywołać kolejne strajki we wszystkich innych sektorach. Komuniści wiedzą, że robotnik głodny to

247 IPN BU 604/1427.

robotnik zły... Zatem wygląda na to, że kierownictwo MSW powierza Mikołajskiemu zadania szczególnej wagi. Wysyła go nie tam, gdzie jest bunt, ale tam, gdzie bunt zagrażałby całkowitą katastrofą. Śle go na jeden z najważniejszych odcinków frontu, potem na drugi – żeby gasił ewentualne pożary, zanim jeszcze wybuchną. Esbecy wówczas nie tylko biją robotników. Przekonują ich również, że „KOR-owcy to Żydy". W takiej robocie może się przydać specjalista od endeckiego myślenia, syn członka Narodowej Partii Robotniczej.

Rzecz jasna, przy tym wszystkim Stefan Mikołajski nie zapomina o ściganiu morderców Bohdana Piaseckiego. Wraca do Samodzielnej Grupy Operacyjnej MSW (SGO MSW lub SGO). Bo tak od 1971 r. nazywa się grupa zajmująca się sprawą „Zagubiony". Co istotne, towarzysz Mikołajski wykorzystuje to śledztwo dla bieżących potrzeb politycznych. Niby tropi morderców, a tak naprawdę – wrogów socjalizmu. W poświęconym Mikołajskiemu dokumencie z 1982 r. czytamy: „W okresie od roku 1963 do marca br. (z czteroletnią przerwą w związku z delegowaniem do CSRS [Czechosłowacka Republika Socjalistyczna]) kierował SGO MSW, dla ustalenia sprawców morderstwa syna B. Piaseckiego. W tym czasie SGO zlikwidowała szereg nielegalnych grup o obliczu antysocjalistycznym"[248]. Brzmi to okropnie. Ale w PRL walka z wrogiem politycznym była ważniejsza niż ściganie morderców. Autor dokumentu uznaje taką postawę za chwalebną. Kto jest tym autorem? Kolega Mikołajskiego z Samodzielnej Grupy Operacyjnej „Zagubiony", towarzysz Adam Malik.

Malik wrócił do Polski z ZSRR w 1975 r. Od razu postanowiono wcielić go do SGO, żeby badał sprawę mordu na Bohdanie Piaseckim. W dniu 18 stycznia 1975 r. dyrektor Biura Śledczego MSW Tadeusz Kwiatkowski wysyła do swoich szefów notatkę służbową w tej sprawie. Notatka ta tłumaczy, dlaczego Adam Malik ma się zajmować śledztwem dotyczącym morderstwa młodego Piaseckiego. Wyjaśnia przy tym cel śledztwa jeszcze lepiej, niż zrobił to sam Malik. Kwiatkowski pisze, że do Samodzielnej Grupy Operacyjnej, powołanej „w celu wyjaśnienia zbrodni popełnionej na Bohdanie Piaseckim oraz koordynowania przedsięwzięć w rozpracowywaniach zbieżnych ze sprawą P-64 [tzw. napad stulecia]" rzadko kierowani są „pracownicy doświadczeni i chętni do pracy [...]; ze względu na brak efektów dość szybko następuje zniechęcenie do pracy w Grupie nawet pracowników wartościowych. Ze

248 IPN BU 604/1427.

względu na specyfikę spraw („Zagubiony" i częściowo P-64) w kręgu zainteresowań Grupy pozostają liczne środowiska, z tym że dominują środowiska z b. podziemia bądź różnych grup opozycyjnych. Przy okazji sprawdzania bądź rozpracowania tych środowisk uzyskiwane są często informacje o nieujawnionych wcześniej faktach wrogiej działalności albo o działalności bieżącej mającej znaczenie dla całokształtu działań rozpoznawczych SB. Wiele takich informacji przekazywanych jest kierownictwu Ministerstwa lub zainteresowanym pionom operacyjnym, w tym Departamentowi I MSW. Ze względu na tę specyfikę najbardziej przydatnymi do pracy w Grupie są pracownicy znający problematykę pionu III [odpowiedzialnego za walkę z opozycją polityczną], posiadający długi staż pracy w SB. Ważnym elementem ułatwiającym interpretacje i szybkie pogłębienie informacji jest znajomość spraw zawiłych, źródeł agenturalnych i oceny interesujących środowisk oraz zjawisk. Po odejściu z Grupy płk. St. Mikołajskiego powstała istotna luka, bowiem z aktualnego stanu osobowego grupy nikt nie zna problematyki pionu III. Jak mi wiadomo, z delegacji służbowej z Moskwy powrócił płk. A. Malik, b. Z-ca Dyrektora Departamentu III, który jest długoletnim pracownikiem tego pionu. Z osobistych rozmów z nim i prowadzonych w przeszłości wspólnych spraw wiem, że posiada on dobrą znajomość interesujących Grupę problemów. Jeśli Kierownictwo resortu nie miałoby wobec płk. Malika innych zamiarów personalnych – uprzejmie proszę o skierowanie go do pracy w SGO na etacie rezerwowym Departamentu Kadr. Wobec tego, że należy liczyć się z odejściem na rentę w niedługim czasie płk. Feliksa Dwojaka (Z-ca Kierownika SGO), funkcję tę mógłby objąć płk A. Malik po zapoznaniu się w międzyczasie z istotnymi problemami sprawy". Teraz już wiemy, dlaczego Malik po powrocie z Moskwy wylądował w SGO. Wiemy też, po co było SGO – i dlaczego nie wykryto zabójców. Z notatki Kwiatkowskiego wynika jasno, że głównym celem wieloletniego badania sprawy mordu na Bohdanie Piaseckim nie było znalezienie faktycznych sprawców. To mógł być co najwyżej cel numer trzy. Celem numer jeden było sprawdzenie, czy da się wiarygodnie obwinić o ten mord jakichś opozycjonistów. Celem numer dwa było wykorzystywanie śledztwa, żeby ich zastraszać, przepytywać i obserwować. Tym właśnie zajmował się Mikołajski przez piętnaście lat swego życia. Jeśli chodzi o cel numer jeden, to, dzięki Bogu, nie osiągnął sukcesu. Albo, jak się przekonamy, nie do końca go osiągnął. Cóż, sprawa miała szczególnie delikatny charakter. Ewentualne „dowody winy" opozycjonistów musiałyby być przekonujące. Aby takie uzyskać, należało grzebać w pobliżu prawdziwych sprawców – a równocześnie chronić ich przed podejrzeniami. Nic dziwnego, że profesjonalni śledczy (szczególnie ci kryminalni, nie z SB) popadali w wyżej opisane zniechęcenie. Podobno każdy ambitny glina chce rozwiązać jakiś słynny „wystygły przypadek", złapać sprawców nieuchwytnych od lat. Jednak inteligentni milicjanci, których zaproszono do SGO, musieli szybko tracić zapał. Orientowali się, że są tylko narzędziem w politycznej nagonce.

Odnotujmy, że wymieniony w notatce Feliks Dwojak to stary kolega Mikołajskiego i Malika, kolejny wychowanek Julii Brystiger. Wspominałem o nim – w latach 50. zwolnił stołek dla Malika, gdy pojechał kierować wojewódzkim UB w Poznaniu (WUBP). Zapamiętano go tam jako osobę odpowiedzialną za obronę budynku WUBP podczas robotniczego protestu w czerwcu 1956 r. Z budynku tego padły pierwsze strzały w stronę demonstrantów. Jak widać, śledztwo „Zagubiony" prowadzili sami swoi... Co do sprawy „P-64", to dotyczyła ona słynnego „napadu stulecia" z grudnia 1964 r. (nieznani napastnicy obrabowali konwój z pieniędzmi pod placówką Narodowego Banku Polskiego przy ulicy Jasnej w Warszawie). Śledczy rozważali hipotezę, według której sprawcy napadu mieli siedem lat wcześniej zamordować Bohdana Piaseckiego. Czyżby Mikołajski chciał obwinić opozycję również o ten rabunek? Byłoby to perfidne, ponieważ napadu na bank najprawdopodobniej dokonali funkcjonariusze komunistycznych służb specjalnych. Przeczytałem kilkaset stron dokumentów dotyczących napadu (tzw. teczki Waldemara Gospodarka). Wynika z nich, że Biuro Śledcze MSW podejrzewało m.in. oficerów Wojskowej Służby Wewnętrznej [kontrwywiad armii PRL]. A także niejakiego Piotra W. Był to milicjant kierowca, który woził japońskich dyplomatów (zatem musiał współpracować z kontrwywiadem PRL, który „rozpracowywał" przedstawicieli państw niekomunistycznych). W aktach znalazłem doniesienia, według których W. był także kierowcą ministra Moczara. Śledczy zapisali sobie tę informację, ale ewidentnie bali się ją sprawdzić.

Wspólna praca nad sprawami Bohdana Piaseckiego i napadu stulecia scementowała ze sobą Mikołajskiego i Malika. Zajmowali się nią razem przez sześć lat, od roku 1976 do roku 1982. Jak się zdaje, cement przetrwał następne cztery lata – aż do końca 1986 r.

NOWY ZABÓJCZY OPIEKUN?

Jak wspominałem wcześniej, 1 maja 1979 r. w MSW powstaje Departament III A. Data jego narodzin – Święto Pracy – zapewne ma znaczenie symboliczne, albowiem nowy departament będzie się zajmować robotnikami. Ma odpowiadać za ochronę szeroko rozumianej gospodarki narodowej, w tym przemysłu. Departament III A przejmuje i wchłania m.in. Wydział VII Departamentu III (łączność). Zatem przejmuje i wchłania również towarzysza Mikołajskiego. Dyrektorem Departamentu III A zostaje Władysław Ciastoń. Ten sam, który w wolnej Polsce stanie przed sądem za współudział w morderstwie księdza Jerzego Popiełuszki, duszpasterza robotników „Solidarności". O zadaniach swego departamentu Ciastoń pisze tak: „Departament III A i jego odpowiedniki terenowe prowadzą operacyjną ochronę najważniejszych zakładów przemysłowych, rolnych, obiektów komunikacji i łączności, inwestycji (w tym także w krajach socjalistycznych przez przedsiębiorstwa PRL), placówek naukowo-badawczych, urzędów centralnych, zjednoczeń i central handlowych, wybranych zagadnień w ramach tak zwanych wojewódzkich kompleksów oraz innych obiektów gospodarki narodowej, ustalonych przez dyrektora Departamentu III A. Ponadto ich zadaniem jest profilaktyczna ochrona załóg (środowisk) w ochranianych obiektach oraz szczególnie narażonych na zagrożenia"[249]. Jak widać, przed towarzyszem Ciastoniem stanęły ambitne i trudne zadania. Tym trudniejsze, że komuniści z gospodarką kompletnie sobie nie radzili. Bezradne były najsubtelniejsze mózgi – również te, które bez ironii zasługiwały na taki przymiotnik. Chaos ekonomiczny i wynikające z niego niepokoje polityczne próbowano zwalczyć zwiększonym nadzorem. Sformułowanie „ochrona załóg (środowisk)" oznaczało pilnowanie robotników. Nie tylko po to, żeby zmusić ich do większej wydajności i staranności przy taśmie produkcyjnej. Przede wszystkim po to, żeby nie strajkowali i nie próbowali tworzyć niezależnych organizacji zawodowych lub politycznych. Ciastoń miał więc hamować rozwój wolnych związków zawodowych i innych „grup antysocjalistycznych" w fabrykach.

Przed 1979 r. towarzysz Ciastoń był zastępcą dyrektora Departamentu III. Ze względu na swe gospodarcze zainteresowania zapewne nadzorował wydziały VI (przemysł, gospodarka), V (rolnictwo, przetwórstwo) i VII (łączność), w których pracował Mikołajski. Teraz nadzorca szefów Mikołajskiego staje się jego szefem – i kolejnym protektorem. Od 1979 r. Ciastoń ciągnie za sobą Mikołajskiego, a także Malika. Na krótko przed stanem wojennym, w dniu 25 listopada 1981 r. Ciastoń obejmuje stanowisko wiceministra

249 W. Ciastoń, E. Cilecki, *Organizacja operacyjnej ochrony gospodarki narodowej*, Warszawa 1984.

spraw wewnętrznych. Wszechwładny minister Kiszczak mianuje go szefem całej SB.

Miesiąc po wprowadzeniu stanu wojennego 15 stycznia 1982 r., wiceminister Ciastoń tworzy Biuro Studiów SB. Nowa jednostka wszelkimi środkami ma „rozpracowywać" i rozbijać podziemną „Solidarność". Po kolejnych dwóch miesiącach, 22 marca 1982 r., Władysław Ciastoń pisze do Departamentu Kadr MSW: „Proszę o przeniesienie na etat Z-cy Dyrektora Biura Studiów SB płk Adama Malika oraz płk Stefana Mikołajskiego na etat Z-cy Naczelnika Wydziału I tego biura". Jak wiemy, po trzech miesiącach towarzysz Mikołajski wskakuje na jeszcze wyższy stołek. Staje się naczelnikiem Wydziału III Biura Studiów[250]. Ma się zajmować Tymczasową Komisją Krajową (TKK), czyli ścisłym kierownictwem podziemnej „Solidarności". Pamiętamy jednak, że Mikołajski i jego ludzie okazują szersze zainteresowania: od Jerzego Staraka po Antoniego Macierewicza.

Pod koniec grudnia 1986 r. w życiu Mikołajskiego zachodzi kolejne niezwykłe zdarzenie. Otóż za namową Ciastonia towarzysz Mikołajski godzi się przenieść do komunistycznych Niemiec Wschodnich. Ma pracować z tamtejszą policją polityczną Stasi (znaną z fanatyzmu, bezwzględności i żywego zainteresowania polskimi sprawami). Zostaje wysłany do Karl-Marx-Stadt (obecnie Chemnitz) z ramienia Departamentu V (tak przemianowano „gospodarczy" Departament III A). Wszystko odbywa się w niezwykłym pośpiechu. 31 grudnia 1986 r. generał Józef Sasin z Departamentu V odrywa się od przygotowań do noworocznego balu. Robi to specjalnie dla towarzysza Mikołajskiego. Wysyła pismo do wiceministra Henryka Dankowskiego, w którym prosi o wysłanie Mikołajskiego wprost w ramiona Stasi: „Płk S. Mikołajski zostanie oficjalnie akredytowany przy Urzędzie Bezpieczeństwa Państwowego NRD w Karl-Marx-Stadt i realizował będzie zadania w zakresie operacyjnej ochrony obywateli polskich w zakładach przemysłowych NRD"[251].

Tego samego dnia od balowych przygotowań odrywa się Adam Malik, od półtora roku dyrektor Biura Studiów SB (poprzedni dyrektor, Władysław Kuca, stracił posadę w 1985 r.). Zatem to Malik jest teraz głównym szefem Mikołajskiego. Jako taki wysyła do Sasina pismo z następującym zapewnieniem: „Uprzejmie informuję, że płk St. Mikołajski, po ukończeniu pracy za

250 *Dane osoby z katalogu funkcjonariuszy aparatu bezpieczeństwa*, Biuletyn Informacji Publicznej Instytutu Pamięci Narodowej. Komisja Ścigania Zbrodni przeciwko Narodowi Polskiemu, <https://katalog.bip.ipn.gov.pl/informacje/40783>, dostęp: 14 września 2018.
251 IPN BU 0604/427.

granicą, zostanie ponownie przyjęty na etat Biura Studiów Sł. Bezp. MSW na równorzędne stanowisko"[252]. Również to pismo ma datę 31 grudnia 1986 r. Jak widzimy, towarzysz Malik w pośpiechu, a zarazem perspektywicznie dba o interesy towarzysza Mikołajskiego. Z wyprzedzeniem szykuje mu miękkie lądowanie po powrocie z NRD. Zapewne bez tego trudno byłoby namówić Mikołajskiego na wyjazd. Śpieszy się również wiceminister Dankowski, który błyskawicznie reaguje na pismo Sasina. Gdy tylko wraca do pracy po noworocznym świętowaniu, w dniu 2 stycznia 1987 r. podejmuje decyzję o wysłaniu Mikołajskiego do bratniej niemieckiej służby.

O co chodziło? Czy w 1986 r. Mikołajski zrobił coś, po czym lepiej go było wysłać za granicę? A jeśli zrobił to wcześniej – czy dopiero pod koniec 1986 r. to odkryto? Dlaczego do wyjazdu namawiał Mikołajskiego sam Ciastoń? Czyżby towarzysz Ciastoń potrzebował zaufanego człowieka w NRD, u boku Stasi?

Jeden z ekspertów, z którym rozmawiałem, nie wyklucza, że pobyt Stefana Mikołajskiego w Niemczech Wschodnich mógł się wiązać z jakąś specjalną misją. Tak czy inaczej wyjazd do Karl-Marx-Stadt stanowi atrakcję. Podobnie, jak wywczasy Mikołajskiego u naszych południowych sąsiadów 15 lat wcześniej. W NRD panuje jeszcze większy „socjalistyczny porządek i dobrobyt" niż w Czechosłowacji. Półki sklepowe i cele więzienne są bardziej zapełnione niż w PRL. Esbek może się obkupić, a wrodzy opozycjoniści nie otaczają go ze wszystkich stron. Należy też pamiętać o bliskości Berlina Zachodniego, gdzie Polacy posiadający paszport i zachodnią walutę jeżdżą na zakupy. Zgrzyta to z ideologią pracowników MSW PRL. Jednak najpierw jedzenie i odzienie, potem ideologia...

Rok później Mikołajski stwierdzi wręcz, że wyjazd do NRD był nagrodą. Ale to akurat budzi podejrzenia: esbecy swoje misje przedstawiali zwykle jako spartańskie, wymagające wyrzeczeń. Poza tym byłaby to nagroda przyznana w dziwnie sprinterskim tempie, między sylwestrem a Nowym Rokiem. Gdy Mikołajski jechał do Czechosłowacji, formalności trwały znacznie dłużej – co najmniej dwa tygodnie (od 14 do 28 sierpnia 1972 r.). Niestety, pobyt u niemieckich towarzyszy nie potrwa długo, ponieważ w kraju wszystko się zepsuje. W kwietniu 1987 r. protektor Mikołajskiego, Władysław Ciastoń, traci stanowisko wiceministra. Generał Jaruzelski i minister Kiszczak wyrzucają go z MSW. Podobnie jak Mikołajski, Ciastoń zostaje wysłany za

252 Tamże.

granicę. Ale dalej niż do NRD, mianowicie... do Albanii. W latach 80. Albania to kraj peryferyjny, z punktu widzenia PRL o znaczeniu marginalnym – i choć komunistyczny, to wrogi, antysowiecki, sprzymierzony z Chinami. Albański reżim nie przeszedł destalinizacji, ludność żyje w nędzy, strachu i powszechnej inwigilacji. Rządzi dyktator Ramiz Alia, w młodości faszysta, od 45 lat komunista, przez większość życia stalinista. Towarzysz Alia chciałby kontrolowanej liberalizacji – ale się boi. Istotne jest to, że PRL-owskie (a także sowieckie, NRD-owskie i inne „sojusznicze") służby nie mogą działać w Albanii swobodnie. Historycy uważają, że wysłanie tam Władysława Ciastonia mogło być oznaką zaufania. Jaruzelski i Kiszczak wyekspediowali Ciastonia w stalinowską czarną dziurę, to prawda – ale przynajmniej go w tym strasznym miejscu nie pilnowali! To logiczna i wiarygodna interpretacja. W świecie służb specjalnych tego rodzaju okoliczności mają swoje znaczenie i wymowę. Wyjazd można jednak interpretować inaczej. Można uznać, że Ciastonia umyślnie zesłano tam, gdzie służbom sowieckim i „sojuszniczym" trudniej byłoby się z nim kontaktować. Być może trudniej nawet niż na jakiejś ewentualnej zachodniej placówce dyplomatycznej. Czyżby nieufnie patrzono na jego kontakty z KGB – lub ze Stasi, do której Ciastoń posłał Mikołajskiego?

W każdym razie mamy do czynienia z dotkliwą degradacją. Czy wymowną? „Jesteś faszysta-stalinista, stosujesz faszystowsko-stalinowskie metody. Twoje miejsce jest w Albanii, gdzie rządzi faszysta-stalinista" – czy tak można zinterpretować to zesłanie?

Powyższe pytanie wiąże się z możliwym współudziałem Ciastonia w zamordowaniu księdza Popiełuszki. W latach 1990–1994 Władysław Ciastoń będzie podejrzany i oskarżony o zlecenie tej zbrodni. Sąd uzna go za niewinnego. Kwestia jego winy lub niewinności w tej sprawie jest dla nas szczególnie interesująca, albowiem rzuca światło na Stefana Mikołajskiego, cichego opiekuna Antoniego Macierewicza, oraz na stosunki Mikołajskiego z Kremlem, który miał udział w śmierci księdza.

Zdaniem licznych znawców epoki, Jaruzelski i Kiszczak ukarali Ciastonia zesłaniem za śmierć Popiełuszki. Jednak nie wszyscy eksperci zgadzają się z tą tezą. Ci zaś, co się z nią zgadzają, różnie interpretują stopień winy Władysława Ciastonia.

Zesłano go za brak kontroli nad funkcjonariuszami. Za to, że ich nie nadzorował, przez co nieświadomie umożliwił im dokonanie zbrodni – tak twierdzi większość znawców, z którymi się skonsultowałem.

Być może Ciastonia wysłano do Tirany po to, by sprawić wrażenie, że mordercy mają związki z chińsko-albańskimi komunistami – tak dywaguje morderca Popiełuszki, Grzegorz Piotrowski w książce Tadeusza Fredry-Bonieckiego *Zwycięstwo księdza Jerzego*. Piotrowski miesza w niej oczywiste kłamstwa i istotne fakty.

Władysław Ciastoń mógł być świadomym zleceniodawcą zbrodni – ewentualności tej nie wyklucza wybitna prawniczka i psycholożka Krystyna Daszkiewicz, profesorka prawa karnego na Uniwersytecie im. Adama Mickiewicza w Poznaniu, obserwatorka procesu morderców Popiełuszki, autorka fundamentalnego opracowania na ten temat[253].

Ciastoń nie miał nic wspólnego z zabójstwem Popiełuszki – oponuje Andrzej Gdula, który w latach 1984–1986 poznawał MSW od wewnątrz jako wiceminister – Jaruzelski i Kiszczak odesłali Ciastonia do Albanii, bo nie chcieli go w ministerstwie i SB. Był zbyt samodzielny, lepiej wykształcony niż Kiszczak. To było takie: „Siedź i się nie pokazuj!".

Najbardziej zdecydowanie stawia sprawę adwokat Krzysztof Piesiewicz, który w latach 1992–1994 oskarżał Ciastonia jako przedstawiciel rodziny księdza Popiełuszki. Zdaniem Piesiewicza wszystko wskazuje na to, że Ciastoń świadomie uczestniczył w przygotowaniach do zbrodni.

ZAWRÓCONY ZZA ODRY

Upadek Ciastonia dotyka też Mikołajskiego. Wiosną 1988 r. towarzysz Mikołajski zostaje nagle odwołany z NRD. W dniu 10 kwietnia 1988 r. prosi wiceministra Dankowskiego o przedłużenie pobytu we wschodnich Niemczech. Sięga po wszelkie możliwe argumenty. Powołuje się na trudną sytuację rodzinną w Warszawie. Gniótłby się tam w ciasnym mieszkanku z dziećmi i wnukami, które od 16 lat czekają w kolejce na mieszkanie ... Istotnie, w komunizmie na mieszkanie można było czekać przez dziesięciolecia. Byłoby to jednak mało prawdopodobne w wypadku rodziny tak wysoko postawionego esbeka. Zresztą co do jednego ze swoich dwóch synów Stefan Mikołajski po prostu kłamie. W aktach paszportowych Mikołajskiego[254] znajduje się formularz z 1984 r. Esbek podaje w nim, że jego starszy syn ma już własne mieszkanie. Z kolei młodszy syn Mikołajskiego poszedł w ślady ojca i został esbekiem. Zatem również w jego wypadku trudno uwierzyć w 16-letnie „czekanie na klucze".

253 K. Daszkiewicz, *Uprowadzenie i morderstwo ks. Jerzego Popiełuszki*, Poznań 1990.
254 IPN BU 1010/470203.

Dlaczego towarzysz Mikołajski tak kurczowo trzyma się NRD? Tak trudno mu się oderwać od pełnych półek sklepowych za Odrą? I dlaczego w swoim piśmie do Dankowskiego powołuje się na skompromitowanego, zdymisjonowanego Ciastonia?

Cytuję: „Do NRD delegowany zostałem na mocy decyzji Towarzysza Generała Dywizji Władysława Ciastonia. [Ciekawe, co na to Dankowski, który przecież 2 stycznia 1987 r. zadecydował o tym wyjeździe, przynajmniej oficjalnie] Kierownictwo Biura Studiów MSW [wierny przyjaciel Malik] oświadczyło mi, że pobyt w NRD jest formą nagrody za włożony wysiłek operacyjno-organizacyjny, zakończony zatrzymaniem grupy ukrywających się działaczy-inspiratorów nielegalnej i podziemnej działalności [...]. Praca i pobyt w NRD, zgodnie z ówczesnym zapewnieniem Towarzysza Generała Ciastonia, miały trwać 3 lata". Zadziwiające. Mikołajski to weteran UB i SB. Służy od 40 lat. Dobrze wie, że nie ma nic gorszego, niż powoływanie się na dygnitarza w niełasce. Niełaska, w którą popada dygnitarz, obejmuje również pomniejszych, którzy się do niego przyznają.

Andrzej Gdula mówi, że między Dankowskim a Ciastoniem istniała sympatia, która przetrwała długo. „Ciastonia Dankowski się nie wyparł. Od samego początku mieli dobry kontakt, który przetrwał aresztowanie Ciastonia". To mogłoby tłumaczyć zachowanie Mikołajskiego. Jednak znaczyłoby to, że Mikołajski zachował się wyjątkowo niezręcznie. Zamiast poufnie porozmawiać z Dankowskim, po cichu się powołać na wspólnego znajomego w kłopotach – Stefan Mikołajski wysłał do Henryka Dankowskiego oficjalne pismo, w którym aluzyjnie przypominał mu o jego przyjaźni z „upadłym Ciastoniem"... Chyba że pismo do Dankowskiego stanowiło szantaż: „Byłem blisko z Ciastoniem, znam jego tajemnicę. Raczej nie chcecie, bym zaczął o niej mówić – i pisać! Najbardziej ty tego nie chcesz, bo się z nim przyjaźnisz". Aby Mikołajski posunął się do takiego nacisku, musiałaby go ogarnąć szaleńcza desperacja. Z jakiego powodu? Aż tak pokochał NRD-owskie salami?

Interesujący fragment o „zatrzymaniu grupy ukrywających się działaczy-inspiratorów" może mieć związek z aresztowaniami członków władz podziemnej „Solidarności" w 1986 r. (byli wśród nich wybitni liderzy tacy jak Bogdan Borusewicz i Zbigniew Bujak). Ale nawet argument tej wagi nie pomaga Mikołajskiemu. Jest rok 1988, „władza" chce negocjować z „Solidarnością" zamiast trzymać ją w więzieniu. Jako partnera widzi umiarkowaną prawicę i centrystów – ludzi w rodzaju Tadeusza Mazowieckiego. Później otworzy się również na znienawidzonych lewicowych dysydentów takich jak Kuroń i Michnik. Za to z radykalnymi narodowcami – jak ulubieniec Mikołajskiego Antoni Macierewicz – komuniści już więcej rozmawiać nie zamierzają. Minęły czasy Bolesławów Piaseckich. Kremlowscy faszyści przestają się liczyć w polskiej polityce. Przez następne 27 lat rzadko kiedy będą mogli wywrzeć na nią wpływ.

Zatem towarzysz Mikołajski w 1988 r. musi wrócić do Polski. W następnych miesiącach wciąż walczy – ale bardziej już o dobre imię. Jeszcze 28 października 1988 r. uzyskuje pismo z Wydziału II Departamentu V dotyczące jego pobytu w Karl-Marx-Stadt. „Zastrzeżeń do pracy operacyjnej nie posiadamy [nie mamy – przyp. red.]" – pisze dyrektor Wydziału II, podpułkownik Michniewicz. Tłumaczy, że Mikołajskiego odwołano z NRD wyłącznie ze względów... oszczędnościowych. Dzisiaj, dzięki Bogu, brzmi to jak absurdalny wykręt. Ale nie do końca musi być kłamstwem. W 1988 r., po 44 latach komunistycznych rządów, Polska jest niewyobrażalnie biedna. Być może zbyt biedna na to, by utrzymywać za granicą Stefana Mikołajskiego. Aczkolwiek musimy pamiętać, że nie chodzi o niebotycznie drogi Zachód, tylko o względnie tanie Niemcy Wschodnie.

Co na to wszystko Adam Malik? Ten towarzysz trzyma się mocno. W 1989 r. Biuro Studiów SB zostaje zlikwidowane. Powstaje Departament Studiów i Analiz. Adam Malik staje się wicedyrektorem tej nowej, większej struktury. Faktycznie musi nią rządzić, gdyż jest w niej najbardziej kompetentną i doświadczoną osobą. Tak się dziwnie składa, że szefa nowego departamentu, Tadeusza Szczygła, już na kartach tej książki poznaliśmy. To on w 1981 r. zatwierdził wniosek o internowanie Antoniego Macierewicza[255]. Być może do jakiegoś stopnia Szczygieł jest wtajemniczony w sprawy związane z Macierewiczem. Jednak pod względem doświadczenia – jak się wydaje – nie dorasta Malikowi do pięt. Na poprzednich etapach swej kariery towarzysz Szczygieł zajmował się sprawami kadrowymi i paszportowymi, potem podsłuchami i techniką operacyjną. W latach 1973–1980 zwalczał opozycję w Gdańsku (i ewidentnie nie odniósł sukcesów, biorąc pod uwagę powstanie „Solidarności"). A po zabójstwie Popiełuszki przejął Departament IV, który walczył z Kościołami i w którym służyli mordercy księdza[256].

255 IPN BU 01326/1547, s. 6.

256 *Dane osoby z katalogu funkcjonariuszy aparatu bezpieczeństwa*, Biuletyn Informacji Publicznej Instytutu Pamięci Narodowej. Komisja Ścigania Zbrodni przeciwko Narodowi Polskiemu, <https://katalog.bip.ipn.gov.pl/informacje/26709>, dostęp: 14 września 2018.

Mimo swej mocnej pozycji towarzysz Malik nie popiera już towarzysza Mikołajskiego. Na pewno nie otwarcie: od 1 stycznia 1987 r. w aktach osobowych Mikołajskiego nie widać oznak wsparcia ze strony starego kolegi. Trudno nie zauważyć koincydencji z dymisją i albańskim zesłaniem Ciastonia w pierwszej połowie tego samego roku. Czy Malik odciął się od Mikołajskiego, bo odciął się od Ciastonia? Czy wina Stefana Mikołajskiego ma jakiś związek z winą Władysława Ciastonia?

Dwa lata przed swoim sylwestrowo-niemieckim *reisefieber* towarzysz Mikołajski w jeszcze większym pośpiechu wyjeżdża do Soczi. Jedzie tam dzień po „ujawnieniu się" Antoniego Macierewicza – ale również na krótko przed zabiciem księdza Popiełuszki. Dokładnie rzecz biorąc, wyrusza do ZSRR dwa miesiące przed tą zbrodnią, wraca miesiąc przed jej dokonaniem. Być może podczas tego pobytu towarzysz Mikołajski rozmawiał z Sowietami nie tylko o Macierewiczu. Czyżby dwa lata później echa tych rozmów dotarły do ministra Kiszczaka? Czy dlatego w sylwestra 1986 r. towarzysze Ciastoń, Malik i Sasin wysłali Mikołajskiego do NRD? Czy dlatego krótko potem Kiszczak wyrzucił Ciastonia z MSW i zesłał go do Albanii? Wiemy, że Kiszczak podejrzewał Ciastonia o udział w sprawie Popiełuszki już w 1984 r. Czyżby w związku z Mikołajskim podejrzenia te przerodziły się w pewność? Czy dlatego towarzysz Malik przestał wspierać towarzysza Mikołajskiego po 1986 r.? Czyżby to Malik zdemaskował Ciastonia i Mikołajskiego przed Kiszczakiem, przez co zachował swą pozycję w następnych latach?

Niestety, skazani jesteśmy na pytania. Brakuje danych, żeby sformułować odpowiedź.

Musi upaść komunizm, żeby towarzysz Mikołajski przyjął do wiadomości to, co nieuniknione. 12 stycznia 1990 r. pisze odręcznie do Czesława Kiszczaka, prosząc o zwolnienie ze służby z MSW i przejście na emeryturę.

SUBTELNY KOMPUTER W CIĘŻKICH BUCIORACH

Zatem ostatnim protektorem Mikołajskiego obok Adama Malika był Władysław Ciastoń. Człowiek, do którego najbardziej pasuje włoskie przysłowie o subtelności w ciężkich buciorach. Podobnie jak Malik, Ciastoń był synem krakowskiego ludu. Jednak inaczej niż w wypadku Malika i Mikołajskiego służba w UB nie była jedyną ścieżką awansu społecznego, jaką widział przed sobą.

Zwracam się znów do Andrzeja Gduli, który poznał Ciastonia w latach 80. Gdula był wówczas pierwszym sekretarzem KW PZPR w Bielsku-

-Białej. Generał Jaruzelski wykorzystał go do szczególnego eksperymentu. Po śmierci Popiełuszki skierował Gdulę do MSW jako pierwszego wiceministra niewywodzącego się z żadnych służb. Trudno powiedzieć, o co w tym chodziło: o świeże spojrzenie wewnątrz MSW czy raczej o poprawę wizerunku ministerstwa. Andrzej Gdula wspomina, że starzy esbeccy wyjadacze na różne sposoby starali się utrudnić mu wgląd w swoje działania. Jednak udało mu się zbliżyć do niektórych z nich. W tym do Ciastonia, o którym opowiada tak: „Był gruntownie wykształcony. Skończył renomowane liceum krakowskie, grał na skrzypcach, *Iliadę* po grecku deklamował. Ojciec kolejarz, chyba PPS-iak [zwolennik przedwojennej Polskiej Partii Socjalistycznej]. Matka dobrze wychowała Ciastonia. Nie był człowiekiem, który by się poniżył do takiej zbrodni jak mord na Popiełuszce. Siedział za to przez dwa lata w areszcie. Po uniewinnieniu nie chciał odszkodowania. «Nie wnoszę o to, bo Ojczyzna musiałaby płacić. Nie będę żerować na Ojczyźnie», tak mówił. Pytałem go: skąd ty, absolwent renomowanego gimnazjum, trafiłeś do bezpieki? On na to: «Wszystkie pieniądze, które ojciec zarabiał, szły na moje gimnazjum, na mundurek. Byliśmy dużą rodziną, mama nie pracowała, to był wielki wydatek. Przyszedł socjalizm: szkoły, szpitale za darmo, praca dla każdego. To jest to, pomyślałem. Nie zapisałem się do bezpieki. Zapisałem się do partii [komunistycznej, PPR, później PZPR]. Chciałem kształcić się dalej, zostać uczonym. Ale zawołali mnie do komitetu partii: trzeba bronić władzy ludowej, potrzebni są ludzie wykształceni, ideowi. Trzeba iść do UB. Jak partia kieruje, to idę!». Skierowali go do Wrocławia".

Andrzej Gdula jest inteligentnym i bardzo interesującym rozmówcą. Na ile mogę ocenić, także szczerym. Jednak nie można zapominać o jego sympatii dla Ciastonia i komunistycznej formacji. Gdy Gdula opowiada o wyrafinowaniu Ciastonia, nie kłamie. Ale to tylko część prawdy. Jak się zdaje, subtelny mózg nieraz machał ciężkimi buciorami. W latach 40. we Wrocławiu towarzysz Ciastoń „rozpracowywał" organizację WiN (tę samą, którą kilka lat później manipulował Mikołajski przy pomocy sowieckich kolegów). W jakimś zakresie Ciastoń musiał uczestniczyć w gnębieniu bojownika WiN, Bolesława Monne, którego w końcu zamęczono na śmierć. Znaleziono go powieszonego w celi. Najprawdopodobniej to koledzy Ciastonia z wrocławskiego UB zabili więźnia, następnie upozorowali samobójstwo[257]. Gdy Gdula mówi o Ciastoniu: „Nie był człowiekiem, który by się

257 *Bolesław Monne*, Muzeum Żołnierzy Wyklętych w Ostrołęce, <http://muzeumzolnierzywykletych.pl/biogram/boleslaw-monne/>, dostęp: 14 września 2018.

poniżył do takiej zbrodni jak mord", musimy pamiętać o Bolesławie Monne. Wybitny intelekt i gra na skrzypcach nie stanowią rękojmi całkowitej prawości.

Przypomina nam o tym również katalog IPN, gdzie znajdujemy skrótową relację o dziwnych losach Ciastonia po odwilży. Otóż w 1958 r. Ciastoń „jako naczelnik Wydziału VI-go Departamentu III-go, będąc powołany z tytułu zajmowanego stanowiska służbowego do ścigania nielegalnej działalności, stanął w obronie funkcjonariuszów, którzy dopuścili się rozmnażania i kolportażu nielegalnego wydawnictwa oszczerczego w stosunku do najwyższych instancji i kierowników partyjnych. Między innymi na radzie służbowej w Departamencie III w dniu 9 bm. protestował przeciwko decyzji kierownictwa MSW w sprawie ścigania nielegalnej działalności wyżej wymienionych funkcjonariuszy. Gdy kierownictwo służbowe podjęło decyzję ścigania wspomnianej wyżej działalności, major Ciastoń próbował paraliżować decyzje, zarzucając kierownictwu służbowemu, że Służba Bezpieczeństwa rozpracowuje partię i członków partii". Redaktorzy IPN dopisują, że „chodzi o kolportaż anonimowego listu dot. przebiegu obrad plenarnych Wojewódzkiego Komitetu Warszawskiego PZPR w Warszawie, naświetlający «tendencyjnie» przebieg obrad i rozwój niektórych dziedzin gospodarczych w Polsce".

O co dokładnie chodziło? Wątpliwości rozwiewa Andrzej Gdula: „Ciastoń opowiadał o tym tak: «Na zebraniu zapytałem, czemu ważne stanowiska obsadzone są przez towarzyszy pochodzenia żydowskiego. Przecież to jest źle odbierane. I do mojego gabinetu już nie wróciłem»". Zatem Ciastoń w 1958 r. jest antysemitą lub sprzymierza się z antysemitami. Czyni to zbyt głośno lub przedwcześnie (w 1958 r. puławianie wciąż są mocni). Zostaje z MSW zwolniony dyscyplinarnie. Funkcjonariusze wyrzuceni z „organów bezpieczeństwa" popadali nieraz w rozpacz lub depresję. Ale nie Ciastoń. On staje się... pionierem informatyki w Polsce. „Po dyscyplinarnym zwolnieniu w 1958 r. pracował w Zakładzie Aparatów Matematycznych Polskiej Akademii Nauk, a od 1.07.1968 był dyrektorem Zakładu Doświadczalnego Instytutu Maszyn Matematycznych. W 1970 uzyskał tytuł doktora nauk technicznych na Wydziale Chemicznym Politechniki Warszawskiej" – podaje katalog IPN[258]. W 1964 r. naukowiec Ciastoń zo-

258 *Dane osoby z katalogu funkcjonariuszy aparatu bezpieczeństwa*, Biuletyn Informacji Publicznej Instytutu Pamięci Narodowej. Komisja Ścigania Zbrodni przeciwko Narodowi Polskiemu, <https://katalog.bip.ipn.gov.pl/informacje/26956>, dostęp: 14 września 2018.

stał nagrodzony jako członek zespołu, który skonstruował pierwsze polskie komputery XYZ i ZAM 2[259].

Człowiek wielu talentów, piękny umysł, kandydat na polskiego Billa Gatesa – a zarazem pogromca „towarzyszy żydowskiego pochodzenia"? Czyżby w latach 50. antysemicka frakcja natolińska mogła mieć swojego supergeniusza? Jeśli tak, to przegapiła okazję. Ciastoń wrócił do MSW dopiero w 1971 r. Jego antysemityzm mógłby tłumaczyć, dlaczego zaopiekował się Stefanem Mikołajskim i ulokował go w elitarnym Biurze Studiów. Znamy narodowe korzenie Mikołajskiego, jego „endeckie zacięcie" i osobliwą moczarowską przeszłość. Może to połączyło go z Ciastoniem? Jednak w opinii historyków brakuje danych, by uznać, że antysemityzm Władysława Ciastonia trwał również w latach 70. i 80. Profesor Andrzej Friszke mówi, że w badanych dokumentach nie widział żadnych oznak takiej postawy Ciastonia. Co więcej, w latach 60., gdy w MSW zaczyna rządzić żydożerca Moczar, Ciastoń trzyma się od niego z dala. Dalej składa prototypy komputerów. Do jego wielkiego powrotu do ministerstwa – od razu na stanowisko zastępcy dyrektora Departamentu III – dochodzi w czerwcu 1971 r. Gdula podaje, że Ciastonia ściągnął wówczas do MSW sam minister Franciszek Szlachcic. Były moczarowiec, jednak po 1968 r. blisko związany z Edwardem Gierkiem, który dla Moczara jest wrogiem numer jeden. W tym samym czasie wiceministrem spraw wewnętrznych zostaje inny były moczarowiec: wspominany wcześniej Mirosław Milewski, dotychczasowy szef wywiadu. Z każdym następnym rokiem wiceminister Milewski będzie odgrywać w MSW coraz ważniejszą rolę. Po 1973 r. zawładnie ministerstwem, choć będzie się kryć za plecami słabego ministra Stanisława Kowalczyka. W październiku 1980 r. sam zostanie ministrem.

Przez cały czas swych faktycznych, później też oficjalnych rządów w MSW Mirosław Milewski co najmniej toleruje Władysława Ciastonia. Trzyma go na stanowisku zastępcy dyrektora Departamentu III. W 1979 r. zaś pozwala mu na wielki skok. Specjalnie dla Ciastonia powstaje superważny Departament III A (ten, który ma „ochraniać" nieokiełznaną komunistyczną gospodarkę). Towarzysz Ciastoń od razu obejmuje stanowisko jego dyrektora. Powstanie nowej struktury było starym pomysłem byłego ministra Szlachcica, który specjalnie w tym celu ściągnął Ciastonia do MSW. Jednak od grudnia 1971 r. Szlachcic nie jest ministrem, od 1973 r. coraz

259 B. Miś, *Przed i po XYZ*, Obserwator Świata, 25 lipca 2015, <https://bogdan.wordpress.com/about/>, dostęp: 14 września 2018.

mniej liczy się w polityce (Gierek przestaje mu ufać). Jeśli w 1979 r. w MSW stworzono nowy departament dla Władysława Ciastonia, najwidoczniej musiał to zaaprobować Mirosław Milewski. Mielibyśmy więc do czynienia z sojuszem dwóch antysemitów, Milewskiego i Ciastonia? Również w tym przypadku nie należy wyciągać zbyt daleko idących wniosków. Milewski, jak się zdaje, uczestniczył w szeroko zakrojonych antysemickich intrygach. Zarzucano mu, że spiskuje ze służbami syryjskimi przeciwko Żydom[260]. Jednak Mirosław Milewski przede wszystkim był fanatycznym komunistą – podobnie jak Władysław Ciastoń. Oczywiście w tym też nieco się różnili: Ciastoń to fanatyk ideowiec, Milewski raczej fanatyk cynik (całkiem częsty gatunek fanatyka). Ale fanatyk ideowiec i fanatyk cynik mogą się świetnie dopełniać (jak Trocki i Lenin, dwóch wodzów sowieckiej rewolucji październikowej). Zatem gdybyśmy mieli szukać ideologicznego spoiwa między Ciastoniem i Milewskim, najprawdopodobniejszym i wystarczającym byłby ultraortodoksyjny komunizm.

Istotniejsze są inne pytania. Na ile Ciastoń czuł się zobowiązany wobec Milewskiego za dar w postaci Departamentu III A? Czy swoją ewentualną zgodę na stworzenie tego departamentu towarzysz Milewski obwarował jakimiś warunkami? Czy zażądał od Ciastonia jakichś przysług lub gwarancji? Czy je uzyskał? Wyjaśnienie tych kwestii pomogłoby wyjaśnić wiele innych.

Po pierwsze, wśród polskich komunistów Milewski cieszył się największym zaufaniem Kremla. Gdyby Ciastoń związany był z Milewskim, znaczyłoby to, że kolejny protektor Mikołajskiego (i pośredni opiekun Macierewicza) miał istotne powiązanie z Sowietami. Po drugie, zarówno Milewski, jak i Ciastoń byli zamieszani (mówiąc delikatnie) w sprawę morderstwa księdza Jerzego Popiełuszki. Można wątpić, czy zbieżność ta stanowi koincydencję czysto przypadkową.

GŁOŚNE MORDERSTWO, TYLKO NIEZBYT ZNANE

O zamordowaniu księdza Jerzego Popiełuszki słyszała cała Polska. Słyszała i ciągle słyszy. Zbrodnia ta żyje w zbiorowej pamięci, regularnie przypominają o niej media i kaznodzieje. Prawicowi dziennikarze i blogerzy mnożą na

260 P. Gasztold-Seń, *Syryjsko-libijska walka z syjonizmem w PRL. Zaangażowanie Michela Mounayera w działalność „lewicy" partyjnej w latach 1978–1986*, „Pamięć i Sprawiedliwość. Biuletyn Głównej Komisji Badania Zbrodni Przeciwko Narodowi Polskiemu Instytutu Pamięci Narodowej", nr 16, 2010, Warszawa.

jej temat teorie. Jednak istnieją fakty zapisane w aktach śledztwa, potwierdzone zeznaniami świadków i badaniami ekspertów, które wciąż nie dotarły do opinii publicznej. Jeśli zaś kiedykolwiek dotarły, to prędko zostały zapomniane. Dlatego przypomnijmy sobie podstawowe ustalenia w tej sprawie. Podstawowe, choć nie zawsze powszechnie znane.

W latach 80. ksiądz Popiełuszko związany jest ze środowiskami robotniczymi. Powszechnie uważany jest za głównego duszpasterza podziemnej „Solidarności". Od 1981 r. organizuje i celebruje „msze za Ojczyznę". Podczas nich wygłasza kazania, które ściągają na niego ataki ze strony PRL-owskich władz i mediów. W 1983 r. organizuje pierwszą „pielgrzymkę ludzi pracy" do częstochowskiego sanktuarium na Jasnej Górze[261]. Jego działalność budzi rosnący niepokój komunistów – włącznie z generałami Jaruzelskim i Kiszczakiem, którzy w PRL sprawują władzę najwyższą. Podobnie jak cały Kościół katolicki i inne Kościoły, Jerzy Popiełuszko znajduje się pod „opieką" Departamentu IV i jego szefa Zenona Płatka. Towarzysz Płatek zajmuje się księżmi od lat 60. Najpierw robił to w Rzeszowie, od 1974 r. służy w Warszawie. Morderca Popiełuszki i podwładny Płatka, esbek Grzegorz Piotrowski podaje, że Zenon Płatek w Rzeszowie ściśle współpracował z KGB[262].

Już w 1973 r. – a więc przed przyjazdem do Warszawy – Płatek zaczął odgrywać rolę ogólnopolską. Został główną osobą w nowo powstałej Samodzielnej Grupie „D" Departamentu IV, której zadaniem było dezintegrowanie i kompromitowanie Kościoła katolickiego. Członkowie tej grupy stosowali przemoc, często w sposób przewrotny. Mieli zaczynać od podpalania zabudowań rolniczych, zatruwania wiejskich studni i gwałcenia kobiet podczas pielgrzymek – w których uczestniczyli jako rzekomi katolicy. Piotrowski sam przyznaje, że brał w tym wszystkim udział[263]. W 1977 r. kierownictwo Departamentu IV przekształciło Grupę „D" w Wydział VI. Wtedy przeszła ona do bardziej zaawansowanych i perfidnych działań. Najsłynniejszym z nich jest mord na Popiełuszce. Odnotujmy, że decyzję o założeniu Grupy „D" podjął minister Stanisław Kowalczyk, który w sprawach zasadniczych ulegał swemu zastępcy. Był nim Mirosław Milewski.

---

261 L. Dudkiewicz, *Z ludźmi pracy na Jasnej Górze*, „Niedziela" (wydanie internetowe), nr 23, 2010, <http://niedziela.pl/artykul/91979/nd/Z%C2%A0ludzmi-pracy-na-Jasnej-Gorze>.

262 T. Fredro-Boniecki, *Zwycięstwo księdza Jerzego. Rozmowy z Grzegorzem Piotrowskim*, Warszawa 1990.

263 Tamże, s. 59.

„Dezintegracyjne" działania Płatka wiodą go na coraz wyższe szczeble w esbeckiej hierarchii. Pod rządami Kowalczyka i Milewskiego towarzysz Płatek zostaje naczelnikiem Wydziału I, potem wicedyrektorem Departamentu IV. W listopadzie 1981 r. nowy minister, Czesław Kiszczak, czyni go dyrektorem tego departamentu. Odtąd to Płatek odpowiada za walkę z Kościołami i związkami wyznaniowymi w całej Polsce. W dniu 9 lub 10 października 1984 r. Zenon Płatek dostaje dobrą wiadomość. Naciski komunistów na polski Kościół katolicki poskutkowały, ksiądz Popiełuszko „w najbliższych dniach będzie skierowany na studia zagraniczne"[264]. Pamiętajmy, że nie były to czasy internetu, roamingu i otwartych granic. Popiełuszko za granicą przestałby być słyszany w Polsce. Zatem Jaruzelski i Kiszczak mogą odetchnąć z ulgą – o ile Płatek przekazuje im wówczas tę informację. On sam i jego departament żadnej ulgi zdają się nie przeżywać. Wręcz przeciwnie. Zastępca Płatka, Adam Pietruszka[265], zaczyna obsesyjnie naciskać na swoich ludzi, żeby Popiełuszkę „uciszyli". Mówi, że duchowny mógłby np. wypaść z pociągu lub dostać zawału. Ewidentnie chce śmierci Jerzego Popiełuszki. Jest to niezrozumiałe, skoro biskupi wysyłają niewygodnego księdza za granicę.

Pietruszka powierza zadanie „uciszenia" Popiełuszki swojemu podwładnemu Grzegorzowi Piotrowskiemu (naczelnikowi Wydziału VI, dawnej Grupy „D"). Piotrowski zdaje się mieć doświadczenie w „uciszaniu". W 1983 r. zaplanował porwanie i zamordowanie młodego katolickiego opozycjonisty, Janusza Krupskiego (przypadkowa zbieżność nazwisk z ubekiem Mikołajem Krupskim[266]). Działacza wywieziono do Truskawia w Puszczy Kampinoskiej, gdzie oblano go żrącym płynem. Wbrew wskazówkom Piotrowskiego, esbecy nie rozebrali ofiary do naga i nie wrzucili do stawu. Tylko dzięki temu Janusz Krupski przeżył[267]. Zginął 27 lat później w katastrofie smoleńskiej.

Profesor Krystyna Daszkiewicz i adwokat Krzysztof Piesiewicz podają, że na początku 1984 r. Piotrowski został oddelegowany do Torunia[268]. Przebywał tam przez kilka miesięcy. W tym samym czasie nastąpiły tzw. „toruńskie

264 K. Daszkiewicz, dz. cyt., s. 399.

265 *Dane osoby z katalogu funkcjonariuszy aparatu bezpieczeństwa*, Biuletyn Informacji Publicznej Instytutu Pamięci Narodowej. Komisja Ścigania Zbrodni przeciwko Narodowi Polskiemu, <https://katalog.bip.ipn.gov.pl/informacje/30148>, dostęp: 14 września 2018.

266 Krupscy to stary i rozgałęziony po całych Kresach ród szlachecki sięgający od dostojników Pierwszej Rzeczpospolitej po biedne zaścianki, jeśli więc mowa o jakimś pokrewieństwie, to odległym.

267 P. Kucharczak, *Ujawnić tajniaka*, „Gość Niedzielny" (wydanie internetowe), 9 sierpnia 2006, <https://www.gosc.pl/doc/766291.Ujawnic-tajniaka>.

268 K. Daszkiewicz, dz. cyt., s. 414–417.

porwania". W Toruniu i okolicach porwano kilku działaczy solidarnościowej opozycji – Piotra Hryniewicza, Gerarda Zakrzewskiego oraz Antoniego Mężydłę (późniejszego posła PiS i PO), jak również jego żonę Zofię. Więziono ich w ośrodku sportu w Okoninie na Kujawach (przy czym Antoniego Mężydłę torturowano). Gdy uznawano, że ofiara jest wystarczająco zastraszona, wypuszczano ją na wolność. Uprowadzenia odbywały się zgodnie ze schematem, który Piotrowski zaplanował dla Popiełuszki na kilka dni przed morderstwem. Pomijając oczywiście ostatni element: księdza nie planowano wypuścić na wolność, tylko wysłać na tamten świat. Toruńskich porwań dokonywała tak zwana Organizacja Anty-Solidarność (lub Organizacja AntySolidarnościowa). Założona przez SB i składająca się z jej funkcjonariuszy jednostka udawała niezależną od władz komunistycznych. Jej przywódcą był esbek Henryk Misz[269].

Wiele wskazuje na to, że Organizacja Anty-Solidarność powstała przy udziale Biura Studiów SB towarzyszy Malika i Mikołajskiego. Jak wiemy, Biuro Studiów specjalizowało się w mistyfikacjach skierowanych przeciwko „Solidarności". Można też się domyślać, że współpracowało z antykościelnym Departamentem IV. Ten zaś związany był z Organizacją Anty-Solidarność nie tylko za sprawą obecności Piotrowskiego w miejscu i czasie „toruńskich porwań".

W 1989 r., gdy Biuro Studiów przekształcono w Departament Studiów i Analiz MSW, przyłączono do niego Departament IV (oficjalnie go zlikwidowano, jednak w praktyce przesunięto jego funkcjonariuszy do nowo powstałego departamentu). Czyżby Biuro Studiów i Departament IV ściśle współdziałały już wcześniej? Przypomnę też, że Departamentem Studiów i Analiz współrządził lub po prostu rządził Adam Malik. Za sprawą fuzji z Departamentem IV, nadzorowany przez Malika pion Studiów i Analiz przygarnął... czterech byłych członków Organizacji Anty-Solidarność, włącznie z jej przywódcą. W dniu 1 listopada 1989 r. major Henryk Misz objął odpowiedzialne stanowisko naczelnika Wydziału Studiów i Analiz w toruńskim Wojewódzkim Urzędzie Spraw Wewnętrznych (WUSW)[270]. Tego samego dnia funkcjo-

269 W. Polak, *Toruńskie wątki i echa sprawy księdza Jerzego Popiełuszki*, „Biuletyn IPN" nr 10, 2004, <http://www.polska1918-89.pl/pdf/torunskie-watki-i-echa-sprawy-ksiedza-jerzego-popieluszki,5790.pdf>, dostęp: 14 września 2018; J. Hołub, *Polowanie na toruńskich konspiratorów. Historia z PRL-u*, „Gazeta Wyborcza" (wydanie internetowe), 8 lutego 2016, <http://wyborcza.pl/alehistoria/1,121681,19594080,polowanie-na-torunskich-konspiratorow-historia-z-prl-u.html>.

270 *Dane osoby z katalogu funkcjonariuszy aparatu bezpieczeństwa*, Biuletyn Informacji Publicznej Instytutu Pamięci Narodowej. Komisja Ścigania Zbrodni przeciwko Narodowi Polskiemu, <https://katalog.bip.ipn.gov.pl/informacje/86690>, dostęp: 14 września 2018.

nariuszami tego samego wydziału w Toruniu zostali trzej inni członkowie Organizacji Anty-Solidarność: Bogdan Bogalecki[271], Stefan Pokwicki[272] i Marek Kuczkowski[273]. Kuczkowskiego mianowano przy tym zastępcą majora Misza.

Odnotujmy również, że członkami Organizacji Anty-Solidarność byli esbecy Janusz Hejnowicz[274], Grzegorz Lewandowski[275], Jerzy Jedkie[276], Bogdan Wandachowicz[277] – weterani toruńskiego Wydziału III-A. Wydział ten podlegał Departamentowi III A, zatem Władysławowi Ciastoniowi, częściowo też Stefanowi Mikołajskiemu. Znanych jest 19 członków Organizacji Anty-Solidarność. Jak widać, ośmiu z nich w jakimś okresie swej kariery miało istotną służbową relację z Malikiem lub bardziej pośrednią z Mikołajskim.

Spróbujmy zestawić fakty:

- niemal co drugi członek grupy, która na krótko przed uprowadzeniem Popiełuszki porywała działaczy „Solidarności", powiązany jest z opiekunami Macierewicza;
- czterej członkowie tej grupy służyli w pionie służbowym jednego z opiekunów Macierewicza;
- inni czterej członkowie tej grupy (z jej liderem włącznie) trafili później do pionu służbowego kierowanego przez drugiego z opiekunów Macierewicza;

271 *Dane osoby z katalogu funkcjonariuszy aparatu bezpieczeństwa*, Biuletyn Informacji Publicznej Instytutu Pamięci Narodowej. Komisja Ścigania Zbrodni przeciwko Narodowi Polskiemu, <https://katalog.bip.ipn.gov.pl/informacje/42907>, dostęp: 14 września 2018.

272 *Dane osoby z katalogu funkcjonariuszy aparatu bezpieczeństwa*, Biuletyn Informacji Publicznej Instytutu Pamięci Narodowej. Komisja Ścigania Zbrodni przeciwko Narodowi Polskiemu, <https://katalog.bip.ipn.gov.pl/informacje/141935>, dostęp: 14 września 2018.

273 *Dane osoby z katalogu funkcjonariuszy aparatu bezpieczeństwa*, Biuletyn Informacji Publicznej Instytutu Pamięci Narodowej. Komisja Ścigania Zbrodni przeciwko Narodowi Polskiemu, <https://katalog.bip.ipn.gov.pl/informacje/83674>, dostęp: 14 września 2018.

274 *Dane osoby z katalogu funkcjonariuszy aparatu bezpieczeństwa*, Biuletyn Informacji Publicznej Instytutu Pamięci Narodowej. Komisja Ścigania Zbrodni przeciwko Narodowi Polskiemu, <https://katalog.bip.ipn.gov.pl/informacje/83006>, dostęp: 14 września 2018.

275 *Dane osoby z katalogu funkcjonariuszy aparatu bezpieczeństwa*, Biuletyn Informacji Publicznej Instytutu Pamięci Narodowej. Komisja Ścigania Zbrodni przeciwko Narodowi Polskiemu, <https://katalog.bip.ipn.gov.pl/informacje/92302>, dostęp: 14 września 2018.

276 *Dane osoby z katalogu funkcjonariuszy aparatu bezpieczeństwa*, Biuletyn Informacji Publicznej Instytutu Pamięci Narodowej. Komisja Ścigania Zbrodni przeciwko Narodowi Polskiemu, <https://katalog.bip.ipn.gov.pl/informacje/83079>, dostęp: 14 września 2018.

277 *Dane osoby z katalogu funkcjonariuszy aparatu bezpieczeństwa*, Biuletyn Informacji Publicznej Instytutu Pamięci Narodowej. Komisja Ścigania Zbrodni przeciwko Narodowi Polskiemu, <https://katalog.bip.ipn.gov.pl/informacje/42624>, dostęp: 14 września 2018.

- grupa prowadziła działalność zbliżoną do działalności opiekunów Macierewicza: próbowała zdezintegrować „Solidarność" za pomocą fałszywej organizacji specjalnie utworzonej w tym celu;
- porwania działaczy lokalnej „Solidarności" przeprowadzone zostały według schematu podobnego do tego, który Piotrowski zamierzał zastosować wobec Popiełuszki;
- Piotrowski przebywał w Toruniu i okolicy, gdy odbywały się tam porwania;
- Piotrowski już wtedy miał doświadczenie w organizowaniu porwań.

Jak widać, wiele wskazuje na to, że Organizacja Anty-Solidarność współdziałała z opiekunami Macierewicza. A jeszcze więcej wskazuje na to, że współpracowała z mordercą Popiełuszki, Grzegorzem Piotrowskim.

MORDERSTWO Z PRZESZKODAMI

13 października Grzegorz Piotrowski podejmuje pierwszą próbę zabicia Popiełuszki. Towarzyszą mu w tym Leszek Pękala i Waldemar Chmielewski, również weteran Grupy „D". Piotrowski zamierza upozorować wypadek samochodowy. Najwyraźniej tego dnia zrezygnowano z opcji „porwać i zabić" na rzecz opcji „zabić". Piotrowski opowie później, że zamierzał wywlec rannego księdza z samochodu, aby się nim zaopiekować (!). Jednak esbecy w kanistrach mają paliwo, którym zamierzają podpalić rozbity samochód i ranne ofiary. Cała trójka zaczaja się na Mazurach, przy szosie między Ostródą a Olsztynkiem. Sprawcy wiedzą, że Popiełuszko jest w podróży i liczą na to, że będzie tamtędy przejeżdżał. Ich kalkulacja okazuje się poprawna. Ksiądz nadjeżdża samochodem prowadzonym przez Waldemara Chrostowskiego. Silny, wysportowany Chrostowski pełni przy Popiełuszce funkcję nie tylko kierowcy, lecz także ochroniarza. Gdy samochód się zbliża, Piotrowski robi zamach, aby rzucić kamieniem w przednią szybę. Chrostowski to zauważa i skręca wprost na esbeka. Ten w przerażeniu chybia. Kierowca sprawnie wraca na środek szosy, zostawiając nietkniętego Piotrowskiego. Esbecy żałują, że kamień nie trafił. Niepocieszony jest również Adam Pietruszka w Warszawie. „Szkoda, bo mógł być piękny wypadek drogowy" – mówi po wysłuchaniu sprawozdania Piotrowskiego[278].

278 K. Daszkiewicz, dz. cyt., s. 214–236.

Do drugiej próby Piotrowski przygotowuje się lepiej. Postanawia porwać księdza na znanym sobie terenie, pod Toruniem (wie, że za kilka dni ksiądz będzie tamtędy wracał z Bydgoszczy do Warszawy). Esbek nie chce ograniczyć się do samego morderstwa. Jego dwaj współpracownicy znajdują bunkier w Puszczy Kampinoskiej, pod Kazuniem. Sprawcy zamierzają przewieźć tam duchownego, żeby go torturować, a następnie zostawić na śmierć w ciasnej, zatarasowanej kamieniami niszy o głębokości 60 cm. Gdy Popiełuszko już umrze, funkcjonariusze planują wrzucić zwłoki do Wisły z mostu w Modlinie. W ramach tortur rozważane jest zakopanie w ziemi po szyję – stara tatarska praktyka przejęta przez Rosjan i sowieckie służby. Po co znęcać się nad księdzem? Porywacze chcą w ten sposób uzyskać informacje o pieniądzach „Solidarności", do których Popiełuszko mógł mieć dostęp. Piotrowski ma nadzieję, że ksiądz ukradł i ukrył część podziemnych funduszy. Esbek mógłby to wykorzystać, żeby go pośmiertnie skompromitować. Ale raczej pragnie uszczknąć coś dla siebie – uważa profesor Krystyna Daszkiewicz, która przeanalizowała wszystkie motywacje Grzegorza Piotrowskiego. Upatrzony przez esbeków bunkier znajduje się na terenie wojskowym należącym do II Warszawskiej Brygady Saperów. Eksperci twierdzą, że Piotrowski wybrał to miejsce jako odludne. Wojskowe tablice głoszące „Zakaz wstępu" odstraszają wszechobecnych grzybiarzy. Wojskowe tereny i umocnienia nawet w bałaganiarskich czasach PRL bywają patrolowane. Na poligonach ćwiczą żołnierze. Dla celów Piotrowskiego byłoby niewskazane, gdyby pluton młodych saperów odkopał jeszcze żywego księdza (nie mówiąc już o przyłapaniu esbeków w trakcie tortur). Może więc Piotrowski znał kogoś w wojsku, kto go zapewnił, że bunkier będzie pozostawiony w spokoju? Sprawdziłem, kto w tym okresie dowodził II Warszawską Brygadą Saperów. Okazuje się, że w latach 1983–1984 dowódców z jakichś przyczyn ciągle zmieniano. W końcu zwierzchnictwo nad brygadą objął Henryk Tacik. Dwa lata później, w 1986 r., Tacik został wysłany do Akademii Sztabu Generalnego w Moskwie. A w wolnej Polsce generał Henryk Tacik zyskał nieco rozgłosu w związku z... Antonim Macierewiczem. W swoim słynnym raporcie o WSI z 2007 r. Macierewicz wymienia generała Henryka Tacika jako członka „nielegalnego lobby na rzecz firmy SILTEC". Raport opisuje tę firmę jako gniazdo korupcji i narzędzie związanych z Kremlem byłych komunistycznych służb wojskowych, które podminowały bezpieczeństwo wolnej Polski[279]. Oczywiście Macierewicz nie jest wiarygodnym oskarżycielem. Warto

279 A. Macierewicz, *Raport o działaniach żołnierzy i pracowników WSI oraz wojskowych jednostek organizacyjnych realizujących zadania w zakresie wywiadu i kontrwywiadu wojskowego*

też dodać, że po upadku komunizmu generał Tacik studiował w Waszyngtonie i służył w strukturach NATO. Jednak dla pełnego obrazu odnotujmy jeszcze pewien szczegół. Otóż w 2016 r. Antoni Macierewicz, jak się zdaje, zapomniał o swych oskarżeniach. Powierzył bowiem firmie... SILTEC lukratywne zlecenie najwyższej wagi. Miała ona zapewnić bezpieczeństwo informatyczne obradom szczytu NATO w Warszawie[280].

Wróćmy do 1984 r. W dniu 19 października Popiełuszko wyjeżdża z Warszawy, by odwiedzić jedną z bydgoskich parafii. Tego samego dnia wraca do stolicy razem z Chrostowskim. Księdza i jego kierowcę pod Toruniem zatrzymują Piotrowski, Pękala i Chmielewski. Gestem przywołują przejeżdżającego Chrostowskiego na pobocze. Kierowca zatrzymuje się na to wezwanie. Nic dziwnego: esbek Chmielewski, który do niego macha, ma na sobie mundur Milicji Obywatelskiej. Takie przebranie ułatwia zatrzymanie samochodu i ukrywa przynależność sprawców do SB (esbecy chodzą ubrani po cywilnemu). Piotrowski posiada też legitymację MO. Ale milicyjny kamuflaż ma również liczne wady. MO tak samo jak SB podlega MSW i generałowi Kiszczakowi. Gdyby rozeszła się wieść, że milicjanci porwali księdza, opinia publiczna obciążyłaby za to odpowiedzialnością Kiszczaka i Jaruzelskiego. Jednak Piotrowski – jak się zdaje – zupełnie się tym nie przejmuje. Jego kompan Chmielewski na miejscu porwania zostawia milicyjnego blaszanego orzełka (miniaturę godła PRL, którą na swoich czapkach noszą funkcjonariusze MO). Później zezna, że stało się to przypadkiem, ale będzie przy tym kręcić i konfabulować. Oto jedna z jego wersji: godło kiepsko trzymało się czapki, Chmielewski zauważył to podczas zakładania munduru, próbował mocniej przytwierdzić orzełka do otoku czapki, jednak bez skutku, choć pomagał mu Pękala (wersja mało wiarygodna, gdyż esbek przebiera się w pędzącym samochodzie prowadzonym przez Pękalę, który raczej musi trzymać

przed wejściem w życie ustawy z dnia 9 lipca 2003 r. o Wojskowych Służbach Informacyjnych w zakresie określonym w art. 67. ust. 1 pkt 1–10 ustawy z dnia 9 czerwca 2006 r. „Przepisy wprowadzające ustawę o Służbie Kontrwywiadu Wojskowego oraz Służbie Wywiadu Wojskowego oraz ustawę o służbie funkcjonariuszy Służby Kontrwywiadu Wojskowego oraz Służby Wywiadu Wojskowego" oraz o innych działaniach wykraczających poza sprawy obronności państwa i bezpieczeństwa Sił Zbrojnych Rzeczypospolitej Polskiej, <http://web.archive.org/web/20080423121452/http:/www.raport.gov.pl:80/Raport_calosc.html>, dostęp: 14 września 2018.

280 U. Pytkowska-Jakimczyk, *Kto zabezpiecza komputery kontrwywiadu wojskowego przed podsłuchem elektromagnetycznym*, Kompromatrp.pl, 3 stycznia 2017, <http://kompromatrp.pl/kto-zabezpiecza-komputery-kontrwywiadu-wojskowego-przed-podsluchem-elektromagnetycznym/2017/01/03/>.

ręce na kierownicy). W innym fragmencie swoich zeznań Chmielewski oznajmi, że oderwał godło od milicyjnej czapki, bo „nie potrafił znaleźć zajęcia dla rąk", a potem nie umiał przyczepić orzełka z powrotem. Ekspertyza wykaże jednak, że godło nie zostało oderwane od czapki ani od niej nie odpadło[281]. Znaczy to, że zabrano je umyślnie na miejsce zbrodni, aby je tam podrzucić. Gdy Chmielewski „gubi" orzełka, Piotrowski wzywa Chrostowskiego do poddania się kontroli trzeźwości. Zaprasza go do „milicyjnego" samochodu. Kierowca księdza posłusznie wysiada i przechodzi do drugiego wozu, gdzie zajmuje miejsce na przednim siedzeniu. Esbecy zakładają mu kajdanki, następnie go kneblują. Wtedy Piotrowski wywołuje księdza z jego auta na zewnątrz, bije go pałką, obala na ziemię, wiąże mu ręce i wpycha knebel do ust. Razem ze swymi wspólnikami umieszcza Popiełuszkę w bagażniku esbeckiego wozu. Następnie sprawcy ze swymi ofiarami ruszają w stronę Torunia. Podczas jazdy Piotrowski mówi Chrostowskiemu, że to jego „ostatnia droga". Krótko potem Waldemar Chrostowski rzuca się na drzwi samochodu i wypada na zewnątrz, na szosę. Treningi sportowe i wojskowe, które przeszedł (był m.in. spadochroniarzem) pozwalają mu wyjść z tego cało. Jednak i tak odnosi liczne obrażenia. Przy uderzeniu o jezdnię otwiera się jedna z kajdanek. Chrostowski ucieka.

Piotrowski nie reaguje na jego ucieczkę, tylko ogląda się do tyłu. Widzi, że Chrostowski żyje i najwyraźniej jest przytomny, bo nie leży, tylko przyklęknął (zapewne podczas wstawania z jezdni)[282]. Jednak esbek nie każe kolegom ani zawracać, ani się zatrzymać. Nie goni za Chrostowskim. Swojej ekipie nakazuje jechać dalej – z księdzem w bagażniku. Nie przeszkadza mu to, że wymknął się na wolność żywy świadek porwania, który zaraz zrobi raban na cały kraj. Jest to tym dziwniejsze, że Piotrowski bez trudu mógł dogonić uciekiniera. Nikt by nie przeszkodził umundurowanym milicjantom z legitymacją MO zatrzymać obdartego zbiega, któremu kajdanki zwisają z ręki. Chrostowski próbował zatrzymać jeden z przejeżdżających samochodów. Wzywał pomocy. Jednak auto ominęło podejrzanie wyglądającego osobnika szerokim łukiem.

Okaże się później, że kajdanki, które założono Chrostowskiemu, miały startą klamrę szczękową. Eksperci stwierdzą, że jeszcze przed dniem porwania ktoś ją umyślnie zeszlifował za pomocą ściernicy. Zrobiono to w taki sposób, że „deformacja umożliwiała otworzenie w wyniku np. silnego uderzenia

281 K. Daszkiewicz, dz. cyt., s. 401–403.
282 Tamże, s. 72.

kajdanek o asfalt szosy"[283]. Zrodzi to później teorię, według której Chrostowski współpracował z esbekami, oni zaś założyli mu wadliwe kajdanki, by mógł uciec.

Jednak zachowanie uciekiniera zdaje się temu przeczyć. Od razu po wyskoczeniu na szosę Chrostowski próbuje zatrzymać przejeżdżający samochód. Podbiega do stojących na poboczu motocyklistów i informuje ich o porwaniu. Następnie zauważa budynek nieopodal szosy, pędzi do niego i podnosi alarm. Zachowuje się heroicznie. Nawet gdy przyjeżdża do niego pogotowie, on na pierwszym miejscu stawia powiadomienie władz państwowych i kościelnych o porwaniu księdza. Dopiero na drugim – opatrzenie własnych dotkliwych obrażeń. Czy Chrostowski mógłby tak dobrze zagrać rolę bohaterskiego uciekiniera? Czy ochroniarz byłby równocześnie świetnym aktorem, a do tego jeszcze pełnym poświęcenia zdrajcą? Nawet gdyby tak było, zapewne pozwoliłby esbekom bardziej się oddalić, zanim zacząłby wołać o pomoc. Wszystko wskazuje na to, że sprawcy chcieli, by zbrodnia wyszła na jaw i obciążyła konto MSW. Czy mogli jednak chcieć, żeby wyszła na jaw ich tożsamość? Czy mogli ryzykować to, że ktoś ich złapie na gorącym uczynku lub wręcz powstrzyma? Gdyby Chrostowski przesiedział jakiś czas na poboczu, udając oszołomienie, wyglądałoby to naturalnie.

Można przypuścić, że Chrostowski nie współpracował z esbekami, ci jednak umożliwili mu ucieczkę, a nawet go do niej prowokowali („to twoja ostatnia droga"). Jednak również ta teoria ma słaby punkt, wspólny zresztą dla niej i dla poprzednio przedstawionej hipotezy o rzekomej współpracy Chrostowskiego z SB. Otóż Sąd Wojewódzki w Toruniu orzekł – i Krystyna Daszkiewicz zgadza się z tym stanowiskiem – że sprawcy od samego początku zamierzali zabić Waldemara Chrostowskiego. Przed akcją przygotowali worek z kamieniami, który miał pociągnąć (i pociągnął) zwłoki Popiełuszki na dno Wisły. Przygotowali też drugi worek – dla trupa Chrostowskiego[284].

Innym argumentem przeciwko teorii, według której ucieczka Chrostowskiego miałaby zostać zaplanowana przez SB, jest bunkier w Kazuniu. Po co esbecy wyszukali i przygotowali bunkier, jeśli wiedzieli, że mogą tam księdza nie dowieźć? Ucieczka kierowcy-ochroniarza oznaczała przecież alarm w całym kraju, szczególnie pomiędzy Bydgoszczą a Warszawą (zatem na trasie do Kazunia). Jak wieźć przez pół Polski księdza, którego pół Polski szuka? Również trzymanie go w bunkrze po ucieczce Chrostowskiego stałoby się bar-

283 Tamże, 180 i n.
284 Tamże, s. 393.

dziej ryzykowne niż było w zamierzeniu. Poszukiwania Popiełuszki mogłyby objąć tereny wojskowe. Dlatego Piotrowski po uwolnieniu się Chrostowskiego błyskawicznie podejmuje logiczną decyzję. Rezygnuje z Kazunia, tortur i dolarów. Skoro porwanie wcześniej wyjdzie na jaw, to i morderstwo musi się dokonać wcześniej!

Tak zmienia się plan za sprawą ucieczki kierowcy-ochroniarza. Jeśli zaś doprowadziła ona do zmiany planu, raczej nie mogła być jego częścią.

Co do wadliwych kajdanek, to znalazły się one w posiadaniu morderców za sprawą Waldemara Chmielewskiego, który pożyczył je od znajomego funkcjonariusza MSW, Henryka Chojnackiego. W katalogu IPN figuruje dwóch Henryków Chojnackich, jednak nie wynika z niego, by któryś z nich w latach 80. służył w MSW. To oczywiście nie musi znaczyć, że takiego funkcjonariusza nie było (katalog nie obejmuje wszystkich esbeków, nie zawsze też odzwierciedla cały przebieg ich kariery). Z jakichś przyczyn Chojnackiego nie przesłuchano podczas procesu zabójców Popiełuszki. Ubolewa nad tym Krystyna Daszkiewicz. Uważa jednak, że zaniedbanie to niekoniecznie kryje w sobie tajemnicę. Chojnacki mógł rutynowo podszlifować klamrę, żeby kajdanki nie zacinały się przy zakładaniu i zdejmowaniu.

Tak czy inaczej, trudno wątpić, że mamy do czynienia z prowokacją polityczną – prowokacją zamierzoną jako spektakularna. Zbrodnia ma wyjść na jaw. Zwłoki mają zostać znalezione. Wina ma spaść na milicję, zatem na MSW i jego kierownictwo. Świadczy o tym jasno pięć faktów.

Fakt pierwszy: pośpieszne zlecenie zabójstwa przez Pietruszkę zaraz po tym, jak się okazało, że ksiądz przestanie sprawiać problemy, bo jedzie za granicę.

Fakt drugi: orzełek.

Fakt trzeci: Piotrowski nie goni za Chrostowskim po jego ucieczce. Zatem w ocenie esbeka ucieczka kierowcy-ochroniarza nie stanowi wielkiego problemu. Oznacza tylko tyle, że ujawnienie zbrodni nastąpi trochę wcześniej niż planowano.

Fakt czwarty, związany z trzecim: Piotrowski nie przerywa akcji po ucieczce Chrostowskiego. Jedyna zmiana planów polega na rezygnacji z tortur w kampinoskim bunkrze. Ksiądz Popiełuszko od razu trafia do Wisły. Nie z mostu w Modlinie, tylko z tamy we Włocławku.

Fakt piąty: Piotrowski od samego początku zamierza zrzucić oba ciała do Wisły, choć wie, że rzeka jest kiepskim grobem. Również wtedy, gdy zwłoki mają worki z kamieniami u nóg. Historia kryminalistyki zna niezliczone przykłady ciał, które wypłynęły, chociaż je obciążono. Decyduje o tym wiele czynników – od zmian rozkładowych do aktywności fauny wodnej. Obciążone workiem z kamieniami nogi mogą się od niego odczepić np. wtedy, gdy ryby i skorupiaki zaczną czyścić stopy i kostki z tkanek mięsnych. Ale zapewne o to chodziło: martwy ksiądz Popiełuszko miał zostać znaleziony, choć nie od razu. Gdyby zaraz po śmierci podrzucono go w jakimś publicznym miejscu, prowokacyjny zamysł Piotrowskiego i jego mocodawców byłby oczywisty. Zatem wszystko miało wyglądać tak, jakby mordercy chcieli głęboko ukryć ciało, ale im się nie udało.

Oczywiście, wszyscy trzej mordercy wierzą w swoją bezkarność. Na przykład Pękala myśli, że w razie potrzeby zostanie wysłany za granicę (ciekawe, do jakiego kraju). Piotrowski mówi kompanom: „Kryminalistyka jest nasza".

Widać jednak wyraźne różnice między Pękalą a Piotrowskim i Chmielewskim:

- Piotrowski i Chmielewski są weteranami Grupy „D", później Wydziału VI, gdzie brali udział w wielu drastycznych akcjach „dezintegracyjnych";
- Pękala[285] nie jest weteranem Grupy „D", nie służy w „dezintegracyjnym" Wydziale VI, tylko w spokojniejszym Wydziale VIII Departamentu IV[286], który zajmuje się działaczami ludowymi;
- Pękala najmniej zdaje się rozumieć prowokacyjny wymiar akcji i to, że jest ona wymierzona w kierownictwo MSW (esbek wie, że celem jest śmierć Popiełuszki, uważa tę śmierć za konieczną dla dobra PRL, ale nie rozumie, dlaczego Piotrowski nie przerwał akcji po ucieczce Chrostowskiego);
- w przeciwieństwie do Pękali Piotrowski rozumie cel i wymiar prowokacji;
- Chmielewski przynajmniej do pewnego stopnia jest wtajemniczony w sens akcji: zostawia milicyjnego orzełka na miejscu porwania, może jednak nie wiedzieć, że również zwłoki mają zostać znalezione (ciało ofiary stanowi główny dowód rzeczowy, zatem Piotrowski

285 *Dane osoby z katalogu funkcjonariuszy aparatu bezpieczeństwa*, Biuletyn Informacji Publicznej Instytutu Pamięci Narodowej. Komisja Ścigania Zbrodni przeciwko Narodowi Polskiemu, <https://katalog.bip.ipn.gov.pl/informacje/30100>, dostęp: 14 września 2018.

286 *Charakterystyka archiwalna podserii* (Departament IV), Inwentarz Archiwalny IPN, <https://inwentarz.ipn.gov.pl/archivalCollection?id_a=2033&id_pz=9808&id_s=10366&id_ps=17871>, dostęp: 14 września 2018.

mógł zataić przed Chmielewskim tę część planu, żeby kolega nie zwątpił w gwarancje swej bezkarności).

Już po wrzuceniu zwłok do rzeki Piotrowski uzna za stosowne powiedzieć na głos, że boi się ich odnalezienia. Doda, że tylko odnalezienie ciała może obciążyć sprawców. Będzie przekonywać wspólników, aby nigdy nikomu nie zdradzili, gdzie pozbyli się zwłok. Zaraz potem wyrazi obawę, że na torturach sam to zdradzi...

Cała ta ostentacja również nasuwa myśl o kłamstwie. Nie wiemy tylko, czy Piotrowski kłamie dla samego Pękali, czy również dla Chmielewskiego. Gdyby Grzegorz Piotrowski naprawdę chciał ukryć zwłoki, wcześniej kazałby swoim kompanom poszukać odludnej okolicy z kwaśną, wspomagającą rozkład glebą, gdzie sprawcy zakopaliby ciało na odpowiedniej głębokości, dodatkowo przykrywając je kamieniami (żeby uniemożliwić padlinożercom rozgrzebanie grobu). Jednak już od początku całej akcji esbek zamierza wrzucić księdza do Wisły, po porwaniu zaś powtarza: „Do wody", „Tylko woda"[287]. Co do Chrostowskiego, to miał on zginąć jak najszybciej, ponieważ sprawcy:

- obawiali się problemów ze strony silnego kierowcy-ochroniarza;
- nie chcieli wyciągać od niego żadnych informacji (zakładali, że nie będzie wiedział więcej o domniemanych dolarach Popiełuszki niż sam ksiądz);

Zatem mówiąc Chrostowskiemu: „to twoja ostatnia droga", Piotrowski nie prowokuje go, tylko daje upust swemu sadyzmowi i próbuje zmrozić ofiarę. Jednak efekt mrożący takich słów szybko może ustąpić. Bierna rozpacz przeradza się wtedy w rozpaczliwy opór. Gdyby esbek planował dłuższą podróż z ofiarą, od samego początku zapewniałby głośno, że włos jej głowy nie spadnie. Najwyraźniej jednak nie planował. Dlatego też pozwolił krzepkiemu mężczyźnie siedzieć na przednim siedzeniu, skąd ten, choć skuty, mógł szarpnąć za kierownicę. Piotrowski zapewne uznał, że nie będzie zawracać sobie głowy z przeprowadzaniem Chrostowskiego na tył samochodu, skoro i tak zaraz ma go zabić. W tym celu co jakiś czas każe Pękali wypatrywać bocznej drogi czy też przesieki, którą dałoby się wjechać w las[288]. Tam, z dala od szosy i możliwych świadków, kierowca-ochroniarz ma zginąć. Przed śmiercią ratuje go ucieczka.

W swoich zeznaniach Chmielewski twierdzi, że zaproponował jak najszybsze uwolnienie księdza. Piotrowski miałby się z tym zgadzać i dlatego

287 K. Daszkiewicz, dz. cyt., s. 46, 242.
288 K. Daszkiewicz, dz. cyt., s. 42.

powtarzać Pękali, by skręcił w przecinkę (tam, według Chmielewskiego, miało nastąpić zaproponowane przez niego uwolnienie). Jednak Pękala rzekomo nie słuchał poleceń, a Piotrowski to tolerował. „Trochę nie potrafiłem zrozumieć szefa" – dziwi się Chmielewski na ławie oskarżonych. Tę opowieść trzeba oczywiście traktować jako linię obrony: „ja byłem szlachetny, szef jakiś dziwny, a najdziwniejszy ten Pękala z innego wydziału". Rzecz jasna, Leszek Pękala mógł mieć problem ze sprawnym wykonywaniem poleceń Piotrowskiego. Ale raczej nie dlatego, że sabotował uwolnienie Chrostowskiego (którego to uwolnienia najpewniej nigdy nie było w planach) albo też likwidację ochroniarza (znacznie prawdopodobniejszą). Można przypuścić, że Pękalę po prostu oszołomiła sytuacja, w której się znalazł. Do tej pory, jak się zdaje, nie uczestniczył w tak drastycznych akcjach.

Tymczasem Popiełuszko zaczyna kopać od wewnątrz w klapę bagażnika. Co zrobić z człowiekiem, który nie chce umrzeć po cichu? Sprawcy co chwila się zatrzymują. Piotrowski – niekiedy przy pomocy Chmielewskiego – bije duchownego, żeby choć na moment go ogłuszyć. Gdy porywacze zatrzymują się pod hotelem Kosmos w Toruniu, ksiądz ucieka i biegnie przez asfaltowy placyk nad Wisłą, wołając o pomoc. Sprawcy łapią ofiarę i znowu zamykają w bagażniku. Być może konsultują się wówczas ze zwierzchnikami w Warszawie, żeby uzyskać akceptację dla wcześniejszego zabicia duchownego. Potem ruszają w stronę Włocławka. Po drodze zjeżdżają do lasu, gdzie Pękala i Chmielewski na polecenie Piotrowskiego przywiązują księdzu worek z kamieniami do nóg. Leszek Pękala jest coraz bardziej przerażony: Popiełuszko po raz kolejny widział jego twarz. Pękala chce, żeby już było po wszystkim. Pragnie też pokazać kolegom z wydziału twardzieli, że nie jest mięczakiem. Wiąże duchownego w wyrafinowany sposób stosowany m.in. przez sycylijską mafię. Zakłada mu na szyję pętlę samodławiącą połączoną z drugą pętlą na nogach. Gdy ksiądz próbuje rozprostować nogi, sam się poddusza. Wreszcie esbecy wjeżdżają na tamę we Włocławku, z której zrzucają Popiełuszkę do Wisły. Nie wiemy, czy ofiara wówczas żyła. Pętla samodławiąca mogła zabić księdza jeszcze przed wrzuceniem do rzeki. Jeśli nie, to przyspieszyła śmierć w wodzie.

MOCODAWCY MORDU

Do dziś nie wiadomo, kto zlecił tę zbrodnię. W 1984 r. opinia publiczna podejrzewa generałów Jaruzelskiego i Kiszczaka. Ale właśnie z tego względu zabójstwo księdza jest dla nich fatalnym obciążeniem. Przede wszystkim zaś nie mają powodu, by go zabijać. MSW dostało przecież informację, że kłopotliwy duchowny zaraz wyjedzie za granicę. Oczywiście dwaj generałowie nie są dobrotliwymi mężami stanu. Ale nie są też oszalałymi mordercami, którzy pragną oglądać zakrwawione sutanny. Kiszczak i Jaruzelski to bezwzględni i sprytni politycy o wieloletnim doświadczeniu w świecie służb specjalnych. Nie zabijają bez sensu. Gdyby mieli posunąć się do zbrodni, zrobiliby to dla korzyści, nie ze ślepej nienawiści.

W latach 1989–1990 Tadeusz Fredro-Boniecki rozmawia z Grzegorzem Piotrowskim, którego odwiedza w więzieniu. Rozmowy te relacjonuje w książce *Zwycięstwo księdza Jerzego*. Podczas nich Piotrowski napomyka o inspiratorach zbrodni, m.in. Płatku, Ciastoniu i Milewskim. Czasem daje do zrozumienia, że zbrodnię zasugerował mu sam Kiszczak. Chwilami bezczelnie kłamie, chwilami się plącze. Przyznaje, że w zeznaniach z 1984 r. obciążył funkcjonariuszy sowieckiego KGB (współpracujących z SB w roli „doradców"), wskazując ich jako inspiratorów zbrodni. Jednak twierdzi, że zrobił to za podszeptem Pietruszki. Szef i wspólnik zbrodni miał zasugerować Piotrowskiemu, że takie zeznanie ukręci łeb śledztwu. Nikt nie będzie ciągnąć sprawy, która mogłaby narazić na szwank wielkiego sojusznika ze Wschodu! W rozmowie z Fredrą-Ranieckim więzień gorąco żałuje, że po raz kolejny posłuchał złego Pietruszki... „Łgałem – bije się w pierś. – Wszystko zanotowali. Opowieść o udziale doradców z KGB wyszła chyba wiarygodnie. Podpisałem zeznania [...]. Sprawa wróciła dopiero właśnie w rozmowie z Kiszczakiem [...] w kwietniu 1985 roku. Kiszczak zapytał wprost, jak to było z tym udziałem towarzyszy radzieckich. Powiedziałem, że chwyciłem pomysł Pietruszki i wszystko zełgałem". Następnie Grzegorz Piotrowski użala się nad funkcjonariuszami KGB: „Naprawdę się tego wstydzę, że dla ratowania siebie chciałem wrobić w paskudną sprawę w tym wypadku akurat zupełnie niewinnych ludzi". Zaraz potem dodaje jednak: „Oni dokładnie wiedzieli, co my robimy. Taka była ich rola"[289]. To ostatnie – i szokujące – stwierdzenie Piotrowski rozwija. Daje do zrozumienia, że w SB, tak jak w UB, w każdym kącie siedzieli sowieccy doradcy, którzy mieli dostęp do najtajniejszych materiałów. Wszystkie znane nam historyczne źródła mówią, że to nieprawda. Po 1956 r. tak bliska współpraca między sowieckimi i polskimi służbami stanowiła wyjątek, nie zasadę. Może jednak w tym wypad-

289 T. Fredro-Boniecki, dz. cyt., s. 149.

ku Piotrowski nie kłamie, tylko uogólnia swoje doświadczenie? Może w jego Departamencie IV panoszyli się Sowieci? Rządził nim przecież towarzysz Płatek, o którym sam Piotrowski mówi, że przyzwyczaił się do ścisłej współpracy z KGB w swoim „przygranicznym Rzeszowie".

Jak podaje Fredro-Boniecki, w 1990 r. syn Adama Pietruszki skontaktował się z żoną Piotrowskiego. Przekazał wiadomość, że jego ojciec chce ujawnić całą sprawę o kulisach zbrodni i prosi Piotrowskiego o wsparcie. Ten odpowiedział Pietruszce oziębłym listem, w którym wykrętnie odmówił współdziałania. Następnie z dumą (!) przedstawił treść listu Fredrze-Bonieckiemu. Styl, w jaki Piotrowski odpisał Pietruszce, godny jest zacytowania: „Składam zatem zapewnienie, że jeśli kiedykolwiek ktoś uprawniony zażąda lub ciekawy a kompetentny poprosi mnie o ustosunkowanie się do Pańskiego «widzenia sprawy», o ile nie wybiorę milczenia, to na pewno nie zaprzeczę prawdzie, którą znam".

W rozmowach z Fredrą-Bonieckim towarzysz Piotrowski udaje nawróconego. Jednak okazuje znikomą empatię wobec swego wspólnika, który chce publicznie wyznać prawdę. Więcej ciepła ma dla Sowietów z KGB.

STARSZAK I JEGO KŁAMSTWA

Ze względu na oczywiste znamiona prowokacji politycznej Czesław Kiszczak w sprawie Popiełuszki czuje się jednym z pokrzywdzonych. Stawia więc na jawność. Oczywiście mowa o jawności częściowej i kontrolowanej. To jednak i tak bezprecedensowy krok w dziejach komunizmu. Kiszczak łamie żelazną zasadę, według której zbrodnie służb specjalnych należy otaczać zasłoną tajności. Pozwala na tzw. proces toruński, czyli publiczne postępowanie przeciwko trzem mordercom i ich dowódcy, Adamowi Pietruszce. Proces toczy się na przełomie lat 1984–1985.

Rzecz jasna, czterej bezpośredni sprawcy trafiają do aresztu. Piotrowski mówi Fredrze-Bonieckiemu, że kilka dni po dokonaniu zbrodni został aresztowany przez Hipolita Starszaka. Starszak, esbek z wieloletnim doświadczeniem, pełnił wówczas funkcję zastępcy prokuratora generalnego PRL. Wcześniej, w latach 1981–1983, był dyrektorem Biura Śledczego MSW. Aresztowanie Piotrowskiego miało się odbyć w obecności ministra Kiszczaka, który najwyraźniej ufał towarzyszowi Starszakowi. Jak się zdaje, powierzał mu swe najgorsze kłopoty: w 1983 r. Starszak próbował zatuszować zabójstwo 19-letniego Grzegorza Przemyka, pobitego na śmierć przez milicjantów. O jego śmierć komuniści obwinili lekarzy i pielęgniarzy, którzy rzekomo mieli źle hospitalizować ofiarę. Rolę Starszaka w tej sprawie opisywał m.in. wybitny dziennikarz śledczy Jarosław Jakimczyk[290]. Można się zastanawiać, czy słusznie Czesław Kiszczak obdarzał aż takim zaufaniem Hipolita Starszaka. Jeśli chodzi o tuszowanie sprawy Przemyka, towarzysz Starszak nie odniósł sukcesu. Spychanie na lekarzy i sanitariuszy odpowiedzialności za tę zbrodnię wzbudziło powszechną pogardę wobec Kiszczaka i jego ludzi. W lipcu 1984 r. dwaj obwinieni sanitariusze zostali skazani na więzienie[291]. Jednak opinia publiczna traktowała ich jak kolejne ofiary ministra Kiszczaka (i słusznie). Kiszczak zaś miał żal do Starszaka, że jego kłamstwa okazały się nieskuteczne. Miesiąc później, w sierpniu, zesłał go do Siedlec na stanowisko szefa tamtejszego Wojewódzkiego Urzędu Spraw Wewnętrznych. Jednak po siedmiu miesiącach takiej „kary" Kiszczak ściągnął swego kłamcę z powrotem do Warszawy, by zrobić z niego zastępcę prokuratora generalnego (!)[292]. Należałoby zapytać, czy Hipolit Starszak w sprawie Przemyka okazał się nieudolny, czy też specjalnie próbował zaszkodzić Czesławowi Kiszczakowi. Minister Kiszczak był dobroczyńcą Starszaka: w 1981 r. zrobił go dyrektorem Biura Śledczego MSW. Jednak tak jak w wypadku Ciastonia jeszcze wcześniej karierę Starszaka najprawdopodobniej wsparł człowiek Moskwy, Mirosław Milewski. Na początku 1978 r., gdy Milewski był szarą eminencją w MSW, Starszak uzyskał awans na wicedyrektora Biura Śledczego. Wcześniej, w latach 1973–1974 Hipolit Starszak odbył roczny kurs w moskiewskiej Wyższej Szkole KGB. Był więc jedną z osób, których w Moskwie pilnowała Grupa „Wisła" Adama Malika.

W latach 80. Starszak jako dyrektor Biura Śledczego MSW nadzorował też śledztwo przeciwko członkom KOR. Profesor Andrzej Friszke podaje, że Starszak odgrywał „pierwszoplanową rolę w organizowaniu śledztwa

---

290 J. Jakimczyk, *Bezpieka Urbana*, „Wprost" (wydanie internetowe), 23 maja 2004, <https://www.wprost.pl/tygodnik/60271/Bezpieka-Urbana.html>.

291 *Grzegorz Przemyk – śmiertelnie pobity maturzysta*, Polskie Radio, 14 maja 2018, <https://www.polskieradio.pl/39/156/Artykul/841291,Grzegorz-Przemyk-smiertelnie-pobity-maturzysta>, *Mija 35 lat od śmierci Grzegorza Przemyka*, Radio Szczecin, 14 maja 2018, <http://radioszczecin.pl/6,371380,mija-35-lat-od-smierci-grzegorza-przemyka&s=1&si=1&sp=1>.

292 *Dane osoby z katalogu funkcjonariuszy aparatu bezpieczeństwa*, Biuletyn Informacji Publicznej Instytutu Pamięci Narodowej. Komisja Ścigania Zbrodni przeciwko Narodowi Polskiemu, <https://katalog.bip.ipn.gov.pl/informacje/26714?katalog=5>, dostęp: 14 września 2018.

i nadawaniu mu kształtu"[293]. Jak wiemy, podczas śledztwa Starszak i jego współpracownicy ze szczególną łaskawością potraktowali Antoniego Macierewicza. To łagodne podejście musiało być na rękę Stefanowi Mikołajskiemu, który otoczył Macierewicza opieką. Co ciekawe, o śledztwie przeciwko KOR-owcom Starszak informował między innymi znanego nam generała Zdzisława Sarewicza[294] – głównego kontrwywiadowcę, a następnie głównego wywiadowcę PRL, który wyda Macierewiczowi „certyfikat bezpieczeństwa". Odnotujmy przy okazji, że w wolnej Polsce Hipolit Starszak wciąż, jak się zdaje, zamiatał cudze kłopoty pod dywan. Pomagał biznesmenowi z USA, Edwardowi Mazurowi, gdy ten został oskarżony o zlecenie morderstwa byłego szefa policji, generała Marka Papały[295]. Morderstwo to do dziś pozostaje zagadką. Odnotujmy również, że w latach 60. Starszak był jednym ze śledczych, którzy przemilczeli doniesienia o udziale kierowcy ministra Mieczysława Moczara w „napadzie stulecia". Można więc przypuścić, że Moczar protegował towarzysza Starszaka, płacąc mu w ten sposób za milczenie. Jeśli to przypuszczenie jest słuszne, Starszak już w latach 60. mógł się zbliżyć do Milewskiego i Mikołajskiego, również protegowanych Moczara.

Wielka szkoda, że Hipolit Starszak zmarł w 2015 r. Zapewne mógłby – gdyby chciał – wiele opowiedzieć o Macierewiczu, Sarewiczu, Mikołajskim i Kiszczaku. A także o sprawie Popiełuszki i Mirosławie Milewskim.

O tym ostatnim towarzyszu wspominam ze względu na pytanie o zleceniodawców zamordowania „kapelana «Solidarności»". Już w 1984 r. było oczywiste, że odpowiedzialność za śmierć księdza ponosi nie tylko trójka morderców i ich bezpośredni szef, Adam Pietruszka. Prowokację zlecił ktoś od nich wszystkich potężniejszy. Jednak ze względów wizerunkowych nie postawiono pod pręgierzem dygnitarzy MSW i komunistycznej partii (nie mówiąc już o „radzieckich przyjaciołach" – ich odpowiedzialność za śmierć Popiełuszki w PRL stanowiła tabu). Przyjęto zasadę: im wyżej postawieni towarzysze, tym dyskretniejsze i łagodniejsze kary. Jak pisałem, dyrektor Departamentu IV, Zenon Płatek, został zesłany do ambasady polskiej w Czechosłowacji. Jego szef, Władysław Ciastoń, jeszcze dalej: do Albanii. Swoje stanowisko stracił również Mirosław Milewski – sekretarz KC PZPR i członek Biura Politycznego, były minister spraw wewnętrznych, jeden z najbardziej wpływowych ludzi w kraju, ulubieniec sowieckich towarzyszy.

293 A. Friszke, *Sprawa jedenastu*, dz. cyt., s. 95.
294 Tamże.
295 J. Jakimczyk, dz. cyt.

ZABIĆ KSIĘDZA, PRZEJĄĆ TRON

Wszystko zatem wskazuje na to, że zamordowanie Popiełuszki było częścią sowieckiego lub prosowieckiego planu obalenia rządów Jaruzelskiego i Kiszczaka. Śmierć księdza miała wywołać falę oburzenia i przemocy ze strony podziemia, na co komuniści odpowiedzieliby jeszcze dosadniej. Przy tej okazji partia komunistyczna, wojsko i SB zdjęłyby z tronu Jaruzelskiego i Kiszczaka (jako „zbyt miękkich" wobec opozycji). Władzę przejęliby surowi, „twardogłowi" towarzysze, obdarzeni stuprocentowym zaufaniem Moskwy.

Już podczas procesu toruńskiego mecenas Jan Olszewski – oskarżyciel morderców Popiełuszki z ramienia rodziny księdza – wskazywał na sowiecką Rosję. Mecenas nie mógł wówczas zrobić tego wprost, ale i tak wyraził się jasno: „Kto może mieć interes w tym, by Polska była krajem nędzy, rozpaczy i terroru? [...] Kto odnosił korzyści, gdy Polska była słaba? Na to pytanie potrafi odpowiedzieć nawet polskie dziecko, jeśli jest rzetelnie uczone historii [...]. Oskarżeni tu przed sądem mówili, że czują się oszukani, bo gwarancje bezkarności, o jakich ich zapewniono, okazały się złudzeniem. Chciałbym, aby zrozumieli, że zostali oszukani po stokroć gorzej, bo własnymi rękami, w obcym interesie, mogli przez swój czyn zatruć nienawiścią swój rodzinny kraj". Ironią losu jest to, że pięć lat później Jan Olszewski również został oszukany. Jako premier wolnej już Polski Olszewski mianował ministrem spraw wewnętrznych polityka obracającego się wśród ludzi o esbeckich i kremlowskich powiązaniach. W czerwcu 1992 r. polityk ten doprowadził do obalenia rządu Olszewskiego poprzez upowszechnienie rzekomej „listy agentów SB", na której znalazły się nazwiska osób niewinnych. Politykiem tym był oczywiście Antoni Macierewicz.

Hipoteza, którą w 1985 r. sformułował Olszewski, znajduje potwierdzenie m.in. w odtajnionych dokumentach wywiadowczych NATO[296]. Czytamy w nich, że ukrytymi zleceniodawcami mordu na Popiełuszce byli spiskujący dygnitarze partii komunistycznej, którym Wojciech Jaruzelski i Czesław Kiszczak blokowali drogę na szczyt władzy. Spiskowcy-prowokatorzy wyznawali komunizm bardziej ortodoksyjny niż Jaruzelski i Kiszczak. Znacznie bliżej współpracowali z Kremlem. Wiele sobie obiecywali po stanie wojennym, ten jednak zawiódł ich nadzieje: „Solidarność" nie zosta-

296 *„Zabójstwo ks. Popiełuszki przeciwko Jaruzelskiemu"*, Polskie Radio, 22 lipca 2017, <https://www.polskieradio.pl/5/3/Artykul/406118,Zabojstwo-ks-Popieluszki-przeciwko-Jaruzelskiemu>.

ła zniszczona, przetrwała w podziemiu. Dlatego członkowie spisku chcieli wywołać antykomunistyczne rozruchy, aby obnażyć rzekomą słabość rządów Jaruzelskiego. Liczyli na to, że komunistyczna elita w obawie przed buntem swych poddanych odrzuci „miękkiego generała", a następnie posadzi na tronie kogoś twardszego – kogoś, kto zmiażdży „Solidarność" do reszty. Z innych źródeł wiemy, że tym kimś miał być towarzysz Mirosław Milewski. Najprawdopodobniejszy przywódca spisku, zaufany człowiek Moskwy.

WYCHOWANEK KONTRWYWIADU SMIERSZ

Jak bardzo zaufany? Jarosław Jakimczyk podaje, że nawet zdaniem SB Milewski zbyt blisko związał się z Sowietami[297]. Trudno się temu dziwić. W poprzedniej części tej książki wspominałem o posiedzeniu Biura Politycznego KPZR w Moskwie z dnia 10 grudnia 1981 r. Według roboczego zapisu obrad szef KGB Jurij Andropow mówił wówczas, co następuje: „[...] polscy towarzysze powinni szybko przygotować się do posunięcia X [wprowadzenia stanu wojennego] i realizować tę operację. Jaruzelski jednak oświadcza, że sięgniemy po operację X dopiero wtedy, kiedy nam to narzuci «Solidarność». Jest to bardzo niepokojący symptom. Tym bardziej że ostatnie posiedzenie Biura Politycznego KC PZPR i podjęte na nim decyzje o wprowadzeniu stanu wojennego świadczą, że Biuro Polityczne działa bardziej zdecydowanie. Wszyscy członkowie Biura Politycznego wypowiedzieli się za stanowczymi działaniami. Uchwała ta przyparła Jaruzelskiego do muru, więc musi teraz szukać jakiegoś wyjścia. Rozmawiałem wczoraj z Milewskim i zapytałem go, kiedy i jakie działania są planowane. Odpowiedział mi, że o operacji X i konkretnym terminie jej przeprowadzenia nic nie wie. Tak więc wygląda na to, że albo Jaruzelski ukrywa przed swoimi kolegami plan konkretnych działań, albo po prostu uchyla się od podjęcia tego kroku". Profesor Andrzej Friszke w książce *Rewolucja Solidarności* komentuje to tak: „[...] znamienne, że Andropow, odnosząc się do wiadomości z Warszawy, powołuje się na swoją rozmowę z Milewskim, zapewne nie tylko w tym wypadku informatorem o sytuacji w polskim kierownictwie"[298].

297 J. Jakimczyk, dz. cyt.
298 A. Friszke, *Rewolucja Solidarności 1980–1981*, Kraków 2014, s. 929.

Na tej samej stronie profesor Friszke przypomina też, że rok wcześniej Andropow rozmawiał z Milewskim. Naciskał wtedy na wprowadzenie stanu wojennego w PRL przy użyciu wojska i bezpieki. Znaczy to, że Milewski był nie tylko informatorem, lecz także agentem wpływu. Moskwa używała go do wywierania presji na Jaruzelskiego. Potwierdzają nam to pośrednio słowa Andropowa o Biurze Politycznym, które przyciska Jaruzelskiego do muru. Kogo w Biurze Politycznym towarzysz Andropow mógł mieć na myśli? Zapewne znowu Milewskiego, który w 1981 r. do pewnego stopnia zrezygnował ze swej zwykłej ostrożności. Jego ludzie domagali się wprowadzenia stanu wojennego w sposób bardziej niż zdecydowany. Skąd to wiemy? Otóż towarzysz Milewski współdziałał nie tylko z KGB, lecz także ze wschodnioniemiecką Stasi. To kolejna okoliczność, która zdaje się go łączyć z Władysławem Ciastoniem i Stefanem Mikołajskim (pamiętamy współpracę Mikołajskiego ze Stasi z namowy Ciastonia). Doktor Przemysław Gasztold-Seń, historyk IPN, odnalazł niedawno notatkę Milewskiego z lat 80., która trafiła do wschodnioniemieckich funkcjonariuszy. Wynika z niej, że to właśnie Milewski i jego „frakcja moskiewska" wymusiła stan wojenny. Na dzień przed jego wprowadzeniem umundurowani przedstawiciele tej frakcji mieli odwiedzić Jaruzelskiego w jego gabinecie. Były to odwiedziny czy raczej najście? Doktor Gasztold-Seń tak to opisuje: „Milewski nie był do końca lojalny gen. Jaruzelskiemu. Od niego w ręce Stasi trafiła analiza, że gen. Jaruzelski nie był do końca samodzielny w podejmowaniu decyzji o rozpoczęciu stanu wojennego. Notatka pokazuje, że decyzja nie została podjęta w taki sposób, jak prezentowali to później generałowie Czesław Kiszczak i Jaruzelski. Według relacji Milewskiego gen. Jaruzelski był niezdecydowany, wahał się [...]. Około południa 12 grudnia 1981 roku weszło do gabinetu Jaruzelskiego kilku wysokich rangą oficerów Ludowego Wojska Polskiego i MSW, którzy postawili Jaruzelskiemu ultimatum. Zaszantażowali gen. Jaruzelskiego, że jeśli nie zostanie wydany rozkaz, to oni nie opuszczą jego gabinetu. Gdy gen. Jaruzelski decyzję podjął, to generałowie nie opuścili jego gabinetu aż do godz. 22, by decyzja nie została cofnięta [...]. Relacja gen. Milewskiego pokazuje, w jaki sposób toczyły się gry wewnętrzne w obozie władzy PRL-u. To spotkanie nie pojawia się w relacji gen. Jaruzelskiego i Kiszczaka. Tę grupę wpływowych oficerów można nazwać frakcją moskiewską. Oni wykonywali instrukcję, aby wpłynąć na gen. Jaruzelskiego, by jak najszybciej zdławić «Solidarność». Kluczową rolę odgrywały służby wojskowe, które informowały gen. Jaruzelskiego o ruchach jego konkurentów w aparacie partyjnym. Gen. Jaruzelski obawiał się utraty władzy i zbierał haki na konkurentów. Zmonopolizował i wykorzystywał służby wojskowe do działalności partyjnej"[299].

O rozmowach Milewskiego z Andropowem pisze także dziennikarz Marcin Dzierżanowski (skądinąd biograf Antoniego Macierewicza). Dzierżanowski podaje, że w 1980 r. Milewski przekazał w Moskwie szefowi KGB Jurijowi Andropowowi listę 1200 polskich obywateli przeznaczonych do zatrzymania lub internowania w razie wprowadzenia stanu wojennego[300]. Jak widać, Milewski uprawiał bardzo konkretną robotę agenturalną. Przekazywał supertajne i bardzo szczegółowe informacje służbom specjalnym ZSRR i NRD – w zamian za pomoc w zdławieniu opozycji i zaprowadzeniu całkowitej tyranii na wzór moskiewski. Zapewne również za pomoc zbrojną, gdyby Jaruzelski ze swoim stanem wojennym okazał się zbyt słaby i nie zdusił „Solidarności" do końca.

Dowodów na bezpośrednie kontakty Milewskiego z Sowietami jest więcej. Istnieje dokument z 1981 r., znany jako notatka Anoszkina. Jest to fragment tzw. dzienników roboczych Wiktora Anoszkina, adiutanta sowieckiego marszałka Wiktora Kulikowa (naczelnego dowódcy Układu Warszawskiego). W dziennikach tych Anoszkin zapisał przebieg konsultacji między gen. Jaruzelskim a marszałkiem Kulikowem w grudniu 1981 r. Zapisał również, że w tym samym czasie Mirosław Milewski dzwonił do sowieckiego ambasadora Borysa Aristowa i pytał go, czy ZSRR udzieli polskim komunistom wsparcia wojskowego. Miał przy tym powiedzieć, że dzwoni z polecenia generała Jaruzelskiego. Czy mówił prawdę? Niekoniecznie musiał kłamać (był na to raczej zbyt sprytny). Mógł świadomie nadinterpretować lub wyolbrzymiać jakieś słowo rzucone przez Jaruzelskiego lub uzyskane od niego za pomocą presji. Jak wiemy z notatki, która trafiła do Stasi, w grudniu 1981 r. Milewski stosował presję bardzo konkretną. Według jednego ze źródeł Sowieci mieli nawet otwarcie straszyć Jaruzelskiego i Kiszczaka, że Milewski może ich zastąpić. Tej ostatniej informacji nie udało mi się potwierdzić. Powszechnie wiadomo jednak, że Jaruzelski i Kiszczak nie ufali Milewskiemu od samego początku swych rządów. Pod koniec lipca 1981 r. zdjęli go ze stanowiska ministra spraw wewnętrznych. Zrobili z nim to samo co Gomułka zrobił z Mo-

299 Ł. Kurtz, P. Gasztold, *Historyk: Jaruzelski był pod presją, wprowadzając stan wojenny*, Polskie Radio, 16 stycznia 2018, <https://www.polskieradio.pl/130/5561/Artykul/1993737,Historyk-Jaruzelski-byl-pod-presja-wprowadzajac-stan-wojenny>.

300 M. Dzierżanowski, A. Blinkiewicz, *W służbie Moskwy*, „Wprost" (wydanie internetowe), 17 lipca 2005, <https://www.wprost.pl/78497/W-sluzbie-Moskwy>.

czarem w 1968 r. Towarzysz Milewski dostał tak zwany kopniak w górę na politycznie bardziej szacowne, ale merytorycznie mniej istotne stanowisko sekretarza KC PZPR odpowiedzialnego za Wydział Administracji. Stracił to stanowisko pół roku po zabójstwie Popiełuszki (dokładnie w maju 1985 r.).

Surowsze sankcje były zapewne niemożliwe. Milewskiego chroniła jego dotychczasowa wysoka pozycja w partii komunistycznej. Kiszczak głęboko upokorzył esbecję procesem toruńskim, zatem nie mógł w tym samym czasie równie głęboko upokarzać partii. Ryzykowałby wtedy rewoltę „zjednoczonych twardogłowych" z władz partii i SB – rewoltę, której właśnie chciał uniknąć. A nawet gdyby Kiszczak zlekceważył takie niebezpieczeństwo, to Milewskiego osłaniała jeszcze jedna tarcza. Był nią jego szczególny związek z Kremlem i kremlowskimi służbami.

Ten związek, ten bezpośredni przepływ supertajnych informacji między Milewskim a Andropowem jest kolejnym dowodem na to, o czym była mowa w przypadku Mieczysława Moczara. Agent kremlowskich służb nadal pozostaje ich agentem nawet wtedy, gdy odnosi wielkie sukcesy i staje się wpływowym politykiem. Albowiem tak się składa, że towarzysz Milewski zaczął swą karierę jako regularny sowiecki agent. Podobnie jak jego patron Moczar. Podczas drugiej wojny światowej Mirosław Milewski odbył trzymiesięczną służbę w Armii Czerwonej[301]. Podczas tzw. obławy augustowskiej w 1945 r. [wielkie polowanie na akowców w lasach północnego Podlasia i Suwalszczyzny] Milewski pomagał sowieckiemu NKWD i sowieckim żołnierzom tropić, chwytać, torturować i mordować Polaków[302]. W 1946 r. towarzysz Milewski został szpiegiem sowieckiego kontrwywiadu Smiersz[303].

MIĘDZY MOSKWĄ A LIPSKIEM NAD BIEBRZĄ

Wiemy już, że Mirosław Milewski był agentem kremlowskich służb specjalnych. Skąd wiemy, że mógł być współodpowiedzialny za śmierć Popiełuszki? Krystyna Daszkiewicz uznawała to za możliwe ze względu na dymisję Mi-

301 *Dane osoby z katalogu funkcjonariuszy aparatu bezpieczeństwa*, Biuletyn Informacji Publicznej Instytutu Pamięci Narodowej. Komisja Ścigania Zbrodni przeciwko Narodowi Polskiemu, <https://katalog.bip.ipn.gov.pl/informacje/1156?katalog=5>, dostęp: 14 września 2018.

302 M. Dzierżanowski, A. Blinkiewicz, dz. cyt.

303 P. Piotrowski (red.), *Aparat bezpieczeństwa w Polsce. Kadra kierownicza*, t. 3, 1975–1990, Warszawa 2008, s. 11, <https://wolna-polska.pl/wp-content/uploads/2014/02/Mowi_Aparat_Bezpieki_IPN_Kadrar_75_90_tom_III.pdf >, dostęp: 14 września 2018.

lewskiego ze wszystkich partyjnych stanowisk po zamordowaniu księdza. Możliwość taką dopuszcza również profesor Andrzej Friszke. Podkreśla jednak, że głównym argumentem, za którego pomocą Kiszczak uzasadniał tę dymisję, było zaangażowanie Milewskiego w afery gangstersko-finansowe. Odejście Milewskiego ogromnie umocniło Kiszczaka, dodaje profesor. Minister usunął najmocniejszego ze swoich przeciwników, silnego wsparciem Moskwy i wtajemniczonego w najgłębsze sekrety MSW. W rozmowach z Tadeuszem Fredrą-Bonieckim Grzegorz Piotrowski wspomina Mirosława Milewskiego jako jednego z inspiratorów mordu na Popiełuszce.

Nieżyjący wybitny adwokat Edward Wende, który w procesie toruńskim występował jako oskarżyciel posiłkowy z ramienia rodziny Popiełuszki, uznawał ten mord za dzieło Milewskiego. „Mówił, że to wtyka służb rosyjskich i że zabójstwo księdza Jerzego to jego pomysł, w który wrobił tych wszystkich Ciastoniów i Płatków. Uważał go za głównego sprawcę" – tak Janusz Kijowski wspomina swoje rozmowy z Wendem.

W 2004 r. profesor Andrzej Paczkowski upublicznił notatkę autorstwa Wiesława Górnickiego, bliskiego współpracownika generała Jaruzelskiego. Notatka powstała podczas spotkania Jaruzelskiego z jego jeszcze bliższymi współpracownikami: Michałem Janiszewskim i Bogusławem Kołodziejczakiem. Spotkanie to odbyło się tuż po przesłuchaniu Grzegorza Piotrowskiego. Podczas tego przesłuchania morderca miał przyznać, że to Milewski stał za uprowadzeniem i zabiciem księdza Popiełuszki. *W notatce czytamy: „Politycznym inspiratorem porwania – niezależnie od indywidualnego fanatyzmu sprawcy – mógł być wyłącznie towarzysz Mirosław Milewski [...]; opowiedzieli się [Jaruzelski, Janiszewski i Kołodziejczak] za natychmiastowym usunięciem tow. Milewskiego ze stanowiska sekretarza KC PZPR bez konieczności wyjaśniania przyczyn, które to spowodowały. Zwrócono uwagę nie tylko na działalność polityczną Milewskiego skierowaną przeciwko linii IX Zjazdu PZPR, ale także na afery o charakterze finansowym"*[304].

Siedem lat po morderstwie, w 1991 r., jeden z moich znajomych przebywał w Moskwie, gdzie m.in. rozmawiał z Olegiem Kaługinem. Kaługin to były oficer KGB, który w czasach liberalnej „pieriestrojki" Michaiła Gorbaczowa zaczął publicznie krytykować rosyjskie tajne służby. Zdegradowano go za to, pozbawiono orderów i prawa do emerytury. Związał się następnie z Borysem Jelcynem, wreszcie wyjechał do USA, gdzie ujawnił kilku rosyjskich agentów. Tymczasem w Rosji liberalne czasy się skończyły i w 2002 r. Ka-

---

304 *Milewski za śmiercią Popiełuszki!*, „Wprost" (wydanie internetowe), 5 października 2004, <https://www.wprost.pl/kraj/68537/Milewski-za-smiercia-Popieluszki-aktl.html>.

ługin został zaocznie skazany na 15 lat więzienia. Mój znajomy zapytał Kaługina, czy to KGB zabiło lub kazało zabić Popiełuszkę. Rosjanin zaprzeczył odpowiedzialności KGB. Przyznał jednak, że zbrodnię zainspirował bliski Sowietom towarzysz Milewski. Kaługin powiedział to przy świadkach, podkreśla znajomy, który sam jest świadkiem wiarygodnym i kompetentnym. Niestety, obawia się wystąpić pod nazwiskiem.

Są też bardziej pośrednie potwierdzenia współodpowiedzialności Milewskiego. W książce *Zwycięstwo księdza Jerzego* Tadeusz Fredro-Boniecki podaje, że Adam Pietruszka i Zenon Płatek mieli dość szczególne powiązanie pozasłużbowe z Milewskim. Otóż Płatek i Pietruszka mieli należeć do... Towarzystwa Miłośników Lipska nad Biebrzą. Tak samo jak Milewski, który urodził się w tym miasteczku i zawsze bardzo o nie dbał (m.in. kazał tam postawić luksusowy budynek dla miejscowej szkoły, pisze Fredro-Boniecki). To interesujące, gdyż Płatek i Pietruszka nie urodzili się w Lipsku (ten pierwszy pochodził z małopolskich Jaksic, ten drugi z Kutna). Zatem z Lipskiem najprawdopodobniej łączył ich tylko Milewski. Fredro-Boniecki pisze, że nie zbadał tego wątku, bo uznał go za poboczny. Takie powiązania mogą być jednak istotniejsze, niż się zdaje. Przekonałem się więcej niż raz, że „stowarzyszenia lokalnych miłośników" bywają wpływowymi grupami albo miejscem spotkań wpływowych osób. Częściowe potwierdzenie informacji o związkach Mirosława Milewskiego z Lipskiem znalazłem w portalu Poranny.pl. Można tam przeczytać, że towarzysz Milewski był dla tej miejscowości „dobrym wujkiem, Mikołajem, księciem z bajki". Przy okazji dowiadujemy się więcej o założonej przez niego „luksusowej szkole". Otóż nosiła imię... jego matki, Anastazji Milewskiej (nauczycielki). W szkole stworzono „Izbę Pamięci Narodowej" poświęconą Milewskiemu i jego rodzinie. Gdy w 1973 r. powstało Towarzystwo Przyjaciół Lipska[305], Milewski od razu się do niego zapisał[306]. Tu zaznaczę, że nie chcę urazić dzisiejszych członków tej organizacji, której zapewne nic już nie łączy z Mirosławem Milewskim. Jednak w czasach PRL najwyraźniej było inaczej. Jeśli Płatek i Pietruszka zapisali się do Towarzystwa Przyjaciół Lipska, tym samym złożyli Milewskiemu coś w rodzaju feudalnego lub mafijnego hołdu. Informacji o ich przynależności do nadbiebrzańskiej organizacji nie udało mi się potwierdzić. Nie mam jed-

305 *Towarzystwo Przyjaciół Lipska*, Miejsko-Gminny Ośrodek Kultury w Lipsku, <http://www.kulturalipsk.pl/towarzystwo-przyjaciol-lipska>, dostęp: 14 września 2018.

306 J. Dargiewicz, *Kiedy umiera miasto...*, „Kurier Poranny" (wydanie internetowe), 8 marca 2007, <https://poranny.pl/kiedy-umiera-miasto/ar/5068346>.

nak powodu, by nie wierzyć Fredrze-Bonieckiemu. Autor wykonał niezwykle trudną pracę, rozmawiając z Piotrowskim w więzieniu i próbując weryfikować jego wykręty. W latach 2004–2008 był wiceprzewodniczącym Rady Etyki Mediów.

TOWARZYSZ GANGSTER ZOSTAWIA ŚLADY

Wspomniałem wcześniej o mafijnym hołdzie. Skojarzenie ze światem mafii i gangów w wypadku Milewskiego jest jak najbardziej na miejscu. Taki właśnie charakter miały finansowe afery Milewskiego, nad którymi ubolewali Jaruzelski i Kiszczak. *Chodzi przede wszystkim o słynną aferę „Żelazo"*.

Andrzej Gdula opisuje aferę „Żelazo" tak: „Za sprawę odpowiadał bezpośrednio Milewski. Związani z wywiadem gangsterzy, bracia J., rabowali sklepy jubilerskie w RFN. Robili to od lat 60. Brali też kredyty i nie oddawali. W latach 70. zaczęło im się palić pod nogami i poprosili, żeby ich przerzucić do Polski w porozumieniu ze Stasi dwoma czy trzema mercedesami ze złotem, precjozami. Prośba została wysłuchana. W Katowicach przeładowali precjoza do walizek i zawieźli do Warszawy. Przyszedł minister Szlachcic, popatrzył na złoto, pochwalił oficerów. Szefem wywiadu był wtedy Milewski. Jak potem tym bogactwem dysponowano? Krążyły całe opowieści. Kto miał 50 lat, dostawał złoty zegarek za zasługi. Wreszcie jak przyszedł Kiszczak, to kazał zrobić inwentaryzację, bo nikt jej dotąd nie zrobił. Potem polecił sprzedać to wszystko i pieniądze dać na służbę zdrowia". Dodam tutaj, że bandyci Milewskiego, wspomniani bracia J., nie cofali się również przed mordowaniem ludzi (komuniści rozważali ich wykorzystanie w celu zabicia Adama Michnika). Znaczy to, że towarzysz Milewski był nie tylko agentem Sowietów, lecz także bossem zbrodniczego gangu (zresztą jedno zapewne wiązało się z drugim). Możemy więc być pewni, że w razie potrzeby nie wahałby się zlecić mordu na Popiełuszce – mordu, który miał wszelkie znamiona gangsterskiej zbrodni.

Jedno z moich źródeł podaje, że gangsterzy towarzysza Milewskiego niekiedy przyjmowali zlecenia od GRU. Czy działo się tak za wiedzą i zgodą samego Milewskiego? Czy współpracował on również z sowieckim wywiadem wojskowym? To interesujące pytanie, ponieważ niektóre tropy mogłyby wskazywać na udział GRU w działalności Piotrowskiego i śmierci Popiełuszki. Do takich tropów można też zaliczyć wybór Torunia i okolic na miejsce działalności Organizacji Anty-Solidarność oraz porwania księdza (w Toruniu stacjonowały jednostki armii sowieckiej, więc okoliczny obszar był dobrze znany GRU). Innym podobnym tropem zdaje się wybór bunkra na terenie wojskowym jako lochu dla ofiary. Służby PRL-owskiej armii współpracowały przecież z GRU.

Mimo to główną rolę w sprawie Popiełuszki najwyraźniej odegrały nie wojskowe, a cywilne służby sowieckie, czyli KGB. Wiemy na pewno, że Mirosław Milewski pozostawał w bliskim związku z ich kierownictwem. Trudno zatem przypuścić, żeby zlecił zamordowanie Popiełuszki bez wiedzy szefów KGB. Nawet jeśli to nie oni wymyślili całą prowokację, nawet jeśli stanowiła ona oryginalny pomysł Milewskiego, to sowieckie służby cywilne zapewne chciały mieć nad nią kontrolę. Trudno też uwierzyć w wewnętrznie sprzeczne zapewnienia Piotrowskiego, jakoby uczestnictwo KGB w tej sprawie ograniczało się do biernej obserwacji.

A co z wersją Kaługina, według której inspiratorem zbrodni miał być tylko Milewski, a KGB nie brało w tym udziału? Traktuję jego świadectwo jako godne uwagi. Nie mogę jednak wykluczyć, że były funkcjonariusz KGB wolał oszczędzić organizację, w której niegdyś służył. Mowa przecież o szczególnie głośnej i hańbiącej zbrodni.

Jest jeszcze jedna wiarygodna i kompetentna osoba, która wskazuje na uczestnictwo KGB w zamordowaniu Popiełuszki.

UBIT' KSIĘDZA, ZNISZCZYĆ MECENASA

Wybitny adwokat Krzysztof Piesiewicz, pełnomocnik rodziny księdza Popiełuszki w procesie toruńskim, tak opowiada o okolicznościach, z którymi wówczas się zapoznał: „Wiadomo było, że w lutym i w marcu 1984 roku na terenie Torunia doszło do uprowadzenia i torturowania kilku działaczy Solidarności przez ludzi z tajemniczej «Organizacji AntySolidarnościowej» – oczywiście esbeków – i że w październiku tegoż roku prokuratura rejonowa umorzyła śledztwo z powodu niewykrycia sprawców. A też, że Piotrowski był w tym czasie, przez parę miesięcy, w Toruniu. Pojawiło się pytanie o związek między szczególną aktywnością esbeckiej «konspiracji w konspiracji» a nieco wcześniejszym pobytem w Toruniu szefa KGB gen. Wiktora Czebrikowa”[307].

Dodajmy, że Wiktor Czebrikow nie był jakimś lokalnym „szefem KGB na Polskę”. Był samym najwyższym szefem sowieckich cywilnych służb spe-

---

307 K. Piesiewicz, M. Komar, *Skandalu nie będzie*, Warszawa 2013, s. 219.

cjalnych, następcą Andropowa. Rozmawiałem z Krzysztofem Piesiewiczem, który z całą mocą potwierdził swoje słowa: pod koniec 1983 r. Czebrikow był w Toruniu. Adwokat od dziesięcioleci podejrzewa sowieckie służby o odpowiedzialność lub współodpowiedzialność za śmierć księdza Popiełuszki. Tymi podejrzeniami dzielił się z innymi. 22 lipca 1989 r. – w komunistyczne „Narodowe Święto Odrodzenia Polski" – matka Krzysztofa Piesiewicza została zamordowana przez „nieznanych sprawców". Przed śmiercią założono jej taką samą pętlę samodławiącą jak Popiełuszce. Piesiewicz zamierzał ją wówczas odwiedzić, o czym mówił w jednej ze swoich rozmów telefonicznych. Po latach adwokat znalazł wzmiankę w archiwach IPN, z której wynikało, że mógł być wówczas podsłuchiwany. Nie da się więc wykluczyć, że mordercy matki z drugą pętlą czekali na syna.

W 2008 r. Piesiewicz – już jako senator Platformy Obywatelskiej – został odurzony za pomocą tzw. pigułki gwałtu przez kilkuosobowy gang dowodzony przez osobę związaną ze służbami specjalnymi. Przestępcy przebrali go w damską sukienkę i skłonili do wciągania przez nos białego proszku, co oczywiście nagrali. Zdjęcia dostały się do prasy. Zniszczyło to senatora Piesiewicza jako polityka. „Z akt sprawy wynika, że na pytanie jednej z organizatorek tej akcji: «Co zrobimy z nagraniami, jak go nagramy?», padła odpowiedź: «Sprzedamy ruskim»" – mówi Krzysztof Piesiewicz. W tych samych aktach czytamy, że prowokacją kierował niejaki Jan Wojtiuk. W dniu 9 grudnia 2009 r. jej uczestniczka Joanna Dajnowska zeznała, że Wojtiuk jest weteranem służb specjalnych. On sam w zeznaniach z 28 listopada 2009 r. przyznaje się m.in. do posiadania profesjonalnego sprzętu, który pozwala na podsłuchiwanie rozmów z dalekiej odległości. Prowokatorzy planowali też zaciągnąć senatora do warszawskiej restauracji Lemongrass, aby dokonać kolejnych kompromitujących nagrań. Nieistniejąca już restauracja Lemongrass to miejsce, w którym po kryjomu nagrywano polityków Platformy Obywatelskiej – prawdopodobnie także Donalda Tuska. Jej właściciel Andrzej K. pracował dla rosyjskiego koncernu paliwowego Łukoil. A w spółce Allovita był partnerem niejakiego Andrija Persony-Kononenki, który z kolei jest człowiekiem rosyjskiego supergangstera Siemiona Mogilewicza[308]. Mogilewicz od dziesięcioleci współpracuje z sowieckimi, potem rosyjskimi

---

308 *Wpisy do Krajowego Rejestru Sądowego*, Internetowy Monitor Sądowy i Gospodarczy, <https://www.imsig.pl/pozycja/2005/66/KRS/32513,ALLOVITA_SP%C3%93%C5%81KA_Z_OGRANICZON%C4%84_ODPOWIEDZIALNO%C5%9ACI%C4%84>, dostęp: 14 września 2018.

służbami specjalnymi, w tym z GRU. Ma też liczne powiązania z Antonim Macierewiczem, szczegółowo opisane w książce *Macierewicz i jego tajemnice*.

Jak powszechnie wiadomo, była również druga restauracja o nazwie Sowa & Przyjaciele, w której podsłuchiwano polityków PO. Pracował w niej kelner Łukasz N., który wcześniej był menedżerem w Lemongrass. Kelner ten wyrokiem Sądu Okręgowego w Warszawie został uznany za organizatora podsłuchów w Sowie & Przyjaciołach[309]. Najważniejsze jest jednak to, że restauracja Sowa & Przyjaciele należała do dwóch firm zarządzanych przez Krzysztofa Janiszewskiego i Jarosława Babińskiego. Obaj panowie powiązani są z deweloperską Grupą Radius, pan Janiszewski zasiadał we władzach jej spółek (Radius Projekt Jerozolimskie 200 Sp. z o.o., Radius Projekt Aleje Jerozolimskie 200 Sp. z o.o. oraz Radius Projekt Development Sp. z o.o.). Jak wspomniałem na początku tej książki, współzałożycielem Grupy Radius jest Robert Szustkowski, który pieniądze na ten cel miał uzyskać od Andrieja Skocza i Lwa Kwietnoja, rosyjskich oligarchów i członków tak zwanej mafii sołncewskiej (jednej z największych postsowieckich i światowych organizacji przestępczych, współpracującej z GRU i Siemionem Mogilewiczem). Wynika z tego, że nielegalne podsłuchy w Lemongrass i Sowie & Przyjaciołach były dziełem Kremla. Nagrania z tego pierwszego lokalu dotąd nie zostały upublicznione. Nagrania z Sowy & Przyjaciół w 2014 r. trafiły do prasy i innych mediów. Cała Polska zapoznała się wtedy z nonszalanckimi wypowiedziami polityków rządzącej PO (co gorsza wygłaszanymi nad stołem suto zastawionym drogimi i egzotycznymi daniami). Pomogło to prawicowej partii Prawo i Sprawiedliwość, która wygrała wybory parlamentarne w następnym roku.

Zaraz po zwycięstwie PiS zaczął przeobrażać Polskę na kształt Rosji Putina. Od razu zabrał się do niszczenia polskiego niezależnego sądownictwa. Tak się składa, że duch tego sądownictwa narodził się podczas procesu toruńskiego. Pod koniec 1984 r. na oczach zdumionej Polski nadzwyczajna kasta esbeków w osobach Pietruszki i jego ludzi stanęła przed sądem i kamerami. Zbrodnia komunistycznych zbirów na bezbronnym obywatelu nie tylko została ukarana, lecz także osądzona publicznie. Wolnego sądownictwa jeszcze nie było – ale jego głos można było usłyszeć za sprawą prawników, którzy reprezentowali Waldemara Chrostowskiego i rodzinę księdza Popiełuszki. Reprezentowali też wszystkie Polki i wszystkich Polaków, którzy pragnęli

309 *Wyrok w sprawie afery podsłuchowej: Marek Falenta skazany na 2,5 roku więzienia*, Onet, 29 grudnia 2016, <https://wiadomosci.onet.pl/kraj/wyrok-w-sprawie-afery-podsluchowej-marek-falenta-skazany-na-25-roku-wiezienia/hqbftm7>.

sprawiedliwości. Mowy Jana Olszewskiego, Edwarda Wendego, Krzysztofa Piesiewicza uzmysłowiły całej Polsce, jak brzmi prawdziwe prawo, które nie boi się władzy. Ten proces był początkiem przełomu cywilizacyjnego, który trwał do 2015 r. Nie twierdzę, że się spełnił: sądownictwo Trzeciej Rzeczpospolitej było niedoskonałe. Proces toruński stanowił nie tylko szczytną inspirację, lecz także obciążenie. Prawnicy występowali tam jako obrońcy księdza, więc odwoływali się do „wiary Polaków". Jeden z adwokatów, Edward Wende, wyznawał luteranizm, ale słuchacze mów obrończych przez „wiarę Polaków" rozumieli oczywiście „wiarę katolicką". Głos, który w Toruniu upomniał się o sprawiedliwość, był głosem religijnej elity o szlacheckich i mieszczańskich korzeniach. W potępieniu komunistycznych zbirów można było usłyszeć także potępienie świeckości państwa. Ktoś złośliwy mógł się w nim doszukiwać nawet potępienia dla awansu społecznego... Zjawiska te zobaczyliśmy później w sądownictwie Trzeciej Rzeczpospolitej. Jej prawnicza elita wielokrotnie stawała po stronie rygorystycznie interpretowanej etyki katolickiej, przeciwko etyce świeckiej (znamienne jest tu orzecznictwo Trybunału Konstytucyjnego w pierwszym ćwierćwieczu wolnej Polski, przeważnie konserwatywne). Sądy Trzeciej Rzeczpospolitej nieraz bywały łaskawsze dla bogatych niż dla biednych. Jednak nawet z tymi wadami polskie sądownictwo po 1989 r. było nieporównanie bardziej wolne i sprawiedliwe niż pod komunistycznym butem w PRL. To zapewne nie przypadek, że pierwszym politykiem Trzeciej Rzeczpospolitej, którego Rosja postanowiła „zniszczyć nagraniami", był senator Krzysztof Piesiewicz. Ten sam, którego matka, jak ksiądz Popiełuszko, została zamordowana w 1989 r. za pomocą pętli samodławiącej. Być może chodziło tu nie tylko o zaangażowanie mecenasa Piesiewicza w badanie sowieckich wątków sprawy Popiełuszki. Adwokat i pisarz Piesiewicz, scenarzysta wyświetlanego na całym świecie serialu *Dekalog*, uzmysłowił milionom osób, że sztuka sądzenia jest sztuką trudną, której nie można powierzać ortodoksom, fanatykom i tyranom. A wcześniej, w 1985 r., pozwolił Polsce usłyszeć głos niezawisłego sądownictwa.

Niezawisłe i sumienne sądy to fundament Zachodu, którego pierwszym wrogiem jest Kreml.

LUDZIE MACIEREWICZA WYBIELAJĄ MILEWSKIEGO

Godne uwagi jest to, że jeden z najbliższych współpracowników Macierewicza jeszcze niedawno próbował uwolnić Milewskiego od podejrzeń o zainspirowanie tej zbrodni. W sierpniu 2010 r. ultraprawicowy bloger piszący pod pseudonimem Aleksander Ścios gwałtownie zaatakował wybitnego politologa Antoniego Dudka. Za co? Za to, że Dudek wskazał Milewskiego jako prawdopodobnego inspiratora mordu na „kapelanie «Solidarności»". Bloger Ścios zastosował przy tym dość osobliwą argumentację. W swoim artykule pisze m.in., że Milewski nie mógł zabić Popiełuszki, gdyż „już w 1985 roku został usunięty ze wszystkich stanowisk w partii i państwie i przeniesiony na emeryturę"[310]. Zatem Milewski miałby być niewinny zbrodni, bo... został za nią ukarany! Odnotujmy, że wybielanie Milewskiego, człowieka złączonego krótką pępowiną z Kremlem, oznacza też pośrednie wybielanie Sowietów. Jeśli inspiratorem mordu na Popiełuszce nie był sowiecki agent Milewski, to Sowieci jawią się jako niewinni.

Wiosną 2016 r. słowacki dziennikarz Tomáš Forró zidentyfikował Ściosa[311] jako prawicowego działacza Mariusza Maraska[312]. Marasek zdementował odkrycie Słowaka, ale uczynił to dopiero po roku i w sposób całkowicie gołosłowny. Nie odpowiedział na argumenty Tomáša Forró, tylko zapowiedział proces[313]. W sierpniu 2018 r. zapytałem słowackiego dziennikarza, czy w końcu doszło do procesu. Forró odpowiedział, że żadnego procesu Marasek mu nie wytoczył.

Kim jest Mariusz Marasek? To jeden z najwierniejszych współpracowników Antoniego Macierewicza. Doradzał Macierewiczowi jako ministrowi spraw wewnętrznych w 1992 r. W latach 2006–2008 zasiadał w utworzonej przez Macierewicza komisji ds. weryfikacji Wojskowych Służb Informacyjnych (która przyczyniła się do ujawnienia polskich agentów działających w Rosji i jej strefie wpływów). 30 grudnia 2015 r. Macierewicz powołał Maraska na dyrektora Centrum Eksperckiego Kontrwywiadu NATO w Kra-

---

310 A. Ścios, *Kto stał za tą hipotezą?*, „RODAKPress – Magazyn Internetowy", <https://www.rodaknet.com/rp_scios_39.htm>, dostęp: 14 września 2018.

311 T. Forró, *Ruský fantóm, jeho slovenskí špióni a ich poľský šéf*, „Denník N", (wydanie internetowe), 24 marca 2016, <https://dennikn.sk/416360/rusky-fantom-slovenski-spioni-polsky-sef/>.

312 T. Forró, *Mali agenci*, „Polityka" (wydanie internetowe), 4 kwietnia 2017, <https://www.polityka.pl/tygodnikpolityka/kraj/1700148,3,jak-ludzie-macierewicza-rozbili-polski-kontrwywiad.read>.

313 M. Kurek (opr.), *Pełnomocnik MON zaprzecza: „Aleksander Ścios" to nie ja*, Wirtualna Polska, 18 kwietnia 2017, <https://wiadomosci.wp.pl/pelnomocnik-mon-zaprzecza-aleksander-scios-to-nie-ja-6113513936406657a>.

kowie[314]. Nominację tę celebrowały prawicowe media, włącznie z Radiem Maryja[315].

Należy też odnotować, że Wojciech Sumliński – prawicowy dziennikarz, który często korzysta ze źródeł bliskich Antoniemu Macierewiczowi – od lat lansuje swoją wersję przyczyn i okoliczności śmierci księdza Popiełuszki. Według tej wersji ksiądz miałby zginąć dopiero 25 października, po długotrwałych torturach. Prawdę o jego śmierci mieliby ukrywać Kiszczak i Jaruzelski, bo to oni – według Sumlińskiego – byli za nią odpowiedzialni[316]. Nie trzeba dodawać, że lansując takie tezy, również redaktor Sumliński – chcąc nie chcąc – wybiela Milewskiego i Sowietów.

Oczywiście nie tylko zwolennicy Macierewicza mają wątpliwości co do winy Milewskiego. Jak się zdaje, podziela je również Andrzej Gdula. Odbyłem z nim długą i szczegółową rozmowę na temat morderstwa Popiełuszki i ówczesnych układów w MSW. Podczas tej rozmowy Gdula przyznał, że docierały do niego informacje, według których Milewski „[...] jest bardzo szanowany przez KGB. W latach 40. współpracował z rosyjską służbą wojskową albo z KGB na Białostocczyźnie. Ale Jaruzelski i Kiszczak nie mieli żadnych dowodów winy Milewskiego w sprawie Popiełuszki". Stwierdzenie o braku dowodów winy Gdula powtórzył kilkukrotnie. Później, w trakcie rozmowy dodał jednak, że Milewski był bardzo ostrożny, nie zostawiał śladów swoich decyzji. „Kiszczak własnoręcznie pisał konkretne polecenia na dokumentach: zatwierdzam, zróbcie to i to. A Milewski robił tylko dopisek: «postąpić zgodnie z rozmową». Nie pisał tego, co zlecił ustnie". Tłumaczyłoby to, dlaczego Jaruzelski i Kiszczak w sprawie Popiełuszki, oprócz słów Piotrowskiego, nie dysponowali bezpośrednimi dowodami winy Milewskiego.

314 B. Misiewicz, *Powołanie nowego pełnomocnika i dyrektora CEK NATO*, mon.gov.pl, 30 grudnia 2015, <http://mon.gov.pl/aktualnosci/artykul/najnowsze/2015-12-30-powolanie-nowego-pelnomocnika-i-dyrektora-cek-nato/>.

315 *Mariusz Marasek dyrektorem Centrum Eksperckiego Kontrwywiadu NATO*, Radio Maryja, 31 grudnia 2015, <http://www.radiomaryja.pl/informacje/mariusz-marasek-dyrektorem-centrum-eksperckiego-kontrwywiadu-nato/>.

316 W. Sumliński, *Lobotomia 3.0. Trzydzieści lat holokaustu prawdy o jego śmierci*, Warszawa 2014. Zob. też: W. Sumliński, M. Majeran, Ł. Kurtz, *Zbrodnia państwowa. Kto naprawdę zabił księdza Jerzego Popiełuszkę – dziennikarskie śledztwo „Wprost" i telewizji Polsat*, „Wprost" nr 42, 2005.

ODPOWIEDZIALNOŚĆ CIASTONIA

Jaki udział w śmierci księdza miał Władysław Ciastoń, protektor Mikołajskiego, zatem pośrednio też Macierewicza? Wybitni znawcy i świadkowie epoki – Adam Michnik i prof. Andrzej Friszke – wątpili i wątpią, by jednym z członków spisku Milewskiego był Ciastoń. Podkreślają jego lojalność wobec ministra Kiszczaka. Przecież Kiszczak zrobił z Ciastonia wiceministra i szefa całej SB! Z tymi splendorami nieporównywalny jest wcześniejszy awans towarzysza Ciastonia na szefa departamentu, do którego mógł się przyczynić Milewski. Ale jeśli Ciastoń był lojalny wobec Kiszczaka, nie spiskował z Milewskim, nie brał udziału w zorganizowaniu mordu na Popiełuszce, to dlaczego Kiszczak miałby go za ten mord ukarać? Dlaczego go zdymisjonował i wysłał do Albanii? Eksperci odpowiadają na tę wątpliwość. Ich zdaniem chodziło o to, że Ciastoń nie dopilnował Departamentu IV. Dzięki temu spiskowcy mogli spokojnie zaplanować zbrodnię, potem jej dokonać. Liczyło się też stworzenie odpowiedniego wrażenia. Ciastoń był szefem całej SB. Kiszczak chciał pokazać opinii publicznej i samym esbekom, że SB jako takie nie jest bezkarne. Ukaranie szefa całej służby miało być wyrazistym znakiem nowej ery, ery odpowiedzialności!

Profesor Andrzej Friszke dopuszcza też inną możliwość. Nawet lojalny Ciastoń mógł się jawić Kiszczakowi jako zbyt samodzielny, zbyt mocny, zbyt dobrze zasiedziały w MSW, minister zaś wolał stuprocentowo posłusznych ludzi, których sam wprowadził do resortu. Hipoteza profesora Friszkego poniekąd zgadza się z wersją Gduli, według którego Kiszczak ukarał Ciastonia za niezależność czy też „przemądrzałość". Te odpowiedzi mają jedną wielką zaletę. Pozwalają zawęzić krąg podejrzanych. Jeśli Władysław Ciastoń, nie uczestniczył w spisku Mirosława Milewskiego, to najprawdopodobniej nie uczestniczyli w nim ludzie Ciastonia. W takim razie nie musielibyśmy pytać o to, jaką rolę w planach Milewskiego mógł odgrywać zaufany człowiek Ciastonia i cichy opiekun Macierewicza, czyli towarzysz Stefan Mikołajski. A rezygnacja z tego pytania jest kusząca, gdyż wynikają z niego inne pytania – trudne, przykre i brzydkie, które musiałyby dotyczyć Macierewicza. Czy Mikołajski miał wyhodować endeckie, „patriotyczne" ugrupowanie pseudoopozycyjne, które poparłoby ewentualny pucz Milewskiego? Czy miał wychować radykalnego narodowego lidera, który w odpowiednim momencie ogłosiłby, że „patriotyczna" część opozycji popiera „patriotyczną" część SB i nowego „patriotycznego" wodza – już nie Jaruzelskiego, tylko Milewskiego?

Czy Mikołajski miał stworzyć nowego Bolesława Piaseckiego?

Dlaczego ulubieniec Mikołajskiego, Antoni Macierewicz, przestał się „ukrywać" tuż przed jesienią roku 1984?

Dlaczego w lipcu tego roku Piotr Naimski w nagły, niespodziewany i tajemniczy sposób wrócił do Polski?

Nie mogę jednak usunąć tych pytań z niniejszej książki. Nie mogę, gdyż odpowiedź, według której Ciastoń w sprawie Popiełuszki winien był tylko niedopatrzenia, nie zgadza się z chronologią zdarzeń.

Zbrodnia dokonała się w 1984 r., Ciastoń został wysłany do Albanii w 1987 r. Karanie z takim poślizgiem za niedopatrzenie samo wygląda na niedopatrzenie. Nie ma sensu z wielu powodów. Takie opóźnienie osłabiało efekt odstraszający kary, gdyż odbierało jej jednoznaczną wymowę. Jeśli Kiszczak, karząc Ciastonia, chciał wysłać esbeckim dygnitarzom komunikat: „Pilnuj, by twoi ludzie nie knuli samodzielnie z KGB i nie zabijali samowolnie po kątach", jeśli taki był cel albańskiego zesłania – to czasowy poślizg czynił je nieskutecznym. Kierownicy i funkcjonariusze MSW mogli sobie pomyśleć coś innego: „Dopiero teraz zsyłają Ciastonia? Zatem nie za sprawę Popiełuszki, tylko za coś świeższego. Może pokłócił się z Kiszczakiem?". Tak właśnie zdaje się myśleć Gdula.

Od wewnętrznego efektu dyscyplinującego – jak widać wątpliwego – przejdźmy do zewnętrznego efektu wizerunkowego. Jeżeli Czesław Kiszczak chciał pokazać opinii publicznej, że SB oczyszcza się po sprawie Popiełuszki, trzyletnie opóźnienie kompletnie zamazywało ten przekaz. W 1987 r. spora część opinii publicznej powoli zapominała o sprawie Popiełuszki (wbrew temu, co się nam czasem wmawia, pamięć o męczennikach rzadko bywa spontaniczna i długotrwała). Nawet dobrze poinformowani i czytający między wierszami obywatele mogli nie skojarzyć, że dymisja Ciastonia ma coś wspólnego z mordem na księdzu. Dlatego „kara z trzyletnim poślizgiem" wydaje się absurdalna i niewytłumaczalna również z PR-owskiego punktu widzenia.

Dymisja Ciastonia i zesłanie go do Albanii w 1987 r. mogłoby być karą za mord na Popiełuszce w jednym wypadku. Mogłoby nią być, gdyby Jaruzelski i Kiszczak dopiero w 1987 r. odkryli coś, co w sprawie Popiełuszki obciążało Ciastonia. Tu od razu nasuwa się przypuszczenie, że takie odkrycie mogło obciążać również Mikołajskiego, którego Ciastoń nagle wysłał do NRD na krótko przed swoją dymisją (i którego wbrew jego protestom po dymisji Ciastonia sprowadzono z powrotem do PRL). Gdyby Kiszczak i Jaruzelski dokonali takiego odkrycia dopiero w 1987 r. (lub pod koniec 1986 r.), musiałoby to znaczyć, że winę Władysława Ciastonia stanowiło coś innego niż mimowolne dopuszczenie do morderczej samowoli esbeków. Albowiem to, że pod rządami Ciastonia doszło w SB do morderczej samowoli, było wiadome już w październiku 1984 r. Niemal trzy lata przed jego dymisją i zesłaniem.

OPINIA MECENASA PIESIEWICZA

Co więcej, jest jeden znakomity znawca i świadek epoki, którego zdaniem Ciastoń wydał zgodę na zamordowanie księdza Popiełuszki. Chodzi o mecenasa Piesiewicza, który nie tylko reprezentował rodzinę duchownego w procesie toruńskim, lecz także był jej przedstawicielem po upadku komunizmu, podczas procesu Władysława Ciastonia. Razem z prokuraturą, w latach 1992–1994 Piesiewicz oskarżał Ciastonia o współudział w zamordowaniu Popiełuszki.

Piesiewicz uważa, że Kiszczak i Jaruzelski mogli być współwinni śmierci Popiełuszki – co ja uważam za wątpliwe, a zwolennicy Macierewicza mają za pewnik. Jednak w przeciwieństwie do zwolenników Macierewicza adwokat nie próbuje tuszować odpowiedzialności Sowietów za zbrodnię. Przedstawia rekonstrukcję zdarzeń opartą na szczegółowej analizie akt sprawy, zeznań sprawców i regulaminu PRL-owskiego MSW. Rekonstrukcja ta zaprzecza wersji, według której grzechem Ciastonia miałby być jedynie niedostateczny nadzór nad esbekami, którzy zajmowali się Popiełuszką. Jak się okazuje, Ciastoń bardzo się interesował i Popiełuszką, i działaniami esbeków wobec księdza. Czy robił to w porozumieniu z Milewskim i jego sowieckimi mocodawcami? W odpowiedzi na to pytanie Krzysztof Piesiewicz przesłał mi mowę oskarżycielską, którą wygłosił na procesie Ciastonia. Razem z jej autorem wybrałem i przeredagowałem najważniejsze jej fragmenty.

„W tej sprawie trzeba sięgnąć głębiej, w inne służby niż tylko SB – mówił podczas procesu i powtarza dzisiaj Piesiewicz. – Było dwóch agentów Wojskowej Służby Wewnętrznej w kościele w Bydgoszczy, gdzie Popiełuszko przyjechał 19 października. To byli wywiadowcy z innego pionu niż MSW. A przede wszystkim towarzysz Wiktor Czebrikow, szef KGB, w grudniu 1983 r. przebywał w Polsce przez 13 dni. Potem, po morderstwie, gdy zaczęło się śledztwo w sprawie Popiełuszki, warszawski rezydent KGB swobodnie sobie chodził po całym budynku polskiego MSW, wchodził do wszystkich pokoi. Odwiedzał też Zakład Kryminalistyki w Komendzie Głównej MO.

W aktach zaś czytamy, że Piotrowski zapewniał Pękalę: «Nie przejmuj się, kryminalistyka jest nasza».

Co do samego MSW, to mamy do czynienia ze strukturą nie tylko hierarchicznie podporządkowaną, ale wręcz militarną lub paramilitarną. Są stopnie, jest regulamin, jest tajność, są rozkazy. Poszczególne czynności operacyjne wymagają akceptacji konkretnych osób usytuowanych hierarchicznie w strukturze dowodzenia. Czynności operacyjne w postaci podsłuchu telefonicznego czy pokojowego wymagały akceptacji góry – wiceministra, ministra. Nie tylko z uwagi na charakter tych czynności, lecz także z uwagi na zaangażowanie środków (pamiętajmy, że wobec Popiełuszki stosowano podsłuch ciągły, szczególnie w okresie działań specjalnych). Użycie jakiegokolwiek instrumentu wymagało pobrania ich z departamentu techniki. Wyjazd samochodem służbowym wymagał zezwolenia. Pobranie radiostacji wymagało, żeby ktoś ją funkcjonariuszom wydał. Aby tę maszynerię dostać, należało uzyskać akceptację dowództwa dla całego planu.

W aktach jest jeszcze jedna charakterystyczna wypowiedź zabójcy Popiełuszki, Grzegorza Piotrowskiego, w sprawie napadu na innego duchownego: «Jeśli chodzi o księdza Bardeckiego, to ja sporządziłem notatkę, że nie można tam wejść bez użycia siły. I taki plan-notatkę zrobiłem na polecenie. Polecił mi gen. Płatek, to kojarzę ewidentnie. Ja wtedy byłem w Wydziale VI, on nadzorował ów wydział. To był plan pozorowanego napadu na mieszkanie. Ten dokument został zaaprobowany przez gen. Ciastonia. Pamiętam podpisy akceptujące. Poczyniliśmy przygotowania do napadu. Pobrałem środki chemiczne, które wydano mi z Departamentu Techniki». Były to środki obezwładniające. Dlaczego zacytowałem ten cały fragment z zeznań Piotrowskiego? Ponieważ pokazuje on zasady działania SB w takich sprawach. Zgodnie z tymi zasadami Ciastoń aprobuje zaplanowane akcje specjalne o charakterze przemocy.

Dlaczego w sprawie Popiełuszki miałoby być inaczej? W sprawie ważniejszej i bardziej doniosłej – także dla esbeków – niż sprawa księdza Bardeckiego?

Wszystko wskazuje na to, że w sprawie Popiełuszki wszelkie zabezpieczenia, akceptacja przełożonych, przygotowanie, planowanie – wszystko to musiało zostać przeprowadzone znacznie dokładniej niż w przypadku księdza Bardeckiego. Dodajmy jeszcze, że drugi z zabójców, Leszek Pękala, mówi: «Narady trwały trzy tygodnie», gdy opisuje przygotowania do innej «akcji specjalnej».

Kolejna kwestia: najniższy pracownik MSW wiedział, że jakikolwiek zamach na księdza Popiełuszkę jest sprawą wagi państwowej. To było jasne, stąd tyle sił i środków, aby «monitorować» jego istnienie. Oczywiste jest też, że zainteresowanie jego działalnością było na najwyższych szczeblach władzy. Było to jasne dla całego pionu MSW, a szczególnie Wydziału VI w Departamencie IV. Władysław Ciastoń, nadzorujący wiceminister, doskonale wiedział, że czynności operacyjne w stosunku do księdza wykonują Pietruszka i Piotrowski oraz ich ludzie. Mamy uwierzyć, że oni – przy otwartej kurtynie – wyłamują się po raz pierwszy i na własną rękę planują akcję? To nie jest możliwe (chyba że mieli jakieś inne kierownictwo nad sobą). Oznaczałoby to, że oni świadomie decydują się na karę śmierci, bo musieliby zostać potraktowani jak sabotażyści. A to nie byli samobójcy, kamikadze czy głupcy. Piotrowski miał 151 ilorazu inteligencji w skali Wechslera.

Pamiętajmy też, że różne departamenty MSW uczestniczyły w działaniach wobec Popiełuszki. Takie współdziałanie departamentów wymagało zgody ministra – lub wiceministra. A nadzorującym wiceministrem w tym wypadku był Ciastoń.

Przejdźmy do ciągu wydarzeń, które skończyły się na tamie pod Włocławkiem. Ksiądz Jerzy Popiełuszko jest pilnowany, podsłuchiwany, inwigilowany, jego kazania są nagrywane, fotografowane, wszystko dzieje się z dnia na dzień, powstaje pełna dokumentacja jego życia prywatnego i posługi kapłańskiej. Akceptowana jest pełna gama działań inwigilacyjnych. Skróty raportów, przemówień i kazań trafiają na biurko najwyższych dostojników. Przede wszystkim ksiądz Popiełuszko jest obiektem sumiennego, dokładnego zainteresowania Ciastonia. Pietruszka mówi: «Przekazywałem na naradach, że Ciastoń sugeruje, aby uciszyć, aby zamilknął [...]. Ciastoń mówił: róbcie, co trzeba, on musi zamilknąć [...]. Uzgodniliśmy z Ciastoniem, że trzeba cisnąć Piotrowskiego i stołeczny urząd; [...] Ciastoń akceptował bardziej drapieżne środki i czynności operacyjne, co w tym wypadku oznaczało środki przymusu bezpośredniego, wywołujące strach u osoby». Ciastoń wprost oświadczył do Płatka: «Macie sprawdzony margines swobody»!

Mimo wielu słów, półsłówek i niedopowiedzeń czytelność poleceń była jasna i oczywista. Znowu Pietruszka: «Inspiracyjna i rozkazodawcza rola, w odniesieniu do koncepcji, jest jednoznaczna, o czym świadczą figurujące podpisy. Inspirującą rolę miał generał Ciastoń [...]. Byłem wciąż strofowany, że nic nie robimy, przez Płatka [...]. Kilkakrotnie byłem świadkiem rozmów Płatka przez telefon, w których sumitował się w jakiś sposób. Wynikało z tego, że z tamtej strony padało sformułowanie 'towarzyszu ministrze'. Takiego sformułowania używano też do wiceministrów». Z kolei Leszek Pękala tłumaczy: «Konspiracja w konspiracji rozumiana była tak, aby było tajne wobec szeregowych funkcjonariuszy MSW i Komendy Stołecznej [...]. Piotrowski mówił o górze. Pytałem go, kto jest górą. Mówił – dyrekcja – i padało słowo Ciastoń. Dyrekcja to była dla mnie jasne – to Płatek, Pietruszka i Ciastoń».

Pękala mówi też o tym, że morderstwo było zaplanowane, nawet w kilku wersjach, przy użyciu różnych środków: «Była benzyna do podpalenia samochodu. Zabijanie to była jedna z wersji. [...] Wchodziło w grę oblanie benzyną, nawet bez telefonu, telefon miał być po akcji [...]; głównym celem akcji było jednak zabójstwo, nie porwanie [...]. Z tego co wiem, osobą decydującą ostatecznie i osobą, z którą należało się rozliczyć ostatecznie, był generał Ciastoń [...]. Taka była struktura – jeżeli nadzoruje Ciastoń, to było oczywiste, że akceptuje Kiszczak»". Tyle mecenas Piesiewicz.

Zacytowane przez niego zdanie Pękali – to o nadzorze Ciastonia i akceptacji Kiszczaka – jest znaczące. Nie znaczy ono jednak, że mord na Popiełuszce musiał zostać uprzednio zaakceptowany przez Kiszczaka. Pękala nie mówi: „Jeżeli nadzoruje Ciastoń, to akceptuje Kiszczak". Pękala mówi: „Jeżeli nadzoruje Ciastoń, to było oczywiste, że akceptuje Kiszczak". Esbecy traktowali wolę Ciastonia jako oczywistą wolę Kiszczaka – a to dawało Ciastoniowi wielką władzę i wielkie pole do nadużyć. Ciastoń jako szef SB musiał służyć za główny kanał komunikacji między Kiszczakiem a esbekami. Mógł wykorzystać tę pozycję, żeby doprowadzić do zabójstwa księdza, tym bardziej że jako szef SB, wiceminister i generał dywizji nie ryzykował tyle, co stojący niżej w hierarchii wykonawcy zbrodni. A jeśli cieszył się poparciem Milewskiego i Sowietów, ryzykował naprawdę niewiele (jak się okazało później, kilka lat na stanowisku ambasadora w ponurym kraju).

Ale dlaczego Ciastoń miałby spiskować z Milewskim przeciw Kiszczakowi, który zrobił go wiceministrem i szefem całej SB? W przypadku większości ludzi zasada wdzięczności i wzajemności działa lepiej lub gorzej. Wiemy jednak, że Ciastoń był nietuzinkowym i bardzo ambitnym człowiekiem. Nie musiał zachowywać się w sposób standardowy. W 1979 r., gdy Milewski nieformalnie rządził MSW, Ciastoń uzyskał awans na szefa Departamentu III A. Mimo to w 1981 r. Ciastoń najwyraźniej nie płakał po Milewskim, bo związał się z Kiszczakiem w zamian za jeszcze wyższy awans. Nie był więc człowiekiem psiej wierności. Był kimś, kto kalkulował. Możliwe, że liczył się z ewentualnością, o której wspominał prof. Friszke (czyli z tym, że minister Kiszczak nawet lojalnego Ciastonia może zastąpić jakąś swoją kreaturą – jeszcze bardziej lojalną, bo stuprocentowo zależną). Jeśli towarzysz Milewski obiecał towarzyszowi Ciastoniowi awans na ministra oraz poparcie Kremla, obaj towarzysze mogli znów się do siebie zbliżyć.

Innym argumentem na rzecz lojalności Władysława Ciastonia wobec Czesława Kiszczaka miałaby być jego przyjaźń z generałem Dankowskim, człowiekiem Kiszczaka. Argument ten obala świadek, który poznał MSW od wewnątrz w latach 80., czyli Andrzej Gdula. Gdula nie tylko powiedział mi, że Ciastoń patrzył z góry na swego szefa Kiszczaka, ale dodał też, że przyjaźń z Dankowskim stanowiła wyjątek: „Ciastoń miał dobre kontakty z Dankowskim, który przyszedł do MSW z wojska. Ale poza tym nie był miłośnikiem żołnierzy [ludzi z wojskowych służb, których Kiszczak wprowadził do MSW i cywilnej SB]. «Nie rozumieją gospodarki», mówił. Był bardziej wykształcony niż Kiszczak czy Milewski. Nie naginał się. Nie walczył o lepszy kontakt z Kanią, Jaruzelskim".

Słowa Andrzeja Gduli, jak się zdaje, dają nam pewien wgląd w motywacje Ciastonia. Możemy sobie wyobrazić, dlaczego fanatyk ideowiec Ciastoń mógł spiskować z fanatykiem cynikiem Milewskim. Albowiem to gospodarka, którą Ciastoń po esbecku „ochraniał", stanowiła podstawowy problem komunizmu. W komunistycznym świecie procesy gospodarcze były planowane i sterowane przez państwo. Miało to usprawnić produkcję i dystrybucję produktów, ale okazało się przeciwskuteczne. Machina państwowa nie umiała przewidzieć potrzeb konsumentów ani tym bardziej ich zaspokoić. Towarów nieustannie brakowało. Niemal każdy miał pracę, niemal każdy co miesiąc dostawał plik banknotów. Niewiele jednak można było za nie kupić, bo półki sklepowe świeciły pustkami. Istniejący na Zachodzie tzw. wolny rynek, choć daleki od ideału, lepiej zaspokajał ludzkie potrzeby. Mniej lub bardziej swobodnie działający przedsiębiorcy prywatni wytwarzali więcej atrakcyjnych towarów i sprawniej docierali z nimi do konsumentów. Czasem nawet wytwarzali je taniej. Oczywiście nieustannie rywalizowali ze sobą – ale to działało na korzyść konsumentów, nie na ich szkodę. Komuniści i socjaliści nie chcieli się z tym pogodzić. Niektórzy wierzyli, że problem rozwiąże cybernetyka. Marzyli o wielkim superkomputerze, który będzie przetwarzać sygnały od konsumentów i informacje od analityków, aby przetwarzać je w słuszne ogólnokrajowe decyzje. Wśród tych marzycieli był socjalistyczny prezydent Chile, Salvador Allende. Za jego rządów w latach 1971–1973 Chilijczycy skonstruowali taki superkomputer (oczywiście z naszego punktu widzenia bardzo prymitywny). Nazywano go Synco albo Cybersyn. W opracowaniu *Designing Freedom, Regulating a Nation: Socialist Cybernetics in Allende's Chile* profesor Eden Mediny z Indiana University czytamy, że Synco bywał użyteczny. W 1972 r. pomógł chilijskiemu rządowi zagwarantować zaopatrzenie w żywność dla stołecznego miasta Santiago podczas strajku kierowców ciężarówek. 40 tys. kierowców blokowało drogi do stolicy, jednak dzięki komputerowi zaopatrzono stołeczne sklepy przy pomocy zaledwie 200 łamistrajków[317]. Niestety, w 1973 r. generał Pinochet opanował Chile i wprowadził „dyktaturę liberalną". Podczas puczu zginął nie tylko prezydent Allende, lecz także Synco. Zbrojni „liberałowie" Pinocheta, którzy w imię wolności gospodarczej zniewolili kraj, walkę z planowaniem ekonomicznym uważali za priorytet. Dlatego dopuścili do zniszczenia tzw. pokoju sterowniczego superkomputera (sala, która była interfejsem maszyny). Oczywiście, neutralizacja blokady dróg przez Synco była pojedynczą operacją logistyczną. Programowanie całego rynku i perfekcyjne zaspokajanie wszystkich potrzeb konsumentów to znacznie trudniejsza sprawa (nawet dzisiejsze superkomputery nie poradziłyby sobie z tym zadaniem). Dlatego użyteczność Synco była ograniczona. Jednak eksperymenty chilijskie budziły wielkie nadzieje lewicy nie tylko na Zachodzie. Interesował się nimi również Antoni Macierewicz, który, jak wiemy, wielbił pamięć prezydenta Allende (choć uznawał go za niedostatecznie lewicowego)[318]. Wiadomość o „sukcesach gospodarczych socjalistycznego komputera" elektryzowała starych i młodych towarzyszy.

Można się domyślać, że zelektryzowała towarzysza Ciastonia. On przecież długie lata poświęcił tworzeniu komputerów. Następnie zaś zajmował się gospodarką z ramienia MSW. Można się domyślać, że Władysław Ciastoń nieraz wracał myślą do chilijskiej maszyny w latach 70. i 80., gdy Polską wstrząsały fale strajków. Myśl, że subtelny „mózg elektronowy" może zneutralizować strajki bez stosowania przemocy, musiała być fascynująca dla wielu komunistów. Szczególnie dla ideowców, którzy stosowaną przez siebie przemoc uznawali za „zło konieczne", a nie „męski sport" i źródło przyjemności. Ciastoń zaliczał się do tych pierwszych, zapewne więc fascynowała go wizja superkomputera, który planuje wszystkim Polkom i Polakom pracę oraz czas wolny, idealne zakupy i idealne rozrywki... A także

317 E. Medina, *Designing Freedom, Regulating a Nation: Socialist Cybernetics in Allende's Chile*, „Journal of Latin American Studies", nr 38/3, 2006.

318 A. Gielewska, M. Dzierżanowski, dz. cyt., s. 128 i n.

analizuje ich działania w najdrobniejszych szczegółach! Z takim komputerem skończyłyby się wszelkie bunty. Nie byłoby do nich powodów, bo nie byłoby niezaspokojonych potrzeb. Co więcej, nie mogłyby się nawet zatlić, skoro każdy kęs, łyk, oddech i odruch obywatela byłby znany i zbadany, a wcześniej – przewidziany.

Superkomputer łączący powszechny catering z powszechnym monitoringiem... Dzisiaj to kapitalizm wiedzie nas w tę stronę. Jednak w latach 70. taka wizja frapowała jego wrogów. Interesowała również genialnego pisarza Stanisława Lema. On jednak zachowywał zdrowy rozsądek i do utopii tego rodzaju podchodził z większym krytycyzmem. Odnotujmy przy okazji, że twórczością Lema żywo interesował się minister spraw wewnętrznych Franciszek Szlachcic. Co ciekawe, w tym samym czasie Szlachcic próbował wciągnąć w swoje plany i Lema, i Ciastonia. Gdy w 1971 r. minister ściągał komputerowca Ciastonia z powrotem do MSW, jakich argumentów używał? Poniekąd cybernetycznych: chwalił pojemny umysł Ciastonia zdolny objąć nie tylko gospodarkę, lecz także skomplikowane zależności łączące ją z innymi sferami. „Wróć do ministerstwa, budujemy nowe struktury, które będą ochraniać przemysł, potrzebny jest nam ktoś, kto rozumie sprawy gospodarki szeroko" – tak to brzmiało według Andrzeja Gduli. Równocześnie minister Szlachcic dzwonił do Lema, szukając u niego rady i poparcia. Pisarz wspominał o tym w wywiadach, informacje na ten temat dostępne są również w internecie[319]. Jednak między Lemem a Ciastoniem istniała zasadnicza różnica. Obaj cieszyli się ponadprzeciętną inteligencją, ale Lem również mądrością. Pisarz odmówił ministrowi, esbek komputerowiec – nie. Z poparciem Szlachcica, potem Milewskiego, esbek komputerowiec Ciastoń mógł marzyć o globalnym przodownictwie Polski w dziedzinie cybersocjalizmu. Mógł widzieć, jak PRL w tej sztafecie przejmuje pochodnię od Chile, jak staje się pionierem komunistycznego świata, rybą pilotem przed nosem sowieckiego rekina. Oczywiście, sowiecki rekin musiałby się na to zgodzić. Na szczęście towarzysz Milewski miał dobre stosunki z Sowietami...

W 1981 r. niebo się chmurzy. Milewski odchodzi ze stanowiska ministra spraw wewnętrznych. Przychodzi Kiszczak, człowiek z wojska i wojskowych służb. Ciastonia czeka miód pomieszany z dziegciem. Zostaje wyniesiony na

319 *Lem, Stanisław*, „Ilustrowany Tygodnik Polski", <http://ilustrowanytygodnikpolski.blogspot.com/2014/03/lem-stanisaw.html>, dostęp: 14 września 2018; T. Lem, *Ojciec*, „Tygodnik Powszechny" (wydanie internetowe), 27 marca 2007, <https://www.tygodnikpowszechny.pl/ojciec-139409>.

stanowisko wiceministra i szefa SB. Kiszczak go faworyzuje, ale nie rozumie gospodarki. Ten żołnierz wyobraża sobie, że gospodarka jest jak armia. Dowódca od produkcji mięsa musi tylko wydać właściwy rozkaz, a wtedy posłuszni żołnierze od produkcji mięsa wyprodukują odpowiednią jego ilość (nawet Jerzy Urban, największy chyba wielbiciel Czesława Kiszczaka, przyznaje, że cierpiał on na takie umysłowe ograniczenie). Oczywiście Kiszczak ma swoich ekonomistów, którzy planują jakieś reformy. Co ciekawe, ich pomysły idą w odwrotnym kierunku niż myślenie szefa. Jednak cybernetyczny ultrakomunista Ciastoń musi uznawać ten kierunek za jeszcze gorszy. Ekonomiści Kiszczaka chcą usamodzielniać przedsiębiorstwa państwowe zamiast poddać je ściślejszej i wnikliwszej kontroli. Do tego jeszcze „radzieccy towarzysze" nieszczególnie ufają Kiszczakowi. Raczej nie chcieliby, żeby jego reżim dysponował jakimś „superkomputerem socjalizmu".

Co na to wszystko Ciastoń? Spróbujmy zrekonstruować możliwy tok jego myśli (pamiętając oczywiście, że taka rekonstrukcja ma wyłącznie walor hipotezy).

Kiszczak to ślepy zaułek – może myśleć towarzysz Ciastoń – z drugiej strony propozycja towarzysza Milewskiego wiąże się z ryzykiem. Ale może przynieść ogromne korzyści dla socjalizmu i dla mnie. Taka jest etyka rewolucji. Rewolucjonista ryzykuje i poświęca mniejsze dobro dla większego. Budowę nowego, lepszego społeczeństwa-komputera trzeba zacząć od przerobienia wadliwego obwodu. Trzeba wyrzucić z niego element, który przetwarza uczucia religijne (już same w sobie kłopotliwe) w sentymenty antyrządowe. Z całego układu trzeba wymontować Popiełuszkę. Milewski mówi, że w ten sposób wymontujemy też Kiszczaka. Bardzo cybernetyczny ruch: za jednym zamachem rozwiązujemy dwa problemy... Czy w wymarzoną machinę Ciastonia miał zostać wmontowany nowy, lepszy czip do przetwarzania sentymentów religijno-narodowych, w układzie scalonym PRL z ZSRR? Czy w machinę Władysława Ciastonia miał zostać wmontowany Antoni Macierewicz?

LINIA ŻYCIA OPIEKUNA MACIEREWICZA

Zatoczyliśmy szeroki krąg wokół towarzysza Mikołajskiego, cichego opiekuna Antoniego Macierewicza. Wiemy już dość, żeby podsumować karierę Mikołajskiego. Jego służbowy życiorys to krótka, ale treściwa wyliczanka – w której powtarza się sowiecki refren. Oto podsumowanie. Towarzysz Stefan Mikołajski:

- w latach 50. współpracował z sowieckimi służbami w walce z CIA podczas operacji „Cezary";
- następnie był ulubieńcem Julii Brystiger, która przez dziesięciolecia pracowała dla sowieckich służb lub bezpośrednio z nimi współpracowała;
- w latach 60. współdziałał z Mieczysławem Moczarem, nacjonal-komunistą, antysemitą i agentem GRU (Mikołajski wykonywał dla niego zadania o charakterze prowokacji wewnątrz MSW);
- w latach 70. i 80. robił karierę przy wydatnej pomocy swojego bliskiego kolegi i szefa Adama Malika, który w latach 70. współpracował w Moskwie z KGB, a w latach 80. dostał medal od tej służby;
- w końcu stał się protegowanym Władysława Ciastonia, co najmniej zamieszanego w krwawą, najpewniej sowiecką prowokację, jaką było zamordowanie księdza Jerzego Popiełuszki;
- miał liczne koneksje z esbecką Organizacją Anty-Solidarność, która porywała opozycjonistów i również była powiązana z mordem na Popiełuszce.

Takiego opiekuna miał Antoni Macierewicz w latach 80. Przejdźmy teraz do człowieka, który wspierał i protegował tego opiekuna. Poznajmy bliżej Adama Malika.

ADAM I JEGO JULIA (LUB ODWROTNIE)

Akta osobowe funkcjonariusza Adama Malika dostępne są w Instytucie Pamięci Narodowej[320]. Znajdziemy w nich znacznie mniej ciekawych informacji niż w aktach Stefana Mikołajskiego. To jednak nie musi znaczyć, że Malik był postacią nudną. Można odnieść wrażenie, że jeszcze lepiej opanował esbecki fach niż Mikołajski. Towarzysz Mikołajski robił interesujące rzeczy. Towarzysz Malik robił interesujące rzeczy i zostawiał mało śladów.

Adam Malik urodził się 21 kwietnia 1928 r. w Krakowie. W latach 40. zaczynał jako pracownik gastronomii (bufetowy). W latach 1947–1948 czuć pierwszy lekki powiew grozy: Malik pełni funkcję „lustratora społecznego" w Izbie Skarbowej.

W dniu 20 lipca 1948, trzy miesiące po swoich 20. urodzinach, zostaje współpracownikiem Urzędu Bezpieczeństwa Publicznego. Po kolejnych

320 IPN BU 0604/1277, t. 1.

czterech miesiącach, 1 grudnia 1948 r., towarzysz Malik składa ślubowanie pracownika UB jako świeżo upieczony referent tej instytucji w Limanowej. Limanowa to Beskid Wyspowy w pobliżu Nowego Sącza. Okolica jest niespokojna. W górskich lasach kryją się antykomunistyczni partyzanci i zwykli bandyci. Na takich obszarach walka komunistów ze szlachetnymi i nieszlachetnymi przeciwnikami cechuje się zwykle szczególną brutalnością.

Podobnie jak Stefan Mikołajski Adam Malik robi błyskawiczną karierę. W 1950 r., po dwóch latach służby, trafia do Wojewódzkiego Urzędu Bezpieczeństwa Publicznego (WUBP) w Krakowie. 15 lipca 1952 r. jest już starszym referentem w Ministerstwie Bezpieczeństwa Publicznego w Warszawie[321]. Jak wiemy, w komunizmie nie można zrobić błyskawicznej kariery, nie mając protektora. Okazuje się, że protektorką Malika jest ta sama osoba, która promuje Stefana Mikołajskiego: Julia „Luna" Brystiger. W dniu 24 kwietnia 1952 r. to ona pisze do dyrektora Departamentu Kadr MBP, Mikołaja Orechwy: „Proszę o przeniesienie st. sierżanta MALIKA Adama – Kierownika Sekcji 2 Wydziału V WUBP w Krakowie na stanowisko st. referenta Sekcji 2 Wydziału II Departamentu V MBP z dniem 15 maja 1952 r.". Zatem to Julia Brystiger ściąga Malika do Departamentu V. Nie udaje jej się to od razu. Chciała go mieć u siebie już w maju, on instaluje się tam dopiero w lipcu – ale w końcu „Luna" dopina swego.

Przypomnijmy, że w ramach swej działalności w Departamencie V towarzyszka Brystiger dogląda Bolesława Piaseckiego i jego Stowarzyszenia PAX. Jest więc możliwe, że Piaseckim i PAX-em zajmuje się również jej nowy podopieczny w Departamencie V, towarzysz Malik. Jeśli tak, to później będzie mieć z Mikołajskim wiele wspólnych tematów do rozmowy. Nie tylko Julię, lecz także Bolesława. Po niecałych trzech miesiącach współpracy z Malikiem, 8 października 1952 r., towarzyszka Brystiger żąda podwyżki dla młodego funkcjonariusza oraz awansu „na stanowisko Kierownika Sekcji 3 Wydziału II Departamentu V". Opiekuńcza szefowa uzasadnia to następująco: „[...] jest samodzielnym pracownikiem operacyjnym, posiada dużą inicjatywę [...]. Dobrze pracuje z agenturą".

Mijają kolejne trzy miesiące. W styczniu 1954 r. „Luna" wnioskuje o jeszcze wyższy stołek dla swego faworyta, mianowicie stanowisko „Z-cy Naczelnika Wydziału II Departamentu V". Wiąże się z tym kolejna podwyż-

321 *Dane osoby z katalogu funkcjonariuszy aparatu bezpieczeństwa*, Biuletyn Informacji Publicznej Instytutu Pamięci Narodowej. Komisja Ścigania Zbrodni przeciwko Narodowi Polskiemu, <https://katalog.bip.ipn.gov.pl/informacje/49517>, dostęp: 14 września 2018.

ka płacy (czy też „zmiana grupy uposażenia", jak to nazywali komuniści). Wcześniej doszło do innego awansu: ulubieniec szefowej przestał być sierżantem. „Ppor. MALIK Adam jest jednym z lepszych Kierowników Sekcji. W pracy operacyjnej cechuje go wielka uporczywość, spryt i logiczność rozumowania. Jest ofiarnym i pełnym inicjatywy pracownikiem. Dobry wychowawca podległych mu pracowników" – tak w swoim wniosku pisze towarzyszka Brystiger[322].

Idealny kandydat na męża – chciałoby się dopisać. Istotnie, po podbojach służbowych przychodzi czas na osobiste. W dniu 7 października 1954 r. Departament Kadr udziela Malikowi zezwolenia na ślub z Hanną Jasińską. Kadrowcy kręcą przy tym trochę nosem, ponieważ panna młoda pozostaje „pod wpływem klerykalizmu ze strony babki". Jednak kierownictwo nie bierze tych zastrzeżeń pod uwagę, gdyż Hanna Jasińska jest pracownicą warszawskiego UB, podobnie jak jej ojciec. Ten podbój przyniesie Malikowi spory ból głowy w przyszłości. Kilkanaście lat później Hanna narobi swemu mężowi kłopotów.

Ale nie wybiegajmy w przyszłość. Nawet gdy serce Adama skłania się ku Hannie, sympatia Julii do niego nie słabnie (wypada przypuścić, że dyrektorkę i jej faworyta łączyło czyste przywiązanie, platoniczno-ideologiczne). Zmieniają się wydziały, departamenty i „odcinki frontu ideologicznego", a towarzyszka Brystiger wciąż walczy ramię w ramię z towarzyszem Malikiem. W sierpniu 1954 r. „Luna" zostaje dyrektorką Departamentu III, który zwalcza podziemie. Jak się zdaje, swojej szefowej toruje tam drogę krzepki bufetowy z Krakowa, zahartowany w beskidzkich bojach. Albowiem w katalogu IPN czytamy, że Malik trafia do tego samego departamentu dwa miesiące wcześniej, w czerwcu 1954 r. (ląduje na stołku zastępcy naczelnika Wydziału I Departamentu III). Po dziewięciu miesiącach, w dniu 19 marca 1955 r. dyrektorka Brystiger wnosi o przeniesienie Malika na stanowisko „Z-cy Naczelnika Wydziału II Departamentu III z dniem 1 kwietnia 1955 r."[323]. Sprawdziłem, co robił Wydział II. Otóż walczył z lewicą niekomunistyczną, której komuniści szczególnie się obawiali. W tamtym okresie stanowiło to obawę na wyrost. Jednak dobry komunista ze szkoły Lenina zawsze pamiętał, że najgorszym wrogiem nie jest przeciwnik, tylko konkurent. Do wniosku Julia Brystiger dołącza charakterystykę Malika: „Zdolny, b. pracowity, b. ambitny w sensie dodatnim. Przez szereg miesięcy sam faktycznie

322 IPN BU 0604/1277 t. 1, s. 124.
323 Tamże, s. 127.

kierował trudnym ze względu na zakres pracy i skład osobowy Wydziałem i zdołał podwyższyć poziom pracy Wydziału". „Luna" dodaje jeszcze łyżkę dziegciu: „Jest nerwowy, z trudem opanowuje się". Co może znaczyć ta uwaga? Czy faworyt jakimś wybuchem zdenerwował szefową? Jest 1955 r., idzie odwilż, coraz głośniej szepcze się o brutalności ubeków. Towarzysze partyjni zaczynają ich z tego powodu krytykować na zebraniach (oczywiście zamkniętych i tajnych). Oni bronią się, mówiąc, że mają trudną pracę, w której czasem „nerwy biorą górę". Metodyczne tortury próbują przedstawić jako napady gniewu wywołane zmęczeniem i frustracją (biedni ubecy...). Czyżby towarzyszka Brystiger w ten właśnie sposób próbowała usprawiedliwiać krzepkiego ubeka z beskidzkim doświadczeniem?

Tak czy inaczej to właśnie w tamtych latach Mikołajski i Malik zetknęli się ze sobą (najprawdopodobniej po raz pierwszy). Albowiem przez chwilę obaj pełnili razem tę samą funkcję zastępcy naczelnika Wydziału I Departamentu III. Wydział ten przetworzono później w Samodzielny Wydział do Walki z Bandytyzmem, gdzie Mikołajski nadal był wiceszefem, podczas gdy Malik przeszedł do Wydziału II. Co więcej, obaj towarzysze byli pupilami swojej dyrektorki, mogli więc nieraz naradzać się wspólnie we trójkę lub w większym gronie. Zapewne znali się nie tylko z korytarza.

ADAM I JEGO MIECZYSŁAW (LUB ODWROTNIE)

W listopadzie 1956 r. Malik odnajduje się w MSW. Wciąż jest zastępcą naczelnika Wydziału II Departamentu III. Ale podobnie jak to było w przypadku Mikołajskiego ta sama nazwa stanowiska znaczy coś innego w nowym ministerstwie. Wydział Malika odpowiedzialny jest teraz za zwalczanie aktów terroru politycznego i działalności antypaństwowej. 22 stycznia 1957 r. dochodzi do porwania Bohdana Piaseckiego. Akt ten ma oczywiste znamiona terroru politycznego – zatem towarzysz Malik musi mieć kontakt ze śledztwem w sprawie tej zbrodni.

W 1960 r. pod rządami puławian – czyli wiceministra Alstera i dyrektora Paszkowskiego – Malik awansuje na naczelnika Wydziału II. Ale wielki skok w jego karierze odbywa się zaraz po tym, jak ministrem zostaje Mieczysław Moczar. W dniu 8 lutego 1965 r. minister Moczar wysyła do Komitetu Centralnego PZPR wniosek o zatwierdzenie Malika jako zastępcy dyrektora Departamentu III. Pięć dni później z KC przychodzi odpowiedź pozytywna. Podpisuje się pod nią jeden z głównych natolińczyków, Kazimierz Witaszewski, czyli słynny Generał Gazrurka (wówczas kierownik wydziału administracyjnego KC). Od 15 lutego Malik jest „numerem dwa" w departamencie, który walczy z opozycją. Zawdzięcza to Moczarowi, pierwszemu antysemicie PRL i zarazem agentowi GRU. A awansowi temu nie sprzeciwia się Witaszewski, inny słynny antysemita, blisko związany z sowiecką ambasadą.

W przypadku Mikołajskiego mogliśmy mieć wątpliwości, czy był moczarowcem. Jego wystąpienie w obronie żydowskich towarzyszy zdawało się temu przeczyć. Dopiero po przedarciu się przez spory stos dokumentów stało się jasne, w jaką grę grali wspólnie Moczar i Mikołajski. W przypadku Malika takich wątpliwości nie ma. On jest człowiekiem Moczara. W 1969 r. Mieczysław Moczar nie jest już ministrem – ale na miarę swych nowych, skromniejszych możliwości wciąż nie odmawia Malikowi wsparcia. Jako sekretarz Komitetu Centralnego PZPR i kierownik działu wewnętrznego KC osobiście zaświadcza, że „Ob. Adam Malik [...] ukończył w 1968 r. kurs szkolenia obronnego kierowniczej kadry [...] i może być wykorzystywany w pracach obronnych".

24 lutego wiceminister spraw wewnętrznych Tadeusz Pietrzak odwołuje Malika ze stanowiska zastępcy dyrektora Departamentu III. Uzasadnia to jego przyszłym przejściem do „Grupy Operacyjnej Nr 2", czyli do Grupy „Wisła" w Moskwie. Niecałe cztery miesiące później, 20 czerwca 1970 r. w aktach osobowych towarzysza Malika pojawia się następujące pismo: „Proszę Towarzysza Ministra o przeniesienie Płk Malik Adam – Zastępca Dyrektora Departamentu III MSW na stanowisko Starszego Inspektora etatu Nr 060/27 Grupy Nr 2 (grupa operacyjna w Moskwie) z dniem 1 września 1970 r. [...] Uzasadnienie: Tow. Malik – długoletni funkcjonariusz operacyjny służby bezpieczeństwa, posiadający duże doświadczenie, w pełni zasługuje, aby skierować Go do pracy na proponowane stanowisko w grupie". Pod dokumentem podpisał się wspominany już: „Dyrektor Departamentu II PŁK DYPL. M. KRUPSKI". To całkowicie logiczne. Grupa „Wisła" jest grupą kontrwywiadowczą, podlega więc Departamentowi II. A jego dyrektorem pięć lat wcześniej został Mikołaj Krupski. Dzięki Moczarowi.

KASZKUROWIE, OJCIEC I SYN

Również w czerwcu 1970 r. Mikołaj Krupski wysyła do Grupy „Wisła" w Moskwie jeszcze jednego doświadczonego towarzysza. To Witold Kaszkur, ojciec Wojciecha Kaszkura, który 11 lat później pomoże Naimskiemu dostać się do USA. Kaszkur ojciec do 1970 r. pełnił funkcję dyrektora Biura „W" MSW. Komórka ta zajmowała się „perlustracją korespondencji", czyli czytaniem cudzych listów. Teraz „główny czytacz listów" Kaszkur będzie służył z analitykiem Malikiem w stolicy ZSRR. Można się domyślać, że jeden będzie zbierać fakty, drugi nad nimi dumać...

Tak się składa, że obaj towarzysze są starymi znajomymi. W latach 1950–1952 Adam Malik służył pod Witoldem Kaszkurem w wojewódzkim UB w Krakowie (WUBP). Kaszkur był zastępcą szefa całego urzędu, Malik starszym referentem, potem kierownikiem Sekcji II Wydziału V (sprawy społeczno-polityczne). Witold Kaszkur zna również Stefana Mikołajskiego. W latach 40. pracowali razem w WUBP w Poznaniu. W 1956 r. towarzysz Kaszkur skończył roczny kurs w Wyższej Szkole KGB w Moskwie. A pięć lat później uzyskał magisterium z wynikiem bardzo dobrym w warszawskiej Szkole Głównej Służby Zagranicznej[324]. Gdy esbek uczy się w szkole dla dyplomatów, znaczy to, że jego upragnionym celem jest służba w wywiadzie. Czy Witold Kaszkur ten cel osiągnął?

Kaszkur, podobnie jak Malik, przez dziesięciolecia piął się w górę pod opieką stalinowskich władz, potem Moczara. Także przy aprobacie Kazimierza Witaszewskiego. Natoliński Generał Gazrurka jako przedstawiciel Komitetu Centralnego dostawał do akceptacji kolejne stołki dla Kaszkura. Nie miał żadnych zastrzeżeń. Już w 1951 r. zaakceptował go jako zastępcę szefa UB na województwo poznańskie. 12 lat później, w 1963 r., zaaprobował nominację Kaszkura na wiceszefa „biura czytania listów". Krótko potem dzieje się coś dziwnego. Marzenia towarzysza Kaszkura – jak się zdaje – zaczynają się spełniać. W październiku 1963 r. wywiad chce go wysłać za granicę na „etat niejawny" (czyli jako agenta). Ale z jakichś przyczyn towarzysz Kaszkur zostaje odesłany z powrotem do czytania cudzych listów. Skąd ten brak zaufania? Nie wiadomo.

W styczniu 1966 r. Moczar pisze pochwalną opinię na temat Kaszkura. Ale zaraz potem daje mu klapsa przy udziale Witaszewskiego. Otóż Generał Gazrurka przesyła Moczarowi anonim dotyczący towarzysza Kaszkura. Ktoś go oskarża o pokątne przydzielanie dni wolnych funkcjonariuszowi, który służy mu za kierowcę. Oskarżenie okazuje się prawdziwe. Co gorsza, dzięki Kaszkurowi kierowca pobiera zapłatę za nieprzepracowane dni. Jednak Moczar najwyraźniej nie chce się pozbyć Witolda Kaszkura, tylko go sobie pod-

324 IPN BU 0194/1194.

porządkować. Jedyną sankcją będzie „zwrócenie mu uwagi", że przekroczył swe uprawnienia, dając kierowcy wolne. Zapewne chodzi o to, by winowajca wielbił łaskawość Moczara.

W 1970 r. Witold Kaszkur jedzie do Moskwy jako nowy członek Grupy „Wisła". Ciekawe, czy żali się sowieckim towarzyszom na polskie kierownictwo, które nie zrobiło z niego asa wywiadu. Mimo że skończył roczny kurs Wyższej Szkoły KGB w Moskwie! Teraz zaś sam musi pilnować kursantów... Takie rozmowy nieraz przynoszą owoce. Czy jednym z tych owoców była podróż Kaszkura z Odessy do Bejrutu w 1974 r.? Oczywiście esbek lojalnie informuje polskie MSW, że wybiera się na taką wycieczkę, i zabiera małżonkę[325]. Zauważmy jednak, że w 1974 r. Bejrut przestaje być idealnym miejscem na romantyczną bliskowschodnią wycieczkę. Stanowi natomiast ciekawe pole dla kogoś, kto chce się sprawdzić jako wywiadowca. Zbroją się tam islamiści, zaraz wybuchnie wojna domowa, która potrwa 15 lat. W Libanie powszechnie używany jest język francuski, który Witold Kaszkur zapewne zna ze Szkoły Głównej Służby Zagranicznej (francuski wciąż jest wtedy językiem dyplomacji). Kaszkur mówi również po niemiecku i rosyjsku.

W latach 1970–1974 r. towarzysza Witolda w Moskwie regularnie odwiedza jego syn Wojciech. Ten, który w 1981 r. skutecznie postara się o paszport do USA dla prawej ręki Macierewicza, Piotra Naimskiego. Gdy ojciec jest w ZSRR, syn walczy o swoje miejsce w strukturach MSW. W 1972 r. 26-letni Wojciech Kaszkur zostaje przyjęty do Zakładu Kryminalistyki Komendy Głównej MO (ZK KGMO) jako specjalista od broni palnej i pocisków rakietowych. Podobnie jak ojciec marzy, by służyć w wywiadzie. W latach 1973–1974 kończy szkołę podyplomową Ośrodka Kształcenia Kadr Wywiadu. Jednak wykładowcy uważają, że jest zbyt leniwy. Odsyłają go do Departamentu III, żeby walczył z opozycją... Rozżalony syn we wrześniu 1974 r. zostaje inspektorem tego departamentu – i nie mija miesiąc, jak prosi o pozwolenie na wyjazd do ojca (który teraz zapewne jest podwójnie rozżalony). Rozżalenie musi trwać po powrocie do Polski: 6 grudnia 1974 r. młody Kaszkur urządza awanturę „w lokalu publicznym" i znieważa milicjantów. W styczniu 1975 r. zostaje za to ukarany naganą, którą jednak pięć miesięcy później kierownictwo mu „przedterminowo zaciera". Przyczyną jest dobre sprawowanie. Albowiem leniwy, warcholski Wojciech Kaszkur odnosi jednak sukcesy, i to na odpowiedzialnym odcinku. Kierownictwo powierzyło mu

325 IPN BU 0194/1194.

rozpracowanie tak zwanych komandosów. Nazwą tą określano środowisko, które w drugiej połowie lat 60. skupiło się wokół Adama Michnika. Komandosi przychodzili grupami na spotkania organizacji studenckich i na wykłady otwarte. Zadawali kłopotliwe pytania przedstawicielom i propagandystom reżimu. Akcje te porównywano do desantów (stąd nazwa komandosi). W ramach walki z tym środowiskiem kontestatorów Wojciech Kaszkur otrzymuje zadanie szczególnej wagi. Ma utrudniać komandosom przesyłanie informacji za granicę. Czytamy, że mu się udaje. Wśród jego osiągnięć są zarówno „ujawnianie i udaremnienie zamiarów figurantów przekazania do zachodnich ośrodków dywersji szkodliwych politycznie opracowań", jak i „realizacje paraliżujące część prowokacyjnych działań komandosów" (20 maja 1975 r.) oraz uzyskanie „szeregu pozytywnych wyników w organizowaniu dopływu informacji o działalności komandosów" (1 marca 1978 r., przy tej okazji dyrektor Departamentu III Adam Krzysztoporski wnioskuje o podwyżkę dla młodego Kaszkura). Jest to godne uwagi. Świeżo upieczony esbek – nie z wywiadu, tylko z „krajowego" Departamentu III – niespecjalnie mógł oddziaływać na zagranicznych odbiorców komandoskich przesyłek. Tak jego możliwości, jak i departament, w którym operował, były przede wszystkim krajowe. Mówiąc obrazowo, miał dostęp tylko do jednego końca kija, który miał przełamać... Chyba że pomagał mu ktoś, kto był w stanie sięgnąć za granicę. Koledzy ze szkoły wywiadu? Znajomi ojca ze szkoły dyplomacji? Koledzy ojca z Moskwy?

Co do niezwykłego pisma Wojciecha Kaszkura na rzecz Piotra Naimskiego, które omówiłem w poprzedniej części tej książki, jest ono niezrozumiałe z wielu względów. Naimski wywodził się z tego samego pokolenia co komandosi. Był członkiem KOR współtworzonego przez środowisko komandoskie. Jednak Naimski nie był członkiem komandosów. Zawsze należał do bardziej prawicowego czy też niepodległościowego środowiska harcerskiej „Czarnej Jedynki". Od końca lat 60. identyfikowany był jako osoba związana (i to bardzo ściśle) z Macierewiczem, nie z Michnikiem. Dlaczego zatem w 1981 r. Kaszkur, specjalista od komandosów i ich zagranicznych kontaktów, nagle interweniuje na rzecz Naimskiego? Czyżby esbecy zaliczali jednak Naimskiego do komandosów? Czy Kaszkur jego też rozpracowywał? W dokumentach, które przebadałem, nie znalazłem śladów szczególnego zainteresowania Kaszkura Naimskim. Ale nawet jeśli się nim interesował, nie tłumaczy to żarliwej interwencji esbeka o moskiewskich koneksjach na rzecz opozycjonisty, który wybiera się do USA. Rodzą się więc kolejne, niezwykle istotne pytania.

Dlaczego Kaszkur straszy poważnymi konsekwencjami w razie nieudzielenia zgody na wyjazd Naimskiego do USA? Czy liczy na to, że pobyt Naimskiego w Nowym Jorku pozwoli mu uzyskać jakieś informacje na temat kontaktów polskiej opozycji z zagranicą? Czy wiąże z tym wyjazdem inne nadzieje?

Przypomnijmy, że był to wyjazd brzemienny w skutki. To w USA Piotr Naimski nawiązał stosunki z członkami polonijnej organizacji POMOST, której lider Janusz Subczyński będzie wspólnikiem Macierewicza w firmie Dziedzictwo Polskie (w latach 90. zasilanej finansowo przez Roberta Luśnię powiązanego z GRU). Gdyby nie ta firma i Subczyński, Macierewicz nie mógłby przez lata wydawać antysemickiego pisma „Głos". Co więcej, środowisko POMOSTU wspierał związany z włoską i rosyjską mafią senator Alfonse D'Amato. Obecnie główny sojusznik Macierewicza w USA, zarazem lobbysta pracujący dla korporacji, które robią interesy z Kremlem i które uzależniły amerykański wywiad kosmiczny od rosyjskich silników rakietowych. Dalej, to w USA Naimski należał do Committee in Support of Solidarity (Komitetu Poparcia „Solidarności"), który również kontaktował się z senatorem D'Amato.

Być może odpowiedzi na pytanie o zaskakującą interwencję młodego Kaszkura w sprawie Naimskiego mógłby nam udzielić jego ojciec – albo któryś z jego znajomych. Być może coś na ten temat wiedział również Adam Malik. W aktach osobowych Wojciecha Kaszkura czytamy, że młody esbek był leniwy, bierny, miękki, „romantyczny". Ale z esbeckich papierów dowiemy się także, że miał okresy wielkiej aktywności i wybitnych sukcesów. W latach 80. zajmował się m.in. terroryzmem. Może potrzebował mocnych bodźców i zdecydowanego kierownictwa? Może gdzieś je znalazł? W opracowaniu *Kryptonim „Gracze"* została zacytowana w całości notatka Wojciecha Kaszkura z 24 lutego 1979 r.[326] W notatce tej Kaszkur relacjonuje rozmowę Adama Michnika z ambasadorem Hiszpanii w prywatnej rezydencji tego ostatniego. Skąd młody esbek zna treść rozmów hiszpańskiego ambasadora? W swej notatce wyjaśnia to tak: „Z relacją dotyczącą spotkania Michnika z ambasadorem Hiszpanii zapoznałem się w Wydziale V Dep. II [kontrwywiad – przyp. red.] MSW. Jest ona niepełna, gdyż, jak stwierdzono, zostanie nam przekazana w przypadku porozumienia kierownictw jednostek". Znaczyłoby to, że Kaszkur pozna każde słowo rozmowy dopiero wtedy, gdy sze-

326 Ł. Kamiński, G. Waligóra, dz. cyt., s. 500 i n.

fowie Departamentu II, czyli kontrwywiadu i Departamentu III walczącego z opozycją dogadają się co do formalnej współpracy w tej sprawie.

Wziąłem za dobrą monetę wyjaśnienie Kaszkura. Założyłem, że faktycznie uzyskał relację z podsłuchanej rozmowy Michnika od kogoś z Wydziału V kontrwywiadu. W świecie PRL-owskiego MSW, w świecie podejrzliwości, procedur i czujnych szefów nie mogło się to odbyć bez zgody kierownictwa Wydziału V. Sprawdziłem, kto wtedy kierował Wydziałem V Departamentu II.

Jednym z zastępców naczelnika Wydziału V był Michał Jankowski. Objął to stanowisko w 1977 r., krótko po powrocie z... Moskwy, gdzie w latach 1975–1976 odbył 10-miesięczne szkolenie w Wyższej Szkole KGB[327]. Funkcję drugiego z zastępców naczelnika pełnił Adam Garbaczewski, który w latach 50. wykładał ubekom historię Komunistycznej Partii Związku Sowieckiego. W latach 1975–1977 pełnił funkcję kuriera dyplomatycznego. Kurierów takich w latach 70. wykorzystywał znany nam dobrze ulubieniec Sowietów, Mirosław Milewski, który za ich pośrednictwem otrzymywał kosztowne przesyłki od swoich gangsterów[328]. Również Garbaczewski został wysłany do ZSRR, aczkolwiek dopiero w latach 80. Służył tam przez 21 miesięcy, podobno jako „specjalista do spraw paszportowych"[329]. Naczelnikiem Wydziału IV był Zbigniew Pocheć. Ten w latach 1976–1979 jeździł do Związku Sowieckiego regularnie, niemal co roku[330]. Pięć lat później, w 1984 r., towarzysz Pocheć oprowadzał po polskim MSW delegację KGB. Pokazał im m.in. wystawę poświęconą „kontrrewolucyjnej działalności grup antysocjalistycznych i NSZZ «Solidarność»"[331]. Czyżby leniwy Wojciech Kaszkur swoje służbowe sukcesy zawdzięczał towarzyszom szczególnie związanym z Kremlem?

---

327 *Dane osoby z katalogu funkcjonariuszy aparatu bezpieczeństwa*, Biuletyn Informacji Publicznej Instytutu Pamięci Narodowej. Komisja Ścigania Zbrodni przeciwko Narodowi Polskiemu, <https://katalog.bip.ipn.gov.pl/informacje/86715>, dostęp: 14 września 2018.

328 W. Bagieński, *„Afera kurierska" w wywiadzie i MSZ*, „Pamięć i Sprawiedliwość", nr 1, 2014, <http://cejsh.icm.edu.pl/cejsh/element/bwmeta1.element.desklight-9f73f3c0-1bd1-4870-b5c6-2acdb933c9f9>, dostęp: 14 września 2018.

329 *Dane osoby z katalogu funkcjonariuszy aparatu bezpieczeństwa*, Biuletyn Informacji Publicznej Instytutu Pamięci Narodowej. Komisja Ścigania Zbrodni przeciwko Narodowi Polskiemu, <https://katalog.bip.ipn.gov.pl/informacje/81966>, dostęp: 14 września 2018.

330 *Dane osoby z katalogu funkcjonariuszy aparatu bezpieczeństwa*, Biuletyn Informacji Publicznej Instytutu Pamięci Narodowej. Komisja Ścigania Zbrodni przeciwko Narodowi Polskiemu, <https://katalog.bip.ipn.gov.pl/informacje/27071>, dostęp: 14 września 2018.

331 P. Zielony, *Dzielna bezpieka w walce z kontrrewolucją*, Miesięcznik IPN „Pamięć.pl" nr 2, 2015, <http://www.polska1918-89.pl/pdf/dzielna-bezpieka-w-walce-z-kontrrewolucja,1358.pdf >, dostęp: 14 września 2018.

PANI HANNA POTRZEBUJE PIENIĘDZY

Zatem w 1970 r. towarzysz Malik leci do Moskwy. Niestety, doganiają go tam rodzinne problemy. Żeby tylko rodzinne, chciałoby się westchnąć. Tak już jest, że w życiu esbeka kłopoty domowe łatwo przeobrażają się w służbowe. Okazuje się bowiem, że jego żona, Hanna Malik, od pewnego czasu wyłudza datki i pożyczki pieniężne od przypadkowych osób. Co gorsza, pani Malik wykorzystuje przy tym swoje znajomości w MSW i pozycję męża. W 1968 r. załatwiła wyjazd do USA niejakiemu Franciszkowi S., biorąc za to 10 tys. złotych. Tego rodzaju problemy zazwyczaj dyskwalifikują kontrwywiadowcę. Funkcjonariusz kontrwywiadu nie może mieć słabych punktów, które pozwoliłyby go szantażować lub groziły kompromitacją. Nie mówiąc już o funkcjonariuszu pełniącym delikatną misję u „wielkiego sojusznika". Co by było, gdyby radzieccy towarzysze dowiedzieli się o kłopotach Malika? Byłby wstyd. Malik powinien zostać odwołany z Moskwy i kontrwywiadu. Nawet jego przydatność w roli zwykłego esbeka jawiłaby się jako ograniczona.

Sprawą zajmuje się Mikołaj Krupski. Pomaga mu w tym pułkownik Stanisław Walichnowski (brat Tadeusza Walichnowskiego – również esbeka, poza tym fanatycznego moczarowca, antysemity, członka władz Towarzystwa Przyjaźni Polsko-Radzieckiej). 1 grudnia 1970 r. Walichnowski pisze długi raport dla Krupskiego. Twierdzi, że wobec problemów żony Malik zachował się wzorowo. Hanna Malik też poniekąd zostaje wytłumaczona (wpadła w długi i rozpaczliwie próbowała się ratować). SB negocjuje nawet z jej wierzycielem, żeby darował długi żonie funkcjonariusza... Krupski najwyraźniej akceptuje raport, bo sprawa nie ma dalszego toku i wszystko rozchodzi się po kościach. Adam Malik nie zostaje odwołany z SB – ani z Moskwy. Wręcz przeciwnie. Służy tam do 1974 r. i, jak się wydaje, odnosi sukcesy. W dniu 7 października 1974 r. pierwszy sekretarz polskiej ambasady w Moskwie, niejaki towarzysz Sierakowski, składa Malikowi „serdeczne gratulacje" na piśmie: „Szczególnie wyrażam Towarzyszowi słowa uznania za partyjny, odpowiedzialny politycznie, a zarazem bardzo rozumny stosunek do spraw, które służbowo łączą nas w pracy na terenie Związku Radzieckiego – obejmujących tak ważny odcinek jak kształcenie kadr przyszłych specjalistów i działaczy społecznych". Ostatnie słowa najprawdopodobniej znaczą, że towarzysz Malik opiekował się polskimi kursantami szkoły KGB, przyszłych asów SB. Pilnował, czy nie ma wśród nich jakiegoś „kreta" albo potencjalnego zdrajcy, który wywiózłby na Zachód tajniki szkoleń KGB. Jeśli tak było, to Malik pełnił misję szczególnej wagi. Tym bardziej dziwi, że dano mu nadal ją pełnić przy takich kłopotach z żoną. Dlaczego Krupski pozwolił mu zostać w Moskwie? Chciał sobie zaskarbić jego wdzięczność? A może przeciwnie – chciał sobie zaskarbić wdzięczność sowieckich towarzyszy, bo potajemnie poinformował ich o kłopotach Malika? Ci zaś nie poprosili o odesłanie Malika, bo woleli mieć przy sobie Polaka, na którego mają „haka", kompromitujący materiał? Tym lepszy współpracownik, im bardziej można go kontrolować – ta zasada obowiązuje nie tylko w świecie służb specjalnych.

Jedno jest pewne: towarzysz Krupski nie zawsze był tak łaskawy. Przynajmniej nie wtedy, gdy w grę wchodziła... rodzina Macierewicza.

ZALEW ZŁOTA I ZBRODNI

Cofnijmy się do lat 60. W początkach dekady kontrwywiad PRL rozpracowuje wuja Antoniego Macierewicza, Jana Winczakiewicza. Wuj Macierewicza jest emigrantem. Mieszka we Francji, ale odwiedza Polskę. Uprawia literaturę i sztukę, co w przypadku emigrantów traktowano jak działalność szczególnie podejrzaną. Należy też do masonerii – organizacji niejawnej, która wśród swych odłamów ma także odgałęzienia antykomunistyczne. Co więcej, Jan Winczakiewicz pracuje w sekcji polskiej francuskiego radia publicznego. Jej działalność władze PRL oceniają jako wrogą. Nic dziwnego, że MSW interesuje się takim gościem. W aktach sprawy (kryptonim „Wizja"[332]) czytamy, że rozpracowaniem Winczakiewicza kieruje podpułkownik Zdzisław Wilczyński z Departamentu II (kontrwywiad). Sądząc po tym, co widać w archiwach IPN, jest to wybitnie zdolny i pracowity funkcjonariusz. Wilczyńskiemu pomaga jego podwładny Marian Mrozikiewicz, który osobiście kontaktuje się z wujem Macierewicza. Przy okazji obaj kontrwywiadowcy zajmują się jego drugim wujem, Andrzejem Winczakiewiczem z Łodzi. Tym samym, który jako ekspert od papieru odegrał dwuznaczną rolę w śledztwie dotyczącym Bohdana Piaseckiego.

Drugi wuj okaże się skryty i zręczny. Oficer operacyjny łódzkiego kontrwywiadu, Marian Molik, spróbuje z nim porozmawiać o jego uczonych znajomych i francuskim bracie, ale niewiele się dowie: „Winczakiewicz Andrzej okazał się człowiekiem bardzo powściągliwym w udzieleniu nam informa-

332 IPN BU 00231/287, t. 5.

cji. W sposób bardzo taktowny i oszczędny powiedział tylko to, co uznał za konieczne [...]. Całą rozmowę chciał sprowadzić do tego, aby uwagę naszą skupić na pracy Instytutu Celulozowo-Papierniczego i na zadaniach, jakie przed nim stoją. Na ten temat mówił wylewnie i dużo. Wyglądało na to, jakby chciał zatrzeć wrażenie [wywarte] swoją małomównością [...]. Rozmowa ta [...] wykazała również, iż jest on człowiekiem, który w czasie rozmowy dokładnie myśli nad wartością wypowiedzianych słów i podawanych przez siebie faktów"[333]. Zatem profesjonalny kontrwywiadowca nie będzie umiał skłonić Andrzeja Winczakiewicza do rozmowy na interesujące go tematy.

Sprawę nadzoruje osobiście szef kontrwywiadu Ryszard Matejewski. Matejewski jest postacią spod ciemnej gwiazdy. Od połowy lat 60. jego ludzie przestępczymi sposobami pozyskują na Zachodzie złoto i tamtejsze waluty. Część z tego zostaje przeznaczona na działania służb PRL. Jednak drugą część Matejewski i jego koledzy ukrywają na swoich działkach rekreacyjnych nad Zalewem Zegrzyńskim. Dlatego ich działalność stanie się później znana jako afera „Zalew". Afera ta stanowi niejako preludium do afery „Żelazo" z lat 70. Jak wiemy, polegała ona mniej więcej na tym samym: rabowano na Zachodzie złoto i klejnoty. Tyle że robili to już nie ludzie Matejewskiego, ale agenci wywiadu kierowani przez jego szefa, znanego nam Mirosława Milewskiego.

Możliwe jest, że afera „Zalew" miała związek z napadem na konwój pod warszawską placówką Narodowego Banku Polskiego w 1964 r. (czyli ze sprawą „P-64", którą będą badać opiekunowie Macierewicza, towarzysze Malik i Mikołajski). Z akt wynika, że napadu dokonali bandyci, którzy przestępcze doświadczenie szlifować mogli na Zachodzie (lub próbowali przećwiczyć działanie w stylu zachodnich gangsterów). Jak wspominałem wcześniej, jedną z osób podejrzewanych o współudział w napadzie był milicjant Piotr W. Podobno wcześniej pracował jako kierowca ministra Moczara (wiadomość podana w aktach śledztwa jako niepotwierdzona) oraz japońskich dyplomatów (wiadomość potwierdzona przez przedstawicielstwo Japonii). Dyplomatów państw kapitalistycznych rozpracowywał kontrwywiad. Milicjant, który woził przedstawicieli Japonii, musiał w jakiejś mierze współpracować z tą służbą. A jej szefem był właśnie Matejewski.

Sprawa napadu oraz afery „Zalew" i „Żelazo" interesują nas tutaj z jednej przyczyny. Otóż bandycko-wywiadowczą działalność służb PRL w latach 60.

333 IPN BU 00231/287, t. 5, s. 148 i n.

i 70. naśladowały na znacznie większą skalę w latach 70. i 80. sowieckie służby. Przede wszystkim – wywiad wojskowy GRU, który stworzył tzw. mafię sołncewską i globalny supergang Mogilewicza (organizacje na wiele sposobów powiązane ze współpracownikami i sojusznikami Antoniego Macierewicza)[334]. Towarzysz Matejewski, względnie skromny pionier tych bandyckich poczynań, ściśle współdziałał z Mieczysławem Moczarem. Ten zaś był agentem GRU. Człowiekiem Moczara był również Mieczysław Milewski, mózg afery „Żelazo". Według jednego z moich źródeł gangsterzy Milewskiego niekiedy przyjmowali polecenia od GRU. Za eksportem PRL-owskiego bandytyzmu na Zachód stał więc najpewniej Moczar i jego mocodawcy z GRU. Być może afera „Zalew" i afera „Żelazo" stanowiły coś w rodzaju programu pilotażowego dla sowieckiego wywiadu wojskowego.

Wspomnijmy cichego, spokojnego generała Iwaszutina, miłośnika literatury i przejażdżek kutrem. W 1963 r. staje na czele GRU. Niecałe dwa lata później agent GRU Moczar obejmuje stanowisko ministra spraw wewnętrznych w Polsce. Niedługo potem ludzie Moczara – najpierw Matejewski, potem Milewski – zaczynają wysyłać bandytów na Zachód. A w połowie lat 70. robi to sam Iwaszutin. Moczar jawi się nam zatem jako człowiek Iwaszutina. Ten człowiek Iwaszutina zdaje się powierzać późniejszemu opiekunowi Macierewicza, Stefanowi Mikołajskiemu, tajne misje szczególnej natury (jak udawanie przyjaciela Żydów w MSW oraz niszczenie dowodów w sprawie Bohdana Piaseckiego). Wobec tego przypuszczenie, że w 1984 r. Mikołajski mógłby się spotkać nad Morzem Czarnym z Iwaszutinem lub którymś z jego adiutantów, przestaje wyglądać aż tak nieprawdopodobnie. Sprawa staje się jeszcze bardziej intrygująca, gdy wspomnimy, że jednego z wujów Macierewicza połączyła z Mikołajskim sprawa Bohdana Piaseckiego i tajemniczych próbek papieru. Sprawa, w którą znów mógł być zamieszany Moczar. Rzecz jasna to nie znaczy, że wujowie Macierewicza mieli związki z GRU. Możemy natomiast być pewni, że jeśli w dotyczącym ich śledztwie coś szczególnie zainteresowało kontrwywiadowcę-bandytę Matejewskiego, to agent GRU Mieczysław Moczar szybko się o tym dowiedział. Możliwe jednak, że Moczar sam z siebie interesował się Winczakiewiczami lub jednym z nich. Pamiętajmy, że łódzki wuj Macierewicza, Andrzej Winczakiewicz, przedstawił dziwną, ubogą we wnioski ekspertyzę dotyczącą papieru używanego przez porywaczy Bohdana Piaseckiego. Niezbyt pomogła ona śledczym. Mogło to być

---

334 T. Piątek, dz. cyt.

na rękę Moczarowi i Mikołajskiemu, jeśli ten drugi na zlecenie tego pierwszego niszczył dowodowe próbki papieru. Moczar najwyraźniej obawiał się tych próbek oraz pogłębionego ich badania. Można domniemywać, że wuj Macierewicza zrozumiał, czego obawia się Moczar, ale tego nie ujawnił. Być może to był najciekawszy wątek sprawy „Wizja", nie zaś malownicza osobowość radiowego masona Jana Winczakiewicza.

DWAJ PECHOWI KONTRWYWIADOWCY

Sądząc po tym, co zapisano w aktach sprawy „Wizja", rozpracowywanie obu wujów Macierewicza niewiele dało PRL-owskiemu kontrwywiadowi. Funkcjonariusze Wilczyński i Mrozikiewicz próbowali zwerbować wuja z Francji, Jana Winczakiewicza, ale ten w sposób gwałtowny odmówił współpracy. Rozmowa z drugim wujem miała grzeczniejszą formę, ale jak wiemy, Andrzej Winczakiewicz nałożył na kontrwywiad PRL ścisłe embargo informacyjne. Chyba że powiedział swemu rozmówcy coś, czego ten wolał nie zapisywać w notatce ze spotkania. Potem już nic istotnego nie pojawia się w teczce sprawy „Wizja". Jednak można uznać, że ma ona ciąg dalszy – bardzo osobliwy – w aktach osobowych Wilczyńskiego i Mrozikiewicza. Ten ciąg dalszy sugeruje, że podczas rozpracowywania wujów Macierewicza kontrwywiadowcy odkryli jakiś wątek, którego nie wpisano do akt. Wątek, za którym lepiej było nie podążać, o którym lepiej było nie wiedzieć.

Prześledźmy zmiany personalne. W połowie lat 60. Ryszard Matejewski, główny kontrwywiadowca-bandyta, odchodzi ze stanowiska szefa Departamentu II (będzie dyrektorem generalnym ds. SB, potem wiceministrem odpowiedzialnym za kontrwywiad, wreszcie dostanie 12 lat więzienia za swój podziemny skarbczyk na działce). W lutym 1965 r. nowym szefem kontrwywiadu zostaje inny współpracownik Moczara, znany nam już Mikołaj Krupski. Co wtedy robi Krupski? Z jakichś przyczyn dokłada wszelkich starań, by pozbyć się wywiadowców, którzy rozpracowywali wujów Macierewicza lub się z nimi kontaktowali. Podpułkownik Wilczyński – dotąd naczelnik Wydziału IV walczącego z agentami Francji – zostaje wysłany na dwa lata daleko, za ocean, do Waszyngtonu. Prestiżowa placówka? Nie dla Wilczyńskiego. Doświadczony kontrwywiadowca będzie tam... szyfrantem. Zamiast tropić i rozpracowywać wrogów, będzie siedzieć w biurze i wystukiwać cyferki na klawiaturze. W tym samym czasie Krupski zgłasza go do odznaki „20 lat w Służbie Narodu". Subtelna aluzja, że czas na emeryturę? Gdy w 1967 r.

Wilczyński wraca do Polski, Krupski nawet awansuje go na pułkownika, ale odsuwa od konkretnej roboty. Robi go naczelnikiem tzw. Wydziału Ogólnego, który zajmował się kadrami, finansami, administracją i tłumaczeniami. Wreszcie Wilczyński ma dość „subtelnych aluzji w grubych buciorach" i daje za wygraną. W 1971 r. prosi o zwolnienie ze służby. I oczywiście zostaje zwolniony.

W 1973 r. towarzysz Krupski odchodzi z kontrwywiadu i SB. Znamienne jest to, że kontrwywiadowca Wilczyński próbuje wówczas wrócić do służby. Odnosi połowiczny sukces. W listopadzie 1976 r. zostaje przyjęty do Centralnego Archiwum MSW w Warszawie na pół etatu. Od razu pisze obszerną pracę na temat... związany z rodziną Macierewicza. Praca ta dostępna jest w IPN[335] i dotyczy działalności André Robineau. Był to dyplomata i wywiadowca francuski, który w latach 40. działał w Szczecinie. Wśród krewnych Macierewicza jego nazwisko budzi ponure skojarzenia. Ojciec Antoniego Macierewicza, Zdzisław Macierewicz, w 1949 r. stał się obiektem nacisków ze strony Urzędu Bezpieczeństwa. Ubecy mieli co do ojca Macierewicza zaawansowane plany. Jednym z nich było oskarżenie Zdzisława Macierewicza, że jest agentem pana Robineau (więcej o tej sprawie napiszę w ostatniej części książki).

Pod koniec 1981 r., na krótko przed wprowadzeniem stanu wojennego, Wilczyński chce wrócić do służby na pełen etat. Prosi o przyjęcie do kontrwywiadu. Szefem kontrwywiadu jest wtedy... generał Zdzisław Sarewicz, późniejszy „obrońca" Macierewicza w wywiadzie. W dniu 26 listopada 1981 r. generał Sarewicz akceptuje prośbę Wilczyńskiego. Ale później coś się zmienia – gdyż 10 maja 1982 r. Sarewicz cofa swoją zgodę „po ponownym rozpatrzeniu sprawy". Czyżby zainterweniował u niego Mikołaj Krupski, którego Zdzisław Sarewicz doskonale znał? Pod rządami Krupskiego towarzysz Sarewicz robił karierę w różnych wydziałach kontrwywiadu. W latach 1965–1972 z inspektora stał się starszym inspektorem, wicenaczelnikiem, by w końcu otrzymać z rąk Mikołaja Krupskiego stanowisko naczelnika Wydziału VII Departamentu II[336].

Wujami Macierewicza zajmował się też starszy oficer operacyjny Marian Mrozikiewicz. Gdy Krupski zostaje szefem kontrwywiadu, również nad nim

335 IPN BU 0397/342.

336 *Dane osoby z katalogu funkcjonariuszy aparatu bezpieczeństwa*, Biuletyn Informacji Publicznej Instytutu Pamięci Narodowej. Komisja Ścigania Zbrodni przeciwko Narodowi Polskiemu, <https://katalog.bip.ipn.gov.pl/informacje/113231>, dostęp: 14 września 2018.

się pochyla. W 1964 r. w aktach osobowych Mrozikiewicza pojawia się wniosek personalny o przeniesienie go do wywiadu. Jak wiemy, służba w wywiadzie uważana jest za najbardziej prestiżową. Ale Mrozikiewicz do wywiadu nie trafi. Rzeczywistość storpeduje te plany, a przyczyni się do tego Krupski. W dokumencie z 7 lipca 1965 r. czytamy: „Zgodnie z decyzją płk. M. Krupskiego przeprowadzono postępowanie wyjaśniające odnośnie [do – przyp. red.] charakteru powiązań żony pracownika Departamentu II, Walerii Mrozikiewicz z J. Popielnikiem, który wyrokiem sądów PRL został dwukrotnie skazany [...] za nielegalny handel złotem i obcą walutą"[337]. Chodziło o to, że pani Mrozikiewicz na wyjazdach służbowych z mężem kupowała niedostępne w PRL zachodnie towary – a następnie sprzedawała je w kraju za dolary. Było to wówczas nielegalne (i to z wielu przyczyn). Pod dokumentem podpisał się „Starszy Inspektor Wydziału Inspekcji H. Kurek". Według Kurka waluciarz Popielnik mówił w więzieniu, że Waleria Mrozikiewicz go nie obciąży, „bo się boi, że on ujawni, co robiła z mężem (też sprowadzali nielegalne towary, m.in. samochód osobowy"). Jednak zdaniem Kurka brakuje formalnych dowodów, by prowadzić postępowanie przeciwko Walerii Mrozikiewicz. W odręcznej adnotacji na pierwszej stronie dokumentu Krupski pisze, że uważa sprawę za zamkniętą. Potem okazuje jeszcze większą łaskawość. W czerwcu 1965 r. awansuje Mrozikiewicza na starszego inspektora. Ale łaska pańska na pstrym koniu jeździ. Pół roku później w aktach osobowych Mrozikiewicza pojawia się „charakterystyka służbowa", w której czytamy: „Poważniejszych rozpracowań nie prowadzi. Te, które prowadzi, nie wymagają większego wysiłku. Za mało uwagi poświęca grupie IV w Krakowie, nad którą sprawuje operacyjną opiekę". Pod tą opinią podpisał się towarzysz Józef Duraj. To następca Wilczyńskiego, nowy naczelnik „francuskiego" Wydziału IV, posadzony na tym stołku już w czasach Krupskiego[338]. Żeby było jeszcze ciekawiej, w maju 1966 r. zastępca Krupskiego wnioskuje o awans dla Mrozikiewicza na podpułkownika.

Czemu ma służyć całe to „grillowanie"? Sprawa Walerii Mrozikiewicz zaczyna się przed 4 lutego 1965 r. (a więc przed objęciem Departamentu II przez Krupskiego). Już wtedy działalność żony blokuje wywiadowcze aspiracje męża. Jednak to Krupski, gdy tylko staje się szefem Mrozikiewicza, wdra-

337 IPN BU 0194/2148.

338 *Dane osoby z katalogu funkcjonariuszy aparatu bezpieczeństwa*, Biuletyn Informacji Publicznej Instytutu Pamięci Narodowej. Komisja Ścigania Zbrodni przeciwko Narodowi Polskiemu, <https://katalog.bip.ipn.gov.pl/informacje/36192>, dostęp: 14 września 2018.

ża formalne postępowanie wyjaśniające w tej sprawie. Czyli robi z problemu problem oficjalny. Następnie „uniewinnia" żonę swego podwładnego, ale w sposób mało zaszczytny (brak formalnych dowodów). Wobec tego Mrozikiewicz jako kontrwywiadowca jest skompromitowany, uznany za funkcjonariusza o wątpliwej przydatności (takie sugestie pojawiają się w piśmie z departamentu kadr). Wtedy – wbrew wszystkiemu – Krupski go awansuje. Potem jednak człowiek Krupskiego oskarża Mrozikiewicza o lenistwo... O ile wiemy, Krupski nie jest szefem rozchwianym, tylko metodycznym. Zatem to naprzemienne stosowanie marchewki i kija może mieć jeden cel: całkowite podporządkowanie sobie człowieka. „Mam w ręku twoją brudną sprawę – twoją i twojej żony. Mogę cię pogrążyć, mogę uratować, mogę dopieścić i znowu pogrążyć, zależnie od kaprysu. Należysz do mnie" – tak to można odczytywać. Gdzie towarzysz Krupski nauczył się takiej obróbki człowieka? W ten sposób i w takim stopniu swoich współpracowników „czołgali" najsprawniejsi stalinowcy oraz sam Stalin. Funkcjonariusz Mrozikiewicz nie jest tak uparty jak Wilczyński, prędzej ma dość. W dniu 17 stycznia 1967 r. prosi Krupskiego o skierowanie na rentę. Zostaje pilotem wycieczek turystycznych w Berlinie. Zna dobrze niemiecki, z ramienia kontrwywiadu PRL współpracował ze Stasi. Zapewne bratnia służba znów roztoczy nad nim opiekę. Być może przy tej okazji małżeństwo Mrozikiewiczów powróci do swej działalności przemytniczej (jeśli to, co im zarzucano, było prawdą).

Przypomnijmy: Adamem Malikiem towarzysz Krupski tak się nie bawił. Potraktował Malika i jego żonę znacznie łagodniej, choć Hanna Malik robiła rzeczy gorsze niż Waleria Mrozikiewicz. Nadużywając stanowiska męża, czyli autorytetu MSW, Hanna wyłudzała łapówki i załatwiała paszporty za pieniądze. Zatem wypuszczała z kraju ludzi, których ministerstwo być może wcale nie chciało z kraju wypuszczać. Działała wbrew interesom i instytucjonalnej władzy MSW oraz SB. Stanowiło to przewinienie nieporównywalne z „handelkiem" pani Mrozikiewicz. Czym więc funkcjonariusze Wilczyński i Mrozikiewicz podpadli towarzyszowi Krupskiemu? Dlaczego pierwszego z nich Krupski odciął od pozyskiwania dalszych informacji, drugiego zaś próbował całkowicie zdominować? Czy miało to jakiś związek z rodziną Macierewicza, którą zajmowali się obaj kontrwywiadowcy? Jeśli tak, to jakie informacje zdobyli, że trzeba ich było tak potraktować? Czy chodziło o coś, w czym maczał palce poprzedni szef-bandyta Matejewski lub jego ewentualni koledzy z GRU? Czy chodziło o skrawki papieru, które badał wuj Antoniego Macierewicza, a które mogły obciążać ministra Moczara i jego ludzi?

Czy Krupski chciał ukryć tożsamość morderców Bohdana Piaseckiego i ich ewentualne związki z Moczarem? Czy też chodziło o coś dawniejszego, związanego z działalnością pana Robineau i ojca Macierewicza w latach 40.?

Trzeba również spytać, kim był Mikołaj Krupski, który ciągle powraca w naszej opowieści. Po raz pierwszy jako protektor Mikołajskiego, późniejszego opiekuna Macierewicza. Po raz drugi jako protektor Malika, późniejszego pośredniego opiekuna Macierewicza. Po raz trzeci jako pogromca Wilczyńskiego i Mrozikiewicza, tropicieli wujów Macierewicza.

Kim był towarzysz Krupski i skąd się wziął?

ZDEKLAROWANY SOWIECKI POLAK

Odpowiedź na to ostatnie pytanie brzmi: z sowieckiej armii! Wieloletni współpracownik Mieczysława Moczara był „człowiekiem w szarym szynelu".

W aktach osobowych Mikołaja Krupskiego[339] czytamy, że urodził się on w 1919 r., we wsi Pialiki pod Witebskiem. Ziemie te należały wówczas do Polski. Okolicę infiltrowała sowiecka agentura, która wykorzystywała bliskość granicy, miejscową biedę i konflikty narodowościowe. W młodości Krupski skończył szkołę gospodarstwa wiejskiego. W 1939 r., gdy Polskę podzielili między sobą hitlerowcy i Sowieci, wieś Pialiki razem z całym regionem przyłączono do ZSRR. W następnym roku Krupskiego wcielono do sowieckiej armii. W latach 1940–1941 odbywał normalną służbę wojskową. W latach 1941–1943 pracował w tzw. strojbatalionie (batalionie budowlanym). Strojbataliony były komandami pracy niewolniczej, trafiało się do nich za karę. Być może Krupski wylądował tam jako „politycznie niepewny". Był Polakiem i w dokumentach deklarował się jako Polak, co źle widziano w ówczesnym ZSRR. Jednak w 1943 r. okazało się, że Stalin chce Polaków. Trzeba było tworzyć polską armię w ZSRR, żeby walczyła z Hitlerem pod komendą komunistów. Młody Krupski się nadał. Trafił do dywizji im. Kościuszki, która stanowiła zalążek tej armii. U „kościuszkowców" Mikołaj Krupski był dowódcą drużyny zwiadu. Następnie trafił do szkoły NKWD w Kujbyszewie (dziś Samara). Ukończył tam specjalne kursy dla przyszłych polskich ubeków, prowadzone przez sowieckich specjalistów. Zdaniem historyków z kujbyszewskiej szkoły wywodzili się najbardziej fanatyczni funkcjonariusze.

339 IPN BU 003088/10.

Jako absolwent tej niezwykłej szkoły Mikołaj Krupski pojechał do Polski, aby „zaprowadzać komunizm". Trafił do ówczesnego województwa białostockiego. Czyli tam, gdzie Mirosław Milewski „zasłużył się" w obławie augustowskiej na akowców. Tak się złożyło, że dowódcą Milewskiego był człowiek, który podlegał szefowi i promotorowi Krupskiego. Albowiem obławą augustowską i Milewskim dowodził porucznik Aleksander Kuczyński, kierownik Powiatowego Urzędu Bezpieczeństwa Publicznego w Augustowie. Porucznik Kuczyński wysyłał raporty na temat akcji do kierownika Wojewódzkiego Urzędu Bezpieczeństwa Publicznego w Białymstoku, Tadeusza Piątkowskiego[340]. Tadeusz Piątkowski zaś w poprzednim roku przyjął Mikołaja Krupskiego do pracy w UB. Co więcej, była to jedna z jego pierwszych decyzji. Piątkowski został szefem białostockiego WUBP w dniu 16 sierpnia 1944 r. Następnego dnia (17 sierpnia 1944 r.) zatrudnił tam Mikołaja Krupskiego – od razu na stanowisku oficera śledczego. Zatem można przypuścić, że Krupskiego z Milewskim łączyły wspólne wspomnienia z tamtych burzliwych lat. Co ciekawe, najbliżsi krewni Mikołaja Krupskiego zostali w ZSRR. Mieszkali i pracowali w kołchozach (spółdzielczych gospodarstwach wiejskich, które były miejscami wyjątkowo ponurymi, słynnymi zarówno z nędzy, jak nudy). Po śmierci Stalina przyszła „odwilżowa" fala repatriacji Polaków z ZSRR. Ale nawet wtedy Mikołaj Krupski nie wyrwał dwóch sióstr, brata i szwagra z kołchozów pod Witebskiem[341]! Nie chciał? Towarzysze partyjni zapamiętali go jako komunistycznego fanatyka. Nazywali go z tego powodu „Święty" – wspomina jego kolega z PRL-owskich służb specjalnych, Jerzy Bronisławski[342]. Czyżby ten „Święty" poświęcił swych najbliższych na ołtarzu czerwonej wiary? Może jednak było inaczej, może to Sowieci z jakichś przyczyn postanowili trzymać jego krewnych u siebie? Czy chcieli w ten sposób kontrolować swojego człowieka? Pytanie uzasadnione, biorąc pod uwagę błyskawiczną karierę, jaką zrobił Krupski w stalinowskiej Polsce. Przypomnę niezwykłe sukcesy w Łodzi, o których pisał Moczar: „Pod jego kierownictwem rozpracowano około 250 spraw". Mowa o absolwencie słynnej kujbyszewskiej szkoły – ale również o człowieku, który dopiero od dziewięciu miesięcy pracuje w UB. Czyżby sowieccy doradcy intensywnie

340 J. Snopko, *Początki działalności Powiatowego Urzędu Bezpieczeństwa Publicznego w Augustowie i jego udział w obławie lipcowej 1945 roku. Wybór dokumentów*, [w:] „Studia Podlaskie", t. 15, Białystok 2005, <https://repozytorium.uwb.edu.pl/jspui/bitstream/11320/2960/1/Studia_Podlaskie_15_Snopko.pdf>, dostęp: 14 września 2018.

341 IPN BU 003088/10.

342 J. Bronisławski, *...i kontrwywiad (wspomnienia oficera operacyjnego)*, Warszawa 1997.

wspierali towarzysza Krupskiego w jego pracy? Czy jednak to Moczar wyolbrzymiał sukcesy podopiecznego, rekomendowanego przez sowiecką centralę? Moczar też był sowieckim agentem, więc w każdej z tych wersji Krupski jawi się jako protegowany sowieckich służb. Zaś los jego rodziny mógł być niewypowiedzianą groźbą, za której pomocą Sowieci protegowanego kontrolowali. Od razu dodam, że nie musiało to stanowić głównego narzędzia kontroli. Fanatyczny komunista podczas wspinaczki na kolejne szczeble kariery mógł być wystarczająco podatny na mniej drastyczne argumenty (czyli marchewkę awansów w sosie ideologii). Wiedziałby przecież, że dzięki Sowietom uzyskuje kolejne stołki i podwyżki, zdobywa coraz większą władzę i coraz dogłębniej uczestniczy w cudownym projekcie krwawej budowy raju na ziemi. Jednak służby specjalne lubią mieć w zanadrzu możliwość szantażu jako zabezpieczenie – na wypadek gdyby agent zaczął wierzgać. Dwie siostry i brat, których los zależy od łaski lub niełaski sowieckich towarzyszy, to potężne zabezpieczenie. Bardziej łańcuch na szyi niż smycz.

Znaczyłoby to, że Mikołaj Krupski, jak Mieczysław Moczar, został zwerbowany przez sowieckie służby. Za taką hipotezą przemawia jeszcze jedna okoliczność. Otóż Krupskiego popierał nie tylko Moczar. W 1955 r., gdy towarzysz Krupski znalazł się w ważnym i trudnym momencie swej kariery, pomógł mu sowiecki funkcjonariusz zajmujący kluczowe stanowisko w PRL-owskich „organach bezpieczeństwa". Był to czas, w którym zaczęto krytykować – najpierw cichutko, potem coraz głośniej – torturowanie aresztantów i więźniów przez UB. Krupski zaś nieraz tortury stosował. Ujął się wówczas za nim pułkownik Mikołaj Orechwa: „Posiada poważne doświadczenie [...] po linii walk z reakcyjnym podziemiem i bandytyzmem [...]. W latach ubiegłych miały u niego miejsce fakty łamania praworządności ludowej. Obecnie błędy te zrozumiał i wszystko wskazuje na to, że nie będzie je [sic!] popełniał". Pismo pochodzi z 8 czerwca 1955 r. Trzy tygodnie później Krupski został szefem stołecznego UB (wówczas już UdsBP). Tak się składa, że pułkownik Orechwa kierował Departamentem Kadr i Szkolenia KdsBP (Komitetu ds. Bezpieczeństwa Publicznego, który powstał na podstawie części dawnego MBP i kierował wszystkimi ubekami w Polsce). Departament towarzysza Orechwy współdecydował o wszystkich ważniejszych nominacjach w UB. Znaczy to, że Orechwa nie tylko bronił Krupskiego przed oskarżeniami o brutalność. On go promował na ważne i prestiżowe stanowisko szefa stołecznego UB. Kim był towarzysz Mikołaj Orechwa? Zaczynał w latach 1919–1920 jako żołnierz Armii Czerwonej podczas wojny polsko-bolszewickiej. W jej szeregach walczył przeciwko Polakom, m.in. nacierał na Warszawę w sierpniu 1920 r. W latach 1923–1924 pełnił funkcję sekretarza Komitetu Centralnego Komsomołu (komunistyczna młodzieżówka) na sowieckiej Białorusi. Jeszcze przed wojną pełnił tajne misje w Polsce jako funkcjonariusz sowieckich służb specjalnych. Po wojnie oddelegowano go do pracy w polskich organach bezpieczeństwa.

Innym dowodem pracy Krupskiego dla sowieckich służb specjalnych jest jego zachowanie w latach 60. i 70., gdy kierował cywilnym kontrwywiadem PRL. Historyk Michał Majewski podaje, że Krupski współpracował wtedy z sowieckimi służbami tak ściśle, jak gdyby nadal trwały lata 40. i 50. Wbrew powszechnej praktyce obowiązującej po październiku 1956 r. w kontaktach z „radzieckimi przyjaciółmi" towarzysz Krupski nie korzystał z pośrednictwa przełożonych w randze ministra lub wiceministra. Przekazywał dokumenty funkcjonariuszom KGB bezpośrednio i samowolnie[343].

Hipoteza o Krupskim jako agencie sowieckich służb pomaga też odpowiedzieć na pytanie o istotę relacji między Mieczysławem Moczarem a tymi służbami.

Jak wcześniej wspominałem, Moczar stał zbyt wysoko w hierarchii PRL-owskich władz, by zajmować się zwykłą działalnością agenturalno-operacyjną, pisać raporty, werbować ludzi. Jeśli spotykał się ze swoimi protektorami z GRU, to raczej rzadko – i tylko z oficerami najwyższego szczebla. Zapewne łudził się wtedy, że jest dla nich partnerem (nie on pierwszy i nie ostatni).

Natomiast za bieżący kontakt z sowieckimi służbami – być może też za działalność mniej polityczną, bardziej agenturalną – mógł odpowiadać Krupski. Byłby on więc „sowieckim łącznikiem" Moczara i jego prawą (lewą?) ręką do mniej prestiżowych zadań. Tłumaczyłoby to, dlaczego Moczar ciągnął za sobą Krupskiego przez całe dziesięciolecia. Podobnie jak Antoni Macierewicz przez dziesięciolecia ciągnął za sobą Roberta Luśnię powiązanego z GRU. Stawiałoby to również w nowym świetle opisany wcześniej układ Moczar–Krupski–Mikołajski.

Pisałem, że Moczar nie zwerbował Mikołajskiego dla GRU, bo takich rzeczy nie robił – choć mógł go uczynić swym wiernym zwolennikiem przy

343 M. Majewski, *Soviet Advisors in the Polish Ministry of Public Security (Ministry of Internal Affairs) between 1944–90*, „Archiva Moldaviae" nr 8, Jassy 2016, <https://www.academia.edu/36193002/Antonie_Plamadeala_and_the_Securitate_in_the_years_1940s-1950s>, s. 169.

pomocy Krupskiego. Teraz wypadałoby spytać: może to Krupski zwerbował Mikołajskiego dla sowieckich służb? Za cichym przyzwoleniem Moczara?

W 1961 r. Moczar uzyskuje dla Krupskiego nominację na stanowisko zastępcy dyrektora Departamentu I (czyli wywiadu), Henryka Sokolaka. Rok później zastępcą dyrektora wywiadu zostaje Mirosław Milewski. Przez następne trzy lata obaj promoskiewsko-moczarowscy towarzysze Milewski i Krupski są kolegami jako zastępcy dyrektora Sokolaka. W grudniu 1964 r. Moczar obejmuje stanowisko ministra i po trzech miesiącach mianuje Krupskiego dyrektorem Departamentu II (kontrwywiadu). Przy okazji pisze na jego temat opinię laurkę, którą wysyła do KC PZPR: „zdolny, samodzielny, przejawiający dużo inicjatywy i troski o dobro pracy". Pojawia się też formułka: „dobry wychowawca dla swoich pracowników"[344]. Dobry wychowawca Krupski będzie szefem kontrwywiadu przez następne osiem lat.

Odnotujmy jeszcze jedną ciekawą okoliczność. W styczniu 1969 r. Mirosław Milewski z wiceszefa wywiadu staje się jego szefem. Dwa miesiące później, w marcu 1969 r., wysyła do ministra spraw wewnętrznych Kazimierza Świtały taki oto tajny i tajemniczy raport: „W związku z pismem Ministra Spraw Wewnętrznych Republiki Kuby zapraszającym delegację naszego Ministerstwa do złożenia wizyty uprzejmie proszę o delegowanie na okres 25 dni, tj. od 31 marca do 24 kwietnia 1969 r., delegacji w składzie: 1. płk dypl. M. KRUPSKI – dyrektor Departamentu II – przewodniczący delegacji 2. płk E. Pękała – wicedyrektor departamentu I. 3. płk T. Ziółkowski – naczelnik Wydziału IV Departamentu I. Wyżej wymienieni otrzymują paszporty dyplomatyczne wydane przez MSZ, z tym że płk Pękała i płk Ziółkowski wyjadą na własne nazwiska, natomiast płk Krupski na nazwisko Stanisław Zalewski. W drodze powrotnej z Kuby delegacja uda się w celach służbowych do Meksyku i do Stanów Zjednoczonych"[345]. W oficjalnych amerykańskich dokumentach czytamy, że wiosną 1969 r. amerykańska administracja zaczęła rozważać wznowienie tajnych operacji wywiadowczych i dywersyjnych skierowanych przeciwko Kubie[346]. Może to połechtać naszą narodową dumę, że w obliczu nadciągających kłopotów Kubańczycy poprosili o pomoc Polaków. Musimy jednak pamiętać, że mowa o Milewskim i Krupskim, czyli

344 IPN BU 003088/10, s. 117.

345 Tamże, s. 122.

346 *Foreign Relations of the United States, 1969–1976, Volume E–10, Documents on American Republics, 1969–1972*, Office of the Historian, <https://history.state.gov/historicaldocuments/frus1969-76ve10/d194a>, dostęp: 14 września 2018.

o stuprocentowo sowieckich Polakach. Kubańscy towarzysze w obliczu ataków CIA mogli być zainteresowani kontrwywiadowczym doświadczeniem Krupskiego. Jednak więcej nadziei pokładali w KGB i GRU niż w SB. Jeśli chcieli rozmawiać z Polakami, to przede wszystkim z takimi, którzy wiedzą, co w Moskwie piszczy. Zapewne pragnęli wysondować sowieckie nastroje za pośrednictwem dobrze poinformowanych gości z Warszawy. Możemy być pewni, że jeśli nie Krupski, to Milewski poinformował Sowietów o tej podróży. Oczywiście, podczas rozmów z Kubańczykami mogły się przewijać również inne tematy. Do sympatyków kubańskiego reżimu zaliczał się Antoni Macierewicz, więc intrygująco brzmi przypuszczenie, że gospodarze mogli gościom przekazać w prezencie parę informacji o swoich kontaktach w Polsce. Nie wiadomo jednak, czy tak było. Tak samo jak nie wiadomo, co Mikołaj Krupski po wyjeździe z Kuby robił w USA. Siedem miesięcy później, w listopadzie 1969 r., Departament Kadr MSW z okazji 50. urodzin postanowił uhonorować Krupskiego złotym zegarkiem marki Omega. To podarunek od bandy Matejewskiego czy gangu Milewskiego? – chciałoby się zapytać.

W 1973 r. Mikołaj Krupski odszedł z kontrwywiadu i został kierownikiem Głównego Inspektoratu Ministra Spraw Wewnętrznych. Był to czas, w którym rosły wpływy Mirosława Milewskiego w MSW. Wiemy już, że Milewski ufał Krupskiemu (skoro wysłał go w supertajną podróż na Kubę, do USA i Meksyku). Mógł się więc przyczynić i do tej nowej nominacji. Nominacji bardzo interesującej, dodajmy. Można by ją uznać za coś w rodzaju degradacji. Zamiast tropić wrogów, od 1973 r. Mikołaj Krupski zaglądał kolegom w papierki. Jednak w papierkach kolegów można znaleźć „haki", a „haki" to potęga. Dzięki tej nominacji Krupski stał się najważniejszym inspektorem w ministerstwie. Odtąd badał wszelkie niedociągnięcia i występki, do których doszło w MSW i podlegających mu służbach. Miał wiele okazji, aby zbierać kompromitujące materiały na wszystkich esbeków i milicjantów w Polsce. Towarzysz Krupski został Wielkim Hakowym Ministerstwa. A raczej – Wielkim Hakowym Kremla w Polsce.

UKRYTE CENTRUM KONSTELACJI MACIEREWICZA?

Gdy przyglądamy się esbeckiemu układowi, który stał za Mikołajskim, opiekunem Macierewicza, nieustannie natrafiamy na Sowietów – i na Krupskiego. On zawsze krąży gdzieś blisko centrum tego układu. Przypomnijmy sobie całą tę konstelację.

Antonim Macierewiczem bezpośrednio opiekuje się Stefan Mikołajski, w czasach stalinizmu podwładny i protegowany Krupskiego. A w latach 80. – faworyt Malika, który z kolei znajduje się pod protekcją Krupskiego na przełomie lat 60. i 70. To Mikołaj Krupski wysyła Adama Malika do Moskwy. To Krupski go ratuje, gdy Malik wpada w tarapaty za sprawą swej żony.

Krupski wysyła do Moskwy również Witolda Kaszkura, którego syn Wojciech później da z siebie wszystko, by Piotr Naimski, prawa ręka Macierewicza, w 1981 r. mógł polecieć do USA.

Równocześnie Krupski wypycha z kontrwywiadu i z SB funkcjonariuszy Wilczyńskiego i Mrozikiewicza, którzy zajmowali się rodziną Macierewicza.

Jakby tego było mało, powiązania z Milewskim sprawiają, że Krupski stanowi kolejne ogniwo między Malikiem i Mikołajskim a sprawą Popiełuszki.

Wisienka na torcie: Mikołaj Krupski musiał nieraz przebywać naprawdę blisko Antoniego Macierewicza. W aktach osobowych Krupskiego znajduje się adres jego córki, Anny Krupskiej-K. Okazuje się, że w latach 80. mieszkała ona na warszawskich Bielanach, przy ulicy Klaudyny... w odległości około 70 metrów od mieszkania Macierewicza. Trudno przypuszczać, żeby ojciec nigdy jej nie odwiedzał. Anna Krupska-K. pracowała wówczas w CIECH-u (Centrali Importowo-Eksportowej Chemikalii). Instytucja ta m.in. importowała sowiecką ropę do Polski.

Z UB W KAMASZE

Jak się skończyła kariera towarzysza Krupskiego? Pełnił funkcję kierownika Głównego Inspektoratu Ministra Spraw Wewnętrznych przez całe 15 lat – aż do 1988 r. Zatem również za czasów Kiszczaka, który najwyraźniej ufał Krupskiemu mimo jego koneksji z Milewskim i Sowietami. W latach 1988–1990 towarzysz Krupski działał w tzw. Komitecie Rady Ministrów ds. Przestrzegania Prawa, Porządku i Dyscypliny Społecznej. Komitet ten założył sam Kiszczak.

Zatem Mikołaj Krupski jawi się nam jako towarzysz niezatapialny, który umie żeglować z wiatrem każdej epoki. Aczkolwiek cztery dekady wcześniej była chwila, w której o mało nie utonął. Aby przetrwać, musiał się głęboko zanurzyć. Potem jednak – jak dobry okręt podwodny – znów wychynął na powierzchnię.

Przyjrzyjmy się tej szczególnej chwili w karierze Krupskiego.

W 1955 r. Krupski zostaje ostatnim szefem warszawskiego UB (UdsBP). Zajmuje to stanowisko do 14 stycznia 1957 r.[347]. Wtedy zostaje zwolniony. Uwaga: nie był to element ówczesnych reorganizacji związanych z likwidacją UB i przejęciem wszystkich cywilnych „organów bezpieczeństwa" przez MSW. Podczas tych reorganizacji ubeccy kierownicy zwykle tracili stołki tylko po to, by natychmiast je odzyskać. Krupskiego ze stołka zdjęto bezpowrotnie. Taka bezpowrotna utrata stołka nie była wówczas czymś częstym. Na przełomie 1956 i 1957 r. w całej Polsce zlikwidowano Urzędy ds. Bezpieczeństwa. Ale ich pracownicy z reguły przeszli do miejscowych komend Milicji Obywatelskiej. Wykonywali tam dotychczasowe zadania (lub podobne do dotychczasowych). Z ubeków stawali się esbekami. Dotyczyło to również kierowników. Lokalny kierownik Urzędu ds. Bezpieczeństwa zwykle zostawał „zastępcą do spraw bezpieczeństwa" lokalnego komendanta milicji. Sprawdziłem, jak to wyglądało w 76 wojewódzkich, powiatowych i miejskich Urzędach Bezpieczeństwa. Dla dokładności obrazu ograniczyłem się do urzędów, których rangę można jakkolwiek porównywać ze stołecznym. Opierałem się przy tym na danych zgromadzonych w katalogu Instytutu Pamięci Narodowej oraz na pracy *Aparat bezpieczeństwa w Polsce*[348]. Co się okazało? Na 76 kierowników regionalnych i lokalnych Urzędów ds. Bezpieczeństwa, aż 52 na pewno zostało zastępcami komendanta regionalnej lub lokalnej komendy MO. W wypadku 12 osób brakuje danych. Nie wiadomo, czy ta dwunastka odeszła z „cywilnych organów bezpieczeństwa", czy jednak w nich pozostała (i jakie stanowiska zajmowała, jeśli pozostała). Trzy osoby przeszły na inne „bezpieczniackie" lub milicyjne stanowiska. Jedna została... wiceministrem spraw wewnętrznych (późniejszy minister Franciszek Szlachcic). Tylko osiem osób opuściło resort. Zatem „bezpowrotna" dymisja Krupskiego mogła znaczyć, że zaliczono go do wąziutkiego grona „czarnych owiec".

Czy tę dymisję można tłumaczyć normalną walką o stołki między ludźmi wiceministra Alstera a ludźmi wiceministra Moczara? Jak już wiemy, Krupski był człowiekiem Moczara. Czy to mogło wystarczyć, żeby Alster zwolnił towarzysza Krupskiego lub doprowadził do jego zwolnienia? Nie do końca. W tomie drugim pracy *Aparat bezpieczeństwa w Polsce*[349] czytamy, że proces

---

347 K. Szwagrzyk (red.), dz. cyt., t. 1, s. 456.

348 Tamże.

349 P. Piotrowski (red.), *Aparat bezpieczeństwa w Polsce. Kadra kierownicza*, t. 2, 1956–1975, Warszawa 2006, <https://arch.ipn.gov.pl/ftp/pdf/Aparat_kadra_kier_tom%20II.pdf>, dostęp: 14 września 2018.

przechodzenia ubeków do SB nadzorował... Mieczysław Moczar. Jeśli nawet on nie pomógł Krupskiemu, sprawa musiała być poważna. Jeszcze trudniej wytłumaczyć to, co się stało miesiąc później. Następna informacja o losach Mikołaja Krupskiego pochodzi z katalogu IPN. Czytamy w nim, że 15 lutego 1957 r. towarzysz Krupski zostaje wcielony do... Wojsk Ochrony Pogranicza i służy „poza pionem bezpieczeństwa"[350].W aktach osobowych Krupskiego sprawa opisana jest dokładniej i nieco inaczej[351]. Otóż akta mówią, że Mikołaj Krupski został powołany do czynnej służby wojskowej. Była to decyzja ministra obrony narodowej Mariana Spychalskiego. Zapadła nie 15 lutego, ale dzień później, 16 lutego. Skąd ta różnica w datach? Nie udało mi się ustalić. Można podejrzewać, że nie wszystko odbyło się zgodnie z regułami. Czyżby ktoś pośpiesznie zarejestrował Krupskiego w armii i dopiero potem poinformował ministra, że w takiej sytuacji wypadałoby formalnie powołać towarzysza do wojska? Czy minister „przyklepał" fakt dokonany? Jeśli tak, to kto „dokonał" tego faktu? Inna osobliwość: swoją decyzją minister Spychalski powołał Krupskiego do wojska i od razu przydzielił go do dyspozycji... ministra spraw wewnętrznych. Można powiedzieć, że to logiczne: Wojska Ochrony Pogranicza podlegały wtedy MSW. Jednak w innej części akt osobowych Mikołaja Krupskiego czytamy, że w latach 1957–1960 był on słuchaczem Akademii Sztabu Generalnego. Do Wojsk Ochrony Pogranicza trafił dopiero w 1960 r. (od razu jako zastępca szefa zarządu politycznego Dowództwa WOP). Czyżby po przeniesieniu Krupskiego do WOP zorientowano się, że nie zna się on na wojskowej ochronie pogranicza i trzeba go najpierw gruntownie dokształcić? To mało prawdopodobne: w komunizmie panowała jeszcze większa tolerancja dla niekompetencji decydentów niż w kapitalizmie... Może chodziło zatem o coś innego? Może Krupski miał słuchać wojskowych wykładów jako wojskowy student, ale z ramienia MSW? Czy po to wcielono go do WOP, żeby mógł chodzić po akademii w wojskowym mundurze i dyskretnie badać nastroje innych adeptów wiedzy militarnej? Coś takiego jawiłoby się jako śmiała intryga ze strony MSW. To służby wojskowe badały nastroje w wojskowych instytucjach. Wysyłając umundurowanego Krupskiego na ich „terytorium", MSW ingerowałoby w ich kompetencje – i to w sposób dość bezczelny, przy użyciu samego ministra obrony

350 *Dane osoby z katalogu funkcjonariuszy aparatu bezpieczeństwa*, Biuletyn Informacji Publicznej Instytutu Pamięci Narodowej. Komisja Ścigania Zbrodni przeciwko Narodowi Polskiemu, <https://katalog.bip.ipn.gov.pl/informacje/56133>, dostęp: 14 września 2018.

351 IPN BU 003088/10.

Spychalskiego. Zatem musimy poszukać innych wyjaśnień. Czyżby Krupskiego należało gdzieś schować? Czy trzeba było go zabrać z „organów bezpieczeństwa", zablokować mu dostęp do rozrastającego się MSW i rodzącej się SB, ukryć na parę lat w jakimś innym miejscu, w nowym mundurze? Kazać po cichu uzupełniać braki w wykształceniu i objeżdżać odludne strażnice graniczne? Czy na początku 1957 r. Mikołaj Krupski stał się trędowaty? Jeśli tak, to z jakiego powodu?

Pytania te prowadzą do dwóch następnych, na które odpowiedzieć jest łatwiej. Za jaki obszar na przełomie 1956 i 1957 r. odpowiadał Krupski? Za Warszawę. Był ostatnim szefem warszawskiego UB. Czy na początku 1957 r. w Warszawie zdarzyło się coś, co mogłoby tłumaczyć bezpowrotną dymisję szefa miejscowego UB i zesłanie go do wojska? Tak, zdarzyło się coś takiego. Został uprowadzony Bohdan Piasecki (jak się później okazało, ze śmiertelnym skutkiem). Była to tragedia, zbrodnia i skandal polityczny, podczas którego warszawskie „organa bezpieczeństwa" popełniały ogromne błędy, najprawdopodobniej intencjonalne. Chłopca porwano 22 stycznia. Trzy tygodnie później, 15 lutego, Krupski znalazł się w wojsku. Ze stanowiska szefa stołecznego UB (kierownika UdsBP) Krupskiego zdjęto tydzień przed porwaniem, 14 stycznia 1957 r. Inni ubeccy kierownicy, którzy w tym samym czasie stracili stołki, otrzymali analogiczne stanowiska w SB. Może i taki miał być los Krupskiego – ale po drodze wydarzyło się coś strasznego, po czym trzeba było go schować? Czy było to związane z porwaniem Bohdana Piaseckiego? Stanowiłoby to kolejne powiązanie Krupskiego z Mikołajskim i Malikiem, którzy prowadzili sprawę Piaseckiego. Bardzo niepokojące powiązanie, gdyż Mikołajski i Malik tak prowadzili tę sprawę, żeby przez dziesięciolecia nie można było znaleźć winnych. Czy Krupski był im za to wdzięczny?

Jak widać, nie tylko towarzysz Krupski ciągle powraca w naszej opowieści, stale przewija się w niej też sprawa Bohdana Piaseckiego. Zatem powinniśmy się w nią zagłębić, jeśli chcemy zrozumieć świat protektorów Macierewicza i ich korzenie. Tym bardziej że przy bliższym poznaniu wykazuje ona istotne podobieństwo do sprawy księdza Popiełuszki, z którą protektorzy Macierewicza też są powiązani. Co więcej, badając sprawę porwania i zamordowania Bohdana Piaseckiego, znów natrafimy na Antoniego Macierewicza.

CZĘŚĆ TRZECIA
Prawda leży w piwnicy

Sprawa uprowadzenia i zamordowania Bohdana Piaseckiego to jedna z najbardziej przerażających zagadek naszej historii. Nie tylko z kryminalnego punktu widzenia, lecz także politycznego. Ojciec Bohdana, Bolesław Piasecki, był przecież politykiem – i to politykiem niezwykłym. Przed wojną przewodził najbardziej radykalnym nacjonalistom Drugiej Rzeczpospolitej. Możemy ich śmiało nazwać faszystami, bo nie obraziliby się na takie określenie. Sam Piasecki był intensywnie wspierany przez dyplomatów faszystowskich Włoch – również w latach 1939–1940, gdy Włochy wspierały hitlerowskich okupantów Polski. Niektóre źródła podają, że Piasecki po prostu współpracował z włoskim wywiadem. Mimo takich koneksji, w 1940 r. wódz polskich faszystów zszedł do podziemia. Było to podziemie szczególnej natury. „Partyzanci" związani z Piaseckim mordowali Żydów – co przyznają nawet jego towarzysze broni – jak również bezbronnych sowieckich jeńców. Po wojnie, w komunistycznym PRL, Bolesław Piasecki został... kapitalistą, milionerem oraz przywódcą ruchu prorządowych katolików, tzw. Stowarzyszenia PAX. Stało się tak dzięki opiece, jaką nad polskim faszystą roztoczyli generał sowieckiej policji politycznej, Iwan Sierow oraz znana nam Julia Brystiger.

Bohdan Piasecki był ukochanym pierworodnym synem Bolesława. 22 stycznia 1957 r. został uprowadzony przez nieznanych sprawców. Miał wtedy niespełna szesnaście lat. Polska zamarła. Nie tylko ze względu na ohydę czynu, lecz także ze względu na to, kim był ojciec ofiary. Przez niemal dwa lata los chłopca pozostawał nieznany. W grudniu 1958 r. znaleziono jego ciało w piwnicy jednej z warszawskich kamienic. Badanie wykazało, że sprawcy zamordowali go krótko po porwaniu. Nie wykryto ich przez następne 61 lat, czyli do dziś. Powszechnie sądzono, że kierowały nimi motywy polityczne. Sądzono słusznie. Mord na Bohdanie Piaseckim był zbrodnią polityczną. Badając przeszłość Antoniego Macierewicza znalazłem dokumenty, dzięki którym można wskazać sprawców oraz ich inspiratorów i protektorów. Włącznie z tymi, którzy przez całe dziesięciolecia osłaniali winnych.

Tak się składa, że anonimowość morderców ochronili ci sami ludzie, którzy w latach 80. chronili Macierewicza. Esbecy Stefan Mikołajski i Adam Malik zostali oficjalnie powołani, by wykryć sprawców porwania i mordu. Jednak robili wszystko, by to się nie udało. Oczywiście nie tylko oni chronili morderców. Bezpośrednio po porwaniu wiceminister spraw wewnętrznych Antoni Alster i związany z nim dyrektor Departamentu III Zbigniew Paszkowski objęli śledztwo w tej sprawie osobistym nadzorem. Obaj tolerowali jaskrawe nieprawidłowości. Paszkowski posunął się nawet do kłamstwa, by chronić wspólnika sprawców. W 1982 r., gdy zbrodnia już się przedawniła, Mikołajski napisał dla kierownictwa MSW ponad 400-stronicowe opracowanie, w którym podsumował sprawę. Opasły tom znajduje się w Instytucie Pamięci Narodowej[352]. Na stronach tego dzieła Mikołajski obnaża nierzetelności Alstera i Paszkowskiego. Milczy jednak o własnych uchybieniach – jak również o swych powiązaniach z możliwymi sprawcami. Mimo to świadectwo Mikołajskiego, choć stronnicze i pełne przekłamań, jest cenne. Stefan Mikołajski znał sprawę Bohdana Piaseckiego jak nikt inny, zajmował się nią przez 15 lat. Co więcej, obchodził się z nią ostrożnie (zapewne po doświadczeniach z 1963 r., kiedy to zniszczenie dokumentów „Bagno – Marlena" naraziło go nieprzyjemności). Nie usuwał wszystkich tropów, które wiodły do sprawców. Raczej je zamazywał. Topił istotne fakty w morzu faktów nieistotnych. Zatem z jego przekłamań nieraz można wyłowić prawdę.

W jaki sposób Mikołajski zetknął się ze sprawą Bohdana Piaseckiego? W dniu 1 stycznia 1957 r., trzy tygodnie przed porwaniem, Mikołajski został zastępcą naczelnika Wydziału I w Departamencie III Ministerstwa Spraw Wewnętrznych[353]. Ten departament od dnia porwania Bohdana prowadził swoje własne śledztwo. Śledztwo polityczne i wymagające analiz – zaś wydział Stefana Mikołajskiego w Departamencie III zajmował się m.in. analizami polityczno-operacyjnymi. Wynika z tego, że Mikołajski od początku śledztwa musiał mieć do niego mniejszy lub większy dostęp. Możemy być pewni, że już wtedy kierownictwo MSW potrzebowało analiz ewentualnych politycznych motywacji sprawców porwania chłopca (takie analizy powsta-

352 IPN 0397/416, t.1.

353 *Dane osoby z katalogu funkcjonariuszy aparatu bezpieczeństwa*, Biuletyn Informacji Publicznej Instytutu Pamięci Narodowej. Komisja Ścigania Zbrodni przeciwko Narodowi Polskiemu, <https://katalog.bip.ipn.gov.pl/informacje/40783>, dostęp: 14 września 2018.

wały na różnych etapach śledztwa). Możemy też być pewni, że szefowie ministerstwa w tak ważnej sprawie nie zwróciliby się do jakiegoś podrzędnego analityka, tylko do szefów wydziału analiz, lub do osoby przez nich wyznaczonej. To tłumaczy, dlaczego pięć lat później Mikołajskiego uczyniono zastępcą szefa specjalnej Grupy Operacyjno-Śledczej „Zagubiony", powołanej w 1963 r. dla rozwikłania zagadki śmierci Bohdana Piaseckiego. Odtąd to Mikołajski najaktywniej rozpracowywał sprawę. Wielokrotnie przesłuchiwał świadków i informatorów, wielokrotnie zapoznawał się z opiniami ekspertów, wielokrotnie czytał wszystkie akta. Trwało to aż do 1982 r.

MACIEREWICZ ODTAJNIA I UTAJNIA?

Jak wiemy, zagadką jest również sam Antoni Macierewicz. Co ciekawe, te dwie zagadki – zagadkę Macierewicza i zagadkę mordu na Piaseckim – łączy nie tylko osoba Stefana Mikołajskiego. Łączy je nie tylko wuj Macierewicza, Andrzej Winczakiewicz, który występując w sprawie Piaseckiego jako specjalista badający próbki papieru przedstawił dziwną, dwuznaczną ekspertyzę. Związki te staną się bardziej bezpośrednie, gdy sam Antoni Macierewicz zajmie się sprawą Bohdana Piaseckiego.

W 1992 r. Macierewicz jako minister spraw wewnętrznych zapowiedział odtajnienie akt sprawy Bohdana Piaseckiego. Pisze o tym Jacek Wilamowski, autor książeczki pt. *Dyrektywa: milczeć!* poświęconej zamordowaniu Bohdana[354]. Według Wilamowskiego Macierewicz nie do końca wywiązał się z tej obietnicy, gdyż ponownie utajniał odtajnione. Część z nich miał przekazać rodzinie ofiary. Chodzi o 145 kart, które według Wilamowskiego znajdują się teraz w posiadaniu Ładysława Piaseckiego, syna Bolesława i brata Bohdana. Autor dodaje, że szumne zapowiedzi Macierewicza nie przyniosły przełomu w sprawie. W tej kwestii trudno nie przyznać Wilamowskiemu słuszności.

W latach dwutysięcznych akta śledztwa stały się dostępne dla historyków i dziennikarzy, znalazły się bowiem w IPN. Niestety, nie są kompletne. Oczywiście, nie musi być za to odpowiedzialny Antoni Macierewicz – dowody znikały już w latach 50. Aby wyjaśnić, jak Macierewicz ujawniał/utajniał akta śledztwa Piaseckiego, wysłałem następujące zapytanie do Ministerstwa Spraw Wewnętrznych i Administracji:

354 J. Wilamowski, *Dyrektywa: milczeć! Kulisy porwania i zabójstwa Bohdana Piaseckiego w 1957 r.*, Warszawa 2013.

- jak w 1992 r. wyglądała i jak się zmieniała kwestia tajności akt śledztwa w sprawie uprowadzenia i zamordowania Bohdana Piaseckiego przechowywanych w archiwach Ministerstwa Spraw Wewnętrznych, względnie w archiwach instytucji i służb podporządkowanych MSW?
- różni autorzy np. Jacek Wilamowski[355] piszą, że Minister Spraw Wewnętrznych Antoni Macierewicz w 1992 r. zapowiedział odtajnienie ww. akt, potem jednak utajnił je (lub część z nich) ponownie decyzją z 13 kwietnia 1992 r.; czy te stwierdzenia są prawdziwe i jak je rozumieć?
- precyzując: czy w 1992 r. Minister Antoni Macierewicz odtajnił ww. akta, czy tylko to zapowiedział?
- a jeśli tak, to czy odtajnił wszystkie ww. akta, czy tylko część z nich?
- czy decyzją z 13 kwietnia 1992 r. Minister Antoni Macierewicz utajnił ponownie akta śledztwa w sprawie Bohdana Piaseckiego odtajnione wcześniej przez siebie, czy też było inaczej: Minister utajnił akta śledztwa w sprawie Bohdana Piaseckiego, które wcześniej odtajnił ktoś inny?
- czy decyzją z 13 kwietnia 1992 r. Minister Antoni Macierewicz utajnił ponownie wszystkie wcześniej ujawnione akta śledztwa w sprawie Bohdana Piaseckiego, czy tylko część z nich?
- czy jest prawdą, że w 1992 r. Minister Antoni Macierewicz przekazał rodzinie Bohdana Piaseckiego część akt śledztwa w sprawie Bohdana Piaseckiego?
- czy jest prawdą, że akta przekazane rodzinie Bohdana Piaseckiego przez Ministra Macierewicza liczyły łącznie ok. 140 kart?
- czy wszystkie akta śledztwa w sprawie Bohdana Piaseckiego znajdują się obecnie w Instytucie Pamięci Narodowej?
- czy wszystkie akta śledztwa w sprawie Bohdana Piaseckiego są dziś odtajnione, czy też jest inaczej: jakaś część z tych akt wciąż pozostaje tajna?

Wciąż czekam na odpowiedź z MSWiA.

WIĘZI BIZNESOWO-SZKOLNO-POLITYCZNE

Między Antonim Macierewiczem a rodziną Bolesława Piaseckiego istnieje też powiązanie biznesowe. Syn Bolesława, wspomniany wcześniej Łady-

355 Tamże.

sław Piasecki w czerwcu 2017 r. został prezesem zarządu państwowej spółki Maskpol SA. Spółka ta należy do Polskiej Grupy Zbrojeniowej (PGZ)[356]. W czerwcu 2017 r. Polska Grupa Zbrojeniowa znajdowała się pod kontrolą ministra obrony narodowej Antoniego Macierewicza. To on bezpośrednio lub pośrednio decydował o nominacjach w spółkach PGZ. Czy to powiązanie biznesowe ma swoją prehistorię? Ćwierć wieku wcześniej, w latach 1980–1981, Macierewicz prowadził wspominany już Ośrodek Badań Społecznych (OBS) przy Regionie Mazowsze NSZZ „Solidarność". Był też pomysłodawcą i założycielem tego ośrodka. Po wprowadzeniu stanu wojennego SB przejęło biurowy notatnik kierownictwa OBS, a więc służbowy notes Macierewicza. W notesie tym znajduje się telefon do niejakiego Piotra Wojciechowskiego z „Zakładu Akt Biurowych Veritas". Veritas było marką, pod którą działały firmy kontrolowane przez Bolesława Piaseckiego. Produkowały one m.in. materiały biurowe i sprzęt do pisania. Czyżby OBS razem ze swoim szefem zaopatrywał się w firmach założonych przez Bolesława Piaseckiego? Uwaga: Piotra Wojciechowskiego z notesu nie można utożsamiać z bliskim współpracownikiem Macierewicza, Piotrem Woyciechowskim. Ten drugi w latach 1980–1981 miał 14–15 lat. Wiadomo natomiast, że nazwisko jego dziadka Jerzego, zamordowanego przez Sowietów w ukraińskim Charkowie, na liście ofiar tej zbrodni zostało zapisane przez „j": „Wojciechowski". Nasuwa się więc pytanie, czy imię „Piotr" nie powtarzało się w rodzinie dwojga nazwisk (względnie dwojga pisowni). Jednak Woyciechowski w mediach społecznościowych twierdzi, że zapis „Wojciechowski" na liście ofiar pojawił się za sprawą przeoczenia[357].

Istotniejsze zdaje się to, że jeden z najbliższych współpracowników Antoniego Macierewicza – były wiceminister Bartosz Kownacki – jest absolwentem liceum Św. Augustyna w Warszawie[358]. Liceum to zostało założone przez... Bolesława Piaseckiego i jego Stowarzyszenie PAX. Zaś w 2010 r. Bartosz Kownacki zaangażował się w działalność Polskiego Związku Katolic-

356 *Wpisy do krajowego rejestru sądowego*, Internetowy Monitor Sądowy i Gospodarczy, <https://www.imsig.pl/pozycja/2017/170/KRS/277933,PRZEDSI%C4%98BIORSTWO_SPRZ%C4%98TU_OCHRONNEGO_%22MASKPOL%22_SP%C3%93%C5%81KA_AKCYJNA>, dostęp: 14 września 2018; *Nowy zarząd Maskpolu*, Defence 24, 30 czerwca 2017, <https://www.defence24.pl/nowy-zarzad-maskpolu>.

357 Profil Piotra Woyciechowskiego, Twitter, 5 marca 2016, <https://twitter.com/piotrw1966/status/706055888520482816>, dostęp: 14 września 2018.

358 A. Kondzińska, *Bartosz Kownacki. Polityk katolik, adwokat smoleński*, „Gazeta Wyborcza" (wydanie internetowe), 19 listopada 2013, <http://wyborcza.pl/politykaekstra/1,132907,14979886,Polityk_katolik__adwokat_smolenski.html>.

ko-Społecznego (PZKS). Również ta organizacja wywodzi się – aczkolwiek w sposób nieprosty – ze Stowarzyszenia PAX Bolesława Piaseckiego. Założył ją w 1981 r. były działacz PAX Janusz Zabłocki, były zbuntowany współpracownik Piaseckiego. O ile wiemy Zabłocki nie chciał, by PZKS stał się „drugim PAX-em", który kolaborował z komunistami. Założyciel nowej organizacji starał się jej nadać pewną niezależność. PZKS miał kilku posłów w Sejmie PRL – i posłowie ci wbrew Jaruzelskiemu i Kiszczakowi nie zagłosowali za zatwierdzeniem stanu wojennego w grudniu 1981 r. Jednak rok później organizacja przystąpiła do prokomunistycznej koalicji Patriotyczny Ruch Odrodzenia Narodowego. Po odsunięciu Janusza Zabłockiego, władzę w PZKS przejęli ludzie związani z SB, m.in. narodowiec i komunistyczny agent Jan Matłachowski. Wtedy stało się to, czego nie chciał Zabłocki. Zaczęto mówić, że PZKS jest „drugim PAX-em".

„Drugi PAX" przetrwał upadek komunizmu i doczekał chwili, w której wstąpił do niego bliski współpracownik Antoniego Macierewicza, Bartosz Kownacki. Nie tylko wstąpił, lecz także sięgnął po honory. W 2011 r., na zjeździe w Wólce Klasztornej Kownacki został wybrany członkiem zarządu PZKS. Gdy Macierewicz został ministrem obrony, mianował kolegę Kownackiego z zarządu PZKS – niejakiego Macieja Fersztorowskiego – szefem rady nadzorczej państwowej spółki Rosomak SA. Podobne stanowiska w spółkach zbrojeniowych lub związanych z branżą zbrojeniową (Wojskowe Zakłady Lotnicze, Waryński SA, Dantex PCO) Antoni Macierewicz obsadził absolwentami PAX-owskiego liceum św. Augustyna (i członkami Towarzystwa Śpiewaczego Lira, które pierwotnie było chórem uczniów tego liceum)[359].

Oprócz powiązań z czasów szkolnych – odświeżonych później w spółkach Skarbu Państwa pod skrzydłami Macierewicza – Bartosza Kownackiego z PAX i Piaseckim łączą też postawy geopolityczne. Piasecki składał hołdy Moskwie w swojej epoce, zaś Bartosz Kownacki czynił coś podobnego całkiem niedawno. Razem ze stronnikami Kremla okazywał też wrogość wobec Zachodu i zachodniej demokracji. Kownacki sam przyznaje, że w latach 2011–13 związał się z Sojuszem Europejskich Ruchów Narodowych (AENM). Jest to skrajnie prawicowa międzynarodówka nacjonalistów, faszystów i innych wrogów zjednoczonej Europy wspierana przez Putina (oczywiście z wzajemnością). Co więcej, w 2012 r. Bartosz Kownacki legitymizował reżim Putina uczestnicząc jako „obserwator zagraniczny" w pseudodemo-

359 J. Woroncow, *Z chóru do zbrojeniówki*, „Przegląd" nr 30, 2017, <https://www.tygodnik-przeglad.pl/z-choru-do-zbrojeniowki/>.

kratycznych rosyjskich wyborach prezydenckich. Zadaniem takich „obserwatorów" było nadawanie pozorów praworządności tym wyborom. Pełnił tę misję z ramienia organizacji Europejskie Centrum Analiz Geopolitycznych (ECAG) założonej przez Mateusza Piskorskiego, obecnie przebywającego w areszcie jako podejrzany o szpiegostwo na rzecz Rosji i innych państw[360]. Rosyjskie media podawały wówczas, że Kownacki obserwuje przebieg wyborów w obwodzie tulskim razem z przedstawicielami autorytarnej Białorusi (takimi jak Siergiej Kapranow, wicenaczelnik głównego zarządu ds. pracy ideologicznej przy okręgowej radzie deputowanych ludowych w stołecznym Mińsku)[361]. Po powrocie z Rosji Kownacki twierdził, że tamtejsze wybory pod pewnymi względami są bardziej demokratyczne niż w Polsce[362]. Podróże Bartosza Kownackiego do Rosji, jego uwikłanie w kontakty z prokremlowską międzynarodówką AENM, jego przynależność do post-PAX-owskiej organizacji PZKS – wszystko to miało miejsce, gdy Kownacki już współdziałał z Macierewiczem. Ich współpraca zaczęła się w Służbie Kontrwywiadu Wojskowego (w latach 2006–07, gdy Macierewicz kierował tą służbą, a Kownacki w niej służył). Bartosz Kownacki zasiadał też w stworzonej przez Macierewicza komisji ds. weryfikacji Wojskowych Służb Informacyjnych. Jak wiemy, komisja ta przyczyniła się do dekonspiracji polskich agentów działających w Rosji. W listopadzie 2015 r. minister obrony narodowej Antoni Macierewicz powołał flirtującego z Kremlem, antyzachodniego Bartosza Kownackiego na stanowisko swojego zastępcy. Jako wiceminister obrony w latach 2015–18 Kownacki wsławił się atakami na naszych zachodnich sojuszników. Uczestniczył w zerwaniu kontraktu na zakup francuskich śmigłowców Ca-

---

360 K. Schuller, *Die Moskau-Reise des Herrn Kownacki*, „Frankfurter Allgemeine Zeitung" (wydanie internetowe), 11 lipca 2017,<http://www.faz.net/aktuell/politik/ausland/polens-regierung-pflegt-enge-kontakte-zu-russland-15100209.html>; Ch. Davies, *Polish minister accused of having links with pro-Kremlin far-right groups*, „Guardian" (wydanie internetowe), 12 lipca 2017, <https://www.theguardian.com/world/2017/jul/12/polish-minister-accused-of-having-links-with-pro-kremlin-far-right-groups>; M. Kokot, *„FAZ": Rosyjskie kontakty prawej ręki Macierewicza*, „Gazeta Wyborcza" (wydanie internetowe), 11 lipca 2017, <http://wyborcza.pl/7,75399,22078895,faz-rosyjskie-kontakty-prawej-reki-macierewicza.html>; G. Rzeczkowski, *Polska Russiagate*, „Polityka" (wydanie internetowe), 18 lipca 2017, <https://www.polityka.pl/tygodnikpolityka/kraj/1712728,1,zastepca-macierewicza-tez-ma-rosyjskie-powiazania.read>.

361 *Наблюдать за голосованием в день выборов президента в Туле будут международные наблюдатели*, БезФормата, <http://tula.bezformata.ru/listnews/tule-budut-mezhdunarodnie-nablyudateli/3116054/>, dostęp: 14 września 2018.

362 M. Kokot, P. Wroński, *Rosyjska misja wiceministra Kownackiego*, „Gazeta Wyborcza" (wydanie internetowe), 11 lipca 2017, <http://wyborcza.pl/7,75398,22082418,rosyjska-misja-wiceministra-kownackiego-podsumowanie-dnia.html>.

racal dla polskiej armii. Przy okazji publicznie przedstawiał Francuzów jako barbarzyńców, którzy rzekomo od Polaków uczyli się, czym jest widelec. Jak widać, uczeń PAX idzie w ślady założyciela PAX. Próbuje połączyć polski katolicki nacjonalizm z hołdami dla Rosji (wówczas ateistycznej, dziś ateistyczno-prawosławnej). Nie stroni od kompromitujących powiązań z faszystami i rosyjskimi służbami specjalnymi.

Również protektor Kownackiego, Macierewicz, w swoim czasie podążał śladami Piaseckiego. Wiemy już, że przemiana Antoniego Macierewicza z antyklerykalnego lewaka w katolickiego prawicowca zaczęła się od książki „Stuła i karabin" księdza Torresa wydanej przez Bolesława Piaseckiego i jego PAX w 1970 r. W latach 80. Macierewicz zdawał się wręcz dojrzewać do roli nowego Piaseckiego. Głosił, że trzeba kochać Związek Sowiecki, generała Jaruzelskiego i komunistyczne wojsko. Robił to pod parasolem ochronnym esbeków, którzy mieli bezpośrednie kontakty z Sowietami oraz bliskie związki z Bolesławem Piaseckim. Pod opieką Mikołajskiego, który był specem od PRL-owskich narodowców, cenił sobie PAX, przez dziesięciolecia prowadził lub współprowadził śledztwo w sprawie syna Piaseckiego. Pod ochroną Malika, który również brał udział w tym śledztwie, a w latach 50. był protegowanym Julii Brystiger, gdy ta współdziałała ściśle z Piaseckim. Czyżby towarzysze Mikołajski i Malik postanowili ukształtować Macierewicza na obraz i podobieństwo Bolesława Piaseckiego? Zobaczmy, jak ten wzorzec miałby wyglądać.

Z WYWIADU WŁOSKIEGO DO SOWIECKIEGO

Drogi polskich narodowców bywają pokrętne. Trudno jednak wyobrazić sobie równie pokrętną drogę, jak ta, którą przeszedł Bolesław Piasecki. Urodził się w 1915 r. Zaczynał jako pasjonat chemii, ale skończył studia prawnicze. Jako student działał w prawicowym Obozie Wielkiej Polski i w młodzieżówce Stronnictwa Narodowego. Potem stał się jednym z założycieli Obozu Narodowo-Radykalnego (znani z dzisiejszych polskich ulic ONR-owcy są ideowymi wnukami Piaseckiego). W 1935 r. założył jeszcze bardziej ekstremistyczne ugrupowanie Ruch Narodowo-Radykalny „Falanga". Jego biografowie Antoni Dudek i Grzegorz Pytel podają, że Piasecki otwarcie określał „Falangę" jako organizację faszystowską. Jej członkowie i sympatycy napadali na Żydów i lewicowców. Skutkiem tych napaści bywały ofiary śmiertelne.

W życiu Bolesława Piaseckiego powtarzał się pewien schemat. Popadał w straszne kłopoty, nieraz straszniejsze niż on sam – i wychodził z nich cało. W lipcu 1934 r. sanacyjne władze Polski wysłały go do obozu w Berezie Kartuskiej. Obóz ten był miejscem tortur i upodlenia. Czy złamał Piaseckiego? Po wyjściu z Berezy faszysta nadal uprawiał politykę pałki i obelgi. Jednak według licznych źródeł, po kryjomu miał się dogadywać z przedstawicielem sanacyjnego reżimu, płk. Adamem Kocem. Gdy hitlerowcy zajęli Polskę, aresztowali Piaseckiego. Hitler nie chciał współpracować z polskimi faszystami (w jego imperium Polacy mieli być niewolnikami, nie nadzorcami). Jednak w kwietniu 1940 r. Gestapo wypuściło Piaseckiego na wolność. Nie tylko w popularnych opracowaniach[363], lecz także w archiwach IPN czytamy, że Piaseckiego zwolniono po osobistej interwencji samego Mussoliniego u Hitlera.

Miało się tak stać za sprawą Luciany Frassati-Gawrońskiej, włoskiej pisarki katolickiej, arystokratki i żony polskiego dyplomaty. W czasie wojny pani Frassati wykorzystywała swoją pozycję społeczną, znajomości wśród faszystów oraz paszport dyplomatyczny, żeby wyrywać Polaków z rąk Gestapo. Jej dokonania są niewątpliwe, aczkolwiek były oceniane dwuznacznie. Spotykała się zarówno z gestapowcami, jak i wysłannikami aliantów. Dokonywała operacji karkołomnych, które mało komu wówczas uchodziły na sucho. To, czego miała dokonać w sprawie Piaseckiego, jest dobrym przykładem takiej operacji. Zarówno sama Luciana Frassati[364] jak i jej biografowie[365] piszą, że więcej niż raz rozmawiała ona z Mussolinim o Bolesławie Piaseckim. Miała mu go rekomendować jako polską nadzieję faszyzmu, a po aresztowaniu Piaseckiego – prosić włoskiego dyktatora o interwencję u Hitlera na korzyść Polaka. Po tej interwencji Piasecki został zwolniony. Jednak najbardziej niezwykłe jest to, co – według relacji pani Frassati i jej biografów – stało się wcześniej. Otóż po aresztowaniu Bolesława Piaseckiego pani Frassati udała się do warszawskiej siedziby Gestapo. Tam usłyszała, że nie może liczyć na widzenie. Na tym jednak się nie skończyło. Gdy wyszła z budynku Gestapo, na ulicy czekał na nią tajemniczy blondyn. Zagadnął ją „doskonałą francuszczyzną", a potem zaprowadził do więzienia przy ul. Daniłowiczowskiej w Warszawie, gdzie siedział Piasecki. Blondyn bez najmniejszego problemu wprowadził włoską arystokratkę do lochów wypełnionych więźniami,

363 J. Wilamowski, dz. cyt.; S. Koper, *Życie prywatne elit władzy w* PRL, Warszawa 2015.

364 L. Frassati-Gawrońska, *Przeznaczenie nie omija Warszawy*, Warszawa 2003.

365 K. Kalinowska, J. Moskwa, *Frassati-Gawrońscy włosko-polski romans*, Warszawa 2015.

następnie do gabinetu samego naczelnika więzienia. Ten zaś przyprowadził tam Piaseckiego na widzenie. Dzięki temu dama mogła porozmawiać ze swym protegowanym. Dodajmy, że po tej rozmowie bez żadnych przeszkód opuściła więzienie. Okazało się później, że tajemniczy blondyn zupełnym przypadkiem również nosi nazwisko Gawroński. Mężczyzna ten towarzyszył Lucianie w jej podróżach i przygodach, choć podejrzewała go ona o agenturalną działalność[366]. W swej książce arystokratka niewiele więcej o nim pisze. Wszystko to wskazuje, że Piasecki mógł mieć jeszcze potężniejszych protektorów niż przebojowa dama. W Aneksie II do akt śledztwa w sprawie Bohdana Piaseckiego[367] czytamy: „Piasecki [...] otrzymywał wsparcie z ambasady włoskiej [...] Ponadto Bolesław Piasecki miał utrzymywać kontakty z wywiadem włoskim". Podobnie wyrażają się biografowie pani Frassati, Krystyna Kalinowska i Jacek Moskwa: „Młody wódz skrajnej prawicy cieszył się niewątpliwie sympatią włoskich faszystów, od których otrzymywał subwencje". Zarówno oni, jak sama Luciana Frassati opisują wystawne przyjęcie dla gestapowców, które w intencji uratowania Piaseckiego wydał półoficjalny przedstawiciel Włoch w Warszawie, Mario di Stefano.

Po swym niezwykłym zwolnieniu z więzienia Bolesław Piasecki zszedł do podziemia. Niekiedy ukrywał się w pomieszczeniu nad apartamentem państwa Frassati-Gawrońskich, ale działał też w lesie jako wódz oddziałów partyzanckich. Organizacje podziemne, które założył – Konfederacja Narodu i zbrojne oddziały partyzanckie o nazwie Uderzeniowe Bataliony Kadrowe – wyznawały ideologię niewiele różną od tej głoszonej przez okupanta. Jak pisze profesor Stanisław Faliński: „Zgodnie z deklaracjami ideowymi Konfederacji Narodu, organizacja ta [...] kieruje się światopoglądem katolickim jako najbardziej chrześcijańskim. Jest to jednak bardzo swoiście pojęty katolicyzm, bowiem centralną, nadrzędną i decydującą rolę pełni w nim naród. Naród i jego dzieje są kategorią pierwotną w konstrukcji obrazu społeczeństwa. Właściwości narodowe zdobywa się głównie dzięki czynnikom biologiczno-genetycznym. Naród to wspólnota krwi, a nawet wspólnota rasy. Czynniki społeczne mogą tylko stymulować rozwój osobowości – specyficznej dla każdego narodu – przedstawiciela danego narodu. Dlatego ogromną wagę przypisuje się «czystości krwi». Kierować narodem powinni ci, którzy są najbardziej narodowi, którzy posiadają cechy charakterystyczne dla «ducha całego narodu». Tylko oni mogą w sposób pełny i zgodny z «duszą» naro-

366 L. Frassati-Gawrońska, dz. cyt., s. 108.
367 IPN 0397/416, t. 2, s. 4.

dową realizować cele narodu jako całości"[368]. Zatem hitlerowcy wielbią rasę niemiecką i germańską, zaś ludzie Piaseckiego – rasę polską i słowiańską. W ramach troski o „czystość krwi" jedni i drudzy zabijają Żydów. Z tym, że Piasecki ma pod tym względem znacznie skromniejsze możliwości niż Hitler. Jego Uderzeniowe Bataliony Kadrowe mordują niedobitków Holokaustu ukrywających się w polskich lasach. Nawet najwierniejszy współpracownik Piaseckiego, Ryszard Reiff, przyzna po półwieczu, że coś takiego miało miejsce[369]. Inni, jak się zdaje, zdobędą się na takie wyznania wcześniej. Według Jacka Wilamowskiego w 1956 r. Radio Wolna Europa nadało relację byłego oficera partyzanckich batalionów Piaseckiego. Co opowiedział? Otóż w 1943 r. partyzanci oddziału dowodzonego przez Piaseckiego mieli odkryć, że jeden z ich dowódców ma żydowskie korzenie. Dowódcę tego wówczas zabito – podaje Wilamowski za RWE i anonimowym oficerem.

Piasecki i jego ludzie walczyli także z partyzantami sowieckimi. To akurat trudno potępiać, jako że Związek Sowiecki stanowił wówczas niewiele mniejsze zagrożenie dla Polski niż hitlerowskie Niemcy. Jednak nie da się usprawiedliwić mordowania bezbronnych jeńców. Józef Światło (funkcjonariusz komunistycznego Urzędu Bezpieczeństwa, znany ze swej głośnej ucieczki na Zachód w 1953 r.) podaje, że Piasecki osobiście dowodził leśnym oddziałem, który w 1943 r. działał we wsi Zajki. Oddział ten miał wziąć do niewoli pięciu sowieckich partyzantów, a następnie ich rozstrzelać. W następnym roku do Polski wkroczyła Armia Czerwona. W nocy z 11 na 12 listopada 1944 r. Bolesław Piasecki został aresztowany w podwarszawskim Józefowie (na prawym brzegu Wisły zajętym od kilku miesięcy przez Sowietów). Aresztowania dokonało NKWD, czyli sowieckie służby specjalne (według niektórych źródeł – kontrwywiadowcy sprzymierzonej z Sowietami polskiej armii z ZSRR, którzy przekazali Piaseckiego w ręce NKWD). Co czekało takiego więźnia? Wywózka do Moskwy czy od razu rozstrzelanie? Józef Światło podaje, że Sowieci skazali wówczas Bolesława Piaseckiego na śmierć za zbrodnię popełnioną w Zajkach. Ale rozstrzelania nie było. Piaseckiego uwięziono w Lublinie, by po ośmiu miesiącach go... zwolnić. W popularnych opracowaniach i na niezliczonych stronach internetowych

368 S. Faliński, *Ideologia Konfederacji Narodu*, [w:] „Przegląd Historyczny" nr 76/1, 1985, Warszawa, <http://bazhum.muzhp.pl/media//files/Przeglad_Historyczny/Przeglad_Historyczny-r1985-t76-n1/Przeglad_Historyczny-r1985-t76-n1-s57-76/Przeglad_Historyczny-r1985-t76-n1-s57-76.pdf>, dostęp: 14 września 2018.

369 J. Kurski, *Portret wodza*, „Gazeta Wyborcza", 15 lipca 1994, wersja internetowa: <http://wyborcza.pl/1,75248,138700.html>, dostęp: 14 września 2018.

czytamy, że Piaseckiego przesłuchiwał główny enkawudzista w Polsce, generał Iwan Sierow. Bolesław miał oczarować Iwana, który po rozmowie z Piaseckim rzekomo wołał: *Gienialnyj malczik!* („Genialny chłopak!"). W archiwach komunistycznej Polskiej Zjednoczonej Partii Robotniczej zachował się memoriał napisany przez Piaseckiego podczas rozmów z Sierowem. „Teza Rządu Tymczasowego ścisłego sojuszu z Rosją jest i moją tezą [...] Chcę całą siłą mego ducha wziąć udział w przeprowadzeniu rewolucyjnej przemiany życia społeczeństwa polskiego. Chcę budować Polskę prawdziwej demokracji, Polskę rządzoną i tworzoną przez masy pracujące. Chcę z Wami budować w rzeczywistości szklane domy"[370] – zapewniał Piasecki. Dokument ten miał tłumaczyć łaskawość NKWD dla faszysty. Sierow uwierzył w te zapewnienia – tak piszą internauci (czasem nawet dziennikarze). Komunistycznego kremlowskiego policjanta rzekomo porwała wizja katolickiego, prawicowego ruchu pod wodzą faszysty Piaseckiego. Ruch ten miał bowiem wyprowadzić antykomunistycznych partyzantów z lasu, by włączyć ich w budowę komunizmu... Jak podchodzić do tych opowieści? Cóż, enkawudziści znani byli z tego, że nie dają się oczarować. Fanatycznie tępili prawdziwych i domniemanych wrogów, z faszystami na czele. W stalinowskich więzieniach wielu faszystów – jak również konserwatystów, liberałów, socjaldemokratów, socjalistów – napisało długie memoriały o swej miłości do komunizmu czy też samego Stalina. Ale nie uchroniło to ich przed rozstrzelaniem lub łagrem (sowieckim obozem koncentracyjnym, z którego zazwyczaj mało kto wychodził żywy). Zaś jeśli chodzi o samego generała Sierowa, to jego oczarować byłoby szczególnie trudno. Iwan Sierow, zastępca zbrodniczego szefa NKWD Ławrientija Berii, był współodpowiedzialny m.in. za masowy mord na polskich jeńcach w Katyniu. Obok bezwzględności, Sierowa cechowała wybitna inteligencja. Torował sobie drogę jak czołg i jak drybler zarazem. Nie tylko mordował, lecz także intrygował, werbował, pozyskiwał współpracowników. W 1954 r. zajął miejsce rozstrzelanego Berii, którego sam pomógł obalić i zabić. NKWD zostało wtedy zastąpione przez KGB, a na jego czele stanął oczywiście Sierow. W 1958 r. generał przeszedł nagle ze służb cywilnych do wojskowych. Został szefem słynnego GRU, czyli wywiadu sowieckiej armii. To czyni go jedynym człowiekiem w historii ZSRR, który kierował oboma rodzajami służb. Być może to prze-

370 Cytat za: A. Szostkiewicz, *Nie współrządzić i nie kłamać*, „Polityka" (wydanie internetowe), 25 września 2006, <https://www.polityka.pl/tygodnikpolityka/spoleczenstwo/193085,1,historia-prl-gra-z-komunistami-pod-znakiem-krzyza.read>.

niesienie miało jakiś związek z obawami ówczesnego władcy ZSRR, Nikity Chruszczowa, który bał się armii (rok wcześniej usunął popularnego marszałka Żukowa ze stanowiska ministra obrony i z prezydium Komitetu Centralnego partii komunistycznej). Czy Chruszczow chciał, żeby Iwan Sierow pilnował ludzi związanych z Żukowem w GRU? Czy raczej zamierzał osłabić wpływy Sierowa w partii komunistycznej, przesuwając go na „mniej polityczne" stanowisko? Albowiem Nikita Chruszczow bał się również Iwana Sierowa. W 1963 r. potężnego generała zrzucono ze stołka, zdegradowano, pozbawiono orderów, wreszcie wyrzucono z partii i wojska. Bezpośrednim powodem czy też pretekstem była sprawa Olega Pieńkowskiego, oficera GRU, który okazał się amerykańsko-brytyjskim szpiegiem. Gdy jego „zdradziecką działalność" wykryto, Sierow usłyszał zarzut „utraty czujności". Odszedł na wczesną emeryturę, zmarł w 1990 r.

W latach 1944–1945 r. Sierow dysponował wielką siłą i władzą. Ale w strukturach NKWD wciąż był co najwyżej numerem drugim, odpowiadał przed Berią (zaś nad Berią był jeszcze Stalin...). W tej sytuacji generał musiał zachować szczególną czujność. Czy mógł pozwolić sobie na flirt polityczny ze złapanym w lesie polskim faszystą? Z człowiekiem, który – jeśli wierzyć Światle – mordował bezbronnych sowieckich jeńców? A z drugiej strony: czy ten flirt był potrzebny generałowi? Jako szef NKWD na ziemiach Rzeczypospolitej i główny sowiecki doradca polskiego Ministerstwa Bezpieczeństwa Publicznego Sierow mógł w Polsce wszystko. Albo prawie wszystko. To on przeprowadził aresztowanie 16 przywódców Polskiego Państwa Podziemnego w marcu 1945 r. To on kierował masowymi aresztowaniami żołnierzy Armii Krajowej. Zapewne wolał część z nich zwerbować jako agentów niż zabić lub uwięzić na lata (był przecież inteligentnym enkawudzistą). Ale czy użyłby w tym celu tak niezwykłego narzędzia, jakie stanowił polski kandydat na duce i führera, były agent faszystowskiego Rzymu, skazany na śmierć wódz antysowieckich oddziałów? Sierow zrobiłby to w tylko jednym wypadku: gdyby miał gwarancję, że Bolesław Piasecki będzie narzędziem całkowicie posłusznym, nie tylko politycznym, lecz także wywiadowczym. Inaczej mówiąc, gdyby go zwerbował – i to przy użyciu bardziej perspektywicznych środków nacisku niż groźba rozstrzelania. Takich, które działałyby również na odległość, po ewentualnym zwolnieniu więźnia. Takich, które skutecznie hamowałyby go np. przed ucieczką na Zachód (w 1945 r. „żelazna kurtyna" jeszcze całkiem nie opadła i wymknąć się do „wolnego świata" było łatwiej niż w następnych latach).

Czy Sierow miał w ręku dowody zbrodni Piaseckiego i jego oddziału? Dowody, które wystarczyłoby opublikować, żeby Bolesław Piasecki zawsze i wszędzie, we wszystkich środowiskach, pod każdą szerokością geograficzną stał się trędowaty? Jeśli tak, to polityczno-poetyczne wynurzenia Piaseckiego o pragnieniu budowania szklanych domów były czymś w rodzaju podkładki, usprawiedliwienia. Być może dawały autorowi pewien komfort psychiczny. Faszysta mógł sam siebie oszukiwać, że zdradza brunatne ideały z przekonania, nie ze strachu o życie. Czy sam Sierow potrzebował tych wynurzeń Piaseckiego? Chyba tylko po to, by pochwalić się zwierzchnikom, że ma zdolnego agenta, który umie podniośle kłamać. Jeśli memoriał Piaseckiego czytał Beria, to pewnie pękał ze śmiechu. Ławrientij Pawłowicz był cynicznym mordercą, według niektórych świadectw też gwałcicielem, a w komunizm raczej nie wierzył (rosyjskie źródła twierdzą, że po śmierci Stalina Beria chciał „dogadać się z Amerykanami"). Wywody Bolesława Piaseckiego bardziej mogły się przydać komunistycznym przywódcom Polskiej Partii Robotniczej (później Polskiej Zjednoczonej Partii Robotniczej). Gdy ideowi towarzysze szemrali przeciwko bezkarności faszysty Piaseckiego, zawsze można było pokazać im memoriał i powiedzieć: „Widzicie, nawet ten pałkarz dogłębnie stanął na gruncie przemian, których dokonaliśmy. Czyż jest lepszy dowód naszej siły i słuszności?". Tekst Piaseckiego zapewne nieprzypadkowo zachował się w archiwach PZPR.

Hipoteza, według której Sierow zwerbował Piaseckiego jako agenta, nieraz była kwestionowana. Nie widzę jednak innego wytłumaczenia dla ich wzajemnej relacji. Tym bardziej, jeśli spojrzymy na to, jaką rolę Bolesław Piasecki zaczyna odgrywać krótko po zwolnieniu. Albowiem niedoszły skazaniec okazuje się zadziwiająco przedsiębiorczy. Zakłada katolicki tygodnik „Dziś i Jutro", katolickie Stowarzyszenie PAX, a także prywatne firmy Inco i Veritas. Działa przy tym jak mafijny ojciec chrzestny. Oferuje ochronę przed bezprawiem za cenę innego bezprawia. W tamtych latach komuniści mordują lub wsadzają do więzień antykomunistów, akowców i narodowców. Równocześnie wywłaszczają właścicieli prywatnych firm. W porozumieniu z UB Bolesław Piasecki oferuje swą protekcję jednym i drugim. Jak to wygląda w praktyce? Antykomuniści pracują w firmach Piaseckiego, w jego stowarzyszeniu, w jego tygodniku za głodowe pensje. Dosłownie głodowe: w książce „Zły Tyrmand" Mariusz Urbanek cytuje świadków, którzy widzieli, jak jeden z dziennikarzy „Dziś i jutro" zemdlał z głodu[371]. Pracownicy nie

371 M. Urbanek, *Zły Tyrmand*, Warszawa 1992.

odchodzą, bo wiedzą, że oprócz Bolesława Piaseckiego nikt ich nie zatrudni. Co więcej, boją się, że po odejściu zostaną aresztowani. Praca u Piaseckiego stanowi glejt, który zapewnia im wolność. Bardzo względną i gorzką – ale lepszą niż potworne stalinowskie więzienia. Jeśli chodzi o firmy prywatne przejmowane przez Piaseckiego, to Stefan Mikołajski w swoim opracowaniu z 1982 r. dokładnie opisuje ich sytuację. Cytuje przy tym działacza PAX, Mikołaja Rostworowskiego: „Ludzie «Dziś i Jutro» podejmują rozmowy z właścicielami tych małych placówek gospodarczych, którym grozi upaństwowienie i przejmują je na podstawie umów dzierżawnych. Właściciele najczęściej zostają przez PAX zatrudnieni w swych dawnych warsztatach lub sklepach. Ta forma przejmowania małych przedsiębiorstw jest obustronnie korzystna. Przedsiębiorstwa późniejszego Stowarzyszenia PAX, jak Inco i Veritas, uzyskują możliwość poszerzania produkcji bez angażowania większych środków. Właściciele zaś unikają przymusowego bankructwa wychodząc ze statusu «inicjatywy prywatnej» bez zobowiązań wobec skarbu państwa z tytułu wysoko w owym czasie wymierzonych podatków". Precyzyjny wywód. Brzmi jak fragment raportu dla rady nadzorczej jakiegoś koncernu? Słuszne skojarzenie: w wyżej opisany sposób firmy Bolesława Piaseckiego przekształciły się w pierwszą polską prywatną multikorporację. Zaś on sam został jedynym legalnie działającym milionerem-kapitalistą stalinizmu. Gdy jego zastraszeni pracownicy mdleli z głodu i gnieździli się w wojennych ruinach, Piasecki posiadał luksusowe wille, luksusowe biura, luksusowe zachodnie samochody. Bywało, że jeździł jaguarem[372].

Co na to ideowi komuniści? Gniewała ich ta *prosperity* faszysty. Katolicy i antykomuniści jeszcze bardziej zgrzytali zębami, gdyż uznawali Bolesława Piaseckiego za zdrajcę. Tym bardziej że Stowarzyszenie PAX kreowało tzw. księży-patriotów (duchownych, którzy kolaborowali z komunizmem i zachęcali wiernych do posłuszeństwa wobec rządu). Ale dopóki trwał stalinizm, nikt nie śmiał głośno protestować. Wiadomo było, że Piasecki znajduje się pod specjalną ochroną samego Sierowa. Trudno zaś przypuścić, by wybitny enkawudzista flirtował tylko platonicznie z tak rozgałęzioną mafią polityczno-biznesowo-medialną. Przecież nie dla zabawy wyhodował sobie tę ośmiornicę. Dla każdych służb byłaby ona znakomitym narzędziem kontroli ludzi i zdobywania informacji. Dla służb sowieckich musiała być narzędziem wyjątkowo cennym. Przyciągała lub wchłaniała elementy potencjalnie wro-

372 J. Kurski, dz. cyt.

gie wobec Sowietów i szczególnie wymagające kontroli: antykomunistów, kupców i przedsiębiorców, działaczy katolickich i księży.

Warto przy tym zauważyć, że samo Stowarzyszenie PAX zarządzane było jak agencja wywiadu. Oto przykład: w dniu 8 sierpnia 1955 r. przyboczny Piaseckiego, Mieczysław Kurzyna, przesłuchuje we Wrocławiu grupę młodych zbuntowanych działaczy PAX-u. Jest wśród nich przyszły premier, Tadeusz Mazowiecki (jak również Janusz Zabłocki, późniejszy założyciel Polskiego Związku Katolicko-Społecznego). Następnego dnia Kurzyna wiezie zbuntowanych do Warszawy. Tam znowu są badani. Przesłuchań dokonuje sam Bolesław Piasecki przy pomocy najwierniejszych współpracowników. Tym razem buntownicy przesłuchiwani są indywidualnie – każdy w oddzielnym pokoju, za zamkniętymi drzwiami, bez kontaktu z kolegami.

Należy też odnotować, że w latach 50. Bolesław Piasecki bał się wyjeżdżać na Zachód. Bał się – choć mógł. Wyjeżdżał do Berlina, który był wtedy podzielony na sektory wschodni (kontrolowany przez Sowietów i władze posłusznej im Niemieckiej Republiki Demokratycznej) oraz zachodni (kontrolowany przez wojska amerykańskie, brytyjskie i francuskie). Nie istniał wtedy jeszcze mur berliński, więc Piasecki mógłby swobodnie przejść na zachodnią stronę – jednak tego nie robił. Wysyłał tam swoich współpracowników, żeby kupowali dla jego kochanek zachodnie ciuszki, kapitalistyczne luksusy „trudno dostępne" w realiach komunistycznej gospodarki powszechnego niedoboru. Zawsze, gdy jechał do Berlina, brał ze sobą broń[373]. Jakby obawiał się, że ktoś może chcieć go zaciągnąć przemocą do zachodniego sektora. Czy bał się amerykańskiego i brytyjskiego wywiadu, CIA i MI6? Nawet w epoce stalinowskiej podejrzliwości takie lęki były bardziej typowe dla sowieckiego komunistycznego agenta niż polskiego komunistycznego polityka. Podobnych obaw, jak się zdaje, nie mieli polscy ubecy podczas wizyt w Berlinie. Józef Światło podaje, że on i jego szef Anatol Fejgin jeździli kolejką po mieście całkiem beztrosko. Mieli nawet nie zauważyć, jak wjechali do sektora zachodniego... Światło może tu przesadzać. Nieraz koloryzował swoje relacje. Jeśli jednak potraktować poważnie jego słowa, to Piasecki jawi nam się jak ktoś, kto bardziej musi się mieć na baczności niż Fejgin i Światło. A przecież oni w PRL-owskich służbach specjalnych zajmowali wysokie stanowiska. Dostawali polecenia bezpośrednio od przywódcy PZPR i głowy komunistycznego państwa polskiego, Bolesława Bieruta. Doniesień o szpie-

373 Tamże.

gowskich zachowaniach i agenturalnych działaniach Bolesława Piaseckiego jest więcej. Według Jacka Wasilewskiego, Piasecki potajemnie nagrywał swoje rozmowy z prymasem Stefanem Wyszyńskim, wykorzystując mikrofon ukryty w ubraniu. Jako źródło tej informacji Wasilewski podaje historyka Andrzeja Micewskiego, zbuntowanego działacza PAX-u w latach 50., opozycjonistę i tajnego współpracownika SB w latach 70. i 80. Andrzej Micewski bez wątpienia dobrze znał Bolesława Piaseckiego i PRL-owskie służby specjalne. Jego świadectwo można oczywiście podważać ze względu na konflikt z Piaseckim i współpracę z SB (Micewski mógł wyolbrzymiać cudze winy, żeby odwracać uwagę od swoich). Jednak podobną historię opowiada Światło. Według niego Bolesław Piasecki w analogiczny sposób (za pomocą aparatury podsłuchowej w kieszeni marynarki połączonej z guzikiem w rękawie) szpiegował sekretarza Episkopatu, biskupa Zygmunta Choromańskiego. Miał to robić dla owianego złą sławą wiceministra bezpieczeństwa publicznego, Romana Romkowskiego.

Pytanie, czy tylko dla niego. Albowiem Józef Światło sugeruje, że głównymi mocodawcami Piaseckiego przez cały czas byli Sowieci, którzy prowadzili go za pośrednictwem Julii Brystiger. Według Światły, na poufnej naradzie w MBP miała ona rzucić: „Piasecki nie jest wcale moim agentem, tylko agentem Rosjan i ja muszę...". W domyśle: muszę z nim współpracować, bo Sierow kazał? Informację tę potwierdził wybitny działacz opozycji i znawca PRL-u, z którym rozmawiałem: „To nie było tak, że Sierow sam prowadził Piaseckiego w Polsce. Sierow dał go Julii pod opiekę. Odtąd ona prowadziła Piaseckiego".

Jak wyglądało to prowadzenie? W 1951 r. przed obliczem Julii Brystiger stanął Alfred Gawroński – syn wspomnianej wcześniej włoskiej protektorki Piaseckiego, Luciany Frassati. Gawroński relacjonuje, że do groźnej Julii zaprowadził go właśnie Bolesław Piasecki. Przed spotkaniem z nią był wyraźnie stremowany. Zadbał o to, żeby stawić się punktualnie co do minuty. Tłumaczył Gawrońskiemu, że czeka ich rozmowa z niezwykle wysoko postawioną osobistością. Po co w ogóle zabrał go do Julii? Gawroński mieszkał wtedy w Rzymie, ale współpracował z warszawskim tygodnikiem Piaseckiego „Dziś i Jutro". Stanął przed Julią Brystiger, nic o niej nie wiedząc (poza tym, że jest bardzo ważna). „Luna" porozmawiała wtedy z Alfredem, żeby wysondować jego przydatność. Przydatność do czego? Otóż korespondencje młodego dziennikarza z Rzymu i Watykanu miały trafiać przede wszystkim do UB (potem ewentualnie do druku). Bolesław dał Julii Alfreda w prezencie jako nieświadomego szpiega[374]. Wynika z tego, że Piasecki był nie tylko agentem Iwana Sierowa i Julii Brystiger. Był także ich werbownikiem. Potwierdza to hipotezę, według której zatrudnieni przez niego narodowcy zaharowywali się nie tylko w jego firmach. Jeszcze bardziej prawdopodobne staje się przypuszczenie, że niektórzy z nich wykonywali też zadania pozabiznesowe.

TRON SIĘ CHWIEJE

W epoce stalinizmu Piasecki był potęgą. Budził obrzydzenie, ale jeszcze większy strach. Skąd zatem wziął się bunt Tadeusza Mazowieckiego i innych PAX-owców w połowie lat 50.? Jakim cudem Mazowiecki z kolegami wypowiedzieli posłuszeństwo Piaseckiemu i nie zostali od razu zmiażdżeni?

Bunt zaczął się rodzić po śmierci Stalina w 1953 r., gdy tron Bolesława Piaseckiego stał się chwiejny. Nadciągała odwilż, liberalizacja epoki Chruszczowa. Po latach stosowania bezwzględnego terroru stalinowcy dochodzili do wniosku, że uniemożliwia on społeczeństwu sprawne funkcjonowanie. Niektórzy pisarze i dziennikarze (przede wszystkim publicyści i reporterzy młodzieżowego pisma „Po Prostu") odważyli się go kwestionować. Rzecz jasna, dopiero po tym, jak zszedł do grobu główny moskiewski kapłan terroru – i dopiero po tym, jak niektórzy dygnitarze dali do zrozumienia literatom, że zbliża się czas bardziej samodzielnego myślenia. Jednak trzeba pamiętać, że inni dygnitarze wciąż żądali stuprocentowej karności, więc odwaga krytycznych autorów i redaktorów nie do końca była udawana. Zapewne dlatego okazała się tak zaraźliwa. Za przykładem intelektualistów również szeregowi członkowie PZPR, a nawet zwykli bezpartyjni obywatele próbowali wyszeptać, potem wykrzyczeć swoje bóle. Wielu z nich bolał Piasecki. Ideowi komuniści coraz śmielej wspominali o faszystowsko-kapitalistycznym wrzodzie na ciele socjalistycznej ojczyzny. Katolicy nie mogli zapomnieć o grzechach Bolesława. Przede wszystkim o „księżach-patriotach", ale również o tym, że w 1953 r. Piasecki bandyckim sposobem przejął katolicko-liberalny „Tygodnik Powszechny". Jeden z byłych dziennikarzy tego pisma, wybitny beletrysta Leopold Tyrmand, w listopadzie 1956 r. na łamach tygodnika „Świat" opublikował głośny artykuł o Piaseckim. Jak to się dzisiaj mówi, „zmasakrował" bohatera tekstu. Wspomniał nawet o jego „niebezpiecznych związkach" z komunistycznymi

374 K. Kalinowska, J. Moskwa, dz. cyt.

służbami (przełom lat 1956–57 to szczyt odwilży i cenzura przez chwilę pozwalała napomykać o tajnych operacjach UB).

Młodzi PAX-owcy już w 1954 r. przeczuli, że tron wodza może się zachwiać. W 1955 r. coraz mocniej odczuwali, że pozycja Piaseckiego słabnie – i coraz trudniej im przychodziło znoszenie jego tyrańskich rządów. Jak również tego, że pozostali katolicy widzieli w nich „Judaszy z PAX-u". Według Mikołajskiego, wewnątrz Stowarzyszenia PAX powstały dwie duże grupy buntowników (m.in. grupa Mazowieckiego), które później połączyły siły. Co na to Sierow, protektor Piaseckiego? Cieszył się jeszcze większą potęgą niż wcześniej – ale również walki, które toczył w Moskwie, były poważniejsze. Musiał bronić znacznie wyższego tronu niż tron Piaseckiego. Musiał bronić Chruszczowa, którego sam wcześniej wywindował na najwyższe w sowieckim imperium stanowisko pierwszego sekretarza KPZR. Niewiele uwagi mógł poświęcić agentowi w Polsce.

W swoim 400-stronicowym opracowaniu na temat porwania Bohdana Piaseckiego towarzysz Mikołajski pisze, że ojciec chłopca: „jesienią 1956 r. wysyła Janinę Kolendo do Moskwy (potocznie mówi się, że do gen. Sierowa) z poufną misją"[375]. Jacek Wilamowski podaje, na czym ta misja miała polegać. Pani Kolendo, szwagierka Piaseckiego i fanatyczna wyznawczyni jego słowiańsko-rasistowskich ideałów, próbowała załatwić swemu wodzowi zaproszenie do Moskwy. Czyżby polski faszysta chciał negocjować z kremlowskimi komunistami ponad głowami PRL-owskich władz? Rzecz jasna, Sierow nie poparł planów (czy też rojeń) swego podopiecznego. Dla sowieckiego generała Piasecki był narzędziem, a nie partnerem w politycznej rozgrywce. Narzędziem, które stawało się mniej efektywne, między innymi ze względu na bunt Mazowieckiego i jego kolegów. Za sprawą odwilży katolicy i przeciwnicy komunizmu mieli mniej powodów do strachu, wymykali się więc z PAX-owskiej sieci. Przez to ona traciła na skuteczności jako instrument infiltracji i nacisku. Zatem Janina Kolendo została dopuszczona tylko do adiutanta Sierowa. Usłyszała od niego, że wizyta Piaseckiego w Moskwie mogłaby się odbyć jedynie za zgodą polskich komunistów. Zaś polscy komuniści o podobnym pomyśle nie chcieli słyszeć, o czym Kolendo i sam Piasecki doskonale wiedzieli. Opisując po latach (w 1982 r.) te odwilżowe tarapaty Bolesława Piaseckiego, Mikołajski używa słowa „nagonka", które czasem pisze „naganka" (być może przez skojarzenie z rosyjskim słowem *nagan*, re-

375 IPN 0397/416 t. 1, s. 8.

wolwer). Esbek przyznaje, że przywódca PAX-u miał zbrodniczą przeszłość wojenną. Ale uważa „nagankę" za niesprawiedliwą. „Przestrzega przed szkodliwymi skutkami działań anarchistycznych" – pisze z uznaniem o wystąpieniach Piaseckiego z czasów odwilży. Podkreśla, że polityk był atakowany za to, co powinno być chwalone – za postawę proradziecką!

Jak widać, nawet w latach 80. Mikołajski wciąż jest stuprocentowym totalitarystą. Źródeł mordu na Bohdanie Piaseckim upatruje w liberalnej, „odwilżowej" atmosferze lat 1956–1957. Moralnych i nie tylko moralnych sprawców zbrodni widzi w tych, którym nagle zapachniała wolność. W „chwiejnych" towarzyszach partyjnych, którzy zrozumieli, że nie można rządzić pistoletem, kajdankami i wrzaskiem. W działaczach katolickich, którzy mieli dość tyranii Piaseckiego. W zbuntowanej młodzieży marzącej o Zachodzie lub odkrywającej na nowo wolnościowe tradycje niesowieckiej lewicy. W Jacku Kuroniu i Janie Józefie Lipskim, późniejszych KOR-owcach, którzy już w 1956 r. inspirowali tę młodzież.

Ale o tym za chwilę. Zatrzymajmy się przy morderstwie Bohdana Piaseckiego. Wielokrotnie je opisywano. Zwykle jednak pomijano to, co najbardziej zagadkowe.

BOHDAN PIASECKI ODJEŻDŻA W NIEZNANE

Jest 22 stycznia 1957 r. Szesnastoletni syn Bolesława, Bohdan Piasecki, właśnie skończył lekcje. Razem z kolegami wychodzi z budynku PAX-owskiego liceum Św. Augustyna na warszawskim Wierzbnie. Pod szkołą czekają na chłopca jacyś mężczyźni. Wyglądają na ucharakteryzowanych. Bohdan ich nie zna – oni go tak. Próbują to ukryć, pytają głośno: „Który to Piasecki?", ale jeden z nich od razu kładzie Bohdanowi rękę na ramieniu. Nie czeka na odpowiedź[376].

Tajemniczy mężczyźni znają nie tylko wygląd Bohdana. Najprawdopodobniej mają podstawowe informacje o osobowości i charakterze chłopca, pisze Mikołajski[377]. Wiedzą, że Bohdan jest spokojny i ufny, więc da się poprowadzić (co w przypadku jego brata Jarosława mogło być trudniejsze). Mężczyźni pokazują chłopcu teczkę skoroszytową, a w niej dokument, który prawdopodobnie przypomina wezwanie urzędowe. Na ten widok Bohdan nie próbuje się opierać, gdy zapraszają go do taksówki. Przyjaciele z klasy widzą, jak odjeżdża w nieznane.

376 IPN BU 0397/416, t. 1, s. 20.
377 Tamże, s. 21.

„Jednego z kolegów Bohdana coś tknęło i wrócił do szkoły. Ja miałem wtedy siedem lekcji, o jedną więcej niż Bohdan. Niestety, ten kolega, aby mnie zaalarmować, czekał, aż skończę zajęcia. W ten sposób straciliśmy cenną godzinę" – wspominał po latach Jarosław Piasecki, brat porwanego[378]. Rodzina alarmuje milicję: Bohdan został wywieziony przez nieznanych ludzi w nieznane miejsce! Kolega szkolny podaje też numer taksówki: T 75-222. Jednak milicja nie umie znaleźć samochodu i jego kierowcy. Dlaczego? Nie wiadomo. To pierwsze z zagadkowych niedociągnięć ekipy śledczej. Będzie ich więcej.

Z czym nie umiała sobie poradzić milicja, radzą sobie współpracownicy Bolesława Piaseckiego z PAX-u. Odnajdują taksówkarza już w dniu porwania. Jest nim Ignacy Ekerling – człowiek niewykształcony, ale doświadczony. Zawodowy kierowca narodowości żydowskiej, który wojnę spędził w Związku Sowieckim. Po 1939 r. Ekerling mieszkał we Lwowie. W czerwcu 1941 r., gdy armia Hitlera nagle wdarła się do ZSRR, żydowski kierowca uciekł do Kujbyszewa w głębi Rosji. Warto odnotować, że w tym samym czasie do tego samego miasta przeniosło się kierownictwo sowieckiego kontrwywiadu wojskowego. Zaś dwa lata później NKWD zaczęło tam szkolić starannie wybranych Polaków (jak już wiemy, w ten sposób wychowano pierwszych i najbardziej fanatycznych ubeków, m.in. Mikołaja Krupskiego). Jednak z akt dostępnych w IPN wynika, że Ekerlinga nie było już wtedy w Kujbyszewie. Gdy w mieście powstawała szkoła ubeków, on przeniósł się do Kirgistanu. Nic nie wiadomo o jego ewentualnych kontaktach z sowieckimi służbami. Wrócił do kraju w szeregach polskiej armii dowodzonej przez komunistów i sprzymierzonej z Sowietami.

Działacze PAX-u rozmawiają z Ekerlingiem. Nic to nie daje. „Nakłaniają go do udzielenia pomocy w poszukiwaniu sprawców – na co on się nie godzi" – pisze Mikołajski. Później, w rozmowie ze śledczymi, Ignacy Ekerling okaże się niewiele bardziej pomocny. Powie, że nieznany mu klient złapał go pod budynkiem sądów przy ul. Świerczewskiego (dziś: Aleja „Solidarności"). Klient kazał jechać na Wierzbno i zapowiedział powrót „pod sądy". Tak też się stało: zajechaliśmy na Wierzbno, chłopiec wsiadł, pojechaliśmy z powrotem na Świerczewskiego i tyle ich widziałem, bo dla mnie to był normalny kurs, panie władzo! – tłumaczył się Ekerling.

378 P. Zychowicz, *Mordercy Bohdana Piaseckiego uchodzą*, 8 grudnia 2017, „Rzeczpospolita" (wydanie internetowe), <https://www.rp.pl/Historia/312109769-Mordercy-Bohdana-Piaseckiego-uchodza.html>.

Śledczy dadzą wiarę tym wyjaśnieniom. Nie zainteresują się Ignacym Ekerlingiem. Przez najbliższe jedenaście dni nie zrobią nawet wizji lokalnej z jego udziałem. Nie zbadają taksówki i ewentualnych śladów pozostawionych w niej przez sprawców. Zignorują to, co mówią inni świadkowie. Według nich, podczas uprowadzenia w ogóle nie było Ekerlinga w taksówce – miał ją prowadzić jeden z porywaczy. Ostatnia okoliczność ma szczególną wagę: jeżeli Ekerling wypożyczył taksówkę sprawcom, to musiał ich dobrze znać.

NALEŚNIK, CZYLI PODSTĘP

Ale wróćmy do dnia porwania. O godzinie 15.50 dyrektor liceum PAX-u, Stanisław Pacuła, odbiera telefon:

– Halo? Czy uczeń waszej szkoły, Bohdan Piasecki, jest synem TEGO Piaseckiego?

– A kto mówi? – odpowiada pytaniem dyrektor.

– Ministerstwo Oświaty – brzmi odpowiedź w słuchawce.

– Możecie podać nazwisko? – drąży Pacuła.

Po chwili wahania rozmówca odpowiada:

– Naleśnik...

„Rozmowę przerwałem" – zeznaje dyrektor Pacuła w śledztwie. Dzwonił jeden z porywaczy – uznają śledczy. Dziennikarze i postronni obywatele jeszcze nic nie wiedzieli o sprawie. Trudno więc przypuszczać, żeby jakiś żartowniś lub przebojowy reporter w ten sposób sondował dyrektora. Ale po co porywacze mieliby dzwonić do dyrektora Pacuły? Wiemy już, że znali swoją ofiarę i nie mieli podejrzeń co do jej tożsamości. Mikołajski pisze, że na długo przed porwaniem obserwowali szkołę i wypytywali wychodzących z niej uczniów o synów Piaseckiego (jest na to dwóch świadków). Mieli to robić co najmniej od jesieni 1956 r. Jak się zdaje, „monitorowali" też willę Bolesława Piaseckiego. W przeddzień porwania stróż willi przyłapał (niestety, nie złapał) kogoś, kto w nocy zakradł się do ogródka. Intruz najprawdopodobniej podglądał przez okna, co dzieje się w budynku. Uciekł natychmiast po pojawieniu się stróża. Wiemy też, że porywacze udawali gorzej zorientowanych niż byli. Dlatego pod szkołą zapytali: „Który to Piasecki?", choć jeden z nich już kładł rękę ofierze na ramieniu. W ten sposób próbowali ukryć swoją tożsamość. Sugerowali, że porwanie jest dziełem ludzi niezdolnych do przeprowadzenia fachowej obserwacji i identyfikacji ofiary.

Telefon „Naleśnika" był pierwszym dzwonkiem wielkiego spektaklu, który w następnych dniach zostanie odegrany przed ojcem Bohdana, organami ścigania i całą Polską. Następnym razem porywacze dzwonią już do samego Bolesława Piaseckiego. Każą mu odebrać list z okienka poste restante urzędu pocztowego Warszawa-1. Przerażony ojciec wysyła tam jedną ze swoich pracownic. Faktycznie, w szafce z listami przychodzącymi na poste restante znajduje się anonim zaadresowany na Piaseckiego (w całości napisany na maszynie). List ma stempel innego urzędu pocztowego (Warszawa-2). Stempel ten opatrzony jest datą sprzed kilku dni (19 stycznia). Zatem najpóźniej poprzedniego dnia list powinien był nie tylko przyjść do urzędu pocztowego Warszawa-1, lecz także przejść w tym urzędzie z „szafki listów przychodzących" do „szafki listów wychodzących" (gotowych do wydania adresatom). Tak nakazywały procedury – ale wbrew nim list wciąż leżał w pierwszej skrzynce. Jak Mikołajski próbuje to tłumaczyć? Najprawdopodobniej przesyłka nie trafiła na pocztę normalną drogą. Prawdopodobnie ktoś podrzucił ją do skrzynki poste restante w urzędzie pocztowym Warszawa-1, antydatując list przy użyciu pieczątki urzędu Warszawa-2. Byłoby to trudne bez pomocy jednego z pracowników poczty. W następnych latach Stefan Mikołajski ze swą grupą śledczą prześwietli licznych pocztowców, ich przyjaciół, znajomych, ich przeszłość... Nic nie odkryje.

Jaka jest treść listu? Bolesław Piasecki czyta w nim, że ma przygotować pieniądze. W zamian za życie Bohdana porywacze chcą 100 tysięcy złotych i 4 tysiące dolarów. Zachodnia waluta w krajach komunistycznych miała szczególną wartość, dlatego ta druga kwota dla przeciętnego obywatela PRL-u była niewyobrażalnym bogactwem. Zbrodniarze piszą też, że porwanie nie ma związku z ofensywą politycznych wrogów, którzy od miesięcy atakują Piaseckiego. Wyjaśniają, że chodzi o „osobiste porachunki" sprzed paru lat.

Bolesław Piasecki błyskawicznie zdobywa gotówkę, włącznie z drogocennymi dolarami. Nie ma jednak zamiaru płacić – pieniądze mają być tylko przynętą dla porywaczy. Polityk współpracuje z milicją, a niezależnie od tego z Ministerstwem Spraw Wewnętrznych. Bo tak się składa, że toczą się dwa oddzielne śledztwa. Jedno prowadzą milicjanci. Drugie – specjaliści z ministerstwa, byli ubecy (których już niedługo Polacy zaczną nazywać esbekami). To kolejna zagadka. Dlaczego nie skoordynowano wysiłków? W ogólnym zamieszaniu milicja i MSW nie dzieliły się ze sobą wszystkimi informacjami, przez co żadna z obu grup śledczych nie miała pełnego oglądu sprawy. Siłą rzeczy, ograniczało to ich skuteczność.

NIETYKALNY TOWARZYSZ WITOSŁAWSKI?

Mijają dwie doby. W dniu 24 stycznia 1957 r. chory ze strachu Bolesław Piasecki czeka na sygnał w swoim biurze przy ulicy Mokotowskiej. O 18.23 telefon dzwoni. Męski głos w słuchawce domaga się, żeby Piasecki zerwał kontakty z milicją, inaczej syna czeka śmierć. Tajemniczy rozmówca każe czekać na dalsze polecenia. Śledczy zdążyli już zainstalować podsłuch na telefonie Bolesława Piaseckiego. Rozmowa została nagrana, ale taśma po pierwszym przesłuchaniu „pomyłkowo została zatarta" i nagrania nie można już było potem odtworzyć[379]. O godzinie 21.01 znów dzwoni mężczyzna (nie wiadomo, czy ten sam, co poprzednio, jako że „taśma została zatarta"). Szantażysta żąda, by ojciec ofiary z pieniędzmi w teczce i „niewielkim porożem jelenim" (!) w drugiej ręce wyruszył na miasto. Polecenia są precyzyjne. Bolesław Piasecki ma zgubić śledzących go milicjantów, by następnie przybyć do restauracji „Kameralna" na ulicy Foksal. Tam otrzyma kolejne instrukcje, dzięki którym będzie mógł przekazać okup porywaczom. Taśma zostaje zabezpieczona i „znajduje się w dyspozycji Zakładu Kryminalistyki Komendy Głównej MO", czytamy w archiwach IPN[380]. Piasecki prosi, aby mógł go zastąpić ksiądz-nauczyciel z liceum PAX-u, jego dobry znajomy, niejaki Suwała. Rozmówca łaskawie się zgadza: niech będzie ksiądz!

Dlaczego zbrodniarze zażądali, żeby Piasecki niósł w ręku poroże jelenie? Czy pragnęli jego osobistego upokorzenia? W takim razie nie zgodziliby się na zastępstwo księdza Suwały. Być może po raz kolejny chcieli stworzyć wrażenie, jakoby nie znali Piaseckiego z widzenia. Dlatego zażądali wyrazistego znaku rozpoznawczego. Poza tym w slangu przestępczym słowo „jeleń" oznaczało to samo, co teraz – ofiarę oszustwa finansowego. Czy dlatego sprawcy postanowili skojarzyć Piaseckiego z jeleniem? Czy w ten sposób próbowali zasugerować opinii publicznej, że głównym motywem porwania jest okup? Jeśli tak, to wykazywali się dużą pomysłowością – albo głęboką znajomością technik dezinformacji.

Śledczym udaje się ustalić numer telefonu i adres lokalu, z którego dzwoniono do Bolesława Piaseckiego. Chodzi o mieszkanie prywatne przy ulicy Mokotowskiej 61, zatem niedaleko od biura Piaseckiego. Być może sprawca planował wyjść z mieszkania na ulicę zaraz po rozmowie, by obserwować budynek, w którym urzęduje Piasecki. Okazuje się, że mieszkanie i telefon

379 Aneks I, IPN 0397/416, t. 2, s. 8.
380 Aneks I, IPN 0397/416, t. 2.

należą do osoby szczególnej. To 34-letni Henryk Witosławski ze... Sztabu Generalnego Wojska Polskiego. Mikołajski w jednym z fragmentów swojej pracy nazywa go błędnie „J. Witosławskim". Jednak w Aneksie I do akt śledztwa[381] czytamy, że Witosławski miał na imię Henryk. Towarzysz Witosławski okazuje się kolejną postacią ze świata PRL-owskich służb specjalnych. Nie tylko cywilnych, lecz także wojskowych. Tak się składa, że w czasach stalinizmu przez chwilę próbowano scalić wywiad wojskowy i cywilny, a Henryk Witosławski brał czynny udział w tym procesie. W pracy profesora Andrzeja Paczkowskiego pt. *Razem czy osobno: próba «organicznego połączenia» wywiadów Polski Ludowej w latach 1947–1950* znajduje się kilka zdań o Witosławskim. Wynika z nich, że w balansowaniu między służbami cywilnymi i wojskowymi Witosławski na swoją skromną miarę posunął się jeszcze dalej niż sam Iwan Sierow. Służył w jednych i drugich równocześnie. Cytuję: „W lipcu 1947 r. w strukturze Departamentu VII [wywiad cywilny] pojawiła się komórka pod nazwą Wydział I, która zajmowała się naborem kadr i szkoleniem. Jej naczelnikiem został ppłk Maciej Techniczek [...] ze Szkoły Oficerskiej KBW, gdzie był zastępcą komendanta ds. polityczno-wychowawczych. W tym samym czasie w II Oddziale [II Oddział Sztabu Generalnego, wywiad wojskowy] utworzono Sekcję Werbunkową, którą kierował mjr Henryk Witosławski. W styczniu 1948 r. komórki te zostały scalone w Wydział Organizacyjno-Szkoleniowy Departamentu VII pod kierownictwem Techniczaka, a pracami Sekcji Werbunkowej tego wydziału kierował Witosławski, pozostający nadal na etacie w wojsku"[382]. Zatem wojskowo-ubecki wywiadowca-werbownik! Stefan Mikołajski pisze, że pięć lat później, w dniu 17 stycznia 1953 r., Witosławski został aresztowany (Mikołajski nie podaje, za co). Po 16 miesiącach go zwolniono (Mikołajski znowu nie podaje przyczyny). Zatem pojawia się konkretny trop, bardzo podejrzana osoba. Co z tym tropem zrobili śledczy, którzy podsłuchiwali rozmowę i konsultowali się z centralą telefoniczną? Zacytujmy znowu Aneks I: „Pracownicy centrali ustalili, że [...] rozmowa prowadzona była z telefonu nr 85592 zainstalowanego w Warszawie w mieszkaniu nr [...] przy ulicy Mokotowskiej 61. Użytkownikiem tego telefonu był Henryk WITOSŁAWSKI (vel WINKLER). Do mieszkania WITOSŁAWSKIEGO udali się funkcjonariusze MSW (jacy, tego nie ustalono) i zawiadomili biuro «T» (kogo dokładnie, nie ustalono), że rozmowa ta

381 Tamże.

382 A. Paczkowski, *Razem czy osobno: próba „organicznego połączenia" wywiadów Polski Ludowej w latach 1947–1950*, [w:] „Dzieje Najnowsze" nr 4, 2015, Warszawa.

prowadzona była z innego telefonu (ale ostatecznie nie ustalono, z jakiego). Podsłuchem zajmowali się Naczelnik Wydziału płk ŁOBANOWSKI, jego zastępca mjr TAUBER w porozumieniu z dyrektorem poczty JAWORSKIM. Płk ŁOBANOWSKI, mjr TAUBER, kpt OCHAL zostali bodajże w 1959 r. przeniesieni na emeryturę w związku ze sprawą sprzedania przez MSW pod Warszawę [prawdopodobnie chodzi o pochodzenie nabywcy z podwarszawskiej miejscowości] wraz z kasą [pancerną?] materiałów archiwalnych z podsłuchu telefonicznego u Bolesława Piaseckiego. Akta w tej sprawie zostały zdeponowane w archiwum MSW. Decyzje o umorzeniu dochodzenia podejmował Minister WICHA w porozumieniu z Wiceministrem ALSTEREM. Dochodzenie umorzyła prokurator Irena ŁUC". Biuro „T" to komórka zajmująca się techniką operacyjną w MSW, między innymi podsłuchami. Najwyraźniej Biuro „T" zlekceważyło zawodowców z centrali telefonicznej. Ważniejsze okazały się ustalenia dwóch niezidentyfikowanych funkcjonariuszy, który przyszli do Witosławskiego i po rozmowie z nim uznali, że to nie z jego numeru dzwoniono. Nie wiadomo, z czyjego, ale na pewno nie z numeru Witosławskiego... Czyżby uwierzyli mu na słowo? Bardzo to intrygujące. Tym bardziej że osoby, które rozgrzeszyły wywiadowcę-werbownika, później wypuściły z rąk zapisy innych podsłuchów. Zacytowany fragment Aneksu I sugeruje, że do tego wycieku doszło w bardzo szczególnych okolicznościach. Towarzysze sprzedali komuś kasę pancerną? Nie sprawdzili wcześniej, czy czegoś nie ma w środku?

Przyjrzałem się zatem bliżej Henrykowi Witosławskiemu. Okazuje się, że miewał interesujących kolegów. W książce *Organa Informacji WP w latach 1943–1956* wymienione są m.in. władze Wydziału Informacji Krakowskiego Okręgu Wojskowego w połowie lat 40. Czytamy w niej, co następuje: „W grudniu 1945 r. w Wydziale Informacji OW nr V działały następujące Sekcje:

- I (kierownik – kpt. Filip Mazur);
- II (kierownik – kpt. Henryk Witosławski);
- III (kierownik mjr Jan Pieriebienow);
- IV (kierownik mjr Konstanty Czewaczałow)"[383].

Nie udało mi się ustalić, kim był Konstanty (zapewne Konstantin) Czewaczałow. Natomiast Iwan Pieriebienow wspominany był później w ZSRR jako czekista (funkcjonariusz cywilnych służb specjalnych), który walczył w Polsce z „terrorystycznymi bandami AK". „Iwan" to po rosyjsku „Jan".

383 W. Tkaczew, *Organa informacji Wojska Polskiego 1943–1956. Kontrwywiad wojskowy*, Warszawa 2007, s. 69 i n.

W 1973 r. ukraińsko-sowiecki autor Grigorij Głazow wydał książkę *Jest' takoj front* (ros. „Jest taki front") poświęconą „sławnym synom ojczyzny, lwowskim czekistom"[384]. W rozdziale 28 pt. *W riadach pol'skich kontrrazwiedczikow* (ros. „W szeregach polskich kontrwywiadowców") czytamy, że Iwan Pieriebienow „służył w Wojsku Polskim [...] wyzwalał Warszawę [...] Na prośbę polskiego rządu Pieriebienow pozostał w szeregach polskiego kontrwywiadu także po wojnie"[385]. Znów mamy więc do czynienia z funkcjonariuszem, który działa na styku cywilnych i wojskowych, jak również sowieckich i polskich służb specjalnych. Oddelegowany do kontrwywiadu Wojska Polskiego czekista „Jan" Pieriebienow mógł współdziałać z sowieckim wywiadem wojskowym GRU. Na pewno zaś współpracował z sowieckim kontrwywiadem Smiersz. Kontrwywiad Smiersz również działał w wojsku, ale organizacyjnie był powiązany z cywilnymi służbami specjalnymi NKWD (był też bardziej rozczłonkowany niż GRU). Kierował Smierszem znany z okrucieństwa Wiktor Abakumow, były zastępca szefa NKWD Ławrientija Berii. Sam Beria miał się po cichu odżegnywać od nieludzkich poczynań Abakumowa. Jednak Chruszczow, potężny wróg Abakumowa i Berii, uważał tego pierwszego za marionetkę tego drugiego. Możemy założyć, że był dobrze poinformowany. Najprawdopodobniej informacje pochodziły od zastępcy Abakumowa, Iwana Sierowa, sojusznika Chruszczowa. Tego samego, który z Bolesława Piaseckiego zrobił ojca chrzestnego PAX-u. Jak już wiemy, Sierow nadzorował walkę z Armią Krajową. Liczne źródła i opracowania podają, że dowodził działaniami kontrwywiadu Smiersz w Polsce. Był też głównym szefem sowieckich „doradców" działających w polskich służbach specjalnych. Zatem z każdego możliwego punktu widzenia to Sierow był przełożonym Iwana „Jana" Pieriebienowa. Zapewne nie bezpośrednim, ale najważniejszym.

Takich kolegów miał towarzysz Henryk Witosławski. Czy to uratowało go w 1954 r., gdy został zwolniony z aresztu? Czy to uratowało go w 1957 r., gdy funkcjonariusze MSW przyszli do niego z pytaniem o telefon? Z pracy profesora Paczkowskiego wynika, że Witosławski był człowiekiem generała Wacława Komara. Od grudnia 1945 r. generał Komar kierował wywiadem wojskowym, od czerwca 1947 również cywilnym. W 1950 r. odebrano mu

384 Książka jest dostępna w internecie: <https://www.e-reading.club/book.php?book=1017958>, dostęp: 14 września 2018.

385 Zob.: <https://www.e-reading.club/chapter.php/1017958/51/Est_takoy_front.html>, dostęp: 14 września 2018.

oba wywiady. W listopadzie 1952 r. został aresztowany przez IW (tzw. Informację Wojskową, czyli Główny Zarząd Informacji Wojska Polskiego – stalinowski kontrwywiad wojskowy, zarazem odpowiednik UB w armii). Śledczy IW zarzucili Komarowi szpiegostwo na rzecz Anglii, Francji i Jugosławii. Torturowano go. Sprawę umorzono w grudniu 1954 r. decyzją Biura Politycznego KC PZPR, czyli wąskiego grona sprawującego najwyższą władzę w komunistycznej Polsce. Wcześniej kazało ono ubekom przeprowadzić kontrolę w GZI WP, ci zaś uznali śledztwo wojskowych kolegów za „lipne" i nieprzepisowo prowadzone. Komara zwolniono wówczas z aresztu. Jak widać, Henryka Witosławskiego aresztowano dwa miesiące po aresztowaniu Wacława Komara – i zapewne w związku z jego sprawą. Wynika z tego, że również Witosławski był ofiarą Informacji Wojskowej. Czy tylko ofiarą? Zauważmy, że zwolniono go osiem miesięcy wcześniej niż Komara. Ubecki „audyt" wojskowego śledztwa miał się zacząć zaraz po aresztowaniu Komara. Jednak ubecy najpierw czytali dokumenty, nie przesłuchiwali aresztowanych, nie ingerowali w śledztwo. Jak się zdaje, zaczęli to robić dopiero w połowie 1954 r.[386] Zaś Henryk Witosławski został zwolniony nieco wcześniej, w kwietniu. Czy to znaczy, że zwolniła go Informacja Wojskowa? Czy zrobiła z niego swego agenta? Jeśli tak, to do jakich zadań?

GRA W JELENIA

Wróćmy do Bolesława Piaseckiego i porywaczy. Przerażony ojciec wysłał właśnie księdza Suwałę z porożem jelenim i teczką pełną pieniędzy do „Kameralnej". Restauracja ta cieszyła się opinią najweselszego lokalu w ówczesnej Warszawie. Uznawano ją za miejsce spotkań warszawskich bandytów i „prywaciarzy" (drobnych przedsiębiorców, którzy próbowali robić prywatne biznesy w komunistycznej rzeczywistości i zwykle balansowali na granicy legalności). Wyznaczenie „Kameralnej" jako punktu kontaktowego mogło być kolejną próbą dezinformacji. Sugerowało, że porwanie jest dziełem zawodowych bandytów albo prywatnych przedsiębiorców, którym Piasecki odebrał kiedyś firmę lub klientów. Kierowało też uwagę śledczych na pisarza i działacza Leopolda Tyrmanda. Tyrmand był wrogiem Piaseckiego, zwalczał go ostro i publicznie (m.in. we wspomnianym wcześniej artykule opublikowanym na łamach tygodnika „Świat"). Zaś rok wcześniej napisał powieść

386 P. Lipiński, *Bicia nie trzeba było ich uczyć*, Wołowiec 2016, s. 82–89.

„Zły", która stała się bestsellerem. Pisarza powszechnie kojarzono z „Kameralną". Często ją odwiedzał, a przede wszystkim odwiedzali ją bohaterowie „Złego". Hulał tam demoniczny prezes Merynos ze swymi gangsterami Meteorem i Zylbersztajnem, hulała „kosztowna dziewczyna" Roma Leopard.

Teraz jednak pod restauracją dzieją się rzeczy, których nawet Tyrmand nie odważyłby się wymyślić. Na pewno nie zrobiłby tego autor kryminałów, który dba o wiarygodność. Ksiądz Suwała idzie do lokalu bandytów, biznesmenów i prostytutek. W jednej ręce ma teczkę z fortuną, w drugiej – poroże jelenie. Za nim i wokół niego jedzie niezwykły kondukt. Porywacze żądali od Piaseckiego dyskrecji i zerwania współpracy z milicją. Tymczasem księdza Suwałę z bliższej lub dalszej odległości eskortuje 18 radiowozów (!). Po co taka ostentacja? Wygląda to tak, jakby ktoś bardzo chciał ostrzec sprawców. Za księdzem podążają też na piechotę wywiadowcy w cywilnych strojach. Fotograf z ukrycia robi zdjęcia ludziom wchodzącym i wychodzącym z „Kameralnej", jak również przechodniom. Niestety, nie zauważa pewnego rudego młodzieńca, który według późniejszych doniesień przebywa wtedy w restauracji. Młodzieńcem tym miałby być niejaki Wałasiński z Łodzi, członek organizacji przestępczej Mikołaja „Koli" Barkowskiego – napisze Mikołajski na stronie 382 swego opracowania. Kim zaś jest Barkowski? Barkowski to bandyta i przemytnik. Pochodzi z Rygi, znany jest również jako Izaak Bar lub Izaak Baar, „a w Związku Radzieckim występował pod innym nazwiskiem" (tak podaje Mikołajski na stronie 333). To sowieckie nazwisko Baara prawdopodobnie brzmi Izaak Rotberg. Barkowski posiada paszporty, dzięki którym może swobodnie wyjeżdżać z PRL, gdy tylko chce. W swoich przestępczych biznesach ma zaufanego wspólnika. Jest nim Mieczysław Katz, który „prowadził wszechstronny handel zwłaszcza z repatriantami żydowskimi z ZSRR, a udającymi się na Zachód Europy. Są tego potwierdzenia [...] M. KATZ był powiązany ściśle z Mikołajem BARKOWSKIM, łączyły ich sprawy handlowe, dewizowe, przemytniczne" (Mikołajski, s. 335).

Katz również dysponuje paszportem. Znaczy to, że szajka cieszy się poparciem kogoś wpływowego (komuniści skąpili paszportów szarym obywatelom, woleli ich trzymać w kraju). Więcej: Katz nie tylko dysponuje paszportem, zamierza go użyć. Szykuje się do emigracji z Polski, podobnie jak taksówkarz Ekerling.

Przypadkowa zbieżność? Całkiem nieprzypadkowa. Mieczysław Katz, kompan gangstera Barkowskiego, jest szwagrem Ignacego Ekerlinga. Tego samego kierowcy, którego samochodem młody Bohdan Piasecki został wywieziony na śmierć. Zaś inny z kompanów gangstera Barkowskiego, rudy Wałasiński z Łodzi, siedzi właśnie w „Kameralnej". Co tam robi? Zapewne patrzy, jak ksiądz Suwała radzi sobie ze swoją misją. A co widzi, to przekazuje organizatorom porwania. Skąd to przypuszczenie? Gdy porywacze skomunikują się później z Piaseckim, zrobią mu parę uwag na temat zachowania księdza w restauracji. Nie spodoba im się to, że duchowny na chwilę zostawia teczkę z banknotami na stole bez dozoru (uwaga na marginesie: sprawcy znów kładą ostentacyjny nacisk na pieniądze). Co więcej, gdy tylko ksiądz zasiada przy stoliku, na restauracyjny numer dzwoni jeden z porywaczy. Prosi „pana Suwałę" do telefonu. Zatem ktoś – zapewne Wałasiński – musiał mu dać sygnał, że „jeleń" już jest na miejscu i można dzwonić. Uwagę Mikołajskiego zwróci później to, że sprawca mówi o księdzu per „pan" (przecież nawet niewierzący Polacy używają tytułu „ksiądz", oburzy się esbek). Takie tytułowanie duchownego może wzbudzić podejrzenie, że rozmówcą jest Żyd. Jednak eksperci, którzy przesłuchają taśmy z głosami porywaczy, określą ich polszczyznę jako poprawną, wręcz literacką. Jeden ze specjalistów stwierdzi wprost, że nic nie wskazuje na żydowskie korzenie osoby mówiącej.

Rozmawiając z duchownym przez telefon, zbrodniarz przekazuje mu następne instrukcje. Za ich sprawą ksiądz Suwała zostaje – mówiąc dzisiejszym językiem – „centralnie przeczołgany". Biega po warszawskim Śródmieściu i wdrapuje się po schodach na kolejne piętra w kolejnych kamienicach. Po co? Szuka instrukcji od porywaczy ukrytych w pudełkach od zapałek, które sprawcy rozłożyli między innymi na klatkach schodowych. Jedna skrytka odsyła do następnej, zaś ta – do jeszcze następnej... Ostatnia instrukcja ma się znajdować pod mostem na Wiśle, ukryta w starym pantoflu. Mimo dwugodzinnych poszukiwań ksiądz pantofla pod mostem nie znajduje. Okaże się, że szukał nie pod tym mostem, co było trzeba. Kilka godzin później, już pod właściwym mostem śledczy znajdą pantofel, a w nim pudełko od zapałek. Tyle że... puste. Z jakichś przyczyn funkcjonariusze nie przebadają, nawet nie zabezpieczą ani pantofla, ani pudełka.

Czemu miała służyć ta pudełkowo-pantoflowa zabawa? Najprawdopodobniej porywacze chcieli sprawdzić, jak ksiądz był śledzony, jak liczną miał obstawę etc. Milicjanci i funkcjonariusze MSW obserwowali duchownego, a w tym samym czasie sprawcy prowadzili tak zwaną kontrobserwację milicjantów i funkcjonariuszy MSW. Wykazali się przy tym znacznie większym profesjonalizmem i skutecznością.

Mikołajski sugeruje, że celem rozgrywki mogło być także odciąganie uwagi śledczych od Ekerlinga i jego taksówki. Jeśli tak było, to się udało. Śledczy zainteresowali się Ekerlingiem znacznie później. Na razie „gra w jelenia" trwa w najlepsze, choć czasem zdaje się męczyć samych sprawców. Jeden z nich znowu dzwoni do Bolesława Piaseckiego. Tym razem jest zdyszany. Informuje, że w drzwi warszawskiego kościoła Św. Krzyża został wetknięty list. Sprawca nie kłamie. W drzwiach kościoła faktycznie tkwi list. Wygląda dość nieporządnie – jak gdyby ktoś napisał go na kartce wydartej z książki (czystej, ale ewidentnie skądś wyrwanej). List zawiera kolejne instrukcje i... uszczypliwości. Otóż porywacze zauważyli radiowozy jadące za duchownym (choć doliczyli się tylko siedmiu, zatem przegapili jedenaście). Za karę podnoszą wysokość okupu i znowu każą szukać pudełek od zapałek. Tym razem zamiast nieporadnego duchownego na poszukiwanie pudełek rusza zaufany Bolesława, działacz PAX-u Ryszard Reiff. Wtedy dzieje się coś jeszcze dziwniejszego niż to, co dotąd opisywałem. Chodzi o tajemnicze zniknięcie jednej z instrukcji. Mikołajski podaje, że zaginęła ona za sprawą członka grupy śledczej, którym był „kpt Z. Mucha". Ta zabrana przez kapitana Muchę instrukcja niedługo potem się odnajduje. Okazuje się jednak, że podczas zaginięcia ktoś ją przerobił. Kto? Czy ten, kto ją zabrał? Nie będę się wdawać w szczegółowy opis tej osobliwej sytuacji. Oto uproszczona i cząstkowa próba rekonstrukcji i zrozumienia tego, co się zdarzyło.

Po doświadczeniach z księdzem Suwałą śledczy tworzą nowy plan działania. Stwierdzają, że trzeba uwolnić Reiffa od obstawy. Niech porywacze widzą, że działacz PAX-u idzie przez miasto sam! Tyle że po znalezieniu pierwszej instrukcji Reiff musi dać znać śledczym, gdzie i kiedy ona każe mu się udać. Natychmiast po otrzymaniu tej informacji któryś ze śledczych pogna we wskazane miejsce jak najszybciej, jeszcze przed godziną wyznaczoną przez porywaczy. Znajdzie kolejną instrukcję, przeczyta ją, odłoży na miejsce dla Reiffa i zgodnie z nią popędzi do następnego wskazanego miejsca, żeby poznać kolejną instrukcję etc., etc. W ten sposób śledczy poznają intencje porywaczy wcześniej i bez ich wiedzy (przy założeniu, że porywacze będą obserwować wyłącznie Reiffa, a nie wszystkie skrytki równocześnie). Zaś jeśli śledczy będzie wystarczająco szybki – to może przyłapie też kogoś na podkładaniu instrukcji! Wykonawca tego śmiałego planu, kapitan Mucha, popełnia błąd. Na jednym z etapów po przeczytaniu karteczki z instrukcją bierze ją ze sobą zamiast pozostawić w skrytce dla Reiffa. Kiedy działacz PAX-u trafia na wyznaczone miejsce, nie może znaleźć instrukcji i przez dłuższy czas szuka jej na ślepo. W bezładny i bezsensowny sposób błąka się wokół pustej skrytki. Porywacze zapewne to widzą i domyślają się, że coś tu nie gra. Reiff informuje MSW, że nie znalazł kartki. Ministerialni śledczy każą mu wrócić na miejsce i jeszcze raz sprawdzić. Gdy wraca, znajduje kartkę... z przerobioną godziną wykonania czynności podanych w instrukcji. Zatem trzeba spytać: czy to kapitan Mucha przerobił instrukcję? Czy zrobił to w porozumieniu z porywaczami? W Aneksie I czytamy również, że ten sam kapitan Mucha – razem z kolegą o nazwisku Paciorek – dotykał instrukcji porywaczy gołymi rękami. Uniemożliwiło to analizę odcisków palców pozostawionych przez sprawców. Kim był ten kłopotliwy kapitan?

SEKRETY PACIORKA I MUCHY

W Archiwum Cyfrowym IPN występuje tylko jeden „Z. Mucha", którego wiek, ranga, specjalizacja i lokalizacja pasują do wyżej opisanej sytuacji. Co więcej, współpracował on z kapitanem Kazimierzem Paciorkiem. Nie ma więc wątpliwości, że chodzi o autora wpadki z karteczką. To Zenon Mucha, syn Piotra, funkcjonariusz MSW w Warszawie. Co ciekawe, nazwisko „Zenon Mucha" pojawia się w aktach sprawy o kryptonimie „Diadem". Sprawa „Diadem" dotyczy działalności francuskich placówek dyplomatycznych w latach 1968–1980. Obserwacją tych placówek zajmował się Departament II MSW, czyli kontrwywiad. A dokładnie – komórka „francuska", czyli Wydział IV Departamentu II. W latach 1962–1965 kierował nim Zdzisław Wilczyński[387]. Ten sam, który tropił wujów Macierewicza i który został wypchnięty ze służby przez Mikołaja Krupskiego. Jak już wiemy, Wilczyński później do niej wrócił. Służył wprawdzie na pół etatu i w archiwum, ale jeszcze w latach 70. żywo interesował się placówkami francuskimi. Czy kiedykolwiek miał jakąś styczność z kapitanem Muchą? Nie udało mi się tego ustalić. Jednak w aktach osobowych Zenona Muchy[388] czytamy o innych intrygujących okolicznościach. Włącznie ze smutnym, być może tragicznym końcem kapitana. Kapitan Mucha zaczynał jako szofer na Śląsku, miał też rodzinę w Czechosłowacji. W 1948 r. zaczął współpracować z Urzędem Bezpieczeństwa, rok później złożył ślubowanie pracownika UB. Następnie służył w Szczecinie jako specjalista od „obserwacji zewnętrznej". Sprecyzujmy, że nie było to tyl-

387 IPN BU 0194/3385.
388 IPN 0604/113.

ko śledzenie ludzi na ulicy. W zakres obowiązków Zenona Muchy wchodziło też obserwowanie hoteli, przeszukiwanie lokali po kryjomu i organizowanie dogodnych „punktów obserwacyjnych" do całodobowej kontroli wybranych miejsc. W 1951 r. jeden z najpotężniejszych ludzi w Ministerstwie Bezpieczeństwa Publicznego, generał Roman Romkowski, zgadza się na przeniesienie Muchy do Warszawy. Tam w 1954 r. Mucha awansuje ze starszego wywiadowcy na brygadiera.

W styczniu 1957 r. ma miejsce wiadoma wpadka. Kapitan Mucha zabiera instrukcję porywaczy Bohdana Piaseckiego, która później odnajduje się w przerobionej postaci. Razem z kolegą Paciorkiem funkcjonariusz dotyka gołymi rękami instrukcji, zacierając ewentualne odciski szantażystów... W aktach osobowych Zenona Muchy, do których dotarłem, nie widać, żeby został on za to choćby upomniany. Przeciwnie: dwa miesiące po tej wpadce, 1 kwietnia 1957 r., Mucha otrzymuje dodatek do pensji w wysokości 450 zł! Zaś jeszcze w tym samym roku współautor wpadki, kapitan Paciorek, zgłasza Muchę na stanowisko kierownika Sekcji II Wydziału IV z podwyżką dodatku funkcyjnego z 450 zł do 500 zł. Uzasadnienie brzmi: „Kpt Mucha Zenon na stanowisku kierownika Sekcji Obserwacyjnej pracuje od sierpnia 1956 r. W tym okresie wykonał wiele poważnych zadań zleconych Wydziałowi IV do wykonania [podkreślenie – aut.]". Czy te poważne zadania obejmowały pomaganie porywaczom i zacieranie ich śladów? Rok później, 30 czerwca 1958 r. kapitan Mucha prosi swoich szefów o zgodę na dwuletnie studia w Centrum Wyszkolenia MSW w Legionowie. Tego samego dnia prośbę Muchy popiera Paciorek: „W/w jest b. dobrym Kier. Sekcji. Przeszkolenie w szkole dwuletniej niezbędne jest dla uzupełnienia kwalifikacji ogólno-operacyjnych w/w.". W aktach osobowych Muchy nie widać, żeby Paciorek okazywał taką troskę o kolegę przed wpadką ze stycznia 1957 r.

W lipcu 1960 r. towarzysz Jan Leluch, komendant Centrum Wyszkolenia MSW, pisze „charakterystykę służbową" kursanta Muchy. Nie może się go nachwalić: „Jeden z najlepszych słuchaczy w plutonie, zdolny, elokwentny [...] osiągnął bardzo dobre wyniki z przedmiotów zawodowych. Umie prawidłowo analizować sytuacje i dokumenty operacyjne, wyciągać prawidłowe wnioski operacyjne [...] sprytny". Pod koniec oceny Leluch jeszcze raz podkreśla: „spryt". Leluch może dobrze znać znaczenie słowa „spryt". Jak podaje katalog IPN, w latach 1941–1944 towarzysz Leluch był agentem NKWD o pseudonimie „Marek". Do kwietnia 1944 r. działał w sowieckiej grupie

„dywersyjno-operacyjnej" na Wołyniu[389]. W tym samym czasie (od 1942 do 1945 r.) trwało tam masowe mordowanie ludności polskiej przez nacjonalistów ukraińskich (tzw. rzeź wołyńska). W 1999 r. seminarium historyków polskich i ukraińskich w Łucku – z udziałem uczonych tej miary, co Bohdan Osadczuk i Andrzej Paczkowski – ustaliło, że sowieccy dywersanci podsycali nienawiść między Polakami i Ukraińcami podczas rzezi wołyńskiej. „ZSRR tworzył specjalne oddziały partyzanckie, które podszywając się pod AK lub UPA dokonywały represji przeciwko ludności polskiej i ukraińskiej. Wzmagało to i rozwijało konflikt polsko-ukraiński i powodowało wzajemne akcje odwetowe między AK i UPA" – czytamy w protokole ustaleń seminarium[390].

Towarzysz Leluch miał jeszcze jeden ciekawy epizod w karierze. W 1950 r. został szefem wojewódzkiego UB w Bydgoszczy (WUBP)[391]. Objął to stanowisko z rąk... Mikołaja Krupskiego[392]. Ich losy przeplotły się w sposób intrygujący, ponieważ Krupski został wtedy przeniesiony do Lublina, gdzie wcześniej służył Leluch. W 1952 r. doszło do wybuchu w zakładzie zbrojeniowym pod Bydgoszczą. UB uznało, że odpowiada za to Leluch, który zlekceważył informacje o „wrogiej działalności" w tych zakładach. Takie zaniedbanie w czasach stalinowskich traktowano jak zdradę stanu. Leluch dostał karę śmierci? Dożywocie? Degradację? Nic z tych rzeczy. Udzielono mu nagany i przeniesiono do Gdańska. Do większego miasta, które było też istotniejsze niż Bydgoszcz z puntu widzenia gospodarczego i obronnego. W 1955 r. Leluchowi powierzono szkolenie młodych ubeków: został komendantem-dyrektorem Centrum Wyszkolenia w Legionowie, gdzie później trafi na Zenona Muchę. Ten zaś w 1960 r. wraca do pracy w MSW. Pięć lat później jego szef Bonifacy Jedynak (prawdopodobnie człowiek Moczara) wnioskuje o mianowanie Muchy naczelnikiem Wydziału I Biura „B". Biuro to odpowiadało za „obserwację zewnętrzną" (zatem Mucha nadal się nią zajmował).

389 *Dane osoby z katalogu funkcjonariuszy aparatu bezpieczeństwa*, Biuletyn Informacji Publicznej Instytutu Pamięci Narodowej. Komisja Ścigania Zbrodni przeciwko Narodowi Polskiemu, <https://katalog.bip.ipn.gov.pl/informacje/96055>, dostęp: 14 września 2018.

390 R. Niedzielko (opr.), *Polska–Ukraina. Trudne pytania, t. 5. Materiały V międzynarodowego seminarium historycznego „Stosunki polsko-ukraińskie w latach II wojny światowej", Łuck 27–29 kwietnia 1999*, Warszawa 1999.

391 *Dane osoby z katalogu funkcjonariuszy aparatu bezpieczeństwa*, Biuletyn Informacji Publicznej Instytutu Pamięci Narodowej. Komisja Ścigania Zbrodni przeciwko Narodowi Polskiemu, <https://katalog.bip.ipn.gov.pl/informacje/96055>, dostęp: 14 września 2018.

392 *Dane osoby z katalogu funkcjonariuszy aparatu bezpieczeństwa*, Biuletyn Informacji Publicznej Instytutu Pamięci Narodowej. Komisja Ścigania Zbrodni przeciwko Narodowi Polskiemu, <https://katalog.bip.ipn.gov.pl/informacje/56133>, dostęp: 14 września 2018.

Niedługo potem okazuje się, że towarzysz Mucha jest członkiem zarządu Towarzystwa Przyjaźni Polsko-Radzieckiej. Co więcej, organizacja ta chce go wysłać jako swojego delegata do ZSRR. W dniu 20 stycznia 1966 r. Mucha informuje Jedynaka, że pragnie skorzystać z urlopu wypoczynkowego w celu nie tylko rekreacyjnym. Mianowicie planuje pojechać na 14 dni do ZSRR jako wysłannik TPPR. Załącza pismo od sekretarza Zarządu Głównego TPPR. Czytamy w nim, że Zenon Mucha jest „aktywistą" tego Zarządu, który zamierza delegować esbeka „do Moskwy i Leningradu na okres 10 dni". Tu wypadałoby zapytać, co Mucha miałby tam robić przez pozostałe 4 dni, wolne od obowiązków delegata TPPR. Zwiedzać muzeum Ermitażu? Czy raczej Kreml?

Co ciekawe, MSW nie jest uszczęśliwione wyjazdem towarzysza Muchy. Departament Kadr robi kąśliwe uwagi: Towarzystwo Przyjaźni nie może występować do nas o czasowe zwolnienie pracownika w celu pełnienia funkcji społecznych. Niech Mucha jedzie do ZSRR bezpłatnie!

Rok później, 21 maja 1967 r., w aktach Muchy pojawia się miażdżąca notatka służbowa. Zenon Mucha żyje z koleżanką biurową bez ślubu (i bez rozwodu z poprzednią żoną). Niezależnie od tego, wykorzystuje seksualnie swoje podwładne. Najważniejsze jednak jest to, że funkcjonariusz Mucha utrzymuje bezpośrednie stosunki z pracownikami bułgarskich „organów bezpieczeństwa". Sam bywa również w Bułgarii. Gdy towarzysze z bułgarskich służb przyjeżdżają do Warszawy, Mucha służy im jako pilot i przewodnik (zapewne nie tylko turystyczny). Po notatce z 21 maja rozpoczyna się ożywiona korespondencja służbowa, czasem na małych świstkach papieru. Pierwszego czerwca towarzysz Jedynak zwraca się do towarzysza Matejewskiego (znanego nam gangstera-kontrwywiadowcy, który teraz pełni funkcję dyrektora generalnego ds. SB). Jedynak pisze, że „wiadomości z anonimu o Musze potwierdziły się, ale nie w pełni [...] wystawiliśmy charakterystykę o niepełnej przydatności na zajmowanym stanowisku". Ciekawie brzmi sformułowanie: „Potwierdziły się, ale nie w pełni"? Czy mamy przez to rozumieć, że Mucha nie wykorzystywał seksualnie niższych rangą koleżanek? Może wykorzystywał tylko niektóre z nich? Bo doniesienia o współpracy z Bułgarami zdają się potwierdzać więcej niż w pełni. We wrześniu 1973 r. pułkownik Zenon Mucha przebywa na prywatnym wyjeździe w Bułgarii. W dniu 9 września umiera nagle w kurorcie Słoneczny Brzeg (Słynczew Briag) pod Burgas. Bułgarscy towarzysze przysyłają Polakom wielostronicowe orzeczenie swoich specjalistów, aby udowodnić, że był to zawał serca.

Według licznych źródeł, służby bułgarskie szczególnie ściśle współpracowały z KGB (zdaje się dowodzić tego m.in. historia zamachu na papieża Jana Pawła II). Czy Zenon Mucha, delegat TPPR do Moskwy i Leningradu, w którymś z tych miast został skierowany do bułgarskich towarzyszy? Odnotujmy, że Jan Leluch – zachwycony Muchą dyrektor szkoły esbeków i człowiek stuprocentowo sowiecki – w maju 1965 r. został delegowany na 3 miesiące do Bułgarii[393]. Równo dwa lata później szefowie Zenona Muchy zaobserwowali niebezpieczne związki swego podwładnego z Bułgarami.

Kim zaś był kapitan Paciorek, który razem z Muchą majstrował przy dowodach rzeczowych w styczniu 1957 r., a potem go protegował? Kazimierz Paciorek również pracował jako specjalista od „obserwacji zewnętrznej". Od stycznia 1956 r. Paciorek pełnił funkcję naczelnika Wydziału I Biura „B" w Komitecie ds. Bezpieczeństwa Publicznego, potem w MSW. W kwietniu 1957 r. został przeniesiony na stanowisko naczelnika Wydziału IV (nadal w Biurze „B"). Wydział I obserwował dyplomatów z krajów kapitalistycznych, Wydział IV zajmował się obserwacją „zwykłych" cudzoziemców z tych samych krajów. Zatem wykonywał bardzo ważne zadania, ale jednak mniej prestiżowe niż Wydział I. Czyżby Paciorka przeniesiono do mniej prestiżowego wydziału ze względu na jego styczniowe „dokonania" w sprawie porwania Bohdana Piaseckiego? Jeśli tak, to mielibyśmy kolejną osobę bardzo powściągliwie ukaraną za niszczenie dowodów w tej sprawie (pierwszą byłby Mikołajski, który pozwolił zniszczyć dokumenty „Bagno – Marleny", do tego dochodzi kapitan Mucha, który żadnej kary nie poniósł). Interesującą koincydencją jest to, że w czasach stalinowskich Kazimierz Paciorek zorganizował szeroko zakrojoną obserwację znanego nam już Alfreda Gawrońskiego, czyli włoskiego podopiecznego Bolesława Piaseckiego i Julii Brystiger[394]. W akcji tej uczestniczyli liczni wywiadowcy pod kierownictwem brygadierów i pod nadzorem samego Paciorka. Jeszcze ciekawszą koincydencją jest to, że w 1976 r. Paciorka wysłano do kontrwywiadowczej Grupy „Wisła" w Moskwie. Do tej samej Grupy „Wisła", w której wcześniej działali Adam Malik i Witold Kaszkur, a której ostatnim szefem był generał Zdzisław Sarewicz („obrońca" Macierewicza w wywiadzie). Paciorek wrócił z Moskwy w 1980 r., by objąć stanowisko zastępcy dyrektora Biura Historycznego MSW. Biuro

393 *Dane osoby z katalogu funkcjonariuszy aparatu bezpieczeństwa*, Biuletyn Informacji Publicznej Instytutu Pamięci Narodowej. Komisja Ścigania Zbrodni przeciwko Narodowi Polskiemu, <https://katalog.bip.ipn.gov.pl/informacje/96055>, dostęp: 14 września 2018.
394 IPN BU 00/170/239/5.

to zbierało i opracowywało wspomnienia ubeków, esbeków i milicjantów. Synekura na starość? Niezwykle odpowiedzialna funkcja. Towarzysz Paciorek strzegł pamięci zbiorowej MSW. Czy robił z nią to samo, co z dowodami w sprawie Piaseckiego? Czy pilnował, aby nikomu na ten temat nic się nie przypomniało?

ZATRZYMANY NA GRANICY

Wracamy do 1957 r. Bolesław Piasecki spędza bezsenne noce przy telefonie, Suwała i Reiff przemierzają Warszawę szukając pudełeczek i karteczek – zaś Ignacy Ekerling zamyka swoje sprawy w Polsce. Zapewne rozgląda się za walizkami i kuframi, gdyż jak wiemy, szykuje się do emigracji. Dostał zezwolenie na wyjazd do Izraela. Stało się to na krótko przed porwaniem Bohdana Piaseckiego, co jest kolejną niezwykłą koincydencją. Być może, nie mając dokumentu podróżnego w kieszeni, kierowca nie zdecydowałby się na współpracę z porywaczami. W 1957 r. emigracja gwarantuje większą bezkarność niż w naszych czasach. Wniosek o ekstradycję nadesłany z komunistycznego kraju spotkałby się na Zachodzie z daleko posuniętą nieufnością. Zaś Izrael od pierwszych chwil swego istnienia jest niechętny ekstradycji własnych obywateli za granicę, co dotyczy również obywateli nowo przybyłych. Dlatego taksówkarz może myśleć: „Zanim ktoś się mną zainteresuje, ja już będę za granicą". Faktycznie, mija trochę czasu, zanim śledczy zajmą się na nowo Ekerlingiem. W dniu 2 lutego zostaje przeprowadzona wizja lokalna z jego udziałem – nie tylko spóźniona, lecz także nieprzepisowa i nierzetelna. Podczas wizji taksówkarz parkuje swoje auto po prawej stronie ulicy Wejnerta – mimo że sprawcy w dniu porwania zaparkowali je po stronie lewej. Śledczy przesłuchują świadków w obecności innych świadków, włącznie z samym Ignacym Ekerlingiem. Zatem ich zeznania mogą wpływać na siebie nawzajem. Ekerling nie dostaje protokołu do podpisania. Zaś w dokumencie tym śledczy błędnie wpisują nawet jego imię. Według nich, w wizji lokalnej wziął udział „Kazimierz Ekerling"[395].

Dwa miesiące później kierowca próbuje wyjechać z PRL, ale na przejściu granicznym zostaje powstrzymany. Musi wracać do Warszawy. Dzieje się tak dzięki uporowi i wpływom Bolesława Piaseckiego. Ojciec Bohdana od dłuższego czasu domaga się, by Ekerlingowi odebrać paszport. W ostat-

395 IPN 0397/416 t. 1, s. 236–237.

niej chwili władze ulegają zrozpaczonemu rodzicowi. Wcześniej można było odnieść wrażenie, że komuniści chcą się pozbyć Ignacego Ekerlinga z kraju. Urzędnicy wmawiali Piaseckiemu, że taksówkarz opuści Polskę przez Szczecin, choć wiedzieli, że wyjedzie przez Zebrzydowice na drugim końcu kraju. Sami wyznaczyli mu to przejście graniczne[396]. Po co to oszustwo? Na wypadek, gdyby ojciec chciał sam pognać limuzyną na granicę i zatrzymać Ekerlinga siłą? Jeszcze pięć dni po zawróceniu Ignacego Ekerlinga z Zebrzydowic, 10 kwietnia 1957 r. prokurator Bielawski wysyła do MSW pismo, w którym zapewnia, że prokuratura nie widzi przeszkód dla ewentualnej emigracji świadka. Protektorzy Ekerlinga posuwają się dalej. W tym samym miesiącu dyrektor Departamentu III MSW, pułkownik Zbigniew Paszkowski – ówczesny przełożony Mikołajskiego – po prostu kłamie. W jednym z pism podaje, że „zeznania EKERLINGA Ignacego potwierdzone zostały podczas wizji lokalnej przeprowadzonej w dniu 28 I 1957 r."[397]. To fałsz, oburza się Mikołajski w swoim opracowaniu z 1982 r. Przecież „żadnej wizji lokalnej nie przeprowadzono w dniu 28 stycznia 1957 r. Pierwsza wizja i oględziny miejsca uprowadzenia przeprowadzone zostały dopiero 2 lutego 1957 r."[398]. Zaś ta spóźniona wizja lokalna nic nie mogła potwierdzić, skoro została źle zrobiona. Dlaczego Bielawski i Paszkowski podają nieprawdę? – pyta esbek po latach.

ZASKOCZONY NA STRYCHU

Rzeczywiście, 28 stycznia 1957 r. śledczy robili coś zupełnie innego. Tego dnia zaczaili się na strychu kamienicy na ulicy Koziej 12, gdzie mieściła się jedna ze skrytek porywaczy. „A nuż ktoś przyjdzie sprawdzić, czy instrukcja została wyjęta ze skrytki" – zapewne taka myśl stała za tą zasadzką. Była to myśl słuszna, gdyż faktycznie ktoś nagle wszedł na strych. Śledczy schwytali i wylegitymowali intruza. Okazał się nim niejaki Dionizy Goleniowski z Wołomina, były student poznańskiej Oficerskiej Szkoły Służby Tyłów (OSTT).

Tej ostatniej okoliczności warto poświęcić chwilę uwagi. Zarówno w opracowaniu Mikołajskiego z 1982 r., jak w aktach sprawy Goleniowskie-

396 Zob. m.in. E. Winnicka, *Bez litości*, „Polityka" (wydanie internetowe), 4 listopada 2009, <https://www.polityka.pl/tygodnikpolityka/historia/179361,1,bez-litosci.read>.
397 IPN 0397/416 t. 1, s. 238.
398 Tamże, s. 238.

go[399] czytamy, że szkołę OSTT zamknięto po buncie poznańskich robotników w czerwcu 1956 r. Dlaczego? Tego esbeckie dokumenty nie dopowiadają. Wiemy jednak, że studenci uczelni Goleniowskiego, jako początkujący wojskowi, pomagali tłumić bunt. Wielu z nich ciężko to przeżyło, niektórzy sabotowali rozkazy. Podchorążowie stali się obiektem represji, nacisków i obserwacji ze strony IW (znanej nam już Informacji Wojskowej). W tłumieniu buntu brali udział dowódcy sowieccy, Wsiewołod Straszewski i Stanisław Popławski. Możemy więc być pewni, że również GRU i sowiecki kontrwywiad interesowały się podchorążymi[400]. Dodam jeszcze, że po sprawie generała Komara, we wrześniu 1955 r. Informacja Wojskowa została zmuszona do przejścia na kilkanaście miesięcy pod nadzór ubeków z Komitetu do spraw Bezpieczeństwa Publicznego (KdsBP). Tak się składa, że ten sam sowiecki dowódca Popławski jako wiceminister obrony narodowej PRL musiał oficjalnie przekazać ubekom kontrolę nad IW. W akcie tym wziął udział nasz dobry znajomy. Zarządzenie o przejęciu nadzoru nad IW z ramienia KdsBP podpisał bowiem Antoni Alster, późniejszy wiceminister spraw wewnętrznych, jeden z najbardziej liberalnych puławian. Być może miało to symboliczny wymiar. Jeśli tak, to Stanisław Popławski jeszcze bardziej musiał zgrzytać zębami, gdy ze swej strony podpisywał wspomniane zarządzenie. Jak widać, znowu znajdujemy się na styku służb cywilnych z wojskowymi – i to na styku, który iskrzy! Popławski w 1956 r. wrócił na stałe do ZSRR, ale niezadowoleni funkcjonariusze IW w większości wypadków za granicę się nie wybierali i na miejscu zgrzytali zębami. Nie da się wykluczyć, że najodważniejsi z nich chętnie wzięliby udział w intrydze wymierzonej przeciwko Alsterowi, jego puławianom i jego ubekom.

Zaś intrygą niewątpliwie pachnie sprawa Dionizego Goleniowskiego, która zaczyna się na strychu przy Koziej. Śledczy opatrzyli ją kryptonimem „Zaskoczony"[401]. Stanowi ona jeden z najważniejszych wątków sprawy „Zagubiony" dotyczącej mordu na Bohdanie Piaseckim. Co ciekawe, jeszcze długo po upadku komunizmu dokumenty dotyczące Goleniowskiego pozostawały utajnione. Gdy znalazły się w IPN, trafiły najpierw do tajnego tzw. „zbioru zastrzeżonego", o czym świadczy ich poprzednia sygnatura[402]. Kto

399 IPN 003189/298.

400 Ł. Zalesiński, J. Karwat, *Trauma poznańskiego Czerwca*, „Polska Zbrojna" (wydanie internetowe), 28 czerwca 2016, <http://polska-zbrojna.pl/home/articleshow/19858?t=Trauma-poznanskiego-Czerwca>.

401 IPN 003189/298.

402 IPN BU Z/02010/191.

je utajnił? Z informacji podanych przez Jacka Wilamowskiego wynika, że Antoni Macierewicz. Dlaczego to zrobił? Być może uważna lektura pozwoli nam się domyślić.

Wróćmy zatem do 1957 r. Goleniowski od samego początku kłamie. Śledczy pytają o przyczyny jego pojawienia się na strychu przy Koziej. Tajemniczy intruz mówi, że szukał mieszkania wujka, który służy w „organach bezpieczeństwa". Okaże się, że wujek Goleniowskiego faktycznie pracuje w MSW, aczkolwiek tylko jako kierowca. Najważniejsze jest to, że wujek nie mieszka i nigdy nie mieszkał przy Koziej. Żyje na Mokotowie, dobre pięć kilometrów od tej ulicy. Później pojawią się inne wersje. Goleniowski powie, że:

- chciał ukraść bieliznę ze strychu (przy okazji sam się oskarży, że jest regularnym złodziejem, jednak nie okaże żadnego materialnego dowodu swych kradzieży);
- wszedł na strych „za potrzebą";
- udał się tam bez celu, ot tak.

Podczas zatrzymania śledczy czują alkohol. Intruz twierdzi, że wcześniej pił wódkę ze starym znajomym z Warszawy. Czternaście lat później wyjawi, że nie był to znajomy z Warszawy, tylko kolega ze szkoły oficerskiej w Poznaniu. Goleniowski miał go spotkać przypadkiem na warszawskiej ulicy, paradującego „w mundurze bez dystynkcji". Pytany o swą wojskową przeszłość Dionizy Goleniowski tłumaczy, że opuścił szkołę oficerską w związku z redukcją liczebności Sił Zbrojnych PRL. Funkcjonariusze zasięgną jednak informacji w wojsku i dowiedzą się, że Goleniowskiego wyrzucono ze szkoły za drobne kradzieże (zatem Informacja Wojskowa mogła dysponować kompromitującymi materiałami, które ułatwiłyby jej ewentualne szantażowanie byłego studenta). Następnie przeniesiono go do służby czynnej i dopiero potem zwolniono z wojska.

W gąszczu kłamstw Goleniowskiego nawet jego nazwisko nie jest rzeczą do końca pewną. Po latach będzie się podpisywać: Goliniewski. Jego wyjaśnienia w tej kwestii będą raczej zaciemniać niż wyjaśniać. Otóż rzekomo błędny wariant „Goleniowski" miałby stanowić zniekształcenie jeszcze innego błędnego wariantu „Goleniawski", który ktoś mu kiedyś wpisał do dowodu... Jednak w aktach czytamy, że jego ojciec nazywał się po prostu „Goleniowski".

To nie koniec tajemnic. W styczniu 1957 r. funkcjonariusze znajdują u zatrzymanego pokwitowanie ze sklepu „Desa", w którym zastawił szablę oficerską. Goleniowski ochoczo przyznaje się śledczym, że ukradł szablę w Wołominie. Podaje adres budynku, w którym miał dokonać tej kradzieży. Ale mieszkańcy wołomińskiego domu są zgodni: żadnej szabli im nie ukradziono, bo żaden z nich żadnej szabli nie posiadał. Później, po aresztowaniu, Goleniowski opowie współwięźniom, że zatrzymano go w związku z przynależnością do „nielegalnej organizacji młodzieżowej, w której uczestniczyła spora grupa młodzieży ze szkoły. Ta grupa miała działać na terenie Wołomina i okolic – chociaż szkoła mieścić się miała w Warszawie. Ta młodzieżowa organizacja [...] miała mieć broń palną i w okolicach Wołomina przeprowadzać coś w rodzaju ćwiczeń"[403]. Zatem byłaby to organizacja militarna lub paramilitarna. Czyżby oprócz broni palnej dysponowała również szablą oficerską? Zapoznając się z tą więzienną opowieścią, musimy pamiętać, że jest rok 1957, nie 1947. Po odwilży nawet zagorzali antykomuniści z reguły nie zachęcali młodzieży, by rzucała się z rewolwerem i szablą na sowieckie czołgi lub PRL-owskich milicjantów. Tworzenie nielegalnej organizacji zbrojnej zakrawało więc na szaleństwo lub prowokację. Ciekawe, że Goleniowski zwierzył się współwięźniom z przynależności do takiej organizacji, choć w ich ocenie był zazwyczaj bardzo ostrożny i niezbyt opowiadał o sobie. Uściślijmy, że zwierzenie to pojawia się dopiero między sierpniem a październikiem 1957 r. Bo dopiero wtedy Dionizy Goleniewski zostaje aresztowany (i trafia do celi ze skazanymi przestępcami w warszawskim więzieniu na Mokotowie). W styczniu Goleniewski z jakichś przyczyn do aresztu śledczego nie trafia. Po zatrzymaniu spędza jedną lub kilka dób w śródmiejskim komisariacie albo w Komendzie Stołecznej MO (również w tej kwestii nie ma jednej wersji). Potem zaś zostaje wypuszczony na wolność. To zupełnie niezrozumiałe. Tym bardziej że po schwytaniu Goleniowskiego na strychu porywacze zerwali wszelki kontakt z Bolesławem Piaseckim i jego ludźmi. Zatem musieli się obawiać, że zatrzymany może – przynajmniej w jakiejś mierze – zdradzić ich tożsamość. To znaczy, że Goleniowski ich znał lub wiedział, jak do nich trafić.

Po zwolnieniu z komisariatu czy też komendy Dionizy Goleniowski stara się zniknąć. Ucieka na wyludnione wówczas Pomorze Zachodnie. Zatrudnia się w miejscowych PGR-ach, gdzie brakuje rąk do pracy, zatem kontrole tożsamości pracowników są mniej skrupulatne. Przestaje być Dionizym, używa swego drugiego imienia (Andrzej). Kradnie też jednemu z ko-

403 IPN BU 003189/298.

legów legitymację harcerską na nazwisko Jerzy Kłak. Ukrywa także swoje wykształcenie, czyli „pozuje na prostaka", jak później określą to śledczy. Później, gdyż podczas ukrywania się Goleniowskiego na Pomorzu funkcjonariusze niezbyt gorliwie go szukają. Robi to ktoś inny. Działacze PAX-u obserwują rodzinę Dionizego Goleniowskiego w Wołominie. Potem... porywają jego 14-letniego brata. Wywożą go do Warszawy i wypytują: „Gdzie jest Dyziek?". Po bezowocnym przesłuchaniu zwalniają chłopca.

Śledczy przypominają sobie o „Dyźku" w lecie. Odnajdują go na Pomorzu, przywożą do Warszawy i pakują do więzienia na Mokotowie. W śledztwie Goleniowski zeznaje, że trafił na Kozią przypadkowo, bo nie zna Warszawy (kolegom z PGR chwalił się, że zna ją jak własną kieszeń). Podczas przesłuchania mówi funkcjonariuszom: „Nie chcę mieć nic wspólnego ani z WAMI, ani z NIMI". Nie wyjaśnia, kim są ONI. Podsuwa za to trop żydowski. Twierdzi, że mieszkał na warszawskiej Saskiej Kępie u pewnego Żyda, który wyjechał do Izraela. Podaje im adres. Śledczy spróbują zweryfikować tę informację więcej niż raz. Jednak mieszkańcy wskazanej przez Goleniowskiego okolicy nie będą rozpoznawać na zdjęciu rzekomego sąsiada. Nie przypomni go sobie nawet miejscowy dziennikarz, a zarazem współpracownik SB, który stara się mieć sąsiedztwo na oku. Po trzech miesiącach Goleniowski zostaje zwolniony. Przez całe lata 60. śledczy wracają do niego z pytaniami. W 1967 r. porucznik SB podpisujący się „W. Duda" odbywa z nim długą rozmowę. Goleniowski przyznaje, że opowieść o mieszkaniu u Żyda była zmyśloną „bajerką". Udaje, że całą sprawę traktuje lekko. Chyba jest w tym dobry, skoro porucznik Duda pisze tak: „Rozmówca nie orientuje się, jakie są przyczyny aktualnego zainteresowania się jego sprawą sprzed lat". Również późniejsi śledczy będą nieraz przypuszczać, że „człowiek ze strychu" uważa zatrzymanie z 1957 r. za sprawę błahą i nie zna jego prawdziwych przyczyn. Oczywiście, to absurdalne przypuszczenie. Dla Dionizego Goleniowskiego sprawa nie mogła być błaha. W 1957 r. uciekł na drugi koniec Polski i próbował zmienić tożsamość. Równocześnie obcy ludzie wywieźli mu nastoletniego brata do innego miasta i poddali przesłuchaniu. Jeszcze po 10 latach Dionizego nęka w tej sprawie porucznik Duda. Zaś w 1970 r. nękanie się rozkręca. Do akcji wkracza bowiem nasz dobry znajomy – późniejszy opiekun Macierewicza, Stefan Mikołajski.

Mikołajski stosuje szczególną taktykę. Z jego polecenia współpracownik SB o pseudonimie „Kozłowski" zaczyna nachodzić Goleniowskiego podając się za wysłannika porywaczy. Jako taki oskarża go o „kapowanie" (czyli współpracę z milicją, donoszenie na sprawców porwania Bohdana). Grozi mu najgorszymi konsekwencjami. Wypada spytać: czy w ten sposób skłania się świadka do zeznań, czy raczej robi się coś odwrotnego? Oczywiście, u Goleniowskiego mogłaby pojawić się myśl: „Skoro mordercy podejrzewają, że kapuję i chcą mi zrobić coś strasznego, to naprawdę nakapuję, wtedy milicja mnie obroni". Jednak tego rodzaju kalkulacja brzmi przekonująco, gdy groźba jest mało konkretna. Gdy groźba materializuje się w postaci agresywnego natręta, który regularnie straszy okropnymi konsekwencjami „kapowania" – wtedy odechciewa się „kapować". Odechciewa się też szukać pomocy u władz, gdy natręt zdaje się znać ich tajemnice. Zaś „Kozłowski" powtarza Goleniowskiemu, że zna treść zeznań składanych przed śledczymi. To w oczywisty sposób musi zniechęcać świadka do zeznawania. Czy Mikołajski tego nie rozumie?

Za pierwszym razem „Kozłowski" odwiedza Dionizego Goleniowskiego w domu. Natychmiast wyjaśnia, że przyszedł w związku ze sprawą z 1957 r. Goleniewski staje się wówczas przymilny. Zapewnia „Kozłowskiego", że nic o sprawie nie wie, bo na strych przy Koziej trafił przypadkowo. Zgadza się zachować w tajemnicy wizytę „Kozłowskiego". Jak się zdaje, dotrzymuje tej obietnicy. Przynajmniej wobec milicji. Nie informuje jej wówczas o wizycie dziwnego gościa, chociaż ten przestrzegał go przed „kapowaniem" w sprawie kryminalnej. Tydzień wcześniej „Kozłowski" rozmawia z ojcem Goleniowskiego. Ta rozmowa wygląda zupełnie inaczej. Ojciec mówi, że w latach 1957–1959 „Dionizy wdał się w jakąś szajkę i były wielkie kłopoty". Zaraz potem dodaje: „A pan może jest jednym z tamtych kolegów?". Wreszcie grozi: „Jestem strażnikiem w Wytwórni Papierów Wartościowych i też mam broń". Nie chce podać „Kozłowskiemu" adresu syna.

Przez ponad rok „Kozłowski" nachodzi Dionizego Goleniowskiego i próbuje z nim coraz ostrzej rozmawiać. Przyprowadza ze sobą jednego ze współwięźniów, który siedział z Goleniowskim w celi. Agent zwerbował więziennego towarzysza swego rozmówcy, aby przekonać tego ostatniego, że wie o nim wszystko, zna akta jego sprawy etc. W 1971 r. „Kozłowski" razem z byłym współwięźniem podjeżdża samochodem pod zakład pracy Dionizego Goleniowskiego. Gdy ten wychodzi z fabryki, „Kozłowski" nakłania go, żeby wsiadł do auta (chce go wywieźć do lasu w celu zastraszenia). Goleniowski wzywa milicję. „Kozłowski" ucieka. Podobnie jak Mikołajski, który obserwuje akcję z pewnej odległości. Po wezwaniu milicjantów Goleniowski jest przez nich kilkakrotnie przesłuchiwany. Okłamuje ich pod niemal każdym względem. Mówi im, że natręt nęka go od dwóch miesięcy „rozpytując mnie na temat dochodzenia jakie toczyło się przeciwko mnie w październiku 1956 r., gdzie byłem zatrzymany w czasie rozruchów na ulicy". Zatem skraca okres nękania i zmienia jego temat. Być może jednak nie do końca mija się z prawdą. Jeśli Goleniowski został wysłany na strych przy Koziej przez funkcjonariuszy Informacji Wojskowej, z jego punktu widzenia cała sprawa faktycznie mogła się zacząć podczas rozruchów 1956 r. Tyle że raczej czerwcowych niż październikowych. To w czerwcu lub lipcu 1956 r. Informacja Wojskowa musiała się zainteresować Dionizym Goleniowskim (w ramach grupowego rozpracowywania podchorążych poznańskich szkół, którzy uczestniczyli w tłumieniu czerwcowego buntu). To właśnie wtedy Dionizy mógł zostać zwerbowany przez IW. Czy to IW kilka miesięcy później posłała go na fatalny strych?

Mimo tych kłamstw, Stefan Mikołajski powinien się ucieszyć. Dionizy Goleniowski zaczyna szukać pomocy u władz. Może następnym razem zezna więcej i prawdziwiej? Ten „następny raz" powinien się odbyć w obecności Mikołajskiego, który z ukrycia mógłby wysłuchać zeznań Goleniowskiego – lub nawet wystąpić w roli przyjaznego oficera milicji. Jednak Mikołajski tego nie robi. Zaś jeśli robi, nie ma po tym śladu w aktach. Milicja kilkakrotnie przesłuchuje Dionizego Goleniowskiego, protokoły trafiają do Stefana Mikołajskiego, on jednak w przesłuchaniach, o ile wiemy, nie uczestniczy.

Zaniechanie to, podobnie jak ucieczka Mikołajskiego spod fabryki sugeruje, że esbek w sprawie Goleniowskiego nawet częściowo nie chce się dekonspirować przed zwykłymi milicjantami. Dlaczego? Przecież nie musiałby im mówić wszystkiego, żeby uzyskać ich pomoc.

Po nieudanej akcji, agent „Kozłowski" zastanawia się nad zmianą w zachowaniu „figuranta". W dniu 10 marca 1971 r. zostawia Mikołajskiemu na biurku „DONIESIENIE dot. moich spostrzeżeń w związku z ostatnią akcją w sprawie GOLINIOWSKI [sic!] Dionizy". W dokumencie tym agent pisze, że Goleniowski mógł się skontaktować z porywaczami Bohdana Piaseckiego i dowiedzieć, że „Kozłowski" nie jest ich wysłannikiem. Tłumaczyłoby to, dlaczego skończyła się przymilność. W tej sytuacji „Kozłowski" proponuje „próbę wsadzenia Goleniowskiego do samochodu i wywiezienia go za miasto na rozmowę" poprzez „całkowite zaskoczenie". Chce zatem użyć metod siłowych.

Niedługo potem znajomy Dionizego Goleniowskiego, niejaki Ryszard Oleksiak, zgłasza milicji, że zaczepiło go dwóch nieznajomych. Jeden z nich, wyglądający na ucharakteryzowanego („włosy bardzo czarne, jak farbowane"), klepnął go w ramię i zaczął straszyć. Powiedział, że koledzy Goleniowskiego „dostaną po mordzie", jeśli będą się z nim zadawać. Drugi z nieznajomych, który „posiadał czarną raportówkę, jakie ma na wyposażeniu milicja i wojsko" miał zawołać do pierwszego „Chodź, chodź!". Wtedy razem wskoczyli do odjeżdżającego tramwaju. Oleksiak zapytał później Goleniowskiego, o co mogło chodzić. Ten przedstawił mu jedną ze swoich wersji wydarzenia z 1957 r. Ze szczegółami opowiedział, jak się upił, a następnie wszedł na strych przy Koziej, żeby oddać mocz, gdzie „wyskoczyło kilku uzbrojonych mężczyzn, wciągnęli do mieszkania, sterroryzowali, po czym zabrali na milicję". Poskarżył się Oleksiakowi, że od tamtej chwili milicja zaczęła go prześladować. Oleksiak uznaje, że rozmówca coś ukrywa, gdyż jego wersja jest niespójna: „Zwrócił Goleniowskiemu uwagę, że skoro był tak pijany, to nie powinien pamiętać również szczegółów poprzedzających zatrzymanie". Goleniowski jednak wcale się tym nie speszył, mówi Oleksiak.

Krótko po zajściu z Ryszardem Oleksiakiem Dionizy Goleniowski otrzymuje anonimowy list następującej treści: „TY SUKINSYNU TYM RAZEM OBRONIŁY CIĘ GLINY JUŻ WIEMY PO CO BYŁEŚ NA KOZIEJ NIC CI NIE POMOŻE KOŚCI BĘDZIESZ MIAŁ I TAK POLICZONE GLINY TEŻ SIĘ NA TOBIE POZNAJĄ TY ŁOBUZIE NIEZAPOMINAJKI". Ostatnie słowo zapewne stanowi podpis. Kto jest autorem anonimu? Kim są nieznajomi, którzy zaczepili Oleksiaka? Najprawdopodobniej mamy do czynienia z dalszym ciągiem akcji Mikołajskiego i jego ludzi. Anonim ewidentnie nawiązuje do nieudanej próby zastraszenia Dionizego Goleniowskiego pod fabryką (gdzie „obroniły" go „gliny", czyli milicjanci). Pisany jest z perspektywy osoby, która dokonała tej próby lub ją zleciła – zatem z perspektywy „Kozłowskiego" i Mikołajskiego. Co więcej, próba zastraszenia się nie udała, gdyż Goleniowski zwrócił się o pomoc do milicji. Jak wiemy, Mikołajski nie chce tego wykorzystać i konspiruje się przed milicjantami. Zatem najpewniej to on usiłuje zniechęcić świadka do szukania u nich obrony: „GLINY TEŻ SIĘ NA TOBIE POZNAJĄ". Zdanie to po raz kolejny sugeruje, że nękający Goleniowskiego natręt „Kozłowski" ma dobre stosunki z milicją (skoro nie tylko zna treść zeznań świadków, lecz także może jednego z nich skompromitować w oczach milicjantów). Z kolei zdanie: „JUŻ WIEMY PO CO BYŁEŚ NA KOZIEJ" można interpretować następująco: „Podejrzewaliśmy, że zacząłeś donosić, a teraz wiemy, że donosisz od samego początku". Tak groźnie brzmiące oskarżenie mogłoby odstraszyć Goleniowskiego od wszelkich kontaktów z „Kozłowskim". Skoro „Kozłowski" już wie i ta wiedza napełnia go gniewem, to następnym razem nie przyjdzie pytać, tylko się zemścić. Trzeba go unikać – takie wnioski z anonimu musiałby wyciągnąć Goleniowski. Zatem sens listu, jego przekaz skierowany do Dionizego Goleniowskiego można zinterpretować następująco: „Nic nie mów milicji, nic nie mów «Kozłowskiemu», milcz – tak jak milczałeś przez poprzednie lata". Zaczepienie Oleksiaka przez dwóch dziwnych mężczyzn może dodatkowo wzmacniać ten przekaz. Dziwny natręt czy natręci sieją strach coraz szerzej i są dobrze poinformowani. Wiedzą, z kim Goleniowski się zadaje, skoro zaczepili jego znajomego. To dodatkowo zastrasza świadka.

Oczywiście, nawet po dokładnym przeanalizowaniu sprawy „Zaskoczony", wciąż pozostają w niej niejasności. Ale jedno jawi się wyraźnie. Esbek Mikołajski tak traktuje świadka Goleniowskiego, jakby chciał go odwieść od zeznawania. Najwyraźniej wspiera sprawców porwania. Zatem trudno się dziwić, że Dionizy Goleniowski zostawia nas z tajemnicą.

Jeśli zaś Antoni Macierewicz był tym, który w latach 1991–1992 utajnił dokumenty sprawy Goleniowskiego, to jemu również trudno się dziwić. Jest mało prawdopodobne, żeby wciąż nie wiedział wówczas, jak wiele zawdzięcza Mikołajskiemu. Czy zapłacił mu w ten sposób za milczenie o ich wspólnej relacji? Czy zabezpieczał się na wypadek jej ujawnienia? Ono w każdym wypadku byłoby katastrofalne dla Macierewicza. Jednak stanowiłoby mniejszą katastrofę, gdyby ludzie nie poznali wszystkich wyczynów jego opiekuna.

W opracowaniu z 1982 r. Stefan Mikołajski nie opisuje swoich dokonań w sprawie „Zaskoczony". Ubolewa tylko, że mimo licznych wysiłków nie udało się ustalić, czy Goleniowski ma coś wspólnego ze sprawą Bohdana Piaseckiego.

WUJ OD PAPIERU

Nie jedyny to raz, gdy w swym obszernym, ponad 400-stronicowym dziele Stefan Mikołajski staje się nagle oszczędny w słowa. Jak również, nie jedyny to raz, gdy zaciemnia prawdę.

Na stronie 97 zaczyna się podrozdział zatytułowany: „Papeteria". Mikołajski prezentuje w nim interesującą ekspertyzę i jeszcze bardziej interesującego eksperta: „W miesiącu sierpniu 1957 r. zarządzono badania papieru i koperty z listu do Bolesława PIASECKIEGO, skierowanego na Poste Restante. Instytut Celulozowo-Papierniczy Ministerstwa Leśnictwa i Przemysłu Drzewnego podaje wynik po zbadaniu 5 rodzajów papierów przesłanych przez MSW, cytuję orzeczenie:

«Na podstawie wyników analiz można stwierdzić, że koperty są wyprodukowane z identycznego papieru (zarówno wierzch jak i podszewka). Wieku kopert nie można określić. Natomiast nie można powiedzieć, że maszynopis został wykonany na kartce papieru z książki WKPb. Zarówno papier z resztek wydartej pierwszej karty, jak i papier z ostatniej karty książki różnią się zasadniczo od papieru, na którym wykonano maszynopis (Panie PIASECKI)». Docent A. WINCZAKIEWICZ z Instytutu, który prowadził analizy, nie mógł nic więcej dodać do badań".

Docentem tym był znany nam już Andrzej Winczakiewicz, wuj Antoniego Macierewicza. Zaś „Książka WKPb" to *Krótki kurs historii Wszechzwiązkowej Komunistycznej Partii (bolszewików)* z 1938 roku – dzieło, które staliniści traktowali jak świętą księgę. Śledczy chcieli ustalić, czy list zatknięty w drzwiach kościoła Św. Krzyża napisano na kartce wydartej z tej książki (zapewne obawiali się politycznych interpretacji takiej ewentualności). Słowo „papeteria" też wypada rozwinąć. Według Słownika Języka Polskiego PWN „papeteria" to „komplet kopert i papierów listowych używanych do korespondencji prywatnej".

Uzbrojeni w tę wiedzę, musimy się teraz zanurzyć w gąszcz papierniczych niejasności. Już na samym początku podrozdziału Mikołajski pisze, że ekspertyza Winczakiewicza dotyczy listu z poste restante. Zaś używając słowa „papeteria" zdaje się podkreślać tę informację. List z poste restante napisano bowiem na papierze listowym, a list z drzwi kościoła Św. Krzyża – na kartce wydartej z jakiejś książki. Jak jednak widzimy, zacytowana ekspertyza ewidentnie odnosi się do tego drugiego listu. Także dlatego, że to on, nie zaś list z poste restante, zaczyna się od słów: „Panie PIASECKI"[404]. Co więcej, na dole tej samej strony 97 znajduje się przypis, w którym czytamy: „Przesłano do badań skrawki papieru z koperty z napisem Bolesław PIASECKI; papieru z koperty z napisem Redakcja Słowa Powszechnego; papieru z kartki zapisanej maszynopisem zaczynającym się od słów «Panie PIASECKI»; papier z resztek wydartej pierwszej karty książki Historia WKPb z 1949 r., z ostatniej kartki tej książki". Przypis nic nie mówi o dwóch kartkach, na których napisany był list z poste restante

404 IPN BU 0397/416, t. 1, s. 23 i 90.

(gdzie indziej dowiadujemy się, że pierwsza zaczynała się od słów: „Szanowny Panie!", a druga – od słów: „Po upływie wyznaczonego przez nas terminu"[405]). Mowa jest tylko o kopercie, która dla odmiany musi być kopertą listu z poste restante (widniało na niej „Bolesław PIASECKI" – zaś list z kościoła zatknięto we wrota bez żadnej koperty[406]).

Zatem wuj Macierewicza dostał do badania papier, na którym napisano list zatknięty w drzwiach kościoła – zaś jeśli chodzi o list z poste restante, to jedynie kopertę! Dlaczego? I dlaczego na początku podrozdziału „Papeteria" towarzysz Mikołajski napisał nieprawdę? Ekspertyza docenta nie dotyczyła przecież „papieru i koperty z listu [...] na Poste Restante", tylko koperty tego listu. A przede wszystkim dotyczyła papieru, na którym został napisany inny list, ten zatknięty w drzwiach kościoła. Tymczasem esbek zdaje się sugerować, że list z kościelnych drzwi jest listem z poste restante (co byłoby oczywistym kłamstwem). Zaś prawdę o skrawkach papieru ukrywa w gęstym przypisie na dole strony... Dodam jeszcze, że kilka stron dalej zaczyna się odrębny podrozdział zatytułowany: „List wyjęty z drzwi kościoła św. Krzyża", w którym autor opracowania poświęca półtorej strony temu drugiemu anonimowi. To również może tworzyć fałszywe wrażenie, że Mikołajski wcześniej nie zajmował się listem z drzwi kościelnych (skoro teraz go omawia w odrębnym, specjalnie mu poświęconym podrozdziale). Trudno się oprzeć odczuciu, że mamy do czynienia ze starannie przemyślaną manipulacją. Złapany za rękę Stefan Mikołajski zapewne powiedziałby: „Nie czepiajcie się, towarzysze. Przecież w przypisie dokładnie wyłuszczyłem, co było badane". Oczywiście, można uznać, że mamy do czynienia ze przeskokami i skrótami myślowymi spowodowanymi przez pośpiech (a nawet z przejęzyczeniami, które wynikły ze zmęczenia). Jednak sprawa Krystyny Brones uczy nas, że Mikołajski zlecał podejrzane machinacje z próbkami papieru pochodzącymi od porywaczy Bohdana Piaseckiego. Dlatego zasadne jest podejrzenie, że znowu próbuje jakiejś machinacji.

Co do koperty z napisem „Redakcja Słowa Powszechnego", to dopiero w następnym przypisie Mikołajski wyjaśnia, o co chodzi. W kopercie tej gazeta Bolesława Piaseckiego otrzymała list od pewnego więźnia. Mężczyzna zaoferował pośrednictwo w kontaktach z porywaczami, nie on jeden zresztą (wielu ludzi próbowało wyłudzić pieniądze lub przysługi od zrozpaczonego ojca). Wprowadzenie tego wątku do całego wywodu, i to w taki sposób,

405 Tamże, s. 23–24.
406 Tamże, s. 91 i 102.

zwiększa zamieszanie. Trudno się oprzeć wrażeniu, że Mikołajski robi to celowo. Warto też zwrócić uwagę na ostatnie zdanie: „Docent A. WINCZAKIEWICZ z Instytutu, który prowadził analizy, nie mógł nic więcej dodać do badań". Brzmi to jak westchnienie nad bezużytecznością wuja Macierewicza. Westchnienie poniekąd zrozumiałe – albowiem dziwi to, że ekspert mówi jedynie, czym przebadana przez niego kartka nie jest. Co więcej, nawet ta negatywna definicja jest niezwykle wąska. Papier na pewno nie pochodzi z jednej, bardzo szczególnej książki – i tyle się o nim dowiadujemy. Winczakiewicz nie podaje, czym przebadana kartka jest ani skąd mogłaby pochodzić. Osobliwe to milczenie. Docent Winczakiewicz powinien coś konkretnego ustalić, jest przecież zdolnym specjalistą. W następnym roku zostanie redaktorem naczelnym „Przeglądu Papierniczego", aby pełnić tę funkcję do 1987 r.[407] Później będzie też profesorem Politechniki Łódzkiej.

Można jednak zapytać inaczej: dlaczego ekspertyza dotycząca tak ważnej sprawy w ogóle trafiła do Andrzeja Winczakiewicza? Rzecz jasna, jest zdolnym specjalistą, rok później zostanie naczelnym „Przeglądu Papierniczego"... Ale w 1957 r. nie należy nawet do redakcji pisma[408]. Zaś w Instytucie Celuzowo-Papierniczym pracują inni, bardziej doświadczeni eksperci. Przede wszystkim Jadwiga Marchlewska, która założyła instytut. W sztywnym, sformalizowanym świecie komunizmu to do pani Marchlewskiej i innych starszych kolegów Winczakiewicza powinni zwrócić się funkcjonariusze MSW i MO. Oczywiście starszyzna instytutu mogłaby im zarekomendować młodego docenta jako wschodzącą gwiazdę papiernictwa, cudowne dziecko laboratorium lub szczególnego znawcę papieru listowego i książkowego. Ale nawet jeśli tak się dzieje, nie wyjaśnia to innej wątpliwości. Porwanie Bohdana Piaseckiego jest sprawą nie tylko kryminalną, lecz także polityczną i to najwyższej wagi. Śledztwo wymaga nie tylko fachowych ekspertów, lecz także „ideologicznie pewnych". Takich, którzy nie skierują go w niewłaściwym kierunku. Takich, których ekspertyzy nie będzie można podważać ze względu na ich polityczną niepewność. Tymczasem Andrzej Winczakiewicz ma francuskiego brata-emigranta, masona z wrogiej rozgłośni radiowej. Zaś powinowaty docenta Andrzeja – Zdzisław Macierewicz, ojciec Antoniego – w latach 40. związał się z antykomunistycznym podziemiem, podejrzewano

407 *70 lat „Przeglądu Papierniczego" minęło*, „Przegląd Papierniczy" (wydanie internetowe), nr 71, 2015, <http://www.przegl-pap.com.pl/artykuly/70lat%202015_09w5.pdf>, dostęp: 14 września 2018.

408 Tamże.

go pracę dla francuskiego wywiadu, w końcu zginął w niejasnych okolicznościach... Zatem docenta Andrzeja Winczakiewicza należałoby zaklasyfikować jako „politycznie niepewnego". Oczywiście, w sierpniu 1957 r. czuje się jeszcze liberalne powiewy odwilży. Podczas odwilży ludzie politycznie niepewni bywają czasem traktowani jak pełnoprawni obywatele. Jednak odwilż się kończy, zaś sprawy Bohdana Piaseckiego nigdy w pełni nie dotyczyła. Zbyt poważna to sprawa – a co więcej, próbuje się ją skierować przeciwko odwilżowcom.

Następna wątpliwość: tak samo jak śledztwo w sprawie Bohdana Piaseckiego, również opracowanie Mikołajskiego z 1982 r. ma – delikatnie mówiąc – aspekt polityczny. Przy każdej nadarzającej się okazji autor wypomina najróżniejszym ludziom (również luźno związanym ze sprawą Bohdana Piaseckiego) ich opozycyjne lub zachodnie koneksje. Nawet wtedy, gdy dotyczą one znacznie późniejszych lat i dekad. Na przykład Mikołajski wspomina, że w pewnej instytucji artystycznej (położonej nieopodal miejsc „pudełkowej komunikacji" porywaczy) pracowała pewna pani K, która ćwierć wieku później była aktywna w solidarnościowej opozycji... Natomiast docentowi Winczakiewiczowi towarzysz Mikołajski krótko i delikatnie wypomina bezużyteczność. Potem do jego osoby już nie wraca. Nie zajmuje się jego koneksjami. Nie pisze, że kilka lat po ekspertyzie Winczakiewicza kontrwywiad PRL zajął się nim i jego bratem w ramach sprawy „Wizja". Nie odnotowuje, że kontrwywiadowcy narzekali wtedy na zdolność docenta do zręcznych uników, dzięki którym nie udzielił im jakichkolwiek znaczących informacji[409]. Autor opracowania nie wspomina też, że po 1968 r. Andrzej Winczakiewicz stał się obiektem oddzielnej sprawy o kryptonimie „Rozgłośnia" (funkcjonariusze podejrzewali go o przestępstwo z artykułu 132 Kodeksu karnego paragrafu 1, czyli o znieważenie urzędnika państwowego lub jego pomocnika)[410]. Pomija również to, że docent jest wujem Antoniego Macierewicza, późniejszego wybitnego opozycjonisty, współzałożyciela KOR. To niezwykłe, ponieważ innych KOR-owców Mikołajski próbuje wiązać ze sprawą Piaseckiego.

Podsumowując, w nieużyteczności docenta Winczakiewicza pułkownik Mikołajski nie dopatruje się sabotażu wynikającego z politycznych uwikłań docenta. Czyżby przyczynę tej łagodności stanowiło pokrewieństwo docenta z Macierewiczem? Czyżby Mikołajski ochraniał nie tylko Macierewicza, lecz

409 IPN BU 00231/287, t. 5.
410 IPN BU 0330/327, t. 91.

także jego krewnych? A może tak naprawdę cieszył się, że Andrzej Winczakiewicz nie przebadał dokładnie próbek? W sprawie Bohdana Piaseckiego towarzysz Mikołajski, jak wiemy, bywał wrogiem próbek papieru.

ŚLEPOTA WOJSKOWA?

Niejasności dotyczących papieru jest więcej. W roku 1959 r. papeterię przebadano raz jeszcze w tym samym Instytucie Celulozowo-Papierniczym. Nie wiemy, czy docent Winczakiewicz uczestniczył w tych powtórnych badaniach. Mikołajski omawia je pobieżnie, tym razem nie wspominając o kartce wydartej z książki (nie wiemy więc, czy na zawsze zaliczył ją do papeterii). Ale i bez tego esbek znów się plącze. Mikołajski podaje bowiem, że według nowej ekspertyzy sprawcy posługiwali się polskim przedwojennym papierem listowym i kopertami. Kilka stron dalej pisze jednak, że rozpoznano... czeską papeterię marki „Apollo" z 1956 r. Zatem pojawiła się różnica zdań między znawcami. Nie jest jasne, kto z kim się spierał: jedni specjaliści instytutu z drugimi, czy też cały instytut z zewnętrznymi ekspertami. Nie wiadomo też, czy jakoś próbowano rozstrzygnąć, kto ma rację. Wszystko to potwierdza podejrzenia, że Instytut Celulozowo-Papierniczy był używany bardziej do zaciemniania sprawy Piaseckiego niż jej wyjaśniania.

Co miałaby ukryć ta papierowa plątanina? Światło na tę sprawę rzuca wspomniany podrozdział: „List wyjęty z drzwi kościoła św. Krzyża"[411]. Znajduje się w nim ekspertyza innego biegłego. Okazuje się bowiem, że śledczy przez cały czas mieli pod ręką stołecznego rzeczoznawcę. Pracował on w Centralnym Zarządzie Zbytu Ministerstwie Leśnictwa i Przemysłu Drzewnego. Mikołajski z jakichś przyczyn nie podaje jego nazwiska. Być może, w 1982 r. rzeczoznawca CZZ MLiPD jeszcze żył? Ekspert z centrali przebadał list z kościoła Św. Krzyża. Według niego list ten został napisany na papierze mapowym używanym przez armię i specjalistyczne wydawnictwa. „Papier mapowy produkowany był przez Fabrykę Papieru w Jeziornie k. Warszawy. Odbiorcą tego papieru były wydawnictwa i wojsko. Papier tego rodzaju nie znajduje się w sprzedaży wolnorynkowej, a dostarczany jest do MON i CUW [Centralny Urząd Wydawnictw]" – odnotowuje Mikołajski. Czyżby wuj Macierewicza nie zauważył, że list z drzwi kościoła Św. Krzyża został napisany na wojskowo-specjalistycznym papierze mapowym? Czy raczej wolał

411 IPN BU 0397/416, t. 1, s. 102–103.

tego nie zauważyć? Jeśli tak, to dlaczego? Czy obiecano mu, że wejdzie do redakcji „Przeglądu Papierniczego" i od razu zostanie jej szefem? Czy przypomniano mu o podejrzanych krewnych, żeby go postraszyć? Tłumaczyłoby to jego dziwne milczenie w sprawie pochodzenia kartki. Przypuśćmy więc, że skłamać nie chciał, całej prawdy powiedzieć nie mógł, więc ograniczył się do stwierdzenia: „Kartka nie pochodzi ze stalinowskiej książki"? Odnotujmy przy okazji, że po tej ekspertyzie Andrzej Winczakiewicz nie tylko został szefem „Przeglądu Papierniczego". W latach 1958–1959, chociaż odwilż już się definitywnie skończyła, politycznie niepewny wuj Macierewicza korzystał z paszportu. Wyjechał do Związku Sowieckiego (na miesiąc), ale pozwalano mu także jeździć na Zachód (dwukrotnie do Francji, raz do Niemiec Zachodnich)[412].

Nie wiemy, kto stał za plecami Andrzeja Winczakiewicza, gdy przygotowywał on swoją ekspertyzę. Nie wiemy, w jaki sposób na niego naciskano. Wiemy natomiast, po co mógł być nakłaniany do przemilczenia wojskowo-specjalistycznego pochodzenia papieru. Po to, żeby nie było dwóch ekspertyz mówiących to samo. Dzięki temu przemilczeniu śledczy mogą pominąć mapowo-wojskowy trop. Bez drugiej podobnej ekspertyzy stanowi on tylko jeden z wielu rozproszonych tropów, które rzekomo nie układają się w żaden obraz. Tak się składa, że śledczy pominęli wiele podobnych tropów, które składały się na obraz całkiem konkretny. Wojskowo-specjalistyczny papier mapowy zignorowano. Wojskowo-cywilnego wywiadowcę Witosławskiego i jego aparat telefoniczny zostawiono w spokoju. Zaskoczonego na strychu studenta szkoły wojskowej przez ćwierć wieku „nie udało się rozpracować". Gdy tropy wiodły do armii, śledczy nagle ślepli. Zatem musimy postawić jeszcze jedno pytanie (niestety bez odpowiedzi). Czy próbki papieru, które w 1963 r. zniszczono za zgodą Mikołajskiego, były próbkami papieru mapowego?

TAJEMNICE KOPCIA I KRWI

Śledczy ślepną, widząc wojsko. Zaś jeśli chodzi o Ekerlinga, mocno niedowidzą. Taksówkarz zostaje aresztowany dopiero w kwietniu 1958 r., czyli po roku od daty jego niedoszłego wyjazdu z PRL. Władze stawiają mu zarzut udzielenia pomocy sprawcom porwania. Jednak nie łamie to Ignacego Ekerlinga. Podobnie jak Goleniowski, kierowca trzyma się swojej wersji.

412 IPN BU 00231/287, t. 5, s. 53.

Porywaczy nie zna, nic o sprawie nie wie. W 1959 r. Ekerling zostaje zwolniony z aresztu pod naciskiem środowisk żydowskich i niektórych wysoko postawionych komunistów (dodajmy od razu: nie tylko Żydów). Naciski te niekoniecznie oznaczają zmowę lub solidarność z winnymi. Obawiano się, że eksponowanie Żyda jako jedynego znanego sprawcy podsyci nastroje antysemickie. Pod hasłem „szukajmy Bohdana!" albo „pomścijmy Bohdana!" antysemici mogliby zachęcać masy do nękania domniemanych wspólników taksówkarza. Zatem wszystkich innych Żydów, zgodnie z logiką antysemityzmu, która źródło zła wyrządzonego przez jednego Żyda widzi w jego narodowości... Trudno się dziwić tym obawom – za sprawą tej właśnie logiki kilkanaście lat wcześniej zginęły miliony Żydów.

Gdy Ekerling siedzi w areszcie, dla Bolesława Piaseckiego kończy się udręka niepewności. Zaczyna się żałoba. W dniu 8 grudnia 1958 r. ciało jego syna zostaje znalezione w piwnicy domu przy ulicy Świerczewskiego 82a w Warszawie. Jak pisałem wcześniej, ulica ta nosi dzisiaj nazwę Alei „Solidarności". Budynek stoi naprzeciw sądów – czyli tam, gdzie sprawcy najprawdopodobniej przejęli od Ekerlinga jego taksówkę. Zwłoki Bohdana Piaseckiego odnaleziono w podziemnej łazience (piwnica została wyposażona w sanitariaty, ponieważ miała stanowić schron przeciwlotniczy na wypadek wojny). Ofiara po części uległa naturalnej mumifikacji. Oględziny wykazały, że Bohdanowi zadano potężny cios w głowę, który wystarczał, by chłopca uśmiercić. Ale wbito mu także nóż w piersi. Na cementowej podłodze widniała wielka plama, ślad przelanej krwi. Jak to się stało, że przez cały ten czas nikt nie odkrył zwłok? Podziemie rzadko było odwiedzane. Zaś drzwi do łazienki zabito potężnymi gwoździami zwanymi hufnalami lub podkowiakami. Według niektórych relacji, łazienkę-grobowiec od piwnicy oddzielały dwie pary drzwi i obie zabito hufnalami.

Bliższe oględziny wykazały, że porywacze poświęcili Bohdanowi swoiste epitafium. Jedną z rur w łazience ktoś opalił świecą tak, aby ślady kopcia ułożyły się w napis. Gdy śledczy włamali się do łazienki, uległ on już częściowemu zatarciu: „MSW... tu szuka... Bohdan...". Na końcu napisu znajdowało się jeszcze jedno niewyraźne słowo, które wyglądało jak nazwisko: „Rajski" lub „Krajski". W wyobraźni niektórych autorów opisujących sprawę Bohdana Piaseckiego napis ten przeobraził się w „kabalistyczne bazgroły". Kabała to jeden z nurtów mistyki judaistycznej. Kabaliści dla celów modlitewnych lub medytacyjnych używają nieraz hebrajskich liter i słów. Zatem napis na rurze miałby sugerować, że chodzi o tzw. „żydowski mord rytualny".

To oczywiście daleko idąca nadinterpretacja (mówiąc delikatnie). Więcej skojarzeń z takim mordem budzi nóż w piersi chłopca. Legenda o mordzie rytualnym głosi bowiem, że Żydzi zaciągają niewinnych chrześcijańskich młodzieńców do piwnic, by wytoczyć z nich krew. Przypomnę, że przesąd ten wielokrotnie prowadził do mordów, w których krew wytaczano – ale żydowską. Albowiem wywoływał pogromy, podczas których to katolicy zabijali Żydów. Jedenaście lat przed porwaniem Bohdana pogłoska o mordzie rytualnym rozeszła się po Kielcach – i spowodowała masakrę, którą dziś nazywamy „pogromem kieleckim". Gdy takie plotki zaczynały krążyć, Żydzi zawsze cierpieli, często ginęli. Jest zatem nieprawdopodobne, żeby jedenaście lat po Kielcach jakakolwiek przemyślna, perspektywicznie myśląca grupa polskich Żydów zechciała zainscenizować mord rytualny. Groziłoby to powtórką z pogromu kieleckiego – potężniejszą i bardziej krwawą ze względu na liczebność Warszawy i rangę społeczną Bolesława Piaseckiego. Zaś wszystko, co wiemy, wskazuje, że porywacze byli więcej niż przemyślni. Główny mózg akcji – jej szef lub jej sztab – w styczniu 1957 r. wielokrotnie wykazał się dalece perspektywicznym myśleniem. Co nie musi znaczyć, że podobieństwo między zabójstwem Bohdana Piaseckiego a legendarnym mordem rytualnym było przypadkowe. Ktoś mógł upozorować taki mord właśnie w celu podsycenia antysemickich nastrojów. Aczkolwiek napis na rurze definitywnie nie brzmi jak kabalistyczne zaklęcie. Raczej jak bezczelna drwina ze śledczych. „MSW niech tu szuka Bohdana" – tak można go zrekonstruować.

INTELEKTUALIŚCI ZBRODNI

Przy tej okazji zauważmy, że w styczniu 1957 r. „MSW" było nowym skrótem i nową instytucją. Do grudnia 1954 r. nie było Ministerstwa Spraw Wewnętrznych, tylko Ministerstwo Bezpieczeństwo Publicznego (MBP). Zaś w latach 1955–1956 MSW zajmowało się sprawami kryminalnymi i porządkowymi, pozostając w cieniu ubeków z Komitetu ds. Bezpieczeństwa Publicznego (KdsBP). Oni dopiero pod koniec 1956 r. zaczęli przechodzić do MSW, które przejęło wówczas polityczne, wywiadowcze i kontrwywiadowcze zadania KdsBP. Jak widać, mowa o bardzo świeżej zmianie. Dlatego ogromna większość obywateli w odniesieniu do grupy śledczej z MSW – i to jeszcze takiej, która obejmowała byłych ubeków np. Muchę i Paciorka – użyłaby raczej słowa „bezpieka". Albo określeń: „UB", „ubecja", „ubectwo", może nawet „ubiactwo" (kto nie mówił: „ubek", ten mówił „ubiak"). Pojęcia i wyrażenia takie jak „Służba Bezpieczeństwa”, „SB”, „esbecja”, „esbek” jeszcze się nie przyjęły. Kto zatem użyłby skrótu „MSW”? Raczej ktoś, kto znał się na rzeczy. Ktoś, kto wywodził się ze świata policji politycznej i służb specjalnych. A zarazem – jak sugeruje domniemana treść napisu – prawdopodobnie był to ktoś, kto chciał się od nowego ministerstwa zdystansować. Były ubek, któremu nie podobał się nowy stan rzeczy?

Przy Świerczewskiego 82a mieszkał były pracownik UB – niejaki Adam Kossowski (w niektórych źródłach nazywany Janem). Adam Kossowski dobrze znał Ekerlinga, Barkowskiego i Katza. Podobnie jak Ekerling i Katz zamierzał w najbliższym czasie wyemigrować z Polski. Zatem chciałoby się zawołać: mamy ich! Barkowski, Ekerling, Katz, Kossowski – oto skład gangu porywaczy.

Zgadza się, mamy ich albo prawie mamy. Najpewniej to oni dokonali porwania, być może też mordu. Ale czy mamy ich wszystkich?

Wyżej wymienieni czterej mężczyźni byli Żydami. Jak napisałem, jest mało prawdopodobne, by perspektywicznie myśląca grupa Żydów zechciała inscenizować mord rytualny. Ale nasza czwórka nie jawi się jako zespół perspektywicznych umysłów. Zdaniem badających go psychologów, Ekerling był człowiekiem mocno ograniczonym. O Kossowskim niewiele wiadomo. Akta śledztwa ukazują go czasem jako człowieka ruchliwego i obrotnego. Jednak w Wojewódzkim Urzędzie Bezpieczeństwa Publicznego, gdzie pracował, nie pełnił żadnych wysokich funkcji. Jacek Wilamowski niejednokrotnie nazywa go „wytrawnym ubekiem” – ale pisze też, że Kossowski był tak naprawdę kimś w rodzaju zaopatrzeniowca UB... [413] Co do Barkowskiego i Katza, to w swych przestępczych biznesach musieli się wykazywać sprytem. Nic jednak nie wskazuje na to, by ruszali mózgownicą dalej niż własna korzyść materialna. Katz, jak Ekerling, był kierowcą, a Barkowski – gangsterem. To wręcz typuje go do roli sprawcy. Zaś ograniczenia umysłowe całej czwórki – tępota jednego, bandycka, cwaniacka lub ubecka nieczułość drugiego, trzeciego i czwartego – tłumaczyłyby ewentualną beztroskę o los innych Żydów i możliwe pogromy. Ale zarazem brakuje przesłanek, żeby tych czterech najprawdopodobniejszych wykonawców zbrodni uznać również za jej pomysłodawców i organizatorów. Ograniczenia Barkowskiego, Ekerlinga, Katza i Kossowskiego kolidują z cechami, które organizatorzy zbrodni okazali wobec Bolesława Piaseckiego i śledczych. Kolidują z podchodami, które

413 J. Wilamowski, dz. cyt., s. 85.

zafundowano ojcu ofiary i jego ludziom. Ze względu na kształt i przebieg tej „gry w jelenia" – nie tylko okrutnej, lecz także bardzo wyrafinowanej – pomysłodawcy zbrodni jawią się jako ludzie bezwzględni, ale intelektualnie bardzo sprawni, myślący analitycznie i piętrowo, znakomicie przewidujący reakcje swego odbiorcy. Najprawdopodobniej mieli wykształcenie wyższe – wtedy rzadsze niż dzisiaj – choć niekoniecznie lub nie tylko humanistyczne. Do instrukcji dołączali precyzyjne, wręcz profesjonalne rysunki-mapki. Szkice te ułatwiały Suwale i Reiffowi znajdowanie kolejnych skrytek z instrukcjami. Podsuwały niemal każdy ruch, który poszukiwacz musiał wykonać, by znaleźć schowane pudełko od zapałek. Tak dokładnie i przejrzyście nakierowywały swych odbiorców, że eksperci nazwali je „scenopisami" lub „partyturami" (co ogromnie spodobało się esbekowi Mikołajskiemu – ale o tym za chwilę). To jeszcze nie wszystko. Porywacze, którzy kontaktowali się z ojcem ofiary, w mowie i w piśmie posługiwali się poprawną, literacką polszczyzną i bogatym słownictwem. Formułowali skomplikowane i precyzyjne zdania, stosowali chwyty stylistyczne „z górnej półki", z przewrotną ironią włącznie. Eksperci czytali ich listy, słuchali ich głosów – i nie stwierdzili przejawów ludowej gwary czy żargonu warstw niewykształconych. Przejawów, dodajmy, występujących nawet u ludzi inteligentnych i obytych, którzy jednak nie skończyli normalnej szkoły średniej i wyższej (jak sam Mikołajski, który dokształcał się w wieku 23 lat na ubeckich kursach). Kilka detali mogło sugerować, że chodzi o inteligentów w pierwszym pokoleniu, ale wciąż takich, którzy ukończyli porządne szkoły i uczelnie. Na 22 specjalistów, którzy przesłuchiwali zachowane nagrania rozmów telefonicznych z udziałem porywaczy, 11 stwierdziło, że porywacze są ludźmi inteligentnymi, niektórzy wręcz określili ich akcent jako elegancki (i tylko dwóch ekspertów doszukało się jakichś elementów „gwarowych" czy „cwaniackich")[414]. Tymczasem Ekerling skończył tylko podstawówkę[415] i nic nie sugeruje, żeby Barkowski, Katz czy Kossowski zaszli o wiele dalej w swym wykształceniu... Specjaliści nie stwierdzili też śladów żydowskiego akcentu ani specyficznych polsko-żydowskich wyrażeń, które były wtedy na porządku dziennym u polskich Żydów, także wykształconych. Jak pisałem wcześniej, jeden z ekspertów stwierdził wprost, że nic nie wskazuje na żydowskie korzenie osoby mówiącej. Nazywanie księdza „panem" mogło się komuś skojarzyć z Żydem, który nie zna polskiego obyczaju lub go lekceważy. Stanowiło jednak przypadek izolowany

414 IPN BU 0397/416, t. 1, s. 126.
415 Tamże, t. 1, s. 227.

w całej historii kontaktów z porywaczami, zaś przez swoją nieuprzejmość zakrawało na ostentację. Wygląda zatem jak kolejna zmyłka, jedna z wielu prób kamuflażu.

Wszystko to znaczy, że Ekerling mógł użyczyć samochodu porywaczom, Barkowski mógł na ich rozkaz zabić, Katz i Kossowski mogli pomagać w zorganizowaniu porwania – ale nikt z tej czwórki nie wymyślił i nie przeprowadził całej akcji. Jej mózgiem byli zupełnie inni ludzie. Nic nie wskazuje, by byli to Żydzi. Oczywiście, wielu osobom zależy, aby przy badaniu sprawy Bohdana Piaseckiego trzymać się antyżydowskich stereotypów. Dla polsko-słowiańskich rasistów sprawa Bohdana jest szczególnie ważna i cenna. Interpretowana zgodnie z antysemicką obsesją, pomaga wypierać z historii zdarzenia takie jak pogrom kielecki lub jedwabieński: „Pewnie, różne rzeczy się działy, ale Żydzi też mordowali nas, nasze dzieci! Piaseckiemu niewinnego synka zakatowali w piwnicy!". Z biegiem lat w niektórych środowiskach prawicowych zamordowanie Bohdana Piaseckiego stało się aktem założycielskim ich antysemityzmu, jego uświęconym krwią fundamentem. Wiele osób widziało w tej zbrodni dowód na „podłość Żydów", a zarazem świętą ofiarę, dzięki której ta „podłość" wyszła na jaw.

Zostawmy jednak antysemicką obsesję. Przejdźmy teraz do obsesji znacznie ciekawszej, którą w swoim opracowaniu prezentuje esbek Stefan Mikołajski. Rzecz jasna, do jego paranoicznych wizji też trzeba podchodzić ostrożnie, gdyż w obsesji esbeka może być metoda.

KRWAWY HAPPENING?

Z licznych faktów odnotowanych przez Mikołajskiego można zrekonstruować polityczną tożsamość sprawców. On też musiał się domyślać, kim są – o ile nie wiedział. Mimo swego komunistycznego fanatyzmu Stefan Mikołajski na pewno nie był głupi. Sądząc po napisanym przez niego opracowaniu, wykazywał się ponadprzeciętną inteligencją i wyobraźnią, był pomysłowy. Podobnie jak porywacze umiał myśleć piętrowo. Sprawę Bohdana Piaseckiego znał jak nikt. Również jego wiedza o świecie służb specjalnych zdaje się przekraczać horyzonty przeciętnego funkcjonariusza. Na ponad 400 stronach swego opracowania Stefan Mikołajski roztrząsa różne teorie. Szuka motywu sprawców. Przedmiot jego dociekań stanowią wszelkie możliwe grupy skrzywdzone lub zagrożone przez Bolesława Piaseckiego. Członkowie redakcji „Tygodnika Powszechnego", którym Piasecki zabrał pismo? Młodzi zbuntowani PAX-owcy, Tadeusz Mazowiecki i Janusz Zabłocki? Ludzie, którym Piasecki podpadł w partyzantce? Inni, którym Piasecki podpadł w interesach? Izraelski wywiad? Widmowa organizacja żydowska o nazwie Nekama (Zemsta), która miała się mścić na Piaseckim za zbrodnie wojenne lub przedwojenne? Szymon Wiesenthal, słynny łowca nazistów z Wiednia? A może żydowskie organizacje i środowiska jawnie działające w Polsce? Tę ostatnią teorię – podobnie jak wiele innych – pielęgnuje sam Piasecki i jego PAX-owcy. Mikołajski ocenia ją jako niezbyt prawdopodobną. Przyznaje, że osoby pochodzenia żydowskiego o podejrzanych zagranicznych powiązaniach starały się ochronić Ekerlinga. Wskazuje przy tym na Towarzystwo Społeczno-Kulturalne Żydów w Polsce. Jednak nie uważa, by polscy działacze żydowscy mieli udział w zbrodni. Rozumie, że chcieli powstrzymać wzrost nastrojów antysemickich.

Podobne działania wytyka też swoim byłym szefom, którzy nadzorowali śledztwo. Chodzi oczywiście o wiceministra Antoniego Alstera (który był Żydem) i Zbigniewa Paszkowskiego. Dla nich Mikołajski zdaje się być surowszy. Jak już wiemy, wykazuje Paszkowskiemu kłamstwo w sprawie wizji lokalnej. Rzuca dziwną aluzję, która dotyczy Alstera. Otóż w pewnym momencie wszystkich uczestników śledztwa, którzy mieli w ręku listy porywaczy, poproszono o odciski palców. Chodziło o to, żeby wyeliminować ich odciski i skupić się na tych, które mogły pochodzić od sprawców. Wiceminister Alster nie zgodził się na pobranie jego odcisków palców, pisze Mikołajski[416]. Nic więcej nie dodaje, znacząco zawiesza głos. Czyżby sugerował, że Alster był jednym ze sprawców? Czy raczej mruga do tych, co znali sprawę Krystyny Brones i zniszczonych próbek papieru: „Musiałem je zniszczyć, bo ten niepoważny Alster dotykał palcami materiału dowodowego, dlatego nie chciał dać swoich odcisków do przebadania – gdyby ktoś wtedy odkrył tę wpadkę, byłby skandal jak stąd do Jerozolimy!". Faktycznie, Mikołajski może tu coś takiego sugerować, ale to jeszcze nie powód, by mu wierzyć. Krystyna Brones na jego polecenie zniszczyła próbki papieru, gdy Antoni Alster od wielu miesięcy nie był już wiceministrem. Gdyby towarzysz Mikołajski miał te próbki z odciskami palców Alstera, nie zniszczyłby ich, tylko zaniósłby je triumfalnie Moczarowi.

Jedno jest pewne: to nie Żydów, nie kolegów esbeków, nie katolików, nie byłych partyzantów wskazuje Mikołajski jako podejrzanych numer jeden.

416 Tamże, s. 89.

Na ponad 400 stronach opracowania z 1982 r. autor ustawicznie wraca do swej głównej i zaskakującej tezy: winni byli artyści. Zaczyna od argumentów malowniczych, choć niezbyt przekonujących. Otóż krótko po porwaniu Bohdana Piaseckiego studenci Akademii Sztuk Pięknych zrobili sobie bal przebierańców. Jedna z dziewczyn przyszła w sukni uszytej z płacht popularnej gazety „Express Wieczorny". Na piersiach miała wyeksponowany artykuł o uprowadzeniu chłopca. Inny z uczestników balu tańczył z tablicą zawieszoną na plecach. Na tablicy widniał napis: „Porywam dzieci skorumpowanych rodziców"! – grzmi Mikołajski. Cóż, młodzież zawsze lubiła prowokacyjne happeningi, szczególnie młodzież artystyczna. Zaś ludzie w każdym wieku zawsze lubili „podczepiać się" pod cudze wyczyny, także i zbrodnicze. Zatem bal przebierańców jako dowód wygląda słabo. Ale Mikołajski przechodzi do argumentów konkretniejszych, nieraz pomysłowych:

- studenci ASP byli wrogami Piaseckiego, rozlepiali atakujące go plakaty;
- pudełka z instrukcjami rozkładano w okolicach ASP, Teatru Wielkiego i Szkoły Baletowej (zatem w miejscach, w których żyje, pracuje i bawi się warszawska artystyczna bohema);
- wszystkie pudełka rozłożono w domach, w których mieszkają lub pracują plastycy, a tych w Warszawie było jedynie trzystu (włącznie ze studentami ASP – sześciuset);
- z treści instrukcji wynika, że ich autorzy bardzo dobrze znali te domy i ich sekrety: zaułki, kamienice z bramami przelotowymi, klatki schodowe, podwórka, murki, komórki, strychy, zakamarki;
- dołączone do instrukcji rysunki wykonano precyzyjnie, wręcz profesjonalnie: eksperci porównywali je do scenopisów filmowych i tzw. partytur reżyserskich, które określają m.in. ruchy aktorów teatralnych na scenie (Mikołajski z upodobaniem powtarza te słowa: „partytura" i „scenopis" – zapewne dlatego, że sugerują artystyczną proweniencję sprawców);
- jeden z ekspertów (znany architekt, profesor Wiktor Zin) rozpoznał w tych rysunkach rutynę doświadczonego rysownika;
- zajęcia z rysunku technicznego na swoich uczelniach mieli studenci grafiki, rzeźby i architektury;
- studenci tych samych kierunków dla zabawy nieraz się charakteryzowali, zaś według kolegów Bohdana porywacze wyglądali na ucharakteryzowanych;

- budynek przy ulicy Świerczewskiego 82a, w którym znaleziono zwłoki, bywał obiektem zainteresowania artystów (szukali miejsca na pracownie w podziemiach, dekorowali też znajdujący się w budynku sklep „Delikatesy");
- drzwi, za którymi znajdowały się zwłoki, zostały zabite hufnalami-podkowiakami, zaś takich hufnali używają w swej pracy rzeźbiarze i dekoratorzy;
- nóż wbity w pierś chłopca mógł zostać skradziony z warsztatu artystycznego przy Teatrze Wielkim;
- nóż miał przerobione ostrze: „końcówka była w oryginalny, haczykowaty sposób zakończona, być może [...] mógł on służyć do prac np. plastycznych, rzeźbiarskich"[417].

Nagromadzenie argumentów robi wrażenie. Ale przy uważnym czytaniu staje się jasne, co Mikołajski w swoim opracowaniu spycha na drugi plan:

- w przypisie u dołu strony ukrywa informację, że narzędziem zbrodni był saperski nóż wojskowy wyprodukowany na potrzeby wojska: „W latach 1951–1954 na zamówienie Szefostwa Wojsk Inżynieryjnych noże saperskie produkowane były przez Fabrykę Wyrobów Metalowych «Gerlach» w Drewnicy k/Opoczna. Tylko 2629 sztuk sprzedano na wolnym rynku i dopiero po 1955 r."[418].
- ponad sto stron dalej, na stronie 225 Mikołajski wraca do kwestii noża i precyzuje: „W sklepach sportowych ukazały się te noże po 1956 r." (zbrodnia dzieje się w styczniu 1957 r., zatem hipotetyczny artysta-morderca miałby bardzo mało czasu, żeby taki nóż kupić).
- co do hufnali-podkowiaków, to ich głównym przeznaczeniem było podkuwanie koni;
- oddziały „ludowego" Wojska Polskiego jeszcze w 1955 r. korzystały z konnej siły pociągowej: historyk wojskowości dr Paweł Piotrowski, autor pracy o Śląskim Okręgu Wojskowym podaje, że 96. Pułk Piechoty w 1955 r. miał na stanie 135 koni[419];
- nie była to jeszcze epoka outsourcingu i konie Ludowego Wojska Polskiego były podkuwane przez żołnierzy: w 1946 r. Ministerstwo

417 Tamże, s. 123.
418 Tamże, s. 123.
419 P. Piotrowski, *Śląski Okręg Wojskowy. Przekształcenia organizacyjne 1945–1956*, Warszawa 2003 r.

Obrony Narodowej wydało oficjalny dokument pt. „Instrukcja weterynaryjna: podkuwanie koni w wojsku";

- co do rysunków sporządzonych przez porywaczy, Mikołajski niemal zupełnie pomija to, że rysowanie precyzyjnych planów sytuacyjnych jest jedną z umiejętności wymaganych od sztabowców i innych oficerów armii;
- w Aneksie V dołączonym do akt sprawy[420] Mikołajski przedstawia zestawienie opinii specjalistów na temat tych rysunków, w którym czytamy, że:
- śledczy 42 razy zwrócili się do ekspertów od różnych dziedzin działalności artystycznej, nieraz wskazanych z nazwiska;
- tylko dwa razy zwrócono się do ekspertów od wojskowego rysunku technicznego, przy czym specjaliści ci występują anonimowo;
- co do miejsc, w których zostawiano instrukcje z rysunkami, to mowa jest o ścisłym centrum Warszawy, nie ma zaś nic dziwnego w tym, że ówczesna bohema garnęła się do atrakcyjniejszej części miasta (nie tylko zresztą bohema: gdyby Mikołajski sprawdził np. ilu tam mieszkało urzędników władz centralnych, osiągnąłby wyniki jeszcze bardziej zadziwiające);
- co do wrogości studentów ASP wobec Bolesława Piaseckiego, sam Mikołajski przedstawia długą listą znacznie poważniejszych wrogów;
- co do charakteryzacji, to istnieje różnica między „charakteryzowaniem się dla zabawy" a profesjonalną charakteryzacją, służącą ukryciu tożsamości: to pierwsze ma przeważnie przyciągać uwagę, podczas gdy ta druga, praktykowana przez służby specjalne, z reguły nie powinna się rzucać w oczy (z zeznań świadków wynika, że pod tym względem PRL-owskie służby borykały się z ówczesną farbą do włosów, ale poza tym nie najgorzej dawały sobie radę – na następnych stronach przeczytamy o esbeckiej przebierance zastosowanej wobec Ekerlinga, która w pierwszej chwili całkiem skutecznie zadziałała, jak się zdaje);
- co do lokali przy Świerczewskiego 82, to nie interesowali się nimi jedynie artyści (pod numerem 82b znany nam gangster Barkowski miał przechowywać kradzione srebro w lokalu niejakiego Pawła Swi-

420 IPN 0397/416, t. 2.

rydowa, kierowcy Ministerstwa Spraw Zagranicznych, zatem człowieka prawdopodobnie związanego z kontrwywiadem, którym od listopada 1956 r. rządził... znany nam funkcjonariusz-gangster Moczara, Ryszard Matejewski).

Jeśli chodzi o budynek przy Świerczewskiego, Mikołajski podaje też elektryzujący fakt, z którego nie wyciąga wniosków:

- w końcu 1959 r. włamano się do dyrekcji Przedsiębiorstwa Budowy Sieci Cieplnej (PBSC) rabując jedynie... dokumentację budynku przy Świerczewskiego;
- pracownik odpowiedzialny za tę dokumentację... zachorował psychicznie;
- przy okazji odkryto, że inny pracownik PBSC (zarazem kolega osoby, która projektowała tam przyłącze centralnego ogrzewania) wcześniej, w 1957 r., wziął urlop od 22 stycznia (dzień porwania Bohdana) do 4 lutego;
- pracownikiem tym był Janusz K., urodzony w 1929 r. w Pionkach (województwo kieleckie), który w 1947 r. ujawnił się jako członek podziemnej antykomunistycznej organizacji zbrojnej WiN;
- mimo takiej „plamy" w życiorysie komuniści pozwolili Januszowi K. studiować w szkole morskiej i w wyższej szkole inżynierskiej (tu trzeba przypomnieć, że WiN zostało dogłębnie zinfiltrowane przez polskie i sowieckie służby komunistyczne, więc Janusz K. mógł mieć jakieś zasługi dla reżimu);
- Janusz K. posiadał nóż saperski identyczny z narzędziem zbrodni;
- jeden z kolegów ofiary uznał, że Janusz K. przypomina nieznanego człowieka, który przed uprowadzeniem ofiary kręcił się pod szkołą Bohdana i wypytywał o synów Piaseckiego;
- jeden z pracowników PAX uznał, że Janusz K. przypomina nieznanego człowieka, który oferował Bolesławowi pośrednictwo w kontakcie ze sprawcami, a następnie wyjechał do Kielc...

Czyżby rury w podziemnej łazience miały więcej sekretów niż tylko tajemniczy napis?

WYZNAWCY KOLORU I WROGOWIE MACIEREWICZA

Zatem niewiele zostaje z „teorii artystycznej" Stefana Mikołajskiego. Po co mu ona była? Jeśli chciał odciągnąć uwagę od prawdziwych sprawców, dlaczego nie wymyślił czegoś bardziej wiarygodnego? Można szukać wyjaśnień psychologiczno-politycznych. Mikołajski jest wrogiem odwilży. Jeszcze w 1982 r. zgrzyta zębami na wspomnienie wielobarwnych, swobodnie rozmawiających ludzi, którzy w latach 1955–1956 pojawili się na ulicach warszawskiego Śródmieścia. Ich awangardą byli plastycy, którzy szare miasta PRL przerabiali na nieco mniej szare. Ale znając Mikołajskiego – a znamy go już trochę – nie przypuszczamy, żeby dawał bezrefleksyjny upust swej nienawiści. Jeśli używa „teorii artystycznej", robi to z zamysłem. Jakim?

Odwilżowych plastyków i innych artystów popierali puławianie, którym towarzysz Mikołajski musiał się wysługiwać – zapewne czekając po cichu na triumf Moczara. W swoim opracowaniu Mikołajski bezkompromisowo obnaża artystyczne koneksje puławian. Podaje, że na balu ASP, gdzie drwiono z Bolesława Piaseckiego i jego cierpienia, bawił się wesoło najbardziej bojowy z nich: Stefan Staszewski, pierwszy sekretarz Komitetu Warszawskiego PZPR. Być może nieustanne podkreślanie artystyczno-graficznej sprawności zbrodniarzy ma również rzucić cień na Alstera, puławianina i grafika zarazem. Zatem Mikołajski chce uderzyć w puławian? Po tylu latach mógłby zrobić to w sposób nieco bardziej bezpośredni. Puławianie w 1982 r. nie są już groźni – w latach 80. ich udziałem jest emerytura, emigracja lub grób. Skoro zaś nie są groźni – to po co w nich uderzać?

„Teoria artystyczna" ma inne zalety niż tylko rykoszet, którym uderza w puławian. Dla wielu osób może brzmieć pociągająco: artyści bywają irytujący i dziwni. Co więcej, teoria ta jest malownicza. Dlatego skutecznie przyciąga uwagę – i skutecznie odciąga ją od wojska. Barwni, swobodni artyści i sztywna, szarobura armia to przecież antypody, skrajne przeciwieństwa. Jednak z punktu widzenia Mikołajskiego to chyba też nie jest główna zaleta „teorii artystycznej". Albowiem pod koniec opracowania autor zaczyna podkreślać jeden jej aspekt, najwyraźniej dla niego najbardziej istotny. Zapewne dlatego, że szczególnie aktualny w 1982 r., kiedy esbek pisał swe opracowanie. Mikołajski wymienia osoby, które uznaje za intelektualnych inspiratorów zbrodni. Osoby te miałyby ponosić co najmniej moralną odpowiedzialność za śmierć Bohdana Piaseckiego.

To... Jacek Kuroń i Jan Józef Lipski. Dwaj przywódcy środowisk lewicowo-liberalnych, które od drugiej połowy lat 70. zwalcza Macierewicz, ulubieniec Mikołajskiego. Pierwszego z nich, Jacka Kuronia, Antoni Macierewicz uważał i chyba nadal uważa za osobistego wroga. Jak już wiemy, dla Macierewicza i dla jego współpracowników wojna z Kuroniem trwa do dziś, mimo że ten ostatni nie żyje od 14 lat. W znanej nam księdze pamiątkowej na cześć Antoniego Macierewicza historyczka Błażejowska atakuje Kuronia lub podkreśla znaczenie jego konfliktu z Macierewiczem co najmniej 31 razy. Co ciekawe, na stronie 76 Błażejowska atakuje Kuronia za kontakty z... puławianinem Stefanem Staszewskim![421] Szczególna to zbieżność gustów (czy też antypatii) z towarzyszem Mikołajskim. Przykład Błażejowskiej – a zebrałoby się takich przykładów więcej – dobrze pokazuje, jak Antoni Macierewicz i ludzie mu bliscy atakują Kuronia. Konsekwentnie, uporczywie i obsesyjnie – szczególnie jeśli wziąć pod uwagę, że atakowany od dawna nie może się bronić.

Stefan Mikołajski był nieco bardziej finezyjny. Jeśli można kogoś napiętnować stopniowo, to autor opracowania z 1982 r. właśnie to robi. Na kilkuset stronach powoli przygotowuje czytelnika do myśli, że winni są artyści. Dopiero przy końcu, niejako w formie pointy, wskazuje Kuronia i Lipskiego jako tych, którzy zainspirowali artystów do zbrodni. Autor umiejętnie prowadzi swego odbiorcę ku tej finalnej teorii po przedstawieniu wielu innych. One zaś, pozornie konkurencyjne, w ostatecznym efekcie nie rywalizują z ostateczną sugestią „Kuroń-Lipski", tylko ją wzmacniają. Mikołajski ewidentnie nie chce, żeby jego czytelnicy (wysoko postawieni komuniści lat 80.) poczuli sceptycyzm. Towarzysze mogliby przecież pomyśleć: „Ten szpicel nawet do starej sprawy Piaseckiego chce podłączyć dzisiejszą «Solidarność»!". Dlatego Mikołajski woli, żeby odbiorcy sami doszli do wniosku: „No tak, Kuroń, Lipski – oni wszystkiemu są winni! U korzeni ich opozycyjnej działalności jest krwawa zbrodnia sprzed lat!". Zaciekli komuniści broniący swych tronów i stołków mogliby uwierzyć w coś takiego. Ale tylko oni. „Finalna sugestia" Mikołajskiego brzmi absurdalnie dla każdego, kto choć trochę znał Kuronia czy Lipskiego. Przez całe dorosłe życie praktykowali oni opór, ale nie przemoc. Oczywiście, każdy może mieć swoje drugie, ukryte oblicze. Ale trzeba mieć przesłanki, by komuś coś takiego zarzucić.

Czy towarzysz Mikołajski ma przesłanki? Dają się streścić w kilku zdaniach: Jacek Kuroń w 1956 r. wiecował ze studentami ASP i atakował Piaseckiego. Osobiście inspirował młodych plastyków do rysowania karykatur przywódcy PAX-u. Zaś Lipski wpływał na młodzież przez Klub Krzywego Koła, gdzie Piaseckiego ostro krytykowano. Klub ten z kolei stanowił inspirację dla awangardowego Teatru na Tarczyńskiej założonego przez Mi-

421 J. Błażejowska, *Niepodległość ma jeden kształt. Antoniemu Macierewiczowi w 70. rocznicę urodzin*, dz. cyt.

rona Białoszewskiego i Lecha Emfazego Stefańskiego. Pudełka po zapałkach, w których porywacze podkładali instrukcje, były identyczne z tymi, w których Teatr na Tarczyńskiej wysyłał zaproszenia swoim gościom! – woła Mikołajski.

Wytrawny śledczy zdaje się zapominać, że pudełka od zapałek były produkowane masowo. Identycznych pudełek używały miliony ludzi. Co więcej, żeby odróżnić się od tej masówki, Miron Białoszewski wysyłał zaproszenia w pudełkach oklejonych kolorowym papierem. Gdyby podobnie swoje pudełka ozdabiali porywacze, wtedy można by mówić o godnej uwagi zbieżności. Jednak w żadnym z dokumentów nie znalazłem wzmianki o takim ozdabianiu pudełek z instrukcjami porywaczy. Trzeba też dodać, że Białoszewski, poeta słynny z kontemplacyjnego usposobienia, jawi się jako jeszcze mniej prawdopodobny kandydat na organizatora mordu niż Lipski z Kuroniem. Przy tym wszystkim Mikołajski cytuje tylko jednego, nieznanego bliżej świadka. Niejaki C. przesłuchiwany w 1968 r. w związku z marcowym buntem studentów miał zeznać, że inspiratorami tego buntu są ci sami ludzie, którzy zabili Bohdana Piaseckiego. Zatem Kuroń i jego ludzie stoją za buntem i za mordem – sugeruje Mikołajski.

BAT NA LEWICĘ LAICKĄ?

Przyjrzyjmy się metodzie w tej „antykuroniowskiej" obsesji Mikołajskiego i Macierewicza. Dzisiejsze ataki Antoniego Macierewicza i jego ludzi na Kuronia mają poboczne znaczenie. Rzecz jasna, budują mit odwiecznej nieomylności Macierewicza i jego zbawiennej roli w historii. To się przydaje w walce z konkurentami politycznymi, ale nie przesądza o zwycięstwie. Inaczej było w 1982 r. Rozbierzmy ówczesną sytuację na czynniki pierwsze.

W 1982 r. Antoni Macierewicz cieszy się specjalnym traktowaniem ze strony komunistów. Wszystko wskazuje na to, że Stefan Mikołajski jest już jego opiekunem. Zaś od końca lat 70. Macierewicz swych głównych konkurentów widzi w tzw. lewicy laickiej. Czyli w lewicowo-liberalnych środowiskach skupionych wokół Jacka Kuronia, Jana Józefa Lipskiego i Adama Michnika. Środowiska te rzadziej odwołują się do tradycji katolickiej, znacznie częściej do nowoczesnej, demokratycznej myśli Zachodu. Wroga numer jeden Macierewicz upatruje w człowieku, z którym założył Komitet Obrony Robotników, czyli w Kuroniu. Twierdzi, że pomysłodawcą i twórcą KOR był on sam: Antoni Macierewicz. Kuroń i inni mieli tylko pomagać – aby później

„skraść" Macierewiczowi chwałę założyciela. Jak wiemy ze świadectwa Piotra Piętaka, Macierewicz bardzo tę „kradzież" przeżywa. Chce odwetu. Pragnie, żeby solidarnościowe podziemie uznało go za pomysłodawcę i głównego twórcę Komitetu. Liczy przy tym na tradycjonalistów, ortodoksyjnych katolików i nacjonalistów. Środowiska te stanowią sporą część podziemia oraz nieufnie traktują Kuronia i Lipskiego jako niekatolickich socjaldemokratów czy też socjalliberałów... I właśnie wtedy towarzysz Mikołajski sugeruje, że Jacek Kuroń i Jan Józef Lipski odpowiadają za śmierć niewinnego katolickiego chłopca. Umiejętne szerzenie tej teorii wśród katolickich robotników może zniszczyć Kuronia i Lipskiego w oczach wielu członków podziemnej „Solidarności".

Jedynym założycielem i liderem KOR, do którego przyznawałoby się podziemie, zostałby wtedy Antoni Macierewicz. Jego autorytet urósłby niebotycznie. Stałby się bohaterem-męczennikiem, który dzielnie znosi zdradzieckie ciosy morderców dziecka. Zostałby jedynym ojcem Komitetu Obrony Robotników – i praojcem „Solidarności", jako że KOR wybitnie przyczynił się do jej powstania. Ku niemu zwróciliby się działacze podziemia szukający nowych autorytetów i strategów. Ulubieniec esbeka Mikołajskiego byłby jednym z najważniejszych działaczy opozycji.

W swej historii komuniści posunęli się do wielu zbrodni i świństw. Na szczęście, przed tym świństwem się powstrzymali.

TAK CZY OWAK, ZENON NOWAK

Świństwa nie było, lub też zaistniało tylko na kartach opracowania Mikołajskiego. Dlatego nie mogło zatruć atmosfery solidarnościowego podziemia. Natomiast wcześniej, przez całe dziesięciolecia atmosferę zatruwała zbrodnia. Piwniczny mord na Bohdanie Piaseckim, którego głównym badaczem czy też kustoszem był Mikołajski. Wiemy już, kto najprawdopodobniej wystąpił w roli wykonawcy porwania i zabójstwa. Znamy cztery nazwiska: Barkowski, Ekerling, Katz, Kossowski. Ale mniej nas interesuje miecz, bardziej ręka, która mieczem zabija. Kto był pomysłodawcą i zleceniodawcą zbrodni? Wśród wielu tropów pominiętych przez Stefana Mikołajskiego, jeden krzyczy głośno.

Na stronie 335 swego opracowania Mikołajski opisuje handel, jaki szwagier taksówkarza Ekerlinga, Mieczysław Katz, prowadził z repatriantami żydowskimi z ZSRR udającymi się na Zachód. W swej handlowej działalności Katz wykorzystywał to, że pracuje jako kierowca KC PZPR (czyli centralnych władz polskiej partii komunistycznej). Dokładnie rzecz biorąc, Katz był kierowcą bardzo szczególnego członka KC. „Jeździł z Z. Nowakiem" – pisze Mikołajski[422]. Nie wyciąga z tego żadnych wniosków, ogranicza się do tej wzmianki. Jak wiemy, Zenon Nowak był jednym z przywódców antysemickiej frakcji natolińskiej. Na VII Plenum KC PZPR w 1956 r. domagał się usunięcia z władz krajowych nadmiaru „osób pochodzenia żydowskiego" (musiał wtedy czuć, że jego wpływy maleją, bowiem właśnie w 1956 r. wypadł z Biura Politycznego KC). Wiemy też, że Nowak był agentem NKWD. Na tym jego ścisłe związki z Sowietami się nie kończą: do 1947 r. Nowak służył w sowieckiej armii. Ukończył Międzynarodową Szkołę Leninowską w Moskwie. Od 1971 do 1978 r. piastował stanowisko ambasadora PRL w ZSRR. Ta bliskość z sowieckimi towarzyszami może tłumaczyć odporność Nowaka na późniejsze zmiany polityczne. W latach 1952–1968 pełnił funkcję wicepremiera. W latach 1948–1980 był członkiem Komitetu Centralnego PZPR. Ukuto nawet powiedzenie: „Tak czy owak, Zenon Nowak".

Można spytać: dlaczego antysemita korzystał z usług żydowskiego kierowcy? Jeden ze świadków tamtej epoki mówi nam, że antysemityzm Nowaka nie był antysemityzmem hitlerowca. Nowak nie pragnął, by Żydzi znikli z oblicza ziemi. Uważał jednak, że w Polsce powinni rządzić Polacy czystej, słowiańskiej krwi, pochodzenia robotniczo-chłopskiego. Dla tego celu on i jego koledzy gotowi byli chwycić w dłoń gazrurki (lub raczej: wezwać robotniczo-chłopski tłum, aby chwycił je w dłoń). To, że Żyd zamiast szefować, prezesować, ministrować wykonuje skromniejszy zawód – np. szofera – mogło wręcz cieszyć duszę towarzysza Nowaka. Poza tym – jak uczy np. historia getta łódzkiego – nawet hitlerowcy nie od razu odpychali tych Żydów, którzy przynosili im znaczące korzyści. Zaś korzyści z ewentualnego zamordowania Bohdana Piaseckiego mogły się jawić frakcji Nowaka jako ogromne. Mord na synu katolickiego antysemity mógł wywołać falę pogromów. Przemoc tę łatwo byłoby skierować przeciw „żydowskim" puławianom. Sparaliżowałoby to również popieraną przez puławian odwilż, co byłoby dodatkowym sukcesem natolińczyków. Uważali oni przecież, że polski lud nie potrzebuje liberalizacji, tylko polskiej ludowej tyranii, a jedyna odwilż, jakiej mu trzeba, to zezwolenie na pogrom. Pognać Żydów ze stołków, a Polska pokocha komunizm! Gdyby zaś rozruchy stały się niebezpieczne, wtedy zainterweniuje

422 IPN BU 0397/416, t. 1, s. 335.

armia sowiecka i przywróci porządek. Prawdziwy porządek, taki stalinowski – tyle że bez Żydów na stołkach.

Ponieważ pomoc „radzieckich towarzyszy" mogła okazać się potrzebna, tym bardziej należało „informować ich na bieżąco" – czyli od samego początku donosić im o wszystkim. Jak również przyjmować od nich porady i instrukcje. Łatwo się domyślić, że donosicielami-łącznikami między frakcją natolińską a Sowietami byli ci natolińczycy, którzy mieli najbliższe stosunki z Moskwą. Między innymi, Zenon Nowak. Zatem jeśli Nowak zainspirował morderców Bohdana Piaseckiego, zrobił to za wiedzą i zgodą „radzieckich towarzyszy".

Drugim natolińczykiem znanym ze ścisłej współpracy z Sowietami był słynny Generał Gazrurka, czyli generał Kazimierz Witaszewski. W latach 1952–1956 generał Witaszewski zajmował stanowisko szefa Głównego Zarządu Politycznego Wojska Polskiego i wiceministra obrony narodowej. On również zaczął karierę na Wschodzie, jako oficer polityczny Polskich Sił Zbrojnych w ZSRR[423]. Jego współpraca z Nowakiem może tłumaczyć wojskowe tropy obecne w aktach sprawy Bohdana Piaseckiego. Odnotujmy, że Witaszewski angażował się mocno w sprawę Bohdana Piaseckiego – i to dziesięć lat po dokonaniu zbrodni. Na stronie 339 opracowania Mikołajskiego czytamy, że 23 grudnia 1966 r. w KC PZPR odbyła się narada poświęcona śledztwu „Zagubiony". Podczas niej stwierdzono, że sprawę przeciw Ekerlingowi wycofano z sądu na polecenie ówczesnego sekretarza KC PZPR, puławianina Jerzego Albrechta. Generał Witaszewski, który brał udział w naradzie, wystąpił z „dowodem rzeczowym" mającym obnażyć uwikłanie towarzysza Albrechta. Ujawnił, że Jerzy Albrecht polecił wycofać sprawę na wniosek Aleksandra Sława, kierownika Komisji Narodowościowej KC PZPR. Witaszewski przyniósł na naradę list Sława do Albrechta zawierający ten wniosek. Oczywiście, Aleksander Sław jako szef Komisji Narodowościowej musiał kontaktować się z działaczami żydowskimi. Zatem Generał Gazrurka chciał udowodnić, że Albrecht uratował taksówkarza przed sądem pod pośrednim naciskiem tych działaczy. Za tym domysłem (logicznym, być może częściowo słusznym, skoro działacze żydowscy obawiali się pogromów na skutek ewentualnego procesu) kryła

423 *Dane osoby z katalogu kierowniczych stanowisk partyjnych i państwowych PRL*, Biuletyn Informacji Publicznej Instytutu Pamięci Narodowej. Komisja Ścigania Zbrodni przeciwko Narodowi Polskiemu, <https://katalog.bip.ipn.gov.pl/informacje/19543?katalog=4>, dostęp: 14 września 2018.

się zapewne groźniejsza sugestia. Witaszewski prawdopodobnie sugerował, że Albrecht, puławianie i Żydzi popierają morderców za sprawą solidarności etniczno-politycznej. Mógł nawet insynuować im współudział w zbrodni. Jednak plan generała spalił na panewce. „Na tej naradzie zdecydowano, by nie przeprowadzać rozmowy wyjaśniającej z Albrechtem" – pisze Mikołajski.

Esbek odnotowuje spóźnioną szarżę Generała Gazrurki – i nie wyciąga wniosków. Podobnie, jak nie wyciąga wniosków, gdy odnotowuje bezpośredni związek między Nowakiem a Katzem. Przykrywa to wszystko „teorią artystyczną", która pozwala mu obwinić Kuronia i Lipskiego.

PRZERWA W ODDECHU

Kolejnym dowodem złej woli Mikołajskiego jest to, co dzieje się z taksówkarzem Ekerlingiem po jego wyjściu z aresztu. Komunistyczny aparat represji, zazwyczaj bezwzględny, obchodzi się z Ekerlingiem bardzo osobliwie. Do swej śmierci w 1977 r. Ekerling jest podejrzany i „rozpracowywany", choć nie zostaje ponownie aresztowany. Komuniści nie dają mu paszportu, podobnie jak jego żonie i dzieciom. Rodzina nie może wyjechać z kraju, w którym żyje z piętnem morderców. Zaś Stefan Mikołajski i jego koledzy wzywają taksówkarza na regularne przesłuchania. Można jednak odnieść wrażenie, że esbecy wręcz boją się go złamać. W opracowaniu Mikołajskiego znajdujemy bowiem taki przypis: „Prowadzone wielokrotnie rozmowy płk mgr T. Kwiatkowskiego i płk S. Mikołajskiego w MSW z Ignacym EKERLINGIEM dawały również nadzieje na to, że ujawni on szczegóły związane ze sposobem, jak znalazł się w tej sprawie. Były momenty w czasie tych rozmów, że wydawało się, że EKERLING już za chwilę, za moment powie całą prawdę. Niestety, przerwa w oddechu, papieros i znów swoje tezy, którymi operował zawsze, jeśli nie mógł sobie poradzić z wyjaśnieniem sprzeczności, mawiał: «wszystko jest prawdą»"[424]. Ta opowieść Mikołajskiego o papierosach wypalonych z Ekerlingiem zdumiewa. Czyżby doświadczeni esbecy nie znali żadnych skutecznych środków perswazji czy nacisku? Czy nie wiedzieli, jak przełamać tego rodzaju opór niewykształconego kierowcy? Nie musieli uciekać się do przemocy. Esbecy dysponowali bogatym instrumentarium środków, nieraz bardzo przewrotnych.

424 IPN BU 0397/416 t. 1, s. 190.

Cóż, w 1965 r. towarzysz Mikołajski stosuje jeden z takich przewrotnych środków. Jest 30 lipca. Dwóch esbeków zostaje „ucharakteryzowanych na sprawców" (zgodnie z portretami pamięciowymi). Ekerling wciąż pracuje jako taksówkarz. Przebierańcy wsiadają do jego samochodu, każą się wieźć do Lasu Kabackiego pod Warszawą. Kierowca w lesie... zdaje im coś w rodzaju ustnego raportu. Mówi, że nadal raz w miesiącu „melduje się w MO". Jakby chciał rozwiać ewentualne obawy swych rozmówców, zapewnia ich, że w śledztwie mówi ciągle „to samo, co na początku". Dodaje, że o wyjazd za granicę się nie ubiega „wiedząc, że dostanie odmowę". Potem jest jeszcze ciekawiej. Zacytujmy Mikołajskiego: „EKERLING zauważywszy u jednego z funkcjonariuszy pistolet pod marynarką zareagował: «czy panowie przywieźli mnie do lasu, aby mnie zabić?». Po zapewnieniu, że nic mu złego nie chcą zrobić, EKERLING zaproponował odwiezienie pasażerów do Warszawy. Przyrzekł, że nic nie powie o spotkaniu w lesie, a całą rozmowę zachowa w tajemnicy. Za przebyty kurs taksówką EKERLINGOWI wręczono 1500 zł [był to niezły zarobek, według serwisu INFOR średnia pensja wynosiła wtedy ok. 1800 zł[425]]. Po powrocie do domu EKERLINGOWA słuchając opowiadania męża stwierdziła, że to prowokacja, a po dyskusji doszli do wniosku, że nie będą o tym meldować w MO. Zastanawiali się, czy pieniądze otrzymane w lesie nie pochodzą od znajomego w Australii. Adw. Fr. Sadurski poinformował w dniu 6.08.1965 r. prokuratora GATNERA, że EKERLINGOWIE poinformowali go o zajściu w lesie. Odniósł on wrażenie, że EKERLING zaniepokojony wydarzeniem snuje przypuszczenia, że mogło to być działanie MO, Bolesława Piaseckiego, bądź sprawców napadu na Bank. Nie kojarzył sobowtórów ze sprawą B. Piaseckiego".

Rozbierzmy tę niezwykłą relację na czynniki pierwsze. Ostatnie zdanie jest oczywiście absurdalne. Jeżeli Ekerling złożył przebranym esbekom raport na temat swoich zeznań w sprawie Bohdana Piaseckiego, to kojarzył ich z tą sprawą! Co więcej, bał się, że go zastrzelą. To sugeruje, że uznał „sobowtórów" za sprawców morderstwa lub ich wysłanników. Podczas rozmowy z nimi na pewno nie wziął ich za ludzi Bolesława Piaseckiego. Ludziom ojca nie chwaliłby się przecież, że wciąż kłamie w sprawie śmierci syna (tym chwalić się mógłby mordercom lub ich wspólnikom). Myśl, że mógł mieć do czynienia z PAX-owcami, musiała pojawić się później. Podobnie, jak myśl

425 *Przeciętne miesięczne wynagrodzenie w latach 1950–2008*, Infor, <https://www.infor.pl/prawo/zarobki/zarobki-w-polsce/686166,Przecietne-miesieczne-wynagrodzenie-w-latach-19502008.html>, dostęp: 14 września 2018.

o milicyjnej prowokacji. Ekerling nie był jednak pewien tych dwóch myśli, skoro zastanawiał się z żoną, czy pieniądze pochodzą z Australii. Dlaczego z Australii? Na ten kontynent wyemigrował Mieczysław Katz, szwagier Ekerlinga, kompan gangstera Barkowskiego i szofer towarzysza Zenona Nowaka. Zatem „australijski" domysł Ekerlingów stanowi pośredni dowód zamieszania Katza w morderstwo. Gdyby Katz nie miał nic wspólnego ze zbrodnią, po co miałby przysyłać pieniądze z Australii za pośrednictwem tajemniczych panów z bronią?

Esbecy znają treść rozmów Ekerlinga z małżonką, ponieważ regularnie ich podsłuchują. Słyszeli też, jak taksówkarz i jego żona mówią, że sprawę zabójstwa Bohdana zakończyłby przyjazd Katza do Polski i jego aresztowanie. Być może dlatego Ekerlingowie zapraszali go do kraju. Ale Katz nie chciał ich odwiedzić. Wolał się z nimi nie kontaktować. Trzymał się z dala od wszystkiego, co jakkolwiek wiązało się z PRL. W Australii odmówił podjęcia pracy polegającej na wysyłaniu bawełny do polskich portów. Nasuwa się przypuszczenie, że wybrał takie, a nie inne miejsce emigracji ze względu odległość od Polski. Wzmianka mecenasa Sadurskiego o „Banku" dotyczy oczywiście słynnego napadu z 1964 r., którym również zajmowali się śledczy Mikołajskiego. Cała zaś rozmowa Ekerlinga z adwokatem mogła stanowić element gry, jaką niezbyt sprytny, ale uparty taksówkarz próbował prowadzić wobec SB.

Kim zaś był mecenas Franciszek Sadurski? Wybitnym prawnikiem. W latach 50. i 60. pełnił rolę, którą wypada uznać za pozytywną. Na różne sposoby walczył o to, żeby komunistyczne prawo było stosowane liberalnie. Jednak nie mógłby tego robić, gdyby nie miał dobrych stosunków z częścią ówczesnych władz. Te dobre stosunki mecenasa Sadurskiego były powszechnie znane. Był m.in. posłem na sejm z ramienia Zjednoczonego Stronnictwa Ludowego (ZSL, fasadowej partii chłopskiej całkowicie podporządkowanej komunistom). Wcześniej miewał też ministerialne epizody w swej karierze. Zapewne dlatego Mikołajski pisze, że gdyby Sadurski znał jakiś sekret Ekerlinga dotyczący tożsamości sprawców zbrodni, to przekazałby ten sekret esbekom. Znając dokonania adwokata, nie sądzę, by złamał on dla nich tajemnicę zawodową (choć mogli tak sądzić zadufani funkcjonariusze). Jednak to, co opowiedział mu Ekerling, niekoniecznie stanowiło zawodową tajemnicę. Taksówkarz mógł wręcz chcieć, żeby adwokat przekazał jego słowa prokuraturze czy też Mikołajskiemu. Sens ich byłby zatem taki: „Nie jestem współsprawcą zbrodni, tylko podlizywałem się tym dziwnym pasażerom ze strachu". Ekerling mógł sam przyjść do SB z taką wersją, ale wiedział, że esbecy będą go maglować, męczyć pytaniami. Dlatego wolał porozmawiać z przyjaznym mecenasem – dając mu do zrozumienia, żeby opowiedział władzom, co usłyszał. Nawet gdyby mecenas tego nie zrobił, po rozmowie z nim Ekerling mógł się bronić, że nie zachował dziwnego zdarzenia tylko dla siebie i dla żony (co robiłoby z niego wspólnika sprawców zbrodni, stróża ich tajemnic). Byłoby to zawsze jakieś usprawiedliwienie, choć oczywiście słabe. Tym bardziej że Mikołajski miał podsłuch w domu Ekerlinga. Wiedział, co on i jego żona mówią do siebie w zaufaniu. Wiedział, że podejrzewają swego zbrodniczego wspólnika Katza o zastraszanie i kupowanie milczenia na odległość.

ARESZTOWANIE, KTÓREGO NIE BYŁO

Rzecz jasna rozmowa w lesie i późniejsze rozmowy z żoną nie wystarczały, by w sądzie dowieść winy taksówkarza. Wystarczały jednak, żeby znowu aresztować Ekerlinga. W 1965 r. wciąż obowiązywał kodeks postępowania karnego z 1928 r. po zmianach z 1949 r. według tekstu ujednoliconego z 1950 r. Mówił on, że „prokurator może stanowić tymczasowe aresztowanie" w toku śledztwa: „jeżeli zachodzi uzasadniona obawa, że oskarżony będzie się ukrywał, nakłaniał do fałszywych zeznań albo w inny bezprawny sposób będzie się starał utrudnić postępowanie karne" (art. 164 par. 2 oraz art. 165 par. 3 według ustawy z 1949 r., jak również art. 151 par. 2 i 3 tekstu ujednoliconego z 1950 r.). Przepisy dotyczące oskarżonych dotyczyły też podejrzanych (art. 71 par 2. tekstu ujednoliconego[426]). Prokurator nie potrzebował więc mocnych, „procesowych" dowodów udziału Ekerlinga w zbrodni z 1957 r., żeby znów wsadzić taksówkarza do aresztu. Nie potrzebował też „procesowych" dowodów na to, że Ekerling bezprawnie utrudnia śledztwo. Wystarczyła uzasadniona obawa, że będzie to robić. Zaś taka obawa istniała, ponieważ Ekerling robił to od lat. Od lat ewidentnie kłamał. Było to w jego przypadku nie tylko bezprawne, lecz także karalne. Według ówczesnego kodeksu karnego osoba, która składała fałszywe zeznania ze strachu przed własną odpowiedzialnością karną nie podlegała karze tylko wtedy, gdy nie wiedziała o możliwości odmowy zeznań (art. 141). Bez wątpienia po latach śledztwa i konsultacji z prawnikami Ekerling wiedział o tej możliwości. Zaś

426 *Obwieszczenie Ministra Sprawiedliwości z dn. 2 września 1950 r. o ogłoszeniu jednolitego tekstu Kodeksu postępowania karnego*, Sejm.gov.pl, <http://prawo.sejm.gov.pl/isap.nsf/download.xsp/WDU19500400364/O/D19500364.pdf>, dostęp: 14 września 2018.

gdy pochwalił się przebierańcom, że nie zmienia fałszywych zeznań, to pokazał, że kłamie świadomie, planowo i pod wpływem tajemniczych czynników zewnętrznych. Potwierdził więc uzasadnioną obawę, że będzie to robił również w przyszłości... Przy aresztowaniu dłuższym niż sześć miesięcy wymagana była zgoda prokuratora generalnego (art. 158 par. 3 kodeksu postępowania karnego według tekstu ujednoliconego z 1950 r.). W latach 1967–1968, gdy Moczar rósł w siłę i trwała antysemicka czystka, towarzysz Mikołajski zapewne nie miałby większych problemów z uzyskaniem takiej zgody. Dysponował więc wszelkimi potrzebnymi narzędziami prawnymi, by ponownie zaaresztować Ekerlinga, może nawet na dłużej.

Dlaczego zatem go nie aresztował? Czy dlatego, że chciał ukrywać przed szerszą publicznością swoje prowokacje z przebierańcami? Tego rodzaju wyczyny mogły rzucać złe światło na esbecję. Jednak wobec mordu na nastoletnim chłopcu nie tylko komuniści i antysemici uznaliby je za usprawiedliwione. Może więc Mikołajski pragnął utrzymać Ekerlinga w niepewności? Czyżby chciał, aby taksówkarz wciąż dopuszczał myśl, że leśni przebierańcy mogli naprawdę działać z ramienia sprawców zbrodni? Czy chciał, żeby Ekerling myślał, że wysłannicy Katza czuwają nad jego milczeniem?

Przypominałoby to postępowanie Mikołajskiego w sprawie Goleniowskiego. Trudno uniknąć wrażenia, że esbek straszył Ekerlinga nie po to, by otworzyć mu usta. Raczej po to, by je zamknąć.

To rodzi kolejne pytanie, kolejne „dlaczego?". Dlaczego antysemita Moczar – który teoretycznie powinien chcieć Ekerlinga za kratkami – aprobował to wszystko?

Zapewne z tych samych przyczyn, z których nie mścił się na Mikołajskim za zniszczenie dokumentów sprawy „Bagno –Marlena". Wszystko wskazuje na to, że towarzysz Moczar chciał milczenia Ekerlinga i zmielenia wielu papierów. On też wolał, by prawda o zamordowaniu Bohdana Piaseckiego nie wyszła na jaw.

MECHANIZMY, NARZĘDZIA, SPRAWCY

Jaka zaś jest prawda? Nie wiem. Uważam jednak, że dokumenty dostępne w IPN pozwalają zrekonstruować najprawdopodobniejszą wersję wydarzeń. Przedstawiam ją poniżej.

Ojciec zamordowanego, Bolesław Piasecki, działał w sojuszu z natolińską frakcją PZPR. Z natolińczykami łączyły go trzy rzeczy: orientacja na Moskwę, antysemityzm i wrogość wobec liberalizacji politycznej lat 1954–1957. Liberalizacja ta od samych swych początków wywoływała wrogi Piaseckiemu ferment w jego Stowarzyszeniu PAX. Dodajemy, że początki te były bardzo mozolne, jednak w 1956 r. odwilż zaczęła przyspieszać. W październiku Biuro Polityczne KC PZPR uznało, że czas wprowadzić ją oficjalnie. Puławianie świętowali, natolińczycy czuli strach i złość, a na Kremlu zapanowała wściekłość. Sowiecki ambasador Ponomarienko zażądał wówczas, żeby całe Biuro Polityczne udało się do Moskwy. W tamtym czasie brzmiało to groźnie. Mogło oznaczać, że Biuro Polityczne do Warszawy już nie wróci, a kości jego członków użyźnią Syberię. Taki los spotkał wielu komunistów, którzy wcześniej zapragnęli liberalizacji.

Przywódcy polskich komunistów odmówili zatem wycieczki do Moskwy (czy też w bardziej niegościnne rejony). Ambasador Ponomarienko zaczął wówczas spotykać się z natolińczykami, m.in. ze znanym nam generałem Kazimierzem Witaszewskim. Sowieci byli gotowi na ewentualną interwencję zbrojną. Dowodzi tego m.in. przykład Węgier, gdzie tydzień później wybuchła niepodległościowa rewolucja. Moskwa zdławiła ją zbrojnie przy udziale opiekuna Piaseckiego, generała Sierowa. Oczywiście Kreml chciał uciszyć Polskę jak najmniejszym kosztem. Zapewne wolałby uniknąć przeprowadzania kolejnej trudnej i krwawej interwencji militarnej. Jego przedstawiciele sondowali, na ile da się to zrobić polskim siłami.

W odpowiedzi na oczekiwania Sowietów, natolińczycy musieli zmobilizować swych zwolenników. „Natolin" stawiał na tak zwany prosty lud. Zakładał, że niewykształceni Polacy zawsze chętnie pogonią „Żydów i inteligentów". Ale wiedział, że musi rzucić jakiś ochłap inteligencji, także niekomunistycznej. Różne idee rozbudziły jej nadzieje. Zatem jakąś ideą trzeba je było zgasić.

Wtedy na scenę wyszedł Bolesław Piasecki. W dniu 16 października 1956 opublikował w dzienniku katolickim „Słowo Powszechne" artykuł pt. „Instynkt państwowy". Cytujemy:

„Po okresie milczenia słusznie było nawet zafundować sobie luxus nieodpowiedzialnej dyskusji po to, by rozbudzić i umocnić potrzebę i poczucie celowości myślenia o sprawach państwowych w najszerszych masach obywateli.

Obecnie jednak nie wolno tego luxusowego okresu przedłużać, gdyż stanu tego nie wytrzyma autorytet władzy państwowej [...] jeśli nie ujmiemy dyskusji w ramy odpowiedzialności, zamiast demokratyzacji sprowokujemy procesy konieczności brutalnego realizowania racji stanu w okolicznościach podobnych do ogłoszenia stanu wyjątkowego".

I dalej:

„Powinna nas w tym miejscu całkiem niesloganowo, ale z całą siłą refleksji historycznej zastanowić siła instynktu państwowego narodów Związku Radzieckiego, które dokonując niezwykłych rewizji historycznych, rewizji domagających się wielu nowych odpowiedzi teoretycznych, nie przestały intensywnie pracować i sprawnie się rządzić.

[...]

Sformułowanie treści instynktu państwowego w naszym okresie historycznym sprowadza się do dwóch zasad:

1. 1. Zasady kontynuacji budownictwa socjalistycznego ustroju społeczno-gospodarczego Polski Ludowej [...] w trzynastym roku Polski Ludowej nie wolno rozpoczynać budowy socjalizmu od początku, wykreślając z takich czy innych powodów poprzedni krytykowany okres. [...]
2. 2. Zasady sojuszu państwowego z narodami Związku Radzieckiego [...].

O dwóch powyższych zasadach instynktu państwowego współczesnej Rzeczypospolitej powiedzieć należy, że nie tylko są one wyjęte spod dyskusji. Cała nasza dyskusja narodowa w obecnym okresie historycznym musi być służebna w utwierdzaniu tych zasad w powszechnej świadomości obywatelskiej. [...]

Nie będzie się rozwijał naród, który choć w jednym roku swego istnienia zatraci świadomość, co konkretnie oznacza miłość ojczyzny, miłość słusznej sprawy ludzkości.

Jest rzeczą oczywistą, że my, współcześni Polacy, nie dopuścimy do takiego zakłócenia świadomości narodowej [pisownia oryginalna – red.]".

Jak widać, mamy do czynienia z manifestem, z solenną deklaracją polityczną. Bolesław Piasecki nie opublikowałby czegoś takiego bez porozumienia z sojusznikami natolińskimi lub sowieckimi. Zapewne ktoś w Natolinie lub na Kremlu wyobraził sobie, że głos Piaseckiego zabrzmi jak gong nakazujący ciszę – lub jak dzwonek wzywający do klękania, skoro przemówił człowiek pobożny! Kazanie katolika inni katolicy powinni przecież wziąć sobie do serca... Ale tak się nie stało, z dwóch powodów. Po pierwsze, kazanie było słabe. Wielka idea „instynktu państwowego" i solenne słowa Piaseckiego sprowadzały się do prymitywnego przekazu: „Poszczekaliście sobie, a teraz cicho, bo pożałujecie. Odkryjcie mądrość w posłuszeństwie". Po drugie, wybrano najgorszego możliwego kaznodzieję. Wyobraźmy to sobie: żyjący w luksusie faszysta-kapitalista straszy udręczonych biedą i niewolą ludzi. Grozi im brutalną niewolą. Jeszcze brutalniejszą niż dotąd, realizowaną w warunkach stanu wyjątkowego. Gorzej: w „okolicznościach podobnych" do stanu wyjątkowego – tak strasznych, że lepiej ich nie nazwać po imieniu. Rozumiano to wówczas jednoznacznie: chodziło o zbrojną interwencję Kremla.

Nie pomogły echo sowieckich wystrzałów, ani też katolickie dzwony i dzwonki w głosie Bolesława Piaseckiego. Kaznodzieję wygwizdano. Trudno inaczej nazwać reakcję, która go spotkała. Na łamach tygodnika „Świat" zmiażdżył go Leopold Tyrmand. To musiało szczególnie zaboleć Piaseckiego, który uważał siebie za postać spiżową. Widział się filozofem-bojownikiem, co Polakom wykuwa nowy byt duchowy i państwowy. Tymczasem spiżowego bałwana obalił jazzowy kolorowy pajac, autor brukowej powieści. Do tego Żyd. Nawet gorzej: Żyd nawrócony na katolicyzm, który uważał się za lepszego katolika niż Piasecki.

Porażka musiała zaboleć również sowieckich mocodawców i natolińskich sojuszników Piaseckiego. Plan się nie powiódł, a na ich polskiej szachownicy zachwiała się ważna figura, wieża z ambicjami hetmana. Trzeba było uruchomić plan B. Przewrócić tę wieżę, żeby roztrąciła figury przeciwnika. Wywołać antysemickie rozruchy, które usprawiedliwią sowiecką interwencję – i użyć do tego syna Piaseckiego. Zainscenizować mord rytualny i zrobić to żydowskimi rękami – oczywiście pod kontrolą służb specjalnych.

Jak wiemy, jednym z najbliższych Sowietom natolińczyków był Zenon Nowak. Jego kierowcą był Mieczysław Katz, kompan i wspólnik gangstera Barkowskiego. Członkowie gangu Barkowskiego i Katza posiadali paszporty – rzadkie dobro, przeważnie niedostępne w PRL. Dzięki komu? Zapewne dzięki Nowakowi. Co myślał towarzysz-antysemita, gdy spoglądał na swoich nadwornych Żydów-gangsterów? Zapewne coś takiego: „Na razie pozwalam wam się bawić, bo jesteście przydatni". Albo: „Wreszcie to wy jesteście narzędziem Polaka, a nie odwrotnie". Gdy natolińczycy przestraszyli się, że odwilż ich zalewa, „narzędzie Polaka" stało się narzędziem zbrodni. Natolińska ręka trzymała już żydowski miecz, potrzebowała jeszcze tuby i tarczy. Ktoś w MSW musiał przypilnować, żeby śledczy głosili winę Żydów i jak najmniej interesowali się natolińczykami.

Od października 1956 r. władzę miał Gomułka. Jego człowiekiem w MSW został Moczar. Natolińczycy nie ufali Gomułce, zatem i Moczarowi.

Jednak potrzebowali wsparcia wpływowej osoby w nowych, gomułkowskich „organach bezpieczeństwa". Po porwaniu i zamordowaniu chłopca niezbędny był im ktoś, kto zadbałby o właściwy przebieg śledztwa. Najlepszym kandydatem na takiego sojusznika zdawał się antysemita Moczar.

Ale po co Moczar, człowiek Gomułki, miałby pomóc w wywołaniu trzęsienia ziemi, które obaliłoby jego szefa? Cóż, Moczar dopiero w drugiej kolejności był człowiekiem Gomułki. Przede wszystkim był człowiekiem Sowietów. Zenon Nowak, jeszcze bardziej sowiecki człowiek, mógł o tym wiedzieć. Albo też Witaszewskiemu coś szepnął ambasador Ponomarienko...

Przejdźmy teraz do napisu na rurze.

PISANIE NA WYPUKŁEJ POWIERZCHNI

Mowa oczywiście o napisie, który sprawcy zbrodni wykonali kopciem świeczki w podziemnej łazience przy Świerczewskiego. Ostatnie słowo wyglądało jak nazwisko: „Rajski" lub „Krajski". W katalogu IPN szukaliśmy funkcjonariuszy służb specjalnych i działaczy państwowych z tamtych lat o takim lub podobnym nazwisku. Sprawdziliśmy około 30 możliwości. Nic nie pasuje – żaden z „Rajskich" i „Krajskich" nie zajmował stanowiska, które jakoś łączyłoby się ze sprawą Bohdana Piaseckiego. Żaden nawet nie pracował w Warszawie. Sprawę dodatkowo komplikuje to, że człowiek piszący płomieniem świecy na wypukłej, cylindrycznej powierzchni rury może mieć trudności z nadawaniem literom właściwego kształtu. Na przykład, „u" może wyjść krzywo. Gdy pionowe boczne linie się zaokrąglą – o co nietrudno na wypukłej powierzchni – litera wygląda jak niedomknięte „o" albo „a". Zaś gdy brzuszek „p" nieco odsunie się w górę od nóżki, całość może wyglądać jak „j" z fantazyjną kropką.

Czy sprawcy chcieli napisać „Krupski", a śledczy błędnie przeczytali „Krajski"? Czy napis brzmiał: „MSW niech tu szuka Bohdana i Krupski"? Czyżby porywacze chcieli wykpić również szefa stołecznego UB? Cóż, Mikołaj Krupski właśnie odszedł z urzędu. W dniu porwania Bohdana Piaseckiego już od tygodnia nie był szefem stołecznego UB. Kpina byłaby zatem nietrafna, zdymisjonowany Krupski nie mógłby szukać ofiary. Chyba, że zdymisjonowano go tylko formalnie, w ramach ogólnej likwidacji UB – a faktycznie towarzysz Krupski wciąż kierował stołecznymi ubekami, z którymi czekał na oficjalne przeniesienie do tworzącej się Służby Bezpieczeństwa przy MO. Jeśli tak, to wraca pytanie: czemu nie doczekał się tego przeniesienia, czemu nagle został wcielony do wojska? Czy ze względu na porwanie Bohdana Piaseckiego? Drwina sprawców, o ile zrekonstruowaliśmy ją poprawnie, zdaje się potwierdzać to przypuszczenie. Mordercy kpiliby dlatego, że trafnie przewidzieli nieprzyjemne konsekwencje swego czynu dla głównego stołecznego ubeka.

Warto odnotować jeszcze jedną okoliczność. Organizatorzy porwania chcieli wpłynąć na nastroje w Warszawie. Zaś Krupski zajmował się tymi nastrojami osobiście. Jak pisze Łukasz Jastrząb w pracy *Echa Poznańskiego Czerwca 1956 r. w Warszawie*[427], w lecie 1956 r. towarzysz Krupski pisał raporty do władz centralnych dotyczące reakcji warszawiaków na bunt poznańskich robotników. Komuniści umierali wtedy ze strachu, że stolica też mogłaby się zbuntować. Wiedza Mikołaja Krupskiego o warszawskich nastrojach mogła być cenna dla porywaczy, skoro chcieli wywołać poruszenie albo pogromy. Czy kontaktowali się z głównym stołecznym ubekiem? Czy wyłudzili od niego jakieś informacje? Może Krupski z nimi współpracował? Może brał jakiś udział w porwaniu? Ta ostatnia hipoteza najlepiej tłumaczyłaby nagłe oddelegowanie towarzysza Krupskiego do wojska po uprowadzeniu Bohdana Piaseckiego. Przemawia za nią również to, że Mikołaj Krupski był człowiekiem Mieczysława Moczara. Jeśli Moczar jakkolwiek uczestniczył w zbrodni, to mógł w niej uczestniczyć i Krupski. Zatem prawdziwym celem drwiącego napisu byłoby oddalenie podejrzeń od Krupskiego – a pośrednio też od jego patrona, Moczara. Skoro zbrodniarze kpią z Krupskiego, to nie są z nim związani! Taką sugestię zostawiliby w piwnicy związani z Krupskim i Moczarem zbrodniarze.

MIECZ PRZECIW RĘCE, KTÓRA NIM ZABIŁA

Można jednak nakreślić jeszcze jedną hipotezę, która tłumaczy napis na rurze.

Napis mógł być zabezpieczeniem, które na miejscu zbrodni zostawili jej wykonawcy. Uwaga: wykonawcy, nie zleceniodawcy. Spróbujmy zrekonstruować ich sposób myślenia. Wykonawcy Barkowski, Ekerling, Katz i Kossowski od swych zleceniodawców dostali paszporty, pozwolenie na wyjazd, zapewne też pieniądze. Mimo to mogli się obawiać, że zostaną rzuceni na

427 Ł. Jastrząb, *Echa Poznańskiego Czerwca 1956 r. w Warszawie*, [w:] „Kronika Warszawy" nr 1, 2008, Warszawa, <https://apwarsz.home.pl/APW_MAIN/publikacje/kronika/Kronika136.pdf>, dostęp: 14 września 2018.

pożarcie. Szczególnie, jeśli zleceniodawcy byli antysemitami. „A co, jeśli dali nam trefne paszporty i wpadniemy na granicy? Co, jeśli ktoś znajdzie zwłoki? I nasze ślady? Może tego oni naprawdę chcą?" – mógł pomyśleć o mocodawcach Kossowski, Katz lub Barkowski – „Może oni jednak chcą, żeby były pogromy? Zaraz nas złapią i pokażą ludziom: patrzcie, parszywe Żydki zabiły chłopca. My będziemy krzyczeć, że to oni. Ale nikt nam nie uwierzy, kiedy to oni nas aresztują i będą sławni, że wytropili morderców. Może taki mają plan? Może to tylko nam zależy, żeby zwłoki znaleziono jak najpóźniej? No to trzeba zrobić tak, żeby im też zależało. Podpiszemy się za nich na miejscu. W razie czego powiemy im: na miejscu zbrodni jest wasz podpis, nazwisko! Sami na szubienicę nie pójdziemy – ani na latarnię".

Prosty pomysł. Z racjonalnego punktu widzenia zdaje się głupi: kto chciałby się podpisać na miejscu swej zbrodni? Tylko szaleniec – albo ktoś, kto się podpisuje cudzym nazwiskiem, żeby odwrócić od siebie podejrzenia i obciążyć niewinną osobę.

Jest jednak w tym pomyśle cwaniacka mądrość. Nikt nie chce, by jego nazwisko zostało skojarzone z głośnym morderstwem. Nie chce tego osoba niewinna ani tym bardziej współwinna. Takie skojarzenie, to cień podejrzenia, który trudno rozproszyć racjonalnie (choćby wytoczyć przeciw niemu powyżej zastosowane argumenty, perfekcyjnie logiczne). Ten cień może powracać przez lata. Również kierownictwo MSW musiałoby się przed nim bronić. Nie mogłoby przyznać, że sprawcy wskazali wysoko postawionego „funkcjonariusza bezpieczeństwa" jako współwinnego. Nie mogłoby też oficjalnie go śledzić – nie mówiąc już o oskarżeniu czy skazaniu – nawet gdyby samo go podejrzewało. Puławianie też nie przyłożyliby do tego ręki, choćby był to etniczny Polak, którego zdemaskowanie odebrałoby trochę mocy opowieści o żydowskim spisku. „Liberalni komuniści" chcieli chronić Żydów przed pogromami, ale jeszcze bardziej potrzebowali odbudować zszargany przez stalinistów wizerunek „organów bezpieczeństwa" (zamierzali je opanować przy udziale Alstera). Zatem podejrzanego funkcjonariusza spotkałoby co najwyżej zwolnienie ze służby lub przeniesienie – na przykład do wojska. Kierownictwo nie mogłoby sobie pozwolić na poprawne odczytanie napisu na rurze. Nie mogłoby też dopuścić, żeby wykonawcy zbrodni zrobili to przed sądem. Tłumaczyłoby to, czemu oni przed sądem nie stanęli.

Jest więc w tym pomyśle pewna głupia mądrość, a z nią – swoista symetria. Gdy zleceniodawcy zbrodni udają szantażystów, jej wykonawcy szantażują ich naprawdę. Jeden z czterech gangsterów bierze świeczkę, podchodzi do rury, pisze na niej płomieniem kilka prześmiewczych słów. Ostatnie z nich wskazuje na zleceniodawcę czy też organizatora zbrodniczej akcji, z którym kontaktowali się gangsterzy od mokrej roboty. To nazwisko człowieka, od którego dostali zlecenie. Kończy ono napis – jak podpis.

„MSW niech tu szuka Bohdana. Krupski".

WIERNOŚĆ TOWARZYSZA MIKOŁAJSKIEGO

Wspominaliśmy już, że Mikołaj Krupski był zdolny do strasznych rzeczy. O łamaniu przez niego „praworządności ludowej" pisał cytowany wcześniej towarzysz Orechwa. W internetowym katalogu IPN[428] oraz aktach osobowych Krupskiego[429] czytamy, że w 1950 r. towarzysz Krupski został ukarany „upomnieniem z ostrzeżeniem" za stosowanie „niedozwolonych metod śledztwa" w bydgoskim UB. „Niedozwolone metody śledztwa" oznaczały tortury. Bicie aresztanta, pozbawienie go snu lub przetrzymywanie całymi dobami w lodowatym karcerze, nieraz wypełnionym wodą. Gdy Moczar i Krupski pracowali w łódzkim UB, mieli taki wodny loch. Nazywano go „moczarnią". Czy to, co się stało przy ulicy Świerczewskiego, było kolejną piwniczną zbrodnią obu towarzyszy? Tego nie wiemy, ale w mojej ocenie wiele na to wskazuje.

Nie wiemy też, czy napis na rurze faktycznie odgrywał rolę zabezpieczenia wykonawców. Można jednak odnieść wrażenie, że ją odegrał. Wiemy, że trzej z nich bezpiecznie opuścili PRL. W przypadku Barkowskiego wyglądało to bardzo osobliwie. W 1958 r. Sąd Wojewódzki w Warszawie skazał go na dwa lata więzienia za przemyt. Wyrok jednak nie był prawomocny, Barkowski pozostał na wolności i przy pomocy pracowników Biura Paszportów Zagranicznych MSW odzyskał paszport, po czym „wyjechał pośpiesznie za granicę"[430]. W 1966 r. prasa pisała, że dwaj mordercy Bohdana Piaseckiego żyją bezpiecznie w Izraelu. Jako pierwszy miał podać tę informację izraelski tygodnik „Maariv"[431]. Najprawdopodobniej chodziło o Barkowskiego i Kossowskiego, skoro Katz uciekł aż do Australii. Przy tej okazji „Maariv" napisał, że Moczar obiecał Piaseckiemu wznowienie śledztwa w sprawie śmier-

428 *Dane osoby z katalogu funkcjonariuszy aparatu bezpieczeństwa*, Biuletyn Informacji Publicznej Instytutu Pamięci Narodowej. Komisja Ścigania Zbrodni przeciwko Narodowi Polskiemu, <https://katalog.bip.ipn.gov.pl/informacje/56133>, dostęp z 30 września 2018 r.
429 IPN BU 003088/10.
430 IPN 0397/416, t. 1, s. 334.
431 E. Winnicka, dz. cyt.

ci syna. Jednak śledztwa nie trzeba było wznawiać, bo wciąż trwało (inna rzecz, jak było prowadzone). Moczar zapewne obiecywał Piaseckiemu różne rzeczy, bo chciał go utrzymać przy sobie jako sojusznika. W latach 40., gdy przesłuchiwał akowców, dawał im oficerskie słowo honoru, że ich wypuści na wolność, jeśli tylko powiedzą mu wszystko. Gdy już wszystko powiedzieli, trafiali do moczarni.

Czwarty z wykonawców zbrodni, Ignacy Ekerling, też o mało nie uciekł. W ostatniej chwili zatrzymał go Bolesław Piasecki. Odtąd Ekerling stał się kustoszem tajemnic zbrodni. Zaś Mikołajski – kustoszem Ekerlinga. Jak się zdaje, towarzysz Mikołajski pełnił tę misję skrupulatnie i wiernie. Przez dziesięciolecia osłaniał natolińczyków, Moczara i Krupskiego. Czy nigdy nie kusiło go, by ich zdradzić? Tajemnice, których strzegł, miały wysoką cenę. Można je było drogo sprzedać. Skąd zatem taka wierność? Czyżby chroniąc sprawców Stefan Mikołajski osłaniał także siebie? W jego opracowaniu czytamy o wszelkich możliwych powiązaniach opozycjonistów, artystów i innych „podejrzanych osób". Na przykład, gdy ktoś mieszkał w pobliżu miejsca porwania lub podłożenia którejś z instrukcji porywaczy – Mikołajski widzi w tym potencjalnie obciążającą okoliczność. Oczywiście, w przypadku skrytek z instrukcjami to niezbyt przekonujące rozumowanie. Przecież porywacze od wielu dni (najpewniej od tygodni) przygotowywali się do całej akcji. Mogli więc starannie wyszukać bezpieczne miejsca – niezwiązane dotąd ze sprawcami, zatem nie wskazujące na ich tożsamość. Jest jednak pewna słuszność w rozumowaniu esbeka, jeśli chodzi o sąsiedztwo liceum św. Augustyna. Wspólnik, który żyłby tam na co dzień, stanowiłby cenne wsparcie dla porywaczy. Miałby tysiące okazji, żeby obserwować szkołę i jej uczniów, nie budząc szczególnych podejrzeń (trudno się dziwić, że ktoś spaceruje przy budynku, w pobliżu którego mieszka). Mógłby też dawać sygnały porywaczom podczas akcji.

Jest zatem trochę racji w tych wywodach Mikołajskiego – i jest krzyczące przemilczenie. Towarzysz Mikołajski pomija to, że w latach 50. sam mieszkał przy ulicy Wejnerta, przy której porwano Bohdana Piaseckiego[432]. Nie jest to długa ulica. Nieopodal domu Mikołajskiego mieściło się liceum św. Augustyna. Wobec tego ciekawiej jawią się różne okoliczności, które dotąd zdawały się marginalne. Na początku lat 50. Stefan Mikołajski rozpracowywał organizację WiN – zaś jej członkiem był znany nam Janusz K., na wiele

432 IPN BU 1532/4334, s. 1; IPN BU 0604/1427, s. 22.

sposobów powiązany ze zbrodnią. Inny intrygujący wątek: niemal 8 lat po porwaniu jeden z powinowatych Stefana Mikołajskiego, Zbigniew R., bierze udział w napadzie na pocztowy konwój z pieniędzmi. Bandycka akcja ma miejsce w listopadzie 1964 r. Zatem na miesiąc przed bardzo podobnym „napadem stulecia" czyli sprawą „P-64". Tą samą, którą Mikołajski zajmie się później jako powiązaną z mordem na Bohdanie Piaseckim! Dopiero trzy miesiące po pierwszym napadzie, półtora miesiąca po drugim, towarzysz Mikołajski zgłosi swoim szefom, że ma powinowatego bandytę. W napisanym odręcznie krótkim piśmie jeden z najważniejszych oficerów operacyjno--śledczych PRL zasłoni się... niewiedzą[433].

Dodam również, że w latach 1957–1965 funkcjonariuszem Departamentu III MSW był starszy oficer operacyjny, potem inspektor Jan Grabowski. W 1958 r. Grabowski uczestniczył w aresztowaniu Ekerlinga. Taksówkarz zeznał wtedy, że oficer Grabowski przypomina jednego ze sprawców porwania. Oficera wyłączono wówczas ze śledztwa, podobnie jak innych śledczych MSW – podaje Mikołajski[434]. Jednak po kilku miesiącach Ekerling... wycofał zeznanie. W swoim opracowaniu Stefan Mikołajski unika wzięcia pod uwagę, że towarzysz Grabowski mógłby być jednym ze sprawców. „Można odnieść wrażenie, że EKERLING w tym wypadku dopuścił się prowokacji"[435] – tak Mikołajski komentuje cały epizod. Wypada odnotować, że Jan Grabowski przeszedł wcześniej podobną drogę służbową, co Adam Malik, kolega towarzysza Mikołajskiego i późniejszy jego protektor. Grabowski służył najpierw w Departamencie V MBP, potem w Departamencie III. Co więcej, z internetowego katalogu IPN wynika, że towarzysz Grabowski przeszedł z Departamentu V do Departamentu III w tym samym dniu, co towarzysz Malik (15 czerwca 1954 r.). Wtedy, gdy do podobnej przeprowadzki szykowała się Julia Brystiger, protektorka Malika i Mikołajskiego. Jak się zdaje, przerzucała ona wówczas swoich zaufanych ludzi z Departamentu V do Departamentu III (zapewne przerzuciła Malika). Sugeruje to, że Stefan Mikołajski mógł znać Grabowskiego jeszcze z czasów MBP, gdzie zaznajomiłby się z nim za pośrednictwem Julii Brystiger lub Adama Malika.

Odnotujmy też, że starym kolegą Stefana Mikołajskiego był Feliks Dwojak. Wspominałem już o nim: podobnie jak Mikołajski, Dwojak pracował w MBP pod skrzydłami Julii „Luny" Brystiger. Potem pojechał do Poznania,

433 IPN BU 0604/1427, s. 44.
434 IPN 0397/416, t. 1, s. 244.
435 Tamże, s. 244.

gdzie został szefem wojewódzkiego UB (WUdsBP). Wśród aneksów dołączonych do akt sprawy Bohdana Piaseckiego[436] znajduje się też Aneks II. Zawiera on obszerną charakterystykę i życiorys ojca ofiary. Włącznie z wstydliwymi szczegółami: opisuje m.in. wydarzenie sprzed wojny, kiedy to koledzy narodowcy chcieli zastrzelić Bolesława Piaseckiego za tajną współpracę z sanacyjnym reżimem. Gdy przyszli do niego z pistoletem, Piasecki miał paść na ziemię i całować stopy egzekutorów, błagając o darowanie życia... Autorem Aneksu II jest właśnie Feliks Dwojak, który najwyraźniej znał Bolesława Piaseckiego od podszewki. Zapewne pomagał Julii Brystiger sprawować nad nim opiekę. Tak się składa, że w czerwcu 1956 r. ten sam towarzysz Dwojak dowodził obroną poznańskiego budynku UB przed protestującymi robotnikami. To m.in. z jego relacji[437] wiemy, że ściśle wówczas współdziałał z wojskiem. Zaś w tym samym miejscu i czasie mogła się zacząć przygoda studenta szkoły wojskowej Dionizego Goleniowskiego ze służbami specjalnymi PRL. Przygoda, która go zawiodła na strych przy Koziej, gdzie został „Zaskoczonym". Zatem w śledztwie dotyczącym mordu na Bohdanie Piaseckim towarzysz Mikołajski wspierany był przez starego kolegę, który mógł być zamieszany w tę zbrodnię.

Tym bardziej zasadne staje się pytanie, czy nie był w nią zamieszany również Mikołajski.

Bezpośrednio po aneksie Dwojaka, w tej samej teczce[438] znajduje się Aneks III. Nie sporządzili go esbecy, tylko kryminolodzy z Zakładu Kryminalistyki Komendy Głównej Milicji Obywatelskiej. Podkreślmy: nie szpicle od polityki, a specjaliści od wykrywania zbrodni. Kryminolodzy ci siedmiokrotnie (na stronach 8, 9, 13, 15, 20, 21 i 23) piszą, że sprawcy mordu na Bohdanie Piaseckim mogli wywodzić się z „organów bezpieczeństwa" PRL. Między innymi czytamy, że porywacze w listach i rozmowach telefonicznych posługiwali się określeniami technicznymi, które „są używane w naszym aparacie lub aparacie mu pokrewnym". Znamienne słowa. Autorzy Aneksu III wyrażeniem „nasz aparat" określają zapewne Milicję Obywatelską (włącznie z SB, które formalnie stanowiło część MO). Co rozumieć pod poję-

---

436 IPN 0397/416, t. 2.

437 Zob. Ł. Jastrząb (opr.), *Poznański Czerwiec 1956 r. w relacji ppłk. Feliksa Dwojaka* i F. Dwojak, *Mój czerwiec 1956 roku. Wspomnienia świadka wydarzeń*, [w:] „Przegląd Historyczno-Wojskowy" nr 4, 2006, Warszawa <https://czerwiec56.ipn.gov.pl/c56/czytelnia/publikacje-pdf/9193,PoznanskiCzerwiec1956rokuwrelacjippIkFeliksaDwojaka.html>, dostęp: 14 września 2018.

438 IPN 0397/416, t. 2.

ciem „aparat pokrewny naszemu aparatowi"? Autorzy odnoszą się do komunikatów sformułowanych w języku polskim, i to w polszczyźnie bez cudzoziemskich naleciałości. Zatem „aparat pokrewny" to nie KGB ani GRU. Może chodzić wyłącznie o wojskowe służby specjalne PRL.To kolejna przesłanka, która sugeruje, że mord na Bohdanie Piaseckim mógł być wspólnym dziełem służb cywilnych i wojskowych.

Jedna z analiz zacytowanych w Aneksie III przedstawia autora listów jako nawykłego do rozkazywania oficera. Do kogo bardziej pasuje ten opis? Zapewne do Moczara, Krupskiego i Mikołajskiego. Zapewne też do Kazimierza Witaszewskiego, Generała Gazrurki. Jednak bardziej niż sam Witaszewski pasowałby tu jakiś jego doradca z Informacji Wojskowej. Organizatorzy porwania wykazali się wybitną inteligencją, którą Generał Gazrurka, o ile wiem, nie grzeszył. Ale IW miała paru oficerów, którzy grzeszyli.

DWIE ZBRODNIE, JEDEN OWOC

Po przeczytaniu wszystkich akt dotyczących Mikołajskiego i jego kolegów tym, co najbardziej nie daje spokoju, jest osobliwe podobieństwo dwóch zbrodni. Mord na Bohdanie Piaseckim przypomina mord na Jerzym Popiełuszce.

W obu przypadkach mamy do czynienia nie tylko ze zbrodnią, lecz także z publiczną prowokacją. W obu przypadkach prowokacja ta rodzi się z polityki i ma cel polityczny. Przekracza jednak granice potocznie rozumianej polityczności, sięga znacznie głębszych emocji. Takich, które każą odrzucić wszelkie rozumowanie i iść na śmierć lub nieść innym śmierć.

W 1957 r. zostaje zamordowany młody, niewinny chłopiec, uczeń katolickiego liceum. Okoliczności, w których znaleziono jego ciało, sugerują mord rytualny: przebicie serca, upuszczenie krwi. Zaś legendy o mordzie rytualnym zawsze miały sens religijny. Zamordowany przez Żydów chłopiec symbolizował Chrystusa, którego Żydzi rzekomo krzyżują nieustannie i wciąż na nowo. Zdaniem propagatorów legendy, ta święta i straszna zbrodnia wołała o równie świętą i straszną pomstę. Mit mordu rytualnego w Polsce 1957 r. musiał być ciągle żywy, skoro 11 lat wcześniej wywołał wielkie zbiorowe mordowanie Żydów w Kielcach (powściągliwie nazywane „pogromem kieleckim"). Bohdan Piasecki najprawdopodobniej zginął dla potrzeb krwawego misterium, które Polsce wyszykowali Sowieci i natolińczycy. To krwawe misterium miało się przerodzić w krwawe rozruchy.

Podobnie wygląda sprawa Jerzego Popiełuszki. Pełni on funkcję kapłana, przedstawiciela Chrystusa – co w katolickim rozumieniu oznacza, że nawet jego ciało jest uświęcone. To ciało zostaje bluźnierczo skatowane, zaduszone, utopione. Ale wypływa na powierzchnię, bo prawda zawsze wypływa. Zaś krew księdza, niczym krew biblijnego Abla, woła do Polaków o pomstę. Zarówno w 1957 r. jak w 1984 r. komunistyczni wrogowie religii podstępnie wzywają katolików, by ci pomścili Boga. Warto odnotować, że również Organizacja Anty-Solidarność, powiązana z mordercami Popiełuszki i protektorami Macierewicza, cytowała Biblię w swych ulotkach. Określała w nich „Solidarność" jako bestię opisaną w Apokalipsie[439].

Sprawa Bohdana Piaseckiego, tak samo jak sprawa Jerzego Popiełuszki, ugodziła polskich katolików w samo serce. W 1957 r. pokazano im chłopca z katolickiego liceum, czystego i niewinnego, a zamordowanego przez zbirów. W 1984 r. pokazano im katolickiego księdza, świętego i niewinnego, również zamordowanego przez zbirów. Za każdym razem ginął polski Chrystus.

Inaczej niż w Kielcach, w obu przypadkach polskie społeczeństwo zachowało się ze zdumiewającą dojrzałością. Zamiast mścić zmarłych, wolało ich opłakać. Polki i Polacy nie wybiegli na ulice z gazrurkami. Nie mordowali i nie byli mordowani. Jednak ziarno zła zapadło w pamięć i wyobraźnię narodu. Obie zbrodnie stały się rzekomym dowodem udręczenia katolickiego narodu z rąk „zwyrodniałych Żydów" (w 1957 r.) lub „zwyrodniałych bezbożników" (w 1984 r.). Wykorzystywano je, aby wpajać w dusze licznych polskich katolików nienawiść do wszystkiego, co niepolskie i niekatolickie. Wykorzystywano je, aby szerzyć poparcie dla najgorszego politycznego cynizmu. Takiego, który opowiada o miłości do polskiego narodu, po cichu zaś korzysta z opieki wrogich służb specjalnych.

Tak się hoduje kolejnych Bolesławów Piaseckich. Jeśli nic się nie zmieni, tak będą produkowani Macierewiczowie przyszłości.

FABRYKA PROWOKACJI

Zatem możemy odpowiedzieć na pytanie: „Skąd się wziął Antoni Macierewicz?". Będzie to odpowiedź przybliżona, ale jak widać, dokładnie udokumentowana.

439 W. Kwiatkowska, *Prowokacja antynarodowa*, Onet, 18 października 2004, <https://wiadomosci.onet.pl/prowokacja-antynarodowa/3scjq>; J. Hołub, dz. cyt.

Otóż w PRL istniała grupa esbeków, wcześniej ubeków, ściśle związana ze służbami sowieckimi. Ściślej niż zwykle miało to miejsce w przypadku funkcjonariuszy SB. Mowa jest o bezpośredniej współpracy, zaś tropy wiodą nie tylko do sowieckich służb cywilnych NKWD/KGB. Obserwujemy również oznaki mogące świadczyć o współpracy z sowieckim wywiadem wojskowym GRU. Na tym się nie kończy: jeden z naszych bohaterów, towarzysz Mikołajski, ma znajomości w służbach czechosłowackich, później w Stasi. Trzyma też sztamę z wojskowymi służbami PRL, gdyż ukrywa ich udział w sprawie Bohdana Piaseckiego.

Najważniejsi członkowie naszej grupy esbeków – Mikołajski, Malik, Krupski – w latach 50. związani byli z Julią Brystiger. Ona zaś współpracowała z Iwanem Sierowem, najwybitniejszym mózgiem NKWD i KGB, później szefem sowieckiego wywiadu wojskowego GRU.

Sierow na Kremlu odpowiadał m.in. za Polskę. Najprawdopodobniej to on wymyślił, żeby zaprzęgnąć polską skrajną prawicę w służbę na rzecz komunizmu. Aczkolwiek jedno ze źródeł twierdzi, że był to pomysł samego Stalina. Miał on powiedzieć do Sierowa: „Żeby jechać na polskim grzbiecie, trzeba osiodłać księdza". Z tych słów Stalina wzięłoby się zatem Stowarzyszenie PAX, masowa hodowla komunistycznych „księży-patriotów" w latach 50., intensywny werbunek księży-agentów w latach 1944–1989, a nawet prokremlowskie, antyzachodnie nastawienie części polskich biskupów katolickich w czasach obecnych – tak twierdzi moje źródło.

Julia Brystiger jako pojętna uczennica Sierowa opiekowała się Bolesławem Piaseckim i jego katolickimi faszysto-komunistami. Jej wychowanek, Stefan Mikołajski, został głównym esbeckim ekspertem od narodowców. Zapewne pomagało mu to, że sam był synem narodowca. Podobnie jak reszta naszej grupy esbeków, w latach 60. współdziałał z Mieczysławem Moczarem, antysemickim nacjonal-komunistą i agentem GRU. Grupa ta więc specjalizowała się w wykorzystywaniu uczuć narodowych i sentymentów nacjonalistycznych dla dobra komunizmu. Nie piszę „dla dobra PRL", bo jak się zdaje, Malik, Mikołajski i Krupski działali przede wszystkim na rzecz Moskwy. Podobnie czyniły wspierane przez naszą grupę promoskiewskie frakcje, które nad dobrem PRL stawiały dobro Kremla. Natolińczycy w 1957 r. musieli wiedzieć, że mord na Bohdanie Piaseckim, jeśli wywoła zamieszki, może ściągnąć na Polskę interwencję wojsk sowieckich. Co do sprawy Popiełuszki, to w 1984 r. interwencja sowiecka była mniej prawdopodobna. Jednak nie ma wątpliwości, że sukces ewentualnego puczu Milewskiego spodobałby się moskiewskim władcom, Polskę natomiast zepchnąłby na dno nędzy i terroru.

Znaczy to, że nasza grupa esbeków wykorzystywała uczucia narodowe w celu antynarodowym. Podobne zjawisko obserwujemy w historii Polski od co najmniej trzystu lat. Konfederacja Targowicka, która w XVIII wieku wydała Polskę carycy Katarzynie, głosiła obronę polskich i katolickich tradycji. Twórca polskiego nacjonalizmu Roman Dmowski twierdził, że chce uczynić polski naród nowoczesnym. Współpracował jednak z zacofanym i niewątpliwie antypolskim reżimem moskiewskiego cara.

Działania naszej grupy esbeków mają znamiona jeszcze większej perfidii. Malik i Mikołajski tworzą grupy podszywające się pod „Solidarność". Siedzą też po uszy w sprawie Bohdana Piaseckiego. Przez lata ukrywają sprawców tego porwania i mordu. Co do Mikołajskiego, to istnieją przesłanki, by sądzić, że mógł on mieć coś wspólnego z samą zbrodnią. Również rola Krupskiego w tej kwestii jest co najmniej niejasna. Obserwujemy też powiązania między Malikiem i Mikołajskim a mordercami księdza Popiełuszki. Zaś obie te zbrodnie, mord na Piaseckim i na Popiełuszce, cechuje wyjątkowa przewrotność. Ich sprawcy podszywają się pod Żydów lub „liberalnych komunistów", aby zabić niewinną ofiarę kojarzoną ze środowiskiem nacjonalistycznym lub antykomunistycznym. Dość trafnie prognozują reakcje osób i grup obwinionych. „Proces toruński" mógł zaskoczyć inspiratorów mordu na Popiełuszce – słusznie jednak przewidzieli, że Kiszczak nie odważy się postawić przed sądem Płatka, Ciastonia i Milewskiego. W przypadku Piaseckiego wspólnicy morderców mają wyjątkowy wręcz „komfort utrudniania śledztwa". Albowiem utrudniają je również ich wrogowie, puławianie. Możemy się domyślać, że omijają oni szerokim łukiem zleceniodawców zbrodni w imię ratowania wizerunku „organów bezpieczeństwa". Na pewno zaś bronią jej wykonawców z obawy przed pogromami. Dzięki temu zleceniodawcy mogą obwiniać Żydów i „liberałów" – tym razem o własną bezkarność!

Widząc tę perfidię przestajemy się dziwić, gdy zza pleców katolickiego nacjonalisty Macierewicza wychylają się towarzysze Malik, Mikołajski i Krupski. Kiedy stanęli za tymi plecami? Mogło stać się tak w latach 1980–1981, gdy Macierewicz czuł się ograbiony z chwały założyciela KOR. Człowiek zraniony szuka sojuszników, zaś emocje mogą mu podpowiadać najgorszych.

Jednak łagodne traktowanie Antoniego Macierewicza przez SB w drugiej połowie lat 70. sugeruje, że mogło też dojść do tego już wówczas. Mikołajski i Malik, jak wiemy, używali wtedy śledztwa w sprawie Piaseckiego, aby tropić opozycjonistów. Między innymi chodziło o środowiska związane z KOR, w tym o jego liderów, czym Mikołajski otwarcie się chwali w swoim opracowaniu. O dokonaniach grupy prowadzącej śledztwo „Zagubiony" w poprzednich latach i dziesięcioleciach pisze tak: „Czynności nasze doprowadziły do tego, że ujawniono szereg ciekawych i godnych zainteresowania się [sic!] osób i grup. Wśród nich W. ZIEMBIŃSKIEGO [prawicowy członek KOR] [...] J. KURONIA, J. J. LIPSKIEGO"[440]. To kolejny fragment jego dzieła, w którym Mikołajski pochyla się nad Kuroniem i Lipskim. To również kolejny fragment, w którym pomija Macierewicza. Jednak podczas tropienia działaczy KOR nasz esbek musiał zwrócić uwagę na młodego współzałożyciela tej organizacji, który wszczynał wewnętrzne konflikty i mógł się odbić od lewej ściany do prawej. Jak wynika ze świadectw Janusza Kijowskiego i Adama Michnika, Antoni Macierewicz od wyśmiewania katolików przeszedł do „teologii wyzwolenia", czyli do katolicyzmu rodem z Ameryki Łacińskiej. Jako „latynoski katolik" Macierewicz nadal był lewicowy, może nawet bardziej. Jednak po takiej przemianie łatwiej można było sobie wyobrazić jego przyszłą ewolucję w prawo – od radykalnego socjalizmu do radykalnego katolickiego nacjonalizmu. Tym bardziej że „teologia wyzwolenia" w Polsce lansowana była przez PAX (założony i kierowany przez nacjonalistę Piaseckiego, popierany_przez eksperta od narodowców Mikołajskiego). Wiemy, że po 1970 r. Antoni Macierewicz obnosił się z „Biblią teologii wyzwolenia" czyli książką „Stuła i karabin" księdza Torresa opublikowaną przez PAX. Nie sugeruję, że książkę tę podsunął mu towarzysz Mikołajski. Najprawdopodobniej zrobił to uniwersytecki mentor Macierewicza, profesor Tadeusz Łepkowski. Jestem jednak pewien, że Stefan Mikołajski uśmiechnął się szeroko, jeśli w latach 70. zobaczył publikację PAX-u w rękach Antoniego Macierewicza. Czy Mikołajski uznał, że młody buntownik ma zadatki na katolickiego narodowca? Czy wsparł jego ewolucję w tym kierunku? Za szczególnie intrygującą koincydencję trzeba uznać to, że Macierewicz stał się narodowcem w latach 1977–1979. Zatem krótko po tym, jak główny esbecki specjalista od narodowców, Stefan Mikołajski, wrócił do Polski poskramiać zbuntowanych robotników, wspieranych przez Antoniego Macierewicza. Jak również po to, by znów zgłębiać sprawę Bohdana Piaseckiego – czyli szukać starych „haków" na Kuronia i Lipskiego, którzy z Macierewiczem właśnie założyli KOR.

440 IPN BU 0397/416 t. 1, s. 372–373.

Oczywiście, nie da się wykluczyć, że członkowie naszej grupy mogli zauważyć Antoniego Macierewicza już w latach 60., gdy kontrwywiad zajmował się jego rodziną. Kontrwywiadowcy, którzy byli odpowiedzialni za tę operację, stali się obiektem szczególnej uwagi Mikołaja Krupskiego. Towarzysz Krupski wypchnął ich w końcu ze służby. Dlaczego? Co takiego było w rodzinie Macierewicza, że przynosiła kontrwywiadowcom pecha? Cóż, Krupski był człowiekiem Moczara, podobnie jak Mikołajski. Towarzysz Mikołajski ze swej strony zniszczył próbki papieru związane z mordercami Bohdana Piaseckiego. Zaś towarzysz Krupski wygonił z MSW dwóch funkcjonariuszy, którzy mieli kontakt z wujem Macierewicza badającym wcześniej takie próbki. Zatem nasuwa się przypuszczenie, że próbki mogły obciążać Moczara (jak również Krupskiego i Mikołajskiego, pośrednio lub bezpośrednio). Co ciekawe, jeden z pechowych kontrwywiadowców, Zdzisław Wilczyński, w latach 80. próbował wrócić na służbę – ale znowu został z niej wypchnięty. Tym razem przez generała Sarewicza, który niedługo potem bronił nietykalności Macierewicza w Departamencie I. Dlatego do naszej grupy promoskiewskich esbeków należałoby dokooptować Sarewicza. On też miał dobre stosunki z Moskwą, zaś w latach 60. i 70. robił karierę pod skrzydłami Mikołaja Krupskiego. Pasowałby do tej grupy również Witold Kaszkur, moskiewski kolega Malika, ojciec Wojciecha. Jak również Kazimierz Dzienia, który razem z młodym Wojciechem Kaszkurem dał paszport prawej ręce Macierewicza, a potem jego żonie.

Nasza grupa esbeków dobrze zapamiętała mądrość Sierowa czy też Stalina, realizowaną w latach 50. przez Julię Brystiger, protektorkę Malika i Mikołajskiego: „Żeby jechać na polskim grzbiecie, trzeba osiodłać księdza". Celem grupy było stworzenie nowego Bolesława Piaseckiego. Miał to być prawicowiec ultraradykalny, jeśli chodzi o katolicką i nacjonalistyczną tożsamość, a zarazem zdecydowanie ugodowy, jeśli chodzi o paktowanie z komunistami. Ktoś taki mógł założyć komunistyczną smycz na szyję polskiej prawicy, która w latach 70. i 80. zaczęła się budzić do życia politycznego. Ktoś taki mógł też zneutralizować lub osłabić wpływy opozycji lewicowej. Specjalista od narodowców, Stefan Mikołajski, dobrze wiedział, że połowa Polaków woli słuchać o świętości polskiej krwi niż o prawach człowieka, obywatela i pracownika. Tak jest dzisiaj, tak było w latach 80., tak było również w latach 50. Stąd zapewne wzięły się krwawe misteria, które zaserwowano obywatelom PRL, by odnowić w nich kult tej krwi. Stąd uprowadzenie i morderstwo księdza Popiełuszki, stąd uprowadzenie i morderstwo Bohdana Piaseckiego. Zbrodnie te miały sprowokować społeczeństwo do dzikiego nacjonalistycznego buntu, wobec którego komunizm jawiłby się jako „oświecona alternatywa". Ich ostatecznym celem nie było uwielbienie polskiej krwi, tylko obfite jej przelewanie, aby ustanowić w PRL stuprocentowo sowiecką dyktaturę. Wszystkie znane fakty dowodzą, że Antoni Macierewicz mógł stanowić część tego planu jako potencjalny przywódca polskich nacjonalistów na kremlowskiej smyczy.

Macierewicz mógł być cenny dla spiskowców z wielu przyczyn. Młody, energiczny, zbuntowany, inteligentny, elokwentny, przystojny, ujmujący, pozbawiony oporów, jeśli chodzi o intrygi i bezpardonową walkę z konkurentami. Wpadał na dobre pomysły albo pozwalał je sobie podszeptywać. Nawet jego chimeryczność czy emocjonalna niestabilność nie do końca musiała stanowić wadę z punktu widzenia naszych esbeków. Osoba obarczona taką słabością szuka jakiejś opoki, kogoś na kim mogłaby się oprzeć. Zatem łatwiej zaakceptuje potężnego opiekuna, gdy taki opiekun się pojawi... Ale to nie wszystko. Antoni Macierewicz miał jeszcze jedną zaletę. Mógł grać obrońcę świętości polskiej krwi w sposób szczególnie przekonujący za sprawą tragedii swej rodziny. Stała za nim tajemnicza śmierć jego ojca Zdzisława Macierewicza. Również tę śmierć można było przedstawiać jako krwawe polskie misterium. Jako misterium, które uświęciło Macierewicza, a nawet wyznaczyło go na wodza Polaków. Przynajmniej tych, którzy czują zew swej krwi.

Plany spiskowców nie wypaliły. Niezależnie od tego, Antoni Macierewicz uczynił ze śmierci ojca część swojej legendy. Nadal jej używa, aby budować swój wizerunek. Ale kiedy o niej opowiada, nieustannie mija się z prawdą.

Dlatego nasza podróż w czasie jeszcze się nie kończy. Sprawdzimy teraz, co naprawdę się stało pod koniec lat 40., gdy zginął Zdzisław Macierewicz. Odkryjemy, że stalinowscy komuniści potraktowali jego rodzinę w sposób zaskakująco łaskawy. Znowu trafimy na Stefana Mikołajskiego i jego kolegów.

CZĘŚĆ CZWARTA
Cień ojca, cień operacji „Cezary”

Tragedia rodzinna to sprawa bolesna i osobista – ale też publiczna, gdy ktoś wykorzystuje ją politycznie. Antoni Macierewicz swoją rodzinną tragedię tak właśnie wykorzystuje. Jak wspomnieliśmy wcześniej, próbuje z niej uczynić fundament swego wizerunku jako rzekomego męża stanu. Przekuwa cudzy grobowiec na swój piedestał. Co więcej, rzeźbi go z fałszywego marmuru. Albowiem co do śmierci swego ojca Macierewicz przeinacza fakty. Jak również przeinacza lub przemilcza to, co po niej zaszło. Dlaczego to robi? Czy tylko po to, by grzać się w blasku legendy zmarłego? Czy raczej po to, by uniknąć trudnych pytań? Z rodzinnym nieszczęściem Macierewiczów wiążą się bowiem kłopotliwe tajemnice.

Ojciec Antoniego, Zdzisław Macierewicz, zginął z powodu komunistów. Wyrządzili mu oni również krzywdę, którą wielu uzna za gorszą niż śmierć. Było to coś, o czym Antoni Macierewicz nigdy nie opowiedział. Coś, co znowu stawia pod znakiem zapytania jego postawę jako rzekomego tropiciela komunistycznych agentów. Śmierć ojca to pierwsza tajemnica. Milczenie syna – to druga. Zaś trzecią tajemnicą jest zagadkowy parasol ochronny rozpięty przez ubeków nad rodziną Zdzisława Macierewicza po jego śmierci. Albowiem wszystko wskazuje na to, że stalinowscy komuniści otoczyli opieką jego żonę Marię oraz dzieci Barbarę, Wojciecha i Antoniego. Dlaczego mieliby to robić, skoro z ich punktu widzenia Zdzisław Macierewicz był „wrogiem ludu"?

Gdy szukamy odpowiedzi na to pytanie, znów spotykamy osoby, z którymi zetknęliśmy się w poprzednich częściach tej książki.

11 LISTOPADA W PRACOWNI DOCENTA ZDZISŁAWA

Szczupła twarz, regularne rysy i jeśli wierzyć fotografii, przenikliwe spojrzenie. Docent doktor Zdzisław Macierewicz wygląda jak przedwojenny amant filmowy – ale taki, który częściej grywa dzielnych lotników niż słodkich uwodzicieli. Nie jest jednak lotnikiem ani amantem, tylko wybitnym chemikiem. Specjalizuje się w chemii organicznej. W tej dziedzinie zasługuje nawet na tytuł pioniera: wprowadza w Polsce elektronową teorię wiązań. Urodził się 28 kwietnia 1907 r. Jako świadomy obywatel kształtował się zatem w latach 20. i 30. Był to czas nacjonalizmu i faszyzmu. Nic więc dziwnego, że docent Zdzisław stanął po stronie prawicy: przed wojną działał w Stronnictwie Narodowym[441]. Ale lata trzydzieste się skończyły, czterdzieste też już się kończą. Inna, nowa ideologia kształtuje ludzi. Jest 11 listopada 1949 roku, jednak nikt nie świętuje. A jeśli już, to niezbyt głośno. Władze zniosły Święto Niepodległości – zaś „zniosły" zwykle znaczy „zakazały". Nowa ideologia nie tylko kształtuje ludzi, wielu z nich unicestwia. Dotyczy to również Zdzisława Macierewicza, który właśnie umiera w swej małej, wąskiej pracowni. Niewiele się w niej mieści: zlew po lewej, szafy i komódki po obu stronach, na końcu duże okno. Jedyne źródło naturalnego światła – niekiedy hojne, ale nie po zmierzchu, który w listopadzie zapada wcześnie[442].

Niestety, dostępne dokumenty i świadectwa dają nam ograniczony wgląd w ostatnie chwile docenta Macierewicza. Nie ukazują rąk i nóg konającego człowieka, ani też jego żeber. Nic nie mówią o ułożeniu zwłok. Czy ktoś z docentem się bił lub szamotał? Czy złamał mu którąś z kości? Czy zmusił do przyjęcia trucizny? Aby przybliżyć się do odpowiedzi na te pytania, będziemy musieli oddzielić okruchy prawdy od przeinaczeń i niejasności.

Znajdujemy się w Warszawie, na Ochocie, w Gmachu Chemii Uniwersytetu Warszawskiego, przy ulicy Wawelskiej 17 (później adres się zmieni, będzie to Pasteura 1). Druga wojna światowa skończyła się dopiero cztery lata temu. Skrzydło budynku, które wychodzi na Wawelską, wciąż jest w dużej mierze zrujnowane. Jednak właśnie od tej strony wchodzi się do budynku, co oczywiście nie jest bezpieczne. Mimo to, hall budzi optymistyczne skojarzenia. Zastawiony jest świeżo sprowadzonymi stołami laboratoryjnymi, między którymi dzieci bawią się w chowanego. Bo uczeni i uczone tu nie tylko pracują. Także żyją, kochają się, wychowują dzieci[443].

---

441 J. Błażejowska, *Sylwetka Antoniego Macierewicza*, Niezależna, 29 grudnia 2010, <http://archive.is/XY8O9>.

442 Opis na podstawie przeprowadzonej osobiście wizji lokalnej 8 czerwca 2018 r. – przyp. aut.

443 B. Macierewicz, *Wspomnienia o bliskich mi ludziach i sprawach*, [w:] *Jubileusz 40-lecia Wydziału Chemii Uniwersytetu Warszawskiego 1955–1995*, (red.) Z. Wielogórski, Warszawa 1995, s. 116–119.

Ciasne laboratorium Zdzisława Macierewicza mieści się w dzisiejszym pokoju 243 (dziś jest tam tzw. „Pracownia Peptydów"). Piętro wyżej wykrojono mieszkanko dla niego i dla jego rodziny (na obszarze części dzisiejszych sal wykładowych 305 i 338 włącznie z kawałkiem korytarza). „Przestrzeń mieszkalną" od „przestrzeni dydaktycznej" oddzielają tylko cienkie przepierzenia. Za nimi gnieździ się Zdzisław z żoną Marią (też uczoną: pani biolog) i trojgiem dzieci. To 11-letnia córka Barbara (będzie z niej chemiczka), kilkuletni Wojtek (mały, a łobuziak) i kilkunastomiesięczny Antoś (z tego jeszcze nie wiadomo, co wyrośnie)[444]. Prowizorka i bieda – ale inni gnieżdżą się w piwnicach i suterenach zburzonych domów, w jeszcze większej ciasnocie. Warszawa lewobrzeżna jest morzem, dżunglą, labiryntem gruzów, zarazem dzikich i martwych. Gmach Chemii to jeden z nielicznych budynków, które w ogóle stoją. Dzięki Zdzisławowi, albowiem odbudowa i odrestaurowanie większej części gmachu stanowi jego zasługę. Zajął się tym kilka lat wcześniej i jak to on, dał z siebie wszystko. A nie było to jego jedyne zadanie. Równocześnie prowadził zajęcia ze studentami i pracował w Państwowym Zakładzie Higieny. Z tej przyczyny przez dwa lata co tydzień jeździł do Łodzi[445]. Siedziba PZH znajdowała się najpierw w tym mieście, dopiero w 1947 r. przeniesiono ją do Warszawy na ulicę Chocimską za placem Unii Lubelskiej. Znacząco to odciążyło Zdzisława – jednak mniej niż moglibyśmy sobie wyobrażać. W 2018 r. odległość między Wydziałem Chemii a PZH transport miejski pokonywać będzie w kwadrans. Jednak w latach 40. taka podróż przez pół ówczesnej Warszawy może trwać więcej niż godzinę. Samochodami dysponują PZPR, wojsko i UB. Autobusów prawie nie ma, zamiast nich z rzadka jeżdżą ciężarówki miejskie do przewozu ludzi. Jeśli chodzi o tramwaje, to dopiero w połowie 1949 r. przywrócono do użytku nieco ponad połowę przedwojennej sieci oraz zezwolono motorniczym na szybszą jazdę (dotąd wolno im było wykorzystywać 45 procent mocy).

Zatem dzień docenta Macierewicza wypełniony jest pracą i pośpiechem. Wieczorami też nie odpoczywa, tylko tropi atomy i elektrony w swej pracowni. Zapomina przy tym o skromnych rodzinnych kolacjach, na które córka regularnie musi go wywoływać[446]. Próbuje również zgłębiać najnowsze światowe trendy w chemii organicznej. Wiąże się to z ogromnymi trudnościami w ówczesnej Polsce – zrujnowanej przez hitlerowców i zaryglowanej na głu-

444 Tamże, s. 118 i n.
445 Tamże, s. 116 i n.
446 Tamże, s. 119.

cho przez stalinistów. Trzy lata wcześniej było nieco łatwiej: rygle i skoble czasem się odmykały. W 1946 r. studenci Zdzisława Macierewicza popłynęli na ćwiczenia do Kopenhagi. Duńczycy postanowili użyczyć im własnych pracowni naukowych, gdyż w Warszawie takich brakowało. Małe laboratorium Zdzisława mogłoby pomieścić sześć osób pracujących równocześnie, ale za cenę wielkiej ciasnoty (niezbyt bezpiecznej podczas pracy z różnymi substancjami chemicznymi). Nawet po gruntownym przemeblowaniu klitki upchnięcie w niej dziesięciu studentów graniczyłoby z cudem[447]. Wyjazd do Danii stanowił głośne wydarzenie: sam duński król wysłał transatlantyk po polską młodzież! Zdzisław jednak do Kopenhagi nie popłynął. Zamiast niego udała się tam jego asystentka, Cecylia Weker. Piękna kobieta – tak po latach wspominają ją znajomi. Niezwykła osoba – mówią dokumenty. Niezwykła, chociaż złamana. Nie wymieniając jej z imienia, również Antoni Macierewicz wspomniał raz o Cecylii. W 2011 r. periodyk „Nowe Państwo" opublikował tak zwany „Alfabet Macierewicza". W tekście tym czytamy: „W procesie politycznym działaczy Stronnictwa Pracy została skazana asystentka mojego Taty – jak się okazało – w konspiracji jego przełożona. Czy śmierć Ojca miała związek z tym procesem, nie udało mi się ustalić". Wspomniane przez Macierewicza Stronnictwo Pracy (SP) to chrześcijańsko-demokratyczna partia polityczna, wśród której założycieli było wielu narodowców. W latach 40. partia podzieliła się na dwie frakcje. Pierwsza frakcja dążyła do ugody z komunistami i w końcu przyłączyła się do kontrolowanego przez nich Stronnictwa Demokratycznego. Druga frakcja, antykomunistyczna, jawnie istniała tylko na emigracji, zaś w kraju działała konspiracyjnie. W Polsce nazywano ją nielegalnym lub podziemnym Stronnictwem Pracy.

WERSJA ANTONIEGO MACIEREWICZA

O śmierci ojca Macierewicz opowiadał rodakom nie tylko na łamach „Nowego Państwa". W dniu 28 stycznia 2018 r. wystąpił w telewizyjnym „Wywiadzie z chuliganem"[448]. Oto, co wtedy powiedział: „Ja się wychowywałem w domu, w którym obecność walki zbrojnej i Żołnierzy Niezłomnych była stała, nieustanna, w którym się o nich mówiło, bo to byli często znajomi bądź krewni. Mój ojciec zginął właśnie w takiej sytuacji, a był profesorem

447 Opis z wizji lokalnej – przyp. aut.

448 *Wywiad z chuliganem, odc. 59 – Antoni Macierewicz*, YouTube/Radio Poznań, 28 stycznia 2018, <https://www.youtube.com/watch?v=TDGkO2UAeDk>.

chemii Uniwersytetu Warszawskiego i znaleziono go zabitego po wizycie Urzędu Bezpieczeństwa w jego własnym laboratorium". Jeszcze wyraźniej Macierewicz wypowiedział się we wspomnieniowym tekście *Trzy kobiety mojego życia*[449]: „Mój ojciec był profesorem Wydziału Chemii Uniwersytetu Warszawskiego i skarbnikiem podziemnego Stronnictwa Pracy za co spotkała go kara – znaleziono go martwego w laboratorium po wizycie tam funkcjonariuszy Urzędu Bezpieczeństwa. Pozostawiona sama i wyrzucona z mieszkania matka potrafiła przez następne lata nie tylko zapewnić nam godną egzystencję i sprawić, żeśmy skończyli szkoły, ale także przekazać nam wzór polskich powinności i polskiego patriotyzmu [...] ojciec, Zdzisław [...] swoje życie położył na stos podziemnej walki o niepodległość Polski. Przed wojną był członkiem Stronnictwa Narodowego, a później podziemnego Stronnictwa Pracy. Nie zdołałem go zapamiętać, gdyż kiedy zginął zabity przez funkcjonariuszy Urzędu Bezpieczeństwa miałem zaledwie rok i trzy miesiące". Wersję tę powtarzają osoby życzliwe Antoniemu Macierewiczowi. Związana z nim historyczka Justyna Błażejowska czyni to z odrobiną ostrożności: „Okoliczności śmierci są nieznane, najprawdopodobniej jednak doszło do zabójstwa"[450]. Zaś Teresa Bochwic nawet takiej ostrożności nie zachowuje. W biogramie jej autorstwa czytamy: „Ojciec Zdzisław, naukowiec, działacz podziemnego Stronnictwa Pracy, został zamordowany przez funkcjonariuszy Urzędu Bezpieczeństwa w 1949 roku"[451]. Jak wiemy, Teresa Bochwic wywodzi się z kręgów bliskich Macierewiczowi, a zacytowany życiorys pochodzi z publikacji, której istotnym źródłem były relacje osób w nim opisanych.

Podsumujmy: Antoni Macierewicz razem ze swymi zwolennikami twierdzi, że Zdzisław został zabity przez UB za sprawą swej przynależności do podziemnego Stronnictwa Pracy. Tak twierdzi, ale czy zawsze tak twierdził? Macierewicz propaguje swoją wersję konsekwentnie, jednak dopiero od pewnego czasu. Nic nie wskazuje na to, żeby szerzył ją w latach 60., gdy pamięć o Zdzisławie Macierewiczu i czasach stalinizmu była świeższa. Jego ówcześni przyjaciele – Janusz Kijowski, Andrzej Celiński – wspominają, że syn nie mówił wówczas o tragedii ojca. Szeptali o niej znajomi Antoniego, nie sam Antoni. A później? Bronisław Komorowski wspomina swoje rozmowy z Ma-

449 A. Macierewicz, *Trzy kobiety mojego życia*, „WPiS – Wiara, Patriotyzm i Sztuka", 15 grudnia 2016.

450 J. Błażejowska, *Niepodległość ma jeden kształt. Antoniemu Macierewiczowi w 70. rocznicę urodzin*, dz. cyt., s. 19.

451 J. Sowiński, P. Nowiński, M. Strasz (red.), *Opozycja w PRL. Słownik biograficzny 1956–89*, dz. cyt., s. 219.

cierewiczem w latach 70. i na początku lat 80.: „Trochę ze względu na przeszłość mojej rodziny, jej tradycję, Armię Krajową, Antoni czasami ze mną o tym mówił. Żył w micie ojca i tworzył ten mit. Było widać, że to przeżywa, bo docierały do niego różne wersje. Było też widać, że niekoniecznie istnieje tylko jedna wersja, ta «słuszna». On twierdził, że jego ojciec był bohaterem Narodowych Sił Zbrojnych i *de facto* został zamordowany. W dużej konfidencji przyznawał, że ojciec popełnił samobójstwo w sytuacji, kiedy groziło mu aresztowanie. To jakoś kształtowało jego stosunek do świata, polityki. On był bardzo czuły, jeśli chodzi o mit ojca. To mogło być jego wrażliwe miejsce. [...] Nic dziwnego: tu co chatka, to zagadka"[452]. Wynika z tego, że w latach 70. skończyło się milczenie Antoniego Macierewicza. Pojawiła się jego pierwsza wersja: „*de facto* morderstwo". Ta wersja wyewoluowała później w „morderstwo po prostu". Jednak Macierewicz wtedy jeszcze przyznawał – w dużej konfidencji, czyli wobec najbardziej zaufanych znajomych – że „*de facto* morderstwo" znaczy „wymuszone samobójstwo".

Czy dzisiaj Antoni Macierewicz wciąż ma takich znajomych, którym po cichu może wyznać prawdę? Czy wyznał ją młodym prawicowym historykom, którzy zdają się święcie wierzyć w jego słowa? Jeśli tak, to otaczają go niezwykle dyskretni historycy.

ŚWIADECTWA TYCH, CO PAMIĘTAJĄ

Eksperci niezależni od Antoniego Macierewicza nie mówią o morderstwie, nawet „*de facto*". Mówią o samobójstwie.

Najbliżej wersji Macierewicza i Błażejowskiej pozostaje opracowanie *Nauki ścisłe i przyrodnicze na Uniwersytecie Warszawskim*. Ale i ono używa tego słowa: „[Zdzisław] Macierewicz zginął tragicznie – jako żołnierz Armii Krajowej był po wojnie inwigilowany przez funkcjonariuszy Urzędu Bezpieczeństwa. Został znaleziony martwy w swojej uniwersyteckiej pracowni 11 XI 1949 roku. Według oficjalnych ustaleń było to samobójstwo"[453]. Prawicowy politolog i historyk IPN, profesor Antoni Dudek wypowiada się mniej powściągliwie. Oto, co powiedział Radosławowi Grucy: „Macierewicz zbudował pewną legendę, ale w czasach stalinizmu ubecja nie miała potrze-

452 Rozmowa z 21.06.2018 r.

453 A.K. Wróblewski (red.), *Nauki ścisłe i przyrodnicze na Uniwersytecie Warszawskim*, Warszawa 2016, s. 286, <http://www.wuw.pl/data/include/cms/monumenta-ebook/pdf/Nauki-scisle-i-przyrodnicze-na-Uniwersytecie-Warszawskim.pdf>, dostęp: 14 września 2018.

by, by kogoś skrycie zabijać. Jak chciała kogoś wykończyć, to go aresztowała i tak maglowała, że schodził z tego świata"[454]. Trudno nie zgodzić się z profesorem – szczególnie gdy ktoś zapoznał się ze świadectwami tamtej epoki. Nic więc dziwnego, że wersję o samobójstwie przyjmują również najpoważniejsze redakcje. W tym „Rzeczpospolita" („...najbardziej prawdopodobne jest to, że popełnił samobójstwo po wizycie bezpieki"[455]) i „Gazeta Wyborcza", która przytacza świadectwo Andrzeja Celińskiego („Szła do niego ubecja i on wtedy popełnił samobójstwo"[456]).Może to zmowa? – zapyta zwolennik Macierewicza i jego wersji. Może zgniły od lewa do prawa establishment Trzeciej Rzeczpospolitej pragnie zatrzeć pamięć o komunistycznej zbrodni? O krwi zamordowanego ojca, która namaściła syna-polityka? Wobec tego zaczerpnijmy wiedzy u źródeł. U źródeł bezpośrednich, które w przeciwieństwie do Antoniego pamiętają Zdzisława. Starsza o 10 lat siostra Antoniego Macierewicza, Barbara Macierewicz-Żabowska, tak przedstawia życie i śmierć swego ojca: „Studiował On chemię na Wydziale Matematyczno-Przyrodniczym UW, z którego to wydziału wywodzi się nasz obecny Wydział Chemii [...] Chemia organiczna zaważyła również i na życiu osobistym mego Ojca. Jedna z koleżanek, studentka kierunku biologicznego, bała się wykonać destylację pod zmniejszonym ciśnieniem. Pomógł jej. Cztery lata później została jego żoną. Ale wcześniej, w roku 1935 uzyskał magisterium. Jego praca [...] została nagrodzona przez Radę Wydziału, a On sam objął stanowisko asystenta Zakładu Chemii Organicznej". Tę sielankę przerywa wybuch wojny: „W dniu 2 września 1939 roku prof. Lampe, jako Dziekan Wydziału Matematyczno-Przyrodniczego, wydał memu Ojcu zaświadczenie «celem przedłożenia władzom wojskowym» o promowaniu go dnia 12 czerwca 1939 r. na stanowisko doktora chemii, dodając: dyplom zostanie wydany po wydrukowaniu. Chyba nigdy to nie nastąpiło. Złudzenia, że będzie można otwarcie kontynuować pracę na uczelni, szybko się rozwiały. Ojciec podjął pracę zarobkową w Państwowym Zakładzie Higieny (PZH). Również «dorabiał» sposobami chemicznymi. Pod samym nosem Niemców – mieszkaliśmy wtedy na terenie szpitala Przemienienia Pańskie-

454 Rozmowa Radosława Grucy z profesorem Antonim Dudkiem z kwietnia 2018 r.

455 A. Stankiewicz, *Antoni Macierewicz: Mistrz wywoływania emocji*, „Rzeczpospolita" (wydanie internetowe), 3 listopada 2015, <https://www.rp.pl/Rzecz-o-polityce/311039875-Antoni-Macierewicz-Mistrz-wywolywania-emocji.html>.

456 A. Kublik, W. Czuchnowski, *Lista przebojów Antoniego Macierewicza*, „Gazeta Wyborcza" (wydanie internetowe), 10 października 2015, <http://wyborcza.pl/magazyn/1,124059,18999925,lista-przebojow-antoniego-macierewicza.html>.

go na Pradze, zajętego przez okupanta – trudnił się zakazaną pracą: wyrobem mydła. Któregoś dnia Niemcy zrobili rewizję – pamiętam to. Mama zmartwiała, bo na stołach suszyło się przekręcone przez maszynkę surowe mydło. «A, tyle makaronu?» – zapytali. Upiekło się nam. Ale to była praca dla chleba. Prawdziwe życie mojego Ojca płynęło podziemnym nurtem. Były to: działalność w AK i wykłady z chemii organicznej I-go roku studiów Wydziału Lekarskiego. Oczywiście były to tajne komplety [...] W czasie Powstania Warszawskiego mój Ojciec znajdował się na terenie PZH i zajmował się głównie produkcją pocisków". Po wojnie: „Ojciec dzielił czas pomiędzy Warszawę, gdzie prowadził wykłady i był zaangażowany w odbudowę gmachu Chemii na ul. Wawelskiej [...] oraz Łódź, gdzie pracował w PHZ [powinno być PZH] przeniesionym czasowo z Warszawy [...] Ojciec poświęcał się, poza pracą naukową i dydaktyczną, także odbudowie w gmachu Chemii przy ul. Wawelskiej [...] By móc łatwiej sprostać wszystkim obowiązkom, Ojciec zdecydował, że zamieszkamy w gmachu Chemii [...] Na nasze mieszkania mieszkanie dostosowano część obecnych sal 305 i 338, co łącznie z częścią przyległych korytarzy stanowiło dość obszerne lokum, ale o dziwnym kształcie i rozkładzie [...] Ojciec całe dnie spędzał w laboratorium, był nim obecny pokój 243, stamtąd wywoływałam go na kolację [...] Pomagałam Ojcu przygotowując [...] modele związków organicznych z kulek zrobionych z chleba i zapałek. Natomiast mój młodszy, 3-4 letni wówczas brat Wojtek, raczej przeszkadzał – głównie w wykładach – wykrzykując różne, często niecenzuralne, a świeżo wyuczone słowa pod drzwiami sali 335 [...] w której Ojciec prowadził wykłady [...] Ojciec mój zmarł w swojej pracowni w dniu 11 listopada 1949 r. w wieku 42 lat. Kondukt żałobny prowadził na cmentarzu Powązkowskim jego młodszy kolega z Wydziału Matematyczno-Przyrodniczego, ksiądz Józef Szuleta"[457].

Pani Barbara nic więcej o śmierci ojca nie mówi. Nie mówi, że zabili go ubecy. A przecież opublikowała swoją relację już po upadku PRL, w latach dziewięćdziesiątych. Wtedy całkiem otwarcie można było opowiadać o bliskich zamordowanych przez UB. Niektórzy się nimi chwalili, niektórzy nawet zmyślali sobie takich krewnych... Jednak Barbara Macierewicz nawet nie wspomina o Urzędzie Bezpieczeństwa. Ani o żadnej innej możliwej przyczynie śmierci ojca. Nie tłumaczy, dlaczego 42-letni mężczyzna nagle zmarł w swojej pracowni.

457 B. Macierewicz, dz. cyt., s. 115–119.

Według relacji jej brata Wojciecha, podobnie o śmierci Zdzisława milczała jego żona – Maria Macierewicz, matka całego rodzeństwa. Dlatego miałoby ono nie znać przyczyn zgonu: „O okolicznościach śmierci niewiele wiemy, gdy mama żyła, nie chciała o tym mówić. Wspomnienia były zbyt bolesne."[458] Jednak Barbara Macierewicz urodziła się w marcu 1938 r.[459] Zatem w listopadzie 1949 r. miała jedenaście i pół roku. Powinna coś pamiętać. Czy można przypuścić, że również dla niej te wspomnienia były zbyt bolesne, aby się z nimi z kimkolwiek podzieliła? Nawet z braćmi? Przez te wszystkie lata? Człowiek nie ma prawa sądzić uczuć drugiego człowieka. Jednak musimy odnotować, że przemilczenie to wygląda co najmniej osobliwie.

Odnotujmy też, że siostra Macierewicza zdaje się milczeć także w innych kwestiach. W jej relacji nie znajdujemy żadnej wzmianki o wyrzuceniu matki czy też rodziny Macierewiczów z mieszkania po śmierci ojca. Przypomnijmy, jak opisywał to Antoni w miesięczniku WPIS: „Pozostawiona sama i wyrzucona z mieszkania matka...". Tymczasem pani Barbara pisze: „W 1952 roku wyprowadziliśmy się z gmachu Chemii do załatwionego przez Uniwersytet mieszkania kwaterunkowego"[460]. Wynika z tego, że po śmierci Zdzisława, tak jak przed śmiercią, rodzina Macierewiczów mieszkała w Gmachu Chemii. Żyła tam do 1952 r., kiedy to dostała mieszkanie. Bezcenny dar w zburzonej Warszawie – nawet gdy mowa o mieszkaniu kwaterunkowym.

SZKLANKA CYJANKU

Jak widać, w docierających do nas wersjach przeplatają się morderstwo, samobójstwo i przemilczenie. Ale istniało jeszcze jedno źródło bezpośrednie, które pamiętało Zdzisława Macierewicza i podało wiarygodnie brzmiące rozwiązanie zagadki. Źródłem tym był wybitny chemik, nieżyjący już profesor Zbigniew Grabowski. W 2005 r. prof. Grabowski w „Kwartalniku Nauki i Techniki" opublikował swoje wspomnienia pt. „W skorodowanym zwierciadle pamięci" (12 lat później wydane w postaci książkowej[461]). Tytuł nieco kokieteryjny, gdyż profesor opisał przeszłe sprawy w sposób jasny i konkretny. Sprawę Zdzisława przedstawił tak: „Z wielkim zainteresowaniem chodziłem na wykłady młodego doc. Zdzisława Macierewicza. Ogromnie go lu-

458 A. Gielewska, M. Dzierżanowski, dz. cyt., s. 52.
459 B. Macierewicz, dz. cyt., s. 115.
460 Tamże, s. 119.
461 Z. Grabowski, *W skorodowanym zwierciadle pamięci*, Warszawa 2018.

biłem i podziwiałem: świetny wykładowca, mądry, entuzjasta, jako jedyny z moich ówczesnych wykładowców był au courant nowych teorii [...] Bardzo chciałem pracować u Macierewicza, ale nic z tego wtedy nie wyszło. Kiedyś w 1949 r. został ostrzeżony, że UB jest na jego tropie w związku z rzekomą siatką szpiegowską francuskiego konsula w Szczecinie, bodajże André Robineau. Docent Macierewicz w swoim gabinecie na Pasteura wypił szklankę roztworu cyjanku potasu. Gdy po niego przyszli – już nie żył. Dotychczas nie mogę o tym spokojnie myśleć. A zaaresztowana wtedy jego asystentka, dr Cecylia Wekerówna, młoda, śliczna dziewczyna – wyszła z więzienia dopiero w czasie odwilży 1956 roku, jako siwa staruszka... Wdowa po doc. Macierewiczu została z trojgiem dzieci, w tym starsza Basia – później dr chemii organicznej, pracująca w miejscu pracy ojca – i młodsi Wojtek i Antek. Wielu z nas opodatkowało się na ich rzecz i przez szereg lat wpłacaliśmy coś co miesiąc ich matce. W roku akademickim 1980/81 byłem delegatem pierwszej (jak dziś mówimy) „Solidarności" do komisji Prezydium PAN (komisja Zofii Kielan-Jaworowskiej), która miała naprawiać krzywdy z lat ubiegłych. Natknąłem się na sprawę Antoniego Macierewicza, znanego działacza KOR, którego wyrzucono z doktorskiego studium historii. Rozmawiałem z jego promotorem, przygotowałem możliwość jego przywrócenia na studium, a później spotkałem się z Macierewiczem. W rozmowie wspomniałem coś o jego ojcu – i ku mojemu przerażeniu – okazało się, że on w ogóle nie wiedział o samobójstwie ojca. Był przekonany, że zabito go na UB... Może w dobrej katolickiej rodzinie na użytek dzieci obrano taką wersję?"[462].

Znaczyłoby to, że Antoni Macierewicz poznał prawdę o śmierci ojca najpóźniej na przełomie lat 1980–1981. Piszę „najpóźniej", gdyż nie da się wykluczyć, że rozmowy z Komorowskim o *„de facto* morderstwie, wymuszonym samobójstwie" miały miejsce wcześniej. W takim razie Macierewicz musiałby odegrać zdumienie przed autentycznie zdumionym profesorem. To z kolei znaczyłoby, że już na przełomie lat 1980–1981 konsekwentnie propagował wersję, w którą sam nie wierzył.

Świadectwo profesora Grabowskiego jest niezwykle cenne. Oczywiście, w jego „zwierciadle pamięci" czas mógł faktycznie „skorodować" pewne fakty – albo też profesor po dziesięcioleciach spoglądał na nie innymi oczyma. Na przykład Cecylia Weker w chwili aresztowania miała 44 lata. W tamtej

462 Z. Grabowski, *W skorodowanym zwierciadle pamięci*, „Kwartalnik Nauki i Techniki", nr 2, 2005, s. 70 i n., <http://bazhum.muzhp.pl/autor/Grabowski/Zbigniew%20Ryszard/>, dostęp: 14 września 2018.

epoce kobieta po czterdziestce nie była już młodą dziewczyną. Jednak ponad siedemdziesięcioletni profesor w 2005 r. z oczywistych względów mógł to widzieć inaczej. Zatem mowa co najwyżej o drobnych i zrozumiałych nieścisłościach lub kwestiach subiektywnej oceny. Gdy odłożymy na bok te detale i weźmiemy pod uwagę główną treść relacji profesora Grabowskiego, brzmi ona logicznie. W spójny sposób wyjaśnia równocześnie trzy okoliczności:

- jak zginął Zdzisław Macierewicz;
- skąd się wzięła mniej wiarygodna wersja Antoniego (morderstwo);
- skąd się bierze tajemnicze, wieloletnie milczenie jego siostry.

Relacja profesora w jakiejś mierze tłumaczyłaby również, dlaczego po poznaniu prawdy o śmierci ojca Antoni Macierewicz opierał się ją wyznać wobec innych (robił tylko wobec najbardziej zaufanych znajomych, nigdy publicznie). Syn wychowuje się w kulcie zabitego ojca, od najwcześniejszych lat czci go jako ofiarę morderstwa. Nagle morderstwo okazuje się samobójstwem, być może nie mniej męczeńskim, ale wstydliwym dla katolickiej rodziny. Zresztą nie tylko katolickiej – również dziś samobójstwo męża czy rodzica bywa traktowane jak wstyd niekoniecznie ze względów religijnych (pozostawieni przez samobójcę bliscy często czują się winni, nieraz tracą poczucie własnej wartości nawet wtedy, gdy czyn zmarłego nie miał nic wspólnego z ich postępowaniem). Łatwo więc zrozumieć, dlaczego Macierewicz nie może się pogodzić z tym, co usłyszał od profesora Grabowskiego. Łatwo też zrozumieć, dlaczego jego siostra nie chce powiedzieć nic konkretnego o śmierci ojca.

Z relacji profesora wiemy, że samobójstwo docenta Macierewicza zaszło w ścisłej koincydencji z aresztowaniem jego asystentki, Cecylii Weker. Wynikałoby z tego, że jedno było z drugim związane. Intuicję tę potwierdzają dokumenty. W akcie oskarżenia przeciwko Cecylii czytamy: „W marcu 1948 roku oskarżona Weker zwerbowała do współpracy z nielegalnym Stronnictwem Pracy – Macierewicza Zdzisława, któremu poruczyła do wykonania różne czynności organizacyjne”[463].

Znaczy to, że UB namierzyło Zdzisława Macierewicza ze względu na jego kontakty z Cecylią Weker. Ubecy uznali, że zwerbowała ona docenta do podziemnego Stronnictwa Pracy. Zatem musieli się na niego szykować. Ich obowiązkiem było schwytać wszystkich członków „wrogiej” konspiracji. Ale „schwytać” nie znaczy „skrytobójczo zabić”. Akt oskarżenia świadczy

463 J. Guranowski (red.), *Sojusznicy Gestapo. Proces Kwasiborskiego i innych*, Warszawa 1951, s. 25; A. Gielewska, M. Dzierżanowski, dz. cyt., s. 59.

na korzyść wersji profesora Grabowskiego, nie syna. Oczywiście, stalinowski dokument nie daje nam pewności czy Zdzisław faktycznie konspirował z Cecylią. Staliniści nieraz oskarżali swe ofiary całkiem bezpodstawnie. Doktor Paweł Ziętara, historyk, mówi tak: „Trudno powiedzieć, czy informacja o zwerbowaniu Macierewicza [ojca – red.] była prawdziwa, czy też wymuszona w trakcie procesu. Wekerównie na potrzeby politycznego procesu pokazowego na wyrost przypisano werbunek bardzo dużej liczby osób"[464]. Nic to jednak nie zmienia co do wiarygodności relacji profesora Grabowskiego. Przecież nie wypowiada się on w kwestii faktycznej przynależności docenta do konspiracji. Nie przesądza, czy stalinowcy mieli rację, gdy uznali Zdzisława za członka podziemia (lub francuskiej siatki szpiegowskiej, o której wspomina profesor). Ważne, że uznali. Już to wystarczało, by spodziewać się najgorszego.

TAJEMNICZE STYPENDIUM

Relacja profesora Grabowskiego budzi zaufanie. Istnieją jednak zagadki, których nie wyjaśnia ani ona, ani wersja Antoniego Macierewicza.

Pierwszą z tych zagadek jest wspomniane przez profesora prywatne stypendium dla rodziny Macierewiczów. Istnienie takiego zasiłku potwierdza Barbara Macierewicz: „Korzystając z okazji chcę gorąco podziękować kolegom Ojca, którzy pomagali mojej rodzinie w różnoraki sposób jeszcze wiele lat po jego śmierci. To oni opracowali i doprowadzili do wydania wspominanej już książki Ojca. Ufundowali również wraz z kolegami z PZH stypendium, z którego korzystaliśmy chyba do końca moich studiów. Właściwie to nie wiem, kto w tej pomocy brał udział. Ludzie ci chcieli pozostać anonimowi"[465]. Brzmi to niezwykle. Jeśli komuniści uznali Zdzisława Macierewicza za członka antykomunistycznego podziemia, to jakim cudem tolerowali takie stypendium? Przypomnijmy: był rok 1949. W Polsce zaczął się już stalinizm. Każdy, kto działał w podziemiu lub współpracował z Zachodem, był wrogiem. Gdy taki wróg zginął, należało zdusić w zarodku wszelką cześć dla jego pamięci, wszelkie przejawy kultu męczennika. Kto okazywał solidarność z wrogiem i jego bliskimi, kto czcił pamięć wroga, kto wspierał jego rodzinę – ten również był wrogiem. Kto robił to długo, regularnie i ofiarnie, był wrogiem szczególnie niebezpiecznym. Pół biedy, gdy trafił się jeden taki

464 A. Gielewska, M. Dzierżanowski, dz. cyt., s. 60.
465 B. Macierewicz, dz. cyt., s. 119 i n.

śmiałek. Gorzej, gdy pamięć o wrogu i pomoc dla jego rodziny praktykowała grupa ludzi. Świadkowie i znawcy komunistycznego totalitaryzmu – od Aleksandra Sołżenicyna po Jacka Kuronia[466] – mówią zgodnie: nic tak nie rozwścieczało komunistów jak opór grupowy. A w stalinizmie podejrzenie budziły wszelkie nieformalne więzi międzyludzkie lub społeczne, które nie były kontrolowane przez komunistów. Pojedynczy izolowany wróg to wróg, którego można wychować. Kilku wrogów – choćby nawet spotkali się przypadkowo i współdziałali chwilowo – to wroga organizacja. Wroga organizacja musi zostać rozbita przez „organa bezpieczeństwa". Wobec tego regularne wypłacanie jakiejkolwiek kwoty rodzinie wroga wygląda bardzo źle. Wygląda jak działanie solidarnej, upartej, finansowo sprawnej i oczywiście wrogiej organizacji.

Obłędna logika? Prasa i radio czasów stalinizmu stosowały ją nagminnie. Także wtedy, gdy relacjonowały proces Cecylii Weker i innych działaczy Stronnictwa Pracy. Propagandystów do szczególnego szału doprowadzał temat pomocy finansowej: „Stypendia [...] zapomoga, oto, co w ich języku znaczy: zapłata za szpiegostwo i zdradę!". Tak lektor państwowego radia komentował na antenie zeznania Cecylii i jej kolegów podczas relacji z procesu członków podziemnego Stronnictwa Pracy[467]. Czyżby w tej logice zrobiono wyjątek dla Zdzisława Macierewicza – i jego kolegów?

Oczywiście, można przypuścić, że koledzy ci działali w głębokiej konspiracji. Jednak bardzo trudno przypuścić, żeby comiesięczna składka, w którą zaangażowali się liczni znajomi zmarłego „wroga", całkowicie uszła uwagi komunistów. Mówimy przecież o regularnej, zbiorowej czynności trwającej do końca stalinizmu i dłużej! Jeśli każdego miesiąca uczestniczyło w niej choćby tylko 5 osób, zaś między listopadem 1949 r. a początkiem odwilży pod koniec 1954 r. były 60 miesięcy – to mamy co najmniej 300 okazji do nieostrożności lub zdrady. Przemnóżmy to jeszcze przez przypuszczalną ilość konfidentów, których UB zapewne miało na Wydziale Chemii (instytucje naukowe były intensywnie infiltrowane). Pamiętajmy również, że ubecy i ich agenci ze szczególną uwagą musieli obserwować rodzinę wroga, żeby sprawdzić, kto się z nią kontaktuje i solidaryzuje.

Zatem nie „czyżby", tylko „dlaczego". Dlaczego zrobiono wyjątek dla Zdzisława Macierewicza – i jego kolegów?

466 J. Kuroń, *Autobiografia*, Warszawa 2009, s. 25.
467 Nagrania fragmentów relacji dostępne są po uprzednim zamówieniu w warszawskim Archiwum Akt Nowych.

ZDUMIEWAJĄCA PUBLIKACJA

Drugą zagadką jest okoliczność, o której wspomina Barbara Macierewicz: pośmiertne wydanie książki Zdzisława w 1951 r.

W swej relacji Barbara mówi więcej o tej publikacji: „W przedmowie do wydanej w 1951 r. przez PWN książki mojego Ojca pt. *Reakcje chemiczne związków organicznych w świetle elektronowej teorii wiązań* prof. Lampe napisał: «Po śmierci tego uzdolnionego i rokującego wielkie nadzieje docenta, grono jego kolegów opracowało pozostawione notatki wykładowe i w hołdzie cieniom Zmarłego oddaje do użytku chemików monografię zwięźle zredagowaną, a posiadającą w chwili obecnej duże znaczenie dydaktyczne»". W hołdzie cieniom zmarłego... Zostawmy na chwilę zdumiewający w tamtych okolicznościach pean. Zaraz do tych pochwał wrócimy, jednak najpierw przypomnijmy o sprawie podstawowej. Mamy czasy wszechobecnej paranoi, wróg czyha za każdym rogiem, wszystko jest podejrzane. Mimo to ktoś z uniwersytetu uzyskuje wgląd w notatki zmarłego „wroga". A przecież nie wiadomo, co on tam zapisał tymi chemicznymi znaczkami! Może szyfrowane wiadomości dla innych członków podziemia? Albo dla siatki francuskich szpiegów, co byłoby jeszcze gorsze? Notatki zmarłego powinny trafić do Urzędu Bezpieczeństwa i tam pozostać, z dala od wzroku niepowołanych osób. Kim jest cwaniak, który się do nich dorwał? A, jest ich kilku: docenci, profesorowie... Czyli wroga organizacja działa na Uniwersytecie Warszawskim – tak rozumować w tej sprawie powinni ubecy. Zatem funkcjonariusz, który wydałby notatki Zdzisława w ręce uczonych – i to jeszcze „niepewnych politycznie", zaprzyjaźnionych ze zmarłym, wspierających jego rodzinę – mógł zostać uznany za mięczaka lub sabotażystę przez swoich szefów. Pod znakiem zapytania stanęłaby jego kariera. „Nie przesadzajmy" – powie dziecko naszej epoki, znacznie łagodniejszej – „Może w pierwszych chwilach po śmierci docenta ubecy zachowywali stalinowską «czujność». Ale w 1951 r. minęły już dwa lata! Po takim czasie nawet najbardziej fanatyczni stalinowcy mogliby wreszcie zrozumieć, że nie mają w ręku żadnych szyfrów, tylko normalne notatki uczonego! Może jakiś ekspert ich oświecił, że zapiski Zdzisława są cenne? No to dali je wydrukować dla dobra socjalistycznej nauki". Ale jeśli tak, to dlaczego książkę wydano pod prawdziwym nazwiskiem autora?

Gdy piszę te słowa, mam ją przed oczyma. Na okładce widnieje: „REAKCJE CHEMICZNE ZWIĄZKÓW ORGANICZNYCH W ŚWIETLE ELEKTRO-

NOWEJ TEORII WIĄZAŃ". Powyżej nazwisko autora: „Dr ZDZISŁAW MACIEREWICZ".

Znany jest nam przypadek z czasów nieporównanie bardziej liberalnych, z lat 70. Wybitny młody naukowiec – nie podajemy nazwiska na prośbę jego córki – współtworzył nieformalną grupę opozycyjnie nastawionych uczonych na Politechnice Łódzkiej. Były to czasy Komitetu Obrony Robotników. Młody uczony wspierał działania tej organizacji i rozpowszechniał publikacje KOR na swej uczelni. Zainteresowała się nim komunistyczna Służba Bezpieczeństwa (następczyni i spadkobierczyni UB). Pod jej naciskiem Politechnika wysłała – właściwie zesłała – kłopotliwego naukowca do Kazachstanu. Miał tam uczestniczyć w jakimś programie badawczym. W praktyce oznaczało to jednak, że wybitny umysł miesiącami musiał chodzić z deszczomierzem po pustyni (rzecz jasna, kompletnie suchej). Gdy naukowiec wrócił do Łodzi, okazało się, że SB wykradła brudnopisy jego pracy doktorskiej. Przekazała je innemu uczonemu, swemu protegowanemu. Protegowany dzięki tej pracy uzyskał doktorat, wyjechał na Zachód i zrobił karierę. Prawdziwy autor, nasz młody naukowiec, popadł w depresję i powiesił się. Przypominam, że mówimy o względnie łagodnych czasach – ćwierć wieku po odwilży, rok przed powstaniem „Solidarności". Zaś w przypadku Zdzisława Macierewicza mowa o kwitnącym i dojrzałym stalinizmie lat 1949–1951...

„Jednym z elementów totalitaryzmu było to, że wróg był skazany na zapomnienie albo złą pamięć" – mówi profesor Andrzej Friszke odnosząc się do sprawy Zdzisława Macierewicza[468]. O tym, że profesor ma rację, świadczy niezliczona ilość źródeł z tamtej epoki. Staliniści głośno opluwali swoich przeciwników, także tych zmiażdżonych – lub po cichu usuwali ich z historii. O tym, że wymazani kiedyś istnieli, strach było szepnąć. W tamtej epoce Zdzisław Macierewicz powinien zostać skazany na oplucie lub wymazanie. Raczej na to drugie – niezależnie od tego, czy zabiło go UB, czy sam się zabił. Jeśli chodzi o pierwszą możliwość (zamordowanie docenta Macierewicza przez UB), to nawet ubecy nie chwalili się publicznie, że likwidują ludzi bez sądu. Człowieka zabijano bardzo głośno lub w całkowitej ciszy. Ofiara podążała na szafot gromko potępiona przez sąd, prasę, radio i obywateli spędzonych na przymusowy wiec. Albo odwrotnie, w wygłuszonej piwnicy dostawała kulę w potylicę, by w szarym worku pojechać na tak zwaną „Łączkę" przy warszawskim Cmentarzu Powązkowskim (lub do innego anonimowego

468 W kwietniu 2018 r., w rozmowie z Radosławem Grucą.

grobu). W przypadku potajemnej egzekucji dokładano wszelkich starań, żeby nikt nic nie mówił. Ani o samej egzekucji, ani o tym, że jej ofiara kiedykolwiek istniała. Bo po co przypominać, że był taki człowiek? Ktoś przecież mógłby spytać, dlaczego już go nie ma... Takiego przemilczenia należałoby się spodziewać tym bardziej, gdyby Zdzisław zginął podczas nadmiernie brutalnego przesłuchania. Zatłuc przesłuchiwanego – to był błąd w sztuce. Kto zmarł wśród tortur, ten wyślizgnął się z rąk ubekom. Przeleciał im przez palce na tamten świat, zanim oprawcy zdążyli wydusić z niego nazwiska wspólników. Im ciszej o takim przypadku, o takim człowieku – tym lepiej. Pamiętajmy, że według ubeckiej logiki każde niedopatrzenie mogło stanowić akt sabotażu.

Podobnie byłoby w razie drugiej możliwości, czyli samobójstwa podejrzanego. W takim przypadku ofiara nie wyślizgnęłaby się ubekom, tylko świadomie uciekłaby do grobu (zabierając tam ze sobą wiedzę o nazwiskach wspólników). To również stanowiłoby grube niedopatrzenie. Kto w UB do tego dopuścił? Który funkcjonariusz pozwolił na tę ucieczkę? – stalinowska logika podejrzliwości wręcz nakazywała zadawanie takich pytań. Zatem jeśli Zdzisław Macierewicz popełnił samobójstwo, w interesie ubeków nie leżało publiczne przypominanie o jego istnieniu. Po cóż więc opublikowano jego książkę? I to pod jego własnym nazwiskiem?

TOWARZYSZ HILARY MINC

Kolejne pytanie: dlaczego taką książkę wydało najoficjalniejsze wydawnictwo rządowe – lub wręcz „ponadrządowe"? Wydawnictwo, któremu patronował człowiek ściśle związany z Sowietami?

Od razu wyjaśnijmy, że Barbara Macierewicz pomyliła się co do domu wydawniczego. W swej relacji podaje, że książkę Zdzisława wydało PWN (Państwowe Wydawnictwa Naukowe). Na jej okładce widnieje jednak inne godło i nazwa: „PWT. WARSZAWA 1951. PAŃSTWOWE WYDAWNICTWA TECHNICZNE". Państwowe Wydawnictwa Naukowe kojarzą się bardziej prestiżowo, ale w 1951 r. dopiero powstawały. Państwowe Wydawnictwa Techniczne zostały założone dwa lata wcześniej. Od samego początku znajdowały się pod bezpośrednią, ścisłą kontrolą rządu. A dokładnie – pod kontrolą jednej z najważniejszych ówczesnych instytucji: Państwowej Komisji Planowania Gospodarczego (PKPG)[469]. Zgodnie z powszechną opinią histo-

469 *Zarządzenie Przewodniczącego Państwowej Komisji Planowania Gospodarczego z dnia 8 czerwca 1949 r. o utworzeniu przedsiębiorstwa państwowego pod nazwą „Państwowe Wy-*

ryków, PKPG zajmowała wyższą pozycję niż ministerstwa. Stało się to nawet częścią jej encyklopedycznej definicji: „Organ nadrzędny wobec ministerstw gospodarczych [...] PKPG była najważniejszym organem kierującym gospodarką narodową i kształtującym politykę ekonomiczną państwa"[470]. Komisja blisko współpracowała z Moskwą, gdyż „posługiwała się sowieckimi rozwiązaniami" oraz „instrukcjami planistycznymi"[471]. W większości wypadków oznaczało to posłuszne wykonywanie rozkazów z Kremla.

Kto przewodniczył PKPG? Sam Hilary Minc. Towarzysz Minc powszechnie uchodził za trzeciego człowieka w państwie (po prezydencie Bolesławie Bierucie i odpowiedzialnym za ideologię oraz aparat represji Jakubie Bermanie). Miał też opinię krańcowego stalinowskiego dogmatyka. W latach 80. wybitna dziennikarka Teresa Torańska przeprowadziła wywiad z jego żoną. Okazało się, że pani Minc nadal wyznaje (lub udaje, że wyznaje) skrajny stalinizm... Cóż, jej mąż pobierał nauki w stalinowskim ZSRR, a nawet szkolił tam innych dogmatyków jako komunistyczny ekonomista. Wcześniej doktoryzował się we Francji, ale wydalono go stamtąd w 1928 r. Przyjechał wtedy do Moskwy, skąd po roku wysłano go z misją do Polski. Misja ta mogła mieć różne interesujące aspekty, skoro ekonomista Minc trafił wówczas do polskiego wojska i skończył szkołę podchorążych rezerwy. Następnie zaczepił się w Głównym Urzędzie Statystycznym, gdzie miał dostęp do informacji ekonomicznych o znaczeniu strategicznym. Podczas wojny towarzysz Minc znów szkolił siebie i innych w ZSRR. Związany z Macierewiczem historyk Sławomir Cenckiewicz podaje, że Hilary Minc współpracował z sowieckimi tajnymi służbami NKWD[472]. Dlaczego podległa Mincowi instytucja opublikowała książkę „wroga ludu"? Pod jego własnym nazwiskiem?

SZOKUJĄCE POCHWAŁY

Pod nazwiskiem – i z peanem. Na początku książki Zdzisława Macierewicza znajduje się wstęp autorstwa profesora Lampego. Zawiera on piękne słowa

dawnictwa Techniczne", „Monitor Polski" nr 42, 1949, <http://prawo.sejm.gov.pl/isap.nsf/DocDetails.xsp?id=WMP19490420576>.

470 Zob. *Państwowa Komisja Planowania Gospodarczego*, Encyklopedia PWN (wersja internetowa), <https://encyklopedia.pwn.pl/haslo/Panstwowa-Komisja-Planowania-Gospodarczego;3953970.html>, dostęp: 14 września 2018.

471 Tamże.

472 S. Cenckiewicz, *Długie ramię Moskwy. Wywiad wojskowy Polski Ludowej 1943-1991 (wprowadzenie do syntezy)*, Poznań 2011, s. 44.

zacytowane przez Barbarę Macierewicz. Pochwał jest nawet więcej: „Przedwcześnie zmarły, nieodżałowanej pamięci docent dr Zdzisław Macierewicz [...] monografia doc. dr Z. Macierewicza powinna znaleźć się w ręku każdego młodego chemika". Przypomnijmy komentarz profesora Friszkego: „Jednym z elementów totalitaryzmu było to, że wróg był skazany na zapomnienie albo złą pamięć". Jakim cudem stalinowcy wydali książkę „wroga" z takim wstępem? Czyżby któregoś z nich ruszyło sumienie? Wątpliwe. Oczywiście, nie wszyscy staliniści byli bezdusznymi bandytami. Znajdowali się wśród nich ludzie ideowi i ofiarni, wielu z nich wybrało komunizm ze szlachetnych pobudek. Ale żyli w świecie przymusowej jednomyślności i zbiorowym strachu. Trudno sobie wyobrazić, by jakiś wrażliwy towarzysz zaryzykował swoją skórę, godząc się na oddanie notatek „wroga" jego kolegom. A także na publikowanie pochwał pod adresem tego „wroga"... Może jednak komuniści przestraszyli się efektu, jaki śmierć Zdzisława wywarła na uczelni? Czy dotarło do nich, że wzbudzili więcej wrogości niż strachu i dlatego postanowili załagodzić sprawę? Spróbujmy to sobie wyobrazić. Ktoś na zebraniu partyjnym ciężko westchnął i powiedział: „Trzeba uspokoić nastroje na Wydziale Chemii, towarzysze! Pokażmy, że partia jest obiektywna i docenia naukowe osiągnięcia nawet burżuazyjnych wichrzycieli. Pozwólmy kolegom zmarłego uczcić go specjalistyczną publikacją – taka taktyka będzie dla nas korzystna!". Ale i to przypuszczenie budzi wątpliwości. Profesorzy i docenci Wydziału Chemii stanowili środowisko ważne, wymagające inwigilacji – nie na tyle jednak wpływowe, żeby komuniści trwożliwie zabiegali o ich względy. Co do ówczesnych studentów wydziału, to profesor Kazimierz Zięborak pisze o nich tak: „Zmiany w składzie socjalnym studiującej młodzieży, zwiększony udział studentów wywodzących się z niższych warstw społecznych, szczególnie młodzieży wiejskiej, pracowitej i chętnej do nauki, odmłodzenie uczelni, były zjawiskami ze wszech miar pożądanymi. Z drugiej strony młodzież ta, pełna zapału, emocjonalna, łatwo dawała się wciągać w działania skierowane przeciwko niektórym nauczycielom akademickim, inspirowana przez polityków sterujących organizacjami młodzieżowymi. Kryteria pochodzenia społecznego i ideologiczne przeważały w ocenie wartości człowieka, jego wiedzy i osiągnięć w pracy naukowej"[473]. Jak widać, studenci komunizowali. Można więc przyjąć, że niewielu z nich pytało o śmierć popularnego, ale „wrogiego" wykładowcy.

473 K. Zięborak, *Moje lata na Alma Mater Varsoviensis w szkole Wojciecha Świętosławskiego*, [w:] *Jubileusz 40-lecia Wydziału Chemii Uniwersytetu Warszawskiego 1955–1995*, dz. cyt., s. 60.

Stoimy zatem przed czymś niewytłumaczalnym. Tym bardziej że wątpliwości jest więcej. Nawet jeśli odrzucimy wszystkie dotychczasowe zastrzeżenia, nawet jeśli przyjmiemy, że jakiś ważny komunista wiedziony współczuciem lub kalkulacją powiedział: „Pozwólmy kolegom uczcić zmarłego" – wtedy rodzi się inne pytanie. Dlaczego koledzy nie uczcili zmarłego u siebie? Jeśli znajomi z uczelni pragnęli wydać zapiski zmarłego, to dlaczego nie wydali ich na uczelni? Dlaczego nie wydał ich Uniwersytet Warszawski? To prawda, że Wydawnictwa Uniwersytetu Warszawskiego powstały dopiero 7 lat później. Co więcej, w 1949 r. powszechny brak papieru mógł być utrudnieniem nawet w przypadku książki Zdzisława Macierewicza (liczącej sobie tylko 128 stron). Jednak na absurd zakrawałoby przypuszczenie, że najważniejsza, stołeczna uczelnia nie miała możliwości wydania książki. Mogła też wydrukować pracę „wrogiego" docenta jako skrypt – w najprostszej możliwie formie i w ograniczonym nakładzie dla studentów. Czy nie byłoby to dyskretniejsze i zręczniejsze z punktu widzenia komunistów? Uszanowaliby cenne myśli powalonego „wroga", nawet jego nazwisko, bez nadmiernego reklamowania jego osoby. Dlaczego zatem zapiski Zdzisława Macierewicza wydało wydawnictwo znajdujące się pod ścisłą kontrolą rządu? Dlaczego wydała je instytucja, którą nadzorował fanatyczny współpracownik Kremla, towarzysz Hilary Minc?

NIEOCZEKIWANY PREZENT

Od kwestii wydawniczych przejdźmy do mieszkaniowych. Przypomnę, że w swoich wspomnieniach Barbara Macierewicz pisze: „W 1952 roku wyprowadziliśmy się z gmachu Chemii do załatwionego przez Uniwersytet mieszkania kwaterunkowego". Nic więcej o tym mieszkaniu nie mówi.

Tymczasem w archiwach IPN[474] znajduje się dokument MSW z marca 1961 r. Czytamy w nim, że od 6 lutego 1952 r. rodzina Macierewiczów mieszka w centrum Warszawy, przy ulicy Ogrodowej. Zatem na Mirowie, który był jedną z szybciej odbudowywanych części Warszawy. Mieszkanie, o którym mowa, znajduje się blisko Sądu Okręgowego, Hali Mirowskiej i reprezentacyjnej alei Juliana Marchlewskiego (dziś Jana Pawła II). Kamienica do dziś sprawia solidne wrażenie. Prezentuje sobą prostszą i przyjemniejszą wersję socrealistycznej architektury. Wolna od gigantomanii i narośli „kla-

474 IPN BU 00231/28715.

sycystycznych" ozdóbek, kryje się za bardziej monumentalnymi budynkami. Przytulone do niej zaciszne podwórka stanowią oazę spokoju w głośnej i ruchliwej okolicy. Nic dziwnego, że w swym kwaterunkowym mieszkaniu rodzina Macierewiczów zagościła na dziesięciolecia. Miejsce wciąż jest atrakcyjne – zaś w zrujnowanej Warszawie wczesnych lat 50. stanowiło nieporównanie większą atrakcję. Wówczas każdy lokal, choćby i kwaterunkowy, był bezcennym dobrem. A co dopiero taki lokal! Tego rodzaju mieszkania w pierwszej kolejności dostawali towarzysze z partii komunistycznej, rządu i UB. Później – przodownicy pracy, prorządowi artyści i dyspozycyjni dziennikarze. Tymczasem „wroga rodzina" stała na szarym końcu kolejki po jakiekolwiek mieszkanie. Jeśli w ogóle wpuszczono ją do kolejki.

Prezent w postaci mieszkania jest trzecią okolicznością – po stypendium i publikacji książki – którą trudno wytłumaczyć. Te trzy okoliczności składają się razem na zagadkowy parasol ochronny. Parasol, który z niewiadomych przyczyn ktoś rozpiął nad Macierewiczami. Rodzina „wroga ludu" – zmarłego w niejasnych okolicznościach, kłopotliwych dla towarzyszy z UB! – otrzymała mieszkanie i prywatne stypendium. Rządowe wydawnictwo wydało książkę tego „wroga" z pochwalnym wstępem... Czy Antoni Macierewicz pragnie to dziś zatuszować? Czy dlatego z przeprowadzki do mieszkania komunalnego robi „wyrzucenie"?

PODZIEMNE STRONNICTWO PRACY

Los Zdzisława Macierewicza – ściganego do śmierci, chronionego po śmierci – stanowi wielokrotną zagadkę. Samobójca czy ofiara morderstwa? Wróg reżimu czy niedoszła chwała komunistycznej nauki? Czy naprawdę był członkiem podziemnego Stronnictwa Pracy?

Przyjrzyjmy się bliżej temu ugrupowaniu. Stronnictwo Pracy (SP) to jedna z opozycyjnych partii politycznych, które komuniści rozgromili w latach czterdziestych, u progu stalinizmu. Wielu jej członków wywodziło się z ruchów nacjonalistycznych, jak najbardziej antykomunistyczny z liderów SP, Karol Popiel (były przywódca Narodowej Partii Robotniczej, do której należał ojciec Stefana Mikołajskiego, protektora Antoniego Macierewicza). Jednak partia oficjalnie wyznawała poglądy chrześcijańsko-demokratyczne. Podczas II Wojny Światowej stanowiła część polskiego antyhitlerowskiego podziemia. Po przejęciu władzy przez komunistów SP związało się z podziemiem antykomunistycznym, choć równocześnie próbowało działać legalnie.

Na tym ostatnim polu też napotykało ogromne trudności, gdyż komuniści konsekwentnie eliminowali wszystkich przeciwników nielegalnych i legalnych. Byli w tym mniej brutalni niż hitlerowcy, ale bardziej przewrotni. W przypadku SP presja ze strony nowej władzy stała się trudna do wytrzymania już w 1945 r. Komuniści bawili się z tą partią jak kot z myszą – albo jak tygrys, biorąc pod uwagę proporcję sił. Wiceprezes SP, Jan Hoppe, został aresztowany i wywieziony do ZSRR. Pozwolono mu wrócić do Polski w 1947 r., by po półtora roku aresztować go znowu... Inny działacz tej partii, Konrad Sieniewicz, został aresztowany w 1945 r. Po kilku tygodniach go wypuszczono. Wszedł wówczas do władz SP, gdzie decydował o kwestiach kluczowych (uważany był za specjalistę od spraw wywiadu i bezpieczeństwa). Jednak w grudniu okazało się, że znów grozi mu aresztowanie. Uciekł wtedy za granicę. W lutym 1946 r. został członkiem Komitetu Zagranicznego SP w Londynie. Stamtąd monitorował krajową działalność swej partii. Jednak dużo skuteczniej monitorowali ją komuniści. Więcej: infiltrowali ją do tego stopnia, że bezradne kierownictwo SP w lipcu 1946 r. postanowiło zawiesić działalność w kraju. Zadecydowało, że partia oficjalnie będzie istnieć tylko na emigracji... W następnym roku antykomunistyczny przywódca SP, Karol Popiel, wyjechał za granicę. Sieniewicz stał się tam jego prawą ręką. Jednak komunistyczni agenci, kolaboranci i ugodowcy z krajowego SP nie przyjęli zawieszenia partii do wiadomości. Wciąż działali i określali się jako „legalne Stronnictwo Pracy". W ostrych słowach potępiali Popiela i cieszyli się poparciem władzy. Z drugiej strony, również krajowi zwolennicy Karola Popiela nie przerwali swej działalności. Zeszli z nią tylko do podziemia, skąd próbowali utrzymywać kontakt z emigracyjną centralą partyjną Popiela. To właśnie ich nazywano podziemnym lub nielegalnym Stronnictwem Pracy, a częściej jeszcze – „popielowcami".

W ustach komunistów określenia te były czymś więcej niż obelgą. Pachniały cmentarzem lub wieloletnim ciężkim więzieniem. „Popielowców" oskarżano o zdradę i szpiegostwo. Nie tylko w komunistycznej prasie i radiu, lecz także w komunistycznych sądach.

CECYLIA PŁYNIE DO DANII

Jedną z osób, na którą spadło takie oskarżenie, była Cecylia Weker, asystentka Zdzisława Macierewicza. Wróćmy do 1946 r., kiedy to studenci docenta Macierewicza popłynęli do Kopenhagi, aby ćwiczyć w tamtejszych pracowniach naukowych. Jednak nie docent Macierewicz im towarzyszył, choć powinien. Zamiast niego do Danii popłynęła Cecylia.

Czy Zdzisław ustąpił jej miejsca w delegacji? Czy wiedział, jak ważna jest dla niej ta podróż? Albowiem w Kopenhadze na Cecylię czekał pewien mężczyzna. Kochanek? Niewykluczone, ale przede wszystkim zwierzchnik polityczno-wywiadowczy, którym był wspomniany wcześniej Konrad Sieniewicz. Po tym jak uciekł na Zachód, Cecylia zaczęła od niego dostawać niezwykłe przesyłki (opiszemy je na następnych stronach tej książki). Inteligentny, ale nieostrożny, energiczny, ale niekonsekwentny – Sieniewicz był prawnikiem i dziennikarzem, który został politykiem, wywiadowcą i „konspiratorem na odległość". Chyba niezupełnie się nadawał do tej roboty. Jednak ona stała się jego życiem.

Dwa lata później, w 1951 r., Cecylia Weker zasiądzie na ławie oskarżonych w głośnym procesie działaczy Stronnictwa Pracy. Będzie na niej jedyną kobietą. Razem z Cecylią przed sądem stanie czterech wybitnych przedstawicieli SP: Józef Kwasiborski, Jan Hoppe, Stanisław Bukowski i Antoni Antczak. Dwaj pierwsi zostaną skazani na dożywocie, dwaj pozostali – na 15 lat więzienia, tak jak Cecylia. Komuniści oskarżą ich o „wrogą" działalność podziemną, zarówno polityczną, jak szpiegowską. Według UB i prokuratury, zagranicznym mocodawcą całej tej siatki będzie przyjaciel Cecylii, Konrad Sieniewicz – do spółki z brytyjskimi, amerykańskimi i belgijskimi służbami specjalnymi. Państwowe radio (innego w komunistycznej Polsce nie było) przygotuje specjalne audycje propagandowe o procesie pięciorga działaczy. Cecylia Weker zostanie w nich określona jako „kasjerka, łączniczka do specjalnych zleceń oraz kierowniczka wywiadu". Te określenia mogą się zdawać fantastyczne lub grubo na wyrost (gdy staliniści nie kłamali, to przesadzali). Ale duchowy przywódca Stronnictwa Pracy, Jerzy Braun, w spisanych po latach wspomnieniach również nazywa Cecylię Weker „łączniczką władz centralnych"[475]. A historyk doktor Paweł Ziętara przyznaje, że Cecylia uczestniczyła w potajemnym przesyłaniu informacji za granicę i przyjmowała w zamian pieniądze od Sieniewicza[476]. W innych źródłach też można znaleźć ślady działalności tej niestrudzonej organizatorki. W prasie emigracyjnej czytamy, że Cecylia Weker prowadziła coś w rodzaju sekretariatu kierownictwa podziemnego SP[477].

475 J. Braun, K. Popiel, K. Sieniewicz, *Człowiek ze spiżu*, Londyn 1981.

476 P. Ziętara, *Konrad Sieniewicz w dokumentach bezpieki*, [w:] „Pamięć i Sprawiedliwość" nr 1, 2010, Warszawa; A. Gielewska, M. Dzierżanowski, dz. cyt., 59–60.

477 „Lud", 25 kwietnia 1951 r.

SIENIEWICZ I JEGO ZACHĘTY

Doktor Ziętara zdaje się wahać czy działalność Cecylii można nazwać wywiadowczą. W rozmowie z biografami Macierewicza historyk mówi tak: „Prawdą jest, że Wekerówna rozdzielała członkom Stronnictwa Pracy jakieś pieniądze, które dostawała zza granicy. Trochę przeznaczano na jakąś działalność, ale duża część to była pomoc socjalna dla osób, które w stalinowskiej rzeczywistości nie miały za co żyć. [...] W czasie kontaktów z kurierami wymieniano się też informacjami. W trakcie procesu na podstawie tych faktów wykreowano sfabrykowany obraz finansowanej z zachodu wielkiej siatki szpiegowskiej". Na temat Cecylii i Sieniewicza doktor Ziętara dodaje: „Prawdopodobnie byli parą [...] Trudno powiedzieć, na ile ich kontakty w Danii miały charakter towarzyski, a na ile była w tym polityka"[478]. Jednak kilka lat temu Ziętara opublikował pracę pt. *Konrad Sieniewicz w dokumentach bezpieki*. W tekście tym nie umniejszał politycznego i wywiadowczego aspektu relacji dwojga konspiratorów. O Sieniewiczu napisał tak: „Ujawniono m.in. jego kontakty z Cecylią Weker na terenie Danii latem 1946 r., podczas których oprócz wymiany informacji dojść miało także do ustalenia szyfrów. Były one wykorzystywane do wymiany między nimi szyfrowanych wiadomości wiosną 1947 r. Wiosną następnego roku tajną korespondencję, poświęconą sytuacji SP na emigracji i w kraju, otrzymał od niego Józef Kwasiborski. Sieniewicz miał zachęcać w niej m.in. do nawiązania przez środowiska chadeckie kontaktów z WiN-em"[479]. Przypomnę tutaj, że organizacja WiN (Wolność i Niezawisłość) miała charakter nie tylko podziemny, lecz także zbrojny. Jej celem była wojna z komunizmem. Inna rzecz, czy dysponowała odpowiednimi siłami (aby pokonać WiN, komuniści nie musieli użyć armat: wystarczyła zmasowana infiltracja ze strony ubeckiej i sowieckiej agentury). Zachęty Sieniewicza musiały mieć sporą moc lub padły na dobry grunt, gdyż SP faktycznie współpracowało z WiN. Z wzajemnością: przywódcy WiN za swoje zadanie uznawali m.in. wzmocnienie SP jako jednego z „czynników, które były z nami związane i mają wobec nas obowiązki"[480]. O ścisłych związkach SP i WiN świadczy m.in. historia Władysława Siły-Nowickiego. W latach

---

478 A. Gielewska, M. Dzierżanowski, dz. cyt., s. 59 i n.

479 P. Ziętara, dz. cyt.

480 A. Andrusiewicz, *Stronnictwo Pracy 1937–1950. Ze studiów nad dziejami najnowszymi chadecji w Polsce*, Warszawa 1988, s. 274; W. Bujak, *Historia Stronnictwa Pracy 1937–1946–1950*, Warszawa 1988, s. 151.

1945–1947 Siła-Nowicki należał do WiN. W ciągu 1946 r. zajmował coraz wyższe stanowiska we władzach tej organizacji na Lubelszczyźnie. Ale przy tym działał również w Stronnictwie Pracy. Od marca do lipca 1946 r. był wiceprezesem zarządu tej partii w województwie lubelskim[481]. O swej „międzyorganizacyjnej" pozycji Siła-Nowicki opowiedział ze szczegółami na procesie działaczy SP. Zeznawał tam jako świadek doprowadzony z więzienia. Oczywiście, nie wszystkie jego zeznania muszą odpowiadać prawdzie. W 1947 r. aresztowano go, poddano śledztwu i skazano na śmierć za przynależność do WiN, następnie zamieniono mu ten wyrok na dożywocie, ale przez cały czas okrutnie się nad nim znęcano[482]. Jednak ze słów Ziętary i źródeł takich jak Jerzy Braun wynika, że podczas procesu działaczy SP komuniści woleli wyolbrzymiać lub koloryzować zaistniałe fakty niż stuprocentowo kłamać.

Cóż więc zeznał Siła-Nowicki na procesie? Mówi, że uzyskał od dowództwa WiN specjalny urlop, aby podczas niego pełnić funkcję wiceprezesa w SP. Zaś po czterech miesiącach wrócił do WiN z tego urlopu. W obu organizacjach mogła więc istnieć wspólnota kadr przykrywana „formalnymi zabiegami" (jak urlop). Co więcej, po powrocie do zbrojnej organizacji Siła-Nowicki nadal utrzymywał stosunki z działaczami SP[483]. Jeszcze w 1947 r. Cecylia Weker dała mu 200 dolarów (pokaźną sumę w ówczesnej Polsce) oraz bliżej nieokreśloną kwotę w polskich złotych. Pieniądze te miały sfinansować niedoszłą ucieczkę Siła-Nowickiego[484] do Anglii, gdzie czekał na niego Konrad Sieniewicz[485].

SIENIEWICZ I JEGO ZASADY

Znowu Sieniewicz. W śledztwie i podczas procesu działaczy SP jego nazwiska pojawia się co chwilę. Komuniści podejrzewali go o wszystko, co najgorsze – przede wszystkim o kontakty z „angloamerykańskimi" służbami specjalnymi, z brytyjską MI6 i amerykańską CIA. Podejrzenia komunistów

---

481 A. Andrusiewicz, dz. cyt., s. 253, 289, 439.

482 Tamże, s. 439; L. Pietrzak, *Historia pewnego mecenasa*, „Uważam Rze Historia" (wydanie internetowe), 21 maja 2014, <https://www.historia.uwazamrze.pl/artykul/1111645/historia-pewnego-mecenasa>.

483 Nagrania z procesu działaczy SP dostępne są w Archiwum Akt Nowych w Warszawie.

484 M. Łątkowska, A. Borowski, *Władysław Siła-Nowicki*, Encyklopedia Solidarności, <http://www.encysol.pl/wiki/W%C5%82adys%C5%82aw_Si%C5%82a-Nowicki>, dostęp: 14 września 2018.

485 IPN BU 0259/457, t. 2; A. Andrusiewicz, dz. cyt., W. Bujak, dz. cyt.

często miały paranoiczny charakter, ale czy tak było w tym przypadku? Czy Sieniewicz mógłby budować swoją siatkę w Polsce tylko na potrzeby małego emigracyjnego Stronnictwa Pracy? Według zeznań Cecylii Weker, pieniądze od Sieniewicza trafiały do podziemnego SP w Polsce m.in. za pośrednictwem konsulatu belgijskiego. Belgijskie służby wówczas ściśle współpracowały ze służbami amerykańskimi i brytyjskimi, a nawet były przez nie finansowane. Od stycznia 1949 r. układowi temu patronował sam belgijski premier Paul-Henri Spaak, późniejszy sekretarz generalny NATO. Piszą o tym m.in. Charles Zorgbibe oraz Richard Smith[486].

Wiemy też, że świat tajnej policji nie był obcy Sieniewiczowi już podczas wojny – przy czym chodziło o policję szczególnie tajną, gdyż konspiracyjną.

Jak podaje Paweł Ziętara, Sieniewicz „w ramach Delegatury Rządu na Kraj [najwyższy krajowy organ władzy Polskiego Państwa Podziemnego – red.] był członkiem Oddziału Organizacyjno-Inspekcyjnego Wydziału Bezpieczeństwa Departamentu Spraw Wewnętrznych oraz zastępcą głównego inspektora Państwowego Korpusu Bezpieczeństwa i Straży Samorządowych – zalążka sił policyjnych, organizowanych w ramach cywilnej administracji państwa podziemnego w celu zapewnienia bezpieczeństwa na zapleczu w czasie planowanego powstania powszechnego"[487]. Również w późniejszych dziesięcioleciach Konrad Sieniewicz tajnych służb nie traktował z odrazą. Do tego stopnia, że w latach 60. zaczął się kontaktować z wywiadem PRL. Były to bardzo dwuznaczne kontakty. Sieniewicz wiązał nadzieje ze znanym nam ministrem spraw wewnętrznych Mieczysławem Moczarem, antysemitą i agentem GRU. Jak się zdaje, po kilku latach PRL-owski wywiad zrezygnował z Konrada Sieniewicza. Czytamy, że nawiązaną z nim relację uznano za nazbyt „polityczną"[488].

Wróćmy do czasów stalinowskich, kiedy to Sieniewicz był bardziej nieprzejednany. Otóż w latach 1949–1951 wciąż wysyłał emisariuszy do Polski. W 1953 r. próbował reaktywować siatkę opartą na Stronnictwie Pracy. Po tym, jak Kwasiborski i Hoppe dostali dożywocie, a Antczak, Bukowski i bliska jego sercu Cecylia – 15 lat![489] Skąd ten upór? To szafowanie cudzym ryzykiem? Czy mocodawcy Sieniewicza naciskali go, żądając nowych infor-

486 C. Zorgbibe, *Histoire de l'OTAN*, Bruksela 2002; R. H. Smith, *OSS. The secret history of America's first central intelligence agency*, Berkeley 1972.

487 P. Ziętara, dz. cyt.

488 Tamże.

489 Tamże.

macji z Polski? A może odwrotnie: dręczył go brak pieniędzy i potrzebował informacji, by sprzedawać je zachodnim służbom? Jak się zdaje, co do pozyskiwania pieniędzy też miał niewiele skrupułów. Stanisław Cat-Mackiewicz pisze, że w latach 50. Sieniewicza oskarżano o przywłaszczenie 40 tysięcy dolarów z kasy emigracyjnego Stronnictwa Pracy[490].

UNIA KONSPIRATORÓW MISTYCZNYCH

Czym zatem było „podziemne Stronnictwo Pracy"? Siatką bojowców-wywiadowców wspieranych przez obce służby i podziemną organizację zbrojną? Czy zrzeszeniem dobroczynnym, które samo sobie wypłacało zasiłki?

Sieniewicz zapewne próbował stworzyć to pierwsze. Przeważnie wychodziło mu to drugie. Na jego usprawiedliwienie trzeba powiedzieć, że on sam i jego współpracownicy zostali wcześniej uformowani w sposób dość niezwykły. Nie zawsze korzystny dla osób, które prowadzą działalność podziemno-wywiadowczą.

Konrad Sieniewicz i jego ludzie wywodzili się z tajnej organizacji „Unia" (pełna nazwa: Federacja Organizacji Narodowo-Katolickich „Unia"). „Unia" cieszyła się wielkimi wpływami w Stronnictwie Pracy. Połączyła się z nim jeszcze w czasach okupacji hitlerowskiej, w 1943 r. Ale mimo to zachowała swoistą odrębność i autonomię wewnątrz partii. Trudno się temu dziwić, gdyż „Unia" była tworem polityczno-poetycznym, a nawet religijnym. Założona w 1940 r. przez wspominanego wcześniej pisarza Jerzego Brauna miała urzeczywistniać jego katolickie mistyczne wizje. Politolog i religioznawca Rafał Łętocha pisze o nich tak: „Istotą idei mesjanicznej jest według Brauna postulat dogłębnego schrystianizowania stosunków społecznych, rozszerzenia etyki chrześcijańskiej na całą dziedzinę życia zbiorowego". Według Łętochy, Braun pragnął łączyć „biegunowo od siebie odległe idee". Pisał o „wspólnej platformie polityczno-społecznej dla prawych i lewych", która miałaby „zharmonizować wiarę i wiedzę"[491]. Brzmi to mgliście. Komuniści jednak nie lekceważyli „Unii". Relacjonując proces działaczy SP, radiowa propaganda nazywała tę organizację „ośrodkiem ideologicznym Stronnictwa Pracy". Jej wpływy mogły sięgać także WiN: Władysław Siła-Nowicki

490 S. Mackiewicz, *Zielone oczy*, Warszawa 1959, s. 261.

491 R. Łętocha, *Mesjanizm, neomesjanizm, apokaliptyzm*, „Pressje", Teka nr 28, 2012, s. 65–73, <https://pressje.pl/media/pressje_shop/article/article__issue_379.pdf>, dostęp: 14 września 2018.

wywodził się z „Unii”. W latach 1943–1944 współpracował z podziemnym miesięcznikiem „Kultura Jutra” redagowanym przez Jerzego Brauna[492]. Co do Cecylii Weker, ona również zawierzyła się wizjom Brauna. Internetowy inwentarz IPN podaje, że Weker została skazana za „przynależność do nielegalnej organizacji «Unia»” (obok „działalności szpiegowskiej”)[493]. Z innych źródeł wiemy, że Cecylia Weker od samych początków „Unii” pełniła w niej ważne funkcje. W artykule doktora Marka Handerka *Geneza i początek działalności konspiracyjnej Unii*[494] czytamy, że podczas wojny Cecylia należała do podziemnej organizacji „Grunwald”, która współtworzyła trzon organizacyjny „Unii”: „W ramach organizacji powstała także sekcja samopomocy [...] kierownictwo sekcji przejęła Cecylia Weker”. Najbardziej znanym z liderów „Grunwaldu” był... Konrad Sieniewicz, który założył i redagował gazetę „Warta” wydawaną przez tę organizację. Wtedy zapewne zrodziła się więź między Cecylią a Konradem. Więź fatalna dla niej, pośrednio też dla Zdzisława Macierewicza.

GŁOSY ZZA GROBU

Złożone w śledztwie zeznania Cecylii Weker i innych konspiratorów z SP znajdują się w archiwach Instytutu Pamięci Narodowej. Zeznań z procesu można posłuchać w warszawskim Archiwum Akt Nowych, które przechowuje fragmenty nagrań z sali sądowej. Komuniści używali ich w radiu dla propagandy. Protokoły są poruszające, nagrania jeszcze bardziej. Słychać, że Antoni Antczak był maltretowany w śledztwie. Jego „pro-o-szę są-ądu” łamie serce (jeśli komuniści nadawali coś takiego przez radio, to najwyraźniej chcieli budzić bardziej strach niż ferwor). Słychać też wyraźnie, jak Cecylia Weker lodowacieje z przerażenia i wstydu. Nic dziwnego: pod grozą najgorszych kar donosi właśnie na przyjaciół – w tym na Sieniewicza. Prokurator powoli wyszarpuje z niej zeznania, czasem wyznania. Wyrywa się jej, że w Danii podarowała Sieniewiczowi tomik poezji... Mimo wszystko Cecylia stara się zachować godność. Ma piękną dykcję, starannie wymawia „ł” przedniojęzykowe, co wówczas stanowiło oznakę wykształcenia (prokuratorowi

492 A. Andrusiewicz, dz. cyt., s. 166.

493 Zob. np. *Wojewódzki Urząd Spraw Wewnętrznych w Krakowie (1945) 1983–1990*, Inwentarz Archiwalny IPN, <https://inwentarz.ipn.gov.pl/showDetails?id=2015936&q=weker&page=1&url=[|typ=0], dostęp: 14 września 2018.

494 M. Gałęzowski (red.), *Polska pod okupacją 1939–1945*, t. 1., Warszawa 2015, s. 139.

ładne „ł" nie zawsze się udaje). Pozostali oskarżeni również próbują walczyć o siebie. Na zaczepki przesłuchujących odpowiadają spokojnie i sensownie. Nie brzmią, jakby recytowali wyuczoną lekcję. Usiłują kontrargumentować. Przypominają: musieli działać w konspiracji, gdyż nowa władza nie stworzyła warunków dla legalnego działania (ten argument nie spotyka się z żadnym odzewem). Czasem mają odwagę zeznać inaczej niż w śledztwie (na co jeden z przesłuchujących reaguje niemrawo, drugi z lekkim przestrachem). Zwykle jednak działacze nie negują zarzucanych im czynów („Do faktów przyznaję się, to prawda" – tak się zaczyna nagranie zeznań Kwasiborskiego). Odrzucają interpretacje prokuratorów, próbują trzymać się konkretów.

Trudno im się dziwić. Bo same zarzuty – gdy tylko je oddzielić od stalinowskiej retoryki, którą zostały hojnie przyprawione – pokazują, że „podziemne Stronnictwo Pracy" bujało w obłokach. Raczej uciekało od rzeczywistości niż próbowało ją zmieniać. Było to podziemie intelektualistów – i to takich, którzy coraz mniej rozumieli z otaczającego ich świata (albo nie chcieli rozumieć). Znamienny szczegół: nawet swych tajnych posiedzeń nie nazywali „zebraniami" czy „konferencjami", tylko „salonami". Owe podupadłe salony niewiele mogły w nowej rzeczywistości. Były bezsilne mimo związków ze WiN, gdyż ta zbrojna organizacja również mogła coraz mniej (jak wiemy, komuniści zinfiltrowali ją na wskroś, aby w 1948 r. przejąć WiN dla celów gry wywiadowczej). Ale w latach 1946–1949 działacze SP nie dostrzegają swej bezsilności lub próbują ją ignorować. Wciąż przyjmują kurierów z Zachodu, zbierają się na tajne spotkania, troszczą się o rozrzucone po Warszawie i Polsce skrytki na dokumenty i pieniądze, czytają listy od Sieniewicza przemycone na błonie filmowej albo wyprute z męskiego krawatu, w którym je ukryto... Akta są pełne malowniczych szczegółów. Czy wymyślili je ubecy, żeby smutnej konspiracji przegranych dodać trochę „szpiegowskiego" dreszczu? Gdy się w nie zagłębiamy, robi się coraz smutniej – i prawdziwiej. „W maju 1947 r. zgłosiła się do mnie do Zakładu Chemii Organicznej UW nieznana mi osobiście kobieta, która następnie oświadczyła mi, że jest repatriantką z Belgii powracającą do kraju" – zeznaje w śledztwie Cecylia Weker. Repatriantka miała w Brukseli poznać Zofię Fedorowicz (poprzedniczkę Cecylii na stanowisku szefa wywiadu SP). Pani Fedorowicz uciekła na Zachód, a teraz za pośrednictwem repatriantki przesłała Cecylii cenny, wręcz luksusowy podarek. Słoik z zachodnim kremem... „W początku września po zużyciu kremu otrzymanego od Fedorowicz, odnalazłam na dnie list napisany przez nią na cienkiej bibułce. List ten zawierał ogólne wiadomości polityczne dotyczące emigracji polskiej w Brukseli...". Wyobraźmy sobie ten moment, w którym Cecylia odkrywa zatłuszczoną bibułkę w opróżnionym słoiczku. Jest wściekła na siebie. To przecież ona jest zwornikiem całej organizacji. To ona dba, by wszystko jakoś funkcjonowało. A jednak przez trzy miesiące cieszyła się kremowym luksusem i nie pomyślała, że na dnie słoika czeka ważna korespondencja! Może to coś pilnego? Ach, nie. To tylko list o tym, jak polscy emigranci gryzą się ze sobą w swoim londyńskim światku...

Dodajmy, że takich listów było więcej. Sieniewicz narażał konspiratorów w kraju kolejnymi przesyłkami. Nieraz tylko po to, by informować ich o swoich politycznych zastrzeżeniach co do tego lub owego emigranta (jak gdyby się bał, że któryś z tych emigrantów podkradnie mu na odległość cenną siatkę w kraju).

Oto inny przykład, którego ubecy raczej nie zmyślili. Jeden z kurierów Sieniewicza wiezie dolary z Londynu do Warszawy przez Pragę. Ale po drodze strach go ogarnia i zostawia pieniądze w Monachium. Dalej jedzie już bez nich. Udaje mu się przedostać do Czech, skąd... zawraca do Niemiec. Ale zanim tam dociera, aresztują go czescy komuniści. Czesi deliberują nad dziwnym więźniem przez trzy miesiące, potem oddają go Polakom. Ubecy z jakichś przyczyn wypuszczają go na wolność. Osobliwa łaskawość – tym bardziej że w aktach nic nie wskazuje na to, żeby funkcjonariusze go wówczas zwerbowali. Po wszystkich tych zagadkowych perypetiach kurier dociera do warszawskich działaczy SP. Udziela im mętnych i nielogicznych tłumaczeń w kwestii niedowiezienia pieniędzy. Wreszcie UB aresztuje go na dobre. Śledczy zajmujący się SP studiują jego przypadki i łapią się za głowy. Tym bardziej że wcześniej – w 1945 r. – już raz tego człowieka złapano, gdy nielegalnie przekraczał granicę polsko-niemiecką w towarzystwie nieznanej kobiety. Złapano i... wypuszczono razem z jego towarzyszką. „Dlaczego ich zwolnili?" – dopisał ołówkiem jakiś ubek na dole kartki z protokołem zeznań. Też zadaję sobie to pytanie. Tym bardziej że zeznania właśnie w tym miejscu się urywają: „Udaliśmy się przez Poznań do Kostrzynia, gdzie mieliśmy przekroczyć granicę, lecz zostaliśmy przez władze pograniczne zatrzymani i zaraz zwolnieni z tego powodu...". Dalszego ciągu protokołu z dnia, w którym padły te słowa, po prostu nie ma. Bo nie ma następnej kartki protokołu! Brakuje jej, choć poza tym teczka wygląda na kompletną. Skąd ten brak? Czyżby okazało się, że kurier pracował dla jakichś innych, ale zaprzyjaźnionych służb? Czy one „po koleżeńsku" poprosiły UB o usunięcie tej informacji z akt, aby uchronić agenta przed dekonspiracją? Może „zabłąkany wędrowiec" był współpracownikiem IW, Informacji Wojskowej? Innym kandydatem byłyby tu służby sowieckie, mocno zainteresowane wszystkim, co działo się między Polską a zagranicą. Czyżby więc „towarzysze radzieccy" nie zawsze uzgadniali z UB swoje działania wobec SP?

Jakkolwiek ją interpretować, cała historia krzyczy o nieudolności. Można uznać, że mamy do czynienia z potężnym partactwem i konspiracyjnego kuriera i komunistycznych służb. Ale można też uznać, że doszło do jeszcze większego partactwa ze strony Sieniewicza – jeśli kluczową misję powierzył agentowi IW, NKWD, GRU czy też kontrwywiadu Smiersz.

Podsumowując wszystkie te historie: dla oskarżonych samo konspirowanie zdaje się być ważniejsze niż jego ewentualna skuteczność. Podczas procesu działacze podziemnego SP brzmią, jakby uznawali konspirację za oczywistą, życiową potrzebę, która nie wymaga żadnych uzasadnień. Coś jak powietrze i woda! Nie po to spiskują, by obalić komunizm, takich możliwości nie mają. Ich cel jest inny: kultywować po cichu własną antykomunistyczną tożsamość. Jak również – utrzymywać kontakt z Zachodem. Aby brać stamtąd forsę? Razem z poczuciem, że wciąż należą do cywilizacji europejskiej i chrześcijańskiej. Nie samym chlebem człowiek żyje. Zaś Sieniewicz daje im i chleb, i sens życia. Gotowi są za to płacić informacjami. Niekoniecznie drogocennymi – raczej nie mieli dostępu do takich. Zapewne banalnymi... Ale przecież dla wywiadu ważna jest każda informacja? To wszystko upewnia nas, że zarzuty były mniej lub bardziej prawdziwe. Gdyby staliniści postanowili zmyślić oskarżonym jakieś winy, to ukuliby coś mocniejszego (pod tym względem nie mieli oporów). Próba wysadzenia w powietrze fabryki lub wytrucia komunistycznego rządu – do tego przecież asystentka z Wydziału Chemii świetnie się nadawała! Miała dostęp do substancji trujących i wybuchowych! A jeśli nie miała, to mogła zmajstrować jakiś cyjanek lub trotyl... Ubecy ulegli tu jednak największej pokusie kłamców: posłużyć się prawdą. Oczywiście, Ziętara ma rację, gdy mówi, że sprawę niebotycznie rozdmuchano. UB z prokuraturą interpretowało fakty po swojemu, traktując każdy czyn oskarżonych jak zdradę stanu. Domalowano im tło, na którym ich postaci zdawały się mroczniejsze i większe, a gesty – bardziej drapieżne. Część tego tła stanowiło hitlerowskie Gestapo oraz kapitalistyczno-feudalny wyzysk (podsądni rzekomo chcieli go przywrócić, gdyż pochodzili z warstw wyższych). Im szczerzej i logiczniej brzmiały ich zeznania, tym bardziej dorysowywano im diabelskie rogi. Potwierdzają fakty, ale zaprzeczają interpretacjom? To jawny znak jezuickiego krętactwa, który zdradza ich pokrewieństwo z watykańską czarną reakcją!

W szczególną furię wprawiał komunistów socjalny aspekt działalności oskarżonych. To, że duża część funduszy szła na zapomogi zamiast iść na szpiegowanie, obnażało prawdę o tym procesie. Na ławie oskarżonych nie było profesjonalnych wywiadowców, którzy mogliby doprowadzić do upadku PRL lub choćby jedną komunistyczną fabrykę. Zamiast nich siedzieli ludzie, którzy częściej niż z komunizmem walczyli z pustkami w portfelu. Dlatego również zasiłkom dorabiano rogi: „Zapomoga, oto, co w ich języku znaczy: zapłata za szpiegostwo i zdradę!".

FRANCUSKI TROP?

Wiemy zatem, że konspiracja naprawdę istniała, choć była zarazem śmieszna i smutna. Wiemy, że należała do niej asystentka Zdzisława Macierewicza, Cecylia Weker, która według stalinowskiej prokuratury wciągnęła go do podziemnego Stronnictwa Pracy. Wiemy też, że komuniści w tym śledztwie raczej wyolbrzymiali niż zmyślali fakty. Ale czy byli w tym stuprocentowo konsekwentni, także w sprawie Zdzisława? Czy naprawdę należał on do podziemnego SP? Jak pamiętamy, historyk Ziętara mówi, że pewnych ludzi wciągnięto w sprawę całkowicie bezpodstawnie. Zdzisław mógł być jednym z nich. Według profesora Grabowskiego, Zdzisław Macierewicz „w 1949 r. został ostrzeżony, że UB jest na jego tropie w związku z rzekomą siatką szpiegowską francuskiego konsula w Szczecinie, bodajże André Robineau". Jeśli z powyższego zdania usunąć słowa „rzekomą" i „bodajże", brzmi ono całkiem rzeczowo. Wymienia konkretny kraj, konkretne miasto, konkretne nazwisko.

Ale konkretne informacje nie zawsze są prawdziwe. W przeciwieństwie do powiązań z Belgią, USA i Wielką Brytanią, brak jakichkolwiek dowodów na francuskie koneksje podziemnego Stronnictwa Pracy. W nagraniach z procesu raz tylko słyszymy, że Sieniewicz posłużył się kiedyś Polakiem z Francji jako pośrednikiem z Polską. Jakieś kontakty w Paryżu musiał mieć również emigracyjny zwierzchnik Sieniewicza, Karol Popiel, który krążył między USA a francuską stolicą. Jednak świadkowie, oskarżeni, akta, nawet propagandyści mówią ciągle o kontaktach Popiela z „angloamerykańskimi" służbami i dyplomacją. Francja, jeśli gdzieś się przewija, to epizodycznie. Co do Szczecina i Pomorza Zachodniego, to podziemne Stronnictwo Pracy miałoby tam niesprzyjające warunki do działania. Jeden z oskarżonych w procesie z 1951 r., Stanisław Bukowski mówi, że okręg szczeciński SP był jedynym, który miał szefa „niepopielowskiego" (czyli przyjaznego komunistom). Prokurator nie przerywa Bukowskiemu i nie przeczy – co zapewne zrobiłby głośno i spektakularnie, gdyby miał choć cień dowodu, że podsądny kłamie. Mimo to ubecy mogli odczuwać silną pokusę, by powiązać podziemne Stronnictwo Pracy z Francją i jej wywiadem. Nawet wbrew faktom – albowiem odkrycie lub sfabrykowanie francuskich koneksji ułatwiłoby pracę komunistycznym propagandystom. Mogliby głosić, że podziemne SP współdziała ze wszystkimi najbardziej drapieżnymi imperialistami kapitalizmu – nie tylko z Amerykanami, Belgami i Brytyjczykami, lecz także z Francuzami. Komunistyczna propaganda lubiła udowadniać, że wszyscy wrogowie ściśle współpracują ze sobą. Pomagało to wytworzyć u odbiorców tak zwaną mentalność oblężonej twierdzy.

Zatem możemy sobie wyobrazić dwie możliwości. Oto pierwsza, najprostsza: Zdzisław Macierewicz należał do podziemnego Stronnictwa Pracy, dlatego ubecy na siłę chcieli go przyłączyć do francuskiej siatki wywiadowczej. Oto druga, bardziej skomplikowana: Zdzisław Macierewicz nie należał do podziemnego Stronnictwa Pracy, ale związał się z francuską siatką szpiegowską, dlatego ubecy na siłę chcieli go przyłączyć do SP wykorzystując współpracę zawodową docenta z wybitną działaczką tej organizacji, Cecylią Weker.

Znacznie trudniej byłoby przyjąć dwie inne możliwości – nazwijmy je trzecią i czwartą. Trzecia polegałaby na tym, że Zdzisław Macierewicz działał w podziemnym SP, a zupełnie niezależnie od tej działalności i tej partii związał się na boku z francuskim wywiadem. Taka mnogość tajnych koneksji u zapracowanego docenta z trojgiem dzieci jawi się skrajnie niewiarygodnie. Równie nieprawdopodobna jest możliwość czwarta: docent Macierewicz nie należał do podziemnego SP, nie współpracował z francuskim wywiadem, do obu organizacji ubecy przyłączyli go na siłę. Gdyby UB wykonało taki manewr, to całkowicie odeszłoby od faktów. Budowałoby już nie na glinie, piasku czy lodzie, a na całkiem płynnej wodzie. Oczywiście, stalinowcom nieraz się to zdarzało. Jednak w przypadku podziemnego SP stosowali inną, bardziej perfidną i bliższą rzeczywistości strategię. Dlaczego w przypadku Zdzisława Macierewicza mieliby odejść od niej tak radykalnie? Tym bardziej że funkcjonariusze, którzy włączali do śledztwa wątki całkowicie zmyślone, nawet w czasach stalinizmu nie mogli ufać w swą pełną bezkarność. Ich też zawsze można było oskarżyć o „nieprzepisowe postępowanie". Takie rzeczy zdarzały się przy zmianie kierownictwa służb, gdy nowi szefowie przedstawiali poprzednich jako zbrodniczych (jak to było w ZSRR np. z Jagodą, Jeżowem i Berią). Jednak również we względnie spokojniejszych chwilach szpicle i oprawcy próbowali nawzajem się pogrążać. W poprzedniej części książki wspomniałem o sprawie generała Wacława Komara. Informacja Wojskowa aresztowała go w 1952 r. Nad generałem znęcano się wmawiając mu zmyślone, absurdalne winy. Stuprocentowy komunista Komar miał przed wojną działać jako agent „sanacyjnej burżuazji", zaś po wojnie – stworzyć siatkę, która szpiegowała ZSRR (wszystko w porozumieniu z byłym I sekretarzem PZPR Władysławem Gomułką, również stuprocentowym komunistą). Ale jak wiemy, Biuro Polityczne PZPR kazało ubekom zbadać śledztwo wojskowych kolegów, co skończyło się uznaniem go za fikcyjne i nieprzepisowe. Ta ubecka „kontrola praworządności" rozpoczęła się niemal od razu, bo już w 1952 r. (choć do połowy 1954 r. ubecy nie przesłuchiwali świadków, czytali tylko protokoły zeznań). Jednym z kontrolerów, który bronił generała Komara i jego niewinności, był okrutny ubecki oprawca, Adam Humer[495]. Skąd taka łaskawość? Nie tylko stąd, że generał Komar był popularny wśród komunistów jako bohater wojny domowej w Hiszpanii. Komuniści nieraz zarzynali swych popularnych bohaterów... Najprawdopodobniej cywilne UB postanowiło udowodnić, że wojskowe „trepy" nie są zdolne do samodzielnego prowadzenia trudnych śledztw. Dzięki temu w 1955 r. wzięło Informację Wojskową pod kontrolę na kilkanaście miesięcy. Przy okazji dało też prztyczka w nos samemu Komarowi, choć równocześnie uratowało mu życie. Generał przecież próbował podporządkować wywiad cywilny wojskowemu.

Z tych wszystkich przyczyn, w sprawie Zdzisława Macierewicza warto rozważać tylko dwie pierwsze możliwości. Docent Macierewicz:

- albo należał do podziemnego SP i dlatego UB na siłę próbowało go przyłączyć do wywiadu francuskiego;
- albo był agentem Francji, którego UB na siłę próbowało przyłączyć do podziemnego SP.

Za pierwszą wersją przemawia bliska znajomość i współpraca zawodowa docenta Macierewicza z Cecylią Weker. Czy coś przemawia za wersją drugą? Czy faktycznie docenta coś łączyło z tzw. sprawą Robineau?

---

495 P. Lipiński, dz. cyt., s. 82–89.

AGENCI MOTOCYKLOWI I SZYBKOBIEŻNI

Sprawa Robineau stanowiła jedną z najgłośniejszych afer wywiadowczych w stalinowskiej Polsce. Dojrzewała przez cały 1949 r., aby wybuchnąć krótko po śmierci Zdzisława Macierewicza. André Robineau był pracownikiem konsulatu Francji w Szczecinie. Aresztowano go i oskarżono o kierowanie siatką szpiegowską na Pomorzu. Siatka taka, jak się zdaje, rzeczywiście istniała. Dość długo uważano, że stanowiła ona wytwór paranoi komunistów. Jednak historyk dr Romuald Ptaszyński ustalił, że Robineau faktycznie był związany z francuskimi służbami specjalnymi. Co więcej, w IPN znajduje się opracowanie autorstwa znanego nam już kontrwywiadowcy Zdzisława Wilczyńskiego[496] (tego samego, który w latach 60. rozpracowywał wujów Macierewicza). Opracowanie Wilczyńskiego obszernie, konkretnie i szczegółowo omawia agenturalną działalność André Robineau. Analizuje ją fachowo, wręcz drobiazgowo, włącznie z jej trudnymi początkami. Czytamy, że po zainstalowaniu się na Pomorzu francuski konsul-wywiadowca sam objeżdżał motocyklem tamtejsze miasteczka, aby wizytować swych agentów (później to oni zaczęli odwiedzać go w Szczecinie). Dowiadujemy się też, jak André Robineau ich szkolił (m.in. nakłaniał ich, żeby „dobrze się prowadzili", by nie ściągać na siebie podejrzeń).

Opracowanie powstało w 1977 r. Esbecy lat 70. raczej nie chwalili się fikcyjnymi śledztwami i nieprawdziwymi zarzutami sfabrykowanymi przez UB w czasach stalinizmu. Co więcej, autor opracowania opisuje szpiegowską działalność Robineau jako ciekawy przypadek z profesjonalnego punktu widzenia. Zatem jest pewien, że ona istniała. Oczywiście, ubecy wierzyli czasem we własne kłamstwa – jednak bogatsi o 20 lat doświadczeń esbecy usiłowali nie powtarzać tego błędu. Możemy więc przyjąć, że André Robineau faktycznie był francuskim wywiadowcą. Nie znaczy to jednak, że docent Macierewicz z nim współpracował. Wśród licznych nazwisk, które Wilczyński wymienia w swym opracowaniu, nazwisko „Macierewicz" nie pojawia się ani razu. Dodajmy też, że wszystkie znane źródła milczą na temat ewentualnych powiązań docenta Macierewicza z okolicami, w których działała siatka Robineau (Szczecin, Słupsk, środkowo-zachodnie Pomorze).

A co z miejscami, w których miały operować inne francuskie siatki? W 1949 r. komuniści tropili je zaciekle we Wrocławiu, szukali ich tak-

496 IPN BU 0397/342.

że w Krakowie. Dziewięć miesięcy przed śmiercią docenta Macierewicza, w marcu 1949 r., ubecy zatrzymali Yvonne Bassaler, sekretarkę wrocławskiego konsulatu Francji. Oskarżono ją o kierowanie siatką szpiegowską podobną do tej, którą kierował Robineau. Aresztowano również francuskiego filologa Etienne Decaux, który w Krakowie przygotowywał się do napisania pracy doktorskiej. Decaux współpracował z krakowskim konsulatem Francji (zajmował się m.in. pocztą dyplomatyczną, którą trzymał w wynajętym przez siebie lokum). Był inwigilowany przez UB, ale jak się zdaje, potrafił zgubić ogon. „[...] poderwał się z ławki i zaczął lecieć mijając ludzi [...] Idąc ulicami przez miasto skacze, biegiem leci" – skarżył się w raporcie pewien ubek[497]. Niestety, te zdolności nie pomogły. W kwietniu 1949 r. szybkonogiego Francuza schwytano, gdy próbował przejść przez „zieloną granicę" do Czechosłowacji. Aresztowano go i przekazano do Wrocławia. Tam próbowano go powiązać z siatką wrocławską pani Bassaler. Z jakichś przyczyn to się nie udało. Dzielny filolog musiał być trudnym orzechem do zgryzienia. Przesłuchujący narzekali, że zachowywał się „arogancko a zarazem bardzo pewnie mówiąc, że żadnej działalności wywiadowczej nie prowadził". W 1950 r., gdy przewożono go do Warszawy, Etienne Decaux wyrwał się z rąk ubeków i wyskoczył z pędzącego pociągu w okolicach Zduńskiej Woli. Zatrzymano go znowu i zamknięto w łódzkim areszcie – a niewiele później wydalono z Polski. Jak się zatem zdaje, również w tym przypadku podejrzenia nie były całkowicie wyssane z palca. Decaux mógł mieć coś wspólnego z francuskimi służbami specjalnymi (choć niekoniecznie z wrocławską siatką, jeśli ta w ogóle istniała). Zachowywał się przecież jak brawurowy wywiadowca. Dlaczego więc komuniści wypuścili go z Polski? Wymienili za kogoś lub za coś?

Intrygująca kwestia. Jednak w żaden sposób nie da się jej powiązać ze Zdzisławem Macierewiczem. Podobnie jak innych „francuskich" śledztw UB: docent Macierewicz działał w Warszawie, do 1947 r. również w Łodzi, ale nie w Krakowie, Szczecinie i Wrocławiu. Wprawdzie Decaux znalazł się na krótko w łódzkim areszcie, wówczas jednak Zdzisław Macierewicz od trzech lat do Łodzi nie jeździł. Zaś od miesięcy – nie żył. W tej sytuacji za najbardziej prawdopodobną musimy uznać pierwszą wersję. Docent Macierewicz faktycznie należał do podziemnego SP i dlatego próbowano go wrobić we

497 M. Kasprzycki, *„Dziki" poderwał się z ławki, czyli przypadki Etienne'a Decaux*, „Dziennik Polski" (wydanie internetowe), 15 maja 2017, <https://dziennikpolski24.pl/dziki-poderwal-sie-z-lawki-czyli-przypadki-etiennea-decaux/ar/12076796>.

współpracę z francuskim wywiadem. W paranoicznym świecie stalinowców wszyscy wrogowie musieli być ze sobą powiązani.

Dlaczego jednak we współpracę z Francją wrabiano akurat docenta Macierewicza? Dlaczego nie jakiegoś innego konspiratora z SP? Odpowiedź jest prosta.

SZWAGIER Z PARYŻA, TOWARZYSZ Z ŁODZI

Jak już wiemy, rodzina Zdzisława Macierewicza miała krewnego we Francji, Jana Winczakiewicza. Z punktu widzenia Zdzisława był to powinowaty, mianowicie kuzyn żony. Matka Marii Macierewicz z domu Strączyńskiej była bowiem Winczakiewiczówną[498]. Od 1948 r. Winczakiewicz pracował w sekcji polskiej Radio France (służył więc „wrogiej zachodniej propagandzie"). Skoro nadawał z Paryża po polsku, ubecy zapewne o nim wiedzieli. Mogli więc myśleć – lub chcieć myśleć – że emigracyjny powinowaty jakoś wpływa na podziemną działalność docenta Macierewicza.

A może naprawdę wpływał? W mojej ocenie to niemożliwe. Nie jest wiedzą tajemną, że kontakty z emigrantami były wówczas niemożliwe lub skrajnie utrudnione, nawet gdy chodziło o członków rodziny. Leopold Tyrmand podaje, że niemal co druga przesyłka z Zachodu przychodziła w „uszkodzonej kopercie" (co znaczyło, że ubecy nadzorujący centrale pocztowe przebadali ją dokładnie, zanim przekazali do adresata). Nie było internetu ani komórek, telefon stacjonarny stanowił luksus rzadki i niebezpieczny (bo podsłuchiwany). Gdyby Jan Winczakiewicz chciał się komunikować z docentem Macierewiczem, musiałby wysyłać do niego kurierów, nadawać szyfrem przez radio lub przesyłać mu słoiczki z kremem (jak Sieniewicz swojej Cecylii). Ale kiedy miałby go zwerbować? Wszystko bowiem wskazuje na to, że Zdzisław Macierewicz i Jan Winczakiewicz nie spotykali się od wybuchu drugiej wojny światowej. Po 1939 r. oddzielały ich fronty działań wojennych, po roku 1945 – trzy granice państwowe i żelazna kurtyna. We wrześniu 1939 r. Winczakiewicz dostał się do niewoli niemieckiej. Uciekł z niej do Francji. W 1942 r., mimo toczącej się wojny, przedostał się do Anglii, zaś gdy nastał pokój, ostatecznie wrócił na francuską ziemię. W aktach sprawy „Wizja" czytamy, że pozwolenie na przyjazd czasowy do Polski uzyskał do-

498 A. Gielewska, M. Dzierżanowski, dz. cyt., s. 481. Informacje na temat powiązań rodzinnych dostępne są również w internecie, np. w serwisie MyHeritage: <https://www.myheritage.pl/names/eugenia_winczakiewicz>, dostęp: 14 września 2018.

piero w 1960 r.[499] Nic nie wiadomo o tym, żeby Winczakiewicz w latach 40. dysponował zaufaną – również z punktu widzenia Zdzisława – osobą, którą mógłby wysłać do szwagra w Warszawie z delikatną misją. Dlatego „werbunek przez emisariusza" też odpada, podobnie jak późniejsze kontakty za pośrednictwem takiego hipotetycznego wysłannika. Dodam jeszcze, że Jan Winczakiewicz zdaje się mało prawdopodobnym kandydatem na wywiadowcę. Jego wojenne losy dowodzą, że nie cofał się przed działaniami brawurowymi. Mógł mieć jakieś doświadczenia z zachodnimi służbami specjalnymi (Anglia podczas wojny przyglądała się zbiegom z okupowanego kontynentu, zaś powojenna Francja na pewno sprawdzała cudzoziemców, którym powierzała swoje częstotliwości radiowe). Jednak z zapisu kontrwywiadowczej inwigilacji Winczakiewicza[500] wyłania się człowiek impulsywny, chimeryczny i nieopanowany (zupełne przeciwieństwo skrytego i zręcznego brata). Jeżeli więc Jan Winczakiewicz nie był znakomitym aktorem, który na potrzeby PRL-owskiego kontrwywiadu zaimprowizował rolę histeryka-raptusa, to cechowały go znikome predyspozycje do roli tajnego agenta.

Zatem nie mamy powodów, by przypuszczać, że Jana Winczakiewicza łączyło ze Zdzisławem Macierewiczem coś więcej niż powinowactwo. Ale ubecy mimo to mogli sklecić raport o wykryciu związków podziemia z francuskim wywiadem – i nie czuć, że oddalają się zbytnio od strategii trzymania się faktów zastosowanej wobec SP. Raport i tak zawierałby sporą jak na UB ilość prawdy. Podziemie, choć słabowite, było autentyczne. Docent Macierewicz faktycznie do niego należał. Miał też koneksję z podejrzaną osobą z Francji. Wprawdzie to powiązanie było całkiem niewinne – ale z punktu widzenia ubeków stanowiło tylko „jeden szczegół na trzy" lub nawet „pół szczegółu".

Tu trzeba wspomnieć, że istnieje jedno powiązanie między docentem Macierewiczem a francuską siatką wywiadowczą z lat 40. Jednak nie świadczy ono na rzecz hipotezy o jego domniemanej współpracy ze służbami Francji. Może za to świadczyć o zupełnie innych rzeczach. Chodzi o znanego nam dobrze kontrwywiadowcę Wilczyńskiego, który w latach 60. poprowadzi sprawę Jana Winczakiewicza, paryskiego szwagra docenta. Zaś w latach 70. napisze opracowanie poświęcone sprawie Robineau i jego siatki. Na co to pośrednie powiązanie wskazuje? Nie na to, że docent miał coś wspólnego ze sprawą Robineau poprzez swojego paryskiego szwagra, a kontrwywia-

499 IPN BU 00231/287, t. 5, s. 148 i n.
500 Tamże, t. 5.

dowca chciał się temu przyjrzeć. Raczej na coś odwrotnego. Przecież Wilczyński, gdy w latach 60. zajął się powinowatymi docenta Macierewicza, miał obowiązek sprawdzić w archiwach MSW wszelkie poprzednie działania „organów bezpieczeństwa" wobec całej rodziny. W ten prosty sposób mógł się dowiedzieć, że docent kilkanaście lat wcześniej był wrabiany w związek z francuską siatką. Czytając o tej starej operacji, kontrwywiadowca mógł też zainteresować się sprawą Robineau.

Jednak można też przypuścić, że funkcjonariusz Wilczyński wiedzę o docencie Macierewiczu i zastawianych na niego pułapkach zdobył jeszcze inaczej – w sposób bardziej bezpośredni. Spytajmy: co Wilczyński robił w 1949 r.? Czy wtedy również zajmował się Robineau? Albo też śledził rodzinę Antoniego Macierewicza, na przykład jego ojca?

Otóż w latach 40. Wilczyński najprawdopodobniej nie rozpracowywał André Robineau, gdyż nie działał wówczas na Pomorzu. W latach 1945–1954 służył bowiem w łódzkim WUBP. Zatem trudno byłoby mu tropić Francuza i jego pomorską siatkę. Mógł za to znać docenta Macierewicza, który w latach 1945–1947 regularnie jeździł do Łodzi. Co ciekawe, 14 października 1949 r. – niespełna miesiąc przed samobójstwem docenta – Wilczyński pojawia się w stolicy oraz na uczelni Zdzisława Macierewicza: zapisuje się na Uniwersytet Warszawski jako student prawa[501].

Czy funkcjonariusza Wilczyńskiego ściągnięto wówczas do Warszawy, bo wcześniej zajmował się docentem Macierewiczem w Łodzi? Czy wiedzę ubeka o docencie postanowiono wykorzystać przy wrabianiu tego ostatniego we współpracę z Robineau? Czy taki był związek Wilczyńskiego ze sprawą Robineau? Czy dlatego będzie go ona fascynować jeszcze w latach 70.? To ostatnie mogłoby oznaczać, że podczas rozpracowywania Zdzisława Macierewicza w latach 40. funkcjonariusz Wilczyński odkrył coś niezwykle interesującego. Coś, co zrodziło wieloletnią fascynację Zdzisławem Macierewiczem oraz wszystkim, co dotyczyło jego i jego rodziny. Czy to dlatego kilkanaście lat później Wilczyński tak bardzo zainteresował się powinowatymi docenta, że został wypchnięty z MSW? Czy dlatego nigdy potem nie pozwolono mu wrócić do kontrwywiadu? Bardzo intrygujące pytania. Niestety, nie udało mi się na nie odpowiedzieć.

501 IPN BU 0194/3385.

ŚMIERTELNE OSTRZEŻENIE

Zajmijmy się zatem innymi. Czas bowiem zapytać: kto ostrzegł docenta Macierewicza, że UB planuje go powiązać ze sprawą Robineau? A także: co w tym przypadku znaczy słowo: „ostrzegł"?

Aby móc i chcieć ostrzec docenta, autor ostrzeżenia musiał być osobą:

- wtajemniczoną (przynajmniej częściowo) w ubeckie strategie i taktyki;
- odważną lub pewną swego bezpieczeństwa.

Można sobie wyobrazić dwie wersje wydarzeń.

Pierwsza wersja: UB wypytuje znajomych docenta Macierewicza o jego ewentualne kontakty z Francuzami. Jedna z wypytywanych osób domyśla się, o co chodzi. Ostrzega uczonego: „Słuchaj, bezpieka chce cię podłączyć do śledztwa w sprawie francuskiej siatki!". Trzeba jednak pamiętać, że niewielu z przesłuchiwanych przez UB zdobyłoby się na coś takiego. Wyjawić treść przesłuchania osobie „rozpracowywanej", której to przesłuchanie dotyczyło? Byłby to sabotaż wobec UB. Według ówczesnych kryteriów – zbrodnia.

Druga wersja: Zdzisława ostrzegli sami ubecy. W takim razie nie było to ostrzeżenie, tylko groźba. Na przykład taka: „Wiemy o twoim szwagrze w Paryżu. Najpierw powiesz nam wszystko o Cecylii, o Stronnictwie Pracy. Potem pomożesz nam ściągnąć do Polski tego szwagra, żebyśmy sobie z nim porozmawiali. Bo jak nie, to wędrujesz na ławę oskarżonych, stamtąd na szubienicę lub dożywocie jako francuski szpieg". Dla nas, dzieci innej epoki, brzmi to surrealistycznie. Jednak zgadzało się z ówczesną straszliwą logiką. Nawet, jak wspomniałem wcześniej, wciąż było bliżej prawdy niż wiele innych, całkowicie fantastycznych zarzutów, które wiodły wówczas ludzi na szafot. Jeśli Zdzisław Macierewicz usłyszał takie „ostrzeżenie", to nie było mu do śmiechu. Wiedział, że Cecylia Weker, Antoni Antczak i Stanisław Bukowski dostali po 15 lat, a Jan Hoppe i Józef Kwasiborski – dożywocie. Mógł też słyszeć, że UB aresztuje Francuzów. Podawano to przecież do publicznej wiadomości. Radio mówiło, że złapano kogoś w Krakowie czy w Tatrach... Dlatego „francuska" groźba mogła zabrzmieć nie tylko realnie, lecz także namacalnie. Nawet jeśli Zdzisław słabo pamiętał zagranicznego szwagra.

Tu uwaga chronologiczna (drobna, ale konieczna ze względu na ścisłość). Robineau został aresztowany 18 listopada 1949 r. – zatem tydzień po śmierci Zdzisława. W chwili tej śmierci, a także przed nią, przygotowania do „zamknięcia" dyplomaty-wywiadowcy musiały stanowić pilnie strzeżony sekret UB. Czy ubecy zdradziliby ten sekret komuś tak niepewnemu jak Zdzisław? Komuś, kogo trzeba zmuszać do współpracy? Komuś, kto jest członkiem podziemia? Czy straszyliby go powiązaniem z siatką Robineau, skoro sprawa Robineau wciąż była utrzymywana w tajemnicy? Raczej nie. Nie znaczy to jednak, że profesor Grabowski pod tym względem rozmija się całkiem z prawdą. UB miało pod ręką inne francuskie siatki i śledztwa, którymi mogło straszyć Zdzisława Macierewicza, bo już nie musiało ich trzymać w tajemnicy. Pani Bassaler została aresztowana na dziewięć miesięcy przed jego śmiercią. Zaś o sprawie Decaux komuniści oficjalnie poinformowali polską opinię publiczną we wrześniu 1949 r. „Ostrzeżenie", które trafiło do docenta, mogło dotyczyć jednej z tych dwóch spraw, nie sprawy Robineau. Dlaczego więc profesor Grabowski pisze o Robineau? Po aresztowaniu André Robineau komunistyczna propaganda łączyła go z Bassaler i Decaux. Pamięć zbiorowa skojarzyła ze sobą te trzy sprawy. Zaczęła je obejmować wspólną nazwą tej najgłośniejszej – czyli właśnie „sprawy Robineau". To późniejsze skojarzenie mogło wpłynąć na wspomnienie profesora Grabowskiego.

RĘCE, NOGI POŁAMANE

Analizujemy sprawę Zdzisława Macierewicza tak drobiazgowo, bo dzięki temu wyłania się konkretna hipoteza. Hipoteza, która coraz lepiej tłumaczy jego samobójstwo. Głównym elementem tej hipotezy jest ostrzeżenie, które najprawdopodobniej było ubecką groźbą. Gdyby Zdzisława ostrzegł ktoś postronny, że UB szykuje mu absurdalne zarzuty, nasz docent mógłby się jeszcze łudzić. Mógłby mieć nadzieję, że autor ostrzeżenia się myli, że UB dostrzeże bezsens podejrzenia, że ubecy machną ręką na jakiegoś docenta od chemii organicznej. Pamiętajmy, że wszystko działo się w 1949 r., gdy UB już budziło grozę, ale wielki terror w Polsce dopiero się zaczynał. Wiele z najgłośniejszych i najbardziej surrealistycznych procesów pokazowych jeszcze się nie odbyło... Inaczej by to wyglądało, gdyby ubecy sami przyszli do docenta i postawili mu ultimatum: „Współpracujesz, albo robimy z ciebie francuskiego szpiega". Taka sytuacja nie zostawiałaby miejsca na nadzieję. Zatem mocniej mogłaby pchać Zdzisława Macierewicza w rozpacz, ku samobójstwu.

Przeciwko tej hipotezie można jednak wysunąć kontrargument, nawet bardzo poważny (przynajmniej na pierwszy rzut oka).

W 2004 r. Barbara, Wojciech i Antoni Macierewiczowie chowali swą matkę Marię w rodzinnym grobie na Powązkach – tam, gdzie leży również jej mąż Zdzisław. Przy tej okazji jego szkielet przeniesiono z dużej trumny do małej trumienki. Według relacji Wojciecha Macierewicza grabarze, którzy dokonywali tych przenosin, mówili: „Wygląda, jakby miał połamane ręce i nogi". Antoni miał wówczas zażądać badania zwłok. Zapewne po to, żeby udowodnić, iż ojciec został brutalnie zamordowany przez UB. Jednak siostra Barbara i brat Wojciech nie zgodzili się na badania. „Ja i siostra postawiliśmy weto. «Antek, daj spokój, niczego po 50 latach nie ustalisz»" – mówi Wojciech Macierewicz[502]. Brzmi to tak, jakby krewni przypuszczali, że kości mogły popękać podczas 55 lat przebywania w ziemi. Tego nie da się wykluczyć, gdy mowa o kwaśnej i wilgotnej glebie. Ale to nie jedyne hipotezy, które się nasuwają. Czyżby Barbara i Wojciech podejrzewali, że w latach 1949–2004 ktoś mógł naruszyć grób i ingerować w stan zwłok? Czy też chodziło o coś innego? Czy brat i siostra obawiali się, że mimo popękanych kości badacze mogliby jednak stwierdzić samobójstwo, przez co należałoby zmodyfikować rodzinną legendę? A może Barbara i Wojciech po prostu nie chcieli wracać do tragedii sprzed lat, niezależnie od ewentualnych wyników badania? Samobójstwo czy brutalny mord z łamaniem kości – w obu przypadkach rodzina prawdę mogłaby przeżyć boleśnie.

Jeśli zaś przyjąć hipotezę mordu z łamaniem kości, rodzą się inne pytania. Po co łamać kości komuś, kto przyjął truciznę? Może docentowi trzeba było połamać kości, żeby zmusić go do jej zażycia? Może nie było żadnej trucizny i ubecy po prostu zatłukli Zdzisława Macierewicza, by potem rozgłosić, że się otruł?

Profesor Grabowski mówi, że funkcjonariusze UB przyszli po docenta Macierewicza i zastali go martwym. Ale mogli przecież wejść do jego pracowni, zabić, a potem skłamać, że zastali już martwego!

Przeciwko tym teoriom przemawiają trzy istotne zastrzeżenia.

Pierwsze: nie wiemy, czy kości naprawdę zostały połamane – i w jakim stopniu. Informacja pochodzi nie z drugiej, a z trzeciej ręki. Rodzina zmarłego mówi, co grabarze mieli jej powiedzieć o swoim wrażeniu. Co więcej, mówi to rodzina, która nie chce zweryfikować wersji grabarzy poprzez przebadanie szkieletu. Barbara i Wojciech, jak się zdaje, biorą też pod uwagę możliwość, że kości mogły pękać lub się kruszyć podczas wieloletniego przebywania w grobie („niczego po 50 latach nie ustalisz"). Warto również zapytać, dlaczego w 1949 r. nikt z krewnych czy znajomych zmarłego do-

502 A. Gielewska, M. Dzierżanowski, dz. cyt., s. 52.

centa nie zauważył u niego połamanych rąk i nóg? A jeśli zauważył i bał się o tym mówić, to dlaczego nie powiedział, gdy mówić już było można? W 1956 r., w 1980 r., po 1989 r.? Czyżby UB po znalezieniu zwłok je zarekwirowało? Czy pochowało je na powązkowskiej kwaterze Macierewiczów, nie pozwalając nikomu ich zobaczyć? Jeśli tak, to dlaczego nikt ze świadków nie wspomniał o tak niepokojącej, makabrycznej okoliczności? Dlaczego w 1956 r., w 1990 r. czy właśnie w 2004 r. nie zbadano szkieletu? Byłoby to przecież naturalne, gdyby w 1949 r. ubecy pospiesznie ukryli zwłoki przed wzrokiem bliskich.

Drugie zastrzeżenie: nie wiemy, po co ubecy mieliby mordować docenta, do tego łamiąc mu ręce i nogi. Celem UB było aresztowanie, przesłuchanie i wyduszenie z ofiary jak największej ilości informacji. Oczywiście ofiara mogła zginąć podczas intensywnego przesłuchania, gdy ubek był zbyt brutalny (np. łamał kości). Jak jednak wiemy, śmierć przesłuchiwanego traktowano zwykle jako gruby „błąd w sztuce" (aresztowany wyślizgnął się oprawcom z rąk, zanim zdążyli wydusić z niego wszystko). Dodajmy jeszcze, że brutalne przesłuchania z reguły odbywały się w miejscach zamkniętych, ukrytych, niedostępnych dla postronnych osób. W siedzibach Urzędu Bezpieczeństwa, w aresztach, w specjalnych willach należących do UB. Nie w miejscu zamieszkania ofiary, gdzie rodzina i sąsiedzi mogliby zobaczyć przemoc lub usłyszeć krzyki.

Z tym zaś wiąże się trzecie zastrzeżenie: żaden ze świadków nie pamięta krzyków, jęków ani innych odgłosów świadczących o przemocy. Nikt nie wspomina o bójce czy szamotaninie w pracowni docenta Macierewicza fatalnej nocy. Tymczasem Gmach Chemii był nie tylko uczęszczany, lecz także zamieszkały. Zdzisław zginął w piątek, dzień roboczy. Od rana do wieczora po budynku kręcili się studenci i pracownicy. Pracownia docenta mieściła się w pokoju 243. Tuż obok, w pokoju 244, urzędował technik Józef Hekner. W godzinach wieczornych także kwitło życie – w budynku pozostawali ci pracownicy, którym przydzielono „przestrzeń mieszkalną". Żyło tam mniej więcej 5 do 8 rodzin, 13 do 16 osób dorosłych. Po Gmachu Chemii biegały również dzieci, które „były w każdej z rodzin", jak wspomina Barbara Macierewicz[503]. Oczywiście, UB mogło przyjść w nocy lub nad ranem, gdy mieszkańcy spali. Zatrzymania często odbywały się o tej porze. Ale w nocnej ciszy słychać więcej. Pracownię docenta Macierewicza, choć położona była piętro

503 B.Macierewicz, dz. cyt., s. 118 i n.

niżej, od mieszkania jego rodziny dzieliło ok. 20 metrów. Zatem ktoś powinien coś usłyszeć, gdyby docentowi łamano kończynę po kończynie. A może ubecy złamali je wszystkie za jednym zamachem, wyrzucając docenta przez okno lub zrzucając go ze schodów? Andrzej Celiński pamięta, że w latach 60. krążyła dziwna plotka, według której Zdzisław Macierewicz miał się zabić, skacząc w głąb klatki schodowej. Według tej plotki, stałoby się to w jednym ze śródmiejskich budynków Uniwersytetu Warszawskiego. Nie zgadza się to jednak ze wszystkimi znanymi nam świadectwami. Mówią one zgodnie o Gmachu Chemii UW na Ochocie. Zaś tam byłoby to nieprawdopodobne ze względu na wspomnianą wcześniej okoliczność: liczni mieszkańcy budynku, którzy nie słyszeli żadnego hałasu. Przecież wyrzucenie człowieka przez okno też nie jest cichą operacją (lub rzadko nią bywa). Nie mówiąc już o zrzuceniu kogoś ze schodów wewnątrz budynku, gdzie klatka schodowa rezonuje, a niektórzy lokatorzy śpią za cienkimi przepierzeniami. Co więcej, córka Zdzisława Macierewicza i profesor Grabowski podają, że docent zmarł w swojej pracowni. Zaś w oficjalnym wydawnictwie UW czytamy, że znaleziono go w niej martwego. Nie pod oknem, czy u stóp schodów[504].

Dodam jeszcze, że wejście do budynku – wówczas od ulicy Wawelskiej – zamykano na noc. Nocnego portiera nie było[505]. Ubecy musieliby zdobyć klucz lub użyć wytrycha, potem zaś przemknąć się cichaczem przez zrujnowane skrzydło przy Wawelskiej aż do pracowni Zdzisława Macierewicza. Albo też musieliby wejść do budynku przed zmierzchem i czekać tam na noc, aby zakraść się do laboratorium docenta. W ten sposób mogliby nikogo nie obudzić po drodze i zaskoczyć ofiarę. Skąd jednak wiedzieli, że akurat tego wieczoru docent Macierewicz po kolacji nie został z rodziną, tylko wrócił na noc do pracowni? Stali na zewnątrz budynku i obserwowali, czy w laboratorium zapali się światło? Czy też mieli w środku konfidenta, który czuwał do późna nad wszystkimi ruchami docenta? Zaś fatalnej nocy wezwał ubeków telefonicznie – co jak wiemy, było wówczas nieproste – następnie zaś wpuścił ich po cichu do budynku? Dużo komplikacji, które utrudniałyby dyskretne przeprowadzenie całej operacji. Nie tylko wtedy, gdyby miało nią być zamordowanie. Także wtedy, gdyby miało nią być aresztowanie lub nieformalne przesłuchanie.

Kwestię mogłoby rozstrzygnąć przebadanie szkieletu. Na to się nie zanosi. Gdyby jednak się okazało, że kości rąk i nóg faktycznie zostały połamane

504 A.K. Wróblewski (red.), dz. cyt., s. 286.
505 Z. Wielogórski (red.), dz. cyt.

– i to w momencie śmierci, a nie w późniejszych latach – musielibyśmy sobie wyobrazić bardzo dziwną sytuację. Ubecy zakradają się po cichu do Gmachu Chemii, wchodzą do pracowni docenta, kneblują go mocno, by zagłuszyć jego krzyki... A następnie bestialsko go torturują, łamiąc mu kości rąk i nóg!

Ale po co torturować człowieka zakneblowanego? Przecież nic nie powie... Miałoby to sens tylko wtedy, gdyby ubecy potrzebowali szybko znaleźć jakąś głęboko schowaną skrytkę w pracowni Zdzisława Macierewicza. Gdyby wystarczyło im, że docent wskaże jej położenie ręką – o ile którąś mógłby jeszcze ruszać. Wizja jak z filmu gangsterskiego (i to z tych groteskowych). Może więc ubecy od razu, szybko i po cichu zabili docenta, a potem połamali mu kości, żeby zrzucić winę na podziemne SP i „Unię"? UB mogłoby wtedy wrabiać konspiratorów w morderstwo: „Bali się, że docent Macierewicz ich sypnie, to po nocy zgruchotali mu gnaty. Tacy z nich mistycy". Ale jeśli tak – to dlaczego ubecy się z tego wycofali, gdy kości zostały już połamane? Dlaczego tuszowali to wersją o samobójstwie przez otrucie? Ubecy zwykle przykrywali swe zbrodnie kłamstwem, takie kłamstwo byłoby jednak mocno niewygodne. Tym bardziej że Zdzisław został pochowany imiennie. W tej sytuacji wystarczyłoby wykopać zwłoki, by podważyć wersję ubeków.

Rzecz jasna, UB budziło powszechny strach. Mało było prawdopodobne, żeby ktoś dobrał się do grobu ofiary. Jednak istniały osoby, które mogły to zrobić:

- pracownicy cmentarza, np. gdyby wykryli problemy techniczne wymagające opróżnienia grobu i otwarcia trumny (albo gdyby chcieli pozbawić zwłoki ewentualnych złotych zębów – nie musieli przecież wiedzieć, że trumna skrywa tajemnicę ubeckiego morderstwa i dlatego lepiej jej nie ruszać);
- ktoś bliski, w kim ból i głód prawdy przeważyły nad śmiertelnym strachem (taka desperacja zdarza się rzadko, ale nie można jej wykluczyć);
- inni ubecy, wścibscy szefowie lub zawistni koledzy z UB, którzy zechcieliby nagle zbadać sprawę, by oskarżyć śledczych o nieprzepisowe postępowanie (jak w późniejszej sprawie Komara).

Oczywiście, takie interwencje nie zdarzały się codziennie (inaczej UB nie mogłoby pełnić swej funkcji, czyli niszczyć i szmacić ludzi). Ale skoro się zdarzały, to po co ubecy mieliby zostawiać za sobą połamane kości podpisane „Zdzisław Macierewicz" (w domyśle: „Ten niby otruty")? Tym bardziej że od 1948 r. warszawscy ubecy dysponowali tzw. „Łączką" na Powązkach, gdzie potajemnie i anonimowo grzebano ich ofiary. Gdyby ubecy zamordowali Zdzisława w pracowni, zapewne postaraliby się ukryć zwłoki. Jeżeli go zakneblowali i połamali mu kości przed śmiercią, to musiało ich być co najmniej dwóch, i to bardzo silnych. Mogliby zatem wynieść zwłoki z pracowni, a następnie pochować je na „Łączce" lub w innym miejscu anonimowego pochówku. Oczywiście, niesienie zwłok, nawet w worku czy pod płachtą, to zawsze kłopot. Szczególnie, gdy niesie się ludzkie ciało po ciemku przez obcy budynek. Ale z drugiej strony nocna ciemność chroni przed postronnymi świadkami. Zaś po wyjściu na zewnątrz problem transportu byłby zapewne rozwiązany, jako że ubecy zwykle dysponowali samochodami. Mogliby jechać prosto na „Łączkę", gdzie nocami pracował grabarz z mokotowskiego więzienia (to on grzebał ofiary UB). Mogliby też pojechać do Lasu Kabackiego lub w okolice Podkowy Leśnej, żeby zakopać zwłoki w ziemi. Nie ma żadnego powodu, dla którego ubecy mieliby zabić Zdzisława łamiąc mu kości, a następnie zostawić go w pracowni.

TECZKA PERSONALNA ZDZISŁAWA MACIEREWICZA

Zatem uznajemy hipotezę morderstwa za nieprawdopodobną (przynajmniej, dopóki nie potwierdzą jej wyniki badania szkieletu Zdzisława, jeśli do takich badań dojdzie). Zaś hipotezę samobójstwa wywołanego „ubeckim ostrzeżeniem-groźbą" traktujemy jako najbardziej prawdopodobną.

Co o tej hipotezie mówią nam archiwa IPN?

Potwierdzają ją bardziej niż byśmy chcieli. Dokumenty mówią jasno: ubecy naciskali na Zdzisława Macierewicza. Naciskali skutecznie – choć ostateczny skutek rozminął się krańcowo z ich oczekiwaniami.

Materiałów dotyczących Zdzisława jest bardzo mało. Nic dziwnego. Po 1956 r. zlikwidowano ogromną ilość dokumentów UB. W samym Krakowie na początku lat 60. zniszczono około 22 tysięcy teczek[506]. Jednak niszczenie dokumentacji miało miejsce i wcześniej, w pierwszych latach stalinizmu (np. już w 1948 r.). Niektóre teczki ubecy niszczyli na bieżąco, gdy uznali, że są nieprzydatne albo kompromitujące. Także dokumenty z lat 40. i 50. dotyczące Zdzisława Macierewicza zostały zniszczone (być może w 1964 r.).

506 W. Frazik, F. Musiał, *Akta agenturalne w pracy historyka*, [w:] *Wokół teczek bezpieki. Zagadnienia metodologiczno-źródłoznawcze*, Kraków 2015, <http://www.omp.org.pl/stareomp/index2d59.html>, dostęp: 14 września 2018.

Ale jeden dokument się zachował. Jak również niedwuznaczne pozostałości innych dokumentów.

Pierwszy ślad po teczce Zdzisława kryje się w dziennikach archiwalnych komunistycznego Ministerstwa Spraw Wewnętrznych. Odnotowywano w nich niszczenie dokumentów z lat 40. i 50. W IPN dzienniki te zostały oznakowane zbiorczą Sygnaturą I „Stara sieć". Zawierają one rejestr ubeckich agentów, których teczki zniszczono.

W tej właśnie „Starej sieci" pod sygnaturą IPN BU 001519/4 można znaleźć kartkę podzieloną na wiele prostokątnych rubryczek. W jednej z tych rubryczek czytamy: „Macierewicz Zdzisław". Przy nazwisku jest pieczątka: „ZNISZCZONO TECZKĘ PERS. PR... [następne trzy litery są nieczytelne] zgodnie z wytycznymi nr AZ-04033... [dalszy ciąg numeru również jest zatarty, jego ostatnia cyfra może być czwórką]".

„Teczka pers." znaczy „teczka personalna". W słowniku terminów IPN[507] czytamy, że teczki personalne zakładano TW, tajnym współpracownikom, czyli zwerbowanym konfidentom. Dotyczyło to także lat 40. i 50. Na samym początku, w 1945 r., nazywano je „teczkami osobistymi". Potem przyjęty został termin „teczka personalna", którego UB i SB używały przez następne dziesięciolecia. Dla porządku odnotujmy też, że w czasach stalinowskich raczej nie używano określenia „TW". Konfidentów nazywano agentami, informatorami lub rezydentami. Ich rejestrację internetowy słownik IPN opisuje tak: „Agentowi zakładano teczkę osobistą/personalną (odpowiadającą teczce personalnej TW) i teczkę służbową/roboczą/pracy (odpowiadającą teczce pracy TW)"[508].

Historycy IPN, Wojciech Frazik i Filip Musiał, opisują to dokładniej: „Każdemu tajnemu współpracownikowi zakładano dokumentację składającą się z dwóch rodzajów akt: teczki personalnej agenta/TW (zwanej początkowo teczką osobistą) oraz teczki pracy agenturalnej/pracy TW (zwanej także: teczką roboczą agenta/TW, początkowo teczką służbową). Teczki personalne i pracy agenturalnej stanowiły dwa osobne tomy (ten drugi mógł mieć wiele woluminów), jednak w chwili złożenia ich do archiwum, często – jeśli rozmiary woluminów na to pozwalały – łączono je w jeden [...]. Choć aparat bezpieczeństwa przechodził w latach 1944–1989 liczne zmiany strukturalne, które wiązały się z reorganizacją jego pracy, a co się z tym wiąże zmienia-

507 Inwentarz IPN, <https://inwentarz.ipn.gov.pl/slownik?znak=T#240>, dostęp: 14 września 2018.

508 Tamże, <https://inwentarz.ipn.gov.pl/slownik?znak=A>, dostęp: 14 września 2018.

no wzór teczek personalnych i pracy, ich zawartość w zasadzie pozostawała niezmienna i można wskazać ich stały szkielet"[509].

Wróćmy jeszcze do pieczątki: „ZNISZCZONO TECZKĘ PERS. PR..." przy nazwisku Zdzisława Macierewicza (sygnatura IPN BU 001519/4). Tak się składa, że w zbiorze „Stara sieć" znajdujemy tę pieczątkę jeszcze raz w pełnej, niezatartej wersji. Widnieje ona przy nazwisku agenta UB, Bolesława Zwolińskiego o pseudonimie „Olek" względnie „Olek I" (sygnatura IPN BU 001519/3). Przy „Olku" ta sama pieczątka czytelna jest do końca: „ZNISZCZONO TECZKĘ PERS. PRACY zgodnie z wytycznymi nr AZ-04033/64". Końcówka „64" sugeruje, że do zniszczenia doszło w 1964 r.

Co do skrótu: „PERS.", to został on przekreślony długopisem.

Wnioskuję z tego przekreślenia, że treść pieczątki traktowano „modułowo". Dotyczyła ona dwóch teczek: teczki personalnej (zawierającej dane osobowe agenta i jego zobowiązanie do współpracy) oraz teczki pracy (zawierającej doniesienia tego samego agenta spisane przez niego samego lub przez słuchającego go ubeka). Pieczątka mówiła o zniszczeniu teczki, zatem przekreślano długopisem nieadekwatną część treści pieczątki – tę, która w danym przypadku odnosiła się do dokumentu niezniszczonego. Przekreślenie skrótu „PERS." znaczy, że zniszczono tylko teczkę pracy. Gdyby zniszczono jedynie teczkę personalną, zapewne przekreślono by słowo „PRACY".

W przypadku Zdzisława Macierewicza nie przekreślono żadnego z tych słów. Pod skrótem „PERS." znajduje się coś, co wygląda jak odwrotny, skierowany ku górze „ptaszek" albo niewyraźnie nabazgrana cyfra „1". Raczej nie oznacza to przekreślenia – ubek czy esbek, który w ten sposób chciałby coś przekreślić, okazałby ogromną nonszalancję. Można by też przypuścić, że funkcjonariusz w tym przypadku postąpił odwrotnie niż w sprawie „Olka" i zamiast przekreślić to, czego nie zniszczono, zaznaczył „ptaszkiem" to, co zniszczono. Tam, gdzie widnieje zatarte „PR..." („PRACY"), nie ma przekreślenia ani „ptaszka".

Zatem Zdzisław Macierewicz znajduje się w jednym rejestrze z konfidentami. Traktowany jest tą samą pieczątką, co oni. Założono mu teczkę personalną, z czego wynika, że został zarejestrowany jako agent UB.

Najpewniej założono mu też teczkę pracy. Piszę „najpewniej", bo nie mogę wykluczyć dwóch nieprawdopodobnych, ale wciąż możliwych hipotez:

509 W. Frazik, F. Musiał, dz. cyt.

- gryzmoł pod „PERS" jest „ptaszkiem" i oznacza zniszczenie teczki personalnej;
- a ewentualnie wynikający z tego fakt niezniszczenia teczki pracy mógłby oznaczać, że nigdy jej nie było (zatem nie zniszczono by jej, bo nie byłoby czego niszczyć).

Gdyby obie te hipotezy, cokolwiek karkołomne, były prawdziwe, znaczyłoby to, że docent Macierewicz – choć bez wątpienia został zarejestrowany jako agent UB – nie złożył żadnych donosów i dlatego nie założono mu teczki pracy.

Co do teczki personalnej Zdzisława Macierewicza, to na pewno istniała. Nawet jeśli ją zniszczono, to nie w całości. Zachowano najważniejszy dokument.

Albowiem sygnatura IPN BU 001519/4 to nie koniec śladów docenta Macierewicza w dokumentacji UB.

AGENT „Z-3"

Istnieje jeszcze sygnatura IPN BU 001176/295. Pod tymi cyframi w archiwum cyfrowym IPN figuruje Zdzisław Maciarewicz, przez „a". To częsty błąd – dzisiaj też wiele osób nazywa Antoniego Macierewicza „Maciarewiczem" (co podobno niezwykle go irytuje). Również esbecy niekiedy zapisywali jego nazwisko w ten sposób. Nie ma jednak wątpliwości, o kogo chodzi. „Antoni Maciarewicz", który pojawia się czasem w esbeckich aktach, występuje w nich razem z tą samą datą, miejscem urodzenia i imionami rodziców, co Antoni Macierewicz.

W przypadku „Zdzisława Maciarewicza", który figuruje w archiwum cyfrowym IPN, jest podobnie. Nie ma wątpliwości, że chodzi o Zdzisława Macierewicza, ojca Antoniego. Zgadzają się bowiem data i miejsce urodzenia (28 kwietnia 1907 r., Warszawa) oraz imiona rodziców (Adam i Teresa).

Czym zaś są dokumenty opatrzone sygnaturą IPN BU 001176/295, w których figuruje „Zdzisław Maciarewicz", syn Adama i Teresy urodzony 28 kwietnia 1907 r. w Warszawie?

Otóż stanowią one: „Fragmenty teczek osobowych źródeł informacji starej sieci agenturalnej MSW". Tak czytamy w archiwum cyfrowym IPN. Znajdujemy tam również pseudonim „Zdzisława Maciarewicza" jako agenta UB. Pseudonim ten występuje w dwóch wersjach: „Ż-3" albo „Z-3". Jak się zaraz okaże, w dokumentach z epoki pojawia się tylko druga wersja. Jej więc będziemy się trzymać.

Istnienie pseudonimu stanowi dodatkowy dowód na to, że UB zarejestrowało docenta Macierewicza jako swego agenta. Frazik i Musiał, historycy IPN, piszą tak: „Niewątpliwie najważniejszym momentem werbunku było podpisanie zobowiązania do tajnej współpracy z UB-SB [...] podstawowe elementy zobowiązania, czyli gotowość aktywnej współpracy z aparatem bezpieczeństwa, zawiadamiania o wszystkich «wrogich elementach» i wystąpieniach, wykonywania zleconych zadań oraz świadomość konieczności zachowania faktu współpracy w ścisłej tajemnicy i zgoda na poniesienie kary za jej złamanie, a także określenie pseudonimu agenturalnego, zostały zawarte już w instrukcji z 13 II 1945 r.". I dalej: „Istotnym elementem werbunku było przyjęcie pseudonimu agenturalnego, który później powinien pojawiać się w dokumentach zamiast nazwiska"[510].

Podejrzenie, że docent Zdzisław Macierewicz podpisał zobowiązanie do współpracy z UB, potwierdziło się, gdy uzyskałem w IPN dostęp do dokumentów z sygnaturą IPN BU 001176/295.

Znalazłem wśród nich dwa mikrofilmy dotyczące docenta Macierewicza. Na pierwszym z nich czytamy tylko: „MACIAREWICZ [sic!] ZDZISŁAW ps. „Z-3" 18973/I". Na drugim mikrofilmie znajduje się zobowiązanie do współpracy napisane i podpisane przez Zdzisława Macierewicza.

On sam w swoim nazwisku błędu nie robi.

Cytuję to zobowiązanie w całości. „Ja Macierewicz Zdzisław zdając sobie sprawę całkowicie z karalności mojego postępowania polegającego na przechowywaniu dolarów w tajemnicy przed władzami państwowymi orjentując [pisownia oryginalna] się co do nielegalności tych funduszów, pragnąc zrehabilitować się przed Władzą Ludową zobowiązuję się przystąpić dobrowolnie do współpracy z organami bezpieczeństwa publicznego. Zobowiązuję się do współdziałania z organami bezpieczeństwa celem wykrywania i unieszkodliwinia [sic!] elementów godzących w podstawy demokratycznego ustroju Polski Ludowej. Zobowiązuję się utrzymywać w ścisłej tajemnicy fakt swojej współpracy z organami bezpieczeństwa świadom tego, że za [ujawnienie? Słowo nie do końca jest czytelne] tej tajemnicy pociągnięty będę do odpowiedzialności przez sąd wojskowy. Dla głębszego zakonspirowania mojej działalności zobowiązuję się dostarczania [sic!] przeze mnie informacji podpisując się pseudonimem Z-3.

Warszawa, dnia 28 X 1949.

510 Tamże.

Macierewicz.

[poniżej, większymi literami, innym charakterem pisma wskazującym na innego autora]

MACIE [początek nazwiska, które autor adnotacji przekreślił, by linijkę niżej napisać je jeszcze raz – tym razem do końca, ale z błędem]

MACIAREWICZ ZDZISŁAW ps. «Z-3», s. Adama i Teresy, ur. 28. IV. 1907 r. W-wa".

Wzmianka o dolarach nie znaczy oczywiście, że docent Macierewicz był cinkciarzem-waluciarzem, czyli kimś, kto nielegalnie sprzedawał i kupował zachodnie waluty za złotówki. Przechowywane przez niego dolary musiały należeć do podziemia, przesłał je zapewne Sieniewicz. Zatem Antoni Macierewicz nie do końca minął się z prawdą, gdy nazwał swego ojca „skarbnikiem podziemnego Stronnictwa Pracy". Aczkolwiek, jak dalej się przekonamy, nieco przesadził.

NIE SĄDŹCIE, ABYŚCIE NIE BYLI SĄDZENI

Teczka, zobowiązanie, pseudonim... To wszystko brzmi ohydnie. Ale nie ma znaczenia dla moralnego bilansu życia Zdzisława Macierewicza. Przynajmniej o tyle, o ile my możemy i mamy prawo ten bilans oceniać. Nie wiemy wszystkiego. Z tego zaś, co wiemy, kariera agenta „Z-3" była bardzo krótka. Trwała dwa tygodnie, od 28 października do 11 listopada 1949 r. Skończyła się śmiercią. Co więcej, podczas tych dwóch tygodni UB zastosowało wobec docenta ekstremalną groźbę, strasząc go przypisaniem do francuskiego wywiadu. Znaczy to, że Zdzisław Macierewicz opierał się ubekom, by w końcu uciec przed nimi do grobu. Nie wołajmy więc: „Agent! Dał się zwerbować!". Nie bądźmy jak jego słynny syn, który hojnie szafował takimi oskarżeniami.

Miejmy też przed oczyma okoliczności tego werbunku. UB przyszło do mieszkańca zniszczonego kraju i zburzonego miasta, który gnieździł się kątem w miejscu pracy z żoną i trójką dzieci. Ubecy powiedzieli mu: wiemy, że konspirujesz, mamy dolary, które przechowywałeś. Albo zaczniesz donosić na kolegów, albo pójdziesz siedzieć. Żona zostanie sama z trojgiem dzieci, z małym Wojtkiem i malutkim Antkiem. Wywalą ją z roboty i z mieszkania jako kobietę „wroga ludu". Pójdzie w gruzy albo do jakiejś zgniłej sutereny z pluskwami. Maluchy mogą trafić do domu dziecka, gdzie mleka nie powąchają. Czeka je nędza, czeka ich strach – i nie wiadomo, czy jeszcze kiedyś cię zobaczą. Nasze więzienia dla „wrogów ludu" są takie, że łatwiej tam położyć

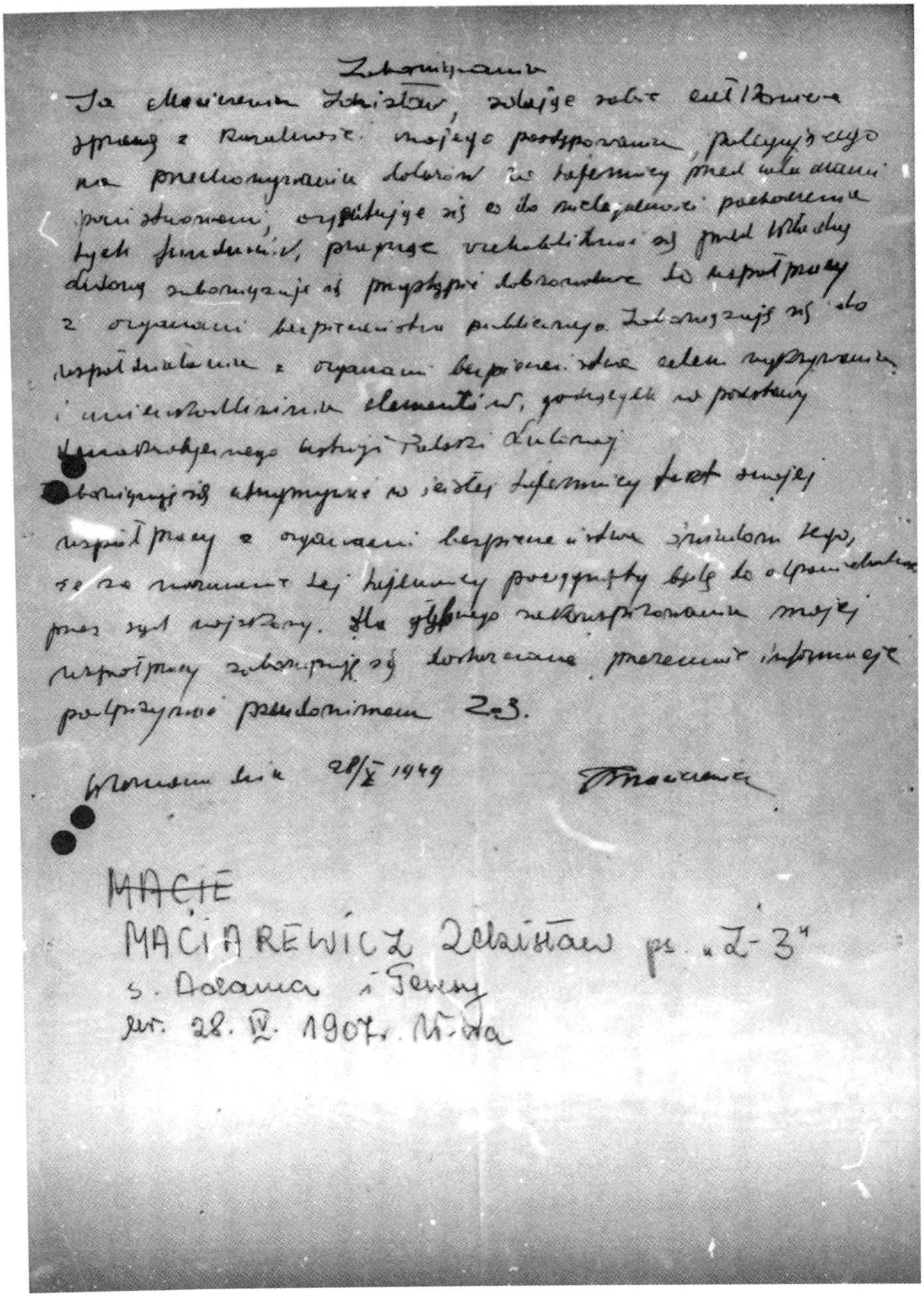

Zobowiązanie

Ja Macierewicz Zdzisław, zdając sobie całkowicie sprawę z karalności mojego postępowania, polegającego na przechowywaniu dolarów w tajemnicy przed władzami państwowemi, [illegible] się co do szczegółów pochodzenia tych pieniędzy, przyrzekając [illegible] się przed Władzą Ludową zobowiązuję się przystąpić dobrowolnie do współpracy z organami bezpieczeństwa publicznego. Zobowiązuję się do współdziałania z organami bezpieczeństwa celem wykrywania i unieszkodliwienia elementów, godzących w podstawy demokratycznego ustroju Polski Ludowej.

Zobowiązuję się utrzymywać w ścisłej tajemnicy fakt swojej współpracy z organami bezpieczeństwa świadom tego, że za naruszenie tej tajemnicy pociągnięty będę do odpowiedzialności przez sąd wojskowy. Dla głębszego zakonspirowania mojej współpracy zobowiązuję się dostarczane przezemnie informacje podpisywać pseudonimem Z-3.

Warszawa dnia 28/X 1949 Macierewicz

~~MACIE~~

MACIAREWICZ Zdzisław ps. „Z-3"
s. Adama i Teresy
ur. 28. IV. 1907 r. W-wa

Zobowiązanie Zdzisława Macierewicza do współpracy z organami bezpieczeństwa kości niż odsiedzieć wyrok. Wasz kumpel, Siła-Nowicki, któryś już dzień siedzi w lodowatym karcu, nagi i skuty... Poza tym Cecylia powiedziała nam o tobie wszystko. Ty nie odpłacisz jej tym samym? Wciąż ci jej żal? Tym bardziej opowiedz nam o Cecylii. Bo inaczej to z niej będziemy musieli wszystko wycisnąć. Kobietę też można wsadzić do karceru. A tak w ogóle, to miesiąc temu posłaliśmy faceta na śmierć. Nie za konspirację, za samo posiadanie dolarów... Tak mniej więcej mogły wyglądać argumenty ubeka. Zapewne nie musiał mówić aż tyle. Wiele rzeczy mógł zasugerować. Wielu rzeczy Zdzisław mógł samemu się domyślić. Wiedza o tym, że UB robi straszne rzeczy, była wtedy powszechna.

Wobec tego Zdzisław został agentem. Ale najwyraźniej nie współpracował chętnie. Być może usiłował zwodzić UB za pomocą błahych informacji. Nie byłby w tym jedyny. Jeśli wierzyć Markowi Hłasce, tak właśnie zbywał on ubeków, którzy go zwerbowali. Jeśli wierzyć Leopoldowi Tyrmandowi, tak właśnie bronił się on przed funkcjonariuszem, który go przesłuchiwał. Jednak w przypadku Zdzisława Macierewicza „strategia niegroźnego gadulstwa" nie miała szans. Ubecy wiedzieli, że Zdzisław jest członkiem konspiracji SP, nie zaś przypadkowym, pobocznym obserwatorem. Żądali od niego prawdziwych donosów – konkretnych, dokładnych informacji o konspiracyjnej robocie. Być może chcieli też, by pomógł im ściągnąć do Polski i zwerbować lub aresztować francuskiego szwagra. Dlatego dwa tygodnie po werbunku przyszli z ultimatum. Będziesz szpiegiem na ławie oskarżonych – albo powiesz nam wszystko, naprawdę wszystko, co wiesz! Zrozumiałeś, agencie „Z-3"?

Agent „Z-3" zrozumiał i się zabił. Dokonał wyboru heroicznego i ostatecznego. Uchronił żonę i dzieci przed poniewierką. Oczywiście, jego samobójstwo nie musiało ich uratować przed statusem rodziny „wroga ludu". Oporny agent-samobójca to przecież dezerter lub sabotażysta. Ale mimo wszystko taki „uciekinier" mniej był napiętnowany niż ktoś skazany w głośnym procesie o szpiegostwo. Ponieważ rygorystycznie dbano o tajność działań UB, Zdzisław mógł się spodziewać, że i jego sprawa pozostanie tajna. Tym bardziej że stawiała ona UB w niezręcznym świetle – niezależnie od tego, czy widziano by w niej bestialstwo („zadręczyli agenta"), czy niedbalstwo („dali mu się wymknąć"). Można więc było liczyć, że na rodzinę nie spadnie oficjalne odium. Rzecz jasna, ubecy mogli się na niej wyżywać „nieoficjalnie". Istniały jednak powody, by przypuszczać, że sobie odpuszczą. Po co się dodatkowo brudzić, pomyślałby wrażliwszy ubek. Po co się dodatkowo trudzić, pomyślałby ubek prymitywny. Po cóż męczyć tę rodzinę, skoro w ten sposób nic już się nie wyciśnie z konfidenta? Trup nie przemówi, choćby zadręczyć ich wszystkich, włącznie z małym Antkiem.

Czy to tłumaczy ochronę, którą po śmierci Zdzisława roztoczono nad jego rodziną i jego dobrym imieniem? Nie. Zostawić w spokoju rodzinę wroga z przyczyn taktycznych – to jedno. Troszczyć się o nią konsekwentnie, choć dyskretnie – to drugie. Parasol nad Macierewiczami musiał zostać rozpięty z innych powodów.

ANTONIEGO MACIEREWICZA PAMIĘĆ O OJCU

Zdzisław Macierewicz swoim samobójstwem uchronił nie tylko żonę i dzieci, lecz także siebie. Stracił życie. Ale uratował honor, być może też kilka osób, na które dzięki swej śmierci nie musiał donosić. Samobójstwo docenta Macierewicza jawi się zatem jako czyn heroiczny. Dlaczego więc jego słynny syn zaprzecza temu czynowi? Czy naprawdę Antoni Macierewicz wyznaje aż tak ortodoksyjny katolicyzm (grzech samobójstwa)? Czy raczej nie chce, by wiedziano, że jego ojciec został zwerbowany? To przecież mogłoby fatalnie wpłynąć na reputację Antoniego Macierewicza jako „łowcy agentów". Ktoś złośliwy mógłby powiedzieć, że Macierewicz jest tzw. resortowym dzieckiem. Wobec takiego zagrożenia zrozumiałe się staje przemilczanie werbunku ojca. A także tuszowanie faktów, które mogłyby kogoś naprowadzić na ślad tego werbunku. Faktem tego rodzaju jest samobójstwo. Ktoś mógłby pomyśleć: skoro tak go naciskali, że w końcu się zabił, to może przedtem coś z niego wycisnęli? Może zobowiązanie do współpracy? Może trzeba tego zobowiązania poszukać w archiwach? Poza tym, popularny polityk musi mieć prostą, wyrazistą legendę. Ojciec-bohater-męczennik brzmi lepiej niż ojciec-bohater-samobójca (nie mówiąc już o ojcu z małą skazą w postaci podpisanego zobowiązania agenta, nawet jeśli dwutygodniowy agent zmazał tę skazę własną krwią).

Odnotujmy jeszcze dwie zagadki związane z wersją Antoniego Macierewicza.

Pierwsza zagadka: do 2016 r. Zdzisław Macierewicz figurował na stronie internetowej IPN, w powszechnie dostępnym katalogu osób rozpracowywanych przez komunistyczne służby. Ale już tam nie figuruje. Gdy w 2016 r. Radosław Gruca, Jan Śpiewak i ja zaczęliśmy ujawniać rosyjskie powiązania Antoniego Macierewicza, jego ojciec zniknął z internetowego katalogu IPN. Pod hasłem „Macierewicz" znajdujemy tam dziś jedynie Antoniego. Czemu zawdzięczamy to tajemnicze zniknięcie? Czyżby ktoś nie chciał, żeby niezależni dziennikarze i działacze zainteresowali się Zdzisławem Macierewiczem oraz tym, jak przebiegało jego rozpracowanie? Druga zagadka: w *Alfabecie Macierewicza*[511] syn mówi o ojcu: „Natrafiłem natomiast na meldunki agentki, która od 1945 r. donosiła na Niego UB". Zaś w poprzednim zdaniu twierdzi, że nie wie, czy śmierć ojca miała związek z procesem działaczy SP. Wynikałoby z tego, że meldunki agentki odnalezione przez Antoniego Macierewicza nie dotyczyły SP ani też kontaktów docenta z Cecylią Weker. Czyżby więc UB interesowało się Zdzisławem Macierewiczem nie tylko ze względu na Cecylię i ich współpracę na Wydziale Chemii UW? Czy chodziło o drugie miejsce pracy docenta, Państwowy Zakład Higieny? Do 1947 r. mieścił się on w Łodzi, więc trzeba też spytać: czy tajemnicza agentka składała meldunki na ręce funkcjonariusza Wilczyńskiego z łódzkiego WUBP? Szukałem wspomnianych przez Antoniego Macierewicza meldunków w archiwum IPN. Nie można ich znaleźć ani pod nazwiskiem „Zdzisław Macierewicz", ani pod nazwiskiem „Zdzisław Maciarewicz". Czy zostały utajnione? Przez kogo? Kiedy i jak Antoni Macierewicz na nie natrafił? Co z nimi zrobił?

Powszechnie wiadomo, że Antoni Macierewicz wielokrotnie przeglądał teczki UB i SB oraz archiwa polskich służb specjalnych powstałych po upadku komunizmu. Robił to jako minister spraw wewnętrznych w latach 1991–1992, gdy jeszcze nie było IPN (wtedy wymówkę stanowiła lustracja). Robił to jako szef kontrwywiadu wojskowego w latach 2006–07 (wówczas pretekstem była likwidacja Wojskowych Służb Informacyjnych). Robił to wreszcie jako minister obrony narodowej w latach 2015–18. Biografowie Gielewska i Dzierżanowski podają, że Antoni Macierewicz szukał śladów swego ojca w latach 90., gdy kierował MSW. Nie można jednak wykluczyć, że takie poszukiwania kontynuował i później. Wiemy, że podległe Macierewiczowi służby utajniały materiały, które uznawały za szkodliwe lub kłopotliwe.

Dlaczego jednak Antoni Macierewicz miałby ukrywać prawdę o tym, jak UB tropiło jego ojca? Czyżby uznał, że historia docenta nigdy nie powinna wyjść na jaw? Czy w tym wszystkim chodzi o to, że ojciec dał się zwerbować? Czy również o parasol ochronny rozpięty nad rodziną Macierewiczów po jego śmierci? Może intrygująca wzmianka o tajemniczej agentce też miała

511 A. Gargas, K. Gójska-Hejke, *Alfabet Antoniego Macierewicza*, „Niezależna Gazeta Polska Nowe Państwo", nr 12, 2011.

coś ukryć, a nie wyjawić? Może miała odwrócić naszą uwagę od prawdziwych tajemnic, takich jak werbunek ojca i parasol ochronny?

UBECKIE GRY

Istnienie tego parasola stanowi zagadkę trudniejszą nawet niż tajemnica śmierci Zdzisława Macierewicza. Można by przypuścić, że w jego rodzinie ktoś jeszcze dał się zwerbować ubekom. Ktoś, kto przeżył docenta. Ktoś, kto wydajniej od niego służył UB i dlatego znalazł się pod ochroną razem z krewnymi.

Jednak o takim werbunku nic nam nie wiadomo. Dzieci docenta Macierewicza były za małe na agentów. Jego żona, Maria, w zbiorze „Stara sieć" nie figuruje. Nie znalazłem żadnych dowodów ani wskazówek sugerujących, że współpracowała z UB.

Widzę bardziej prawdopodobne wyjaśnienia. Co najmniej dwa.

Wyjaśnienie pierwsze: wśród ubeków i konfidentów rozeszła się plotka. Pewien agent został doprowadzony do samobójstwa przez UB! Taka wiadomość mogłaby podminować morale innych agentów. Dlatego trzeba było pokazać „ludzką twarz". Tak, zdarzyło się nieszczęście, ale UB dba o bliskich nieboszczyka!

Jednak wyjaśnienie to budzi wątpliwości. Czy plotka o śmierci Zdzisława Macierewicza mogła krążyć tak szeroko, żeby usłyszeli o niej inni donosiciele? Ubecy dbali o tajność swych działań i swych konfidentów. Raczej nie chwalili się ani śmiercią docenta, ani tym, że go zwerbowali. Mimo to nie do końca można wykluczyć, że pogłoska rozeszła się po stolicy. Leopold Tyrmand przedstawia nam stalinowską Warszawę jako wielki rezonator szeptanych plotek o tajemnicach władzy. Zdzisław Macierewicz był wybitnym uczonym. Koledzy z uczelni – jak Zbigniew Grabowski – wiedzieli, że interesowało się nim UB. Mogli nawet wiedzieć o nękaniu docenta przez ubeków. Nie wiemy, kiedy się dowiedzieli: czy w 1949 r., czy później, gdy ludzie śmielej dzielili się wiedzą (np. po 1956 r.). Ale jeśli wiedzieli już w 1949 r., to czy na pewno nikomu o tym nie szeptali? A jeśli szeptali – to czy ich słuchacze nie podawali dalej sensacyjnej wiadomości o samobójstwie agenta? „Podawali, podawali!" – zdaje się podpowiadać nam Tyrmand. Podstawowa trudność tkwi gdzie indziej. Plotki, w których występuje „śmierć" i „agent" faktycznie mają posmak sensacji i rozchodzą się szybko. Ale stypendium dla rodziny, specjalistyczna publikacja, mieszkanie kwaterunkowe? To żadne newsy. Wydanie książki Zdzisława Macierewicza zostało zauważone wśród jego znajomych, w środowiskach naukowych, zapewne też w kręgach zbliżonych do podziemnego SP. Być może „belgijscy dyplomaci" również odnotowali ten fakt. Jeśli w 1951 r., gdy ich działalność była omawiana na komunistycznej sali sądowej, odważali się cokolwiek odnotowywać... Reszta Warszawy o publikacji książki nie miała zielonego pojęcia. Aby ubeccy kapusie dowiedzieli się, że rodzina zmarłego „ma się dobrze", ich oficerowie prowadzący musieliby im o tym opowiadać. Jak również machać książką Zdzisława przed oczyma.

Przejdźmy więc do wyjaśnienia drugiego, które poniekąd przypomina pierwsze, ale nie ma jego wad. Brzmi ono tak: UB faktycznie roztoczyło ochronę nad Macierewiczami po to, żeby kogoś uspokoić. Ale tym kimś nie byli ubeccy konfidenci. Tym kimś był ktoś pozostający w kontakcie z „belgijskimi dyplomatami". Ktoś, kto dostawał od nich informacje o losie zmarłego konspiratora i jego rodziny. Ktoś, kogo ten los obchodził. Mówiąc krócej: UB użyło Macierewiczów w przewrotnej grze przeciwko polskim emigrantom i zagranicznym wywiadom. Najpewniej – przeciwko Sieniewiczowi.

DAJCIE NAM GENERAŁA ZE SPADOCHRONEM

Skąd to przypuszczenie? Otóż znam dwa przykłady takich gier prowadzonych przez UB. W pierwszej z tych operacji na pewno brali udział Sowieci. Dotyczyła ona WiN, zatem mogła też obejmować Stronnictwo Pracy, które z WiN współpracowało. Wspominałem o niej w poprzednich częściach książki. Znana była jako operacja „Cezary". Uczestniczył w niej nie kto inny, a towarzysz Mikołajski, późniejszy opiekun Antoniego Macierewicza.

Jak podaje m.in. doktor Michał Wenklar z krakowskiego IPN[512], operacja „Cezary" trwała od wiosny 1948 r. do grudnia 1952 r. Czyli niemal w tym samym czasie, co sprawa Zdzisława Macierewicza i ochrona jego rodziny razem wzięte.

Porównajmy daty. Zgodnie z zeznaniami Cecylii Weker, Zdzisław Macierewicz wstąpił do podziemnego Stronnictwa Pracy w marcu 1948 r. Rzecz jasna, wcześniej też mógł bywać obiektem ubeckiej obserwacji (nawet jeśli odłożymy do kosza opowieść Antoniego Macierewicza o tajemniczej agentce, co donosiła na jego ojca od 1945 r.). Jako były narodowiec, docent Maciere-

512 M. Wenklar, *V komenda WiN*, „Gość Niedzielny" (wydanie internetowe), 1 marca 2012, <https://www.gosc.pl/doc/1093694.V-komenda-WiN>.

wicz zawsze i wszędzie przyciągał uwagę ubeków. W Łodzi czuwał towarzysz Wilczyński, w stolicy – jeszcze więcej oczu i uszu. Co więcej, UB zajmowało się „popielowcami" z SP, w tym Cecylią Weker, również przed 1948 r. To zapewne przekładało się na pośrednie zainteresowanie jej szefem Zdzisławem Macierewiczem. Jednak to zainteresowanie musiało stać się bezpośrednie, gdy docent wstąpił do podziemnego SP, zaś UB się o tym dowiedziało. Doszło do tego nie wcześniej niż w marcu 1948 r. – i zapewne niewiele później, jeśli Cecylia podlegała intensywnemu rozpracowaniu (a najpewniej już wtedy podlegała). Zatem mowa o wiośnie 1948 r.

Z kolei ostatnim aktywnym przejawem parasola ochronnego nad Macierewiczami było przekazanie im mieszkania przy Ogrodowej w lutym 1952 r. Stało się to w ostatnim roku operacji „Cezary", na 10 miesięcy przed jej końcem. Oczywiście po 1952 r. wciąż tolerowano prywatne stypendium dla rodziny. Taka tolerancja nie wymagała jednak żadnej aktywności od UB. Mogła więc być przejawem zaniedbania, zapomnienia lub przewlekania sprawy, nie zaś efektem decyzji. Mogła też stanowić appendix do operacji „Cezary" – poboczny, ale istotny wątek, który wyodrębniono i kontynuowano, bo nie chciano go zbyt wcześnie zamykać.

Na czym polegała operacja „Cezary"? Jak pisałem wcześniej, komuniści przejęli WiN. Dokładnie rzecz biorąc: po zinfiltrowaniu i zniszczeniu tej organizacji komuniści z jej resztek stworzyli... nowy, fałszywy WiN! Była to tzw. V Komenda WiN, całkowicie kontrolowana przez UB i Sowietów. Nie wiedzieli o tym Amerykanie i Brytyjczycy, którzy wspólnie zasilali ją pieniędzmi, bronią i informacjami. „Prezenty" te trafiały w ręce komunistów. Oni w zamian wysyłali do Waszyngtonu kłamstwa o „wielkiej podziemnej armii antykomunistów", która w polskich lasach miała szykować się do ataku. Potrzebowała tylko jednego: więcej „prezentów"! W końcu Sowieci i ubecy zażyczyli sobie, żeby CIA zrzuciła im na spadochronie autentycznego amerykańskiego generała. Generała nie zrzucono, ale wcześniej przysłano do Polski licznych emisariuszy. UB ich aresztowało lub inwigilowało i zwodziło. Byli tacy, jak Adam Boryczka, którzy wielokrotnie przyjeżdżali i wyjeżdżali (jego działalność opisał m.in. doktor Krzysztof Tochman z rzeszowskiego oddziału IPN[513]). Nie podejrzewali, że są manipulowani przez UB do spółki z Sowietami.

Druga operacja, znana jako „sprawa Bergu" lub „afera Bergu", pogrążona jest w głębszych mrokach. Dysponujemy tylko strzępami informacji. Doku-

513 K.A. Tochman, *Adam Boryczka*, Żołnierze Wyklęci-Niezłomni, <http://zolnierzeniezlomni.com.pl/niezlomni/adam-boryczka>, dostęp: 14 września 2018.

menty utajniono lub zniszczono. Robiły to nie tylko komunistyczne i zachodnie służby, lecz także polskie emigracyjne władze. Jak pisze profesor Andrzej Friszke, w listopadzie 1949 r. na emigracji powstał nowy ośrodek władzy: Rada Polityczna. Radę powołały trzy partie: Polska Partia Socjalistyczna (PPS), Stronnictwo Narodowe (SN) oraz Niepodległość i Demokracja (NiD). Funkcję kierownika działu krajowego w Radzie Politycznej pełnił narodowiec Edward Sojka. Energiczny pan Sojka kontaktował się zarówno z zagranicznym przedstawicielem WiN, Józefem Maciołkiem, jak i z kurierem Boryczką. W listach Sojki z lat 1949–1950 czytamy, że kontakty te wprawiły go w irytację. Okazało się bowiem, że WiN przekazuje informacje wywiadowcze Amerykanom. „WiN bawi się w agenturę sensu stricto [...]. Oni bezpośrednio Amerykanom dają materiały" – pisał Sojka. Nie wiedział przy tym, że właśnie zderzył się z operacją „Cezary". Jak się zdaje, nie miał pojęcia, że informacje przekazywane przez WiN są preparowane przez Sowietów i UB. Zatem nie to go gniewało. Ani również to, że polscy bojownicy o wolność w ogóle brudzą sobie ręce działalnością agenturalną. Edward Sojka uważał, że WiN powinien prowadzić taką działalność – ale z ramienia Rady Politycznej. Według Sojki, to właśnie ona powinna była dostawać cenne informacje od krajowych wywiadowców. Aby następnie sprzedawać je Amerykanom w zamian za korzyści polityczne i pieniężne... Podsumowując: pan Sojka chciał się wcisnąć jako pośrednik w handel tajnymi wiadomościami.

Pomysł ten zaczęto wprowadzać w czyn. Rada Polityczna dogadała się z amerykańskim i brytyjskim wywiadem. W porozumieniu z nimi od pierwszych miesięcy 1951 r. wysyłała swych emisariuszy do Polski. Szkolono ich w Niemczech Zachodnich (m.in. w miejscowości Berg pod Monachium – stąd nazwa afery). Wysłano 94 emisariuszy, ubecy aresztowali 14. Nie wiadomo jednak, ilu z tych niearesztowanych było śledzonych przez UB. Albowiem pod koniec 1952 r. okazało się, że komunistyczni funkcjonariusze zinfiltrowali całą operację. Tuż przed Bożym Narodzeniem tajemniczo zniknęło dwoje pracowników ośrodka w Bergu (w tym jedna osoba dopiero co wywieziona z Polski wielkim nakładem sił i środków). W Sylwestra obie zguby odnalazły się u polskich komunistów, do których same się zgłosiły. Jak się zdaje, w tej ucieczce dopomogły sobie zabójstwem (albo ktoś im dopomógł). W Berlinie znaleziono bowiem zwłoki osoby współpracującej z ośrodkiem w Bergu[514].

514 A. Friszke, *Życie polityczne emigracji*, Warszawa 1999, s.130–155.

Dlaczego wspominam tutaj o tej sprawie? Otóż jedno z moich źródeł rozmawiało o sprawie Bergu z wybitnym znawcą epoki, mianowicie z Władysławem Bartoszewskim. Według tego źródła Bartoszewski mawiał, że „coś wspólnego ze sprawą Bergu miał ojciec Macierewicza". Niestety, Bartoszewski nie żyje, zatem nie potwierdzi ani nie rozwinie tej informacji. Ufamy jednak w prawdomówność naszego źródła. Wiemy też, że Władysław Bartoszewski mógł znać sprawę Zdzisława Macierewicza z różnych źródeł – włącznie z synem Zdzisława, Antonim. Albowiem tak się składa, że Antoni Macierewicz przez lata utrzymywał kontakty z Bartoszewskim i jego rodziną. W marcu 1968 r., podczas studenckich protestów, Bartoszewski odbył z Macierewiczem długą rozmowę w cztery oczy, podczas której miał go wdrażać w tajniki działalności konspiracyjnej. Zaś w 1985 powierzył mu maszynopis swojej książki o „organach bezpieczeństwa" PRL zatytułowanej *Syndykat zbrodni*[515].

Tu jednak nasuwa się dość oczywiste pytanie. Jakim cudem Zdzisław Macierewicz mógłby mieć coś wspólnego z aferą Bergu? Przecież zginął ponad rok przed jej początkiem!

To zastrzeżenie, choć brzmi mocno, jednak nie ma wartości absolutnej. Istotą afery Bergu – podobnie jak operacji „Cezary" – było wabienie kurierów z Zachodu i śledzenie lub wyłapywanie ich w Polsce. Zaś docent Macierewicz mógł takich kurierów przyciągać po swojej śmierci (stwierdzenie to brzmi dziwnie, ale na następnych stronach je wyjaśnię). Nie wiemy jednak, w jaki sposób sprawa Zdzisława Macierewicza miałaby się łączyć ze sprawą Bergu. Czyżby w aferę Bergu zamieszany był zagraniczny patron Cecylii Weker i docenta Zdzisława, Konrad Sieniewicz? Partią Sieniewicza było emigracyjne Stronnictwo Pracy. Nie wchodziło ono w skład Rady Politycznej, której działania doprowadziły do afery Bergu. Ale bywało cichym sojusznikiem Rady. Dyskretnie współdziałał z nią szef Konrada Sieniewicza, Karol Popiel. Sam Sieniewicz najprawdopodobniej współpracował ze służbami amerykańskimi, angielskimi i belgijskimi. Zaś Amerykanie musieli dużo wiedzieć o sprawie Bergu, skoro przeprowadzono ją w porozumieniu z nimi, aby sprzedawać im informacje. Nie można więc wykluczyć, że Sieniewicz poniekąd uczestniczył w tej aferze (chociażby jako konsultant przy ocenianiu zakupionych informacji).

Zatem Konrad Sieniewicz mógł coś o Bergu wiedzieć. Nie mamy jednak pewności, czy tak było. Jako znacznie prawdopodobniejsze jawiłoby się

515 A. Gielewska, M. Dzierżanowski, dz. cyt., s. 21–23.

ewentualne uwikłanie Sieniewicza w opisaną wcześniej operację „Cezary". Operacja „Cezary" dotyczyła WiN, a Sieniewicz był przecież zwolennikiem współpracy z tą organizacją. O bliskich związkach WiN z jego „podopiecznymi" w Polsce pisałem już wcześniej.

SKARBNIK PUNKTOWY

Zatem nic nie świadczyłoby o ewentualnym związku Zdzisława Macierewicza z aferą Bergu? Nic, oprócz wyżej wymienionej informacji mającej pochodzić od Bartoszewskiego. Znamy ją tylko z trzeciej ręki. Nie mamy też żadnego „materiału dowodowego", który wiązałby ją ze znanymi nam faktami dotyczącymi Zdzisława. Jak moglibyśmy ją pogodzić ze zgromadzoną już przez nas wiedzą? Musielibyśmy uznać, że informację zniekształcił po drodze tak zwany głuchy telefon, co przy informacjach z trzeciej ręki zdarza się często. Wiadomość mogła więc zostać przekręcona. Być może ktoś powiedział Bartoszewskiemu – albo Bartoszewski powiedział naszemu źródłu – że Zdzisław Macierewicz miał coś wspólnego ze sprawą podobną do sprawy Bergu. Później „sprawa podobna do sprawy Bergu" zatarła się częściowo we wspomnieniu słuchacza i stała się „sprawą Bergu". Czym jednak miałaby być ta „sprawa podobna do sprawy Bergu"? Powtórzmy: istotą sprawy Bergu było wabienie kurierów z Zachodu i śledzenie lub wyłapywanie ich w Polsce. Podobną sprawą była operacja „Cezary". Podobną sprawą byłaby również ewentualna ubecka operacja polegająca na wabieniu do Polski i wyłapywaniu kurierów Sieniewicza.

Ale w jaki sposób Zdzisław Macierewicz mógł wabić kurierów z Zachodu? Jak wiemy, docent przechowywał dolary. Aczkolwiek określanie go jako „skarbnika podziemnego SP" to przesada. Na procesie działaczy SP jako skarbnik całej partii występuje Antoni Antczak. Inny z oskarżonych, Stanisław Bukowski, zeznaje, że po zawieszeniu SP w 1946 r. finansami partii zaopiekowali się kuratorzy okręgowi (którzy przedtem byli prezesami okręgowych zarządów partii). Na szczeblu centralnym sprawy finansowe kontrolowała nieformalna komisja powołana przez Popiela (składająca się z Kwasiborskiego, Bukowskiego i Antczaka). Nic nie wskazuje na to, by docent Macierewicz miał coś wspólnego z tymi sprawami i funkcjami. Według mojej wiedzy do konspiratorów z SP przyłączył się dopiero w marcu 1948 r. Nie pełnił żadnej funkcji w tej partii. Nie ma o nim mowy w opracowaniach Andrusiewicza i Bujaka poświęconych SP. Nawet Jerzy Braun – który w *Czło-*

wieku ze spiżu wymienia dziesiątki, jeśli nie setki działaczy SP – nie wspomina Zdzisława Macierewicza. Ale nie tylko skarbnik, kuratorzy i nieformalna komisja opiekowali się tajnymi funduszami SP. Z zeznań działaczy tej partii wynika bowiem, że dysponowali oni licznymi „punktami pieniężnymi". Były to schowki, w których trzymano tzw. „lewą kasę" – nigdzie niezaksięgowane pieniądze przeznaczone na cele socjalne i konspiracyjne. Chowano je w różnych miejscach, u różnych ludzi wtajemniczonych w działalność podziemnego Stronnictwa Pracy, którzy opiekowali się schowkiem. Zdzisław Macierewicz musiał być opiekunem takiego „punktu pieniężnego".

Czy Konrad Sieniewicz w Londynie wiedział o istnieniu Zdzisława Macierewicza w Warszawie? Jest to więcej niż prawdopodobne. Cecylia Weker z różnych przyczyn była dla niego osobą kluczową. Na pewno interesował się jej sytuacją na uczelni. Musiał wiedzieć, że Cecylia ma tam przychylnego szefa o antykomunistycznych poglądach. Tym bardziej że ten szef w 1946 r. wysłał ją do Danii zamiast samemu tam jechać. To pozwoliło na konspiracyjną randkę Konrada i Cecylii w Kopenhadze. Jeśli Cecylia pochwaliła się, że ma jeden „wygodny", „podręczny" punkt pieniężny na uczelni, to Sieniewicz mógł od razu się domyślić, u kogo schowała dolary. Jest również możliwe, że w 1948 r. Cecylia Weker przesłała Sieniewiczowi informację o wstąpieniu docenta Macierewicza do konspiracji SP. Byłoby to ryzykowne. Rzecz jasna, takie tajemnice były bezpieczniejsze w Londynie niż w Warszawie, ale po drodze mogły zostać przechwycone. Pamiętajmy jednak, że mamy do czynienia z konspiracją niefrasobliwą. Wspomnijmy choćby niefrasobliwego lub niefrasobliwie zwerbowanego kuriera, który błąkał się po Czechach. Zresztą Sieniewicz mógł uważać, że ma całkiem poważne powody, aby wiedzieć jak najwięcej o wszystkich agentach swej siatki. Zapewne potrzebował znać jej liczebność i możliwości, skoro oferował Anglosasom jej usługi. Nie można wykluczyć, że naciskał na Cecylię przez swoich Belgów: „Informuj mnie o rozwoju organizacji. Muszę mieć jej pełen obraz". W domyśle: „Anglosasi finansują ją proporcjonalnie. Tym więcej dolarów dostaniemy, im więcej agentów i lokali kontaktowych im zaoferuję". W biznesie – a tym często bywa zarówno polityka, jak szpiegowanie – wycena jest zwykle sprawą poważną.

Co więcej, Sieniewicz mógł nawet żądać, żeby Cecylia przekazywała mu konkretne informacje o punktach pieniężnych. O ile wiemy, uważał się za osobę odpowiedzialną za finanse partii. W aktach śledztwa przeciwko działaczom Stronnictwa Pracy czytamy, że w 1945 r. Sieniewicz był sekretarzem komitetu wykonawczego SP. Komitet ten podjął decyzję o utworzeniu ośmiu „punktów pieniężnych". Sieniewicz osobiście przewoził pieniądze do niektórych z nich. Prawdopodobnie znał też lokalizację pozostałych punktów, skoro od czerwca do września 1945 r. był głównym „dysponentem środków finansowych SP" (tak mówi w śledztwie Kwasiborski). Do podobnej odpowiedzialności mógł się poczuwać również na emigracji – tym bardziej że to on sponsorował podziemne SP dolarami.

Następne pytanie: czy Konrad Sieniewicz w 1949 r. dowiedział się o samobójstwie Zdzisława Macierewicza? Zapewne tak, jeśli Belgowie mieli oczy i uszy otwarte. Czy wiedział, że UB zwerbowało docenta i znalazło dolary? To bardziej wątpliwe. Warszawa tamtych czasów plotkowała, jednak tajemnice ubeckich śledztw tak łatwo nie wyciekały. Oczywiście, z relacji profesora Grabowskiego wynika, że coś jednak wyciekło. Ale podkreślmy raz jeszcze: nie wiemy, kiedy profesor dowiedział się o ubeckich zakusach na docenta Macierewicza. W 1949 r., gdy zginął docent? Czy później, po 1956 r., gdy rozwiązały się języki? Zresztą, nawet jeśli informacja o wrabianiu docenta wyciekła już w 1949 r., to jego werbunek najwyraźniej pozostał tajemnicą. Grabowski w Warszawie nie wiedział o werbunku – trudno więc przypuścić, żeby wiedział o nim Sieniewicz na Zachodzie.

OCZYMA ŚLEDCZEGO

Rzecz jasna, przez cały czas jesteśmy w sferze domysłów. Piszemy „mógł", „prawdopodobnie", „wynika, że". I bardzo dobrze. Bo tym, co musimy zrekonstruować, są właśnie domysły. Mniej ważne jest to, co naprawdę robił Konrad Sieniewicz. Ważniejsze jest to, czego ubecy się po nim spodziewali. To, jak próbowali oni odtworzyć i przewidzieć jego myśli.

UB mogło liczyć na nierozważny upór Sieniewicza w jego konspiracyjnych projektach włącznie z tworzeniem siatek wywiadowczych. Przecież jeszcze w 1953 r. Sieniewicz chciał montować w Polsce taką siatkę. Wcześniej, w latach 1949–1951 wysyłał emisariuszy do kraju. Ubecy niemal od razu się o tym dowiedzieli. Jednego z wysłanników Sieniewicza inwigilowali już jesienią 1949 r. – czyli wtedy, gdy docent Macierewicz popełnił samobójstwo[516]. Nie da się wykluczyć, że ubecy żądali od docenta pomocy przy oszukiwaniu lub aresztowaniu tego jesiennego emisariusza. Zatem po roz-

516 P. Ziętara, dz. cyt.

gromieniu podziemnego Stronnictwa Pracy w latach 1949–1951 można się było spodziewać, że uparty i nierozważny Sieniewicz zechce zrekonstruować konspiracyjne SP. Można było oczekiwać, że wyśle kolejnego emisariusza do Warszawy, a nawet do osób, które znały aresztowanych działaczy. Trzeba więc było zastawić pułapkę na Sieniewicza i jego wysłannika. Zaś gdzie pułapka, tam przynęta. Kto mógł być tą przynętą?

Sieniewicz raczej nie wiedział o zwerbowaniu docenta Macierewicza przez ubeków. Mógł za to myśleć, że docent jako samobójca jest najmniej „spalony" i „trędowaty" ze wszystkich członków podziemnego SP. Zmarły nie został przecież skazany. Prasa i radio wyklinały innych konspiratorów, nie Zdzisława Macierewicza. Byłoby więc logiczne, gdyby Sieniewicz wysłał emisariusza do żony i przyjaciół docenta. Bliscy zmarłego zapewne myśleli o komunizmie tak samo źle, jak zmarły. Albo jeszcze gorzej – po tym jak UB doprowadziło go do śmierci. Mogli nawet marzyć o jakiejś zemście za tę śmierć. Istniała więc szansa, że dadzą się włączyć do nowej siatki Sieniewicza.

Poza tym, bliscy zmarłego mogli dysponować informacjami o dokładnym położeniu schowka z pieniędzmi. Tych informacji Sieniewicz wcale mieć nie musiał, nawet jeśli wiedział, kto opiekuje się schowkiem. Przekazywanie do Londynu informacji, że pieniądze są – powiedzmy – w słoju z napisem „Trucizna" na strychu, byłoby więcej niż szczytem nieostrożności. Zatem Sieniewicz miałby kolejny powód, aby wysłać emisariusza do Macierewiczów: odzyskanie dolarów. Dolary są kluczowe, siatki szpiegowskie ciągle ich potrzebują, Sieniewicz dobrze o tym wie. Pójdzie za pieniądzem jak mysz za serem, towarzysze (powiedziałby ubek). Oczywiście, Sieniewicz prędzej szukałby pieniędzy u Amerykanów i Anglików niż w warszawskim schowku, którego opiekun został „spalony", zdekonspirowany. Tę ostatnią opcję musiałby widzieć jako duże ryzyko. Nawet przy założeniu, że docent jako samobójca był najmniej „spalony" ze wszystkich „spalonych" działaczy. Z drugiej strony jednak, przemycanie dolarów przez komunistyczną granicę też było bardzo ryzykowne. Szczególnie, gdy miało się takich kurierów, jak ten „zagubiony w Czechach". Poza tym, angielskie i amerykańskie kieszenie nie były bez dna. Po wpadce podziemnego SP Anglosasi mogli ograniczyć dotacje dla Sieniewicza. Jeżeli gdzieś na Wydziale Chemii znajdował się pakiecik zawierający choćby tysiąc dolarów, to warto go było odzyskać. Tym bardziej że w komunistycznej Polsce tysiąc dolarów stanowiło fortunę, z którą można było wiele zdziałać.

Jak widać, ubecy mieli dość powodów, by przypuszczać, że nierozważny emigrant zaryzykuje i pośle swego emisariusza do Macierewiczów. Tym bardziej że ryzykowałby emisariuszem, nie sobą. Zatem parasol ochronny rozpięty nad Macierewiczami byłby zasadzką z zatrzaskiem. Gdyby emisariusz Sieniewicza skontaktował się z rodziną docenta Macierewicza, zostałby schwytany.

Najpierw jednak trzeba było ośmielić wysłannika i jego mocodawcę. Nie można więc było Macierewiczów gnębić. Konrad Sieniewicz musiałby się dowiedzieć o wydaniu książki docenta Zdzisława. Zaś jego wysłannik po przybyciu do Polski musiałby się upewnić, że książka naprawdę została wydana, rodzina Macierewiczów nie jest prześladowana... Oczywiście, nie można było obsypać jej nadmiernymi dobrodziejstwami. Wzbudziłoby to nieufność. Ale tolerowanie prywatnej zapomogi, wydanie książki zmarłego z pochwalnym wstępem, wreszcie przyznanie mieszkania komunalnego – tak, to mogło być w sam raz. Mogło stworzyć błędne wrażenie, że rodzina docenta Macierewicza już nie jest traktowana jak gniazdo wroga ludu, zaś ludzie podziemnego SP przestali się znajdować na celowniku komunistów.

Samobójstwo Zdzisława Macierewicza stanowiło wpadkę UB. Czy ubecy chcieli przekuć wpadkę w sukces?

To co napisałem powyżej, stanowi tylko hipotetyczną rekonstrukcję, przeprowadzoną po latach i opartą na strzępkach faktów. Jednak pasuje ona do wszystkich znanych nam strzępków. Oczywiście, można ją kwestionować. Na przykład, można spytać: „A jeśli ubecy specjalnie zabili Zdzisława Macierewicza, żeby sfingować jego samobójstwo i zastawić taką pułapkę na Sieniewicza"? Odrzucamy taki wariant wydarzeń. Zabić opiekuna punktu pieniężnego tylko po to, by z jego śmierci zrobić samobójstwo w celu zwabienia emisariusza z Zachodu do domu samobójcy? To zawikłany i karkołomny plan.

Naszą rekonstrukcję uznajemy za prawdopodobną, gdyż nie przedstawia ona zawikłanego planu, tylko logiczną i pomysłową reakcję śledczych na porażkę (samobójstwo docenta). Służby specjalne próbują obracać wpadki na swoją korzyść i wolą nie komplikować sobie pracy bez potrzeby.

TOWARZYSZ MIKOŁAJSKI I OPERACJA „CEZARY"

Co w sprawie Zdzisława Macierewicza jest dla nas najistotniejsze? To, że nad wczesnym dzieciństwem Antoniego Macierewicza unosi się nie jeden cień, ale dwa. Cień ojca, który tajemniczo zginął. A także cień parasola ochronnego UB nad rodziną zmarłego.

Już na samym początku życia mały Antoni Macierewicz razem z rodziną znalazł się pod lupą UB. Możliwe, że również pod lupą Sowietów, którzy wspierali ubeków w licznych operacjach – szczególnie tych „międzynarodowych", które dotyczyły Zachodu i emigracji. Ta ostatnia okoliczność – ewentualne zainteresowanie sowieckich służb rodziną Macierewiczów – tłumaczyłaby przynajmniej niektóre z licznych osobliwych koincydencji, na które wciąż się natykamy. Koincydencje te wiążą się ze sprawą Zdzisława Macierewicza i działalnością polityczną jego syna. Przekraczają granice państwowe, a nawet ramy różnych epok. Łączą zagadkę śmierci Zdzisława z tematami i postaciami, które znacznie później pojawią się w życiu i otoczeniu Antoniego Macierewicza. Odnotujmy te niezwykłe zbieżności.

Jak wiemy, w końcowej fazie operacji „Cezary" uczestniczył późniejszy protektor Antoniego Macierewicza, towarzysz Stefan Mikołajski. Coś niecoś o tej operacji musiał wiedzieć również protektor Mikołajskiego, Adam Malik (skoro chwalił za nią swego podwładnego jeszcze w latach 80.). Mam powody, żeby przypuszczać, że Mikołajski nie przypadkiem został dopuszczony do udziału w operacji „Cezary". Wielu członków WiN wyznawało poglądy narodowe. On zaś w drugiej połowie lat 50. stał się głównym ubeckim specjalistą od narodowców. Można więc przypuścić, że już w 1952 r. uznawano go za kompetentnego w tej kwestii. Przyczyniłoby się do tego „pochodzenie polityczne" Mikołajskiego, który wywodził się z rodziny o narodowych poglądach. Jak wiemy, jego ojciec był członkiem Narodowej Partii Robotniczej – zaś jednym z wodzów tej przedwojennej partii był Karol Popiel, późniejszy emigracyjny lider podziemnego Stronnictwa Pracy. Zatem człowiek, którego Zdzisław Macierewicz uznał za swego przywódcę, gdy wstąpił do „popielowskiego" SP w 1948 r.

Czy wabienie do Polski wysłanników Sieniewicza stanowiło część operacji „Cezary"? Nie da się tego wykluczyć ze względu na jego przychylność wobec WiN. Jak również ze względu na bliskie stosunki, które jego ludzie w kraju utrzymywali z tą organizacją. Możemy więc przypuścić, że ochrona rodziny zmarłego narodowca-popielowca Zdzisława Macierewicza stanowiła część operacji „Cezary". Jeśli tak, to kto konkretnie mógł odpowiadać za tę ochronę? Prawdopodobnie ten spośród uczestników operacji, który był najbardziej kompetentny co do narodowców i popielowców. Oczywistym kandydatem jest tu specjalista od endeków i ONR, syn przedwojennego narodowca-popielowca, towarzysz Stefan Mikołajski.

Mikołajski jednak pojawił się w Warszawie późno, w styczniu 1952 r. Sugerowałoby to, że zajmował się rodziną Macierewiczów tylko przez niecały rok, jako że operacja „Cezary" trwała do grudnia 1952 r. Pamiętajmy jednak, że Sieniewicz był uparty i chciał montować w Polsce siatkę jeszcze w następnym roku. Czyżby właśnie dlatego parasol ochronny i pułapkowy nad Macierewiczami – jako element wydzielony z operacji „Cezary" – przetrwał tę operację i funkcjonował w następnych latach? Czy dlatego komuniści tolerowali prywatne stypendium, które wciąż dostawała rodzina? Czy Mikołajski obserwował Macierewiczów do 1956 r.? Czy też jeszcze dłużej? Czy robił to wspólnie z Sowietami? Czy przy tej okazji towarzysz Mikołajski mógł się zainteresować przyszłością dzieci Zdzisława Macierewicza? Legenda zamordowanego ojca-narodowca, w której blasku dorastały, niejako je przeznaczała na narodowców i niepodległościowców. Jak wiemy, w przypadku Antoniego Macierewicza to „przeznaczenie" zadziałało (choć z trzydziestoletnim niemal opóźnieniem i bardzo okrężną drogą, której częścią były latynoskie ideologie lewicowe). Gdyby Mikołajski lub jego koledzy faktycznie interesowali się Macierewiczami przez następne lata, wyjaśniałoby to zaskakującą decyzję Marii Macierewicz co do wychowania synów na odległość. Tłumaczyłoby wysłanie Wojciecha i Antoniego do katolickiego internatu w nadmorskiej Rumi. Czyżby matka chciała ich usunąć z pola widzenia SB, następczyni UB? Jeśli tak, to się nie udało – szczególnie w przypadku Antoniego. Trudno się dziwić. Jeżeli postać zmarłego docenta Macierewicza wykorzystano jako element operacji „Cezary", to jego syn Antoni już jako małe dziecko został uwikłany w rozległą międzynarodową intrygę.

SOWIECKI ANGLIK I PODEJRZLIWY AMERYKANIN

Tak się składa, że Macierewicz jeszcze dziś zdaje się przywiązywać niezwykłą wagę do operacji „Cezary". Jego ludzie publicznie wybielają osoby, które po stronie zachodniej ponoszą winę za wywiadowczy sukces komunistów.

Zacznijmy od pytania: jak to się stało, że Amerykanie tak długo wierzyli w maskaradę fałszywej V Komendy WiN? Przyczynił się do tego wybitny szpieg sowiecki. Mianowicie wspomniany na początku tej książki Anglik Kim Philby. Tak, ten sam modelowy „kret", do którego porównywano Antoniego Macierewicza. W latach 1949–1951 Philby służył przy CIA w Waszyngtonie jako łącznik służb brytyjskich. Z ramienia Brytyjczyków nadzorował tam operacje związane z WiN. Robił to razem ze swoim amerykańskim przyjacielem z CIA, Jamesem Angletonem. A także z kolegą Angletona, Frankiem Wisnerem, który kierował operacjami dywersyjnymi CIA za żelazną kurtyną. Czytamy o tym m.in. w książce Bena Macintyre'a: „Angleton i Philby zaczęli regularnie spotykać się na lunchu, najpierw raz w tygodniu, potem trzy razy na dwa tygodnie [przez trzy lata daje to ok. 200 spotkań] [...] «Nasze rozmowy dotyczyły wszystkiego, co aktualnie działo się na świecie», wspominał Philby. Omawiali różne aspekty tajnych operacji [...] przerzucania antykomunistycznych bojowników na terytorium [...] państw za «żelazną kurtyną»"[517]. W tej samej książce napotykamy wcześniej taki fragment: „Frank Wisner, oficer CIA kierujący operacjami dywersyjnymi w krajach za «żelazną kurtyną», był głęboko skonsternowany: każda próba osłabienia władzy komunistycznej przez potajemne tworzenie zalążków ruchu oporu, czy to na terytorium ZSRR, czy jego państw satelickich, kończyła się zwykle spektakularnym niepowodzeniem [...] «Następnym razem na pewno nam się uda», obiecywał Wisner Philby'emu. Sukcesy jednak nie przychodziły. Zamiast nich wszystko wciąż układało się wyjątkowo niepomyślnie [...] Fundusze, wyposażenie i broń przekazywane były antykomunistycznemu ruchowi oporu w Polsce, który po pewnym czasie okazał się niczym więcej, jak fikcyjną organizacją sterowaną przez wywiad sowiecki"[518]. W innych źródłach[519] czytamy, że tym „ruchem oporu" był WiN, zaś Philby uczestniczył w zebraniach, na których omawiano współpracę z tą organizacją.

Za sprawą swoich doświadczeń z WiN i Kimem Philbym, Frank Wisner oszalał. W dosłownym znaczeniu tego słowa: trzeba go było hospitalizować. Po latach, w 1965 r., popełnił samobójstwo. Zapewne przyczyniło się do tego ujawnienie zdrady Philby'ego, które miało miejsce dwa lata wcześniej. Dopiero w 1963 r. Frank Wisner zrozumiał do końca, kim był ten człowiek. Człowiek, który dobrotliwie kiwał głową, gdy Wisner wysyłał kolejnych ludzi na tortury lub śmierć. Jak sprawę Philby'ego przeżył drugi Amerykanin, James Angleton? Jego nieufność była legendarna (Dorrill podaje, że on jeden w Waszyngtonie wyrażał podejrzenia co do WiN). Mimo to Angleton głęboko zaufał najbardziej niewłaściwej osobie, czyli Philby'emu. Zawiązała się między nimi serdeczna przyjaźń. Gdy zdrada Anglika została ujawniona, podejrzliwość Amerykanina zaczęła się przejawiać w sposób destrukcyj-

517 B. Macintyre, dz. cyt., s. 234–255.

518 Tamże, s. 238-239.

519 Zob. S. Dorril, *MI6: Inside the Covert World of Her Majesty's Secret Intelligence Service,* New York 2002, s. 261–264.

ny dla instytucji, w której pełnił służbę. W 1954 r. James Angleton został szefem kontrwywiadu CIA. Był nim przez następne 21 lat i odegrał katastrofalną rolę podczas zimnej wojny. Pod pewnymi względami przypominał Macierewicza: tak usilnie tropił wyimaginowanych sowieckich „kretów", że sparaliżował CIA. Nie dowierzał uciekinierom z komunistycznego Wschodu. Nawet gdy przywozili cenne informacje, traktował ich jak szpiegów. Jednego z takich uciekinierów, Jurija Nosenkę, Angleton kazał okrutnie torturować przez dwa lata[520]. Spowodowało to paradoksalną sytuację. Otóż Federalne Biuro Śledcze (FBI), odpowiedzialne za bezpieczeństwo wewnętrzne USA, więcej wiedziało o Sowietach niż CIA, czyli amerykański wywiad zagraniczny. Jednak James Angleton usiłował rozciągnąć swoją podejrzliwość również na FBI. Próbował zdyskredytować najcenniejszych agentów FBI uzyskujących informacje od Sowietów. Chodziło o Morrisa Childsa (Mojżesza Czyłowskiego, Mojsze Ciiłowskiego) oraz jego brata Jacka, którzy mieli dostęp do sowieckiego kierownictwa[521]. Dodajmy, że w 1987 r. prezydent Ronald Reagan uhonorował obu braci Prezydenckim Medalem Wolności za ich wywiadowcze zasługi. Inną cechą, która upodabniała Jamesa Angletona do Antoniego Macierewicza, była skłonność do tworzenia alternatywnych struktur wewnątrz oficjalnych instytucji. Tak samo jak Macierewicz, Angleton otaczał się zamkniętymi grupkami wtajemniczonych wyznawców. Jego kontrwywiad wewnątrz CIA stanowił „państwo w państwie". Nie dopuszczano do niego osób ze „zwykłego" CIA. Nawet gdy komuś z zewnątrz udało się wedrzeć do wewnętrznego kręgu Angletona, zazwyczaj tracił orientację. Dlaczego? Bo wewnętrzny krąg posługiwał się swoim własnym żargonem, uprawiał własną logikę, stosował inny przepływ informacji i obieg dokumentów, niż było to przyjęte w CIA. Sam Angleton – co znów przypomina Macierewicza – jako zasłonę dymną stosował chaos w mowie, piśmie i szufladach[522].

Szczególnie zdumiewa to, że podejrzliwy szef kontrwywiadu Angleton po wpadce z Philbym raz jeszcze obdarzył zaufaniem stuprocentowo niewłaściwą osobę. Ślepo uwierzył w rewelacje Anatolija Golicyna. Golicyn był działającym w Finlandii oficerem KGB, który na początku lat 60. zaoferował swą pomoc CIA i uciekł na Zachód. Mógł wówczas przyczynić się do demaskacji Philby'ego. Trzeba jednak pamiętać, że Brytyjczycy już wtedy podej-

520 T. Mangold, dz. cyt., s. 138–169; inne liczne źródła.

521 J. Barron, *Operation Solo*, Waszyngton 2014; polskie wydanie pt. *Amerikanskij* [sic!] *szpion*, tł. W. Jeżewski, Warszawa 2018, s. 328–334.

522 T. Mangold, dz. cyt., s. 300–306.

rzewali Philby'ego o zdradę. Sowieci mogli zgodzić się na demaskację coraz mniej użytecznego kreta, aby na nowo zdobyć serce Angletona (jeżeli o serce tutaj chodziło). Inne przysługi, które Golicyn wyświadczył zachodnim służbom, były definitywnie niedźwiedzie. Rosjanin podawał Amerykanom skrajnie niewiarygodne, paranoicznie brzmiące informacje. Wynikało z nich, że wszyscy uciekinierzy z komunistycznego świata (oprócz niego samego) są szpiegami podsuniętymi Zachodowi przez ZSRR. Dziwnie to harmonizowało to z podejrzliwością Angletona. Było też jedną z głównych przyczyn paraliżującego polowania na domniemane „krety" w CIA.

Warto podkreślić, że prawdziwy „kret" Kim Philby zdążył bardzo dobrze poznać Angletona i jego osobowość. Zatem sowieccy mocodawcy Philby'ego również tę osobowość znali. Mogli więc posłać odpowiednio przeszkolonego Golicyna na Zachód jako pseudo-zdrajcę, aby skutecznie wodził Angletona za nos. W przywoływanej książce Toma Mangolda czytamy: „Niektórzy byli amerykańscy i brytyjscy oficerowie wywiadu wierzą, że jednym z największych (choć niereklamowanych) triumfów Philby'ego było doprowadzenie Angletona do szaleństwa"[523].

IDOLE MACIEREWICZA

W 1984 r. Anatolij Golicyn opublikował na Zachodzie książkę pt. *Nowe kłamstwa w miejsce starych*. Rzecz jasna, miał w niej opisać sowieckie kłamstwa, sam jednak przy tym potężnie nakłamał. Twierdził, że światowy blok komunistyczny to monolityczna jedność o straszliwej sile (na rok przed początkiem pieriestrojki, która pogrzebała komunizm). Upierał się, że konflikt rosyjsko-chiński lat 60. i 70. to tylko teatr. Tymczasem z licznych źródeł wiemy, że w tamtych czasach na granicy sowiecko-chińskiej dochodziło do ostrych starć zbrojnych. Golicyn podejrzewał Sowietów o tajne wspieranie chińskiego programu budowy broni nuklearnej, podczas gdy Chińczycy uważali, że Sowieci ten program sabotują. W latach 60. i 70. bywały momenty, w których to Pekin stanowił największy ból głowy Moskwy, nie Waszyngton i Nowy Jork[524].

Na tym kłamstwa Golicyna się nie kończą. W wyżej wymienionej książce pisze, jakoby polska „Solidarność" lat 1980–1981 również była tylko

523 Tamże, s. 45.

524 A. Golicyn, *Nowe kłamstwa w miejsce starych. Komunistyczna strategia podstępu i dezinformacji*, Komorów 2009, s. 211–262; J. Barron, dz. cyt.; inne liczne źródła.

sprytnym komunistycznym oszustwem. Cytuję: „Ponieważ Zachód nie zdołał zrozumieć ani strategii komunistycznej, ani potęgi dezinformacji [...] pojawienie się «Solidarności» w Polsce zostało przyjęte jako spontaniczne wydarzenie [...] Istnieją podstawy, by twierdzić, że polska wersja «demokratyzacji» [...] była przygotowywana i kontrolowana od początku [...] około 1 miliona członków partii należało do «Solidarności» [...] Solidarność uznawała przewodnią rolę Partii [...] Początki ruchu «Solidarności» w stoczni noszącej imię Lenina, śpiewanie «Międzynarodówki», używanie przez członków «Solidarności» starego sloganu «Proletariusze wszystkich krajów, łączcie się» oraz stała obecność portretu Lenina, wszystkie te rzeczy pasują do faktu ukrytego kierowania organizacją przez Partię [...] Dążenia «Solidarności» do wzmacniania swoich międzynarodowych więzi były częścią szerszego wysiłku ze strony międzynarodowego ruchu komunistycznego, ukierunkowanego na upowszechnienie i umacnianie własnej strategii"[525]. Przy okazji Golicyn próbuje też oczyścić Kreml ze współodpowiedzialności za zamach na życie papieża Jana Pawła II: „W świetle przedstawionych w niniejszej książce argumentów i wnioskowania dotyczących rozwoju wydarzeń w Polsce, szczególnie tych odnoszących się do «Solidarności» jako produktu «dojrzałego socjalizmu», jest jasne, że nie było motywu do takiego zabójstwa (papieża) przez służby KGB, ani ich komunistycznych partnerów"[526]. Mimo to w 2007 r. Antoni Macierewicz, który kierował Służbą Kontrwywiadu Wojskowego, kazał jej wydać po polsku właśnie tę książkę Golicyna jako „podręcznik" dla polskich kontrwywiadowców. Co więcej, Macierewicz opatrzył ją wstępem własnego autorstwa, w którym czytamy: „Nie ma zapewne ważniejszej książki dla naszej wiedzy o celach i metodach działania służb sowieckich i rosyjskich jak praca Anatolija Golicyna *Nowe kłamstwa w miejsce starych*. [...] to Golicyn miał rację [...] Stworzenie nowych służb wojskowych a zwłaszcza SKW, po likwidacji WSI, otwarło drogę do nowego systemu kształtowania kadr [...] Dla nich przygotowano to pierwsze polskie wydanie książki Anatolija Golicyna. Jej studiowanie pomoże lepiej rozumieć zagrożenia, jakie stoją przed Polską, a które służba kontrwywiadu ma obowiązek zwalczać"[527]. Brakuje słów, by to skomentować. Szczególnie jeśli wziąć pod uwagę, że Macierewicz przedstawia się i jest przedstawiany jako bohater „Solidarności".

525 Tamże, s. 482–490.
526 Tamże, s. 516–521, cytat pochodzi ze s. 519.
527 Tamże, s. 19–21 ze wstępu.

Również w znanej nam księdze jubileuszowej pt. *Niepodległość ma jeden kształt* znajdziemy dwa teksty poświęcone nie Macierewiczowi, a... Angletonowi i Golicynowi. Zacznijmy od drugiego, który nosi znamienny tytuł *Czerwona pigułka. Anatolij Golicyn i jego książki*[528]. Autor tekstu porównuje książki Golicyna do pigułki prawdy z filmu *Matrix*, która pozwala ludziom przejrzeć otaczającą ich ułudę. Kto jest tym autorem? Wieloletni współpracownik Macierewicza, Dominik Smyrgała. W latach 2006–07 Smyrgała służył w kontrwywiadzie wojskowym jako podwładny Macierewicza. Gdy Antoni Macierewicz przestał być szefem tej służby, Dominik Smyrgała wynosił dla niego tajne dokumenty, za co wyrzucono go z kontrwywiadu (jak podaje m.in. dziennikarz Łukasz Maziewski). Warto też odnotować, że Smyrgała od 2014 r. współpracuje z Universitat (Universidad) Autonoma de Barcelona[529]. Jeszcze niedawno chwalił się tym na swej witrynie internetowej Smyrgala.pl. Jednak w 2018 r. informacja o współpracy z barcelońską uczelnią zniknęła ze strony. Dlaczego Dominik Smyrgała postanowił nagle ukryć swe barcelońskie powiązania? Nie wiadomo. Wiadomo natomiast, że Universitat Autonoma de Barcelona aktywnie krzewi kataloński separatyzm i nieprzyjaźnie traktuje państwo hiszpańskie (według jednego z moich źródeł, uczelnia odmówiła użyczenia władzom Hiszpanii swego budynku jako lokalu wyborczego). W mediach można znaleźć antyhiszpańskie publikacje i wypowiedzi wykładowców uczelni[530]. Jeden z profesorów uniwersytetu, Hiram Osorio[531], promuje katalońskiego polityka Beneta Salellasa, który kwestionuje legalność wyborów rozpisanych przez państwo hiszpańskie, ale też widzi możliwość ich wykorzystania w celu „zbudowania nowej republiki". Jak wiemy, projekt oderwania Katalonii od Hiszpanii cieszy się gorącym poparciem Kremla[532].

---

528 J. Błażejowska, *Niepodległość ma jeden kształt. Antoniemu Macierewiczowi w 70. rocznicę urodzin*, dz. cyt., s. 413–442.

529 R. Lesiecki, *Dominik Smyrgała nowym wiceszefem MON*, Defence 24, 1 grudnia 2017, <https://www.defence24.pl/dominik-smyrgala-nowym-wiceszefem-mon>.

530 N. Hamid, C. Pretus, *How Spain Misunderstood the Catalan Independence Movement*, „The Atlantic" (wydanie internetowe), 1 października 2017, <https://www.theatlantic.com/international/archive/2017/10/catalan-referendum-spain-independence/541656/>.

531 H.J.I. Osorio – B. Salellas, *Interview with Catalan Politician Benet Salellas on why Catalonia Seeks Independence*, Haas Institute, <https://haasinstitute.berkeley.edu/interview-catalan-politician-benet-salellas-why-catalonia-seeks-independence>, dostęp: 14 września 2018.

532 R. Emmott, *Spain sees Russian interference in Catalonia separatist vote*, Reuters, 13 listopada 2017, <https://www.reuters.com/article/us-spain-politics-catalonia-russia/spain-sees-russian-interference-in-catalonia-separatist-vote-idUSKBN1DD20Y>; E. Duarte, H.

Wróćmy jednak do pamiątkowej księgi na cześć Antoniego Macierewicza. Na stronie 363 znajdziemy tam kolejny artykuł, który nie Macierewiczowi jest poświęcony. Tekst nosi tytuł *O duchu kontrwywiadu, czyli postać Jamesa Angletona*. Autor artykułu próbuje przedstawić Angletona jako racjonalnego i profesjonalnego kontrwywiadowcę. Na stronie 370 chwali jego „imponującą umiejętność dostrzegania i prowadzenia logicznego wywodu dotyczącego drugiego czy też trzeciego dna sytuacji". Zaś na stronie 372 pisze, że Angletona „niektórzy [...] oskarżali o agenturalność". Nie podaje jednak, kto sformułował takie oskarżenia. Zamiast tego próbuje je zbiorczo i ogólnikowo dyskredytować nie odnosząc się do nich konkretnie. Argumentacja jest nie tylko mglista, lecz także wewnętrznie sprzeczna. Autor twierdzi, jakoby nie było prawdą, że Angleton „zatrzymał operacje przeciw Związkowi Sowieckiemu". Ale zaraz potem dodaje: „Są przykłady operacji, które były kontynuowane mimo jasnych obiekcji kontrwywiadu". Zatem jeśli Angleton nie zatrzymał niektórych antysowieckich operacji, to dlatego, że kierownictwo CIA w tych przypadkach go nie posłuchało... Osobliwie to wszystko brzmi – również dlatego, że przypuszczenia dotyczące ewentualnej agenturalności Angletona pojawiały się bardzo rzadko, jeśli w ogóle. Na pewno nie w formie oskarżenia. To dziwne, że autor uznał za stosowne wprowadzić do swego artykułu taki wtręt. Kim jest ten autor?

BOLESŁAW Z PIASECKICH

Pod artykułem podpisał się... Bolesław Piasecki. Rzecz jasna nie chodzi o założyciela PAX-u. Tamten Bolesław Piasecki nie żyje od 1979 r.

Istnieje jednak inny Bolesław Piasecki, urodzony dziesięć lat po śmierci pierwszego, w 1989 r. Ten młodszy Bolesław Piasecki (o drugim imieniu Maria) w latach 2016–17 występował jako doradca ministra obrony Antoniego Macierewicza. W tej roli towarzyszył mu podczas podróży zagranicznych. Dowiadujemy się o tym m.in. z interpelacji posła Adama Szłapki, który w styczniu 2018 r. pytał publicznie o rosyjskie powiązania Macierewicza[533].

Meyer, *Spain Learns About Russian Interference the Hard Way*, Bloomberg, 20 grudnia 2017, <https://www.bloomberg.com/news/articles/2017-12-20/madrid-learns-moscow-s-art-of-digital-disruption-the-hard-way>; L. Sanders IV, D. Janjevic, *Russia sees Catalonia as evidence of EU's „double standards"*, DW, 6 listopada 2017, <https://www.dw.com/en/russia-sees-catalonia-as-evidence-of-eus-double-standards/a-41245885>.

533 Interpelacja nr 18777 do Ministra Obrony Narodowej, Sejm.gov.pl, 16 stycznia 2018, <http://www.sejm.gov.pl/sejm8.nsf/InterpelacjaTresc.xsp?key=3B58A2FA>.

Przy tej okazji zapytał o Bolesława Marię Piaseckiego, ponieważ jest on ekspertem... Narodowego Centrum Studiów Strategicznych (NCSS). Można się o tym przekonać na stronach internetowych NCSS (organizacja m.in. zachwala publikację Bolesława Marii Piaseckiego pt. „Motywacje agentów służb specjalnych")[534]. Na wszelki wypadek przypomnę, czym jest NCSS. To organizacja, z której Macierewicz rekrutował do ministerstwa obrony jawnie prokremlowskich ekspertów, jak pułkownik Krzysztof Gaj[535]. Współzałożycielem i szefem tej organizacji był Jacek Kotas, który przez 14 lat pracował jako prezes spółek deweloperskiej Grupy Radius, założonej przez Roberta Szustkowskiego. Zaś Szustkowski to wieloletni współpracownik oligarchów sołncewskiej mafii – potężnej rosyjskiej organizacji przestępczej współdziałającej ze służbami specjalnymi Kremla. Czy Bolesław Maria Piasecki ma coś wspólnego z Bolesławem Piaseckim, sowieckim agentem, założycielem PAX-u i ojcem zamordowanego Bohdana Piaseckiego? Jak najbardziej.

Krajowy Rejestr Sądowy podaje, że Bolesław Maria Piasecki jest wspólnikiem Ładysława Ludomira Piaseckiego w spółce LR Consulting[536]. Zaś Ładysław Ludomir Piasecki to syn Bolesława Piaseckiego, ojca Bohdana. Mamy więc do czynienia z powiązaniem biznesowym, najprawdopodobniej też z bliskim pokrewieństwem. Bolesław Maria byłby wnukiem lub prawnukiem starego Bolesława (według niepotwierdzonej informacji z jednego źródła, jest jego wnukiem). Zatem młody ekspert NCSS stanowi kolejne ogniwo, które łączy Antoniego Macierewicza z PAX-em i jego założycielem.

Ogniwa te zdają się tworzyć gęsty splot, gdy weźmiemy pod uwagę, że:

- ubek i esbek Stefan Mikołajski, który zajmował się Bolesławem Piaseckim i jego zamordowanym synem Bohdanem, w latach 80. opiekował się Macierewiczem;

534 B. M. Piasecki, *Motywacje agentów służb specjalnych*, „Społeczeństwo i Polityka" nr 2, 2015, <http://ncss.org.pl/images/PDF/Motywacje%20agent%C3%B3w%20s%C5%82u-%C5%BCb%20specjalnych%20Boles%C5%82aw%20Piasecki.pdf>, dostęp: 14 września 2018.

535 T. Piątek, *Macierewicz i chwalcy Putina. Wciąż wychodzą na jaw nowe powiązania*, „Gazeta Wyborcza" (wydanie internetowe), 23 czerwca 2016, <http://wyborcza.pl/1,75968,20287758,macierewicz-i-chwalcy-putina-wciaz-wychodza-na-jaw-nowe-powiazania.html>.

536 *Bolesław Maria Piasecki*, serwis Moje Państwo/Rejestr.io, <https://rejestr.io/osoby/651940/boleslaw-piasecki>, dostęp: 14 września 2018; *Bolesław Maria Piasecki – profil osoby z KRS*, serwis Osoby-krs.pl, <http://www.osoby-krs.pl/Piasecki,Boleslaw,Maria-,7544f68ea489eb1a240b3a1a39453c35.html>, dostęp: 14 września 2018.

- ten sam Mikołajski brał udział w operacji „Cezary", której uczestnikiem (prawdopodobnie nieświadomym) był James Angleton;
- potomek Piaseckiego wychwala dzisiaj Angletona pod skrzydłami Macierewicza;
- działalność Bolesława Piaseckiego w latach 40. i 50. poniekąd przypominała operację „Cezary". Albowiem tak się składa, że Piasecki wciągał radykalnych narodowców i niepodległościowców w służbę na rzecz komunizmu. To samo robili ubecy – między innymi Mikołajski – w ramach operacji „Cezary". Różnica była taka, że WiN-owcy wciągnięci w operację „Cezary" służyli komunistom nieświadomie, zaś PAX-owcy – świadomie.

AMERYKAŃSKA PAJĘCZYNA

Na tym zaskakujące zbieżności się nie kończą. Zagłębimy się teraz w amerykańskie sprawy. Pozornie odległe od głównego tematu tej książki, jednak na wiele sposobów z nią związane. Jak się okazuje, nad Atlantykiem przebiega wiele nitek, które łączą zaułki New Jersey i korytarze Waszyngtonu z Warszawą i Moskwą. W swojej książce o Angletonie Tom Mangold opisuje, jak szef kontrwywiadu CIA zaopiekował się sowieckim dezinformatorem Anatolijem Golicynem w USA. Między innymi, Angleton załatwił Golicynowi darmową opiekę dość szczególnego wywiadowcy i prawnika. Tym wywiadowcą i prawnikiem był „Mario Brod, były kapitan wywiadu armii USA [...]. W 1956 r. Brod otworzył swoją własną kancelarię prawną na Broadwayu [...], gdzie pomagał CIA we wszystkich tych dziwnych sprawach, w których służby specjalne potrzebują nieuchwytnego pośrednika – i brał za to regularną pensję [...] Angleton używał Broda za każdym razem, gdy potrzebował omijać normalne kanały komunikacji [...] Brod stał się nowojorskim opiekunem Golicyna. Drobiazgowo zajmował się osobistymi sprawami włącznie z płaceniem podatków i zakupem domu [...] Brod postarał się również o to, by Golicyn i jego rodzina mieli towarzystwo [...] dawał im urodzinowe prezenty [...] po latach, gdy córka Golicyna śmiertelnie przedawkowała narkotyki we Włoszech, Brod zajął się również i tym (był jej ojcem chrzestnym)"[537].

Wyrażenie „ojciec chrzestny" w tym kontekście budzi różne skojarzenia – i słusznie. Mangold cytuje byłego agenta FBI, Sama Papicha: „Mario [Brod]

537 T. Mangold, dz. cyt., s. 82 i n.

miał swoje kontakty w mafii. Jej ludzie z nim współpracowali". Tę informację potwierdzają inne źródła. Jest wśród nich włoski historyk i ekspert od przestępczości zorganizowanej Salvatore Lupo. Podaje on, że Mario Brod wyciągnął z aresztu sycylijsko-amerykańskiego gangstera Nicolę „Nicka" Gentile.

Również „Nick" Gentile był malowniczą postacią, modelowym członkiem mafii – a równocześnie agentem KGB. Współtworzył nowojorską mafię od samych jej początków. Przybył do USA w 1903 r., gdzie służył jako mediator między mafijnymi rodzinami. Równocześnie handlował narkotykami (podczas prohibicji – także alkoholem). W 1937 r. wrócił na Sycylię. Sześć lat później to Ameryka wróciła do niego: trwała druga wojna światowa i w 1943 r. alianci wylądowali na wyspie. Gangster zaczął wtedy współpracować z amerykańskimi oficerami. Dostarczał im informacji wywiadowczych i robił z nimi czarnorynkowe interesy. W końcu postanowił... oderwać Sycylię od Włoch, aby stworzyć pierwsze na świecie stuprocentowo mafijne państwo. Ten interesujący projekt polityczny przerwali Brytyjczycy, którzy po prostu aresztowali ambitnego bandytę. Ale na krótko: „Nick nie został długo za kratkami dzięki pomocy swego przyjaciela Mario Broda, pułkownika służb specjalnych" – pisze Salvatore Lupo[538]. W 1998 r. agencja Associated Press podała, że „Nick" Gentile współpracował z sowieckim wywiadem jako informator. Uzyskała tę informację od byłego agenta KGB, Leonida Kołosowa[539].

Zatem musimy tu odnotować kolejne powiązanie, które prowadzi do Kremla. A także do Antoniego Macierewicza. Albowiem tak się składa, że przyjaciel Mario Broda, gangster-informator „Nick" Gentile należał do mafijnej rodziny Gambino[540]. Współdziałał też z rodzinami Lucchese i Genovese. Razem z nimi „opiekował się" wielką centralą związków zawodowych AFL-CIO, kontrolowaną przez mafię oraz infiltrowaną przez służby specjalne. Zaś świetne relacje z tymi trzema mafijnymi klanami – Gambino, Lucchese i Genovese – utrzymywał także główny sojusznik Antoniego Macierewicza w USA. Znany nam już lobbysta Alfonse „Al" D'Amato, który w latach 80. i 90. zasiadał w Senacie USA z ramienia stanu Nowy Jork. Jako senator, D'Amato interweniował na rzecz członków wyżej wymienionych mafijnych

538 S. Lupo, *The Two Mafias: A Transatlantic History, 1888–2008*, zob. rozdz. *Operation Husky: Dealing with the Mafia in Its Native Land*, New York, 2015.

539 M. Landsberg, *KGB Spies Tell All _ Well, Almost*, AP, 30 września 1998, <https://apnews.com/5d30bd82a7221fbbd08ee21ace75cb07>.

540 T. Blickman, *The Rothschilds of the Mafia on Aruba*, Transnational Institute, 29 maja 1997, <https://www.tni.org/en/paper/rothschilds-mafia-aruba>.

rodzin, gdy mieli oni kłopoty z prawem. Bawił się też z „kapitanami" rodziny Gambino na imprezie, której celem było zbieranie funduszy na jego kampanię wyborczą[541].

Kolejna koincydencja: rodziny Genovese i Gambino pomogły gangom z byłego ZSRR osiąść w Nowym Jorku. Gangi te związane były z supergangsterem Siemionem Mogilewiczem i tzw. mafią sołncewską. Również Mogilewicz i mafia sołncewska mają liczne powiązania z Antonim Macierewiczem (jak np. wielokrotnie tu wspominana organizacja NCSS). Równocześnie zaś współpracują z kremlowskim wywiadem wojskowym GRU. Jednym z powiązań między rosyjskimi gangsterami a Macierewiczem jest znowu... Alfonse D'Amato. Brał on bowiem pieniądze od człowieka Mogilewicza, odesko-nowojorskiego przedsiębiorcy Sama Kislina[542]. Przy okazji przypomnę, że pan D'Amato pracował również dla wielkich koncernów lotniczych, które uczestniczyły w uzależnieniu amerykańskiego wywiadu kosmicznego od rosyjskich silników rakietowych[543].

To nie koniec zadziwiających koneksji. Wspomniałem wcześniej o związku zawodowym AFL-CIO. Była to wielka centrala, która jednoczyła setki mniejszych organizacji pracowniczych. Wspomniałem też, że działała ona pod kontrolą mafii. Przez całe dekady znajdowała się pod wpływem zarówno mafijnej rodziny Genovese[544], jak i klanu Lucchese: w skład centrali wchodziła organizacja pracowników motoryzacji UAW, której szefem w Nowym Jorku był John Dioguardi, jeden z bossów klanu Lucchese[545]. Także to powiązanie prowadzi do ZSRR i Macierewicza.

Zacznijmy od tego, że bossa Dioguardiego i jego organizację związkową UAW z ramienia centrali AFL-CIO nadzorował przebojowy działacz

541 M. Maddux, *D'Amato mob pic emerges in Brooklyn court at slay trial*, „New York Post" (wersja internetowa), 27 marca 2013, <https://nypost.com/2013/03/27/damato-mob-pic-emerges-in-brooklyn-court-at-slay-trial/>.

542 T. Piątek, *Macierewicz i jego tajemnice*, dz. cyt.; T. Topousis, *Rudy Donor Linked to Russian Mob*, „New York Post" (wersja internetowa), 22 grudnia 1999, <https://nypost.com/1999/12/22/rudy-donor-linked-to-russian-mob/>.

543 T. Piątek, *Macierewicz i jego tajemnice*, dz. cyt.

544 H. Abadinsky, *Organized Crime*, Belmont 2013, s. 252. W internecie dostępne są liczne prasowe doniesienia, np.: A. H. Lubaschoct, *Mafia Runs Fulton Fish Market, U.S. Says in Suit to Take Control*, „The New York Times", 16 października 1987, <https://www.nytimes.com/1987/10/16/nyregion/mafia-runs-fulton-fish-market-us-says-in-suit-to-take-control.html>.

545 J.B. Jacobs, *Mobsters, Unions, and Feds. The Mafia and the American Labor Movement*, Nowy Jork 2006, s. 87.

związkowy, Jay Lovestone ściśle związany z... Jamesem Angletonem[546]. Historia pana Lovestone jest niezwykle ciekawa – i coś nam przypomina. Z początku fanatyczny komunista, na przełomie lat 20. i 30. towarzysz Lovestone stał się fanatycznym antykomunistą. Jak doszło do tej przemiany? W 1929 r. Lovestone poleciał do Moskwy, żeby kłócić się z samym Stalinem. Stalin wygłosił przemowę, w której potępił błędy towarzysza Lovestone'a. Kazał go też aresztować[547]. Jednak Lovestone nie skończył w zbiorowym grobie pod Moskwą ani na Syberii, tylko powrócił do USA. Podobno uciekł. Cóż, historia uczy, że takie ucieczki z ZSRR rzadko kiedy się udawały. Jeśli Stalin chciał zniszczyć człowieka, którego miał w swojej władzy – to niszczył. Zatem nasuwa się podejrzenie, że Jay Lovestone wrócił do swej ojczyzny z tajną misją. Zaś jego spór ze Stalinem i ucieczka stanowiły tylko kamuflaż.

Już po swojej przemianie pan Lovestone jako antykomunistyczny związkowiec zajmował coraz wyższe stanowiska w AFL-CIO. W latach 1963–1973 pełnił funkcję dyrektora departamentu spraw międzynarodowych tej centrali. Równocześnie szpiegował dla Jamesa Angletona informując go obficie o swoich wpływowych znajomych. Mimo zaawansowanego wieku (Lovestone urodził się w 1897 r.) robił to gorliwie i bez zahamowań[548]. Odnotujmy, że Angleton mógł pogwałcić statut CIA, gdy zdecydował się na współpracę z tym niezwykłym konfidentem. Albowiem statut CIA zabrania jej funkcjonariuszom rozpracowywania obywateli amerykańskich na terytorium USA (od takich zadań jest FBI). Zaś wiele wskazuje na to, że Lovestone donosił nie tylko na cudzoziemców. Jego działalność wywiadowcza budziła też inne wątpliwości natury etycznej (mówiąc delikatnie). „Do swych wielostronicowych raportów Lovestone złośliwie dołączał masę brudu: polityczne pogłoski zmieszane z obyczajowymi plotkami seksualnej natury"[549]. Warto zapytać, czy plotki te dotyczyły również Toma Kahna, wybitnego aktywisty tej samej centrali AFL-CIO, a zarazem geja. Skąd to pytanie? Tak się składa, że w latach 80. Kahn utrzymywał kontakty z Piotrem Naimskim, prawą ręką Macierewicza.

546 P.D. Scott, *American War Machine. Deep Politics, the CIA Global Drug Connection, and the Road to Afghanistan*, Lanham 2010, s. 150.

547 J. Barron, *Amerikanskij szpion*, tł. W. Jeżewski, Warszawa 2018, s. 39; *Stalin's Speeches on the CPUSA*, Marxists Internet Archive, <https://www.marxists.org/reference/archive/stalin/works/1929/cpusa.htm>, dostęp: 14 września 2018.

548 T. Mangold, dz. cyt., s. 291 i n.

549 Tamże.

Tom Kahn zaczął współpracować z AFL-CIO na krótko przed odejściem Jaya Lovestone'a. Zaś w latach 80. zajął jego stanowisko: został dyrektorem departamentu spraw międzynarodowych. Orientacja seksualna Kahna nie ułatwiała mu związkowej kariery. Tolerancja dla homoseksualizmu rzadko wówczas występowała wśród robotników (zresztą nie tylko wśród nich). Co więcej, nie tylko płeć partnerów Kahna mogła budzić zastrzeżenia „białych pracujących mężczyzn". W młodości Tom Kahn przeżył namiętny romans z czarnoskórym bojownikiem o prawa człowieka, Bayardem Rustinem. Czy Lovestone znał więcej takich faktów z przeszłości Kahna? Czy on lub Angleton mogli jakoś na Kahna wpływać?

Przejdźmy do kontaktów Kahna z Naimskim. Obaj panowie musieli się poznać w latach 1981–1984, gdy Piotr Naimski przebywał w USA. W tym okresie Kahn organizował poparcie dla „Solidarności" w centrali związkowej AFL-CIO, podczas gdy Naimski należał do amerykańskiego Committee in Support of Solidarity (Komitetu Poparcia dla „Solidarności")[550]. W znanej nam już teczce „Chemex" znajdujemy potwierdzenie, że Naimski kontaktował się z Kahnem. Wiedział nawet, co Kahn ma na biurku! W „Wyciągu z meldunku z dnia 17 X 1984 r."[551] czytamy, że Naimski pisze do jednego z polskich emigracyjnych działaczy, aby ten przesłał mu pilnie „oryginał umowy [...] którego kopia znajdowała się na biurku Thomasa Kahna". Zatem kolejne kółko się zamyka.

Nie tylko zresztą za sprawą Kahna Piotr Naimski miał też swoje powiązania z mafijnym senatorem Alfonsem D'Amato. Komitet Poparcia dla „Solidarności", którego członkiem był Naimski, kontaktował się z D'Amato. Jak się zdaje, zawdzięczał mu też pewne sukcesy. Już po powrocie Piotra Naimskiego do Polski przedstawicielom Komitetu udało się wystąpić przed Komisją Bezpieczeństwa i Współpracy w Europie Kongresu USA. Komisji tej przewodniczył... senator Alfonse D'Amato[552]. Senator D'Amato współdziałał również z polonijną organizacją POMOST, z którą kontakty utrzymywał Naimski. Tak samo jak Macierewicz – lider POMOST-u, Janusz Subczyński, w latach 1999–2014 był wspólnikiem biznesowym Antoniego Macierewicza w jego spółce Dziedzictwo Polskie. Współpracował także z czasopismem Ma-

550 G.F. Domber, *Empowering Revolution. America, Poland, and the End of the Cold War*, Chapel Hill, 2014, s. 71.

551 IPN BU 01911/147, s. 115–118.

552 *Commission on Security and Cooperation in Europe*, dz. cyt., s. 10.

cierewicza „Głos" jako jeden z najbardziej płodnych autorów[553]. W latach 90. publikował tam liczne artykuły o wymowie ksenofobicznej, głównie islamofobicznej.

„CEZARY" WIECZNIE ŻYWY?

Wszystkie te powiązania – liczne, udokumentowane, prowadzące zawsze w stronę Kremla – mogłyby skłaniać do zmiany spojrzenia na esbecki układ, który w latach 80. chronił Macierewicza. Zakładam, że trzon tego układu stanowiło kilku esbeków o ubeckiej przeszłości – Mikołajski, Malik i Krupski. Esbecy ci specjalizowali się w żerowaniu na uczuciach narodowych i ideach prawicowych, których używali dla dobra komunizmu (nieraz bardzo perfidnie). Zakładam też, że działali oni przede wszystkim na rzecz Kremla, dopiero potem – władz PRL. Przez to mogli liczyć na pomoc innych esbeków dobrze ustosunkowanych z Moskwą (jak Zdzisław Sarewicz, lub ojciec i syn Kaszkurowie). Zakładam wreszcie, że Sowieci i ich główni przedstawiciele w Polsce – Mirosław Milewski, wcześniej zaś przywódcy natolińczyków – bezpośrednio dowodzili najważniejszymi akcjami „frakcji moskiewskiej" (jak zabójstwo Piaseckiego czy Popiełuszki). Opiekowanie się Antonim Macierewiczem uznaję za boczną odnogę działalności „frakcji moskiewskiej". Przyjąłem więc, że w tej kwestii jego protektorzy byli dość luźno nadzorowani przez Moskwę.

Jednak wszystko, czego się teraz dowiedzieliśmy, każe zapytać: czy na pewno działalność Macierewicza stanowiła boczną odnogę? Można to pytanie sformułować dosadniej: czy operacja „Cezary" nadal trwa? Czy wieloletnie kreowanie Macierewicza na wodza Polaków-katolików jest częścią jeszcze dłuższej rozgrywki Moskwy z Zachodem?

W książce *Macierewicz i jego tajemnice* można znaleźć pewną hipotezę. Według niej zbliżenie między moskiewskimi komunistami a skrajnymi prawicowcami z USA mogło się zacząć w Wietnamie (gdzie służby Kremla i Waszyngtonu walczyły ze sobą w bliskim zwarciu, niekiedy może zbyt bliskim). Ale teraz można odnieść wrażenie, że zbliżenie to zaczęło się znacznie wcześniej i gdzie indziej: w Polsce lat 40. Nie stanowiło też zwarcia, tylko

553 T. Piątek, *Macierewicz i jego tajemnice*, dz. cyt.; Tegoż, *O ciemnych sprawach Alfonse'a D'Amato, współpracownika Antoniego Macierewicza za oceanem*, „Gazeta Wyborcza" (wydanie internetowe), 28 czerwca 2017, <http://wyborcza.pl/7,75398,22019812,o-ciemnych-sprawach-alfonse-a-d-amato-wspolpracownika-antoniego.html>.

chwyt zapaśniczy. Sowieci złapali Amerykanów za głowę. Jak każdy dobry zapaśnik, spróbowali pokonać przeciwnika jego własną siłą. Zaczęli manipulować Amerykanami, wykorzystując moc ich przekonań, ich zdecydowany antykomunizm. Spróbuję zrekonstruować możliwy przebieg wydarzeń.

Mógłby on wyglądać następująco: na przełomie lat 40. Sowieci omotali część kierownictwa CIA. Posłużyli się przy tym polskimi antykomunistami z WiN, zmanipulowanymi w ramach operacji „Cezary". Gdy Philby doniósł im, że James Angleton jako jedyny nie uwierzył w pseudo-WiN, sowieckie służby zaczęły studiować Angletona. W końcu podesłały mu Golicyna. W ten sposób, za pośrednictwem Golicyna, Angletona i Mario Broda Sowieci dotarli do mafii. To organizacja skrajnie prawicowa, bo feudalna – ale jak dowodzi przykład „Nicka" Gentile oraz rodzin Genovese i Gambino, ona również dała się wykorzystać sowieckim służbom.

Mielibyśmy więc do czynienia z wielką, trwającą przez dziesięciolecia operacją, która przetrwała upadek komunizmu. Albowiem jej ukoronowaniem byłoby wprowadzenie do Białego Domu prezydenta Donalda Trumpa (wspieranego przez ludzi powiązanych z gangsterem Mogilewiczem i GRU, takich jak Felix Sater i Paul Manafort)[554]. Istotę tej operacji stanowiłoby werbowanie skrajnych prawicowców oraz kreowanie pseudo-prawicowych liderów i partii, posłusznie spełniających wolę Moskwy.

Jedną z takich partii mógłby stanowić francuski Front Narodowy. Obecnie ugrupowanie to cieszy się otwartym wsparciem Kremla. Poprzedni przywódca Frontu, Jean-Marie Le Pen, w latach 70. przedstawiał się jako zwolennik euroatlantyckiej solidarności w konfrontacji z ZSRR. Jednak od samego początku lat 90. zaczął atakować USA i wspierać przeciwników NATO[555]. Wsparł też Władimira Żyrinowskiego, skrajnie prawicowego polityka rosyjskiego, który głosił powrót Rosji do wielkomocarstwowej roli i aneksję

---

554 T. Piątek, *Macierewicz i jego tajemnice*, dz. cyt.; B.E. Frydenborg, *Trump's Real Estate Deals Took Money From Russian Crooks*, War is Boring, 4 kwietnia 2017, <https://warisboring.com/trumps-real-estate-deals-took-money-from-russian-crooks/>; B.E. Frydenborg, *Think You Know How Deep Trump-Russia Goes? Think Again: This Chart/Info Will Blow Your Mind*, LinkedIn Pulse, 27 lipca 2017, <https://www.linkedin.com/pulse/think-you-know-how-deep-trump-russia-goes-again-blow-your-frydenborg/>.

555 *La crise des otages*, La Guerre Du Golfe, <http://guerredugolfe.free.fr/tablotages.htm>, dostęp: 14 września 2018; A. Riding, *Confrontation in The Gulf*; Le Pen, Isolated in France, Opposes Gulf Involvement, „The New York Times", 24 września 1990, <https://www.nytimes.com/1990/09/24/world/confrontation-in-the-gulf-le-pen-isolated-in-france-opposes-gulf-involvement.html>.

ziem sąsiadów[556]. Na krótko przed tym zwrotem w historii francuskiej ultraprawicy Antoni Macierewicz i Piotr Naimski kontaktowali się z jej przedstawicielami (a nawet z francuskimi prawicowymi terrorystami). Dodam, że w 1988 r. Macierewicz poprosił nawet komunistów o zezwolenie na odbycie rodzinnej... pielgrzymki do Francji (o czym z kolei czytamy w teczce paszportowej jego córki, Aleksandry Macierewicz). Mianowicie do Lourdes[557], gdzie od ponad stu lat spotykali się ultraprawicowi tradycjonaliści, zresztą nie tylko francuscy[558].

Kolejna dziwna zbieżność? Kolejna zbieżność, która już nie dziwi. Jeśli bowiem trzymać się hipotezy o kremlowskim programie werbunku prawicowców i kreacji pseudo-prawicowych liderów, to Polska jawi się jako poligon doświadczalny tej „hodowli". W naszym kraju Kreml stworzył swojego Donalda Trumpa już w latach 40. Był nim faszystowski milioner na moskiewskiej smyczy, Bolesław Piasecki. W następnych dekadach sowieccy i polscy komuniści wygenerowali innych pseudo-prawicowych liderów. Kimś takim w pewnej mierze był nacjonal-komunista Moczar. Kimś takim, jak widzimy, mógł być również Antoni Macierewicz. Nic dziwnego, że Macierewicz poszukał kontaktu ze swymi odpowiednikami na Zachodzie.

OPERACJA „PP"?

Rzecz jasna, operacja „Cezary" nie trwała do dziś. Wiemy na pewno, że zamknięto ją w 1952 r. Jednak nie wykluczam, że pewne jej wątki kontynuowano po tym roku. Przede wszystkim zaś nie wykluczam, że operacja „Cezary" mogła być częścią szerzej zakrojonych działań, które stworzyły trwałe podstawy dla wieloletniej infiltracji światowej prawicy przez Kreml. Działań tych nie należy sobie wyobrażać jako jednej wielkiej mega-operacji, zaplanowanej od samego początku i realizowanej zgodnie z planem przez dziesięciolecia. Mowa raczej o eksperymencie, który szybko okazał się rozwojowy. Werbując radykalnych prawicowców w Polsce, służby sowieckie przekonały się o użyteczności takich agentów. Próbowały więc powtórzyć te doświadczenia w innych krajach. W miarę, jak ideologia komunistyczna obumierała

556 L. Motet, dz. cyt.

557 IPN BU 797/103563.

558 R. Di Stefano, F. J. R. Solans, *Marian Devotions, Political Mobilization and Nationalism in Europe and America*, London 2016, s. 142–144. Z publikacji na ten temat w internecie dostępna jest elektroniczna wersja książki R. Harris, *Lourdes: Body and Spirit in the Secular Age*, London 2008.

na całym świecie, prawicowe marionetki okazywały się coraz bardziej przydatne dla Kremla. Wreszcie za czasów Putina sam Kreml jawnie stał się fortecą ekstremalnej prawicy. Odtąd Moskwa nie musi już się wstydzić swoich faszystowskich sojuszników.

Dla uproszczenia wyżej przedstawione werbowanie prawicowców i kreowanie prawicowych liderów przez Kreml nazwijmy operacją „PP" (jak „pseudo-prawica"). Ale wciąż pamiętajmy, że nie była to jedna operacja oparta na jednym, ściśle realizowanym planie. Była to seria powiązanych ze sobą działań, które najprawdopodobniej rozwijały się metodą prób i błędów. Choć z drugiej strony należałoby przyznać, że realizatorzy operacji „PP" wykazali się konsekwencją i uporem. Szczególnie jeśli wszystko zaczęło się od werbowania zagubionych partyzantów w polskich lasach, a skończyło na Donaldzie Trumpie w Waszyngtonie. Czy istnieje jakaś służba specjalna, którą można podejrzewać o taki 70-letni upór? To wątpliwe, choć niewykluczone. Jedynym możliwym kandydatem byłby kremlowski wywiad wojskowy GRU. Istnieje on nieprzerwanie od 100 lat. Nigdy nie został zlikwidowany, obnażony, poddany masowej krytyce. W przeciwieństwie do służb cywilnych ZSRR i Rosji, które przechodziły ciągłe rewolucje i reformy (świadczą o tym choćby nieustanne zmiany nazwy: Czeka, GPU, OGPU, NKWD, NKGB, KGB, FSB i SWR). Inaczej niż służby cywilne, GRU zachowało organizacyjną ciągłość, spójność i morale. To mogłoby pozwolić na twórcze rozwijanie operacji „PP" przez siedem dziesięcioleci.

SUBTELNY MÓZG IWANA SIEROWA

Widzieliśmy jednak, że wśród kontaktów Malika, Mikołajskiego, Krupskiego, Milewskiego, Nowaka i Witaszewskiego przewija się przede wszystkim KGB. Zatem sowieckie służby cywilne też musiałyby uczestniczyć w operacji „PP".

Czy to możliwe, żeby dwie rywalizujące ze sobą służby przez dziesięciolecia brały udział w wielkim międzynarodowym eksperymencie? Raczej nie. Prędzej można przypuścić, że obie zaznajomiły się z ideą „hodowli kremlowskich prawicowców", a potem rywalizowały w jej realizacji. Przy czym wywiad wojskowy jako bardziej stabilny realizowałby ją w sposób regularny i trwały. Zaś kremlowskie służby cywilne (najpierw KGB, potem FSB i SWR) co jakiś czas wracałyby do rywalizacji z GRU w tworzeniu swych własnych prawicowców lub we wspieraniu kremlowskich prawicowców już wytworzonych. Coś w tym rodzaju obserwowaliśmy podczas ostatnich wyborów prezydenckich w USA, gdzie Donalda Trumpa wspomagały dwie oddzielne grupy rosyjskich hakerów, tzw. *Fancy Bear* i *Cozy Bear*. Zdaniem ekspertów, ta pierwsza wywodziła się z GRU, ta druga z FSB, następczyni KGB[559].

Kto mógł być wspólnym dla obu służb źródłem tej idei? Nasuwa się jeden kandydat: Iwan Sierow. Generał Sierow był szefem KGB w latach 1954–1958, następnie szefem GRU w latach 1958–1963. Jako jedyny człowiek w historii kierował obiema tymi służbami. Gdy przechodził do GRU, mógł pozostawić w KGB grupę swoich ludzi. Jeśli kogoś można podejrzewać o zainicjowanie wielkiej multi-operacji prowadzonej niezależnie od siebie przez obie służby, to właśnie Sierowa. Były brytyjski dyplomata Robert Holmes, który działał w Moskwie na początku lat 60., posuwa się dalej. Uważa, że Sierow nawet po swoim upadku z 1963 r. potajemnie współdziałał z KGB. Z kim dokładnie? Z Jurijem Andropowem, protektorem Mirosława Milewskiego (najprawdopodobniej odpowiedzialnego za śmierć Popiełuszki, na kilka sposobów powiązanego z Mikołajskim i Macierewiczem). A także z Władimirem Kriuczkowem – tym samym, który w latach 80. osłaniał antysemickich pseudoprawicowców z ruchu Pamiat´. Holmes uważa wręcz, że Sierow, Andropow i Kriuczkow mogli doprowadzić do zabicia amerykańskiego prezydenta Johna Kennedy'ego w 1964 r.[560] Ale nawet bez tak daleko idących hipotez nie da się wykluczyć, że pomysły Sierowa mogły przetrwać jego dymisję.

Generał Sierow zdaje się najbardziej prawdopodobnym kandydatem na autora operacji „PP" również ze względu na jego „profil ideologiczno-psychologiczny". Jak wiemy, Sierow nie brzydził się wszystkiego, co niekomunistyczne. Uczył się od Ławrientija Berii, można więc przypuścić, że bardziej przypominał fanatyka-cynika niż fanatyka-ideowca. O ile wiemy, niczemu nie był wierny, oprócz dążenia do władzy (dlatego zdradził Berię dla Chruszczowa). Brak ideowych oporów zapewne pomógł mu zwerbować faszystę Bo-

---

559 J. Meyer, *Cozy Bear Explained: What You Need to Know About the Russian Hacks*, NBC, 15 września 2016, <https://www.nbcnews.com/storyline/hacking-in-america/cozy-bear-explained-what-you-need-know-about-russian-hacks-n648541>.

560 N. Tweedie, *The assassination of President John F Kennedy: the finger points to the KGB*, „The Telegraph" (wydanie internetowe), 24 października 2012, <https://www.telegraph.co.uk/history/9628028/The-assassination-of-President-John-F-Kennedy-the-finger-points-to-the-KGB.html>; R. Holmes, *A Spy Like No Other. The Cuban Missile Crisis and the KGB links to the Kennedy Assassination*, London 2012, <https://www.bitebackpublishing.com/books/a-spy-like-no-other>.

lesława Piaseckiego i zainicjować wielki program zaprzęgania narodowców w służbę komunizmu znany jako Stowarzyszenie PAX. Robiąc z Piaseckiego pierwszego Trumpa, Sierow pogwałcił przecież najświętsze komunistyczne tabu: odrzucenie kapitalizmu i faszyzmu. Zapewne dostał na to dyspensę od samego Stalina. Jednak nawet z dyspensą Stalina taki krok musiał przestraszyć wszystkich ortodoksyjnych komunistów, którzy się o nim dowiedzieli. Rzecz jasna, nie tylko przypadek Piaseckiego mógłby zainspirować generała Sierowa do rozpoczęcia operacji „PP". Sierow z ramienia Moskwy nadzorował działania polskich służb specjalnych, jak również działania sowieckich służb w Polsce. Od samego początku informowano go zapewne o rozwoju operacji „Cezary". Świadomość, że wystarczy trochę kłamstw, aby omotać antykomunistycznych bojowników w lasach Polski i gabinetach Waszyngtonu, musiała być niezwykle inspirująca.

Czy na trop operacji „PP" wpadli kontrwywiadowcy Wilczyński i Mrozikiewicz, gdy zajmowali się rodziną Antoniego Macierewicza? Czy dlatego Krupski pozbył się ich ze służby? W tym kontekście jeszcze ciekawiej niż dotąd jawi się wysłanie Wilczyńskiego do Waszyngtonu. Do najważniejszej placówki wywiadu PRL – w której doświadczony kontrwywiadowca miał być jednak tylko szyfrantem. Czy w tej placówce pracował ktoś ważny, kto chciał się przyjrzeć Wilczyńskiemu? Czy była to próba, po której zapadła decyzja: nie wtajemniczamy tego towarzysza w operację „PP", tylko pozbywamy się go ze służby? A może Wilczyński w Waszyngtonie był nie tylko szyfrantem? Może w końcu wtajemniczono go tam w sekrety, których istnienie wcześniej podejrzewał – ale po wtajemniczeniu nie umiał sobie poradzić z uzyskaną wiedzą?

PRZEKŁADANIEC UB–SB–WIN–GRU

To nie koniec tropów wiodących do GRU, Kremla, WiN, operacji „Cezary" i hipotetycznej operacji „PP". Kolejnym zagłębiem takich powiązań jest spółka Dziedzictwo Polskie, której udziałowcem jest Macierewicz.

Wiemy już, że wspólnikiem Macierewicza w tej firmie był Janusz Subczyński – lider amerykańskiej organizacji POMOST, która współpracowała z Alfonsem D'Amato (senatorem zaprzyjaźnionym z mafijnymi rodzinami, które mają powiązania z GRU, Mogilewiczem, Golicynem i Jamesem Angletonem). Spółka Dziedzictwo Polskie wydawała antysemicką gazetę „Głos". Jako jej wydawca występował Antoni Macierewicz. Na jej łamach publikował dziennikarz Witold Gadowski (w latach 90. ujawnił on w „Głosie" następującą rewelację: jeden z byłych dowódców policji w Krakowie to Żyd, co chodzi do synagogi!)[561]. W 2017 r. Gadowski wielokrotnie występował publicznie, usiłując tuszować rosyjskie powiązania Macierewicza. Wystąpienia te dostępne są w internecie, m.in. w serwisie YouTube[562]. W 2018 r. prawicowy bloger Marcin Rey ujawnił, że Gadowski przyjmuje pieniądze od Macieja Domżały[563]. Pan Domżała jest wspólnikiem Roberta Szustkowskiego, znanego nam biznesmena współpracującego z oligarchami sołncewskiej mafii, która z kolei ściśle współpracuje z GRU[564].

W latach 90. spółkę Dziedzictwo Polskie finansował ówczesny wiceprezes Herbapolu Lublin, znany nam Robert Jerzy Luśnia. Bliski współpracownik Antoniego Macierewicza w latach 1980–2010, zarazem płatny konfident SB. W latach 80. prowadzony przez esbeka Józefa Nadworskiego, który utrzymywał ścisłe kontakty z GRU. Nadworski przyjaźnił się z oficerami tej sowieckiej służby. Pomógł im zwerbować głównego szpiega GRU w Polsce, esbeka Marka Zielińskiego. Następnie współpracował z Zielińskim w SB (między innymi, razem zajmowali się środowiskiem Roberta Luśni). Po upadku komunizmu Józef Nadworski został wspólnikiem biznesowym Marka Zielińskiego w agencji ochrony Dakota, która stanowiła przykrywkę dla działań GRU[565]. W latach 90. Nadworskiego aresztowano za sprawą podejrzeń o współpracę z rosyjską mafią, nie został jednak skazany. Zaś jego były podopieczny Robert Luśnia cieszy się obecnie poparciem Konrada Rękasa, wiceprzewodniczącego jawnie prorosyjskiej partii Zmiana (jak wiemy, jej szef i założyciel Mateusz Piskorski przebywa w areszcie za sprawą podej-

561 „Głos", nr 99, 1996; T. Piątek, *Antysemicki „Głos" redaktora Antoniego Macierewicza*, „Gazeta Wyborcza" (wydanie internetowe), 9 lipca 2016, <http://wyborcza.pl/magazyn/1,124059,20373841,antysemicki-glos-redaktora-antoniego-macierewicza.html>.

562 J. Jaszczuk, W. Gadowski, *Witold Gadowski dla Frondy: Podnóżki Rosji chcą „ubłocić" Macierewicza*, Fronda.pl, <http://www.fronda.pl/a/gadowski-dla-frondy-podnozki-rosji-chca-ublocic-macierewicza,95372.html>, dostęp: 14 września 2018; *Gadowski: Książka o Macierewiczu to dowód, że dziennikarstwo śledcze w Polsce umarło*, Telewizja wPolsce/YouTube, 15 września 2017, <https://www.youtube.com/watch?v=Uy6tKl5AQ2w>, 14 września 2018; *Gadowski o książce Macierewicz i jego tajemnice*, Tylko_w_prawo/YouTube, 8 września 2017, <https://www.youtube.com/watch?v=NVGw3h4L-B4>, 14 września 2018; *Gadowski Piatek* [pisownia oryginalna – red.], PL.60107/YouTube, 28 czerwca 2017, <https://www.youtube.com/watch?v=eHaVk88LklU>, dostęp: 14 września 2018.

563 Profil Marcina Ludwika Reya, Facebook, 23 lipca 2018, <https://www.facebook.com/photo.php?fbid=10212730771928727&set=a.2894852054950.2120820.1369771563&type=3&_rdc=1&_rdr>, dostęp: 14 września 2018.

564 T. Piątek, *Macierewicz i jego tajemnice*, dz. cyt.

565 Tamże; A. Gielewska, M. Dzierżanowski, dz. cyt., s. 298–301.

rzenia o szpiegostwo na rzecz Rosji i innych państw). Rękas opublikował w internetowym serwisie YouTube przeprowadzony przez siebie wywiad z Luśnią. Podczas rozmowy Rękas ewidentnie promuje swego rozmówcę i nie dystansuje się od jego antyukraińskich wypowiedzi[566]. Tak się składa, że w 2005 r. Antoni Macierewicz powołał Rękasa na pełnomocnika swej partii koalicyjnej Ruch Patriotyczny w okręgach lubelskim i chełmskim[567].

W 2006 r. osobą Luśni zainteresował się znany nam już prawicowy dziennikarz Wojciech Sumliński. Sumliński obecnie związany jest z PiS i Macierewiczem. Jednak dwanaście lat temu zdawał się przejawiać większą niezależność. Atakował wtedy Roberta Luśnię jako byłego konfidenta SB. Pisał też, że Luśnię wspiera prawicowa działaczka Teresa Liszcz (sędzia Trybunału Konstytucyjnego w stanie spoczynku). Opisywał także działalność jej męża, Leszka Liszcza, który był syndykiem upadłościowym kilkunastu dużych firm na Lubelszczyźnie. Według Sumlińskiego, Liszcz współpracował z Jerzym Portką, byłym esbekiem, później szefem lubelskiej delegatury UOP (Urzędu Ochrony Państwa, czyli cywilnych służb specjalnych, które po upadku komunizmu zastąpiły SB)[568]. Tak się składa, że również Jerzy Portka jest blisko związany z Antonim Macierewiczem i jego prawą ręką, Piotrem Naimskim. W 1992 r. to właśnie Macierewicz jako minister spraw wewnętrznych i Naimski jako szef UOP mianowali Portkę szefem lubelskiej delegatury tej służby. Według prokuratora krajowego Włodzimierza Blajerskiego awans Jerzego Portki był nagrodą: Portka został szefem lubelskiego UOP, ponieważ przyniósł Macierewiczowi niektóre z esbeckich dokumentów obciążających jego współpracownika Luśnię. Antoni Macierewicz miał ukryć te dokumenty po to, żeby chronić Luśnię i zarazem go kontrolować. W aktach sprawy

566 *Lublin.com.pl LIVE: NON SERVIAM Wywiady niepokorne – Robert Luśnia*, Niezależny Lublin/YouTube, 6 czerwca 2014, <https://www.youtube.com/watch?v=2re7vVLTAT4>, dostęp: 14 września 2018.

567 T. Piątek, *Macierewicz i jego tajemnice*, dz. cyt.; Tegoż, *Fragmenty książki Tomasza Piątka „Macierewicz i jego tajemnice" dotyczące Konrada Rękasa i prorosyjskiej partii Zmiana*, „Gazeta Wyborcza" (wydanie internetowe), 11 lipca 2017, <http://wyborcza.pl/7,75398,22080690,fragmenty-ksiazki-tomasza-piatka-macierewicz-i-jego-tajemnice.html>; B.T. Wieliński, *„Frankfurter Allgemeine Zeitung": Macierewicz współpracował ze zwolennikiem Putina*, „Gazeta Wyborcza" (wydanie internetowe), 31 lipca 2017, <http://wyborcza.pl/7,75399,22170209,frankfurter-allgemeine-zeitung-macierewicz-wspolpracowal.html>; B. Dudek (opr.), *FAZ: Rosyjskie powiązania otoczenia Macierewicza*, DW, 31 lipca 2017, <https://www.dw.com/pl/faz-rosyjskie-powi%C4%85zania-otoczenia-macierewicza/a-39903937>.

568 W. Sumliński, *Zwyczajny układ*, „Wprost" (wydanie internetowe), 1 czerwca 2006, <https://www.wprost.pl/tygodnik/90857/Zwyczajny-uklad.html>.

lustracyjnej Luśni można znaleźć potwierdzenie dla informacji podanych przez prokuratora Blajerskiego. Akta te mówią, że Macierewicz w 1992 r. sprawdził esbecką przeszłość Luśni. A mimo to współpracował z nim przez następne 18 lat. Planował nawet zatrudnić go w „strukturach równoległych wywiadu gospodarczego", które zamierzał stworzyć (ale nie zdążył)[569]. Związki Luśni z Macierewiczem i informacje prokuratora Blajerskiego dokładnie opisałem w książce *Macierewicz i jego tajemnice*. Również informacje o współpracy Leszka Liszcza z Jerzym Portką znajdują potwierdzenie w licznych źródłach. Syndyk Liszcz zarządzał zakładami upadłej w 2001 r. firmy Daewoo Motor Poland[570]. Ośrodek medyczny tych zakładów przejął Jerzy Portka i jego firma Ośrodek Medyczny DMP (skrót ten miał znaczyć Dobra Medycyna Praktyczna, ale nieodparcie kojarzy się z Daewoo Motor Poland). Z informacji podanych przez portal e-Pojezierze wynika, że nawet ośrodek wypoczynkowy Daewoo nad jeziorem Dratów znalazł się pod kontrolą Portki (aczkolwiek nie cieszył się on zbytnio tym nabytkiem)[571]. W rejestrach biznesowych czytamy, że firma Ośrodek Medyczny DMP[572] powstała w grudniu 2001 r.[573]. Według doniesień prasowych, działa ona m.in. przy ulicy Mełgiewskiej 7/9[574] – a więc na terenie dawnych zakładów Daewoo. Tam, gdzie gospodarzył i urzędował syndyk Liszcz.

Leszek Liszcz również zasługuje na chwilę uwagi, w Instytucie Pamięci Narodowej znajdują się bowiem akta SB dotyczące jego działalności w czasach PRL[575]. Liszcz należał wtedy do marionetkowego Zjednoczonego Stronnictwa Ludowego (wspomnianej już w tej książce fasadowej „partii chłopskiej", która we wszystkim popierała komunistów). Dzisiaj Leszek Liszcz,

---

569 Akta sprawy dostępne są w IPN pod sygnaturą V AL 13/03.

570 *Daewoo znowu zwalnia*, „Wprost" (wydanie internetowe), 8 listopada 2001, <https://www.wprost.pl/gospodarka/20587/Daewoo-znowu-zwalnia.html>; D. Jędryszka, *Syndyk Daewoo chce milionów*, „Dziennik Wschodni" (wydanie internetowe), 29 września 2002, <https://www.dziennikwschodni.pl/praca/syndyk-daewoo-chce-milionow,n,1000023949.html>.

571 *Nasze jeziora: piękne i zaniedbane*, Internetowa Gazeta Regionalna „e-Pojezierze.pl", <http://e-pojezierze.pl/index.php/leczna/138-aktualnosci/451-nasze-jeziora-pikne-i-zaniedbane>, dostęp: 14 września 2018.

572 *Lublin: Przychodnia z kontraktem, a szuka specjalistów*, „Dziennik Zachodni" (wydanie internetowe), 22 lutego 2011, <https://dziennikzachodni.pl/lublin-przychodnia-z-kontraktem-a-szuka-specjalistow/ar/371746>.

573 *Ośrodek Medyczny Dmp*, serwis Moje Państwo/Rejestr.io, <https://rejestr.io/krs/69925/osrodek-medyczny-dmp>, dostęp: 14 września 2018.

574 *Dokumentacja osobowa i płacowa*, https://ewidencja.warszawa.ap.gov.pl/pracodawcy.php?id=19638&action=show, dostęp: 14 września 2018.

575 IPN Lu 09/563, t. 1; IPN Lu 00103/676.

podobnie jak jego żona, kojarzony jest z prawicą. Jednak w latach 60. był rozpracowywany przez SB jako osoba o poglądach skrajnie... lewicowych. Najwyraźniej to kolejny z naszych bohaterów, który przeszedł drastyczną zmianę poglądów. Na rozpracowywaniu się nie skończyło. Leszek Liszcz został tajnym współpracownikiem SB – i to aż dwukrotnie. W teczce opatrzonej sygnaturą IPN Lu 00103/676 czytamy, że w latach 1968–1973 współpracował z SB jako TW „Jakub". Po raz drugi zwerbowano go 17 grudnia 1981 r., tym razem pod pseudonimem „Henryk".

Teczka Liszcza z lat 60. odsyła nas w jeszcze głębszą przeszłość – do czasów Zdzisława Macierewicza, WiN i Stronnictwa Pracy. Zawiera bowiem notatkę z 1967 r. podpisaną przez porucznika r. Gila. Czytamy w niej, że ojciec Liszcza, Jan Liszcz, należał do WiN. We wrześniu 1947 r. skazano go za to na 8 lat więzienia. Niecały rok przed upływem wyroku Liszcza wypuszczono na wolność (dokładnie rzecz biorąc, w dniu 8 listopada 1954 r.). „Po wyjściu z więzienia pracował w Państwowym Tartaku we Frysztaku [Podkarpacie] jako pracownik umysłowy", pisze porucznik Gil. Na następnej kartce znajduje się kolejna notatka Gila z tego samego dnia – najwyraźniej również dotycząca Jana Liszcza. Otóż dwa tygodnie po jego uwolnieniu, w dniu 23 listopada 1954 r., SB pozyskało „na zasadzie dobrowolności" tajnego współpracownika o pseudonimie „Hart". Po co go zwerbowano? W celu „rozpracowania b. Stronnictwa Pracy istniejącego na terenie Frysztaka". TW „Hart" oceniany był przez esbeków jako „prawdomówny, przestrzegający zasad konspiracji, obowiązkowy". Zrezygnowano z jego usług w grudniu 1959 r., bo dojścia do „interesujących osób" mu się skończyły. Znaczy to, że w latach 1954–1959 UB, potem SB kontynuowało rozpracowanie Stronnictwa Pracy (tyle że już „byłego"). Wciąż kojarzyło je z WiN. W celu infiltracji SP korzystało z usług byłego WiN-owca. Zaś ten WiN-owiec był ojcem człowieka, który po upadku komunizmu pomógł zrobić majątek Jerzemu Portce – zaufanemu esbekowi Macierewicza.

Obserwowalibyśmy zatem niezwykły przekładaniec, przekraczający granice państw i epok. Ubek Mikołajski przy udziale WiN i pod nadzorem Iwana Sierowa uczestniczy w wodzeniu za nos szefa kontrwywiadu CIA Jamesa Angletona. Trzydzieści lat później Mikołajski opiekuje się Macierewiczem, który po kolejnych trzydziestu latach zachwyca się Angletonem. W zachwytach Macierewicza nad Angletonem uczestniczy młody Bolesław Piasecki, którego rodziną zajmował się Mikołajski. Wcześniej zaś Macierewicz, protegowany Mikołajskiego, popierał esbeka Portkę, który robił interesy przy udziale syna ubeckiego konfidenta z WiN. Ten sam esbek Portka pomaga Macierewiczowi chronić konfidenta Luśnię powiązanego z GRU. Z kolei szefem GRU był Iwan Sierow, który stworzył niegdyś biznesowo-polityczną potęgę rodziny Piaseckich.

Skoro wszystkie kółka zdają się zamykać, spróbujmy zamknąć jeszcze jedno.

W teczce Liszcza czytaliśmy o „rozpracowaniu byłego Stronnictwa Pracy" z lat 1954–1959. Czy w tym rozpracowaniu mogły uczestniczyć osoby powiązane z operacją „Cezary"? Tak się składa, że w latach 50. i 60. coś w rodzaju kompleksowego monitoringu byłych członków podziemia prowadził znany nam świetnie Adam Malik, dobry kolega Mikołajskiego. W IPN znajduje się napisane przez Malika opracowanie pt. *Profilaktyczna działalność Służby Bezpieczeństwa*[576]. W tej publikacji Adam Malik relacjonuje m.in. szeroko zakrojone badania socjologiczne, jakie przeprowadzono na byłych członkach podziemia w pierwszej połowie lat 60. Bardzo ciekawie brzmi tytuł rozdziału 5: „ROZBIJANIE WROGICH ELEMENTÓW OD WEWNĄTRZ". Cytujemy fragment tego rozdziału: „Jedną z ważnych form przeciwdziałania naszej służby to umiejętne wykonywanie istniejących sprzeczności we wrogich grupach. Sprzeczności te należy pogłębić i doprowadzić do rozbicia grupy od wewnątrz". Opis ten nieodparcie kojarzy się z działalnością Macierewicza w KOR oraz w ugrupowaniach politycznych, które rozbijał po upadku komunizmu (Zjednoczenie Chrześcijańsko-Narodowe i Liga Polskich Rodzin). W swym opracowaniu Malik szczegółowo przedstawia przypadek Lubelszczyzny, gdzie byli członkowie podziemia do początku lat 60. ukrywali broń i utrzymywali ze sobą poufne kontakty. Autor dużo uwagi poświęca operacji, w której SB paradoksalnie wykorzystało te poufne powiązania, aby rozbroić podziemne mini-arsenały. Można odnieść wrażenie, że jest dumny z gry przeprowadzonej na Lubelszczyźnie. Czy sam wziął w niej udział?

SIŁA-NOWICKI RAZ JESZCZE

Gdyby tak było, Malik byłby kolejną osobą powiązaną z Macierewiczem, która na przestrzeni ostatnich kilkudziesięciu lat działała w Lublinie i okolicach.

Jak już wiemy, wśród tych osób znajdują się Konrad Rękas, Robert Luśnia, Jerzy Portka i Leszek Liszcz, którego ojcem był bojownik WiN i infor-

576 Departament Kadr i Szkolenia MSW, 1965, IPN BU 771/2554.

mator UB-SB. Są wśród nich także esbecy „frakcji moskiewskiej" Mikołaj Krupski i Jan Leluch – promotor nieszczęsnego kapitana Muchy, który chronił morderców Bohdana Piaseckiego, by tajemniczo zginąć w Bułgarii. Na przełomie lat 80. i 90. w Lublinie rozwinął też skrzydła aferzysta David Bogatin. Założyciel oszukańczego Pierwszego Komercyjnego Banku w Lublinie – a zarazem jeden z pierwszych przedstawicieli mafii sołncewskiej i supergangstera Mogilewicza w Polsce[577]. W latach 40. na Lubelszczyźnie działał również Władysław Siła-Nowicki, miejscowy przywódca WiN i wiceprezes Stronnictwa Pracy. Człowiek, który niemalże mógłby być drugim bohaterem tej książki. Być może, Siła Nowicki nie zasłużył na to, żeby zestawiać go z Antonim Macierewiczem – jednak los nieraz ich stawiał obok siebie.

W latach 40. Władysław Siła-Nowicki współdziałał w podziemiu z Jerzym Braunem i Cecylią Weker, asystentką ojca Macierewicza. Korzystał też z jej pomocy finansowej. Aresztowany przez komunistów w 1947 r., siedział w więzieniu do 1956 r. Po wyjściu na wolność został doradcą Episkopatu i pracował jako adwokat. Bronił opozycjonistów w procesach politycznych (w tym członków KOR, którego współzałożycielem był Antoni Macierewicz). Gdy generał Jaruzelski wprowadzał stan wojenny, Siła-Nowicki razem z Macierewiczem obradował w Stoczni Gdańskiej. Krótko po swojej „ucieczce" z Władysławem Siła-Nowickim miał się spotkać Bogusław Szybalski – tajemniczy kompan Antoniego Macierewicza z ośrodka internowania. Zaś Tadeusz Fredro-Boniecki podaje, że w 1987 r. Siła-Nowicki zdecydował się reprezentować... Grzegorza Piotrowskiego, mordercę księdza Popiełuszki.

Ta ostatnia wiadomość miała wywołać popłoch wśród słabnących władz PRL. Jak się zdaje, komuniści przypuszczali, że opozycyjny adwokat skłoni Piotrowskiego do wyznania prawdy o jego PZPR-owskich i sowieckich mocodawcach. Nie do końca byłoby to na rękę ministrowi Kiszczakowi, nawet gdyby zdjęłoby z niego piętno mordercy. Oznaczałoby bowiem potężne zadrażnienia w stosunkach z ZSRR. Poza tym, każdy mógłby spytać Kiszczaka, dlaczego Płatek, Ciastoń i Milewski nie stanęli przed sądem. Istniała też możliwość, że Piotrowski będzie kontynuować prowokację i wykorzysta charyzmatycznego adwokata, aby otwarcie obwinić Kiszczaka. Zrobiono zatem wszystko, żeby mecenasowi Siła-Nowickiemu jak najbardziej utrudnić pracę (np. nie dopuszczano go do więźnia). Zaś Grzegorzowi Piotrowskiemu zredukowano karę z 25 lat więzienia do piętnastu. Sam Piotrowski przyznawał,

577 T. Piątek, *Macierewicz i jego tajemnice*, dz. cyt.

że była to cena za milczenie. Te uzyskane od niego Fredro-Boniecki potwierdził z Siła-Nowickim[578].

W 1992 r. na Lubelszczyźnie doszło do wypadku drogowego, w którym brał udział Władysław Siła-Nowicki. W wyniku tego wypadku zginęła kobieta[579].

Do dzisiaj krąży plotka, jakoby wypadek ten miał zostać zaaranżowany przez byłych esbeków lub nawet przez GRU. Czyżby w zemście za próbę wyjawienia prawdy o sprawie Popiełuszki? Niestety, brakuje jakichkolwiek dowodów, by potwierdzić lub obalić to przypuszczenie.

PUNKT KONTAKTOWY GRZEGORZ BRAUN

Przejdźmy do jeszcze bardziej zaskakujących koneksji. Jedną z osób wymienionych w esbeckiej teczce „Chemex" dotyczącej Piotra Naimskiego jest Grzegorz Braun, urodzony w Toruniu w 1967 r. Polscy wyborcy doskonale znają Brauna. W 2015 r. wystartował w wyborach prezydenckich. Uzyskał przy tym znikomą ilość głosów, ale ściągnął na siebie uwagę, bo otwarcie głosił antysemickie teorie spiskowe. Obecnie Braun wypowiada się w sposób antyukraiński i prokremlowski, za co krytykuje go nawet ultraprawicowy portal Fronda[580]. Między innymi Braun reklamuje w mediach społecznościowych antyukraińskie wystąpienia posła Tomasza Rzymkowskiego[581]. Znajduje się zatem w ciekawym towarzystwie, gdyż działania Rzymkowskiego chwalił także kremlowski serwis internetowy Rosbalt[582]. Skoro mowa o mediach społecznościowych, to odnotujmy, że wiele filmików z udziałem Grzegorza Brauna znajdujemy na portalu CNclip[583]. Czym zaś jest portal CNclip? Wygląda jak podróbka powszechnie znanego serwisu YouYube. Działa na

578 T. Fredro-Boniecki, dz. cyt., s. 197–201.

579 *Siła-Nowicki oskarżony*, „Gazeta Wyborcza", 26 czerwca 1992.

580 T. Grzesik, *„Lustracja" Grzegorza Brauna kandydata na Prezydenta Polski*, Fronda.pl, <http://www.fronda.pl/a/lustracja-grzegorza-brauna-kandydata-na-prezydenta-polski,46683.html>, dostęp: 14 września 2018.

581 Profil Grzegorza Brauna, Facebook, 1 lipca 2017, <https://www.facebook.com/grzegorzmichalbraun/posts/694189680778078>, dostęp: 14 września 2018.

582 А. Ярошинская, *Варшава запретила „украинских героев"*, Росбалт, 29 stycznia 2018, <https://www.facebook.com/grzegorzmichalbraun/posts/694189680778078>.

583 Wyniki wyszukiwania „Grzegorz Braun" w serwisie CNclip, <https://cnclip.net/rev/grzegorz+braun/>, dostęp: 14 września 2018.

rosyjskim serwerze[584]. Co więcej, jeden z zarejestrowanych użytkowników CNclip nazywa się Grzegorz Braun, używa zdjęcia naszego Grzegorza Brauna i wymienia opinie z anonimowymi zwolennikami przyłączenia zachodniej Ukrainy do Polski.

Skąd Grzegorz Braun w teczce „Chemex", która dotyczy lat 80.?

Mieszkanie, w którym młody Braun żył wówczas z rodziną, było jednym z „punktów kontaktowych" Piotra Naimskiego. Macierewicz i Naimski mieli używać tego adresu do konspiracyjnego odbierania wiadomości.

Tak się składa, że Grzegorz Braun jest stryjecznym wnukiem duchowego przywódcy „Unii" i Stronnictwa Pracy, Jerzego Brauna. Jego zwolennicy chwalą się tym głośno, również w internecie[585]. Jerzy Braun stanowił filar duchowy „Unii". Jej filarem wywiadowczym – mocno chwiejnym, jak wiemy – był Konrad Sieniewicz, przyjaciel Cecylii Weker (asystentki i konspiracyjnej zwierzchniczki ojca Macierewicza). Wspominałem, że w latach 60. Sieniewicz skłaniał się do współpracy z wywiadem PRL. Ostatecznie jednak się na to nie zdecydował. Cytowany tu wielokrotnie historyk doktor Paweł Ziętara opisuje to w pracy pt. *Konrad Sieniewicz w dokumentach bezpieki*. Pisze w niej tak: „O dużym zainteresowaniu bezpieki rozpracowaniem Sieniewicza świadczy fakt, że ze sprawą zapoznawali się osobiście wicedyrektorzy Departamentu I: Mirosław Milewski i Eugeniusz Pękała"[586]. Znamy już dobrze obu tych towarzyszy. Mirosław Milewski to sowiecki agent na szczytach władzy PRL, najprawdopodobniej odpowiedzialny za śmierć księdza Popiełuszki. Eugeniusz Pękała to człowiek, którego Milewski posłał w tajemniczą podróż na Kubę, do Meksyku i USA. Razem z Mikołajem Krupskim, którego też dobrze znamy.

Co więcej, Paweł Ziętara podaje, że w 1977 r. Sieniewicz... przyjechał do komunistycznej Polski. Dlaczego? Zbliżył się wtedy ideowo do kolejnego z naszych znajomych, zbuntowanego PAX-owca Janusza Zabłockiego – i zaczął go regularnie odwiedzać. Były to trzy wizyty w odstępach półrocznych. Jak pisze Ziętara, Konrad Sieniewicz: „przyjeżdżał z wykładami na zaproszenie ODiSS [katolickiego Ośrodka Dokumentacji i Studiów Społecznych utworzonego przez Zabłockiego] i KUL. Za każdym razem pobyty trwały

---

584 *„CNclip.net" Website Information*, A-Z Statistics, <https://azstats.org/site/cnclip.net/>, dostęp: 14 września 2018.

585 A. Piwar (opr.), *Zbierajmy podpisy dla Grzegorza Brauna kandydata na Prezydenta Rzeczypospolitej*, E-prudnik.pl, 3 marca 2015, <http://www.eprudnik.pl/zbierajmy-podpisy-dla-grzegorza-brauna-kandydata-na-prezydenta-rzeczypospolitej/>.

586 P. Ziętara, dz. cyt.

około trzech tygodni. Sieniewicz zwiedził niemal cały kraj, rozmawiał z towarzyszami z podziemia, przywódcami SP i Unii, przedstawicielami środowisk „Tygodnika Powszechnego", „Więzi" i ODiSS [...] Rzecz interesująca, zachowane w IPN Akta osobowe cudzoziemca, dotyczące jego osoby, założone zostały dopiero w sierpniu 1987 r., dziesięć lat po jego pierwszej wizycie. Zawierają zaledwie dwie karty: wniosek o udzielenie informacji o osobie oraz informację o spotkaniu Sieniewicza z przedstawicielami środowiska skupionego wokół ODiS (AIPN, 1368/28347)"[587]. Taka luka w dokumentach komunistycznych służb może wskazywać na działanie innych komunistycznych służb. Operacji „radzieckich przyjaciół" esbecy woleli nie odnotowywać na piśmie.

Mało jest jednak prawdopodobne, żeby Sieniewicz współpracował z sowieckimi czy innymi komunistycznymi służbami już w latach 40. czy 50. Do zmiany frontu mogło dojść później, w latach 60., gdy Sieniewicz regularnie kontaktował się z wywiadem PRL. Jak pisze Ziętara, w 1970 r. służba ta oficjalnie zrezygnowała z prób werbowania Sieniewicza. Szefem PRL-owskiego wywiadu był wówczas Mirosław Milewski. Wszystko, co o nim wiemy, nie pozwala wykluczyć, że Milewski kazał PRL-owskim wywiadowcom zrezygnować z Sieniewicza, bo oddał go do dyspozycji Sowietów.

Krótko po swych spotkaniach z Sieniewiczem, w 1981 r., Janusz Zabłocki założył Polski Związek Katolicko-Społeczny (PZKS). Spenetrowany przez komunistyczne służby PZKS szybko stał się „drugim PAX-em". Zaś w 2011 r. członkiem władz tej organizacji został Bartosz Kownacki – prokremlowski współpracownik Macierewicza, jego zastępca na stanowisku ministra obrony po 2015 r. Związany z podejrzewanym o szpiegostwo Mateuszem Piskorskim, szefem Konrada Rękasa, który ze swej strony ma powiązania z Macierewiczem i Luśnią.

ZAGADKA KOŃCOWA

Wspominałem, że luki w esbeckich dokumentach mogą wskazywać na działania służb sowieckich. Jeśli chodzi o Antoniego Macierewicza, to w dotyczących go dokumentach widnieje wielka luka.

W aktach osób rozpracowywanych czytamy zwykle, jakie stosunki łączyły ich rodziny z SB i UB. Esbecy uważali te stosunki za istotny czynnik

587 P. Ziętara, dz. cyt.

wpływający na postawę danej osoby wobec SB, na możliwość werbunku etc. Odnotowywano je bardzo skrupulatnie, włącznie z ich historią i prehistorią. Na przykład w teczce „Chemex" czytamy, że ojczym Piotra Naimskiego w latach 50. i 60. był konfidentem UB, potem SB. Jak się zdaje, nie miało to większego znaczenia (z relacji znajomych Naimskiego można odnieść wrażenie, że nie utrzymywał on szczególnej bliskości ze swym ojczymem). Jednak wywiadowcy zajmujący się Naimskim zamieścili w teczce informację o agenturalnej działalności jego ojczyma.

Natomiast w żadnej z esbeckich teczek dotyczących Antoniego Macierewicza, które widziałem, nie odnotowano, że jego ojciec został zwerbowany przez UB. Siłą rzeczy, nie odnotowano też, że zginął z powodu tego werbunku. Choć przecież powinien to być najważniejszy z czynników wpływających na stosunek „figuranta" do SB, MSW i PRL! Czy esbecy, którzy zajmowali się Macierewiczem, w ogóle nie interesowali się przeszłością jego rodziny? Czy nie interesowali się jego ojcem? W jednym z zapisów ewidencyjnych czytamy: „Zdzisław (były docent UW nie żyje)"[588]. Czyżby funkcjonariusz, który sporządził tę notatkę, nie sprawdził, dlaczego „Zdzisław, były docent" nie żyje? Czy nie umiał znaleźć informacji o przyczynach i okolicznościach tej śmierci?

Można by przypuścić, że esbeków, którzy szukali w swych archiwach podstawowych informacji o rodzinie Antoniego, zmylił błąd literowy w nazwisku „Zdzisława Maciarewicza". Może uznali, że „Maciarewicz" nie ma nic wspólnego z Macierewiczem? Może dlatego nie zajrzeli do podpisanego przez docenta zobowiązania o współpracy? Może to jest przyczyna, dla której nie odnotowali, że ojciec Antoniego Macierewicza przez chwilę był agentem „Z-3"?

Jednak takie przypuszczenie jest bardzo wątpliwe. W adnotacji o zniszczeniu teczki personalnej Zdzisława nazwisko „Macierewicz" zapisano poprawnie. Jeśli nawet nie skłoniłoby to esbeków do pogłębionych poszukiwań, to powinni odnotować, że ojciec figuranta miał teczkę personalną (zapewne również teczkę pracy). Powinni odnotować, że ojciec Macierewicza jesienią 1949 r. współpracował z „organami bezpieczeństwa". Dlaczego to przemilczeli?

Może nie przemilczeli. Może odnotowali to w najważniejszych dokumentach dotyczących Antoniego Macierewicza. Jednak tych dokumentów

588 Druk S-26 z 1968 r. pochodzący z kartoteki pomocniczej byłego Biura „C".

raczej już nie poznamy. Jak pisałem wiele stron wcześniej, zostały one oficjalnie zniszczone na początku 1990 r. Wtedy, gdy esbecy niszczyli lub ukrywali akta swoich najważniejszych agentów[589]. Jeżeli ktoś wówczas ukrył akta Antoniego Macierewicza zamiast je zniszczyć – niech je teraz ujawni! Byle w całości, bez ingerencji i fałszywek.

Wreszcie ostatni zestaw pytań: czy to możliwe, żeby Antoni Macierewicz nigdy nie zainteresował się „Zdzisławem Maciarewiczem" i agentem „Z-3"? Może jednak dobrze zna ten pseudonim i tę sprawę?

Czy dlatego gwałtownie reaguje, gdy ktoś w ten sposób przekręca jego nazwisko?

---

589 Zob. *Dane osoby z katalogu osób „rozpracowywanych"*, Biuletyn Informacji Publicznej Instytutu Pamięci Narodowej. Komisja Ścigania Zbrodni przeciwko Narodowi Polskiemu, <https://katalog.bip.ipn.gov.pl/informacje/13695?katalog=2>, dostęp: 14 września 2018; protokół L. dz. NO-V-00947/89, zapis ewidencyjny z 9 stycznia 1990 r. ze stemplem nagłówkowym nr 218 i pieczęcią Stołecznego Urzędu Spraw Wewnętrznych.

CZĘŚĆ PIĄTA
AD

„AD" to skrót od słów „Adwokat diabła" (*advocatus diaboli*). Wyrażenie to oznacza kogoś, kto w imię bezstronności i równowagi broni sprawy, w którą wcale nie musi wierzyć. Zawiera ono jednak słowo „diabeł". Dlatego powyżej wolałem posłużyć się skrótem. Nie chcę diabła w tytule. Nie chcę demonizować Antoniego Macierewicza. Macierewicz to nie diabeł, to ktoś arcyludzki. Jego los zdaje się stanowić bolesną lekcję o tym, czym jest człowiek – lub czym może się stać. Jego historia ma w sobie również coś bardzo polskiego. Oto energiczny działacz, który jednak więcej zniszczył, niż zdziałał. Oto górnolotny polityk, który wręcz histerycznie zapewnia o swym patriotyzmie, ale od lat zdaje się korzystać z opieki wroga.

Nie zwróciłem się do Antoniego Macierewicza o wywiad. Od ponad dwóch lat wysyłam do niego i do jego współpracowników pytania. W odpowiedzi dostaję milczenie, wykręty albo jawne kłamstwa[590]. W końcu Macierewicz doniósł do prokuratury, że podejrzewa mnie o przestępstwo terrorystyczne z artykułu 224 kodeksu karnego (naciskanie na urzędnika państwowego za pomocą przemocy lub groźby bezprawnej) oraz o „poniżanie organu państwowego" (artykuł 226). Prokuratura umorzyła postępowanie w tej sprawie[591].

Wobec tego poprosiłem o wypowiedź dawnego przyjaciela i współpracownika Antoniego Macierewicza, który wciąż jeszcze go broni (choć

---

590 T. Piątek, *Antoni Macierewicz, jego firma i jego TW. Czego nie wiemy o pogromcy „układu"*, dz. cyt.; Tegoż, *Macierewicz i chwalcy Putina. Wciąż wychodzą na jaw nowe powiązania*, dz. cyt.; Tegoż, *Macierewicz i „rosyjski łącznik". Ministerstwo obrony, obłudy czy obłędu*, „Gazeta Wyborcza" (wydanie internetowe), 26 listopada 2016, <http://wyborcza.pl/7,75398,21034224,macierewicz-i-rosyjski-lacznik-ministerstwo-obrony-obludy.html>; Tegoż, *Tomasz Piątek odpowiada*, dz. cyt.

591 *Prokuratura odmówiła śledztwa w sprawie książki Tomasza Piątka o Macierewiczu*, „Press" (wydanie internetowe), 20 marca 2018, <https://www.press.pl/tresc/52645,prokuratura-odmowila-sledztwa-w-sprawie-ksiazki-tomasza-piatka-o-macierewiczu>.

od lat stoją po dwóch przeciwnych stronach politycznej barykady). Ten przyjaciel i obrońca, który woli pozostać anonimowy, powiedział, co następuje:

„Nie umiem wykluczyć, że jeśli PiS zmieni linię na prorosyjską, to Antoni Macierewicz dorobi do tego ideologię. Ale nie jest agentem, tylko uprawia grę polityczną. Nie jest agentem w takim sensie, w jakim nie był agentem Bolesław Piasecki. Piasecki myślał, że przechytrzy Sierowa i jego sowieckie służby. Myślał, że Rosjanie zrozumieją, iż mogą rządzić Polską rękami katolickich Polaków, nie znienawidzonych «żydokomunistów». Tymczasem Sierow powierzył go «żydokomunistce» Brystigerowej! Dlatego w 1956 r. Piasecki z utęsknieniem czekał na zwycięstwo rosyjskich agentów z frakcji natolińskiej. Wtedy dopiero stał się naprawdę znienawidzony, gdy opublikował ten słynny artykuł, *Instynkt państwowy*. Straszył w nim sowiecką interwencją, jeżeli Natolin nie wygra. Ale wygrał Gomułka. Wygrał – i z jakichś powodów zachował Piaseckiego razem z jego PAX-em. Bolesław Piasecki musiał mieć argumenty, które działały również na Gomułkę.

Antek jest skory do takich gier jak Piasecki. Mówi pan, że jego ojciec podpisał zobowiązanie do współpracy z UB. W takim razie Antek pewno widział to zobowiązanie. W rozmowie z Wałęsą powiedział kiedyś o możliwych hakach: «Na mnie nic nie ma, tylko na bliską osobę».

Jednej rzeczy nie rozumiem. W latach 70. Antoni radykalnie zmienił poglądy z lewicowych na prawicowe. Dlaczego nie przyznaje się do tego? Dlaczego kłamie, że zawsze był prawicowy? To, co twierdzi teraz, to kompletne oszustwo. W tamtych latach opublikował tekst w «Więzi», podpisał go inicjałami «A.M.». Bronił w niej lewicy przed Stefanem Kisielewskim, który wyśmiewał troskę o problemy Trzeciego Świata, lewicową guerillę [partyzantkę – red.]. Antek zbierał też podpisy pod protestem przeciwko wizycie amerykańskiego prezydenta Nixona, bo ten bombardował komunistów w Wietnamie.

Smród endecki poczułem dopiero w roku 1978 albo 1979. Antoni zaczął wtedy pisać, że Roman Dmowski, twórca polskiego nacjonalizmu, wielkim nauczycielem był. Ale i po nawróceniu na endecję Antek nie trzymał z radykalnymi antykomunistami. Tylko w jednym był radykalny: zabić Kuronia! Pod okiem Macierewicza historyczka Justyna Błażejowska wydała historię KOR. Antek mówi tam, że chciał, by na czele KOR stał działacz harcerski Andrzej Janowski. Ale ten miał powiedzieć: «Jak w tym będzie Kuroń, to mnie nie będzie!». Janowski nie pamięta tej rozmowy, a jak pisze o Kuroniu, to pisze o nim dobrze[592].

Co do ZSRR, to Antoni zawsze nie znosił Sowietów. Z latami to się coraz bardziej wzmagało. Wszystko, co się działo, redukował do dyktatu Rosji. Mówiłem mu, że w latach 1945–1949 był w Polsce pewien pluralizm, dyskusje. On odpowiadał: «To wszystko było kontrolowane przez Moskwę». Ale z drugiej strony – w 1988 r. jedno z pism podziemnych zamieściło wywiad z Antonim. Mówił w nim, że głównym zagrożeniem są Niemcy, bo zechcą nam odebrać Wrocław i Szczecin. Jak to przeczytałem, to z krzesła spadłem.

Antek jest pracowity, ambitny, dręczony manią władzy i poczucia misji. Ale też skromny, w tym sensie, że nie leci na luksus. Ktoś taki nie dałby się nikomu zwerbować. On nie pozwala się prowadzić. On przyjmuje sugestie od partnera politycznego. Na przykład od Amerykanów. Rosjanie chcą mieć w Polsce swoją prawicę, ale gdyby chcieli zwerbować Antka, musieliby zrobić to pod amerykańską flagą. Musieliby przysłać do niego swoich amerykańskich agentów, amerykańskich polityków. Dlatego w tym, co pan pisze o agenturalnych powiązaniach, widzę dwa racjonalne tropy. Senator D'Amato. A także Piotr Naimski, który w latach 80. przebywał w Stanach. Naimski kompletnie nie pasuje do Antoniego i jego towarzystwa. Bystry, zrównoważony, rzeczowy. Inteligentny facet. Zarazem jak wierny pies wobec Antka, bez zawahania pójdzie za nim wszędzie. Inni ludzie Antoniego mogli się w te wszystkie spiski zaplątać nawet nie wiedząc, co robią.

Odkąd nie ufam Macierewiczowi? W latach 70. była msza niepodległościowa w kościele na warszawskim Starym Mieście. KOR wezwał do uczestnictwa. Antoni i jego ludzie przyszli do kościoła z transparentami i głośnikami, żeby wyprowadzić ludzi na ulicę. Chcieli z tej mszy zrobić demonstrację na mieście. Było to nieuzgodnione z KOR. Z biskupem – też nie.

To jest jego sposób działania – rozwalać, tworzyć konflikty. W 1989 r. wymyślił, że „Solidarność" może mieć na listach wyborczych tylko przeciwników legalnej aborcji... Jako minister obrony rozwalił wojsko, bo chciał mieć swoje. Po to założył Obronę Terytorialną, żeby mieć swoje bojówki. Chciał mieć tylko takich generałów, których sam awansował. Zrzucono go

592 „Adwokat diabła" odnosi się do znanej nam książki *Harcerską drogą do niepodległości* Justyny Błażejowskiej, gdzie na stronie 363 Macierewicz mówi o Janowskim: „Gdy dowiedział się, że plany powołania komitetu zna Kuroń, zdecydowanie odmówił swojego poparcia". Na dole strony znajduje się przypis, w którym czytamy, że Janowski „nie pamięta" swej rzekomej odmowy i pozytywnie wypowiada się o działalności Jacka Kuronia w latach 70.

ze stołka, bo Amerykanie naciskali, żeby się go pozbyć. Podobnie prezydent Duda. No i Antoni za bardzo wyrósł, stworzył sobie swój własny układ – konkurencyjny wobec PiS. Oczywiście, w tym układzie są moskiewscy ludzie. On o tym wie. Ale to nie jest sprawa agenturalna, tylko polityczna. Antek chce mieć swoje zabezpieczenie w Moskwie.

Jak wyglądała nasza znajomość? Gadaliśmy, pożyczaliśmy książki. Wpadał do mnie często w latach 1970–1975. Ale nigdy nie byłem u niego w domu. Ani na ulicy Ogrodowej, ani na Klaudyny. Nie pamiętam, czy mnie zapraszał. Musi pan wiedzieć jedno: Antek buduje mit Antka. Jest mitomanem. Widzi siebie jako Piłsudskiego i Dmowskiego w jednym".

W tym momencie przerwałem mojemu rozmówcy:

– Przepraszam, czy próbuje pan przekonać wszystkich, że Antoni nie zdradził Polski dla Rosji, tylko dla samego siebie? Przecież to byłoby jeszcze gorsze.

– Nie, to równie złe – odpowiedział adwokat człowieka.

Odbyłem więcej podobnych rozmów z dawnymi przyjaciółmi Antoniego Macierewicza. Wielu z nich potępia jego działalność w wolnej Polsce. Wielu z nich spotyka z jego strony wrogość lub milczenie. Mimo to, gdy z nimi rozmawiam, ważniejsze dla nich są dawne uczucia sprzed lat. Nie zaś rzeczywistość, którą próbują przesłonić lub osłodzić sentymentem. Wspólne doświadczenie opozycji studenckiej w 1968 r., wspólne zakładanie KOR i „Solidarności" – to przeżycia, które moich rozmówców określiły, nawet stworzyły. To fundament ich tożsamości. Zaś „Antek" był częścią tych przeżyć, tego fundamentu. Myśl, że mógłby on przez te wszystkie lata prowadzić podwójne życie, jest trudna dla byłych przyjaciół. Skazy na jego tożsamości odbierają jak skazy na tożsamości własnej. W ich odczuciu, „Antek" jest ciągle częścią „paczki", jest ciągle częścią ich samych. Fakty z jego życia, które przytaczam, trudno jakkolwiek usprawiedliwić. Jednak niemal każdy ze starych przyjaciół szuka usprawiedliwień, nawet gdy brzmią one infantylnie lub paradoksalnie. „Uwierzę, że Antoni mógł coś kombinować z Kremlem, ale z esbekami?" – mruknął pewien bohater opozycji, gdy wspomniałem o pułkowniku Mikołajskim. „Ja wiem, że wokół Antka to agent na agencie siedzi. Ale to dlatego, że on jest głupolek" – powiedział inny z bohaterów.

Głupolek, wariat, maniak... W odpowiedzi na takie określenia przypominałem moim rozmówcom, że mówimy o półsierocie z niezbyt zamożnej rodziny, który mimo licznych wpływowych przeciwników skutecznie zdobywał wyznawców i finanse, tworzył oraz rozbijał podziemne grupy i legalne partie, jednym posunięciem skompromitował ideę lustracji, jeszcze dogłębniej niż Jarosław Kaczyński podzielił nasz naród na dwie gardzące sobą plemiona, dwukrotnie został ministrem, zaś raz szefem kontrwywiadu. Przypominałem, że rozmawiamy o człowieku, który rozbroił Polskę i zrobił wyłom we wschodniej flance NATO. Nieraz miałem wrażenie, że słowa te wpadają w głuchą studnię.

Rzecz jasna, nie tylko dawni przyjaciele Macierewicza wybierają przyjemne bielmo na oczach. Pół Polski, pół Europy, połowa Zachodu choruje na kremlowską odmianę ślepoty. Jakich lekarstw potrzeba? Faktów, świadectw, dokumentów. Dopóki chory nie będzie wiedział tego, co powinien wiedzieć, dopóki będzie wierzył w to, w co chce wierzyć – dopóty będzie chorować.

NOTA DLA WERYFIKATORÓW

W przypisach odsyłających do dokumentów zgromadzonych przez Instytut Pamięci Narodowej zamieszczam numer strony zgodnie z następującą zasadą:

- w przypadku materiałów dostępnych w postaci papierowej, podaję aktualny numer karty (numeracja kart w wielu teczkach nieraz się zmieniała, nieaktualne numery zwykle są przekreślone, podaję zatem ostatnie aktualne nieprzekreślone numery zgodnie ze stanem z lat 2017-2018);
- w przypadku materiałów dostępnych w postaci cyfrowej, podaję numer strony zgodnie z numeracją elektronicznego systemu DigiArch funkcjonującego w IPN (co ułatwi pracę każdemu, kto chciałby zweryfikować podane przeze mnie informacje: karty zeskanowane w systemie DigiArch mają inną odręczną numerację, zwykle o kilka liczb porządkowych różną od tej, którą oznaczone są przez system, jednak najłatwiej wyszukać skan orientując się według systemowej numeracji Digi Arch).

SPIS TREŚCI

Wydawnictwo Arbitror poleca

Marek M. Meissner
„Czas straceńców"

Tomasz Piątek
„Macierewicz i jego tajemnice"

Jan Śpiewak
„Ukradzione miasto"

Piotr Maciążek
„Stawka większa niż gaz"
już wkrótce!

www.arbitror.pl